国 学 新 读 本

礼　　记

杨天宇　注说

河南大学出版社
·开封·

国学新读本编辑委员会

总策划　马小泉

主　编　李振宏

编　委　(以姓氏笔画为序)

　　　　　马小泉　王　健　朱绍侯　刘小敏
　　　　　李中华　李振宏　苏凤捷　何晓明
　　　　　张云鹏　张富祥　宋会群　杨天宇
　　　　　杨寄林　杨朝明　赵国华　郑慧生
　　　　　姜建设　袁喜生　曹　峰　曹础基
　　　　　曾振宇　戚良德　龚留柱　熊铁基

目　录

序 …………………………………… 李振宏（1）
《礼记》通说 ………………………………………（1）

曲礼上第一 ………………………………………（71）
曲礼下第二 ………………………………………（100）
檀弓上第三 ………………………………………（118）
檀弓下第四 ………………………………………（167）
王制第五 …………………………………………（208）
月令第六 …………………………………………（237）
曾子问第七 ………………………………………（279）
文王世子第八 ……………………………………（305）
礼运第九 …………………………………………（322）
礼器第十 …………………………………………（341）
郊特牲第十一 ……………………………………（360）
内则第十二 ………………………………………（388）
玉藻第十三 ………………………………………（418）
明堂位第十四 ……………………………………（447）

丧服小记第十五 …………………………………（458）

大传第十六 ………………………………………（484）

少仪第十七 ………………………………………（493）

学记第十八 ………………………………………（514）

乐记第十九 ………………………………………（525）

杂记上第二十 ……………………………………（562）

杂记下第二十一 …………………………………（585）

丧大记第二十二 …………………………………（613）

祭法第二十三 ……………………………………（643）

祭义第二十四 ……………………………………（649）

祭统第二十五 ……………………………………（669）

经解第二十六 ……………………………………（686）

哀公问第二十七 …………………………………（690）

仲尼燕居第二十八 ………………………………（696）

孔子闲居第二十九 ………………………………（703）

坊记第三十 ………………………………………（708）

中庸第三十一 ……………………………………（722）

表记第三十二 ……………………………………（741）

缁衣第三十三 ……………………………………（758）

奔丧第三十四 ……………………………………（770）

问丧第三十五 ……………………………………（778）

服问第三十六 ……………………………………（782）

间传第三十七 ……………………………………（788）

三年问第三十八 …………………………………（794）

深衣第三十九 ……………………………………（798）

投壶第四十 …………………………………（801）

儒行第四十一 ………………………………（807）

大学第四十二 ………………………………（816）

冠义第四十三 ………………………………（826）

昏义第四十四 ………………………………（829）

乡饮酒义第四十五 …………………………（835）

射义第四十六 ………………………………（845）

燕义第四十七 ………………………………（852）

聘义第四十八 ………………………………（856）

丧服四制第四十九 …………………………（863）

附:宫寝图 ……………………………………（868）

参考文献 ……………………………………（869）

序

最近一些年来,一股"国学热"的思潮强劲涌动,在文化学界以至于整个社会上,引起了强烈反响。为什么在这样一个社会的大变革时代,在从传统社会向现代社会的转型期,最为传统的国学,却能引起国人的极大兴趣,这的确是一个值得思考和研究的问题。

"国学"作为一个学术文化概念,产生于近代。从渊源上讲,"国学"概念的产生,与"国粹"有些关联,并且是从对抗西学侵入的角度提出来的。今天,中华民族早已是一个独立于世界民族之林的自立自强的民族,全球经济一体化所带来的世界文化的汇合与交融,也早已是历史发展的必然趋势,而在这样的历史大势中,却会有"国学热"的产生,乍一看来,确有不可思议之处。但实际上,国学的当代走红,则与我们今天所处的历史时代有着一定的关系。

随着改革开放的迅速推进,随着市场经济的强劲发展,传统道德受到了强烈冲击,传统文化与现代文化观念的碰撞也日益强烈。于是,如何看待传统文化的问题,就严峻地提到了国人的面前。传统文化的出路何在,它从何而来,要走向何方,如何对之进行价值重估,一切关心文化问题、有着强烈历史责任感的人们,无不把关注的目光投向中国的传统学术。当然,也不排除一些对改革开放和市场经济所带来的冲击无法理解和接受,对现代经济发展对传统道德的亵渎强烈抗议的人们,自然而然地发出向传统文化复归而倡导国学的呼声。总之,不论是出于积极的思考,还是抱着一种向后看的心态,对国学的重视则成了最近十多年来一种普遍的文化选择。

于是,对待"国学热"就需要有一个分析的态度。对于任何一个民族的发展来说,传统文化都是其牢固的根基,是其一切历史的出发点,摒弃传统、甚至全盘否定传统文化,都是幼稚可笑的,不可取的。但一遇到问题就求助于传统,甚至一味狂热地提倡向传统复归,也是走不通的,过去那句常说的"倒退是没有出路的"话,虽说不是什么至理名言,却也还是有些道理的。这些年来,一些地方出现的中小学生、甚至幼儿园小朋友的读经热,就是一种值得注意的倾向。国学,毕竟是一种学术,需要有一定的文化基础,有一定的分析批判能力,才能对之进行识读、鉴别而决定其取舍。所以,严格地说,对于国学,尤其是经学,在当代中国,需要的是研究以及在此基础上的批判继承,而不是再像传统社会中那样采取唱诗班的方式,对青少年一代进行无分析地灌输。因此,如何弘扬传统文化,就是一个需要思考的问题。

正是基于以上考虑,为着弘扬优秀传统文化的需要,也为着对社会上盲目崇尚读经的风气有所引导,我们组织了这套"国学新读本"丛书,选择一些在中国传统文化中影响较大的国学典籍,对之进行简明扼要的注释,然后在读本前边,用较大篇幅解读该典籍的基本思想文化内涵,评述其在中国文化史上的地位和影响,并对如何阅读该典籍做出读书方法上的引导。通过这样一个较为翔实的导读内容,以批判分析的态度,给青年人的国学典籍阅读提供一个健康的思想导向。根据这样的宗旨,这套丛书,在大的结构上,每本都分为"通说"和"简注"两个部分,"通说"是导读的性质,"简注"在于疏通文字,希望这样的安排,能够为青年朋友和一般社会读者提供一个国学入门的向导。果能如此,也就实现了撰著者和出版者的愿望。

国学所以是国学,就在于它是我们祖国优秀民族文化和民族精神的载体。在这些国学典籍中,包含着民族文化的基因,蕴藏着民族精神的范型。衷心期待这套丛书能够成为广大读者学习国学精华、体认民族精神、继承祖国优秀文化遗产的良师益友。

李振宏
2008年2月28日

《礼记》通说

　　《礼记》这部书,大概和《论语》、《孟子》一样,是一般中国人都知道的。但是要真正了解并读懂《礼记》,却并不那么简单。至少,下面我们要谈到的这些问题,是每一个对《礼记》感兴趣,并想读懂这部书的人,所必须有所了解的。或者说,我们了解了这些问题以后,再来读《礼记》,就要容易得多、清楚得多了。下面,我们就来谈谈这些问题。

一、《礼记》是一部什么性质的书

　　要回答这个问题,必须从《礼经》谈起。
　　西汉中期,在中国思想文化史上发生了一件影响后来整个中国古代封建社会两千多年的大事,汉武帝把儒家学者所诵读和研究的几部书,即《诗》、《书》、《礼》、《易》、《春秋》,确立为经书,并在中央建太学,从全国各地选拔了50名优秀青年到太学来学习,又找来一些专门研究这五部经书的儒家学者,封他们为博士官,让他们在太学里向学生教授这5部经书。这5部经书,就是人们常说的"五经"。教授五经的博士官们,就是所谓的"五经博士";被选拔到太学学习的学生们,就是所谓的"弟子员",或称"博士弟子"。而有关"五经"的学问,就是所谓的经学。从此,"五经"所体现的儒家思想,便成了中国古代封建社会的指导思想,而"五经"也就成为培养士人的教科书。

如上所说,"五经"中有一部叫做《礼》,因为被确立为经书,所以又称为《礼经》,就像《诗》、《书》、《易》、《春秋》在确立为经以后被分别称为《诗经》、《书经》、《易经》、《春秋经》一样。而这所谓《礼经》是一部什么书呢？就是今天人们常说的《仪礼》。但是《仪礼》这个书名是后起的,是大约到了魏晋时期才有的。在汉代,它只被单称为《礼》,又被称为《士礼》,立为经以后则称《礼经》。

那么,这样一部被汉武帝确立为经的《礼》,具体讲的是什么内容呢？这里我们很有必要对它作一个简要的介绍。为了读者理解的方便,下面我们提到这部书时,就用今天通行的书名《仪礼》来称呼它。

《仪礼》一共17篇,较完整地记载了中国古代的15套礼。因为其中有两套礼的篇幅较大,分成了上下两篇,所以成了17篇。

这17篇中记载最多的是士礼,占了7篇。兹略述之如下。

第1篇《士冠礼》。古代的贵族青年男子到了20岁,就算成年了,要举行一个隆重的仪式,作为成年的标志,这个仪式就叫冠礼。从此这个青年就具有了一个贵族成员所应有的权利和义务。所以冠礼也就是成人礼,或成丁礼。本篇所记是士这个级别的贵族青年的冠礼。

第2篇《士昏礼》。记载古代贵族青年男子从家里的主人(父兄)派人到女家提亲,一直到成婚的全过程。这个过程主要包括6道礼的程序,即:纳采、问名、纳吉、纳徵、请期、亲迎,被称为婚姻"六礼"。因为古代的亲迎是在黄昏时候进行的,所以叫做"昏礼",后世才改用"婚"字。本篇所记载的是士这个级别的贵族青年的婚礼。

第5篇《乡射礼》。古代社会有乡、州、党、族、闾、比等依次隶属的基层组织。乡射礼实际是在乡的下一级组织州里举行的一种射箭比赛之礼。之所以不称《州射礼》而名之为《乡射礼》,据说是因为乡大夫可能居住在此州,或乡大夫可能前来观礼,人们以尊者为荣,因此名之为《乡射礼》。

第12篇《士丧礼》,第13篇《既夕礼》。这两篇实际是一篇而分为上下,是记载士的丧礼的,也就是记载从士始死一直到下葬的全过程。

第14篇《士虞礼》。这篇是记载死者下葬后,其家人在当天中午回来为之举行虞祭之礼的。虞,在此是安的意思,祭之以安死者之神,故名《士虞礼》。

第15篇《特牲馈食礼》。是记士每逢岁时用豕(即一头猪)在宗庙祭祀父祖之礼。

以上7篇,记载了6种礼,皆属士礼。

《仪礼》记载大夫之礼的有3篇,它们分别是:

第4篇《乡饮酒礼》。这是记诸侯国属下的乡的行政长官乡大夫所主持的饮酒礼。举行饮酒礼的原因有多种,本篇主要是记因"宾贤"而举行的饮酒礼。古代乡中每3年要举行一次大比(也就是评选活动),选出贤能者,推荐给天子或诸侯国君。在向上推荐之前,要由乡大夫组织为被选出的贤者举行一次饮酒礼,而在饮酒礼上把贤者当贵宾招待,即所谓"宾贤"。"宾贤"的目的在于教育人们"尚贤",即尊重和崇尚贤能者,同时通过这种活动也可教民众习礼。

第16篇《少牢馈食礼》,第17篇《有司》。这两篇也是一篇而分为上下,记载大夫每逢岁时用少牢(羊、豕二牲)举行的宗庙祭祀之礼。

《仪礼》记载诸侯之礼的有4篇,它们分别是:

第6篇《燕礼》。这是记诸侯国君在政事处理完毕,闲暇之时,设酒招待其臣下,以与臣下结欢心之礼。

第7篇《大射》。这是诸侯将举行祭祀,为选拔助祭者而举行的射箭比赛之礼。

第8篇《聘礼》。这是诸侯国之间派卿为使者,带着重礼,相互进行慰问以结友好之礼。

第9篇《公食大夫礼》。这是记诸侯国君用食礼款待前来慰问的别国大夫之礼。

《仪礼》中还有1篇记天子之礼,即第10篇《觐礼》。这是记天子接见和招待来朝诸侯之礼。这里要说明的是,这篇其实也可以看作是诸侯之礼,是记诸侯朝见天子之礼。

《仪礼》中另有2篇可以称之为通礼,即:

第3篇《士相见礼》。这篇内容较为复杂,既记了士与士相见之礼,又记了其他各级贵族相互访见之礼,还记载了一些其他杂仪,因此很难说它是属于哪个特定的贵族阶层之礼。

第11篇《丧服》。这篇记载中国古代的丧服制度,据说本篇所记,上从天子下到庶民都适用。

由上可见,《仪礼》17篇,虽然涉及上从天子,下到诸侯、大夫、士,贵族的各阶层,但就其所记礼仪的种类和所涉及的方面而言,还是太少、太有限了。这样一部《仪礼》,对于已经实现了天下大一统的西汉王朝来说,要建立涉及朝廷和国家方方面面的一整套礼制,显然是不够用的。所以当时的礼学家便采取了3个办法来加以弥补。

其一是"推士礼而致于天子"①。如《汉书》记载说:"今学者……但推士礼以及天子。"②即从17篇《仪礼》所记诸士礼而推

---

① 《汉书·艺文志》。
② 《汉书·礼乐志》。

导出朝廷天子之礼。

其二是经师自撰礼文或礼说。这种做法从汉初的叔孙通就开始了。如叔孙通曾撰《汉仪十二篇》。① 河间献王刘德亦曾采礼乐古事,加以推衍发明,撰辑礼文多至五百余篇。② 而西汉著名礼学家后仓则撰有《曲台记》。③ 这些都是西汉经师自撰礼文的例子。

其三是杂采当时所可能见到的各种有关礼的《记》文,以备朝廷议礼或制礼所需。如汉宣帝甘露三年(前51年),诏当时的儒家学者到石渠阁讨论"五经"异同。当时的礼学家、后仓的弟子闻人通汉、戴圣等都参加了讨论。在讨论过程中,他们就常常引用各种《记》文。兹举例如下。

例一,《仪礼·丧服》中有这样的话:"宗子孤为殇"。按,宗子是古代宗法制度被称大宗者的嫡长子。孤,是说该子无父(父亲已经死了)。殇,凡人未成年(即不满20岁)而死,就称为殇。所以这句话的意思是:"无父而又尚未成人的宗子殇。"现在就是要讨论这句话的意思。会议上提出的问题是:言"孤"何也?也就是为什么要对这个死者称"孤"呢?

> 闻人通汉曰:"孤者,师传曰:'因殇而见孤也。'男子二十冠而不为殇,亦不为孤,故因殇而见之。"

按这里的"师传",是指闻人通汉的老师(后仓)为《仪礼·丧服》所作的"传",也就是注解,但久已失传。根据老师的解释,是因为这个嫡长子未成年而死,因此而称之为孤。闻人通汉又就老师的话解释说,这是因为男子20岁行过了冠礼而死,就不称为殇了,而且因为已经成人,所以即使无父,也不称为孤了。只有当他

---

① 见《后汉书·曹褒传》。
② 《汉书·礼乐志》。
③ 《汉志》载有"《曲台后仓》九篇"。

未成人而死，才算殇，也正因为未成人而又无父，所以才称之为孤。

戴圣曰："凡为宗子者，无父乃得为宗子。然为人后者，父虽在，得为宗子，故称孤。"圣又问通汉曰："因殇而见孤，冠则不为孤者，《曲礼》曰：'孤子当室，冠衣不纯采。'此孤而言冠，何也？"

按戴圣对"宗子孤"的解释与闻人通汉不同。他认为既称之为宗子，那就说明他是无父者。因为如果父在，则父为宗子，该嫡子是不得为宗子的。那么又为什么称之为孤呢？只有一种情况，即这位宗子是"为人后"者，即是过继到宗子家来做后继人的。这样的"为人后"者如果其生父健在，也可以称为宗子。而他既为宗子，说明他的做宗子的继父已死，而由他继任宗子，这位"为人后"者既已无父(指继父)而又殇，故称孤。戴圣又反问闻人通汉道："按照你的说法，既然是因殇而被称为孤，那就说明行过冠礼即成人而死就不称孤了，那么《曲礼》中又为什么说'孤子当家主事，冠和衣都不镶彩边'呢？(按，纯，音zhǔn，在此指衣服的镶边)这里既称孤子，又说他戴有冠，不矛盾吗？"

(闻人通汉)对曰："孝子未曾忘亲，有父母、无父母，衣服辄异。《记》曰：'父母存，冠衣不纯素；父母殁，冠衣不纯采。'故言孤。言孤者，别衣冠也。"

这是闻人通汉对戴圣问题的回答。意思是，父母虽然死了，但孝子却不敢忘记自己的亲人。对于孝子来说，有父母和无父母所穿的衣服是不一样的。所以《记》中说："父母健在，冠和衣不敢镶白色的边；父母不在了，则冠和衣不敢镶彩色的边。"所以《曲礼》中称这位未成年而当家的嫡子为孤，意在说明他的父母已经不在，所以他的冠和衣都"不纯采"。

圣又曰："然则子无父母，年且百岁，犹称孤不断，何也？"

这是戴圣又从另一角度提出问题来问闻人通汉："然而儿子失

去了父母,即使年近百岁,还称孤不断,这是为什么呢?"这是意在反驳闻人通汉所谓"男子二十冠而不为殇,亦不为孤"的说法。

　　通汉曰:"二十而冠不为孤。父母之丧,年虽老,犹称孤。"①

　　这是闻人通汉的回答,意思是,20岁行过冠礼,成人了,即使殇也不称孤了。但作为孝子,当思念已故的父母时,即使自己已经年老,也仍然称孤。当然,闻人通汉这里的回答是有些强词夺理的,戴圣的提问说明,他的所谓"二十而冠不称孤"的说法是难以自圆其说的。

　　关于这场辩论的是非我们姑且不论,从辩论中戴圣的引文来看,所引《曲礼》,正出自今《礼记·曲礼上》,而所谓"《记》曰",大概是《曲礼》的逸文。关于这个论题的辩论,论题虽出自《仪礼·丧服》,而对问题的解释回答,则主要靠引用《记》文。

　　例二,石渠阁会议上还提出了这样一个问题,说:

　　庶人尚有服,大夫臣食禄反无服,何也?

　　这里是问:如果诸侯国君死了,就连庶民都要服丧。作为大夫之臣,食大夫之禄,这个大夫就是这个臣的君。如果这个大夫死了,大夫之臣反而为之无服,即不为之服丧,这是为什么呢?

　　闻人通汉回答说:

　　《记》云:"仕于家,出乡不与士齿。"是庶人在官者也,当从庶人之为国君三月服制。"②

　　这里,闻人通汉首先引用《记》文来作为自己的理论根据,指出《记》中说过:"如果是在卿大夫家中任职,出了乡就不可按年龄

---

① 以上引文皆见《通典》卷73,《继宗子议》,《十通》本,杭州,浙江古籍出版社,1988年。
② 《通典》卷81,《诸侯之大夫为天子服议》,《十通》本。

长幼与士排列位次了。"这是因为家臣的地位低,在乡里出于亲亲的原则还可与士按年龄长幼排尊卑,出了乡就不行了,正式的士就看不起他们了。这些家臣的地位,不过相当于庶人在官者,即庶民而在官府任职事者,所以他们不为其君(即卿大夫)服丧也是不对的,而应当像庶民为国君服三月之丧一样,也为其君服三月丧。这里,闻人通汉所引用的《记》,就见于今《礼记·王制》。

例三,闻人通汉在石渠阁会议上还曾提出这样一个问题,说:

> 《记》曰:"君赴于他国之君曰不禄;夫人,曰寡小君不禄。大夫、士或言卒、死,皆不能明。"①

这里闻人通汉所提问题的意思是:诸侯国君死了,向别国国君报丧,称其君"不禄";国君夫人死了,向别国报丧则称"寡小君不禄";如果是大夫或士死了,报丧时或说"卒",或说"死"。为什么有这些不同的说法,这些说法的意思是什么,都不清楚。闻人通汉这里引的所谓"《记》曰",见今《礼记·杂记上》。

由以上三例,可见当时的礼家,皆掌握有若干礼的《记》文(如《曲礼》、《王制》等)的抄本。这些《记》文当为礼家所习见,而且具有实际上不亚于经的权威性,因此在石渠阁这种最高级别的讨论经义的场合,能为礼家所公开引用以为议论的依据。

必须指出的是,西汉时期有关礼的《记》文是很多的。已故著名学者洪业先生有"《记》无算"的说法,"无算"也就是无数。他说:

> 所谓记无算者,以其种类多而难计其数也……案《汉志》列《礼》十三家,其中有"记百三十一篇",原文注云:"七十子后学者所记也。"明云记者,仅此而已。然"王史氏二十篇",而后云"王史氏记";"曲台后仓九篇",而如淳注曰"行礼射于

---

① 《通典》卷83,《初丧》,《十通》本。

曲台,后仓为记,故名曰《曲台记》",是亦皆记也。至于"明堂阴阳三十三篇","中庸说二篇",后人或指其篇章有在今《礼记》中者,是亦记之属。又礼家以外,《乐》家有《乐记》二十三篇,《论语》家有《孔子三朝》七篇,亦此类之记也。略举此数端,已见"礼记"之称甚为广泛矣。①

由洪业先生此处所列举的《记》看,即有:

《记》131 篇,

《王史氏》(或名《王史氏记》)20 篇,

《曲台后仓》(或名《曲台记》)9 篇,

《明堂阴阳》33 篇,

《中庸说》2 篇,

《乐记》23 篇,

《孔子三朝》7 篇。

总计 225 篇。如此众多的《记》,礼家根据自己的需要,选抄其一定的篇数,以为己用,于是就有了戴圣的 49 篇之《礼记》和戴德的 85 篇之《礼记》。戴圣所抄辑的《记》,人们称之为《小戴礼记》;戴德所抄辑的《记》,人们称之为《大戴礼记》。后来《大戴礼记》散佚了,到今天只剩下 39 篇,还有残缺,而《小戴礼记》则完整地流传到今天。所以今天人们说到《礼记》,就是指的《小戴礼记》。戴德和戴圣二人是叔侄关系,主要生活于西汉宣帝、元帝时期,那么二戴《记》的编纂成书,也应在这一时期。

由上面的分析可知,《礼记》是一部先秦、秦汉时期的礼学文献选编,是由西汉宣、元时期的戴圣编纂成书的。戴圣编纂此书的主要目的,是为了补《礼经》之不足,以备朝廷议礼、制礼所需,同

---

① 洪业:《礼记引得序》,见《礼记引得》卷首,第 20 页,上海,上海古籍出版社,1983 年。

时也是作为在太学向博士弟子教授《礼经》的重要参考资料。

二、关于《礼记》的作者与时代

由上节的论述,我们知道了《礼记》是一部什么性质的书,又知道《礼记》一书的初本是由西汉宣帝、元帝时期的戴圣编纂而成的。① 至于《礼记》中所收49篇《记》文的作者和成书时代,则是一个十分复杂的问题,主要因为资料的缺乏,所以至今还很难完全搞清楚。我们只能根据一些零星的资料对49篇中的部分篇章的作者和写作时代提出一点看法,但还不能保证这些看法就是正确的。如:

《檀弓》上、下:本篇之作,不早于战国中期。

《王制》:战国末年孟子之后学者所作。

《月令》:取自《吕氏春秋》的《十二纪》,而《吕氏春秋》是战国末年吕不韦使其门客所著。

《曾子问》:此篇盖战国秦汉之间的礼家,根据现实生活中行丧礼所遇到的,或设想可能遇到的各种具体情况,假托曾子与孔子的问答以为之说,而作此篇。

《礼运》:本篇之作,不会早于阴阳五行思想盛行的战国晚期,很可能是秦汉时期的作品。

《明堂位》:本篇盖战国末期服膺于荀子"隆礼"的学者所作,而假托周公与鲁国之事,极言"隆礼"之效,以寄托礼制社会的理想。

---

① 王锷认为《礼记》的编纂成书,时间在西汉宣帝甘露三年(前51年)以后,汉成帝阳朔四年(前21年)以前的30年中,很可能是在汉元帝时期。详其《礼记成书考》,第321~324页,北京,中华书局,2007年。

《乐记》:相传为孔子弟子或再传弟子公孙尼子所作,但其中也杂有一些汉人的东西。

《祭义》:本篇用了"黔首"一词,很可能出于秦人之手,至少是经过秦人修改润色的。

《经解》:本篇盖出于汉人之手,盖汉初治荀子之学者所作。

《中庸》:传统的说法,以为本篇出于孔子的孙子子思伋之手。

《缁衣》:本篇出于战国时人之手,这有郭店出土的战国楚简《缁衣》可证。

《三年问》:本篇乃荀子所作,而为作《记》者从《荀子·礼论》中抄出。

《儒行》:孔子死后,儒分为八,其中之一是漆雕氏之儒,本篇盖即漆雕氏之儒所作。

《大学》:盖亦儒分为八之后,其中一派之说。

《冠义》:本篇可能出于汉代经师之手。

《昏义》:本篇之作当在《王制》之后,亦出于汉儒之手。

《射义》:本篇盖亦出汉儒之手。

按:以上看法,皆详拙著《礼记译注》中以上诸篇的"题解"。[①] 必须说明的是,这些看法不仅不全面,而且也很肤浅。因为只是在"题解"中提及,所以也不可能展开论述,或提出更多的证据。我们把这些看法说出来,仅供读者参考。

真正对《礼记》各篇的作者下工夫研究的,是王锷先生。他的近著《〈礼记〉成书考》[②]对《礼记》49篇的写作时代和部分篇章的作者,都做了研究和考证,提出了自己的见解。大体说来,按照成书时代的先后,王锷认为:

---

① 《礼记译注》(繁体字本),上海,上海古籍出版社,1997年。
② 王锷:《〈礼记〉成书考》,北京,中华书局,2007年。

成书于春秋末期至战国前期的有14篇。其中《哀公问》、《仲尼燕居》、《孔子闲居》、《儒行》、《曾子问》、《大学》、《学记》等7篇,属孔子、曾子的著作;《坊记》、《中庸》、《表记》、《缁衣》、《乐记》等5篇属于子思、公孙尼子的著作;《曲礼》、《少仪》2篇,则属先秦其他儒家学者讨论先秦礼制之作。

成书于战国时期的有32篇。其中《奔丧》、《投壶》、《丧服小记》、《大传》、《杂记》、《丧大记》、《问丧》、《服问》、《间传》、《三年问》、《丧服四制》、《祭法》、《祭义》、《祭统》、《王制》、《礼器》、《内则》、《玉藻》、《经解》等19篇,成书于战国中期;《深衣》、《冠义》、《昏义》、《乡饮酒义》、《射义》、《燕义》、《聘义》等7篇,成书于战国中晚期;《文王世子》、《礼运》、《郊特牲》、《檀弓》、《月令》、《明堂位》等6篇,成书于战国晚期。

王锷的这些说法,当然还不能成为定论。但在资料极其缺乏的情况下,能把工作做到这一步,已属难能可贵。他毕竟给读者提供了一种可资参考的意见,对于我们阅读和理解《礼记》是有益处的。同时对于有兴趣深入研究该问题的人,也提供了有益的借鉴。

这里还要说明的一点是,《礼记》49篇,而王锷所考仅46篇,这是因为其中有3篇,即《曲礼》、《檀弓》、《杂记》,因篇幅过大,在《礼记》中都分成了上、下两篇的缘故。

三、戴圣是今文礼学家,《礼记》是今文礼学的参考资料

要了解《礼记》一书的性质,还必须明白汉代经学的今古文问题。

汉代的经书,有今文经和古文经之分。汉代的经学,也因此而分为今文经学和古文经学两大派。

所谓今文,是指汉代通行的文字隶书。所谓今文经,则是指用当时通行的隶书抄写的经书。而研究今文经的学问,就是今文经学。由今文经学家形成的经学派别,就是今文经学派。

所谓古文,是指秦统一中国之前的战国时期六国的文字,以及秦国的文字在统一为小篆之前的大篆籀文。① 用古文抄写的经书,就叫古文经。研究古文经的学问,就叫做古文经学。由古文经学家形成的经学派别,就叫古文经学派。

必须指出的是,今文经学和古文经学两派,虽因抄写经书的文字不同而得名,其实文字的差别是次要的。就文字而言,它们只不过是改写为当时通行的文字隶书时间早晚的不同,此外并没有什么不同。因为古文经要想在汉代流传,也必须改写为今文,而今文经的原始底本也是古文。这两大学派的根本区别在于,他们的经师源流不同,治经的方法不同,从而对经书的解释也不同,由此而形成为两个不同的学术宗派。

这里要说明的是,古文经的发现比较晚,引起统治者的重视并为学者所研究而形成学派就更晚,已是西汉后期的事。所以汉武帝立为经的《诗》、《书》、《礼》、《易》、《春秋》,全部是今文经,当时的经学博士,也全部是今文经学博士。

由此可见,汉武帝最初立为经的《礼》,即《仪礼》,属于今文经。而研究《仪礼》的学者,也就是今文礼学家。后仓和他的学生戴德、戴圣、庆普、闻人通汉等,就是这样的今文礼学家。

这些今文礼学家在研究和向博士弟子教授《仪礼》的过程中,深感《仪礼》内容的不敷时用,因而向有关礼的《记》文去寻求参考资料,于是就有了大、小二戴之《礼记》的编纂成书。由此可见,

---

① 此用刘起釪说,见其所著《尚书学史》,第105页,北京,中华书局,1989年。

《礼记》既为今文礼学家戴圣所编纂和利用，自然也就成了今文经学的著作。而那种认为《礼记》是一部不分今古文或今古文混杂之书的观点，是不对的。

这里还要特别说明的是，经今古文的概念和经今古文之争都是西汉后期才发生的。哀帝建平元年（前6年），刘歆向朝廷提出为古文经立博士，并且认为古文经优于今文经，遭到今文经学博士和今文经学出身的朝廷大臣们的一致反对，从此以后，汉代才有了今古文的概念和经今古文两派的斗争。在此之前，古文经和古文经学只是在民间流传，影响很小，也没有与今文经学发生什么矛盾和冲突。我们这里用今古文的概念来谈论汉代的经学，只是为了论述的方便，并不是说西汉从一开始就有今古文两大派。

四、驳洪业所谓《礼记》非戴圣之书说

如上所述，《礼记》是戴圣编纂的。但也有学者不同意这种说法，其代表人物就是洪业。

近人洪业不信戴圣纂辑49篇《礼记》之说。他在《礼记引得序》中，除提出诸多可疑之点外，主要有两条看似无可辩驳的理由。

第一条理由是："《说文》引《礼记》辄冠以'礼记'二字，独其引《月令》者数条，则冠以'明堂月令曰'，似许君所用之《礼记》尚未收有《月令》，此可佐证《月令》后加之说也。"这就说明，今天我们所见包含着《月令》的《礼记》，并不是戴圣编纂的，至少可以说明戴圣所编《礼记》的初本中并未收《月令》，否则东汉的许慎引用《月令》，按照他引《礼记》之例，也当冠以"礼记"二字，为什么不加这两个字，而用什么"明堂月令曰"呢？然洪业自注其所引关于《说文》引《礼记》的说法，是依据丁福保的《说文解字诂林》，可见洪氏本人并未取《说文》加以详核。

今考《说文》所引《礼记》,情况较为复杂,其实并无一定义例。据1963年12月中华书局影印陈昌奉刻本《说文》,明引《礼记》者有6处,兹录之如下。

其一,《示部》"祟"字注曰:"《礼记》曰:'零祟祭水旱。'"然而段玉裁《说文解字注》(以下简称段《注》)认为,这里是"误用错语为正文",也就是把徐锴为《说文》作的注文当作《说文》的正文了。

其二,《艸部》"苄"字注曰:"《礼记》:'铏毛,牛藿,羊苄,豕薇。'"王筠《说文句读》说(按:以下凡引王筠说皆出于此书,不复标书名),这里所引是《仪礼·公食大夫礼》后边的《记》文,而不是《礼记》之文。《仪礼》各篇经文后面的"记"虽然也可以称为《礼记》,但同我们这里所讨论的49篇之《礼记》并不是一回事。

其三,《羽部》"翣"字注曰:"棺羽饰也。天子八,诸侯六,大夫四,士二。"这里引的是《礼记·礼器》之文,但引文前并未冠以"礼记"二字。

其四,《鸟部》"鹬"字注曰:"《礼记》曰:'知天文者冠鹬。'"王筠说这里的引文出自《逸礼》而非《礼记》。

其五,《血部》"衁"字注曰:"《礼记》有衁醢。"王筠以为"衁醢"一词出于《仪礼》、《周礼》,而不出于《礼记》。段《注》本《说文解字》于此条就删去了《礼记》的"记"字,并说:"各本'礼'下有'记'字,误,今依《韵会》本。"

其六,《亻部》"偭"字注曰:"《少仪》曰:'尊壶者偭其鼻。'"按《少仪》是《礼记》的第17篇。

由以上诸条可见,《说文》所引而确可信为出于《礼记》的,只有三、六两条,而第3条中未标《礼记》书名,第6条则仅举其篇名(《少仪》)。可见洪氏所谓《说文》引《礼记》而皆冠以"礼记"二字的说法,并不符合事实。

又考《说文》全书引《月令》凡11处,其中9处皆曰《明堂月令》,而《耳部》"䎽"字下则曰:"一曰若《月令》'靡草'之'靡'。"又《酋部》"酋"字注曰:"《礼》有大酋,掌酒官也。"此处所谓《礼》,实据《月令》,王筠曰:"《月令》'仲冬乃命大酋',《注》:'酒熟曰酋。大酋者,酒官之长。'"可见《说文》引《月令》,也并非皆冠以"明堂月令曰",而以此作为许慎所用《礼记》尚未收有《月令》的证据,也就不能成立了。

洪氏的第二个也是最重要的证据就是,戴圣是今文《礼》学家,如果他"别传有《礼记》以补益其所传之经,则其《记》亦当皆从今文,而不从古文。"然而《礼记》中的文字颇多从古文,而且收有《奔丧》、《投壶》二篇,出于古文《逸礼》,而《燕义》开头百余字则出于古文经《周礼·夏官·诸子》,作为今文《礼》家的戴圣,其所编《礼记》,怎么会这样呢?因此他的结论是:《小戴记》非戴圣之书,并认为49篇之《小戴礼记》的编纂成书,当是在"二戴之后,郑玄之前,'今礼'之界限渐宽,家法之畛域渐泯"以后的事,且"不必为一手之所辑,不必为一时之所成",而之所以名之为《小戴礼记》,不过是"误会",是"张冠而李戴"。

洪氏此论,曾使不少学者为之折服。然而细揣之,实不敢苟同。

这里首先涉及对汉代的今古文之争究竟应当怎样认识的问题。其实,认为汉代今古学两派处处立异而"如水火"①的,不过是清代学者的看法。而真正使今古学两派壁垒分明而如水火的,也只是清代学者的事。特别是到了晚清,借经学以为政治斗争的武器,更是如此。所以清代的今古文之争,已非单纯的学术宗派之争,实具有政治斗争的性质,有其极端的严峻性。康有为所著《新

---

① 廖平:《今古学考》卷下《经话》,见刘梦溪主编《中国现代学术经典》之《廖平蒙文通卷》,第38页,石家庄,河北教育出版社,1996年。

学伪经考》，三次被清廷降旨毁版，①就是显例。因为清代的今古学两派都打着复兴汉学的旗号，所以也就不免夸大汉代今古文之争的严重性。其实汉代的今古文之争，是纯粹的学术宗派之争，并不带政治斗争的性质。关于这一点，我们从王莽改制既用古文经，又用今文经，虽立古文经博士而并不废今文博士，其所建新朝对于今古文两派学者并加重用，一视同仁，以及东汉建武初年刘秀准立《左氏春秋》博士，而汉章帝竟至"特好《古文尚书》、《左氏传》"②，等等，都可以说明。

又，汉代的今古文之争，突出地表现在古文经学家欲为古文经争立学官上。今文经学博士为保持其在学术上的统治地位，以为本学派垄断利禄之途，则竭力反对立古文经学博士。然而古文经只要不争立博士，今古文两派就可相安无事。因此自成帝时诏谒者陈农"求逸书于天下"③，并诏刘向等校书，对于所搜集和校理的大量古文经籍，今文博士并无异议或以为不可。相反，博士们所可以读到的朝廷藏书④，对于其中的古文经记，实早已暗自抄辑，并公开引用了。如前举《通典》所载石渠阁之议，戴圣和文人通汉在议论中即已引用了《曲礼》、《王制》、《杂记》等，其中《曲礼》和《杂记》，据廖平《今古学考》的分类，即属于古学之书。况且，如前所说，古文经的提出以及今古文之争，发生在哀帝建平元年刘歆奏请朝廷为古文经立博士之后，此前并无今古学的概念，更无所谓争议或斗争。所以遭秦火之后，经籍残缺而孤陋的博士们，因不敷大一

---

① 参见钱玄同《重论经今古文学问题》，收在《古史辨》第五册，上海古籍出版社，1982年。

② 《后汉书·贾逵传》。

③ 《汉书·艺文志·序》。

④ 据《汉书·艺文志·序》注引刘歆《七略》说，武帝时，"外则有太常、太史、博士之藏，内则有延阁、广内、秘室之府"。可见自武帝时已为博士官建有专门的藏书处。至于太常、太史所藏书，博士们大概也是可以读到的。

统王朝所需而于所可能发现的、出于山岩屋壁的古文经记，皆"贪其说"①而抄辑之以为己用，本是很自然的事，并没有门户之见从中作梗。由此可见，今古文之争未起，而生当宣、元时期的大、小二戴所抄辑的《礼记》，混有古文经记，并不足为奇。

关于49篇《礼记》的今古文属性问题，廖平在其所著《今古学考》中认为最为驳杂，而将其划分为今文学、古文学、今古学混杂的、今古学相同的四大类，并一一列其篇目。② 然廖氏仅作了简单的篇目分类，并未说明理由或加以论证，因此当时以及后来的学者们对廖氏的分类多有非议，以为不可据信。如廖氏以《礼运》属古文学，而康有为则以为属今文学，并特为之作《注》③，就是显例。然而对于廖氏的分类尽管非议颇多，不能得一般学者的认同，而认为49篇之《礼记》是一部今古文混杂的著作，则为一般学者所公认。这种看法亦始于清代学者，也确有一定道理。但我们的看法和立场与清代学者不同。如清代今文学者以《王制》为今文经学之大宗（如皮锡瑞在其所作《三礼通论》中就专立有《论王制为今文大宗即春秋素王之制》一节），是因为《王制》所设计的制度与《周礼》不同，而《周礼》为古文经，这是没有异议的，那么《王制》自然就属今文之作了。其实这种划分，本出于清代学者的门户之见，汉人并无以《王制》为今文之说的。至于《王制》与《周礼》的矛盾，就郑《注》所见，是以所记为"夏制"或"殷制"来加以解释的。如果我们再考查一下《礼记》49篇的来源，益可知清人分类之说的不可

---

① 见李光坡《礼记述注》卷24之《奔丧第四十三》题下注，文渊阁《四库全书》本。

② 廖平：《今古学考》卷上《两〈戴记〉今、古篇目表》，见刘梦溪主编《中国现代学术经典》之《廖平蒙文通卷》，第23页，石家庄，河北教育出版社，1996年。

③ 按康有为所撰《礼运注》，北京中华书局1987年出有楼字烈校点本。

靠。

《礼记》中可以肯定有今文《记》。今可考者,则出自今《礼》博士、二戴之师后仓。《汉书·艺文志》(以下简称《汉志》)载有《后氏曲台记》9篇。王应麟在其《汉艺文志考证》中说:"本《传》:'仓说《礼》数万言,号曰《后氏曲台记》,授大、小戴。'服虔曰:'在曲台校书著《记》,因以为名。'"①二戴既传后仓之学,则取其师所撰之《记》,以入己所纂辑之《记》,自是理所当然的事。王氏即列举了大戴抄取《曲台记》之例(《孝昭冠辞》)。小戴盖亦然,只是今天已不可考知49篇中何篇、或某篇中之何章节取自《曲台记》了。而以王应麟所引《七略》度之②,则49篇中有关射礼或射义的文字(如《射义》所载,以及散见于其他篇章中者),或许有取自《曲台记》的文字。又据朱彝尊《经义考》引孙惠蔚说:"曲台之《记》,戴氏所述,然多载尸灌之义,牲献之数。"③据此,则二戴《记》中确可信抄辑有《曲台记》的内容,这些内容盖涉及祭义与祭法。又任铭善《礼记目录后案》认为《曲礼上第一》的开头自"毋不敬"以下的十二字,即录自《后仓曲台记》,④亦是一例。

然而除抄录自《曲台记》的部分外,49篇的大部分篇章,实皆抄辑自古文《记》。考汉代诸多有关礼的"记"文的来源,实皆出自古文。如《汉书·河间献王传》说:

> 河间献王德以孝景前二年立,修学好古,实事求是。从民间得善书,必为好写与之,留其真,加金帛赐以招之……献王

---

① 王应麟:《汉书艺文志考证》卷2之《曲台后仓九篇》条,《二十五史补编》第2册,第1397页中,北京,中华书局,1955年。
② 王应麟引《七略》曰:"宣帝时行射礼,博士后仓为之辞,至今记之,曰《曲台记》。"同上。
③ 朱彝尊:《经义考》,第4册,第742页,(台)中央研究院文哲所编,长达印刷有限公司,2000年版,2005年第二次印刷。
④ 任铭善:《礼记目录后案》,第5页,济南,齐鲁书社,1982年。

所得书，皆古文先秦旧书，《周官》、《尚书》、《礼》、《礼记》、《孟子》、《老子》之属，皆经传说记，七十子之徒所论。

按河间献王所得古文《礼记》，盖指有关礼的《记》文，非指专书，故师古注曰："《礼记》者，诸儒记礼之说也。"又《汉志》说：

  武帝末（按：当为"武帝初"之讹。鲁恭王于孝景帝前三年［前154年］徙王鲁，死于武帝元光六年［前129年］），鲁恭王坏孔子宅，欲以广其宫，而得《古文尚书》及《礼记》、《论语》、《孝经》，凡数十篇，皆古字也。

可见鲁恭王所得古书亦有《礼记》，盖亦"诸儒记礼之说"。又《经典释文·序录》说：

  郑《六艺论》："后得孔氏壁中、河间献王古文《礼》五十六篇，《记》百三十一篇，《周礼》六篇；其十七篇与高堂生所传同，而字多异。"刘向《别录》云："古文《记》二百四篇。"

按郑玄所谓《记》百三十一篇，即《汉志》"礼家"类所载"《记》百三十一篇"。又有刘向《别录》所谓"古文《记》二百四篇"。可见大、小二戴《记》就其所辑《记》文的来源而言，本多为古文《记》。至于《小戴记》中所收《投壶》、《奔丧》二篇，原出古文《逸礼》，则更不待言。所以蒋伯潜说：

  《景十三王传》言河间献王所得，皆古文先秦旧书，中有《礼记》；鲁恭王坏孔子宅而得古文书凡数十篇，皆古字，中亦有《礼记》。《经典释文·序录》引郑玄《六艺论》述孔氏壁中及河间献王书，亦以《礼记》与古文《周礼》并举；又引刘向《别录》，亦曰古文《记》二百四篇。四十九篇之《小戴礼记》辑自《记》百三十一篇及《明堂阴阳》等五种，则为古文明甚。[①]

[①] 蒋伯潜：《十三经概论》，第339~340页，上海，上海古籍出版社，1983年。

还有一事，不可不明，即自先秦流传至汉代的经、记，原本皆先秦古文。汉代的经学家以当时流行的文字隶书抄而读之，以为己用，即成今文。故大、小二戴《记》尽管从其来源来说多为古文《记》，甚至还有古文经《逸礼》(《投壶》、《奔丧》)，然既为今古文之争未起时二戴所抄辑而用之，也就成今文了，不当用哀帝时始兴起的今古学两派的立场，去推论二戴必不可抄辑古文《记》。至于说《燕义》首节全录《周礼·夏官·诸子》之文，不过是《注》文误入正文，不足为据。关于这一点，顾实先生有一段话说得很好：

> 《戴记》为古文之证颇多。司马迁以《五帝德》、《帝系姓》为古文(自注：《史记·五帝本纪》)，而《大戴礼》有之，其证一。本《志》(按指《汉志》)明言《礼古经》出鲁淹中，及《明堂阴阳》、《王史氏记》(自注：承上古经而言，故亦为古《记》)，而《小戴记》之《月令》、《明堂位》，《别录》属《明堂阴阳》，其证二。则岂独其间有糅合逸经者为古文哉？成帝绥和元年，立二王后，推迹古文，以《左氏》、《穀梁》、《世本》、《礼记》相明(自注：本书《梅福传》)，则凡《礼记》，明皆古文。二戴先成帝之世(自注：当宣帝世，见《儒林传》)，岂便特异？且《穀梁》后为今文，则《礼记》之后为今文，亦宜也(自注：凡诸经、记，原本皆古文，后易而隶书，遂为今文耳。彼今文古文之争，非其本然也)。①

综上所述可见，洪业因为《礼记》中混有古文，从而否认作为今文《仪礼》博士的戴圣辑有《礼记》，是不能成立的。49篇之《礼记》初为宣、元时期的戴圣所纂辑，当无可疑。

---

① 顾实：《汉书艺文志讲疏》，第43页，上海，上海古籍出版社，1987年。

五、驳"小戴删大戴"之说

关于《礼记》的成书,还有所谓"小戴删大戴"之说。这种说法认为,49篇的《小戴礼记》,是小戴(戴圣)删减大戴(戴德)所辑的85篇《大戴礼记》而成。此说始于晋司空长史陈邵。陆德明《经典释文·序录》引其说曰:

> 陈邵《周礼论序》云:"戴德删古礼二百四篇为八十五篇,谓之《大戴礼》。戴圣删《大戴礼》为四十九篇,是为《小戴礼》。后汉马融、卢植考诸家同异,附戴圣篇章,去其繁重,及所叙略,而行于世,即今之《礼记》是也。郑玄亦依卢、马之本而注焉。"

这里意思是说,戴德对204篇的古礼《记》加以删除而成为85篇的《大戴礼记》,戴圣又对85篇的《大戴礼记》加以删除而为49篇的《小戴礼记》。后来马融、卢植又依《小戴礼记》的篇章而对诸家《礼记》传本加以校订,东汉后期的郑玄又依据马融、卢植的校订本而为之作注,就是晋时所见到的《礼记》。这就是我们今天所见到的最早的"小戴删大戴"之说。

后来《隋书·经籍志》(以下简称《隋志》)更附益其说,云:

> 汉初,河间献王又得仲尼弟子及其后学者所记一百三十一篇献之,时亦无传之者。至刘向考校经籍,检得一百三十篇(姚振宗《汉书艺文志条理》曰:"案'一'在'十'之下,写者乱之。"①是谓此处文字当作"检得百三十一篇"),向因第而叙

---

① 姚振宗:《汉书艺文志条理》卷一之上"记百三十一篇七十七子后学者所记"条,见《二十五史补编》第2册,第1549~1550页,北京,中华书局,1955年。

之。而又得《明堂阴阳记》三十三篇、《孔子三朝记》七篇、《王史氏记》二十一篇、《乐记》二十三篇,凡五种,合二百十四篇(按以上五种《记》合计为215篇,此处少1篇,误)。戴德删其繁重,合而记之,为八十五篇,谓之《大戴记》。而戴圣又删大戴之书,为四十六篇,谓之《小戴记》。汉末马融遂传小戴之学。融又定《月令》一篇、《明堂位》一篇、《乐记》一篇,合四十九篇;而玄受业于融,又为之注。

这里《隋志》虽然采用了陈邵的"小戴删大戴"之说,但又有所不同。一是对于大戴所依据的古《记》的篇数,陈邵说是204篇,《隋志》说是215篇,并一一详列其来源。二是小戴删大戴之后所得篇数不是49篇而是46篇,缺了《月令》、《明堂位》、《乐记》这3篇,后来是马融又为《小戴记》补了这3篇,才成为今天所见到的49篇。这里,《隋志》除沿用陈邵"小戴删大戴"之说,又生出了所谓"马融足三篇"之说,从而使问题更为复杂化了。

然陈邵和《隋志》的说法,后世学者颇多非议。清代的学者,如纪昀、戴震、钱大昕、陈寿祺等,皆力驳所谓"小戴删大戴"以及"马融足三篇"之说。如纪昀说:

其说不知所本。今考《后汉书·桥玄传》云:"七世祖仁,著《礼记章句》四十九篇,号曰桥君学。"仁即班固所谓小戴授梁人桥季卿者,成帝时尝官大鸿胪(按据《汉书补注》,桥仁为大鸿胪在平帝时,此误)。其时已称四十九篇,无四十六篇之说。又孔《疏》称《别录》:"《礼记》四十九篇,《乐记》第十九。"四十九篇之首,《疏》皆引郑《目录》,郑《目录》之末,必云此于《别录》属某门。《月令》,《目录》云"此于《别录》属《明堂阴阳记》"。《明堂位》,《目录》云"此于《别录》属《明堂阴阳记》"。《乐记》,《目录》云"此于《别录》属'乐记',盖十一篇,今为一篇"。则三篇皆刘向《别录》所有,安得以为马融所增?《疏》又引玄《六艺论》曰:"戴德传《记》八十五篇,则《大戴礼》是也。戴圣传《礼》四十九篇,则此《礼记》是也。"玄为马融弟子,使三篇果融所增,玄不容不知,岂有以四十九篇属于戴圣之理?况融所传者,乃《周礼》,若小戴之学,一授桥仁,一授杨荣,后传其学者,有刘祐、高诱、郑玄、卢植,融绝不预其授受,又何从而增三篇乎?知今四十九篇,实戴圣之原书,《隋志》误也。①

纪昀的这段话,批驳《隋志》所谓"马融足三篇"之说,可谓有力。他列举的主要证据是,西汉时期就已经有了49篇的《礼记》。如东汉桥玄的七世祖桥仁就曾为《礼记》作过《章句》,而所作《礼记章句》就是49篇。桥仁则是西汉后期成帝时候的人,在成帝时做过大鸿胪之官。其所作《章句》,显然是依据49篇的《小戴礼记》。又,西汉成帝时刘向所撰《别录》,也记载有"《礼记》四十九篇",还特别标明"《乐记》第十九",与传至今天的《乐记》的篇次正相同,这就说明《乐记》不是东汉马融增加进去的。另外,在郑玄《礼记目录》所引刘向《别录》中,还对《月令》、《明堂位》、《乐记》3篇作了分类,说前两篇在《别录》中被归于《明堂阴阳》类,《乐记》则被归于《乐记》类。又,郑玄是马融的学生,如果马融曾为《礼记》做过增补工作,郑玄不会不知道,那么他在《六艺论》中就不会说"戴圣传《礼》四十九篇,则此《礼记》是也"这样的话。可见,所谓"马融足三篇",也就是认为《礼记》经马融之手才形成49篇的说法,是站不住脚的。

戴震说:

> 郑康成《六艺论》曰:"戴德传《记》八十五篇。"《隋书·经籍志》曰:"《大戴礼记》十三卷,汉信都王太傅戴德撰。"今是

---

① 《四库全书总目》卷21,《礼记正义》下《提要》。

书传本卷数与《隋志》合,而亡者四十六篇。《隋志》言"戴圣删大戴之书为四十六篇,谓之《小戴记》",殆因所亡篇数傅合为是言与? 其存者,《哀公问》及《投壶》,《小戴记》亦列此二篇,则不在删之数矣。他如《曾子大孝》篇见于《祭义》,《诸侯衅庙》篇见于《杂记》,《朝事》篇自"聘礼"至"诸侯务焉"见于《聘义》,《本命》篇自"有恩,有义"至"圣人因杀以制节"见于《丧服四制》。凡大小戴两见者,文字多异。《隋志》以前未有谓小戴删大戴之书者,则《隋志》不足据也。①

戴震这段话,主要驳"小戴删大戴"之说,也很有说服力。他首先指出此说的来源是出于附会。因为《大戴礼记》原有85篇,后来散亡了46篇,所以《隋志》说"戴圣删大戴之书为46篇,谓之《小戴礼记》",正好符合了《大戴》散亡之数(按:这里戴震回避了《隋志》所谓"马融足三篇"的问题)。戴震认为按照这种附会的说法,《大戴》之所亡,也就是《小戴》之所取。可是我们比较研究一下二《戴记》的内容就可以知道,实际并非如此。二《戴记》的内容每有重复,如《大戴》有《哀公问》和《投壶》,《小戴》也有;《大戴》某些篇中有的内容,《小戴》也每每有之;又,凡大、小《戴记》都有的内容,又每每文字多异。可见,说《小戴》是删取《大戴》而成书,是不能成立的。又,戴震说"《隋志》以前未有谓小戴删大戴之书者",则是没有注意到晋陈邵之说,这是戴震一时的疏略。

由上可见,戴震批驳"小戴删大戴"之说,则是击中要害的。而且他指出"凡大小戴两见者,文字多异"这一点,是十分重要的。由这一点可以说明,大、小戴实际是各自从诸多的古《记》中选取自己所需的篇章而编纂成书的,但因为他们各自所据《记》文的本

---

① 戴震:《东原集·大戴礼记目录后语一》,《清经解》第3册,第889页,上海,上海书店出版社,1988年。

子并不相同(按:当时同一种《记》文的本子应当是很多的),因此造成相同的篇章或内容,文字却多异的现象。而这种现象的存在,就正好否定了所谓"小戴删大戴"之说。因为,如果小戴是删取大戴而成书,则相同的篇章或内容,文字就不当相异,小戴不可能一边删取《大戴礼记》,一边又篡改其文字。况且小戴与大戴尽管是叔侄,但同师于后仓,且学成后各自名家,大戴编了部《礼记》,小戴则径删取之以成书,何至如此其陋?其学何以服人?这于情理上也是说不通的。

除上引纪昀、戴震二氏之说外,陈寿祺对"小戴删大戴"和"马融足三篇"之说亦有辩驳,其说较详,而大要则与纪、戴二氏之说无异。① 此外批驳此说的学者还有很多,兹不一一列举。

还有一种情况,我们这里也不得不谈一谈,即《汉志》中没有记载二戴《礼记》,因此学者颇有以此为据而否认西汉有二戴《礼记》的。如清人毛奇龄即有此说。② 我以为此实不足为据。因为《汉志》是班固根据刘歆的《七略》"删其要"而撰作的,③而刘歆的《七略》又是在其父刘向所撰《别录》的基础上删要而成。因此姚名达说:"先有《别录》而后有《七略》,《七略》乃摘取《别录》以为书,故《别录》详而《七略》略也。"④故《汉志》未载之书,不等于《七略》未载,更不等于《别录》亦无其书。且《释文·序录》明明说"汉刘向《别录》有四十九篇,其篇次与今《礼记》同",复何可疑?再则西汉时代的书,《汉志》未收录的甚多,董仲舒的《春秋繁露》就是

---

① 详可参见陈寿祺《左海经辨》之"《大戴记》八十五篇,《小戴记》四十九篇"条,见《清经解》第七册,第205~206页。
② 毛奇龄:《经问》,见《清经解》第1册,第703页。
③ 见《汉书·艺文志·序》。
④ 姚名达:《中国目录学史》,第48页,上海,上海书店出版社,1984年。

显例。如果我们再翻翻姚振宗的《汉书艺文志拾补》,则《汉志》未收录的,又岂止《春秋繁露》和二戴《礼记》呢!

六、《礼记》的内容

《礼记》49篇,内容十分驳杂,涉及儒家思想和礼制的方方面面,可以说是儒家思想和儒家礼学的大杂烩,也可以说是先秦、秦汉时期儒家思想的集大成。所以它是我们今天了解和认识儒家思想,以及研究探讨儒家学说的一座极为丰富的资料宝库。大体说来,它包括以下诸方面的内容。

(一) 关于治国平天下的理想和学说

如《礼运》篇提出了关于"大同"社会的崇高理想。这是一个"天下为公"的社会,没有阶级,没有剥削和压迫,人们互相关心,团结友爱。在这个社会里:

> 天下为公,选贤与能,讲信修睦。故人不独亲其亲,不独子其子,使老有所终,壮有所用,幼有所长,矜寡孤独废疾者,皆有所养;男有分,女有归;货恶其弃于地也,不必藏于己;力恶其不出于身也,不必为己。是故谋闭而不兴,盗窃乱贼而不作,故外户而不闭,是谓大同。(**参考译文**:天下是人民所公有的,选择贤能的人而把领袖的地位传给他,人与人之间讲究信用而和睦相处。因此人们不只是亲爱自己的双亲,不只是慈爱自己的子女,更要使老年人能得终养,壮年人有用武之地,幼童能得到抚育,年老丧夫或丧妻而孤独无靠的人以及残疾人都能得到照顾和赡养;男子都有自己的职业,女子都能适时婚嫁;嫌恶财物被糟蹋浪费,但并不必为己所有;嫌恶有力气偷懒不用,但并不必为自己服务。因此阴谋诡计被扼制而不

得施展,盗窃和乱臣贼子不会产生,外出可以不用关门,这就叫做大同社会。)

然而这样的大同社会久已不得实行了,不得已而求其次,又提出了"小康"社会的理想,也就是礼制社会的理想。而人们所经常提到的圣人,如大禹、商汤、文王、武王、周公等,就是这个时代的英杰人物。这是一个"天下为家"的社会,在这个社会里:

各亲其亲,各子其子,货力为己,大人世及以为礼,城郭沟池以为固,礼义以为纪,以正君臣,以笃父子,以睦兄弟,以和夫妇,以设制度,以立田里,以贤勇知,以功为己,故谋用是作,而兵由此起……刑仁讲让,示民有常。如有不由此者,在执(势)者去,众以为殃。是谓小康。(**参考译文**:人们各自亲爱自己的双亲,各自慈爱自己的子女,财物和人力都据为己有,把国君世袭作为礼,修筑城郭和护城河来加固防守,把礼义作为纲纪,用来端正君臣关系,加深父子感情,以使兄弟和睦,夫妻和美,并据以建立制度,划分田里,尊重勇士和才智之士,以为己建立功业,故阴谋由此而生,战争由此而起……提倡仁爱而讲究谦让,向民众显示治国有常法。如果有不遵行礼义的,做君主的将被废黜,民众将把他看成是祸殃。这就叫做小康社会。)

后来的儒家学者所竭力宣扬和努力为之奋斗的,就是这样的小康社会,也就是礼制社会。为实现这种社会,他们向"君子"们指出了"修身、齐家、治国、平天下"的途径。并提出"中庸之道"作为"天下之达道"。而《王制》篇则提出了一整套的建国方案,并设计了包括封爵、职官、祭祀、丧葬、巡守、刑罚、养老、城邑建设、官吏选拔、学校教育等等多方面的制度。《月令》篇则又依据阴阳五行思想,提出了治理国家在一年的12个月中每月所当行的政令和不当行的政令,以及违反时令所可能招致的灾殃,等等。至于对统治者在德行方面的修养和要求,则几乎触篇皆是,举不胜举。

(二) 对礼义的阐发和有关礼的理论

对礼义的阐发,最集中地体现在《冠义》、《昏义》、《乡饮酒义》、《燕义》、《聘义》、《射义》等6篇。前5篇,分别是对《仪礼》中的《士冠礼》、《士昏礼》、《乡饮酒礼》、《燕礼》、《聘礼》之礼义的阐释。又,《仪礼》中关于射礼有《乡射礼》和《大射》二篇,而《礼记》之《射义》虽是阐发射礼的意义的,但主要不是针对《乡射礼》和《大射》,而是侧重于对天子用射礼择士的意义的阐发。除以上6篇外,其他诸篇阐发礼义的文字也很多,几乎随处可见。如《檀弓下第四》中许多地方都是随文阐释丧礼的意义,兹举几例。

丧礼,哀戚之至也,节哀顺变也,君子念始之者也。(第16节。**参考译文**:丧礼,是当人悲哀之极的时候,节制人的悲哀以使人适应丧亲的剧变,这是因为君子考虑到父母最初生我之心而不敢因悲哀毁坏身体的缘故。)

复,尽爱之道也,有祷祠之心焉。望反诸幽,求诸鬼神之道也。北面,求诸幽之义也。(第17节。**参考译文**:招魂,是孝子向亲人尽爱心的方式,有祈祷鬼神以求亲人复生的心情。招魂时望着幽暗处,这是祈求鬼神的方法。招魂时面朝北方,正是向幽暗处招求亲人亡灵的意思。)

饭用米、贝,弗忍虚也。不以食道,用美焉耳。(第19节。**参考译文**:为死者行饭含之礼用米、用贝壳,这是因为孝子不忍心亲人死后口中空无所食。不用活人吃的饭食,而要用具有天然之美的米和贝壳为死者饭含。)

奠以素器,以生者有哀素之心也。唯祭祀之礼,主人自尽焉耳。岂知神之所飨,亦以主人有齐敬之心也。(第22节。**参考译文**:葬前奠祭死者用不加雕饰的器具,因为活着的人哀痛而无雕饰之心。只有葬后行祭祀之礼，主人才尽其敬神之心而加以文饰。要知道神之所以享用祭品，也是因为主人有一颗虔诚庄敬的心。）

辟踊，哀之至也，有算为之节文也。（第23节。**参考译文**：捶胸跳跃，表示哀痛到极点，但又规定了捶胸跳跃的次数作为节度。）

《礼记》中不少篇章或段落还论及有关礼的理论。如《礼运》、《礼器》、《乐记》等篇，就有许多论礼的文字。

如《礼运》篇不仅提出了著名的"大同"和"小康"社会的理想，还探讨了礼的起源、发展、演变，以至完善的过程，探讨了圣王制礼的根据、原则，礼与仁、义、礼、乐、顺的关系，以及礼制的运行规律，并反复强调了运用礼来治理人情、社会的重要意义，等等。

《礼器》篇则论述了礼的本与文，也就是礼的表与里的关系，制礼和行礼的原则，并以较大的篇幅论及礼的各种表现形式，提出礼有以多、大、高、文为贵的，也有以少、小、下、素为贵的，而其要则归结为所行之礼要与所用之礼物相称的道理。又论及所行之礼尽管烦多，且三代之礼又互有沿革损益，而皆当以诚心一以贯之。还论及礼的目的在教人返本修古，不忘其初，且行礼当因物顺时，符合天道阴阳的规律，等等。

《乐记》篇则主要记载儒家有关音乐以及乐与礼的关系的理论。其中论述到乐的产生，不同的音乐所具有的不同的社会作用；乐与礼的区别及其不同的社会功能；乐与社会人事及天地自然的关系；乐对人的性情的影响，先王制乐的根据，以及社会治乱与乐的关系；乐对人的思想情绪的影响以及乐教的社会作用；古乐与郑卫之音的区别，以及德音和溺音的区别；乐对人的内心修养和人伦教化的作用，等等，内容极为丰富，可以说是儒家音乐理论的集大成之作。

《礼记》中还有许多篇,都随文言及有关礼的理论,尽管是零星、片断而不成系统的,但对于我们了解和认识儒家的礼学思想,都十分有益。

（三）　大量有关礼的记载,尤多有关丧礼的记载

我们前面讲过,作为经的《仪礼》只记载了 15 种礼,而《礼记》中却记载了许多《仪礼》没有涉及到的礼。这不仅对汉代的礼学家来说十分宝贵,对于我们今天了解中国古代的礼仪制度和礼文化也是十分值得珍视的。

最突出的例子,就是《奔丧》和《投壶》两篇。前者记中国古代的奔丧之礼,后者记投壶之礼。这两篇都是《仪礼》中没有的,学者们大都以为是《逸礼》而幸存于今天的。按汉代记载各种成套礼仪的书,除《仪礼》17 篇外,据《汉志》记载,还有《礼古经》56 篇。《仪礼》是今文经,《礼古经》则是古文经。这 56 篇古文经中,有 17 篇与《仪礼》所记是相同的,另有 39 篇则是《仪礼》中所没有的,被称之为《逸礼》。然而《逸礼》后来却失传了。什么时候失传的,今天也很难考证清楚,大概是在魏晋之际吧。而《逸礼》中的《奔丧》和《投壶》两篇,却因被《礼记》收录了,因此得流传至今。

此外,零星或片断地记载中国古礼的文字还很多。这些文字,对我们今天了解中国的古礼,也显得弥足珍贵。兹举例如下。

标志男子成人有冠礼,对此《仪礼·士冠礼》有详细的记载。标志女子成年则有"加笄礼",而加笄礼却失传了。而《礼记》中对此则有一些零星的记载。如：

女子许嫁,笄而字。(《曲礼上》第 29 节)

十有五年而笄,二十而嫁,有故二十三年而嫁。(《内则》第 59 节)

丈夫冠而不为殇。妇人笄而不为殇。(《丧服小记》第 44

节)

　　女虽未许嫁,年二十而笄,礼之。妇人执其礼。燕则鬈首。(《杂记下》第76节)

　　这些文字虽然零星,但我们由此对女子的加笄礼则多少可以获得一些了解。从以上文字我们大体可以知道,女子年十五就可以许嫁了,而就在这年行加笄之礼。也同男子冠而字一样,女子则笄而字,即在行加笄礼之后就要为此女取字。女子行过加笄礼就算成人了,到20岁就可以出嫁了(除非"有故",如遭遇父母之丧,可推迟到23岁而嫁)。正因为行过加笄礼就算成年了,所以这时如果不幸而死,就不算殇(人未成年而死就叫殇),可以按成人礼来为她办丧事。女子即使没有许嫁,到了20岁也要行加笄礼,从此就以成人礼来对待她。加笄礼由妇人主持举行(即所谓"女虽未许嫁,年二十而笄,礼之。妇人执其礼。")女子加笄后,没事时可以不著笄,而把头发分两边梳结(即所谓"燕则鬈首")。这些,就是《礼记》所提供给我们的有关女子加笄礼的信息。

　　又如飨礼,是中国古代一项运用得十分广泛而又重要的礼,但此礼久已失传,今已不得其详。但《礼记》中保留有不少关于飨礼的零星记载,若把这些记载综合起来,那么我们今天还可以对此礼获得一些了解。由于《礼记》中对飨礼的记载条目较多,不便一一罗列。综合起来看,我们对飨礼可以获得如下一些认识。

　　首先,飨礼的运用范围较广。如祭上帝用大飨礼(《月令》第90节,及《礼器》第26节),祭先王用大飨礼(《礼器》第22节),行养老礼用飨礼(《王制》第45节),招待宾客用飨礼(《礼记》中对此记载最多,兹不一一举例其篇目)。

　　从天子到诸侯,都可运用飨礼。如周天子用飨礼招待诸侯,天子亲自参加,所用的牲不仅有牛、羊、豕,还有鱼和干兽肉,以及来自四海九州的美味。飨礼结束,诸侯退出的时候,乐工要演奏《肆夏》相送(《礼器》第 31 节)。诸侯行飨礼,则用五献之礼,也就是要先后 5 次向宾客献酒(《礼器》第 8 节)。行飨礼有音乐伴奏(同上第 3 节)。

举行飨礼,不是为了极尽对食物的享受(《乐记》第 6 节),而是用来使人们的交往正常化(同上第 8 节)。在大飨礼上款待过宾客之后,还要包裹俎上所剩的牲肉送到宾客的馆舍中(《曾子问》第 22 节)。天子飨诸侯,以及诸侯相飨,王后、诸侯夫人都要向宾献酒(《坊记》第 22 节)。

用飨礼招待来朝的诸侯国君,其礼仪大致如下。两君相见,互行揖礼相谦让而入门,这时庭中悬挂的钟磬开始演奏。接着两君又行揖礼相谦让而上堂,这时钟磬停止演奏,而有乐人上堂演唱《清庙》之诗。唱毕下堂,堂下的乐人又用管乐伴奏跳《象》舞和《武》舞,接着又跳《大夏》舞和《籥》舞。同时为宾主陈设笾豆和牲俎。飨礼完毕宾客退出时,演奏《雍》以表相送。撤宴席时则演奏《振羽》(《仲尼燕居》第 5 节)。

应当说明的是,我们以上对《礼记》中有关加笄礼和飨礼的记载概括得并不全面细致,但已足以说明《礼记》对于我们认识诸多久已失传的古礼的意义。

《礼记》中所记古礼,涉及最多的是丧礼。依篇次之先后,计有《檀弓》(上、下)、《曾子问》、《丧服小记》、《大传》、《杂记》(上、下)、《丧大记》、《奔丧》、《问丧》、《服问》、《间传》、《三年问》、《丧服四制》等 14 篇之多。其他篇中兼记及丧礼的,还有不少。如《曲礼上》第 46 节说:

居丧以礼,毁瘠不形,视听不衰,升降不由阼阶,出入不当门隧。居丧之礼,头有创则沐,身有疡则浴,有疾则饮酒食肉,疾止复初。不胜丧,乃比于不慈、不孝。五十不致毁,六十不毁,七十唯衰麻在身,饮酒食肉,处于内。(**参考译文**:守丧之礼,虽因哀伤而消瘦但不要瘦到露出骨头,视力和听觉也不要因此而衰减,上、下堂不走阼阶,出入不走门正中的路。守丧之礼,头上有疮了才洗头,身上发痒了才洗澡,有病了才可以饮酒吃肉,病好了又要和当初守丧时一样。如果孝子经受不起哀痛以致毁坏了身体,那就将被看作不慈、不孝。50岁守丧不可因悲痛而毁坏身体,60岁守丧不可影响健康,70岁守丧只穿丧服在身,可以饮酒吃肉,住在室内。)

《王制》第27节说:

> 天子七日而殡,七月而葬;诸侯五日而殡,五月而葬;大夫、士、庶人三日而殡,三月而葬。三年之丧,自天子达。庶人县封,葬不为雨止,不封,不树。丧事不贰,自天子达于庶人。丧从死者,祭从生者。支子不祭。(**参考译文**:天子死7日而殡,殡7月而葬;诸侯死5日而殡,殡5月而葬;大夫、士、庶人死3日而殡,殡3月而葬。为父母服丧3年的制度,是从天子下通于庶人都实行的。葬庶人用悬棺而下的方法,葬事不因下雨而停止,葬后不封土起坟,也不种树。守丧期间不做其他事,从天子下通于庶人都一样。丧礼依照死者生前的级别举行,祭礼依照孝子的级别举行。支子不主持宗庙祭祀。)

其他诸篇,记及丧礼的文字亦多,兹不赘述。这是因为,中国古代社会是血缘宗法社会,特重血缘亲属关系,而丧礼正是为维系这种关系服务的。所以,丧礼在《礼记》中所占比重最大,也就可以理解了。

(四) 有关教育的理论和方法,特别强调尊师重教

这里我们要着重指出的是,《礼记》中有许多关于教育的论述,并特别强调尊师重教。这方面的论述,散见于《礼记》的许多篇,而集中记载于《大学》、《学记》两篇中。

《大学》首先指出："大学之道,在明明德,在亲(新)民,在止于至善。"(第1节)这里首先提出了学习的目的,在于彰明内心美善的德性,在于使人自新,在于使人处于最美善的道德境界。而加强自身修养的最终目的,则在于治国平天下。因此下文反复强调"修身"对于齐家、进而治国平天下的重要意义。即所谓"欲治其国者,先齐其家;欲齐其家者,先修其身";"身修而后家齐,家齐而后国治,国治而后天下平"(第2节)。

在《学记》里,更强调学习对于教育民众、"化民成俗"的重要作用。因此说:

> 发虑宪,求善良,足以謏闻,不足以动众。就贤体远,足以动众,未足以化民。君子如欲化民成俗,其必由学乎。(第1节。**参考译文**:考虑问题符合法度,招求贤能的人,足以取得小名声,不足以感动民众。亲访贤人,并体察关系疏远的臣民之心,足以感动民众,不足以教化民众。君子想要教化民众,形成良好的风俗,大概必须从办学兴教着手吧。)

这里强调兴办教育,是教化民众的最好的办法。并指出:

> 玉不琢,不成器。人不学,不知道。是故古之王者,建国君民,教学为先。(第2节)

这里就非常明确地指出,统治者"建国君民",必须把教育放在首位,要"教学为先"。

《学记》中还有一系列有关教与学的规律和方法以及经验与教训的总结,对后人都十分有教益。如强调学习要循序渐进而"不躐等"(即不要超越学习的等级或阶段,见第5节)。强调要尊师重教,指出"凡学之道,严师为难。师严然后道尊,道尊然后民知敬学"(第14节)。强调教与学是互相促进的,指出:"学然后知不足,教然后知困。知不足,然后能自反也。知困,然后能自强也。故曰教学相长也。"(第3节)强调老师应有足够的知识储备,要讲究教育方法,并善于因材施教,反对那种浅陋而只会照本宣科、不顾学生是否能理解和接受的教学方法(详见第7节)。又指出学生要想学有所成,一定要注意防止"四失",说:

> 学者有四失,教者必知之。人之学也,或失则多,或失则寡,或失则易,或失则止。此四者,心之莫同也。知其心,然后能救其失也。教也者,长善而救其失者也。(**参考译文**:学生易犯4种过失,老师必须了解。学生的学习,有的失于贪多,有的失于过狭,有的失于见异思迁,有的失于浅尝辄止。犯这4种过失的学生,心理各不相同。了解这些学生的心理,然后才能挽救他们的过失。从事教育的人,就是发扬人的长处而挽救人的过失的。)

应该说,这里所总结的学习者的"四失",确有其普遍意义,直到两千年后的今天,仍足于引以为戒。

《学记》中还有许多有关学习和教育的警句、格言,至今还在被人们广泛地运用。如:

> 玉不琢,不成器。人不学,不知道。(第2节)

> 虽有嘉肴,弗食,不知其旨也。虽有至道,弗学,不知其善也。(第3节)

> 学然后知不足,教然后知困。(第3节)

> 学(教)学半。(第3节)

> 相观而善之谓"摩"。(第8节。按:这就是今天"观摩"一词的来源。)

> 独学而无友,则孤陋而寡闻。(第9节)

> 记问之学,不足以为人师。(第16节)

等等,不一而足。总之可以说,《大学》,特别是《学记》,是中国古代儒家有关教育和教学理论的总结,至今仍然值得我们学习或借鉴。

（五）大量有关为人处世的道理和对人的言行举止的要求

这方面的记载甚多，而且许多都是以格言或警句的形式出现的，对人们自身的修养十分有教益。我们仅从《曲礼上》中举出若干例子。

毋不敬，俨若思，安、定辞，安民哉。（第1节。**参考译文**：凡事不要不严肃认真，神情庄重若有所思，说话态度安详、言词确定，这样就可以使民众安定了。按：这是教统治者处事、说话要持"敬"的态度。）

敖不可长，欲不可从，志不可满，乐不可极。（第2节。**参考译文**：傲气不可滋长，欲望不可放纵，心志不可自满，享乐不可穷极。按：这是教人应当谦恭节俭。）

爱而知其恶，憎而知其善。积而能散，安安而能迁。临财毋苟得，临难毋苟免，很毋求胜，分毋求多，疑事毋质，直而勿有。（第3节。**参考译文**：所爱的人要知道到他的短处，所憎的人要知道他的长处。善积财而又能布施，安于习惯了的生活而又能适时变迁。面对财物不随便获取，面对危难不随便逃避。与人发生争执不要求胜，分配财物不要求多，有疑问的事情不要臆断，正确的时候不要自以为是。按：这是教人爱敬之道和为人处事之礼。）

礼尚往来：往而不来，非礼也；来而不往，亦非礼也。（第7节。按：这是教人要懂得礼尚往来的道理。）

离坐，离立，毋往参焉。离立者不出中间。（第26节。**参考译文**：见二人坐在一起，或二人站在一起，就不要插身到他们中间去。见二人站在一起，就不要从他们中间穿过。按：这是教人不干人之私。）

博闻强识而让,敦善行而不怠,谓之君子。君子不尽人之欢,不竭人之忠,以全交也。(第43节。**参考译文**:见闻广博、记忆力强而又谦让,多做好事而不懈怠,称之为君子。君子不要求别人全心喜欢自己,也不要求人全力为自己尽忠,以使交情得以完美地保持下去。按:这是教人严于律己和交友之道。)

类似的文字,散见于《礼记》诸篇,不胜枚举。其中还有专论儒者德行的《儒行》篇。所谓儒者,是指那些尊崇儒学、通习儒家经书的人。该篇借孔子之口,论述了儒者16个方面的德行,即:立世之道、仪表容态、备预之功、近人之道、特立的人格、刚毅的性格、自立之道、忧思之心、宽厚容众的胸怀,举贤援能的原则,任举同类的态度,立身行事的原则,自规自律之严厉,交友的原则,怀仁尊让的态度,贫不丧志而富不骄淫的节操,等等。这些德行,虽然是对儒者的要求或对儒者德行的总结,但其中许多方面,也很值得后人学习或借鉴。篇幅所限,兹仅举两例。

例一,在谈到儒者的"备预"之功时,《儒行》说:

儒有居处齐难,其坐起恭敬,言必先信,行必中正,道涂不争险易之利,冬夏不争阴阳之和,爱其死以有待也,养其身以有为也:其备豫有如此。(第5节。**参考译文**:儒者日常起居庄重严肃,他们或坐或起都很恭敬,说话必先有诚信的态度,行动必须无偏差,走路面临险途和易走的路时不与人争路以利己,冬季或夏季不与人争温暖或凉快的地方,爱惜生命以等待时机,保养身体以准备有所作为:儒者预先准备的工夫就是像这样的。)

例二,在谈到儒者的自立之道时,《儒行》说:

儒有忠信以为甲胄,礼义以为干橹,戴仁而行,抱义而处,虽有暴政,不更其所:其自立有如此者。(第9节。**参考译文**:儒者把忠信作为甲胄,把礼义作为盾牌,头戴仁而行,怀抱义而居,即使遭遇暴政,也不改变他们所立的志操:儒者的自立就是像这样的。)

尽管自古学者对《儒行》篇描述的所谓儒行颇有微词,认为它不少地方与孔子所提倡的精神相抵牾,但我们撇开学术性的争议不论,《儒行》篇所倡导的德行,确有许多是值得后人学习或借鉴的。

《礼记》中还有许多有关如何对待父母尊长,如何对待朋友,如何处理公与私、国与家的关系,如何自律,如何对待义和利,如何立身行事,以及不同的场合应当有何种言行举止,等等,都有许多精辟的论述。而《大学》篇所提倡的"慎独"和"诚意"的自律原则,更是人们所十分熟悉的。

七、关于《礼记》内容之驳杂与分类

由上可见,《礼记》一书的内容极为丰富。但另一方面,《礼记》的内容也极为驳杂。这种驳杂,首先表现在它的篇目编次之无义例。因此刘向校书撰写《别录》时,曾将《礼记》诸篇加以分类。兹列举49篇之篇目,附唐人孔颖达《疏》引郑玄《礼记目录》所述《别录》对《礼记》各篇内容的分类如下:

《曲礼上第一》,《目录》云:"此于《别录》属制度。"

《曲礼下第二》,《目录》云:"义同前篇。简策重多,分为上下。"

《檀弓上第三》,《目录》云:"此于《别录》属通论。"

《檀弓下第四》,《目录》云:"义同前篇,以简策繁多,故分为上下二卷。"

《王制第五》,《目录》云:"此于《别录》属制度。"

《月令第六》,《目录》云:"此于《别录》属明堂阴阳记。"

《曾子问第七》,《目录》云:"此于《别录》属丧服。"

《文王世子第八》,《目录》云:"此于《别录》属世子法。"

《礼运第九》,《目录》云:"此于《别录》属通论。"

《礼器第十》,《目录》云:"此于《别录》属制度。"

《郊特牲第十一》,《目录》云:"此于《别录》属祭祀。"

《内则第十二》,《目录》云:"此于《别录》属子法。"

《玉藻第十三》,《目录》云:"此于《别录》属通论。"

《明堂位第十四》,《目录》云:"此于《别录》属明堂阴阳。"

《丧服小记第十五》,《目录》云:"此于《别录》属丧服。"

《大传第十六》,《目录》云:"此于《别录》属通论。"

《少仪第十七》,《目录》云:"此于《别录》属制度。"

《学记第十八》,《目录》云:"此于《别录》属通论。"

《乐记第十九》,《目录》云:"此于《别录》属乐记。"

《杂记上第二十》,《目录》云:"此于《别录》属丧服。"

《杂记下第二十一》(案:《目录》无辞,义同上)。

《丧大记第二十二》,《目录》云:"此于《别录》属丧服。"

《祭法第二十三》,《目录》云:"此于《别录》属祭祀。"

《祭义第二十四》,《目录》云:"此于《别录》属祭祀。"

《祭统第二十五》,《目录》云:"此于《别录》属祭祀。"

《经解第二十六》,《目录》云:"此于《别录》属通论。"

《哀公问第二十七》,《目录》云:"此于《别录》属通论。"

《仲尼燕居第二十八》,《目录》云:"此于《别录》属通论。"

《孔子闲居第二十九》,《目录》云:"此于《别录》属通论。"

《坊记第三十》,《目录》云:"此于《别录》属通论。"

《中庸第三十一》,《目录》云:"此于《别录》属通论。"
《表记第三十二》,《目录》云:"此于《别录》属通论。"
《缁衣第三十三》,《目录》云:"此于《别录》属通论。"
《奔丧第三十四》,《目录》云:"此于《别录》属丧服之礼。"
《问丧第三十五》,《目录》云:"此于《别录》属丧服。"
《服问第三十六》,《目录》云:"此于《别录》属丧服。"
《间传第三十七》,《目录》云:"此于《别录》属丧服。"
《三年问第三十八》,《目录》云:"此于《别录》属丧服。"
《深衣第三十九》,《目录》云:"此于《别录》属制度。"
《投壶第四十》,《目录》云:"此于《别录》属吉礼。"
《儒行第四十一》,《目录》云:"此于《别录》属通论。"
《大学第四十二》,《目录》云:"此于《别录》属通论。"
《冠义第四十三》,《目录》云:"此于《别录》属吉事。"
《昏义第四十四》,《目录》云:"此于《别录》属吉事。"
《乡饮酒义第四十五》,《目录》云:"此于《别录》属吉事。"
《射义第四十六》,《目录》云:"此于《别录》属吉事。"
《燕义第四十七》,《目录》云:"此于《别录》属吉事。"
《聘义第四十八》,《目录》云:"此于《别录》属吉事。"
《丧服四制第四十九》,《目录》云:"此于《别录》属丧服。"

综上《别录》的划分,凡九类,其中属"制度"的 6 篇,属"通论"的 16 篇,属"明堂阴阳记"的 2 篇(按:《月令第六》之"明堂阴阳记"与《明堂位第十四》之"明堂阴阳"当属一类,或前者衍一"记"字,或后者脱一"记"字,今已不可考),属"丧服"的 11 篇,属"世子法"的 1 篇,属"祭祀"的 4 篇,属"子法"的 1 篇,属"乐记"的 1 篇,属"吉事"的 7 篇(按:《投壶第四十》之"吉礼",盖"吉事"之误,故合之于"吉事"类)。这种分类法,显然很不恰当。首先,刘向所依以分类的根据就不确定:制度、丧服、祭祀、世子法、子法五类,是根据内容来分类;明堂阴阳记(或明堂阴阳)、乐记,则是根据记文的出处来分类;通论,是根据文体来分类;吉事,则又是根据所记内容的性质来分类。若论其分类之不合理处,那就更多了。如《曲礼》多记琐细的仪节以及有关为人处世的态度,而纳之于制度;《檀弓》主要杂记丧礼,而归之于通论;《学记》主要是谈学校教育的,亦属之通论,等等。因此可以说,《别录》的分类,对于帮助人们理解《礼记》的复杂内容,作用并不大,有些地方反而更加淆乱了。

后来的学者鉴于《礼记》内容的驳杂,不少人也相继做过分类整理工作。如郑玄的门人孙炎曾作《礼记类钞》,"始改旧本,以类相比"[①]。唐魏征则"因炎之书,更加整比,兼为之注",撰成《类礼》20卷。[②] 孙、魏二人之书皆亡。南宋朱熹作《仪礼经传通解》,以《礼记》分类隶于《仪礼》篇章之次,其意虽在解经(《仪礼》),也是对《礼记》一书的一种分类整理。元吴澄所撰《礼记纂言》36卷,则是保留至今的一部分类整理《礼记》的重要著作。清代学者对《礼记》做分类整理工作的也不乏其人,如江永的《礼经纲目》,沈元沧的《礼记类编》,王心敬的《礼记汇编》等皆是。然而《别录》的分类尽管不如人意,尚保留着《礼记》的原貌。自孙炎以后的分类整理者,或割裂原文,或更易篇次,则使原书面目全非,而成另一著作了。

《礼记》内容的驳杂,不仅表现在篇次的不伦上,更主要的是还表现在各篇所记内容的杂乱上。49篇中,除少数篇外,大部分很少有突出的中心内容,而且同一篇的前后节之间也很少有逻辑联系,往往自成段落,表达一个与上下文皆不相关的意思。即以

[①] 见王应麟:《困学纪闻》卷5,以及《旧唐书·元行冲传》。
[②] 见《旧唐书》之《元行冲传》及《魏征传》。

《曲礼》为例,其上篇61小节,下篇43小节,总计104小节,就记载了104条互不相关的内容。郑玄《礼记目录》将这104条内容概括为吉、凶、宾、军、嘉五礼,说:"名曰《曲礼》者,以其记五礼之事。祭祀之说,吉礼也;丧荒去国之说,凶礼也;致贡朝会之说,宾礼也;兵车旌鸿之说,军礼也;事长敬老执贽纳女之说,嘉礼也。"然而《目录》所谓五礼,实皆散见于上下两篇之中,并非以类相从而记之。但此外还有大量内容,如许多涉及人的言行举止以及为人处世的态度等,则非五礼所可概括。兹仅举3例,以见其余。

若夫坐如尸,立如齐,礼从宜,使从俗。(第4节。**参考译文**:如果坐,就要像尸那样矜庄,站着就要像斋戒那样恭敬,礼仪要顺从时宜,出使要顺从别国的风俗。)

夫礼者,所以定亲疏、决嫌疑、别异同、明是非也。礼,不妄说人,不辞费。礼,不逾节,不侵侮,不好狎。修身、践言,谓之行善。行修,言道,礼之质也。礼闻取于人,不闻取人;礼闻来学,不闻往教。(第5节。**参考译文**:礼,是用来确定亲疏、决断嫌疑、区别同异、辨明是非的。依礼而言,不随便讨好人,不说多余的话。依礼而行,不超越节度,不侵辱他人,不与人亲昵失敬。加强自身修养,说到做到,叫做善行。行为有修养,言谈符合道理,就体现了礼的本质。关于礼的学问,只听说被人取法学习,没听说主动要求别人来学习;只听说前来投师学习,没听说主动上门去教授的。)

道德仁义,非礼不成;教训正俗,非礼不备;分争辨讼,非礼不决;君臣、上下、父子、兄弟,非礼不定;宦学事师,非礼不亲;班朝治军,莅官行法,非礼威严不行;祷祠祭祀,供给鬼神,非礼不诚不庄。是以君子恭敬、撙节、退让以明礼。鹦鹉能言,不离飞鸟;猩猩能言,不离禽兽。今人而无礼,虽能言,不亦禽兽之心乎?夫唯禽兽无礼,故父子聚麀。是故圣人作,为礼以教人,使人以有礼,知自别于禽兽。(第6节。**参考译文**:道德仁义,没有礼就不能成就;教训人民端正风俗,没有礼就不能完满;分辨争讼的是非,没有礼就不能决断;君臣、上下、父子、兄弟,没有礼名分就不能确定;外出从师学习,没有礼师生之间就不能亲密;排列朝廷的官位和整治军旅,莅临官职执行法令,没有礼就将失去威严;临时的祭祀和定期的祭祀,供奉鬼神,没有礼就不能虔诚庄重。因此,君子态度恭敬、凡事有节制、对人谦让,这样来体现礼。鹦鹉能学舌,终是飞鸟;猩猩能言语,终是禽兽。现在作为人而无礼,虽然能说话,不也是禽兽的心态吗?只有禽兽才无礼,所以父子共一雌兽。因此有圣人兴起,制定礼来教育人,使人因此而有礼,知道把自己和禽兽区别开来。)

以上所录,是前后相连续的三节文字,其内容却互不相关,而且既不可属之于《别录》所谓制度之类,也不可属之于《目录》所谓五礼的任何一礼。

《礼记》中有些篇,虽有相对集中的内容,侧重于记某一方面,然所记亦多杂乱而无伦次,兹举例如下:

《檀弓》上、下篇,总计218节,就其主要内容而言,是记丧礼或丧事的,然而每节各有其独立的内容,前后节之间在内容上或逻辑上毫不相关。

自《冠义》以下的6篇,从篇名看,当是分别记载冠礼、昏礼、乡饮酒礼、乡射礼、燕礼、聘礼这6种礼的意义的,然而仔细看看这6篇所记之义,却大多杂乱而无序。如《昏义》篇凡9节,第1节总论婚礼的意义;第2节是就亲迎的若干仪节阐明其义;第3节又论婚礼是礼的根本,按理说,当序之于第1节之后,或合之于第1节之中;第4节则泛论冠、婚、丧、祭、朝、聘、射、乡等"礼之大体",其义则在说明婚礼在上述诸礼中的地位,还不算完全离题;第5节又回到婚礼的仪节上来,而论成婚后妇见舅姑(公婆)诸仪节之义;第6节论妇孝顺公婆之义,这就超出婚礼本身了;第7节记对女子进行婚前教育的时间、地点、内容和意义,按理当置于第2节之前,却倒置于后。以上6节虽无伦次,大体上还是围绕婚礼来谈的。第8、9两节就不然了,却是记王后的六宫与天子的六官分掌内外,阴阳相济,相辅相成之义,这就完全离题了。

再如被宋代理学家所特别欣赏而列之于《四书》的《中庸》篇,该篇凡30节,其实只有前8节基本上是围绕中庸之道来发挥的,以下22节的内容就与中庸无关,而相当广泛了,就连朱熹也不得不承认该篇"始言一理,中散为万事"①。

总之,杂乱而无伦次,是《礼记》49篇所记内容的主要特点。梁启超在其所著《要籍解题及其读法》中,曾试将大、小二戴《礼记》的内容混合在一起,而将它们划分为10类:

(甲)记某项礼节条文之专篇。如《诸侯迁庙》、《诸侯衅庙》、《投壶》、《奔丧》、《公冠》等篇,《四库提要》谓"皆礼古经遗文",虽无他证,要之当为春秋以前礼制之片断,其性质略如《开元礼》、《大清通礼》等之一篇。又如《内则》、《少仪》、《曲礼》等篇之一部分,亦记礼节之条文,其性质略如《文公家礼》之一节。

(乙)记述某项政令之专篇。如《夏小正》、《月令》等,其性质略如《大清会典》之一部门。

(丙)解释礼经之专篇。如《冠义》、《昏义》、《乡饮酒义》、《射义》、《燕义》、《聘义》、《丧服》、《丧服四制》等,实《仪礼》十七篇之传注。

---

① 朱熹:《四书章句集注》之《中庸》篇"题解",北京,中华书局,1983年。

（丁）专记孔子言论。如《表记》、《缁衣》、《仲尼燕居》、《孔子闲居》等，其性质略如《论语》。又如《哀公问》及《孔子三朝记》之七篇——《千乘》、《四代》、《虞戴德》、《诰志》、《小辨》、《用兵》、《少间》——皆先秦儒家所传，孔子传记之一部。其专记七十子言论如《曾子问》、《子张问入官》、《卫将军文子》等篇，亦此类之附属。

（戊）记孔门及时人杂事。如《檀弓》及《杂记》之一部分，其性质略如《韩非子》之《内、外储说》。

（己）制度之杂记载。如《王制》、《玉藻》、《明堂位》等。

（庚）制度礼节之专门的考证及杂考等。如《礼器》、《郊特牲》、《祭法》、《祭统》、《大传》、《丧服记》、《奔丧》、《问丧》、《间传》等。

（辛）通论礼意或学术。如《礼运》、《礼察》、《经解》、《礼三本》、《祭义》、《三年问》、《乐记》、《学记》、《大学》、《中庸》、《劝学》、《本命》、《易本命》等。

（壬）杂记格言。如《曲礼》、《少仪》、《劝学》、《儒行》等。

（癸）某项掌故之专记。如《五帝德》、《帝系》、《文王世子》、《武王践阼》等。①

梁氏的划分，较有利于人们理解二《戴记》的复杂内容，虽未为尽当，但比起前人的分类来，要合理得多了。

八、《礼记》的篇名与内容的关系

《礼记》各篇，有一部分是根据所记内容来命名的，但此外还

---

① 梁启超：《要籍解题及其读法》之"《礼记》、《大戴礼记》（附《尔雅》）"条，《饮冰室合集》第9册《专集》之72，北京，中华书局，1989年。

有多种情况,读者决不可仅据篇名而望文生义,去判断该篇的内容。《礼记》中多数篇的命名,带有很大的随意性,因此许多篇的篇名,都只可视为该篇的代号,并不能反映该篇的实际内容。综观49篇的命名,大体可以分为以下几种情况。

第一,依据篇中所记主要内容名篇。《王制》、《月令》、《礼运》、《内则》、《丧服小记》、《学记》、《乐记》、《祭法》、《祭义》、《坊记》、《三年问》、《奔丧》、《深衣》、《投壶》、《儒行》、《冠义》、《昏义》、《乡饮酒义》、《射义》、《燕义》、《聘义》、《丧服四制》等22篇皆是。兹略作说明如下:

《王制》,因其主要是记古代王者治理天下各方面的制度,故名。

《月令》,因其主要是记一年12个月各月所当行和不当行之政令,故名。

《礼运》,因其主要是记礼制的起源、发展演变和完善的过程,以及礼制的运行规律,故名。

《内则》,因其主要是记家庭内所应遵循的礼仪、法则,故名。

《丧服小记》,因其主要是记一些琐细的有关服丧的礼仪,故名。

《学记》,因其主要是记办学兴教的意义,教学的原则、方法等等,故名。

《乐记》,因其主要是记儒家有关音乐以及礼乐关系的理论,故名。

《祭法》,因其主要是记祭祀之礼法,故名。

《祭义》,因其主要是记祭祀斋戒、荐羞之义,故名。

《坊记》,坊,同"防",因其主要记怎样防范人们违礼、违德、不忠、不孝、犯上、乱伦、贪利、忘义等等,故名。

《三年问》,因其主要是运用问答体的形式说明为父母服三年丧的原因，故名。

《奔丧》：因其主要是记身在异国他乡而回家奔丧之礼，故名。

《深衣》：因其主要是记有关深衣的制度及其用途和意义，故名。

《投壶》：因其主要是记中国古代的投壶之礼，故名。

《儒行》：因其主要是记儒者的德行，故名。

《冠义》：因其主要是记冠礼的意义，故名。

《昏义》：因其主要是记婚礼的意义，故名。

《乡饮酒义》：因其主要是记乡饮酒礼的意义，故名。

《射义》：因其主要是记射礼的意义，故名。

《燕义》：因其主要是记燕礼的意义，故名。

《聘义》：因其主要是记聘礼的意义，故名。

《丧服四制》：因其主要是记古代丧服制度所据以制定的四项原则，故名。

当然，上述22篇，我们也只是就其内容的主要方面而言，实际情况还是比较复杂的。其中不少篇，虽主要记某方面的内容，但同时又记及一些其他方面的内容。如《王制》虽主要记古代帝王治理天下之制，但还记及一些琐细的礼，如第51节说：

道路，男子由右，妇人由左，车从中央。父之齿随行，兄之齿雁行，朋友不相逾。轻任并，重任分，斑白不提挈。（**参考译文**：道路，男人走右边，妇女走左边，车走中间。遇见父亲的同龄人应该跟随其后而行，遇见兄长的同龄人应该与他并行而稍后一些，和朋友一起走路不要抢先。轻担子一人独担，重担子帮人分担，头发斑白的人不应让他拿东西走路。）

这种情况在其他诸篇都不同程度地存在着，这里就不再举例了。

第二，仅据首节或篇中部分内容名篇。《檀弓》（上、下）、《文王世子》、《祭统》、《经解》、《中庸》、《表记》、《问丧》等8篇皆是。

《檀弓》(上、下),总计218节,因其上篇的首节是记一个叫檀弓的人讥剌公仪仲子废嫡立庶的事,因此就用他的名字来名篇。实际上自第2节以下的内容,皆与檀弓其人毫无关系。

《文王世子》,全篇23节,因其第1节是记文王在他父亲王季生前是怎样做世子(太子)的,故即以此节的内容名篇。而自第2节以下的内容,则甚为驳杂,与文王做世子的内容都无关系。

《祭统》,全篇27节,因其第1节是谈祭统于心的,即所谓祭祀是"自中生于心"的,如果心不敬、不诚,就丧失了祭祀的意义。然而本篇的内容,却并非围绕"祭统于心"来做文章,而主要是谈祭祀的10个方面的意义,即所谓"祭祀有十伦",此外还论及一些祭祀的具体仪节,皆与"祭统"二字的命义无关。

《经解》,全篇4节,因其第1节是解释《诗》、《书》、《礼》、《易》、《春秋》等几部儒家经典对人的教化作用,故名。然以下3节的内容,则与经书无关。

《中庸》,全篇30节,因其前8节主要是谈中庸之道的,故名。然而自第9节以下,内容甚杂,其中较突出的有两点:一是记孔子答哀公问政而大谈为政治国之道(第16、17两节),一是论"诚"的德性(主要见于第18～22节)。此外所论及的内容还很多,但都与"中庸"无关。因此就连朱熹也说它"始言一理,中散为万事"。然而朱熹下文又说它"末复合为一理"①,则未见其然,实属牵强。

《表记》,全篇34节,所涉及的内容甚杂,然而从第5节至第17节,凡13节的内容,都是围绕仁的德行来发挥的,而第5节有"仁者天下之表也"一句,意思是说仁的德行是天下的仪表,故即

---

① 朱熹:《中庸章句》篇首小序,《四书章句集注》,第17页,北京,中华书局,1983年。

用"表记"二字名篇。

《问丧》，全篇10节，因其后5节是以问答的形式，谈有关丧礼的敛、袒、免和拄杖的意义，故名。然其前5节虽然谈的是丧礼，却并非用问答的形式，可见该篇是仅据后5节来名篇的。

第三，取篇首或首句若干字，或取篇中若干字名篇。《曾子问》、《礼器》、《郊特牲》、《玉藻》、《明堂位》、《哀公问》、《仲尼燕居》、《孔子闲居》、《缁衣》、《大学》等10篇皆是。

《曾子问》，因其开篇说"曾子问曰"，故即以"曾子问"三字名篇。

《礼器》，因其开篇说"礼器，是故大备"，故即以"礼器"二字名篇。

《郊特牲》，因其开篇说"郊特牲，而社稷大牢"，故即以"郊特牲"三字名篇。

《玉藻》，因其开篇说"天子玉藻十有二旒"，故即取"玉藻"二字名篇。

《明堂位》，因其开篇说"昔者周公朝诸侯于明堂之位"，故即取"名堂位"三字名篇。

《哀公问》，因其开篇说"哀公问于孔子"，故即以"哀公问"三字名篇。

《仲尼燕居》，因其开篇说"仲尼燕居"，故即以此四字名篇。

《孔子闲居》，因其开篇说"孔子闲居"，故即以此四字名篇。

《缁衣》，因其第2节有"好贤如《缁衣》"之文，故即以"缁衣"二字名篇。

《大学》，因其开篇说"大学之道，在明明德"，故即以"大学"二字名篇。

第四，据所记内容的性质名篇。《曲礼》（上、下）、《大传》、《少仪》、《杂记》（上、下）、《丧大记》等7篇皆是。

《曲礼》(上、下),曲,在此是细小的意思,因其所记大多是礼的一些微文小节,故名。

《大传》,因其内容多是阐释一些有关礼的大原则、大道理,如宗法制度、亲亲之道等,故名。

《少仪》,少,是小的意思,因其所记主要是一些细小的仪节,故名。

《杂记》(上、下),因其内容是杂记诸侯以下至士的丧礼的,故名。

《丧大记》,因其所记丧礼,上起人君下至士,且涉及丧礼的全过程,包括的范围甚广大,故名。

第五,命名缘由不详者。《服问》、《间传》二篇皆是。

《服问》,实际是一篇杂记丧礼服制的记文,全篇13节,而无一设问之词,因此很难理解为什么以《服问》为名。

《间传》,此篇以"间传"二字名篇,实不可解。古代学者有各种不同的解释,实皆不可通。如郑玄《礼记目录》说:"名曰《间传》者,以其记丧服之间,轻重所宜。"这纯粹是望文生义,不可信从。考此篇的内容主要有二:一是记服丧者内心的悲哀之情在外貌、哭声、言语、饮食起居等方面的表现;一是记前后丧(即尚未除服而又遭新丧)兼服之义。这两方面内容皆与"间传"二字之义无关,是此篇命名的缘由,实不可考。

由以上分析可见,《礼记》49篇的命名,非同一例,盖因作记者既非一人,又非一时之人所致。

九、《礼记》在汉代的传本与郑玄注《礼记》

《礼记》一书在辗转传抄过程中,衍生出了许多不同的本子,盖因传抄者有意或无意地对其所抄之本进行改字、增删所致。如前引《通典》所载石渠阁会议上引《记》文数条，大概是戴圣所辑《礼记》初本之文（而其所抄录之《记》文，当与闻人通汉所共见），就与今天我们见到的《礼记》不同，兹举例如下：

《通典》卷73载闻人通汉引《记》曰："父母存，冠衣不纯素；父母殁，冠衣不纯采。"今本《礼记》则无此条，颇疑是《曲礼》初本之文，而为后人传抄所删或所遗漏。《通典》卷81载闻人通汉引《王制》云："仕于家，出乡不与士齿。"今本《王制》"家"下有"者"字（见第39节），盖为传抄者所增。《通典》卷83载闻人通汉引《杂记上》曰："君赴于他国之君，曰不禄；夫人，曰寡小君不禄。"今本《杂记上》则曰："君讣于他国之君，曰：'寡君不禄，敢告执事。'夫人，曰：'寡小君不禄。'"（第3节）《通典》所载，大概是闻人通汉对原文的约引，而"赴"字今本作"讣"，则为传抄者所改。

又前引《说文》中可确信为出自《礼记》的两条，也有类似的情况，兹录之如下：

《羽部》"翣"字注曰："棺羽饰也。天子八，诸侯六，大夫四，士二。"王筠以为这里是引《礼器》之文。查今本《礼器》此条曰："天子崩七月而葬，五重，八翣；诸侯五月而葬，三重，六翣；大夫三月而葬，再重，四翣：此以多为贵者也。"（第5节）《说文》所引，大概是约《礼器》之文。然今本无"士二"之说，则可能为后世传抄者所遗。

《亻部》"偭"字注曰："《少仪》曰：'尊壶者偭其鼻。'"而今本《少仪》此句作"尊壶者面其鼻"（第54节）。可见《说文》所据本"偭"字，今本作"面"，显为传抄者所改。

关于这一点，大量的证据，还在今本《礼记》郑《注》中。

郑玄注《礼记》，于正文某字之下，往往注曰"某，或为某"，或"某，或作某"。陈桥枞《礼记郑读考》引其父陈寿祺语曰："郑氏《礼记注》，引出本经异文，及所改经字，凡言'或为某'者，《礼记》

他本也。"①兹仅从《曲礼上》中举出数例以明之。

"宦学事师，非礼不行"，郑《注》："学，或为御。"（第6节）

"席间函丈"，《注》曰："丈，或为杖。"（第22节）

"敛发毋髢"，《注》曰："髢，或作肆。"（第24节）

"跪而迁屦"，《注》曰："迁，或为还。"（第25节）

"其饭不泽手"，《注》曰："泽，或为择。"（第32节）

"生与来日，死与往日"，《注》曰："与，或为子。"（第47节）

"前有士师"，《注》曰："士，或为仕。"（第52节）

"交游之雠不同国"，《注》曰："交游，或为朋友。"（第53节）

"筴为筮"，《注》曰："筴，或为蓍。"（第58节）

"立视五巂"，《注》曰："巂，或为䂂。"（第61节）

仅此一篇之中，所引异文就达10条之多。据台湾学者李云光统计，"如此者，全书《注》中共计二百零六条。其中时有一字连举二种异文者，如《檀弓》云：'衽每束一。'《注》云：'衽或作漆，或作髹。'《郊特牲》云：'乡人禓。'《注》云：'禓或为献，或为傩。'此一字而举二或本异文者共十一条"②。由上即可见《礼记》在流传过程中所衍生出来的异本、异文之多。

《礼记》之异本，见于文献而今可考知者，有如下诸本。

刘向《别录》本。《释文·序录》自注曰："汉刘向《别录》有四十九篇，其篇次与今《礼记》同。"③按：刘向校书在二戴之后，经刘向校后的《礼记》，与戴圣的初本自不能无异。

---

① 陈乔枞：《礼记郑读考》一，《曲礼上》"宦学事师非礼不亲"条，《清经解续编》第5册，第119页，上海，上海书店出版社，1988年。
② 李云光：《三礼郑氏学发凡》，第38页，（台）台湾学生书局，1966年。
③ 陆德明：《经典释文》，第11页，北京，中华书局，1983年。

乔氏本。《汉书·儒林传》曰："小戴圣授梁人桥仁季卿、杨荣子孙(师古曰："子孙,荣之字也。")……由是……小戴有桥、杨氏学。"而《后汉书·桥玄传》曰："七世祖仁,从同郡戴德(按："德"是"圣"字之误)学,著《礼记章句》四十九篇,号曰桥君学。"是《礼记》又有桥氏本。按:杨荣既与桥仁同师从小戴,且学成后亦独自名家,则可想见《礼记》当亦有杨氏本,不过史书缺载罢了。

曹褒传本。据《后汉书·曹褒传》,褒"持庆氏《礼》",又"传《礼记》四十九篇,教授诸生千余人",是《礼记》又有曹褒传本。

马融校注本。据《后汉书·马融传》,马融所注诸书有《三礼》,当是兼《周礼》、《仪礼》、《礼记》而言。又《释文·序录》曰:"后汉马融、卢植,考诸家异同,附戴圣篇章,去其繁重及所叙略,而行于世,即今《礼记》是也。"是《礼记》又有马融校注本(按:前引纪昀《四库提要》驳《隋志》所谓小戴删大戴为46篇而"马融足三篇"之说固为的论,而谓马融绝不预《礼记》之授受,则过于武断)。

卢植校注本。据《后汉书·卢植传》记载,卢植所著书,有《三礼解诂》,盖亦兼《周礼》、《仪礼》、《礼记》言。又载卢植上书称:"臣少从通儒南郡太守马融受古学,颇知今之《礼记》特多回冗……敢率愚浅,为之解诂。"《释文·序录》即载有"卢植注《礼记》二十卷",可知《礼记》又有卢植校注本。

以上几种本子,是今确可考者。至于流传于当时,今已不可考者,尚不知凡几。而东汉末年郑玄的一大功迹,就在于他将当时流传的《礼记》异本相互参校,并为之作《注》,从而使《礼记》大行于世,并流传至今。

郑玄对《礼记》的校注,是以"卢马之本"为底本。① 郑玄、卢

---

① 《释文·序录》云:"郑玄依卢马之本而注焉。"见《经典释文》第11页,北京,中华书局,1983年。

植都是马融的学生,卢植、马融都曾为《礼记》做过校注,已如上述,郑玄又据之而重新校注,是完全可能的。然郑玄又并非仅据卢马之本而为之校注,他又参考了当时所可能见到的多种本子,凡遇异文,则斟酌裁定之,所不从者,则于注中存之。然其校勘的结果,则一依卢马之本,而不从或本异文。笔者曾遍索《礼记》郑注中所存异文,凡185条字例,一一加以考辨,并从中归纳出郑玄之所以不从或本异文的17则条例,又从这些条例中总结出郑玄之所以不从或本异文的五项原则,从而使郑玄之所以不从或本异文的原因可明。郑玄校《礼记》异文所依据的17则条例是:

第一,从本字而不从通假字;

第二,二字义近从其义切者;

第三,二字皆可用而择其名实俱切者;

第四,从通假字而不从通假字之通假字;

第五,从通假字而不从义近字;

第六,二字义同从其习用者;

第七,从习用之通假字而不从本字;

第八,相沿用久之字则亦沿用而不改;

第九,据文意以决不从或本;

第十,据礼制以决不从或本;

第十一,据事理以决不从或本;

第十二,据文例以决不从或本;

第十三,据古人语言习惯以决不从或本;

第十四,从字之正体而不从其异体;

第十五,从字之正体而不从其省文;

第十六,不从或本误字;

第十七,二字义同而皆可用则不烦改字。

从这17则条例中,我们又归纳出郑玄校《礼记》的五项原则,即:

第一，字义贴切的原则；

第二，习用易晓的原则；

第三，合理的原则；

第四，符合规范的原则；

第五，不烦改字的原则。

根据以上所归纳的条例和原则，我们对于郑玄校《礼记》之所以不从或本异文的原因，也就清楚了。①

郑玄在对《礼记》49篇的文字进行校勘的基础上，又对《记》文作了注解。郑玄的《注》，博综兼采，择善而从，且一反有汉以来学者（尤其是今文学家）解经愈益烦琐化的趋向，而欲以一持万，以期"举一纲而万目张，解一卷而众篇明"②，力求简约，以至于往往《注》文少于《记》文。如《学记》、《乐记》两篇，凡6 495字，而《注》仅5 533字；《祭法》、《祭义》、《祭统》三篇，凡7 182字，《注》仅5 409字，等等。这种"括囊大典，网罗众家，删裁繁诬，刊改漏失"，而又至为简约的《注》，比起那些"章句多者乃至百余万言"，致使"学徒劳而少功"③的繁琐的旧《注》来，其优越性自然不言而喻。因此郑注本《礼记》一出，即深受广大学者欢迎。与此同时，篇目繁多的《大戴礼记》，则很少有人传习，后来逐渐佚失，到隋唐时期，原书的85篇，就只剩下39篇了。④

―――――――――

① 详拙著《郑玄三礼注研究》，第459～512页，北京，中国社会科学，2008年。

② 《毛诗正义》卷首《诗谱·序》，《十三经注疏》上册，第264页，北京，中华书局，1980年。

③ 《后汉书·郑玄传》。

④ 陈振孙：《直斋书录解题》说："自隋、唐《志》所载卷数皆与今同，而篇第乃自三十九而下止于八十一，其前缺三十八篇，末缺四篇，所存当四十三而于中又缺四篇。第七十二复出一篇实存四十篇。"（《四库全书》本）按：除去复出的一篇，是隋唐时《大戴礼记》实存仅39篇。

至于郑注《礼记》的体例,李云光先生在其所著《三礼郑氏学发凡》中,自第3章至第6章,凡78节,作了详密而出色的考述,兹以文繁不录。又已故学者张舜徽先生在其所著《郑学丛著》中,有《郑氏校雠学发微》和《郑氏经注释例》两篇,对于郑玄校注《礼记》的体例亦考述精详,可参看。

十、汉以后的《礼记》学

东汉末年,由于党锢之祸迭起,继之以军阀混战,三国鼎立,经学急剧衰落。然而郑玄所注诸经,当时称为郑学,却大行于世。皮锡瑞说,在此儒风寂寥之际,唯郑学"当时莫不仰望,称伊雒以东,淮汉以北,康成一人而矣。咸言先儒多阙,郑氏道备,自来经师,未有若郑君之盛者。"又说:"郑君徒党遍天下,即经学论,可谓小统一时代。"①据刘汝霖考证,曹魏所立十九博士,除《公羊传》、《穀梁传》和《论语》三经外,《易》、《书》、《毛诗》、《周官》、《仪礼》、《礼记》和《孝经》,初皆宗郑学,②可见皮氏所谓郑学"小统一时代",确非虚言。值得注意的是,在汉代,《礼记》本是附属于经(《仪礼》)的,而自郑玄为之作注以后,始与《仪礼》、《周礼》鼎足为三,而魏时又第一次为之立了学官。《礼记》在经学中这种地位的变化,实由郑《注》的影响所致。

然而三国魏之王肃不喜欢郑学。王肃亦博通今古,遍注群经(其中包括《礼记》30卷)③,却处处与郑玄立异,还专门作了一本

---

① 皮锡瑞:《经学历史》五,《经学中衰时代》,北京,中华书局,1959年。
② 刘汝霖:《汉晋学术编年》卷6,"魏文帝黄初五年"条,北京,中华书局,1987年。
③ 见《经典释文·序录》、《隋书·经籍志》,以及《旧唐书·经籍志》、《新唐书·艺文志》所载。

名叫《圣证论》的书,"以讥短玄"①,当时称为王学。王肃在政治上党于司马氏,其女又嫁给了司马懿之子司马昭,因此凭借政治势力和姻戚关系,他所注诸经"皆列于学官"②。按:司马氏控制曹魏政权,当在正始十年(249年)司马懿杀了曹爽之后,第二年即改元为嘉平,是王肃所注诸经立学官,应不早于嘉平年间,这时已是曹魏政权的中后期。据《三国志·魏书·高贵乡公纪》,甘露元年,高贵乡公曹髦临幸太学,问诸儒经义,曹髦持郑氏说,而博士的回答,则皆以王肃之义为长,"故于此之际,王学几欲夺郑学之席"③。然而郑学在蜀还是很有影响的。如刘备自言其学"周旋郑康成间"④,姜维则"好郑氏学"⑤,许慈亦"善郑氏学"⑥。刘备临终,曾遗诏嘱刘禅:"可读《汉书》、《礼记》。"⑦刘备嘱刘禅所读的《礼记》,当属郑学无疑。

西晋建立后,经学上遵承魏绪,而尤重王氏之学。因此晋初有关郊祀之礼、宗庙之制,都"一如宣帝(司马懿)所用王肃议"⑧,而不用郑氏说,是王学盛而郑学衰。

然王学之盛,不过昙花一现。到了东晋,王学博士皆废。元帝初年,简省博士,"博士旧制十九人,今五经合九人"⑨。而所置九博士中,除《周易》、《古文尚书》、《春秋左传》三经外,其他六经,即

---

① 《三国志·魏书·王肃传》。
② 《三国志·魏书·王肃传》。
③ 马宗霍:《中国经学史》第7篇,《魏晋之经学》,上海,上海书店出版社,1984年。
④ 常璩:《华阳国志》卷7,《刘后主志》,《四库全书》本。
⑤ 《三国志·蜀书·姜维传》。
⑥ 《三国志·蜀书·许慈传》。
⑦ 《三国志·蜀书·先主传》裴松之注引《诸葛亮集》所载"先主遗诏敕后主"语。
⑧ 《晋书·志第九·礼上》。
⑨ 《晋书·荀崧传》。

《尚书》、《毛诗》、《周礼》、《礼记》、《论语》、《孝经》，皆宗郑氏。①可见东晋经学虽衰，郑学则复兴。值得注意的是，《三礼》中唯独盛行于两汉的《仪礼》未立博士，原来附属于《仪礼》的《礼记》反而立了博士，可见魏晋《礼记》学的传习，已经胜过《仪礼》了。

南北朝时期，天下分为南北，经学亦分为"南学"、"北学"。据《隋书·儒林传·序》，"南北所治，章句好尚，互有不同"，然于《三礼》，"则同遵于郑氏"。南朝疆域狭小，加上玄学和佛教的影响，人尚清谈，家藏释典，经学益衰。到梁武帝时，始较重视经学，经学出现了一个相对繁荣的时期。但到了陈朝，又迅速衰落了。南朝的经学，最值得一提的，就是《三礼》学了。《南史·儒林传》于何佟之、严植之、司马筠、崔灵恩、孔佥、沈俊、皇侃、沈洙、戚衮、郑灼诸儒，或曰"少好《三礼》"，或曰"遍习郑氏《礼》"，或曰"尤明《三礼》"，或曰"尤精《三礼》"，或曰"尤长《三礼》"，或曰"通《三礼》"，或曰"善《三礼》"，或曰"受《三礼》"，而张崖、陆诩、沈德威、贺德基诸儒，也都以礼学称名于世。

北朝经学，稍盛于南朝，其间如魏文帝、周武帝，崇奖尤至。北朝号称大儒，能开宗立派的，首推徐遵明。徐遵明博通群经，北朝诸经传授，多自徐遵明始。据《北史·儒林传·序》，"《三礼》并出遵明之门"。徐遵明的《三礼》学传李铉等人，李铉又传熊安生等人，熊安生又传孙灵晖、郭仲坚、丁恃德等人。值得注意的是，"诸儒尽通《小戴礼》，于《周》、《仪礼》兼通者，十二三焉"。可见北朝诸儒于《三礼》中，尤重《礼记》学。

南学、北学虽趣尚互殊，而于治经的方法，则大体相同。汉人治经，多以本经为主，所作传注，本为解经。魏晋以后人治经，则多

---

① 见《通典》卷53，《礼》13，《十通》本，杭州，浙江古籍出版社，1988年。

以疏释经注为主，名为经学，实则注学，于是义疏之体日起。只要稍翻看《隋书·经籍志》和南北史的《儒林传》，即可见南北朝时期义疏体著作之多。其间为《礼记》郑《注》作义疏而声名较著的，南有皇侃，北有熊安生。《隋志》著录有皇侃《礼记义疏》48卷，又有《礼记讲疏》99卷。熊安生著《礼记义疏》30卷，见于《北史·儒林传》。皇、熊二氏的著作，即为唐初《礼记正义》所取材。

隋、唐统一天下，经学亦归于一。隋朝祚短，经学罕可称道者。隋立博士，《三礼》学仍宗郑氏。然据《隋书·儒林传》所载，以礼学名家者，唯称马光"尤明《三礼》"，褚辉"以《三礼》学称于江南"而已。又隋朝大儒，共推刘焯、刘炫，二刘于诸经皆有《义疏》，并曾"问礼于熊安生"，然并非礼学专门。

唐朝统治者十分重视经学，于是自汉末以来经历四百年后，经学重又振兴。

贞观四年（630年），唐太宗以经籍去古久远，文字多讹谬，诏颜师古考订《五经》文字。师古奉诏校订经文，撰成《五经定本》。太宗又因经学宗派林立，章句繁杂，诏孔颖达与诸儒撰定《五经义疏》，以统一经说。贞观十六年，书成，凡180卷。博士马嘉运驳正其失，于是有诏更令修订，功未成。到高宗永徽二年（651年），又诏诸臣考订，加以增删，至永徽四年，始以《五经正义》之名正式颁布于天下。据《新唐书·艺文志》，《五经正义》包括《周易正义》16卷（据《旧唐志》则为14卷），《尚书正义》20卷，《毛诗正义》40卷，《礼记正义》70卷，《春秋正义》36卷（据《旧唐志》则为37卷），总计182卷（据《旧唐志》则为181卷）。自《五经定本》出，而后经籍无异文。自《五经正义》出，而后经书无异说，每年明经，依此考试，于是天下士民，皆奉以为圭臬。自汉以来，经学之统一，未有如此之专者。值得注意的是，《五经正义》于《三礼》独收《礼记》，这是第一次以朝廷的名义正式将其升格为经，且拔之于《仪礼》、《周礼》二经之上。于是《三礼》之学，在唐代形成了《礼记》独盛的局面。

《礼记正义》亦宗郑《注》，而以皇侃《义疏》为本，以熊安生《义疏》为辅。孔颖达在《礼记正义序》中批评皇、熊二氏之书说："熊则违背本经，多引外义，犹之楚而北行，马虽疾而去逾远矣。又欲释经文，唯聚难义，犹治丝而棼之，手虽繁而丝益乱也。皇氏虽章句详正，微稍繁广，又既遵郑氏，乃时乖郑义，此是木落不归其本，狐死不首其丘。此二家之弊，未为得也。然以熊比皇，皇氏胜矣。"可见孔颖达之学宗郑氏，而偏尚南学。又孔氏作《正义》，守《疏》不驳《注》的原则（即郑《注》如有错误，也不加批驳），因此《四库提要》批评说："其书务伸郑《注》，未免附会之处。"

由上可见，《礼记》之学，自汉末至唐，除魏晋之际一度几为王学夺席，皆以郑《注》为宗。然而这种情况，到宋朝庆历以后，为之一变。王应麟说："自汉儒至于庆历间，谈经者守训故而不凿。《七经小传》（按：作者为刘敞）出，而稍尚新奇矣。至《三经新义》（按：作者为王安石）行，视汉儒之学若土梗。"①可见庆历以后，宋儒治经，务反汉人之说，治《礼记》亦不例外。皮锡瑞举例说："以礼而论，如谓郊禘是一，有五人帝，无五天帝，魏王肃之说也（参见《礼记·祭法》"有虞氏禘黄帝而郊喾，祖颛顼而宗尧"下郑《注》及孔《疏》所引王肃《圣证论》之说）。禘是以祖配祖，非以祖配天，唐赵匡之说也（参见同上郑《注》及陆淳《春秋纂例》卷一所引赵匡说）。此等处，前人已有疑义，宋人遂据以诋汉儒。"②按，皮氏所举之例，其中的是非姑且不论，宋人的《礼记》学不再宗郑《注》，则于此可见一斑。

---

① 王应麟：《困学纪闻》卷8，《经说》，《四库全书》本。
② 皮锡瑞：《经学历史》8，《经学变古时代》，北京，中华书局，1959年。

宋儒治《礼记》而用功最勤、成就最著的,当推卫湜。卫湜撰《礼记集说》160卷,日编月削,历三十余年而后成。《四库提要》说,该书"采摭群言,最为赅博,取去亦最精审。自郑《注》而下,所取凡一百四十四家,其他书之涉于《礼记》者,所采录不在此数。今自郑《注》、孔《疏》而外,原书无一存者。朱彝尊《经义考》采摭最为繁富,而不知其书与不知其人者,凡四十九家,皆赖此书以传,亦可云礼家之渊海矣。"从以上《提要》的评价,可见此书的价值。然此书不宗郑《注》、孔《疏》,而将《注》、《疏》与所采众家相并列而举之,也是宋学风气所使然。

宋人不仅不信郑《注》、孔《疏》,进而至于疑经、改经、删经,或移易经文。如《礼记》的《大学》篇,先有二程"为之次其简编",继而朱熹为之"更考经文,别为次序",①即其显例。又程朱既以倡明道学为己任,因而特重《大学》、《中庸》,将此二篇从《礼记》中抽出,而与《论语》、《孟子》并行,以为这是道统之所在。朱熹撰《大学章句》、《中庸章句》、《论语集解》、《孟子集解》,合称《四书》,遂使《大学》、《中庸》离《礼记》而独自成学。朱熹去世后,朝廷以其所撰《四书》立于学官,于是《四书》亦为一经,此亦可谓《礼记》学之一变。此后治《礼记》而宗宋学者,即皆置《大学》、《中庸》二篇而不释(如元陈澔的《礼记集说》,清孙希旦的《礼记集解》),且于其原文亦不录,以示对朱熹《章句》的尊崇,遂使《礼记》由49篇而变为47篇了。

元代崇奉宋学。仁宗于皇庆二年(1313年)十一月颁布的"考试程序"即明确规定,《大学》、《中庸》、《论语》、《孟子》用朱熹《四书章句集注》,《诗》用朱熹《集传》为主,《尚书》用蔡沈(朱熹弟

---

① 朱熹:《大学章句序》及首章后语,见《四书章句集注》第2、第4页,北京,中华书局,1983年。

子)《集传》为主,《周易》用程颐《传》和朱熹《本义》为主,《春秋》用《三传》及胡安国《传》为主(按:胡安国学宗二程),《礼记》用郑《注》、孔《疏》。① 由此可见元人经学之所尚。然因朱熹于《礼记》无所作,故仍用古注疏。又所立考试科目,《三礼》亦仅用《礼记》,益可见自唐以来,统治者重《礼记》之学,远胜《周礼》、《仪礼》。

元儒研治《礼记》之作,影响较著的,当数吴澄的《礼记纂言》和陈澔的《礼记集解》。吴澄当时号称大儒,于诸经皆有撰述。其《纂言》到晚年始成。吴氏治经,虽不为朱熹之学所囿,然其所述作,于诸经文字率皆有所点窜,而于《礼记》,则以意改并,而成通礼9篇,丧礼11篇,祭礼4篇,通论11篇,"各为标目。如通礼首《曲礼》,则以《少仪》、《玉藻》等篇附之,皆非小戴之旧。他如《大学》、《中庸》,依程、朱别为一书,《投壶》、《奔丧》归于《仪礼》,《冠义》等6篇别辑为《仪礼传》,亦并与古不同……改并旧文,俨然删述"②。可见吴澄之学,实蹈宋学之迹。陈澔的《礼记集说》,浅显简明,然详于礼义而疏于名物。据《四库提要》,其父大猷师饶鲁,饶鲁师黄榦,而黄榦为朱熹高足弟子且为朱熹之婿,是陈澔之学渊源甚明。可见《礼记》一学,虽科举用古注疏,而元儒研治者,学风已大变。

明初所颁"科举定式",经书所主,仍袭元代之旧,《礼记》仍用古郑《注》孔《疏》本。到永乐年间,《礼记》始改为"止用陈澔《集说》"。③ 据《明成祖实录》,永乐十二年(1414年)十一月,命胡广等修纂《五经四书大全》。十三年九月书即告成,计有《书传大全》10卷,《诗大全》20卷,《礼记大全》30卷,《春秋大全》70卷,《四书

---

① 见《元史·选举一·科目》。
② 《四库全书总目》卷21,《礼类》3,"《礼记纂言》三十六卷"下之"提要"。
③ 《明史·选举二》。

大全》36卷。成祖亲为制序,颁行天下,科举试士,以此为则,而"废《注》《疏》不用"。皮锡瑞批评说,修纂《大全》,"此一代盛事,自唐修《五经正义》,越八百余年而得再见者也,乃所修之书,大为人姗笑",不过"取已成之书,钞誊一过",而所取之书,不过是"元人遗书,故谫陋为尤甚"。① 其中《礼记大全》,采诸儒之说凡42家,而以陈澔《集说》为主。可见明代经学,不过是宋学之遗,而较元尤陋。明人关于《礼记》的著作,见于《四库存目》者甚多,然几无可称道者。其中如郝敬所撰《礼记通解》22卷,"于郑义多所驳难",是亦宋学习气所使然。

　　清代号称汉学复兴,然清初仍是宋学占上风。顺治二年(1645)所定试士例,"《四书》主朱子《集注》,《易》主程、朱二《传》,《诗》主朱子《集传》,《书》主蔡《传》,《春秋》主胡《传》,《礼记》主陈氏《集说》"②,是仍袭元、明旧制。然清初私学,以王夫之、顾炎武、黄宗羲为代表,已启汉、宋兼采之风。如王夫之论学,以汉儒为门户,以宋五子为堂奥,著述宏富,于礼则有《礼记章句》。其后治《礼记》的学者,如万斯大撰《礼记偶笺》,郑元庆撰《礼记集说》,方苞撰《礼记析疑》等,皆杂采汉、宋之说。乾隆十三年(1748年),钦定《三礼义疏》(其中《礼记义疏》82卷),广摭群言,混淆汉、宋,第一次以朝廷名义,打破了元、明以来宋学对于经学的垄断。其时孙希旦著《礼记集解》,博采郑《注》、孔《疏》及宋、元诸儒之说,而断以己意,实亦汉、宋兼采之作。清代真正以复兴汉学为标帜的,始于乾嘉学派,这是清代的古文经学派。然乾嘉学派重考据,《礼记》的研究不及《仪礼》、《周礼》之盛。如江永的《礼记训义择言》,仅自《檀弓》撰至《杂记》,短促而不具大体;朱彬的

---

① 皮锡瑞:《经学历史》9,《经学积衰时代》。
② 《清通典》卷18,《选举》1,《十通》本。

《礼记训纂》，又过于简约，远不及胡培翚《仪礼正义》、孙诒让《周礼正义》之详审。道咸时期今文学派崛起，又以《春秋公羊》学为主，对《礼记》的研究，不过重在其中若干篇（如《礼运》、《王制》等）的"微言大义"，以宣扬所谓孔子托古改制之义以及儒家的大同理想。因此清代虽号称"经学复盛"，①而《礼记》的研究，则未见其然。清人于《十三经》，惟《礼记》和《孝经》无新《疏》。

十一、怎样读《礼记》

以上介绍，意在使读者对《礼记》一书的性质、来源、编纂、内容、学术源流，及其在历史上的地位和影响，有一个概貌的了解，希望能对读者阅读和利用这部重要的典籍有所裨益。至于怎样读《礼记》，我们提出以下几点意见，供读者参考。

（一）《礼记》与《仪礼》的关系至为密切。我们虽不同意《礼记》是解《仪礼》之作的说法，因为《礼记》中除《冠义》以下6篇，大体上可以看作是解释《仪礼》中相关之篇的礼义的，绝大部分篇章都同《仪礼》没有直接关系。然而我们却要说，要真正理解《礼记》的内容，非先读懂《仪礼》不可。因为《礼记》基本上是一部杂记性的著作，其所记礼制、礼事和礼义，都是零星、片断而不成系统的，如果读者对其中所涉及的某种礼仪没有全面的了解，就很难理解其内容。如《礼记》中记丧礼、丧事或阐明其意义的篇章就多达14篇，还有不少篇虽然主要不是记丧礼的，但也颇涉丧礼，如果我们事先没有读过《仪礼》中的《丧服》、《士丧礼》、《既夕礼》和《士虞礼》等篇，就很难真正读懂《礼记》中上述篇章或段落的内容。即就《冠义》以下6篇而论，虽非专为释《仪礼》而作，但如果没有读

---

① 皮锡瑞：《经学历史》10，《经学复盛时代》。

过《仪礼》中的《士冠礼》、《士昏礼》、《乡饮酒礼》、《乡射礼》、《大射》、《燕礼》、《聘礼》等篇,也就很难真正理解这些篇的内容。《礼记》中还有许多篇,所记甚杂,亦颇涉冠、婚、丧、祭、燕、聘、朝觐等礼,也必须对《仪礼》中相关篇章的内容有所了解。总之,《礼记》必须结合《仪礼》来读,才能收到较好的效果。然而《仪礼》本身就是一部很难读的书,若能参考拙作《仪礼译注》(上海古籍出版社1994年7月,繁体字版),或能帮助读者解决阅读中的不少困难。

（二）《礼记》49篇,字数较多,在唐代号称"大经",若再加上《注》、《疏》,则确乎庞然大物,如果毫无目的地通读,费时既多,效果也不一定好,所以读者当先确定自己的阅读目的。如果你是从文献学的角度来研读《礼记》,自当通读无疑,而且还不能只读一种版本。如果你是以研究中国古代的礼制,或研究儒家学术思想为目的,自亦当通读无疑。由于《礼记》的内容驳杂,为理清眉目,最好分类抄纂,以便比较研究,如元吴澄的《礼记纂言》之例。但对于一般读者来说,就没有必要逐篇通读了。然而一般读者读书,也须有个目的,如为增长知识,提高国学素养,或借鉴古代的为人处世之道,等等。《礼记》中有不少糟粕,如强调建立在亲亲、尊尊基础上的等级制度、丧服制度、祭祀制度,以及宣扬男尊女卑等等,这些对于近现代社会来说,早已失去了它们赖以存在的社会基础,对于今人已经成为无用的东西了,虽然可以作为历史知识去了解,但对于一般读者来说,有关这些方面的内容,毕竟可以缓读或不读。《礼记》中还有许多说得很好的有关学习、教育、生活、修养身心和为人处世的道理,其中有许多精粹的语言或警句格言,对今人仍有裨益,很值得一般读者去读。梁启超在《要籍解题及其读法》中,曾为"以常识修养应用为目的而读《礼记》者",即我们所谓一般读者,分等级(即阅读的先后顺序)开了一个阅读篇目,兹抄录如下:

第一等:《大学》、《中庸》、《学记》、《乐记》、《礼运》、《王制》。

第二等:《经解》、《坊记》、《表记》、《缁衣》、《儒行》、《大传》、《礼器》之一部分、《祭义》之一部分。

第三等:《曲礼》之一部分,《月令》、《檀弓》之一部分。

第四等:其他。

梁启超说:"吾愿学者于第一等诸篇精读,第二、三等摘读,第四等竟或不读可也。"又说:"右所分等,吾自知为极不科学的极不论理的极狂妄的,吾并非对于读者有所轩轾,问吾以何为标准,吾亦不能回答。吾唯觉《礼记》为青年不可不读之书,而又为万不可全读之书,但以吾之主观的意见设此方便耳。通人责之,不敢辞也。"①梁氏的意见,至今仍可供一般读者参考。

(三)怎样对待《礼记》中的矛盾。从学术的角度来说,《礼记》确实为我们提供了大量宝贵的资料,十分值得珍视。然而由于《礼记》49篇非出于一时一人之手,又属于杂记性质,因此各篇之间矛盾抵牾处甚多,兹略举数例:

关于行祭天礼是否设坛,《礼器》说"至敬不坛,埽地而祭"(第10节),而《祭法》则说"燔柴于泰坛"(第2节)。

关于四季宗庙祭祀之名,《王制》说"夏曰禘"(第29节),《祭义》则说"春禘"(第1节)。

关于老师死了,应在何处哭,《檀弓上》说"师,吾哭诸寝"(第39节),《奔丧》则说"哭……师于庙门外"(第11节)。

关于服丧期间前往朝君之礼,《曲礼下》说"厌冠,不入公门"(第8节),则应当去首绖而入,而《服问》则说"凡见人无免绖,虽

---

① 梁启超:《要籍解题及其读法》之"《礼记》、《大戴礼记》(附《尔雅》)"条,《饮冰室合集》第9册《专集》之72,北京,中华书局,1989年。

朝于君无免绖"(第12节)。

关于为君服丧之礼,《杂记上》说"大夫次于公馆以终丧,士练而归"(第4节),《丧大记》则说"公之丧,大夫俟练,士卒哭而归"(第51节)。

如此等等,不一而足。至于《礼记》所记与其他典籍(如《周礼》、《仪礼》等)的矛盾处,更不可胜举。我们读《礼记》,对于这些矛盾的地方,只须随文研索,切勿强求会通。正如王引之所说:"大抵礼家各记所闻,不能尽合……学者依文解之而阙疑可矣。必欲合以为一,则治丝而棼也。"①当然,如果意在做某种专门的研究,于某项矛盾处寻出证据,以考辨其是非正谬,或指出不同说法各自的根据所在,自然是大有益于学术的事。但这是专家们的工作,对于一般读者来说,就没有这个必要了,更不必因为不明其矛盾之缘由而苦恼。

(四)自古注释《礼记》的书籍很多,堪称浩如烟海,读《礼记》或研究《礼记》者,仍当以郑《注》为主,辅之以孔《疏》。郑《注》集两汉经学之大成,而得其精要。孔《疏》博采唐以前学者研究的成果,并着重对郑《注》作了阐释。《注》《疏》近古,较得作《记》者原意。当然,《注》《疏》中的缺点错误也不少,且郑玄信用谶纬,如他注《月令》、《郊特牲》、《祭法》等篇,就贯穿纬书所谓"感生说"和"六天说",说近诬妄,这虽是汉代风气所使然,终是其一短。孔《疏》则曲为之回护,是又张大其短。当然,若要作深入的研究,仅读《注》《疏》还不够,唐以后学者的著作,有代表性的,也应当读。宋人不信注疏,务出新意,除道学的说教外,也甚多创获,颇能启人之思。清人的著作,又集汉、宋学研究之大成,而较少元、明学者空

---

① 王引之:《经义述闻·礼记下》"曰祖考庙"条,《清经解》第6册,第899页,上海,上海书店出版社,1988年。

疏之弊,虽然《礼记》的研究在清代未能称盛,然亦有许多值得重视的成果。宋以后学者的代表性著作,我们在上一节中已经作了简要的介绍,这里就不赘述了。

十二、校注说明

最后,我们想说明几点。

(一)本书是以中华书局 1980 年影印阮校《十三经注疏》本为底本,《注疏》本偶有讹误,则予以校正。我们在注文中凡说"原误作某",所谓"原",皆指《十三经注疏》本之《礼记》。又,本书中凡引"十三经"之文,亦皆据《十三经注疏》本,凡引"正史"之文,则皆据中华书局点校本,文中不复注明版本。

(二)对于《礼记》中的字词和名物概念,为节省篇幅,只在第一次出现时加以注释,除少数十分重要的以外,以后重复出现,一般不再注,有时则注明参看某篇第几节注几,以便读者查阅。

(三)个别小节,文字较浅易,读者自己能读懂的,就不再加注了,如《王制》第 56 节、《月令》第 67 节。

(四)对于某些虽做了注解,读者仍难明白其意的文句,则于注中加以串释,以帮助读者理解。要说明的是,这种串释不等于白话翻译,因为必要时,我们常常不得不在串释中增加一些字词,以揭示原文中的蕴义。

(五)本书中有几篇的注释,是在我的指导下由我的研究生做的。即:张颖同学,注《冠义》、《昏义》、《乡饮酒义》、《射义》、《燕义》、《聘义》;买靳同学,注《学记》。

(六)关于简化字的运用,一以 1999 年版《辞海》为准,凡《辞海》中有简化的即依以用之;《辞海》中若无,则决不擅自类推,而一仍其繁体字。如"縚"字,《辞海》中未简化,则亦不加简化。

（七）有的字，部分义项简化了，当用其简化字，如"適"字作往、到讲，简化为"适"了，即用"适"字；另有部分未简化之义项，则仍用原字，而不擅简之，如"適"作"嫡长子"之"嫡"讲，则未简化，故原书中凡"適子"、"適妻"之类，则不可简化作"适子"、"适妻"，而仍用"適"字，但在注中说明其"同'嫡'"。

（八）凡原书用异体字者，今规范简化字往往统一为某一字了，但为保持原书用字之面貌，则仍用其原字，而于注中注明即今之某字。如"總"字，今统一简化而用"总"字，然原书中则不用"總"字，而用异体字"揔"或"縂"，则一仍其字，而于注中说明"揔（或縂），同'總（总）'"。

（九）凡原书用通假字的，则亦不改，而于注中说明之。如"脩"字，义为干肉，然每通假而用为"修"，则仍用"脩"字，而注曰"通'修'"。亦为保持原书用字面貌，且避"改作"或"改写"之嫌。

（十）中国的文字，往往有本字，有区别字（或曰孳乳字）。如"辟"字是本字，本就含有法、避、劈、僻等义，且原就只用一个"辟"字，后来人们又造了"避"、"劈"、"僻"等字，以分别承担其不同义项。然原书中仍每用本字，而不用其区别字。如"避"字，原书中仍用"辟"，则一仍其字，而注曰"辟，'避'的古字"（这是《辞源》中的用语）。又如，"暮"的本字为"莫"，原书中用"莫"而从不用"暮"，则我们亦仍用"莫"字，而注曰"莫，'暮'的古字"，等等。这样既可使读者看懂元典，亦可保持元典之时代特色、用字特色，且可避"改作"、"改写"之嫌。

我们这个注本的目的，在于帮助一般读者能够读懂《礼记》。但由于我们的水平所限，注释中错误或不当之处在所难免，恳请读者不吝指正，我们在此谨预致诚挚的谢意。

曲礼上第一

1.《曲礼》①曰:毋不敬②,俨若思③,安、定辞④,安民⑤哉。

［注释］①《曲礼》:古礼书名,因本篇开头即引《曲礼》,故又用以作为本篇的篇名。 ②毋不敬:毋,莫,不要。敬,严肃认真。 ③俨若思:俨,通"严",严肃、庄重。若思,若有所思。 ④安、定辞:安,谓说话态度安详。定,谓说话言辞确定。辞,言词。 ⑤安民:谓使民众安定。

2.敖①不可长,欲不可从②,志不可满,乐不可极③。

［注释］①敖:傲慢、骄傲,后通作"傲"。 ②从:通"纵",放纵。 ③极:穷尽。

3.贤者狎①而敬之,畏而爱之。爱而知其恶,憎而知其善。积②而能散,安安而能迁③。临财毋苟④得,临难毋苟免,很⑤毋求胜,分毋求多,疑事毋质⑥,直而勿有⑦。

［注释］①狎:音 xiá,亲近。 ②积:积聚财富。 ③安安而能迁:上"安",谓安于现状,安于所习。下"安",指所安、所习的环境或事物。迁,改

变,变迁。　④苟:苟且,随便,不讲原则。　⑤很:争讼。　⑥质:正,自以为正确。　⑦直而勿有:直,正,正确。有,自以为是。意思是,正确的时候不要自以为是。

4.若夫坐如尸①,立如齐②,礼从宜③,使从俗④。

[注释]①坐如尸:用活人扮作已故父祖的形象以代父祖之神受祭,此人即称之为尸。尸居神位,坐必矜庄。这里是说,坐的时候就要像尸那样矜庄。　②立如齐:齐,音 zhāi,同"斋",古人祭祀前的斋戒。意思是,站着就要像斋戒那样恭敬。　③宜:时宜。　④使从俗:使,出使别国。俗,别国的风俗。

5.夫礼者,所以定亲疏、决嫌疑、别同异、明是非也。礼,不妄说①人,不辞费②。礼,不逾节,不侵侮,不好狎③。修身,践言,谓之善行④。行修,言道⑤,礼之质也⑥。礼闻取于人,不闻取人⑦;礼闻来学,不闻往教。

[注释]①说:同"悦",后作"悦",此谓取悦于人。　②辞费:多余的话。　③好狎:谓与人亲昵而失敬。　④修身,践言,谓之善行:意思是,加强自身修养,说到做到,叫做善行。　⑤言道:言谈符合道理。　⑥礼之质也:谓符合礼的本质。　⑦礼闻取于人,不闻取人:意思是,关于礼的学问,只听说被人取法学习,没听说主动要求别人来学习的。

6.道德仁义,非礼不成;教训正俗,非礼不备①;分争辨讼,非礼不决;君臣、上下、父子、兄弟,非礼不定;宦学事师②,非礼不亲;班朝③治军,莅官行法,非礼威严不行;祷祠祭祀,供给鬼神,非礼不诚不庄。是以君子恭敬、撙节④、退让以明礼。鹦鹉能言,不离飞鸟;猩猩能言,不离

禽兽。今人而无礼,虽能言,不亦禽兽之心乎?夫唯禽兽无礼,故父子聚麀⑤。是故圣人作,为礼以教人,使人以有礼,知自别于禽兽。

[注释]①教训正俗,非礼不备:意思是,教训人民以端正风俗,没有礼就不能完满。 ②宦学事师:宦学,犹言游学。事师,从师学习。 ③班朝:班,排列。谓排列朝廷官位。 ④撙节:撙,音zǔn,抑损、节制。 ⑤父子聚麀:聚,共。麀,音yōu,牝(雌)鹿,在此泛指雌兽。谓兽之父子共一雌兽。

7. 太上①贵德,其次务施报②。礼尚往来:往而不来,非礼也;来而不往,亦非礼也。人有礼则安,无礼则危,故曰"礼者,不可不学也"。夫礼者,自卑而尊人,虽负贩者,必有尊也,而况富贵乎③?富贵而知好礼,则不骄不淫;贫贱而知好礼,则志不慑④。

[注释]①太上:指传说中的三皇五帝时代。 ②其次务施报:其次,指后世之王。施报,施惠、报答。 ③虽负贩者,必有尊也,而况富贵乎:负贩者:挑担子的小贩。这几句意思是,即使是挑担子的小贩,也一定有值得尊敬的,何况富贵的人呢。 ④慑:丧气。

8. 人生十年曰幼,学。二十曰弱,冠①。三十曰壮,有室②。四十曰强,而仕。五十曰艾,服官政③。六十曰耆,指使④。七十曰老,而传⑤。八十、九十曰耄⑥,七年曰悼⑦,悼与耄虽有罪,不加刑焉。百年曰期颐。大夫七十而致事⑧,若不得谢,则必赐之几杖,行役以妇人⑨,适四方乘安车⑩,自称曰老夫,于其国则称名,越国而问焉,必告之以其制⑪。

[注释]①冠:谓行冠礼,即男子的成人礼,其礼详可参看《仪礼·士冠礼》。 ②有室:即娶妻而有家室。 ③服官政:谓独当一面处理政事。 ④六十日耆,指使:耆,音qí。指使,谓可以指使别人。 ⑤传:把家事和主持宗庙祭祀之权传给嫡长子。 ⑥耄:音mào,古称80、90岁的老人为耄。 ⑦七年曰悼:谓年7岁的儿童。 ⑧致事:辞官退休。 ⑨"若不"至"妇人":行役,出差。这几句意思是,如果辞官而不被允许,就一定要赐给他几和杖,出差要派妇人照顾。 ⑩适四方乘安车:适,前往。安车,古代的一种一马拉的小车。 ⑪越国而问焉,必告之以其制:越国,犹他国、别国。问,谓询问国政。这两句意思是,别国来询问国政,一定要把本国的制度告诉人家。

9. 谋于长者①,必操几杖以从之②。长者问,不辞让而对③,非礼也。

[注释]①谋于长者:同长者商议事情。 ②操几杖以从之:操,持,拿着。从之,谓到长者跟前去。 ③辞让:推辞谦让。

10. 凡为人子之礼,冬温而夏凊①,昏定而晨省②,在丑夷不争③。

[注释]①冬温而夏凊:凊,音qìng,凉。意思是,要让父母冬天感到温暖而夏天感到清凉。 ②昏定而晨省:定,安置好枕席。省,音xǐng,探视,请安。 ③在丑夷不争:丑,众。夷,犹侪、辈。谓在众同辈中不与人争斗。

11. 夫为人子者,三赐不及车马①,故州闾乡党②称其孝也,兄弟亲戚称其慈也,僚友称其弟③也,执友④称其仁也,交游⑤称其信也;见父之执⑥,不谓之进不敢进,不谓之退不敢退,不问不敢对:此孝子之行也。

[注释]①三赐不及车马:三赐,三命之赐。"命"在此是等级的意思。

按:周代官吏的品秩有一至九命之差,九命为品秩之最高级。每一命,都有相应的礼服和其他象征品秩的赏赐物。如果做了三命的官,周王就要赏赐他车马了。但因有父母在,孝子不敢贪乘车马的享受,因此虽赐而不敢受。不及,意谓不敢接受。　②州闾乡党:皆地方基层组织名,在此泛指地方上。③弟:音 tì,同"悌",敬爱兄长曰悌。　④执友:志同道合的朋友。　⑤交游:有交往的人。　⑥执:朋友,至交。

12. 夫为人子者,出必告,反必面①,所游必有常,所习必有业,恒言②不称老。年长以倍,则父事之;十年以长,则兄事之;五年以长,则肩随③之。群居五人,则长者必异席④。

[注释]①面:在此意同告。　②恒言:恒,常。平常说话。　③肩随:并行而稍后退一些。　④群居五人,则长者必异席:古人席地而坐,每席可坐四人,四人中推年长者坐席端。若有五人,则必当为年长者另设一席,即所谓"必异席",以示尊异。

13. 为人子者,居不主奥①,坐不中席②,行不中道,立不中门,食飨不为概③,祭祀不为尸,听于无声,视于无形④,不登高,不临深,不苟訾⑤,不苟笑。孝子不服⑥暗,不登危,惧辱亲⑦也。父母存,不许友以死,不有私财。

[注释]①居不主奥:居,谓生活起居。主,占据。奥,室中的西南隅,这是室中最尊的位置。　②中席:席的正中的位置。下文义仿此。　③食飨不为概:食,谓食礼,是招待客人吃饭之礼,详可参看《仪礼·公食大夫礼》。飨,谓飨礼,是招待客人饮酒之礼,其礼久亡,今已不可得详。概,音 gài,同"概",在此义为主。谓举行食礼或飨礼不敢做主人。　④听于无声,视于无形:意思是,虽然没有听见父母的声音也能揣知父母该呼唤自己了,虽不见父母的

身影也能揣知父母要指使自己了。　⑤不苟訾:訾,音 zǐ,诋毁。不随便诋毁人。　⑥服:通"伏",此处谓潜伏于暗处。　⑦惧辱亲:按:潜伏暗处可能遭到意外或蒙失礼之讥,登危(高而危险之处)则可能毫无意义地丧生,这些都是辱亲的行为,因此说"惧辱亲"。

14. 为人子者,父母存,冠衣不纯素①。孤子当室②,冠衣不纯采③。

[注释]①纯素:纯,音 zhǔn,指衣帽的镶边。素,白色,这是丧服的颜色。　②孤子当室:孤子,指30岁以下而丧父者。当室,谓当家主事。③采:彩色,后作"彩"。

15. 幼子常视毋诳①。童子不衣裘、裳。立必正方,不倾听②。长者与之提携③,则两手奉长者之手。负,剑,辟、咡诏之④,则掩口而对⑤。

[注释]①视毋诳:视,通"示"。诳,欺骗。意思是,要拿正确的东西来教育儿童而不要欺骗他。　②立必正方,不倾听:立必正方,谓站立必须正对四方方位。倾听,歪头侧耳而听。　③长者与之提携:提携,犹搀扶。谓长者搀扶儿童。　④负,剑,辟、咡诏之:负,背着。剑,谓挟小儿于胁下如带剑。辟,倾。咡,音 èr,口旁,口耳之间。诏,告。谓长者把儿童背在背上,或挟在胁下时,要侧首凑近儿童的耳边对儿童说话。　⑤掩口而对:这是恐口气触人。谓儿童要用手遮掩着口回答长者的话。

16. 从于先生,不越路而与人言①。遭②先生于道,趋而进③,正立拱手。先生与之言则对,不与之言则趋而退。从长者而上丘陵,则必向长者所视④。

[注释]①不越路而与人言:谓不可跑到路边去同人说话。　②遭:遇。

③趋而进:趋,快步走。谓快步进于先生之前。 ④必向长者所视:一定要面朝长者所看的方向。

17.登城不指,城上不呼①。将适舍,求毋固②。将上堂,声必扬③。户外有二屦④,言闻则入,言不闻则不入⑤。将入户,视必下⑥,入户奉扃⑦,视瞻毋回⑧。户开亦开,户阖亦阖⑨。有后入者,阖而勿遂⑩。毋践屦,毋踖席⑪,抠衣趋隅⑫,必慎唯诺⑬。

[注释]①登城不指,城上不呼:按,登城而有所指,则恐惑人;登城而呼,则恐骇人。 ②将适舍,求毋固:固,犹常。谓外出就旅舍,要求不要像平常在家一样。 ③将上堂,声必扬:按,堂后有室,扬声则可提醒室中的人,知有人来。 ④户外有二屦:按,古时客人入室,要把鞋子脱在室门外,但客人中年龄最长的一人却可以把鞋脱在室内,因此如果看到"户外有二屦"(两双鞋),就可以断定室内有三人。屦,音 jù,古代的一种单底鞋,可用麻、葛、草、丝、皮等制成。 ⑤言不闻则不入:室中人所言不闻于外,必有密谋之事,故不入。 ⑥视必下:谓目光下视。这是为了避免看到别人有什么隐秘的事。 ⑦入户奉扃:扃,音 jiōng,抬鼎用的横杠,上门用的横杠也叫扃。这里是指双手做出如捧扃的姿势,以示恭敬。 ⑧回:谓环视四周。 ⑨户开亦开,户阖亦阖:这是说进门之前室门是开着的进门后就仍然让它开着,进门前室门是关着的进门后也要把门关上。 ⑩有后入者,阖而勿遂:遂,就,随即。这是说如果后边还有人跟着要进来,关门时就要慢慢地而不可随即把门关上。 ⑪毋践屦,毋踖席:屦,鞋。踖,音 jí,践踏。意思是,不要踩着别人的鞋,不要践踏别人的坐席。 ⑫抠衣趋隅:抠,音 kōu,提起。隅,席角。意思是,要提起衣裳快步走到席角去登席。 ⑬必慎唯诺:唯诺,应答。说话应答一定要谨慎。

18.大夫、士出入君门,由阒右①,不践阈②。

[注释]①大夫、士出入君门,由闑右:闑,音 niè,古代大门正中所竖的短木,车出入时车轴可越其上而过。按古礼,主人出入当从闑右(东),宾客出入当从闑左(西)。然而大夫、士是君的臣,非君之宾客,故亦从闑右。 ②践阈:阈,音 yù,门槛。谓踩踏门槛。

19. 凡与客入者,每门让于客①。客至于寝门②,则主人请入,为席,然后出迎客③。客固辞④。主人肃客而入⑤。主人入门而右⑥,客入门而左。主人就东阶,客就西阶。客若降等,则就主人之阶⑦,主人固辞,然后客复就西阶。主人与客让登⑧,主人先登,客从之,拾级聚足,连步以上⑨。上于东阶,则先右足。上于西阶,则先左足。

[注释]①凡与客入者,每门让于客:按,客人如果同主人地位相等,主人就应当到大门外去迎接客人;如果客人的地位低于主人,主人就在大门内迎接。此处说"与客入",可见主人是迎客于大门外。又,凡入门,主人与宾当互行揖礼,而后主人先入,表示为宾客做前导,但主人入门前当先让宾,宾则一再推辞,然后主人先入以导之,客则相随而入。 ②寝门:按,寝在大门内,故进大门而后至寝门。 ③则主人请入,为席,然后出迎客:谓主人请客人稍等而自己先进门,为客人铺设坐席,然后再出来迎客入寝。 ④客固辞:固辞,一再推辞。按,古代的推辞之礼,一辞而许叫做礼辞,再辞而许叫做固辞,三辞叫做终辞,终辞则不许。 ⑤肃客:肃,进。请客进入。 ⑥主人入门而右:按,古代的宫寝建制,门内为庭,庭北边为堂;堂有东、西阶,东阶又叫阼阶,是供主人上下堂之阶;西阶又叫宾阶,是供宾客上下堂之阶。庭的东、西两侧各有一条小径,叫做东、西堂途,向北直达东、西堂前。这里说"主人入门而右",就是为了从东堂途向北至东阶上堂。下文"客入门而左"义仿此。参见《宫寝图》。 ⑦客若降等,则就主人之阶:降等,谓客人的地位低于主人,因此不敢以宾客自居而就西阶,当自谦而随主人就东阶。 ⑧让登:按,主人与宾到达堂阶,登阶前当互行三让之礼,即让由对方先升堂。 ⑨拾级聚足,

连步以上:拾,音 shè。凡升阶,两脚并于一级台阶,然后再升一级并之,是谓拾级而升,这是升阶的常法。若一脚登一级而升,就叫历阶而升。连步,即并脚之意。

20. 帷薄之外不趋①。堂上不趋。执玉不趋②。堂上接武③。堂下布武④。室中不翔⑤。并坐不横肱⑥。授立不跪⑦。授坐不立。

[注释]①帷薄之外不趋:帷,布幔;薄,帘子。趋,谓小步快走,是对尊长者恭敬的表示。按,天子门外有屏,其臣至屏内则当趋。诸侯门内设屏,其臣亦至屏内而趋。大夫、士无屏,故大夫设帘,士设帷。大夫、士之属吏于帷、帘之外不见尊者,故可不趋。 ②执玉不趋:玉贵重,须谨慎,故执玉不敢趋。③堂上接武:武,足迹。下文"武"义同。一般人之足长一尺二寸。接武,谓脚印相连接,即每步仅迈一尺二寸,细步而行。按,上文说"堂上不趋",这里是说堂上行步之法。 ④布武:是说堂下可迈步而行,布其足迹,而不必接武。⑤翔:谓甩开两臂而行。 ⑥横肱:横起胳肘。 ⑦授立:立,谓站着的人。授立,即把东西授给站着的人。下"授坐"则谓把东西授给坐着的人。

21. 凡为长者粪①之礼,必加帚于箕上②。以袂拘而退③,其尘不及长者。以箕自乡而扱之④。奉席如桥衡⑤,请席何乡,请衽何趾⑥。席南乡,北乡,以西方为上;东乡,西乡,以南方为上。

[注释]①粪:扫除。 ②必加帚于箕上:这是指前往扫除时扫帚和箕的拿法。这样拿,就便于两手捧箕,表示恭敬。 ③以袂拘而退:袂,衣袖。拘,音 gōu,遮蔽。这是说扫地时要用一只手的衣袖在扫帚前遮蔽灰尘而向后退着扫。 ④以箕自乡而扱之:箕,箕取垃圾的簸箕。乡,是"向"的古字。扱,音 xī,收取,扫取。 ⑤桥衡:桥,指井上打水的桔槔。衡,指桔槔上起杠杆作用的横木杆。桔槔上的横木杆总是一头高一头低,以此来比喻席的拿

法。席是卷起来用双手捧着的,要使左高而右低,如同有首尾。按,古人以左为尊,故令左高。　⑥衽何趾:衽,卧席。趾,在此指代脚。

22. 若非饮食之客①,则布席,席间函丈②。主人跪正席,客跪抚席而辞③。客彻重席④,主人固辞。客践席,乃坐。主人不问,客不先举⑤。将即席,容毋怍⑥,两手抠衣,去齐尺⑦。衣毋拨⑧,足毋蹶⑨。

[注释]①若非饮食之客:这是指前来讨论学问或谈论什么问题的客人。　②席间函丈:谓席与席间隔一丈。　③抚席而辞:抚席,此谓以手按席。辞,辞主人为己正席。　④客彻重席:重席,席上的加席。按,如果来客是公或诸侯,当为之铺三重席,大夫则铺两重席,而客人为表示谦逊,则要求彻去重席以示不敢当。　⑤先举:先发言,先说话。　⑥容毋怍:怍,音 zuò,变脸色。这是说应保持庄重的容色而不改变。　⑦去齐尺:齐,音 zī,衣裳的下边。此谓衣裳的下边离地一尺。　⑧拨:摆动。　⑨蹶:音 jué,匆遽。

23. 先生书策琴瑟在前,坐而迁之①,戒勿越。虚坐尽后,食坐尽前②。坐必安,执尔颜③。长者不及,毋儳言④。正尔容,听必恭。毋勦⑤说,毋雷同,必则古昔,称先王。侍坐于先生,先生问焉,终⑥则对。请业则起,请益⑦则起。父召无诺⑧,先生召无诺,唯而起⑨。侍坐于所尊,敬毋余席⑩。见同等不起⑪。烛至,起⑫。食至,起。上客,起。烛不见跋⑬。尊客之前不叱狗。让食不唾⑭。

[注释]①坐而迁之:坐,按古人双膝着地,而以臀部置于足后跟上曰坐,提臀直腰则曰跪。古人坐而有所动作时,则当提臀而变为跪姿。《礼记》中往往"坐""跪"不分,即每以"坐"包跪,然"跪"却不可包坐。此处之坐,实指跪。迁,转、绕过去。谓弟子要跪着绕过去。　②虚坐尽后,食坐尽前:按,

古人席地而坐,但有非饮食之坐(又称虚坐或徒坐)和食坐两种。如果非饮食之坐,那就要尽量靠后坐,以示谦虚;如果是饮食之坐,因有食物设在席前,那就要尽量靠前坐,以免食物弄污了面前的席。　③执尔颜:执,犹言坚守,保持。谓保持容颜而不显出急慢的颜色。　④长者不及,毋儳言:儳,音 chàn,从旁插言。长者没有同你说话,就不要插言。　⑤剿:音 chāo,抄袭。　⑥终:等老师把话说完。　⑦请益:请老师再讲一遍。　⑧无诺:这里意思是,不要只是答应而不行动。下"无诺"义同。　⑨唯而起:唯,和上文的"诺",都是应答之词,但"唯"恭于"诺"。要答应即起身行动。　⑩敬毋余席:要恭敬地坐在席端距离尊者最近的地方,而不使自己的前面留有余席。　⑪见同等不起:见到与自己同班辈的人进来不用起立。　⑫烛至,起:这是说到天黑时有人点了火把送来就要起身。下"食至,起"、"上客,起",义仿此。上客,谓尊贵的客人。　⑬烛不见跋:烛,火把。跋,本。这里意思是火把不要等快烧到根部再换。　⑭让食不唾:向客人让食的时候不要吐唾沫。

24. 侍坐于君子,君子欠伸①,撰杖,屦②,视日蚤莫③,侍坐者请出矣。侍坐于君子,君子问更端④,则起而对。侍坐于君子,若有告者曰:"少间,愿有复也。"⑤则左右屏⑥而待。毋侧听,毋嗷应⑦,毋淫视⑧,毋怠荒⑨,游毋倨⑩,立毋跛⑪,坐毋箕⑫,寝毋伏,敛发毋髢⑬,冠毋免⑭,劳毋袒,暑毋褰裳⑮。

[注释]①欠伸:打呵欠。　②撰杖,屦:撰,持、拿。谓拿手杖,穿鞋。　③蚤莫:同早暮。　④问更端:转换话题问别的事。　⑤少间,愿有复也:间,音 jiàn,空闲,闲暇。愿,希望。意思是,等您稍空闲的时候,有事愿向您报告。　⑥屏:音 bǐng,退避。　⑦嗷应:嗷,音 jiào,大声。应,应答。　⑧淫视:目光流移而不正。　⑨怠荒:堕怠放纵而不知检束。　⑩游毋倨:倨,音 jù,傲慢,大模大样。谓走路不要大模大样。　⑪跛:音 bǒ,谓使身体偏依于一足。　⑫坐毋箕:坐时不要伸开两条腿像簸箕一样。　⑬敛发毋髢:髢,同"髲",音

dí,假发。头发要束敛好不要让它像假发一样下垂。 ⑭冠毋免:免,脱去。谓冠不要随便脱去。 ⑮搴:音 qiān,撩起,用手提起。

25.侍坐于长者,屦不上于堂,解屦不敢当阶①。就屦,跪而举之,屏于侧②。乡长者而屦,跪而迁屦,俯而纳屦③。

[注释]①解屦不敢当阶:解屦,脱鞋。当阶,谓正对着堂阶。 ②就屦,跪而举之,屏于侧:就屦,穿鞋。举之,拿取鞋。屏于侧,谓退隐到一边去穿。 ③乡长者而屦,跪而迁屦,俯而纳屦:这几句意思是说,为长者穿鞋时,要面向(乡)长者,要跪着先把鞋拿过来(迁屦),再俯身为长者穿上(纳屦)。

26.离坐①,离立,毋往参焉②。离立者不出中间。男女不杂坐,不同椸枷③,不同巾栉④,不亲授。嫂叔不通问。诸母不漱裳⑤。外言不入于梱⑥,内言不出于梱。女子许嫁,缨⑦,非有大故⑧,不入其门。姑、姊妹、女子子已嫁而反⑨,兄弟弗与同席而坐,弗与同器而食。父子不同席。男女非有行媒,不相知名。非受币⑩,不交不亲。故日月以告君⑪,齐戒以告鬼神⑫,为酒食以召乡党僚友,以厚其别也⑬。取妻不娶同姓,故买妾不知其姓则卜之⑭。寡妇之子,非有见焉,弗与为友⑮。

[注释]①离坐:离,两。两人坐在一起。下"离立"义仿此。 ②参焉:参与其间,即参杂于两人之间。 ③椸枷:椸,音 yí,晾衣服的竹竿。枷,衣架。 ④栉:音 zhì,梳、篦的总称。 ⑤诸母不漱裳:诸母,父之诸妾而有子者。漱,洗。按,裳卑污,故因尊兄弟之母而不可使之为己漱裳。 ⑥梱:音 kǔn,门槛。 ⑦女子许嫁,缨:按,古代女子许嫁,要系缨以为标志,缨的形制不详。 ⑧大故:谓如丧病之类。 ⑨女子子已嫁而反:女子子,即女儿、闺

女。反,谓返回娘家。 ⑩受币:指女家接受男家的聘礼,这是两家婚姻关系成立的标志。 ⑪日月以告君:指娶妻的日期,要报告国君。 ⑫齐戒以告鬼神:齐,同"斋"。谓斋戒而后报告家庙中的鬼神(即父祖的神灵)。 ⑬为酒食以召乡党僚友,以厚其别也:意思是,置办酒食宴请地方上的同事和朋友,这些都是为了慎重男女之别。 ⑭买妾不知其姓则卜之:因不知其姓氏,故通过占卜来决定可娶与否。 ⑮寡妇之子,非有见焉,弗与为友:这是为避嫌。有见,谓有出众的见识、才能。

27. 贺取妻者曰:"某子使某①,闻子有客②,使某羞③。"贫者不以货财为礼④,老者不以筋力为礼⑤。

[注释]①某子使某:上"某",贺者名。下"某",所使者名。子,古代对人的尊称。 ②闻子有客:客,指乡党僚友。按,古人的观念,娶妻,为传宗接代,是不得已的事,并非为己之享乐,因此不庆贺,也不用乐,宴请乡党僚友,也只是为了重男女之别(参见上节),所以来贺者只是委婉地说"闻子有客",不提贺婚的字眼。 ③羞:进。所进者,是一壶酒,十条干肉,无干肉就送一条狗。 ④不以货财为礼:意思是不讲究送人财物为礼。 ⑤老者不以筋力为礼:按,古代升降跪拜的烦琐礼仪甚费体力,而对老年人则不苛求。

28. 名子者,不以国①,不以日月②,不以隐疾③,不以山川。

[注释]①名子者,不以国:名子,为子取名。按,古人讲避讳,臣民不能说其国君的名字所用的字,子孙不能说其父祖的名字所用的字,因此取名不用国名。下"不以日月"等等,义同此,皆因难以避讳。 ②日月:此指用以记日月的甲、乙、丙、丁等。 ③隐疾:指身体上隐避之处的疾病。

29. 男女异长①。男子二十,冠而字②,父前子名,君前臣名③。女子许嫁,笄而字④。

[注释]①男女异长:谓男女分别按长幼排行。按,古代以伯、仲、叔、季为兄弟或姊妹排行之称,但男女不在一起混排,即所谓"男女异长"。 ②冠而字:按,男子初生,由父母取名,到行冠礼时,再由冠礼上的主宾为他取字,故曰"冠而字"(详可参见《仪礼·士冠礼》)。 ③父前子名,君前臣名:子,谓自己之兄弟。臣,谓自己之僚友,其中亦包括自己的父兄。这两句意思是,卿大夫之子在父亲面前称其兄弟之名,在国君面前称其僚友之名,因为在至尊之前无私敬。 ④笄:谓加笄礼,这是女子的成人礼,类似男子的冠礼。按,女子加笄礼久亡,今已不可得详。

30. 凡进食之礼,左殽,右胾①,食②居人之左,羹居人之右。脍炙③处外,醯④酱处内,葱渫⑤处末,酒、浆⑥处右。以脯、脩置者,左朐右末⑦。客若降等,执食兴,辞⑧。主人兴,辞于客,然后客坐。主人延客祭⑨。祭食,祭所先进,殽之序⑩,遍祭之。三饭⑪,主人延客食胾,然后辩⑫殽。主人未辩,客不虚口⑬。

[注释]①左殽,右胾:胾,音 zǐ,切成大块的带骨的熟肉曰殽,不带骨曰胾。 ②食:此指饭。按,古代的饭主要有黍饭、稷饭、稻饭、粱饭四种。 ③脍炙:脍,音 kuài,细切的肉。炙,烤熟的肉。 ④醯:音 xī,即醋。 ⑤渫:音 xiè,蒸葱。按,原文因唐人避讳"世"字而改作"渫",今改回原字。 ⑥酒、浆:酒谓清醴。按,醴是一种酿造一宿即成的甜酒,有清、糟两种:带糟的叫醴,滤去渣滓(糟)的叫清醴。浆也是酒的一种,因为这种酒中载有米汁,故汉代名之为胾浆。胾,音 zài,就是载的意思。 ⑦以脯、脩置者,左朐右末:脯、脩皆干肉,但有所不同。脯作条状,长尺二寸。脩,亦作长尺二寸之条状,但又加姜桂盐等佐料捶捣之使坚实,故又叫腶脩,"腶"即"锻"的俗字。朐,音 qú,干肉当中弯屈就叫朐。右末,即最右边。 ⑧客若降等,执食兴,辞:降等,谓客人的地位低于主人。执食兴,拿着饭站起来。辞,是对主人亲自陪食加以推辞,同时表示要下堂去用饭。 ⑨主人延客祭:延,引导。祭,

谓行食前祭礼。按,古人凡食前皆需祭,所祭的对象,是最先发明这种食物的人,以示不忘本。其祭法,不过是将面前的食物各取少许,放在盛酱的豆(形似高脚盘)和盛脯的笾(竹制盛物器,形似豆)之间以示祭罢了。 ⑩殽之序:殽,通"肴",此处指上文所说的醢、胾、炙等肉类。序,同"叙",次序,依次。按,殽(醢、胾、炙)是最先进上的食物,从殽开始祭,依次遍祭各种食物。⑪三饭:用手三次抓饭来吃。按,古人吃饭用手抓取,抓一把而分三口吃下,叫做一饭。三饭则是吃了九口饭。 ⑫辩:辩,通"遍"。 ⑬主人未辩,客不虚口:虚口,谓酳。酳,音 yìn,谓饮酒漱口,但非同于今之漱口,而是食毕饮酒以洁口,兼安其所食。这里意思是说,主人还没有吃遍各种食物的时候,客人不饮酒洁口。

31. 侍食于长者①,主人亲馈,则拜而食②;主人不亲馈,则不拜而食。

[注释]①侍食于长者:这是指主人请长者吃饭而由己陪侍。 ②主人亲馈,则拜而食:谓主人亲自向自己进食,就要行拜礼而后再吃。如果主人不亲馈,则不拜而食,如下文所记。

32. 共食不饱①,共饭不泽手②。

[注释]①共食不饱:共食,谓与人共食器,与下"共饭"为互文。不饱,不要求吃饱。 ②泽手:谓揉搓手。

33. 毋抟饭①。毋放饭②。毋流歠③。毋咤食④。毋啮⑤骨。毋反鱼肉⑥。毋投与狗骨⑦。毋固获⑧。毋扬饭⑨。饭黍毋以箸⑩。毋嚺羹⑪。毋絮羹⑫。毋刺齿⑬。毋歠醢⑭。客絮羹,主人辞"不能亨"⑮。客歠醢,主人辞以"窭"⑯。濡肉齿决,干肉不齿决⑰。毋嘬炙⑱,卒食,客

自前跪,彻饭齐⑲,以授相者⑳。主人兴,辞于客㉑,然后客坐。

[注释]①抟饭:抟,音tuán,捏饭成团。 ②放饭:将抓起的饭再放回食器中。 ③流歠:歠,音chuò,谓大口喝汤如流。 ④咤食:咤,音zhà,象声词,谓用舌在口中作"咤咤"声,若嫌主人之食不好。 ⑤啮:音niè,咬,啃。 ⑥反鱼肉:已经拿起的鱼肉不要再放回食器中。 ⑦毋投与狗骨:为嫌轻贱主人的饮食。 ⑧固获:谓专挑一样好吃的吃。 ⑨扬饭:谓簸扬饭,以求饭凉得快。 ⑩饭黍毋以箸:箸,筷子。按,吃黍饭当用匕。匕为古代取食器,曲柄浅斗,类今羹匙而大。 ⑪嚃羹:嚃,音tà,谓不咀嚼菜。按,羹中有菜,嚃羹则为贪快而伤廉。 ⑫絮羹:絮犹调。絮羹谓客人自己向羹汤中加放盐、梅等佐料以调味,这是嫌主人的食味不美。 ⑬刺齿:剔牙。 ⑭歠醢:醢是肉酱,吃时是用其他食物就而蘸食,而不可歠(饮)之。 ⑮不能亨:不善于烹煮羹汤。 ⑯窭:音jù,谓贫而无以为礼。 ⑰干肉不齿决:干肉坚实,宜用手撕食而不得用牙撕咬。 ⑱毋嘬炙:嘬,谓一举而尽。炙,烤肉。谓吃烤肉不要一口就吃下一大块。 ⑲齐:酱类。 ⑳相者:这里是指主人所使为客人进送食物者。 ㉑辞于客:对客人亲彻饭菜表示推辞。

34. 侍饮于长者,酒进则起①,拜受于尊所②。长者辞③,少者反席而饮。长者举未釂④,少者不敢饮。

[注释]①酒进则起:长辈递酒给晚辈,晚辈就要站起来。 ②尊所:尊,盛酒器,早期用陶制,后多以青铜浇铸,鼓腹侈口,高圈足,形制较多,常见的有圆形及方形。尊所即陈尊处。如果是诸侯举行的燕礼或大射礼,则尊陈于堂上东楹之西(楹,堂上的立柱,东西各一根);如果是乡饮酒礼或卿大夫举行的燕礼,则尊陈于房户之间,即东房门与室门之间。按,堂上堂的后边有三间房,东边的叫东房,中间的叫室,西边的叫西房,各有门(户)。室则有门又有窗(牖)。参见《宫寝图》。 ③辞:这是辞少者之拜。 ④釂:音jiào,饮尽爵中酒。

35. 长者赐,少者、贱者①不敢辞。赐果于君前,其有核者怀其核②。御③食于君,君赐余④,器之溉者不写,其余皆写⑤。

[注释]①贱者:仆隶之属。 ②怀其核:把果核揣进怀中,以表对国君所赐水果的珍重。 ③御:劝侑。 ④余:君吃剩下的食物。 ⑤器之溉者不写,其余皆写:溉,洗涤。写,把食物从一个器皿倒入另一器皿。器之溉者,谓可以洗涤的器皿,如陶瓷器或木器。其余,谓不可洗涤的器皿,如用竹篾或芦苇编制的盛食器。皆写,谓都要倒入可以洗涤的器皿中再吃。

36. 餕余不祭①:父不祭子②,夫不祭妻。

[注释]①餕余不祭:餕,音 jùn,剩下的饭食叫做餕,吃剩下的饭食也叫餕。不祭,不行食前祭礼(参见第30节注⑨)。 ②父不祭子:父亲吃儿子剩余的饭食不行食前祭礼。下"夫不祭妻"义仿此。

37. 御同于长者①,虽贰不辞②。偶坐不辞③。

[注释]①御同于长者:御,侍。同,同馔具。谓陪侍长者吃饭而与长者同馔具。 ②虽贰不辞:贰,谓重殽膳,就是进上双份食物。按,重殽膳为盛馔,于礼当辞,但因己为侍食者,馔非为己而设,故不敢辞。 ③偶坐不辞:偶坐,同辈二人并坐为客。之所以不辞,因主人之意可能不在己。

38. 羹之有菜者用梜①,其无菜者不用梜。

[注释]①梜:音 jiā,犹今筷子。

39. 为天子削瓜者,副之①,巾以绤②。为国君者,华之③,巾以绤④。为大夫,累之⑤。士疐之⑥。庶人齕之⑦。

[注释]①副之:把瓜切成四瓣再从中横断开来。 ②巾以絺:巾,用作动词,谓用巾覆盖。絺,音 chī,细葛布。 ③华之:是说将瓜从中剖开再横断之。 ④绤:音 xì,粗葛布。 ⑤为大夫,累之:累,音 luǒ,通"倮",裸露。意思是,为大夫削瓜也要把瓜从中剖分为二,再横断开来送上,但不用巾覆盖。此处省文。 ⑥士疐之:疐,音 dì,同"蒂"。这是说士削瓜后,要把瓜去蒂并横断开来,此处亦省文。 ⑦庶人齕之:庶人,此处指庶人在官者,即尚未取得士的地位而在官府任职事的庶民。齕,音 hé,咬,谓去疐而咬食之。按,士和庶人都是自己削瓜而食,所以"士"和"庶人"前边没有"为"字。

40. 父母有疾,冠者不栉,行不翔①,言不惰②,琴瑟不御③,食肉不至变味④,饮酒不至变貌⑤,笑不至矧⑥,怒不至詈⑦。疾止复故⑧。有忧者⑨,侧席而坐⑩。有丧者,专席而坐⑪。

[注释]①不翔:翔本指走时张开两臂,引申为讲究行走的姿容。不翔则为不讲究走路的姿势。 ②言不惰:惰,通"媠",音 tuǒ,美好,亦作"媠"。"言不惰"与"行不翔"一样,都是不求美好之意。 ③御:弹奏。 ④食肉不至变味:吃肉少到不致改变食物的滋味。 ⑤饮酒不至变貌:饮酒少到不致改变脸上的颜色。 ⑥矧:音 shěn,齿根,大笑则见。 ⑦詈:音 lì,骂,责备。 ⑧疾止复故:谓父母的病好了,才恢复常态。 ⑨有忧:谓亲人有疾或有其他祸患。 ⑩侧席而坐:侧,独,一。自己独席而坐。 ⑪专席:单席,即不重席。

41. 水潦降,不献鱼鳖。献鸟者佛其首①,畜鸟者则勿佛也。献车马者执策绥②。献甲者执胄③。献杖者执末④。献民虏者操右袂。献粟者执右契⑤。献米者操量鼓⑥。献孰食者操酱齐。献田宅者操书致⑦。凡遗⑧人弓者,张弓尚筋,弛弓尚角⑨,右手执箫,左手承弣⑩。尊卑垂帨⑪。若主人拜⑫,则客还辟辟拜⑬。主人自受,由客之左,接下承弣⑭,乡与客并⑮,然后受。进剑者左首⑯。进戈者前其鐏⑰,后其刃。进矛戟者前其镦⑱。进几杖者拂之⑲。效⑳马、效羊者右牵之。效犬者左牵之。执禽者左首㉑。饰羔雁者以缋㉒。受珠玉者以掬㉓。受弓剑者以袂㉔。饮玉爵者弗挥㉕。凡以弓、剑、苞、苴、箪、笥问人者㉖,操以受命,如使之容㉗。

[注释]①佛其首:即用小竹笼将鸟首罩住,以防鸟啄人。 ②献车马者执策绥:策,马鞭。绥,音suí,上车时可抓以登车的绳。因车马不可上堂,所以献车马的人只把策和绥拿上堂献给人。 ③胄:头盔。 ④献杖者执末:杖,手杖。末,指手杖的末端。 ⑤右契:契,指契券,中分为左右两半,古人以右半为尊,故执右契以献。 ⑥鼓:量器名,其容量已不可考。 ⑦书致:致,通"质",契约。书致即书契。 ⑧遗:音wèi,给予,馈赠。 ⑨张弓尚筋,弛弓尚角:张弓,张了弦的弓。尚,通"上"。筋,指弓弦。弛弓,不张弦的弓。角,弓背上有角,故用以指代弓背。尚角,使弓背朝上。 ⑩右手执箫,左手承弣:这是赠弓时弓的拿法。箫,弓的末端。弣,音fǔ,弓把的中部。 ⑪尊卑垂帨:帨,佩巾。人弯腰鞠躬则佩垂,故以垂帨指代鞠躬。这里是说,不论尊卑,授受时都要互相鞠躬。 ⑫主人拜:谓行拜受礼。按,古人凡受人馈赠,受物前当先行拜礼,叫做拜受礼。 ⑬还辟辟拜:辟,通"避"。还辟,犹逡巡,即后退。谓后退以避让主人的拜礼。 ⑭接下承弣:弣,音fǔ,弓把的中央。这是记主人接受客人所赠弓的方式,是从客人手的下边托着弓把中央把弓接过来。 ⑮乡与客并:这是记弓授受时,主人与客的面向,即都是面朝南,二人并排而立。 ⑯左首:使剑首朝左。 ⑰鐏:音zūn,戈柄下端圆锥形的金属套,可以插入地中。 ⑱镦:同"镎",音duì,矛戟柄末的平底金属

套。⑲拂之：谓拂去灰尘。 ⑳效：献，进献。 ㉑左首：使禽鸟头朝左。㉒饰羔雁者以缋：缋，画，谓画布为云气以覆羔雁为饰。 ㉓掬：音 jū，用双手捧物。 ㉔受弓剑者以袂：接受弓剑的人要用衣袖承接。 ㉕弗挥：不可挥动玉爵（酒杯），为防坠失损坏。 ㉖苞、苴、箪、笥问人者：苞，以草苞包裹鱼肉之类。苴，以草藉（衬垫）器物。箪，竹制圆形盛物器。笥，竹制方形盛物器。问，犹遗、送。 ㉗操以受命，如使之容：意思是，拿着这些东西接受主人的吩咐，就像使者奉命出使时的仪容。

42. 凡为君使者，已受命，君言不宿于家①。君言②至，则主人出拜君言之辱③。使者归，则必拜送于门外。若使人于君所，则必朝服而命之④。使者反，则必下堂而受命⑤。

[注释]①君言不宿于家：君言，指君命。不得带着君命在家过夜，也就是立即准备出发上路。 ②君言：即君命。 ③主人出拜君言之辱：意思是，主人就要出来拜谢使者屈尊前来向己传达君命。 ④若使人于君所，则必朝服而命之：君所，指国君之朝。朝服，是臣下朝见国君或在比较庄重的场合穿的一种服装。其服，头戴玄（黑而略带赤色）冠，上穿缁（黑）衣，下着素裳（白色的裙），缁带（束于衣外的大带），素韠（白色的蔽膝）。这两句意思是，如果臣下派使者到国君那里请求指示，一定要穿着朝服命令使者。 ⑤下堂而受命：下堂接受使者所带来的君命，以示对君命的尊崇。

43. 博闻强识①而让，敦②善行而不怠，谓之君子。君子不尽人之欢③，不竭人之忠④，以全交也⑤。

[注释]①识：音 zhì，记住。 ②敦：音 dūn，大、多。 ③尽人之欢：要求别人全心喜欢自己。 ④竭人之忠：要求别人全力为自己尽忠。 ⑤全交：使交情得以完美地保持。

44.《礼》曰:"君子抱孙不抱子①。"此言孙可以为王父②尸,子不可以为父尸。为君尸者,大夫、士见之,则下之③。君知所以为尸者④,则自下之。尸必式⑤,乘必以几⑥。

[注释]①抱孙不抱子:这是指为宗庙祭祀而选择充当尸者。按,古人祭祀父祖当有尸(参见第4节注①),尸要由孙充当。如果孙的年纪幼小,就要由人抱着孙以充当尸,但不抱子。为什么呢?按照古代的宗法制度,始祖庙居中,以下左昭、右穆,父昭、子穆,而孙又为昭,是孙与祖同列,故当以孙为祖之尸。墓葬的排列,亦依昭穆为序。 ②王父:祖父。 ③下之:为之下车。 ④君知所以为尸者:谓国君知道了某人是将充当先君尸的人。 ⑤式:通"轼",本指古代设在车厢前供立乘者凭扶的横木,引申为轼礼,即两手扶轼而身体微伏于轼,以向人表示敬意。 ⑥几:形如小方案,登车时垫脚所用。

45.齐者不乐不吊①。

[注释]①齐者不乐不吊:齐者,斋戒的人。不乐,不听音乐。不吊,不吊唁死者。

46.居丧以礼,毁瘠不形①,视听②不衰,升降不由阼阶③,出入不当门隧④。居丧之礼,头有创则沐,身有疡⑤则浴,有疾则饮酒食肉,疾止复初。不胜丧⑥,乃比于不慈、不孝。五十不致毁⑦,六十不毁,七十唯衰麻⑧在身,饮酒食肉,处于内⑨。

[注释]①毁瘠不形:毁瘠,谓因哀痛而消瘦。不形,不要瘦到露出骨头。 ②视听:视力和听力。 ③升降不由阼阶:阼阶,即堂的东阶,这是主

人上下堂之阶。父死,子继之为主人,上下堂本当由阼阶,但因孝子在丧思慕,若父犹在,故不忍从父之阼阶上下。下句义仿此。　④隧:道,此处指门正中的路。　⑤疡:通"痒"。　⑥不胜丧:谓孝子经受不起哀痛以致毁坏了身体。　⑦致毁:致,犹极。致毁,极消瘦。　⑧衰麻:衰,音 cuī,丧服。麻,麻做的首绖(系在头上)和腰绖(系在腰间)。　⑨处于内:谓不居倚庐,可住在寝内。按,父母之丧,孝子本当在寝门外院子里依院墙搭庐(叫做倚庐,实即小窝棚)而居,因为年七十者精力益衰,故可例外。

47. 生与来日,死与往日①。

[注释]①生与来日,死与往日:生,在此指活人的服丧期。来日,指人死的第二天。死,在此指死者的敛殡期。往日,指人死的那天。这两句是说,活人为死者的服丧期从人死的第二天算起,死者的敛殡期从人死的当天算起。

48. 知生者吊①。知死者伤②。知生而不知死,吊而不伤;知死而不知生,伤而不吊。

[注释]①知生者吊:知生者,指与死者的亲属相识的人。吊,谓致吊唁辞。　②知死者伤:知死者,指与死者相识的人。伤,谓致伤辞,其辞未闻。

49. 吊丧弗能赗①,不问其所费。问疾弗能遗,不问其所欲。见人弗能馆②,不问其所舍。赐人者不曰"来取"。与人者③不问其所欲。适墓不登垄④。助葬必执绋⑤。临丧不笑。揖人必违其位⑥。望柩不歌。入临不翔⑦。当食不叹。邻有丧,舂不相⑧。里有殡,不巷歌。适墓不歌。哭日⑨不歌。送丧不由径⑩。送葬不辟涂潦⑪。临丧则必有哀色。执绋不笑。临乐⑫不叹。介胄则有不可犯之色。

故君子戒慎⑬,不失色⑭于人。国君抚式,大夫下之⑮。大夫抚式,士下之。

[注释]①赗:出钱物帮丧家办丧事。 ②弗能馆:谓不能招待别人住宿。 ③与人者:指把自己现有的东西给予别人的人。 ④垄:在此指墓冢。 ⑤绋:音fú,拉柩车的大绳。 ⑥揖人必违其位:揖人,向人行揖礼。违其位,离开原位。 ⑦入临不翔:临,音lìn,哭吊死者。不翔,不讲究走路的姿态(参见第40节注①)。 ⑧春不相:春,舂米。相,助。按,舂米的人以歌助春,助春之歌则有助哀之嫌,故戒之。 ⑨哭日:谓吊人之日。 ⑩不由径:径,捷径,谓不贪走近路。 ⑪涂潦:泥途和雨水。 ⑫临乐:谓参加欢乐的场合。 ⑬戒慎:小心谨慎。 ⑭失色:改变容色,失去常态。 ⑮国君抚式,大夫下之:意思是,国君手抚车轼表示敬意的时候,大夫就应该下车。下句义仿此。

50. 礼不下庶人①。刑不上大夫②。刑人不在君侧③。

[注释]①礼不下庶人:谓不为庶人制礼。 ②刑不上大夫:谓不制大夫之刑,如同不制庶人之礼。 ③刑人不在君侧:刑人,受过刑的人。谓受过刑的人不能用在国君身边。

51. 兵车不式①,武车绥旌②。德车③结旌。

[注释]①兵车不式:不式,即不行轼礼。按,因兵车尚武猛,无谦让,故不轼。 ②武车绥旌:武车,即兵车,亦即《周礼·春官·巾车》所谓革路。革路上插有兵器,故称武车。绥,舒散貌。旌,旗。绥旌,谓武车上的旌旗要任其舒展。 ③德车:即《周礼·春宫·巾车》所谓玉路、金路、象路、木路,这四种车上不插兵器,故称德车。德美在内,不尚威武,故结其旌,即把旌旗缠结起来,不让它飘扬。

52. 史载笔,士载言①。前有水,则载青旌②。前有尘埃,则载鸣鸢③;前有车骑,则载飞鸿;前有士师,则载虎皮④;前有挚兽⑤,则载貔貅⑥;行:前朱鸟而后玄武,左青龙而右白虎⑦,招摇在上⑧,急缮其怒⑨,进退有度,左右有局,各司其局⑩。

[注释]①史载笔,士载言:这是指国君前往参加盟会,史与士随行。史,史官。载笔,谓带着书写工具。士,指司盟之士。司盟之士负责记载盟会之词。 ②青旌:青,谓青雀,一种水鸟。青旌,画有青雀的旗(下面所说各种旌旗皆仿此)。 ③鸢:音 yuān,即老鹰。古人以为鸢鸣则风生,风生则尘埃起。 ④前有士师,则载虎皮:士师,指军队。载虎皮,在旗杆上挂起虎皮。 ⑤挚兽:谓虎狼之类的猛兽。 ⑥貔貅:音 pí xiū,古代的猛兽名。 ⑦"行"至"白虎":这是记军队行阵之法。朱鸟、玄武、青龙、白虎,在古代天文学上称为四象。朱鸟,亦称朱雀,指二十八宿之南方七宿所构成的鸟形,南方之象;玄武,指二十八宿之北方七宿所构成的龟蛇相缠之形,北方之象;青龙,指二十八宿之东方七宿所构成的龙形,东方之象;白虎,指二十八宿之西方七宿所构成的虎形,西方之象。这里是用四象之名作为军阵之名,其具体阵法已不可知。 ⑧招摇在上:招,音 sháo。招摇,本指北斗七星的第七星,即斗的柄端之星,在此指代北斗星。按,这里是说制作北斗星之形,高举于军阵之上,用以指示方向。 ⑨急缮其怒:急,坚。缮,通"劲",利。怒,谓士卒之怒。此句意思是,使战士的威怒坚劲而锐猛。 ⑩左右有局,各司其局:谓向左、向右都有部局,将帅各司其职。

53. 父之雠①,弗与共戴天。兄弟之雠,不反兵②。交游之雠,不同国③。

[注释]①雠:同"仇"。 ②不反兵:不返回家去拿兵器。这是说,随身携带兵器准备报仇,遇则刺杀之。 ③交游之雠,不同国:交游,朋友。不同国,不和他同住一国。

54. 四郊多垒，此卿大夫之辱也①。地广大，荒而不治②，此亦士③之辱也。

[注释]①"四郊"至"辱也"：按，卿大夫治其属地无方，不能树威德，致使其地被侵削，四郊才多筑壁垒，因此说是卿大夫的耻辱。 ②治：谓开垦耕种。 ③士：指邑宰。

55. 临祭不惰。祭服敝则焚之。祭器敝则埋之。龟筴①敝则埋之。牲②死则埋之。凡祭于公者，必自彻其俎③。

[注释]①龟筴：龟，指龟甲，占卜所用。筴，同"策"，指占筮用的蓍草。因蓍草的一根叫做一策，故名。 ②牲：指用于祭祀的牛、羊、豕。 ③凡祭于公者，必自彻其俎：这是指士助其君行宗庙祭礼。俎，盛牲肉器，形似几。按，周代宗庙祭祀皆有尸，尸前有牲俎，参加祭祀的人席前也都有牲俎。祭毕，俎上还剩有牲肉，助祭者如果位在大夫以上，其面前的牲俎就由国君派人送到他们家去；如果是士，就自彻其俎以归。

56. 卒哭乃讳①。礼：不讳嫌名②；二名不偏讳③；逮事父母，则讳王父母；不逮事父母，则不讳王父母④；君所无私讳⑤；大夫之所有公讳⑥；《诗》《书》不讳；临文⑦不讳；庙中不讳⑧；夫人之讳⑨，虽质君之前，臣不讳也，妇讳不出门⑩；大功、小功不讳⑪。入境而问禁。入国而问俗。入门而问讳。

[注释]①卒哭乃讳：卒哭，祭名，这是人死葬后的最后一次祭礼。进行卒哭祭的时间，在三虞之后（参见《檀弓上第三》第46节注⑥）。卒哭祭后，即将死者的灵位祔（附）于祖庙，从此以鬼神事之，而讳言其名。 ②嫌名：是

指名字的同音或音近之字,如"禹"与"雨","丘"与"区"(丘、区古音近)。 ③二名不偏讳:二名,谓双字名。偏,是"徧"字之误。谓名之二字不同时都避讳,只避其一字即可。 ④"逮事"至"不讳王父母":逮,及,赶上。王父母,祖父母。按,祖父母是父母的父母,言祖父母之名则父母为之心惧,故事父母者当讳其祖父母的名字。若幼儿时即丧父母,不及见其父母,则其祖父母的名字就可以不避讳了。 ⑤私讳:自己的家讳。 ⑥公讳:谓君讳。 ⑦临文:谓宣读公文及法律条文等。 ⑧庙中不讳:这是指在庙中读祝告词时,可以不避讳。 ⑨夫人之讳:指国君夫人的家讳。 ⑩妇讳不出门:这是解释臣可不避国君夫人之家讳的原因,是因为妇人的家讳不出家门的缘故。 ⑪大功、小功不讳:大功、小功,皆丧服名。服大功、小功丧的人,与死者关系已较疏远,可以不避讳死者的名字。

57. 外事以刚日①,内事以柔日②。凡卜筮日,旬之外曰"远某日"③,旬之内曰"近某日"。丧事先远日,吉事先近日。曰④:"为日,假尔泰龟有常。"⑤"假尔泰筮⑥有常。"卜筮不过三。卜筮不相袭⑦。

[注释]①外事以刚日:外事,出国郊以外的事。刚日,谓单数日,如甲日、丙日、戊日等,犹今一、三、五日等。 ②内事以柔日:内事,谓郊内之事。柔日,谓双数日,如乙日、丁日、己日等,犹今二、四、六日等。 ③某日:代具体日期,如甲日、乙日等等。 ④曰:这是指在占卜或占筮的时候说。 ⑤为日,假尔泰龟有常:为日,选择日期。假,借。泰龟,即大龟,这是对龟甲的尊称。有常,褒美之辞,谓其无差错。下句义仿此。 ⑥筮:此谓蓍草,占筮用蓍草。 ⑦卜筮不相袭:袭,承袭,沿袭。谓卜不吉而又筮,筮不吉而又卜,这是亵渎龟蓍的做法。

58. 龟为卜,筴为筮。卜筮者,先圣王之所以使民信时日①,敬鬼神,畏法令也;所以使民决嫌疑,定犹与②也。

故曰:"疑而筮之,则弗非③也;日④而行事,则必践⑤之。"

[注释]①信时日:确定办事的吉利日期。 ②与:"豫"的通假字。 ③弗非:不会犯错误。 ④日:作动词,谓选择吉日。 ⑤践:通"善",二字古音同韵部。

59. 君车将驾,则仆①执策立于马前。已驾,仆展辂②,效驾③。奋衣④,由右上,取贰绥⑤,跪乘,执策分辔⑥,驱之五步而立⑦。君出就车,则仆并辔授绥⑧。左右攘辟⑨,车驱而驺⑩。至于大门,君抚仆之手,而顾命车右就车⑪。门间沟渠必步⑫。凡仆人之礼,必授人绥。若仆者降等则受⑬,不然则否。若仆者降等,则抚仆之手⑭;不然则自下拘之⑮。

[注释]①仆:御车者。 ②已驾,仆展辂:已驾,马车已套好。展,视。辂,音 líng,车辖头,即销子,可插在车轴两端以辖制车轮不使脱落。 ③效驾:效,白、报告。报告车已套好。 ④奋衣:谓振去衣服上的灰尘。 ⑤贰绥:贰,副。按,绥是车上可用来抓着上车的绳,有正、副二绥。正绥为君或主人登车所执,副绥则仆或车右登车所执。 ⑥分辔:辔,驾车的马缰绳。按,一车四马,当中夹辕前后二马曰服马,辕左右两侧各一马曰骖马。马各二辔,共八辔。将两骖马之内辔系于车轼上,骖马之两外辔并两服马之四辔共六辔,分执两手,每手各执三辔,即所谓"分辔"。 ⑦立:停下来等待国君乘车。 ⑧并辔授绥:将马缰绳合于一手握着,以便向国君授绥。 ⑨左右攘辟:左右,谓群臣。攘,避让,后作"让"(让)。 ⑩驺:通"趋",谓群臣快步紧跟。 ⑪顾命车右就车:顾,回头。车右,勇力之士,君行则陪乘在右以卫君。 ⑫门间沟渠必步:凡经过门、闾巷或沟渠时,车右一定要下车步行。 ⑬若仆者降等则受:按,这是出于礼的需要,由一方为另一方执仆人授绥之礼。如果行授绥之礼者地位较低,如士为大夫,大夫为卿御等等,就接受他所授的绥,否则就不敢接受,故下文曰"不然则否"。 ⑭若仆者降等,则抚仆之手:这是

说,如果执仆人之礼者地位低,乘车者要先按止他的手,以示不必行授绥之礼,然后再接受绥。 ⑮不然则自下拘之:拘,音 gōu,取。这是说,如果授绥者的地位不比乘车者低,那么乘车者就要从授绥者手的下边取过绥来,以示不敢当授绥之礼。

60. 客车不入大门①。妇人不立乘。犬马不上于堂②。

[注释]①大门:指主人家的大门。 ②犬马:指赠送给别人的犬马。

61. 故君子式黄发①,下卿位②,入国③不驰,入里必式。君命召虽贱人④,大夫、士必自御⑤之。介者不拜,为其拜而蓌拜⑥。祥车旷左⑦。乘君之乘车不敢旷左,左必式⑧。仆御妇人,则进左手,后右手⑨。御国君,则进右手,后左手而俯⑩。国君不乘奇车⑪。车上不广欬,不妄指⑫。立视五巂⑬,式视马尾⑭,顾不过毂⑮。国中以策彗恤勿驱,尘不出轨⑯。国君下齐牛,式宗庙⑰。大夫、士下公门,式路马⑱。乘路马⑲,必朝服,载鞭策,不敢授绥,左必式⑳。步路马㉑,必中道。以足蹙路马刍有诛㉒,齿路马有诛㉓。

[注释]①君子式黄发:君子,谓国君。式,行轼礼。黄发,高龄的人。②下卿位:卿位,指卿朝见国君时所在之位。国君乘车经过卿位要下车。③国:国都。 ④贱人:谓君所命前来传达命令的人地位低下。 ⑤御:音 yà,通"讶",迎接。 ⑥介者不拜,为其拜而蓌拜:介者,人身穿铠甲的人。蓌,音 cuò,犹诈。言穿铠而拜,拜礼的姿势不能做到位,则似诈(虚假),故不拜。⑦祥车旷左:祥车,死者生前所乘车,为死者送葬时,此车作为载魂之车随柩车而行,谓之祥车。驾祥车的御者在右,而把左边的位子空出来,象征死者之

神所乘,故曰"旷左"。　⑧乘君之乘车不敢旷左,左必式:按,王有五路(五种车):玉路、金路、象路、木路、革路。王自乘玉路,其他四路则由随行之臣乘坐。这四种车出行时不敢把左边的位子空出来,因为君王尚在,空左则犹如祥车。但臣乘君车而随君行,又不敢安处车左之位,故曰"左必式",即在车上作出行轼礼的姿势。　⑨仆御妇人,则进左手,后右手:进,前。按,御者在右而妇人在左,御者左手在前而右手在后以驾车,则可以背侧向妇人,这是为了避嫌。　⑩俯:谓御者微俯身,以示恭敬。　⑪奇车:样式奇异的车。　⑫车上不广欬,不妄指:欬,"咳"的异体字。广欬,大声咳嗽。按,车身高,在高车上"广欬",则似自骄矜而且惊众。妄指,随便指画,则可能惑众。　⑬五巂:巂,音 guī,通"规",车轮的一周为一巂。按,轮高(即直径)六尺六寸,则一规为二丈七尺三寸,五规则为十丈三尺六寸。谓立乘在车上只能向前看相当于车轮五周的距离。　⑭式视马尾:在车上行轼礼的时候看着前面的马尾。　⑮顾不过毂:毂,音 gǔ,在车轮的中心部位,其周围安车辐,犹今俗所谓车轴头。在车上回头看时目光不得超过车毂。　⑯国中以策彗恤勿驱,尘不出轨:彗,音 huì,指带叶的竹扫帚。策彗,即以彗策马。恤勿,谓搔摩之。轨,在此指车辙。意思是,在都城中用竹扫帚搔摩马身以驱赶马,要使车经过时灰尘不从车辙中飞扬出来。　⑰国君下齐牛,式宗庙:齐,通"斋"。齐牛,用于祭祀的牛。按,学者多谓此处文误,当作"国君下宗庙,式齐牛",意思是,国君经过宗庙要下车,看到将用于祭祀的牛要行轼礼。　⑱下公门,式路马:公门,国君之门。路马,国君的车马。　⑲乘路马:这里是说臣乘君的车马以为君调式之。　⑳载鞭策,不敢授绥,左必式:意思是,马鞭放在车上而不敢用,不敢让驾车的人向自己授绥,站在车左边的位置上一定要凭轼。　㉑步路马:徒步牵着君的马行走。　㉒以足蹙路马刍有诛:蹙,通"蹴",踢、踏。刍,饲草。诛,责罚。用脚践踏了君车之马的饲草要受责罚。　㉓齿路马有诛:齿,马齿,在此作动词,谓数马齿,可计算出马的年岁。诛,责罚。计算君马的年岁要受责罚。

曲礼下第二

1. 凡奉者①当心,提者当带②。执天子之器则上衡③,国君则平衡④,大夫则绥之⑤,士则提之⑥。凡执主⑦器,执轻如不克⑧。执主器,操币、圭、璧⑨,则尚⑩左手,行不举足⑪,车轮曳踵,立则磬折垂佩⑫。主佩倚⑬,则臣佩垂⑭;主佩垂⑮,则臣佩委⑯。执玉,其有藉者则裼,无藉者则袭⑰。

[注释]①奉者:奉,恭敬地捧着,后作"捧"。奉者,双手捧东西的人。②提者当带:提者,用手提东西的人。带,指古代贵族束于衣外的大带。这句是说,凡提东西的人手要上屈到当带处。按,带的位置大约在下距地四尺五寸处。 ③上衡:衡,在此是平的意思,指与心平。上衡,谓高于心。 ④国君则平衡:国君,指诸侯,其地位低于天子。平衡,在此谓与心平。 ⑤绥:同"妥",谓低于,下于,在此谓下于心。 ⑥士则提之:意思是,为士拿东西就用手提着。 ⑦主:谓国君。 ⑧执轻如不克:克,胜任。意思是,即使拿着很轻的东西也像拿着沉得不能胜任的东西一样,表示十分谨慎。 ⑨操币、圭、璧:操,持,拿。币,此指束帛,即一束帛(一束五匹,一匹四丈,合二十丈),行礼所用。圭,玉器,长条形,上端尖,下端平,似今倒置的领带。璧,玉器,平圆形,中间有圆孔。 ⑩尚:通"上"。 ⑪行不举足:不举足,谓脚不抬起,而要像车轮着地那样拽着脚后跟擦地而行,故下文说"车轮曳踵(脚后跟)"。

⑫磬折垂佩：磬折，谓弯腰。佩，指佩巾，即上篇所谓"尊卑垂帨"的"帨"（参见上篇第41节注⑪）。　⑬倚：谓依贴在身上。　⑭垂：谓佩巾不贴于身而悬垂着。　⑮主佩垂：谓国君弯腰使佩巾悬垂。　⑯委：下垂，坠落。此谓臣要伏身使佩巾下垂至地。　⑰"执玉"至"则袭"：这是记使臣到他国行聘礼时执玉同所穿礼服的关系。玉，这里是指行聘礼所用的圭、璋、琮、璧四种玉器。按，古代的聘礼主要由聘和享两个仪节构成。聘是使者代表本国国君向他国国君和国君夫人表示慰问，这时要向国君及其夫人分别献上圭和璋。行聘礼之后接着行享礼，享是献的意思，即向国君及其夫人分别献上琮和璧以及其他礼物。行享礼时，琮和璧是加放在束帛上进献的，这就叫做"有藉"，就是有衬托物的意思。行聘礼时进献的圭和璋则无须依托其他东西，就叫做"无藉"。又古人礼服之制，冬衣裘，夏衣葛，裘、葛之上要加一件文饰漂亮的罩衣，叫做裼（音 xī）；裼上又加正服，如朝服、皮弁服等，就叫做袭。如非盛礼，以文饰为敬，就要开正服前襟，露出里面漂亮的裼衣，这就叫做裼（此"裼"为动词，是袒裼的意思）；如当盛礼，尚质，就要掩好正服前襟，这就叫做袭（"袭"在此亦作动词，是掩的意思）。聘礼的聘与享，聘礼隆而享礼轻，礼轻则尚文，故享时所献琮、璧加于束帛之上以献，所穿礼服亦须裼，故曰"有藉者则裼"。礼隆则尚质，故聘时所献圭、璋无须衬托物（即所谓圭璋特达），所穿礼服亦当袭，故曰"无藉者则袭"。

2. 国君不名卿老、世妇①。大夫不名世臣②、侄、娣。士不名家相、长妾③。君大夫之子，不敢自称曰"余小子"④。大夫、士之子，不敢自称曰"嗣子某"⑤，不敢与世子⑥同名。

[注释]①不名卿老、世妇：名，谓称呼别人的名字。卿老谓上卿，世妇谓两媵，媵的地位次于夫人而贵于诸妾。按，媵指随嫁者，即妻的侄（妇兄之女）娣（妇之妹），下文"侄、娣"同此。　②世臣：父时的老臣。　③家相、长妾：家相，即家臣头子。长妾，妾之有子者。　④"君大夫"至"余小子"：君大夫，谓天子的有封地的大夫。天子在服丧期间自称"余小子"，故君大夫之子

当避之而不敢自称"余小子"。 ⑤嗣子某:这是诸侯服丧期间的自称。某,指代服丧的诸侯之名。 ⑥世子:即太子,古"世"、"太"二字音近可通。

3. 君使士射①,不能②,则辞以疾,言曰:"某有负薪之忧。③"

[注释]①君使士射:谓君使士与自己为耦比赛射箭。按,古代的射箭比赛之礼,参赛者皆两两配对而射,称为射耦。 ②不能:谓士不会射箭。③某有负薪之忧:这是称病的谦辞。负薪之忧,意思是背柴累病了。某,代士名。忧,劳、病。

4. 侍①于君子,不顾望而对②,非礼也。

[注释]①侍:陪在君子身边。 ②不顾望而对:顾,视,看。不看看周围是否有胜过自己的人就抢先回答。

5. 君子行礼,不求变俗①。祭祀之礼,居丧②之服,哭泣之位③,皆如其国之故。谨修其法④,而审行之。去国三世⑤,爵禄有列于朝,出入有诏于国⑥。若兄弟宗族犹存,则反告于宗后⑦。去国三世,爵禄无列于朝,出入无诏于国,唯兴之日,从新国之法⑧。

[注释]①君子行礼,不求变俗:这是指君子在别国行礼,不要求改变本国的礼俗。即仍可依本国的礼俗行礼。 ②居丧:即守丧。 ③哭泣之位:指哭死者时所在的位置。按,古代死了人,活着的人哭死者,根据哭者的身份地位和与死者关系的不同,所在的位置也不同。 ④谨修其法:"修"是"循"字之误。谓小心谨慎地遵循本国的礼法,故下文接着说"审行之"。 ⑤去国三世:谓离开本国已经三代人了。 ⑥爵禄有列于朝,出入有诏于国:诏,报告。这两句是说,族中如果仍有人在本国朝廷做官,那么出入往来别国仍要

报告本国国君。 ⑦若兄弟宗族犹存,则反告于宗后:宗后,即宗子,也就是宗族之长。这两句意思是,如果本国仍有兄弟和宗族在,那么遇有喜事或丧事,仍要向本国的族长报告。 ⑧唯兴之日,从新国之法:兴,指在别国做了卿大夫。这两句意思是,只有在别国做了卿大夫的时候,才遵从别国的礼法。

6. 君子已孤不更名①,已孤暴贵②,不为父作谥③。

[注释]①孤不更名:孤,谓死了父亲。不更名,不再改名,因名是父所取。 ②暴贵:大显贵。 ③谥:谥号。古代帝王、贵族、大臣、士大夫或其他有地位的人死后,据其生前事迹所评定的带有褒贬意义的称号。

7. 居丧未葬,读丧礼①;既葬,读祭礼;丧复常②,读乐章。居丧不言乐,祭事不言凶,公庭不言妇女③。

[注释]①丧礼:此指有关丧礼的书。下"祭礼"、"乐章"义同。 ②丧复常:指服丧期满,除去丧服,恢复正常生活。 ③公庭不言妇女:谓在公庭上不谈论妇女。

8. 振书、端书于君前,有诛①;倒筴、侧龟②于君前,有诛。龟、筴、几、杖、席、盖、重素、袗缔绤③,不入公④门。苞屦、扱衽、厌冠⑤,不入公门。书方、衰⑥、凶器,不以告⑦,不入公门。公事不私议⑧。

[注释]①振书、端书于君前,有诛:振书,谓拂去书上的灰尘。端,正,引申为整理。诛,责备,责罚。 ②倒筴、侧龟:筴,指占筮用的蓍草。龟,指占卜用的龟甲。意思是弄颠倒了蓍草,或弄翻了龟甲。 ③重素、袗缔绤:重素,谓衣、裳皆素(白色),这是丧象。袗,音 zhěn,单衣,亦指穿单衣。缔(音 chī),细葛布;绤(音 xì),粗葛布。这里意思是穿缔、绤做的单衣。 ④公:指国君,实指国君所在的朝廷。 ⑤苞屦、扱衽、厌冠:苞,即藨(音 biāo),草名。

苴屦,一种丧屦,屦即鞋。扱,音 chā,插入。衽,此指衣襟。扱衽,谓将上衣前襟插入束衣襟的腰带中。厌,音 yā,厌冠,即丧冠,古丧礼服小功以下之丧者所戴的冠。　⑥书方、衰:方,指书写用的木板。书方,此指办丧事时记录亲友宾客所赠送葬物的木版。衰,音 cuī,本指丧服的上衣,此处泛指丧服。⑦不以告:谓不事先报告。　⑧私议:谓私下议论。

9. 君子将营宫室,宗庙为先,厩库①为次,居室为后。凡家造②,祭器为先,牺赋③为次,养器④为后。无田禄者,不设祭器。有田禄者,先为祭服。君子虽贫,不粥祭器⑤;虽寒,不衣祭服。为宫室,不斩于丘木⑥。

[注释]①厩库:马厩、仓库。　②家造:此指大夫经营家事。　③牺赋:牺,谓牺牲,即祭祀所用牲。牺牲靠向民众征收赋税获得,故曰牺赋。④养器:谓饮食用具。　⑤粥:音 yù,同"鬻",卖。　⑥不斩于丘木:斩,砍伐。丘,在此指坟墓。此句谓不砍伐墓地的树木。

10. 大夫、士去国①,祭器不逾竟②。大夫寓③祭器于大夫,士寓祭器于士。大夫、士去国,逾竟为坛位④,乡国而哭,素衣,素裳,素冠,彻缘,鞮屦⑤,素幦⑥,乘髦马,不蚤鬋⑦,不祭食⑧,不说人以无罪⑨,妇人不当御,三月而复服⑩。

[注释]①大夫、士去国:这是指大夫、士多次劝谏国君,国君不听而去国。　②祭器不逾竟:竟,通"境",意思是祭器不可带出国境。　③寓:寄托,寄放。　④为坛位:坛,音 shàn,通"墠",扫除。谓扫除地面而为位。　⑤彻缘,鞮屦:彻,撤除,撤去。缘,此谓衣裳和帽子上的镶边。鞮,音 dī。鞮屦即革屦,也就是草鞋。　⑥素幦:幦,音 mì,同"幭",车轼(车前的横木)上的覆盖物。素,此指白狗皮。　⑦乘髦马,不蚤鬋:髦,音 máo,此指马头、颈上的

长毛。髦马,指不修剪马头、颈上的长毛。蚤,通"爪"。鬋,通"剪"。不蚤鬋,此指不修剪手脚指甲和胡须头发。　⑧不祭食:谓不行食前祭礼。按,古代贵族食前都要先祭,所祭的对象是最早发明这种食物的人,以示不忘本,除非是在服丧期间。现在因为是谏君不从而离国,故以丧礼自处,且臣无君如无天,故不行食前祭礼。　⑨不说人以无罪:不向别人说自己无罪。按,此大夫、士是因谏君不从而离国,若向人说己无罪,则有归罪于君之嫌,不符合所谓"善则称君,过则称己"的原则。　⑩妇人不当御,三月而复服:意思是,不与妇人行房事,过三个月而后恢复正常生活。

11. 大夫、士见于国君①,君若劳之,则还辟②,再拜稽首③。君若迎拜,则还辟,不敢答拜④。大夫、士相见,虽贵贱不敌⑤,主人敬客⑥则先拜客,客敬主人则先拜主人。凡非吊丧,非见国君,无不答拜者⑦。大夫见于国君,国君拜其辱⑧。士见于大夫,大夫拜其辱。同国始相见⑨,主人拜其辱。君于士不答拜也,非其臣⑩则答拜之。大夫于其臣⑪,虽贱,必答拜之。男女相答拜也。

[注释]①大夫、士见于国君:这是指大夫为使者,士为介(介是使者的副手),到别国行聘礼而见别国之君。　②君若劳之,则还辟:劳之,谓被聘问之君对来聘的大夫、士表示慰劳。辟,通"避"。还辟,即回避、避让。　③再拜稽首:稽,音qǐ。先跪而拱手与心平,以头俯于手,再以所拱之手下至膝前地上,然后再以头触于所拱之手前地上,这就叫做拜稽首,或稽首拜。这样拜两次,就叫再拜稽首。这是古代最重的一种拜礼。　④不敢答拜:这是表示不敢与君抗礼(即对等行礼)。　⑤敌:对等。　⑥敬客:对客表示敬意。　⑦无不答拜者:谓受拜礼的无不回拜礼。　⑧拜其辱:谓拜谢对方的辱临。　⑨同国始相见:谓同国的人初次相见。　⑩非其臣:谓别国之臣,非本国之臣。　⑪臣:此谓大夫的家臣。

12. 国君春田不围泽①,大夫不掩群②,士不取麛③卵。

[注释]①不围泽:泽,在此指狩猎场。不围泽,谓不把猎场整个包围起来,要留出一面让野兽可以逃生。 ②掩群:掩,犹尽,谓尽取野兽。群,谓群处的野兽。 ③麛:音 mí,幼鹿,亦泛指幼兽。

13. 岁凶①,年谷不登②,君膳不祭肺③,马不食谷,驰道不除④,祭事不县⑤,大夫不食粱⑥,士饮酒不乐⑦。

[注释]①岁凶:岁,年成。凶,遭灾,如水旱灾害。 ②登:成,指庄稼收成。 ③不祭肺:谓食牲肉之前不用肺行食前祭礼。按,周人重肺,故食牲肉前必先用牲的肺行食前祭礼。不祭肺,即谓不食牲肉,也就是不杀牲。 ④除:修治。 ⑤县:通"悬",谓悬挂钟磬等,也就是不演奏音乐。 ⑥粱:通"粱",指稻粱,即稻饭和粱饭。按,古代贵族的饭有黍、稷、稻、粱四种,吃饭时先进黍稷,再进稻粱,稻粱称为加食。如遇凶年,则进黍稷后不再进稻粱,即不再进加食,以示节俭。 ⑦乐:谓演奏音乐。

14. 君无故玉不去身①。大夫无故不彻县②。士无故不彻琴瑟。

[注释]①君无故玉不去身:君,国君。玉,佩玉。按,古代以玉比德,国君及贵族皆佩玉以象征德行,且以为容饰。玉不去身,犹言不去德、不去容饰。 ②不彻县:县,指悬挂的钟磬等乐器;如果不发生灾变,就总是陈列着乐器;如果彻去乐器,就意味着有灾变了。下"士无故不彻琴瑟"义仿此。

15. 士有献于国君①,他日君问之曰:"安取彼②?"再拜稽首而后对。大夫私行出疆,必请③,反必有献④。士私行出疆,必请,反必告⑤。君劳之则拜。问其行⑥,拜而后对。

[注释]①有献于国君:有东西献给国君。 ②安取彼:安,哪里,何处。彼,指所献的东西。 ③私行出疆,必请:谓因私事出国,一定要请示国君。 ④献:谓对国君的馈献。 ⑤告:向国君报告。 ⑥问其行:谓问大夫、士出行的情况。

16. 国君去其国,止之曰:"奈何去社稷也?"大夫①,曰:"奈何去宗庙也?"士,曰:"奈何去坟墓也?"

[注释]①大夫:是"大夫去其国"的省略语。下"士"仿此。

17. 国君死社稷①,大夫死众②,士死制③。

[注释]①死社稷:谓当为社稷而死。社稷指代国家。 ②死众:谓讨罪御敌而战死,也就是为国家的军事而死。 ③制:此谓执行君命。

18. 君①天下曰"天子"。朝诸侯,分职,授政,任功②,曰"予一人"。践阼③,临祭祀,内事曰"孝王某"④,外事曰"嗣王某"⑤。临诸侯,畛于鬼神⑥,曰"有天王某甫"⑦。崩,曰"天王崩"。复⑧,曰"天子复矣"⑨。告丧,曰"天王登假"⑩。措之庙,立之主,曰"帝"⑪。天子未除丧,曰"予小子"。生名之,死亦名之⑫。

[注释]①君:此作动词,谓统治、治理。 ②朝诸侯,分职,授政,任功:朝诸侯,谓天子接见来朝的诸侯。分职,谓分派官职。授政,谓授予政事。任功,谓委任事功。 ③践阼:阼谓阼阶,包括庙堂和郊坛的阼阶。这里的践阼,是指登上庙堂或祭坛行祭祀之礼。 ④内事曰"孝王某":内事,谓内祭祀,指在宗庙祭祀祖先。某,代行祭祀之礼的天子名。 ⑤外事曰"嗣王某":外事,指外祭祀,谓祭祀天地山川等。某,代继承王位的新王之名。 ⑥临诸

侯,眕于鬼神:临,驾临,谓天子驾临诸侯国。眕,音 zhěn,告;谓天子到宗庙有所祈告。　⑦某甫:代男子的字,如伯禽父,仲山甫,叔兴父,等等。⑧复:招魂。　⑨复:此复义为回,呼唤死者回来。　⑩告丧,曰"天王登假":告丧,谓发讣告。登,上。假,通"遐",指遥远的天堂。这句意思是,发讣告,称"天王升天了"。　⑪措之庙,立之主,曰"帝":措,安置。主,牌位。意思是,安置于宗庙,立牌位,称"帝"。　⑫"天子"至"亦名之":这里的生和死,是指守丧期间嗣王的生和死。两"名"之,皆谓以"小子"为名,而称"小子王"。这几句意思是,天子守丧而未除丧,称"予小子",活着守丧用"小子王"来称呼他,如果未除丧就死了也用"小子王"来称呼他。

19. 天子有后①,有夫人,有世妇,有嫔,有妻,有妾。

[注释]①后:及下文夫人、世妇、嫔、妻、妾,都是等级依次递降的天子的女官名。

20. 天子建天官,先六"大"①,曰大宰、大宗、大史、大祝、大士、大卜,典司六典②。天子之五官,曰司徒、司马、司空、司士、司寇,典司五众③。天子之六府,曰司土、司木、司水、司草、司器、司货,典司六职。天子之六工,曰土工、金工、石工、木工、兽工、草工,典制六材④。

[注释]①大:及下文大宰、大宗、大史、大祝、大士、大卜之"大",皆音"太"。　②典司六典:典司,谓掌管执行。六典,谓天子"六大"所当掌管执行的六个方面的法典。　③五众:指五官的臣属。　④典制六材:谓掌管六个方面的器材和制作。

21. 五官致贡①曰享。五官之长曰伯,是职方②。其摈于天子③也,曰"天子之吏"④。天子同姓⑤谓之"伯父",异姓谓之"伯舅"。自称⑥于诸侯曰"天子之老",于外⑦曰"公",于其国曰"君"。九州之长入天子之国⑧曰"牧"。天子同姓⑨谓之"叔父",异姓谓之"叔舅",于外⑩曰"侯",于其国曰"君"。其在东夷、北狄、西戎、南蛮,虽大曰"子"⑪。于内自称曰"不榖"⑫,于外自称曰"王老"。庶方小侯入天子之国曰"某人"⑬,于外曰"子",自称曰"孤"。

[注释]①五官致贡:五官,在此指公、侯、伯、子、男五等诸侯。致贡,谓向天子贡献方物。 ②是职方:是,代伯;伯即方伯。职,主,掌管。方伯二人,分主东、西二方的诸侯,故曰"职方"。 ③摈于天子:摈,指天子的摈者,是为天子接待宾客者。摈于天子,谓向天子报告伯来朝见。 ④天子之吏:这是摈者向天子报告伯来朝见时对伯的称呼。 ⑤同姓:谓天子的同姓诸侯。 ⑥自称:谓伯对诸侯自称。 ⑦外:谓伯在其封地之外。 ⑧九州之长入天子之国:按,天下九州,每州择诸侯之贤者一人为该州诸侯之长。长入于天子之国,即进入天子畿内。 ⑨同姓:及下文"异姓",皆指九州之长,即牧。 ⑩于外:谓九州之长在其封国之外。 ⑪虽大曰"子":谓东西南北四方少数民族方国,即使拥有广大的土地,也称之为"子"。 ⑫不榖:是少数民族之"子"在其国内的自我谦称。榖,善。不榖,犹言不善之人。 ⑬庶方小侯入天子之国曰"某人":庶方:指更荒远地区的少数民族方国。某人,如"牟人"、"介人"等。

22.天子当依而立①,诸侯北面而见天子曰觐。天子当宁②而立,诸公东面、诸侯西面曰朝。

[注释]①依:通"扆",类今之屏风,设于堂后之室的门窗之间。按,古代堂后东西有房,分别叫做东房、西房;二房之间有室。东、西房门叫做户,但没有窗;只有室有户又有窗,窗叫做牖。参见《宫寝图》。 ②宁:音zhù,朝

的门屏之间的位置。此朝谓天子的治朝。按,王(天子)之宫有五门,一曰皋门,二曰库门,三曰雉门,四曰应门,五曰路门。王有三朝:皋门之内、库门之外曰外朝;路门之外、应门之内曰治朝,又叫正朝;路门之内叫内朝,又叫燕朝。

23. 诸侯未及期①相见曰遇,相见于郤②地曰会。诸侯使大夫问于诸侯曰聘。约信③曰誓,莅牲④曰盟。

[注释]①未及期:期,指约定的时间和地点。未及期,谓不是在约定的时间和地点。 ②郤:间,谓两国之间。 ③约信:谓诸侯相互用言语相约束以取信。 ④莅牲:谓杀牲缔结条约。

24. 诸侯见天子曰"臣某侯某"①。其与民言自称曰"寡人"②。其在凶服曰"適子孤"③。临祭祀,内事曰"孝子某侯某",外事曰"曾孙某侯某"。死曰"薨",复曰"某甫复矣"④。既葬见天子⑤曰"类见",言谥曰"类"⑥。诸侯使人使于诸侯,使者自称曰"寡君之老"。

[注释]①臣某侯某:上"某"代国名,下"某"代诸侯名。下"某侯某"义仿此。 ②寡人:谦辞,犹言寡(少)德之人。 ③其在凶服曰"適子孤":適,同"嫡"。在凶服,谓在服丧期间。"適子孤",是对别国诸侯的自称。 ④复曰"某甫复矣":某甫,代诸侯的字。复矣,犹言"回来吧"(参见第18节注⑧、⑨)。 ⑤既葬见天子:这是诸侯葬后嗣君未除丧而去见天子。 ⑥言谥曰"类":这是说将要出葬时向天子请赐谥号叫做"请类"。按,谥号是反映人的德行的,故曰"类"。

25. 天子穆穆①,诸侯皇皇②,大夫济济③,士跄跄④,庶人僬僬⑤。

[注释]①穆穆:深不可测貌。 ②皇皇:庄重贵盛貌。 ③济济:徐缓有节貌。 ④跄跄:洒脱舒扬貌。 ⑤僬僬:僬,音jiāo,行走急促貌。谓庶人显出一副僬僬然匆忙急促的样子。

26. 天子之妃曰后,诸侯曰夫人,大夫曰孺人,士曰妇人,庶人曰妻。公、侯有夫人,有世妇,有妻,有妾。夫人自称于天子曰"老妇",自称于诸侯曰"寡小君",自称于其君曰"小童"。自世妇以下①自称曰"婢子"。子于父母则自名也。列国之大夫入天子之国曰"某②士",自称曰"陪臣某"③,于外曰"子"④,于其国曰"寡君之老"。使者自称曰"某"⑤。

[注释]①自世妇以下:按,世妇下面还有妻、妾。 ②某:代国名。 ③某:代己名。 ④于外曰"子":外,指国外。谓在别国被称为"子"。 ⑤某:代己名。

27. 天子不言"出"①。诸侯不生名②。君子不亲恶③。诸侯失地,名④;灭同姓,名⑤。

[注释]①天子不言"出":按,天子以天下为家,故天子出奔某地,史书记载不得言"出",而称"居某地"。 ②诸侯不生名:按,诸侯有南面之尊,非有大恶,生不可称名,只可称其爵。 ③恶:指有罪恶的人。 ④诸侯失地,名:失地,谓丧失国土。名,谓史书记载称其名,这是对他不能保守国土的谴责,且其既失国土,也就不是诸侯了。 ⑤灭同姓,名:灭同姓,谓消灭了同姓之国。名,亦谓史书记载称其名,这是表示对他的不满和谴责。

28. 为人臣之礼,不显谏①,三谏而不听,则逃之。子之事亲②也,三谏而不听,则号泣而随之。

[注释]①不显谏:谓对其君当微言讽谏而不要明说或直说。 ②事亲:此谓侍奉父亲。

29.君有疾饮药,臣先尝①之。亲②有疾饮药,子先尝之。医不三世,不服其药。

[注释]①先尝:以防药物有毒,故臣先为君尝之。 ②亲:此谓父母。

30.儗人必于其伦①。

[注释]①儗人必于其伦:儗,繁体字"擬(拟)"的异体字,比拟。伦,类。谓比人一定要和他的同类人相比。

31.问天子之年,对曰:"闻之始服衣若干尺矣①。"问国君之年,长,曰:"能从宗庙社稷之事②矣。"幼,曰:"未能从宗庙社稷之事也。"问大夫之子,长,曰:"能御③矣。"幼,曰:"未能御也。"问士之子,长,曰:"能典谒④矣。"幼,曰:"未能典谒也。"问庶人之子,长,曰:"能负薪⑤矣。"幼,曰:"未能负薪也。"

[注释]①闻之始服衣若干尺矣:这是对天子年龄的委婉回答。下回答语仿此。 ②宗庙社稷之事:是说主持宗庙社稷祭祀之事。 ③御:谓驾车。 ④典谒:谓接待宾客之事。 ⑤负薪:背柴火。

32.问国君之富,数地以对,山泽之所出①。问大夫之富,曰:"有宰食力,祭器衣服不假②。"问士之富,以车数对。问庶人之富,数畜以对。

[注释]①数地以对,山泽之所出:谓历数国土上山泽的出产来回答,这是对国君之财富的委婉回答。下文答语仿此。 ②有宰食力,祭器衣服不假:宰,是"采"的假借字。假,借。这两句意思是,有采地可收取租税,祭器和祭服不需向人借。

33. 天子祭天地,祭四方,祭山川,祭五祀①,岁遍。诸侯方祀②,祭山川,祭五祀,岁遍。大夫祭五祀,岁遍。士祭其先。

[注释]①五祀:指对户、灶、中霤、门、行五种神的祭祀。 ②方祀:即祀方,谓祭其国所在之方,如齐国祭东方。

34. 凡祭,有其废之,莫敢举①也;有其举之②,莫敢废也。非其所祭③而祭之,名曰淫祀④,淫祀无福。

[注释]①有其废之,莫敢举也:谓如果有已经废弃的祭祀对象,就不敢再祭祀了。 ②举之:谓已经举行的。 ③非其所祭:即不是自己应该祭祀的。 ④淫祀:不合礼制的妄滥之祭。

35. 天子以牺牛,诸侯以肥牛,大夫以索牛①,士以羊豕。

[注释]①"天子"至"索牛":牺牛,谓毛色纯一的牛。肥牛,谓养于牲口屋的牛。索,选择。索牛,谓临时挑选的牛。

36. 支子不祭①,祭必告于宗子②。

[注释]①支子:指嫡长子以下诸子,包括众嫡子和庶子(妾所生子)。 ②宗子:即嫡长子。

37.凡祭宗庙之礼,牛曰"一元大武"①,豕曰"刚鬣"②,豚曰"腯肥"③,羊曰"柔毛"④,鸡曰"翰音"⑤,犬曰"羹献"⑥,雉曰"疏趾"⑦,兔曰"明视"⑧,脯曰"尹祭"⑨,槀鱼曰"商祭"⑩,鲜鱼曰"脡祭"⑪,水曰"清涤"⑫,酒曰"清酌"⑬,黍曰"芗合"⑭,粱曰"芗萁"⑮,稷曰"明粢"⑯,稻曰"嘉蔬"⑰,韭曰"丰本"⑱,盐曰"咸鹾"⑲,玉曰"嘉玉"⑳,币曰"量币"㉑。

[注释]①一元大武:元,首。武,足迹。牛肥则足大,故曰大武。一元大武,是对祭祀用牛的美称。按,自此以下凡二十一物,都是对祭祀用物的美称。 ②刚鬣:鬣,音liè,泛指动物头、颈上的毛。豕肥则鬣刚。 ③腯肥:腯,音tú,形容牲畜肥壮。 ④柔毛:羊肥则毛细而柔。 ⑤翰音:翰,音hàn,在此是长的意思。鸡肥则鸣声长远。 ⑥羹献:犬肥则可煮为羹而献神,故曰"羹献"。 ⑦疏趾:疏,阔。雉肥则两足开张而阔,故曰"疏趾"。 ⑧明视:兔肥则目开而视明。 ⑨尹祭:尹,正。谓祭祀所用脯(干肉)切割得很方正。 ⑩槀鱼曰"商祭":槀,同"槁",干。商,度,斟酌。干鱼经斟酌其干湿度都是最适宜的。 ⑪脡祭:脡,音tǐng,在此是直的意思。鱼鲜则挺然而直。 ⑫水曰"清涤":水,在此指玄酒,其实是一种洁净的水,祭祀时以洁净的水当酒,以示返本尚朴。清涤,形容水极清洁。 ⑬酒曰"清酌":清酌,即谓经过滤的清酒。 ⑭芗合:芗,谷类的香气。黍熟则气味香,且黏聚而不散,故曰"芗合"。 ⑮粱曰"芗萁":粱是谷物中之强劲者,其茎叶亦香,故名。萁,音jī,在此是语助词。 ⑯稷曰"明粢":明,在此是白的意思,稷明白神就喜欢。粢,即粢盛,祭祀用的饭叫粢盛。 ⑰嘉蔬:嘉,美,茂盛。蔬,同"疏",立苗疏则茂盛。 ⑱丰本:本,根。根本丰则莱美盛。 ⑲咸鹾:鹾,音cuó,盐的别名。盐以咸为美。 ⑳嘉玉:嘉,美。无瑕的美玉。 ㉑量币:量,度量。币,帛。谓度量帛的长短宽窄都符合要求。

38.天子死曰崩,诸侯曰薨,大夫曰卒,士曰不禄,庶人曰死。在床①曰尸,在棺曰柩②。羽鸟曰降③,四足曰渍。死寇④曰兵。祭王父⑤曰皇祖考,王母曰皇祖妣,父曰皇考,母曰皇妣,夫曰皇辟。生曰父,曰母,曰妻,死曰考,曰妣,曰嫔。寿考⑥曰卒,短折⑦曰不禄。

[注释]①在床:谓死者在床。　②在棺曰柩:这是说装有尸体的棺材叫柩。　③羽鸟曰降:这是说有羽毛的鸟死叫做降。下文义仿此。　④死寇:抵御敌寇而死。　⑤王父:祖父。下文"王母"则为祖母。　⑥寿考:谓老死。　⑦短折:短命夭折。

39. 天子视不上于袷①,不下于带②。国君绥视③。大夫衡视④。士视五步⑤。凡视,上于面则敖,下于带则忧,倾则奸⑥。

[注释]①天子视不上于袷:天子视,谓看天子。袷,音 jié,谓交领,即古时交迭于胸前的衣领。意思是,看天子时目光不能高过衣领的交迭处。②带:指束于衣外的大带。　③绥视:绥,通"妥"。"妥"与"退"义同,而退犹下。谓看国君时目光要稍低而下于面。　④衡视:平视。　⑤士视五步:谓看士时目光可旁及士周围五步以内的地方。　⑥倾则奸:倾,歪着头看。奸,谓用心不正。

40. 君命,大夫与士肄①。在官言官②,在府言府,在库言库,在朝言朝。朝言不及犬马。辍朝而顾,不有异事,必有异虑③,故辍朝而顾,君子谓之"固"④。在朝言礼,问礼,对以礼⑤。

[注释]①君命,大夫与士肄:肄,音 yì,习。这里有学习、研究之意。有君命,则大夫与士学习研究之,以便执行。　②在官言官:在官署就谈官

署中的事。下文义仿此。 ③辍朝而顾,不有异事,必有异虑:辍朝,罢朝。顾,回头看。异事,别的事。异虑,别的念头。 ④固:谓鄙野而不达礼。
⑤在朝言礼,问礼,对以礼:意思是,在朝廷上说话无不依礼,问要依礼,答也要依礼。

41. 大飨不问卜^①,不饶富^②。

[注释]①大飨不问卜:飨,谓飨礼,是古代宴请、招待宾客的一种隆重的礼仪。天子用飨礼款待诸侯曰大飨。飨礼亦用于祭祀,祭祀则当先卜牲、卜日,而飨诸侯则无须卜,故曰"不问卜"。 ②不饶富:富犹备,饶犹多。谓用酒食招待人符合礼数就可以了,不用再加多。

42. 凡挚^①,天子鬯^②,诸侯圭,卿羔,大夫雁,士雉,庶人之挚匹^③。童子委挚而退^④。野外军中无挚,以缨、拾、矢可也^⑤。妇人之挚,椇、榛、脯、脩^⑥、枣、栗。

[注释]①挚:是古人去拜访别人时所拿的见面礼物。 ②天子鬯:鬯,音 chàng,一种香酒。谓天子的见面礼用鬯。下文义仿此。 ③匹:谓鹜,即家鸭。 ④童子委挚而退:委,把见面礼放在地上。按,童子不敢与成人抗礼,故"委挚而退",退到一边去。 ⑤缨、拾、矢可也:缨,指马缨,也就是马鞅,即套在牛马颈上的皮带,一说在马腹上。拾,即射韝(音 gōu),古代射箭时用的皮制臂套,也就是护袖。按,因军中没有东西可用来做见面礼,因此用缨、拾、矢等也是可以的。 ⑥椇、榛、脯、脩:椇,音 jǔ,木名,即枳椇,也指它的果实,味甘可实。榛,音 zhēn,似栗而小。脯,干肉。脩,是加有姜桂等佐料并经过捶捣而制成的干肉。

43. 纳女于天子曰"备百姓"^①,于国君曰"备酒浆"^②,于大夫曰"备埽洒"。

[**注释**]①纳女于天子曰"备百姓":纳女,把女儿嫁给天子。姓,在此义犹生。谓备天子嫔妃之数,以为天子广生子孙。 ②备酒浆:犹言备供酒浆者之数。下"备埽洒"义仿此,都是自卑谦之辞。

檀弓上第三

1.公仪仲子之丧,檀弓免焉①。仲子舍其孙而立其子。檀弓曰:"何居②?我未之前闻也。"趋而就子服伯子于门右③,曰:"仲子舍其孙而立其子,何也?"伯子曰:"仲子亦犹行古之道也。昔者文王舍伯邑考而立武王④,微子舍其孙腯而立衍⑤也。夫仲子亦犹行古之道也⑥。"子游⑦问诸孔子。孔子曰:"否!立孙。"

[注释]①公仪仲子之丧,檀弓免焉:公仪仲子,春秋时鲁国人,公仪是氏,仲子是字,与鲁同姓,皆姓姬;其名不详。免,音wèn,一种头上戴的丧饰,其形制,是用一条宽一寸的白布,从头的后项向前,交于额上,又向后绕于发髻。按,檀弓是公仪仲子的朋友,据丧礼的规定,朋友们一起在异国,其中有人死了,活着的朋友为死者主丧才著免,而一旦把死者的灵柩送回国后,就要把免去掉。现在并非在异国,而檀弓为仲子之丧著免,这是为什么呢?并不是因为檀弓不懂礼,而是他故意这样做,用不符合礼的丧饰,来讥讽公仪仲子之非礼。因为仲子的嫡长子早死,而仲子临死前没有传位给嫡孙,却传给了庶子,故下文说"仲子舍其孙而立其(庶)子",这是不符合周礼的。 ②居:音jī,在此是疑问语气词。 ③趋而就子服伯子:趋,小步快行。子服伯子,可能就是鲁大夫仲孙蔑的玄孙子服景伯。 ④文王舍伯邑考而立武王:伯邑考,周文王的嫡长子,早死。武王是文王的次子。 ⑤微子舍其孙腯而立衍:

微子,周代宋国的始祖,名启,殷纣王的庶兄,封于微(今山东梁山西北)。腯,音 tú,是微子的嫡长孙,微子的嫡长子早死。衍,是微子之弟。　⑥夫仲子亦犹行古之道也:这是子服伯子在为公仪仲子不符合礼的做法开脱。　⑦子游:孔子的学生,姓言,名偃,字子游,春秋吴人,比孔子小四十五岁。

2. 事亲有隐而无犯①,左右就养无方②,服勤至死,致丧三年③。事君有犯而无隐,左右就养有方,服勤至死,方丧三年④。事师无犯无隐,左右就养无方,服勤至死,心丧三年⑤。

[注释]①事亲有隐而无犯:亲谓父母。隐,为父母隐瞒过失。犯,谓犯颜直谏。意思是,侍奉父母可以为父母隐讳过失而不可对父母犯颜直谏。②左右就养无方:左右,或在左,或在右。就养,在此是服侍的意思。方,常,谓经常性的固定的位置。　③服勤至死,致丧三年:服勤,即勤肯服侍。致,通"至",尽,极,在此谓哀情至极。丧三年,即服三年丧。　④方丧三年:方,此处义为比方,比同。谓比同于父母而为之服三年丧。　⑤心丧:在心中悼念。

3. 季武子成寝①,杜氏之葬在西阶之下②。请合葬焉③,许之。入宫而不敢哭。武子曰:"合葬,非古也,自周公以来未之有改也④。吾许其大而不许其细⑤,何居?"命之哭⑥。

[注释]①季武子成寝:季武子,鲁国贵族,名季孙夙,是鲁公子季友的曾孙。寝,住宅。成寝谓建成住宅。　②杜氏之葬在西阶之下:杜氏之葬,谓姓杜的人家的坟墓。西阶,指季孙氏新建成的住宅之堂的西阶。按,季孙氏平毁了杜氏家的坟墓而为自己建宅,致使杜氏家的墓在其西阶下。这几句话是季武子为自己平毁别人家的坟以成其寝文过,意在说明事先未让人迁葬并

不违背古制,而现在准人迁葬又是遵循的周公之制。 ③请合葬焉:谓杜氏请求把墓中尸骨迁出去合葬。 ④合葬,非古也,自周公以来未之有改也:这是说,合葬不是古礼,是自周公以来才有的而至今没有改变。 ⑤吾许其大而不许其细:许,同意,答应。大,谓同意杜氏合葬的请求。细,指悲痛而哭。按,这里是季氏因杜氏要迁葬,而入季氏之宫(宅)却不敢哭所引发的反省之词。 ⑥命之哭:这是季氏命杜氏家的人哭。

4. 子上之母死而不丧①。门人问诸子思曰:"昔者子之先君子丧出母乎②?"曰:"然。""子之不使白也丧之③,何也?"子思曰:"昔者吾先君子无所失道④:道隆则从而隆⑤,道污则从而污⑥。伋则安能⑦?为伋也妻者,是为白也母;不为伋也妻者,是不为白也母⑧。"故孔氏之不丧出母,自子思始也。

[注释]①子上之母死而不丧:子上,是孔子的曾孙子思伋的儿子,名白,字子上,他的母亲已被子思所出(即被解除了婚姻关系)。不丧,谓子思不允许子上为母服丧。 ②昔者子之先君子丧出母乎:先君子,谓孔子。出母,被父亲离弃之母。这句的意思是,从前孔子允许儿子为被离弃之母服丧吗? ③子之不使白也丧之:意思是,您不让您的儿子白为其出母服丧。 ④道:谓礼。 ⑤道隆则从而隆:按照礼的规定该加重服丧的就加重。 ⑥污:义同杀(音 shài),在此谓礼从简。 ⑦伋则安能:意思是,我哪里能做到像先君子那样呢? ⑧"为伋"至"白也母":这几句意思是说,做我的妻子,就是白的母亲;不是我的妻子,也就不是白的母亲了,因此不让白再为出母服丧。

5. 孔子曰:"拜而后稽颡,颓乎其顺也①。稽颡而后拜,颀乎其至②也。三年之丧,吾从其至者③。"

[注释]①拜而后稽颡,颓乎其顺也:颡,音 sǎng,额头。稽颡,以头触

地,是一种极哀痛的表示。颡,顺,谓顺于人情。按,这是指行丧礼时,先行拜礼以答谢来吊唁之宾,后稽颡以表己悲哀之情,先人而后己,是顺于事的。
②顾乎其至:顾,至,最。意思是,先稽颡而后行拜礼,最能表达至哀之情。
③从其至者:遵从最能表达至哀之情的行礼之法。

6. 孔子既得合葬于防①,曰:"吾闻之,古也墓而不坟②。今丘也,东西南北之人也③,不可以弗识④也。"于是封⑤之,崇四尺。孔子先反⑥,门人后,雨甚。至,孔子问焉,曰:"尔来何迟也?"曰:"防墓崩。"孔子不应。三⑦。孔子泫然⑧流涕曰:"吾闻之,古不修墓。"

[注释]①合葬于防:防,古地名,在今山东曲阜市东。按,孔子父墓在防,母死后又将其母与父合葬于防。 ②不坟:不起坟。 ③东西南北之人:谓周游四方之人。 ④不可以弗识:识,音 zhì,标志。意思是不可以没有个标志。按,因孔子自称是"东西南北"之人,父母之墓如果没个标志,就怕回来不能识别了。 ⑤封:谓封土为坟,作为标志。 ⑥反:返回,后作"返"。
⑦三:门人(即孔子的学生)把话重复说了三遍。 ⑧泫然:流泪的样子。

7. 孔子哭子路于中庭①,有人吊者,而夫子拜之②。既哭,进使者而问故③。使者曰:"醢之矣④。"遂命覆醢⑤。

[注释]①孔子哭子路于中庭:这是孔子听到子路在卫国死难的消息为之主丧而哭。子路,孔子的学生,名仲由,字子路,比孔子小九岁。鲁哀公十五年(前480年),卫国蒯聩作乱,篡夺了卫出公辄的君位,当时子路在卫国做官,为捍卫出公而战死。庭,在寝门之内,堂之前。 ②夫子拜之:夫子,对孔子的尊称。这是孔子行丧主之礼,丧主应拜谢前来吊丧者。 ③既哭,进使者而问故:进使者,请使者进前来。使者,是从卫国前来向孔子报丧的人。

按,孔子听到子路的死讯,先在庭中设丧位而哭,哭罢再向报丧的使者问子路死的情况,即所谓"问故"。 ④醢之矣:醢,音 hǎi,肉酱。之,代子路。这是说已经把子路砍成肉酱了。 ⑤遂命覆醢:这是孔子听说把子路砍成了肉酱,悲痛子路之惨死,因此不忍心吃肉酱,故命人"覆醢",即把肉酱倒掉。

8.曾子曰①:"朋友之墓有宿草而不哭②焉。"

[注释]①曾子:孔子的学生,名参(音 shēn),字子舆,鲁人,比孔子小四十六岁。 ②有宿草而不哭:宿草,经年之草。这里意思是,朋友死,一年之内,经过其墓则哭,一年以外就可不哭了。

9.子思曰:"丧三日而殡①,凡附于身者必诚,必信②,勿之有悔③焉耳矣。三月而葬,凡附于棺者④,必诚,必信,勿之有悔焉耳矣。丧三年以为极⑤,亡则弗之忘⑥矣,故君子有终身之忧,而无一朝之患⑦,故忌日⑧不乐。"

[注释]①丧三日而殡:丧,指人死。人死后第二天小敛,第三天大敛,并将尸体装棺,暂封于堂的西阶上而不葬,叫做殡。 ②附于身者必诚,必信:附于身,指敛时为死者所用的衣衾。诚,在此指为死者敛时当十分尽心而一点也不苟且。信,在此指所敛衣物都当符合于礼而无所违。 ③勿之有悔:悔,后悔、遗憾。意思是不要给自己留下什么遗憾。 ④附于棺者:指随葬的明器。 ⑤丧三年以为极:意思是,服丧三年为最长期限。 ⑥亡则弗之忘:亡,指已亡之父母。谓对已亡的父母不可以忘记。 ⑦一朝之患:指坟墓遭毁之类的事。这句意思是,父母的坟墓一定要修好、修牢固,切勿有朝一日造成毁坏、崩塌之类的祸患。 ⑧忌日:指父母的死日。

10.孔子少孤,不知其墓①。殡于五父之衢,人之见之者,皆以为葬也②,其慎也,盖殡也③。问于郰曼父之母④,

然后得合葬于防。

[注释]①孔子少孤,不知其墓:按,孔子是其父叔梁纥与其母颜氏之女征在野合(即未婚同居)所生,故其母耻而不告孔子父墓所在。 ②"殡于"至"葬也":五父,衢名,衢即四通八达的路口。孔子母死,孔子想把母与父合葬,为打听父墓所在,就想了个殡母于五父之衢的办法。按常礼,殡当在寝而不在外(参见第9节注①),今孔子故意殡母于外,意在引起人们的注意,使人们怪而问之,孔子便可借机打听父墓之所在。 ③其慎也,盖殡也:按,殡与葬,柩车上的棺饰不一样,所以人们慎而察之,才知道是殡。 ④郰曼父之母:郰,音 zōu,地名,在今山东曲阜东南。曼父之母,与孔子之母生前为邻,两人很要好,故向她询问。

11. 邻有丧,舂不相①。里有殡,不巷歌。丧冠不緌②。

[注释]①舂不相:参见《曲礼上第一》第49节注⑧。 ②丧冠不緌:緌,音 ruí,指冠上的缨饰。按,平日缀于冠两侧用以系冠的丝带叫做缨,另用两根丝带缀在缨的下端,系冠后便可垂于颔下以为饰叫做緌。丧冠则是用麻绳做冠缨,且不加緌饰,故曰"丧冠不緌"。

12. 有虞氏瓦棺①,夏后氏堲周②,殷人棺椁③,周人墙、置翣④。周人以殷人之棺椁葬长殇,以夏后氏之堲周葬中殇、下殇,以有虞氏之瓦棺葬无服之殇⑤。

[注释]①有虞氏瓦棺:有虞氏远古部落名,传说舜为其领袖。瓦棺,即陶棺,用土烧制的棺。 ②夏后氏堲周:夏后氏,古部落名,禹为其领袖。堲,音 jí。堲周,烧土为砖,围于棺四周。 ③椁:棺外的套棺。 ④墙、置翣:墙,又叫柳衣。按,周人出殡,将棺柩载于车,在棺柩周围设置一如帐篷形的尖顶的木框架,叫做柳;柳上覆以幕布如帐篷,幕布的顶部叫做荒,四周叫做帷,

荒、帷即柳衣,又称为墙。翣,音shà,一种长柄的布扇,出殡时由人掌着在柩车两旁以为仪饰。　⑤"周人"至"之殇":按,男女未成年而死叫做殇。殇又分三种:年十九至十六而死为长殇,十五至十二为中殇,十一至八岁为下殇。不满八岁而死则为无服之殇。所谓无服,即可以不为之服丧。

13. 夏后氏尚黑①,大事敛用昏②,戎事乘骊③,牲用玄④。殷人尚白,大事敛用日中,戎事乘翰⑤,牲用白。周人尚赤,大事敛用日出,戎事乘騵⑥,牲用骍⑦。

[注释]①尚黑:崇尚黑色。下"尚白"、"尚赤"义仿此。　②大事敛用昏:大事,在此指丧事。下"大事"义同。敛,谓为死者的尸体入殓。用昏,用黄昏时;因为尚黑,黄昏天将黑了。　③戎事乘骊:戎事,谓军事。骊,黑色,这里指黑马。　④牲用玄:牲,指用于祭祀的牲。玄,亦黑色,在此指黑马。　⑤翰:在此指白马。　⑥騵:音yuán,赤身白腹的马。　⑦骍:音xīng,赤色的牲。

14. 穆公之母卒①,使人问于曾子曰②:"如之何?"对曰:"申也闻诸申之父曰:'哭泣之哀,齐斩③之情,饘粥之食④,自天子达⑤。布幕,卫也⑥;绡幕⑦,鲁也。"

[注释]①穆公:战国初期鲁国国君,名不衍。　②曾子:这里指孔子的学生曾参的儿子,名申。　③齐斩:齐,音zī,谓齐衰。斩,谓斩衰。齐衰为母所服,服丧期一年或三年。斩衰为父所服,服丧期三年。　④饘粥:饘,音zhān,稠稀饭。粥,薄稀饭。　⑤自天子达:达,通。谓上从天子,下到庶民,皆通行此礼。　⑥布幕,卫也:幕,指覆棺用的幕。这里是说,卫国覆棺的幕是用布做的。　⑦绡:音xiāo,同"绢",缯帛,一种双丝的细绢。

15. 晋献公将杀其世子申生①。公子重耳②谓之曰:

"子盖言子之志于公乎③?"世子曰:"不可。君安骊姬,是我伤公之心也④。"曰:"然则盖行⑤乎?"世子曰:"不可。君谓我欲弑君也,天下岂有无父之国哉?吾何行如之?"使人辞于狐突⑥曰:"申生有罪,不念伯氏之言⑦也,以至于死。申生不敢爱其死。虽然,吾君老矣,子少⑧,国家多难,伯氏不出而图吾君⑨?伯氏苟出而图吾君,申生受赐而死。"再拜稽首,乃卒。是以为"恭世子"⑩也。

[注释]①晋献公将杀其世子申生:世子,即太子。按,申生是晋献公的前夫人齐姜所生,被立为太子。齐姜早死,后来晋献公伐骊戎而得骊姬,骊姬为献公生子奚齐。骊姬有宠于献公,一心想让献公废太子而立奚齐为太子,就设计诬陷申生,说申生想杀害献公。献公听信了骊姬的逸言,因此要杀世子申生。 ②重耳:是申生的异母弟,晋献公的妾狐氏所生,申生死后,亦因遭骊姬的陷害而漂流在外十九年,后在秦国的帮助下回国即君位,就是著名的春秋霸主晋文公。 ③子盖言子之志于公乎:盖,与下文"盖",皆当为"盍"。盍,反问词,何不。言子之志于公,即向晋献公表白自己。 ④君安骊姬,是我伤公之心也:安,安乐,快乐。公,谓晋献公。这里意思是,君以骊姬为快乐,我如说出自己被陷害的真相就会伤公的心。 ⑤行:出走。 ⑥狐突:晋大夫,是申生的舅舅和老师狐偃(字子犯)之父。 ⑦不念伯氏之言:伯氏;指狐突。按,早在五年前,晋献公派申生伐东山皋落氏(少数民族部落),当时狐突就曾劝申生出走,申生没有听从他的话(事见《左传》闵公二年)。 ⑧子少:谓骊姬之子奚齐年少。 ⑨伯氏不出而图吾君:按,狐突自伐皋落氏回来就称病在家,不参与朝政,故现在申生劝他出来辅佐晋献公。 ⑩恭世子:据《谥法》说:"敬顺事上曰恭。"这是赞扬申生美德的谥号。

16. 鲁人有朝祥而莫歌①者,子路笑之。夫子曰:"由,尔责于人,终无已夫②?三年之丧③,亦已久矣夫。"子路出,夫子曰:"又多乎哉?逾月则其善也④。"

[注释]①朝祥而莫歌:祥,此指大祥祭,人死两周年后的祭名。按照丧礼,大祥之后,就可以鼓素琴,弹奏音乐了,但还不可以唱歌。故鲁人朝祥而暮歌,子路笑之。莫,古"暮"字。 ②由,尔责于人,终无已夫:由,即仲由,子路之名。责,责备。已,止,完结。无已,没个完。 ③三年之丧:三年,实际是三个年头,并非三周年。所谓大祥祭,实际是在人死后第二十五个月进行的,这已经是第三年了。大祥已可释丧服,再过一个月,到第二十七个月,行过禫(音dàn)祭之后,三年丧就全部服完了,就可以恢复常人的生活了。 ④又多乎哉? 逾月则其善也:这是孔子批评子路不应对人求全责备之后,又申述正礼。按,大祥后逾月,即到第二十七个月,是禫祭之日,禫而后可以歌,故曰"逾月则其善"。又多乎哉,是批评这个守丧的鲁人二十五个月都坚持过来了,怎么就不能再多坚持两个月呢。

17. 鲁庄公及宋人战于乘丘①,**县贲父御**②,**卜国为右**③。**马惊败绩**④,**公队**⑤。**佐车授绥**⑥。**公曰:"末之卜也**⑦**"县贲父曰:"他日不败绩,而今败绩,是无勇也**⑧。"**遂死之**⑨。**圉人浴马**⑩,**有流矢在白肉**⑪。**公曰:"非其罪也。"遂诔**⑫**之。士之有诔自此始也。**

[注释]①鲁庄公及宋人战于乘丘:乘丘,鲁地名,鲁庄公十年(前684年)夏六月与宋人战于此。 ②县贲父御:县,音xuán。父,音fǔ,对男子的美称。贲父,既是名,又是字。御,驾车。 ③右:车右,勇力之士(参见《曲礼上第一》第59节注⑪)。 ④败绩:这里是指车翻倒了,不是军队打败了。据《左传》庄公十年记载,这次战争是鲁国取得了胜利。 ⑤队:坠落。队,后作"坠"。 ⑥佐车授绥:佐车,即副车,也是官名,是负责掌管佐车的人。绥,可抓以上车的绳(参见《曲礼上第一》第59节注⑤)。 ⑦末之卜也:末,无,没有。这里是说事前没有占卜用县贲父驾车是否吉利。 ⑧无勇:驾车而致使车翻,县贲父自责无勇。 ⑨遂死之:之,代敌军。奔赴敌军而战死。 ⑩圉人浴马:圉人,是掌养马的小吏。浴马,即洗马。 ⑪白肉:马腿肌深处部位。

⑫诔:诔辞,对死者的祭悼之辞。这里是作诔辞述县贲父之功而哀悼之,如同后世的祭文。

18. 曾子寝疾,病①。乐正子春②坐于床下。曾元、曾申③坐于足。童子隅④坐而执烛。童子曰:"华而睆,大夫之箦与⑤?"子春曰:"止!"曾子闻之,瞿然曰:"呼!"曰:"华而睆,大夫之箦与?"曾子曰:"然。斯季孙⑥之赐也,我未之能易也。元,起易箦。"曾元曰:"夫子之病革⑦矣,不可以变,幸而至于旦⑧,请敬易之。"曾子曰:"尔之爱我也,不如彼。君子之爱人也以德,细人之爱人也以姑息⑨。吾何求哉?吾得正而毙焉,斯已矣⑩。"举扶而易之。反席未安而没⑪。

[注释]①曾子寝疾,病:曾子,指曾参。寝疾,卧病。疾,病重。 ②乐正子春:曾参的学生。乐,音 yuè。 ③曾元、曾申:都是曾参的儿子。 ④隅:墙角。 ⑤华而睆,大夫之箦与:华,指席上的花纹漂亮。睆,音 huǎn,光滑貌。箦,用竹片或芦苇编成的席。这里是说席子花纹漂亮而又光滑,是大夫才用的席吧。 ⑥季孙:即季孙氏,鲁国势力最大的贵族,长期执掌鲁国国政。 ⑦革:音 jí,急,严重。 ⑧幸而至于旦:幸,希望。旦,天亮。 ⑨细人之爱人也以姑息:细人,小人。姑息,迁就。 ⑩吾得正而毙焉,斯已矣:正,谓符合正礼。毙,死。斯,此,这样。已,止,可以。按,曾子是士,却卧大夫之席而死,这在当时是不符合礼的,因此他坚持换席,希望"得正而毙",说这样就可以了。 ⑪反席未安而没:反席,谓换过席,也就是从卧大夫之席回到自己应卧的士席。未安,还没躺安稳。没,通"殁",死。

19. 始死,充充如有穷①。既殡,瞿瞿②如有求而弗得。既葬,皇皇如有望而弗至③。练④而慨然,祥而廓然⑤。

[注释]①始死,充充如有穷:充充,心中充满悲痛貌。穷,尽。意思是,父母始死,心中充满悲痛,如同走上了绝境的样子。 ②瞿瞿:心神不宁貌。③皇皇如有望而弗至:皇皇,栖遑无依貌。如有望而弗至,意思是如同盼望亲人而亲人始终不到来的样子。 ④练:即小祥,是人死一周年的祭名。因为小祥祭后,就可除首服(丧冠和麻首绖)而服练冠(即用经水煮而变得洁白柔软的布做的冠),故小祥祭也称为练祭。 ⑤祥而廓然:祥,谓大祥(参见第16节注①)。廓然,寂寞空虚貌。

20.邾娄复之以矢①,盖自战于升陉②始也。鲁妇人之髽而吊③也,自败于臺鲐④始也。

[注释]①邾娄复之以矢:邾娄,即邾国,又叫邹国。因为邾人的方言把"邾"音发成"娄",故又称"邾娄"。复,招魂。矢,即箭。人始死,邾娄人用箭招魂。 ②战于升陉:这是指鲁僖公二十二年(前638年)秋邾与鲁之战(事详《左传》),这次战争虽邾国获胜,但死伤甚多,以至于无衣可供为死者招魂(按礼,招魂当用死者生前之衣),故"复之以矢"。陉,音 xíng。升陉,鲁地名。 ③妇人之髽而吊:髽,音 zhuā,发髻,这里用作动词,谓束发髻。按,妇女束发髻用缅(音 xǐ,一种黑缯),这里是说不用缅而用布束发髻。因战争残酷,死人多,当时鲁人家家有丧,缅供不应求,故妇人用布束发髻相吊,而其后遂以此为吊礼之常。 ④败于臺鲐:这是指鲁襄公四年(前569年)冬,鲁与邾战而败于臺鲐(事详《左传》)。臺,是"壶"字之误。一作"狐骀",邾地名。

21.南宫绦之妻之姑①之丧,夫子诲之髽②曰:"尔毋从从尔③,尔无扈扈尔④,盖榛以为笄⑤,长尺,而總八寸⑥。"

[注释]①南宫绦之妻之姑:绦,音 tāo。南宫绦,即鲁国贵族孟僖子之

子南宫阅,字子容,他的妻是孔子之兄孟皮之女。姑,即婆婆,亦即南宫绦之母。古人谓公婆为舅姑。 ②夫子诲之髺:谓孔子教南宫绦之妻怎样束发髺。 ③尔毋从从尔:从从,太高。你不要把发髺梳得太高。 ④扈扈尔:太宽大。 ⑤榛以为笄:榛,木名。笄,即簪子。用榛木做簪子。 ⑥緫八寸:緫,同"總(总)",在此作动词,是束发的意思。束发为髺,而余八寸垂于髺后。

22. 孟献子禫①,县而不乐,比御而不入②。夫子曰:"献子加于人一等③矣。"

[注释]①孟献子禫:孟献子,即鲁大夫仲孙蔑。禫,人死二十七个月的祭名(参见第16节注③)。 ②县而不乐,比御而不入:按照礼的规定,禫祭之后可以悬挂乐器而不常作,到下个月,即到第二十八个月才可正常作乐;又禫祭之后再行过吉祭(禫之月当中可能有的四时之祭),便可"复寝",即回到室中与妻妾同房(即所谓御)。可是当时人都是禫祭后即作乐,不待吉祭即复寝,而孟献子则皆能依礼而行,"县而不乐,比御而不入"。比御而不入,比是排列的意思,谓排列好了同房的妇女,而不入房。 ③加于人一等:胜过别人一等。

23. 孔子既祥①,五日弹琴而不成声,十日②而成笙歌。

[注释]①祥:此指大祥。 ②十日:这是指过一个月以后,即第二十七个月的十日,而不是指祥月(第二十五个月)的十日。有人以为十日是指祥月的十日,那就有违孔子自己所说的"踰月则其善也"(第16节)之义了。

24. 有子盖既祥①,而丝屦、组缨②。

[注释]①有子盖既祥:有子,孔子的学生,姓有,名若,比孔子小三十三

岁,一说小十三岁。祥,亦指大祥。 ②丝屦、组缨:屦,即鞋。组,丝带。谓以丝饰屦,以组为冠缨。按礼,大祥之后当穿白鞋而无绚(音 qú,鞋头上的装饰),戴缟(素)冠,衣冠上还要有"素纰"(白色镶边),而丝屦、组缨则要到禫祭以后才服,有子却既祥而服之,是过早了。

25. 死而不吊者三①:畏,厌,溺②。

[注释]①不吊:不前往吊唁。 ②畏,厌,溺:畏,作战因畏惧而死。厌,通"压",被山岩危墙等压死。溺,落水淹死。这三种死皆属非命而死,故不吊。

26. 子路有姊之丧,可以除之①矣,而弗除也。孔子曰:"何弗除也?"子路曰:"吾寡兄弟②而弗忍也。"孔子曰:"先王制礼,行道之人皆弗忍③也!"子路闻之,遂除之。

[注释]①可以除之:即服丧期满,可以除去丧服了。 ②寡兄弟:寡,少。谓缺少兄弟。 ③先王制礼,行道之人皆弗忍:行道,此谓行仁义。这两句意思是,礼是先王制定的,行仁义的人对于亲人都有不忍之心,不能因为于心不忍就违背先王之礼。

27. 大公封于营丘①,比及五世,皆反葬于周②。君子曰:"乐,乐其所自生③。礼,不忘其本④。古之人有言曰:'狐死正丘首⑤。'仁也。"

[注释]①大公封于营丘:大公,即姜太公吕尚,周的太师,因辅佐文王、武王兴周灭商有功,而被分封在营丘,建立齐国。营丘,在今山东淄博市东北。 ②比及五世,皆反葬于周:周,指镐京。意思是,连续五代国君死了,都返归周地安葬。 ③乐,乐其所自生:意思是,乐是用来对事业所由兴起的根

源表示快乐的。 ④礼,不忘其本:意思是,礼是用来教人不忘本的。 ⑤狐死正丘首:正,当。正丘首,是"首正丘"的倒文,即首当丘。谓狐之死,首必正当于丘。

28. 伯鱼①之母死,期而犹哭②。夫子闻之,曰:"谁与哭者③?"门人曰:"鲤也。"夫子曰:"嘻,其甚也④!"伯鱼闻之,遂除之⑤。

[注释]①伯鱼:孔子之子,名鲤,其母已被孔子所出(离弃)。 ②期而犹哭:谓伯鱼为母服丧一年之后还不除丧,还哭。按,据古代丧礼,父在而母死,为母服期(一年丧);若母已被父所出,而己又是"为父后"者(即父的继承人),则于出母不再服丧。 ③谁与哭者:即哭者谁与(谁在那里哭)? ④甚矣:太过分了。 ⑤除之:谓除服。

29. 舜葬于苍梧①之野,盖三妃未之从②也。季武子③曰:"周公盖祔④。"

[注释]①苍梧:今广西梧州市。 ②三妃未之从:舜的三个妃子没有同他合葬。 ③季武子:即季孙宿(又作季孙夙),鲁国执政贵族。 ④周公盖祔:祔,音 fù,在此指合葬。意思是,大概是从周公开始夫妇合葬的。

30. 曾子之丧,浴于爨室①。

[注释]①浴于爨室:爨,音 cuàn。爨室,即今所谓厨房。按,古人死,入殓前当沐浴,士当浴于適室(又叫適寝,也叫正寝),而曾子却浴于爨室,这是曾子临终前故意做出的一种谦俭而非礼的安排,以教育儿子曾元,因为曾元违礼而没有及时为他"易箦"(参见第 18 节)。然而学者对此还有多种解释,兹不赘述。

31. 大功废业①。或曰大功诵可也②。

[注释]①大功废业：大功，五服之一，丧期九个月，轻于斩衰、齐衰，而重于小功、缌麻。废业，谓废弃学业，犹今所谓休学。意思是，遭遇大功之丧就该废弃学业了。　②或曰大功诵可也：有人说，服大功丧期间口头诵习还是可以的。

32. 子张①病，召申祥②而语之曰："君子曰终，小人曰死，吾今日其庶几乎③？"

[注释]①子张：孔子的学生颛孙师，字子张，小于孔子四十八岁。②申祥：子张之子。　③吾今日其庶几乎：庶几，大概，差不多。这句意思是，我现在差不多可以说是"终"了吧。也就是说，我差不多还可以算得上是君子吧。

33. 曾子曰："始死之奠①，其余阁也与②。"

[注释]①奠：谓设置祭品祭祀鬼神或亡灵。　②其余阁也与：余，谓死者生前吃剩下的食物。阁，橱柜。这句意思是，人始死所用的奠祭物，是死者生前没有吃完而剩余在橱柜里的食物吧。

34. 曾子曰："小功不为位①也者，是委巷之礼也②。子思之哭嫂也为位，妇人倡踊；申祥之哭言思也亦然③。"

[注释]①小功不为位：小功，五服之一，其服轻于大功而重于缌麻，是五等丧服的第四等。位，指哭位，哭位是根据与死者的亲疏远近关系排列的。这句意思是说，服小功丧不排列哭位。　②是委巷之礼也：委巷，谓僻陋曲折的小巷。这句话是讥讽小功不为位者，如同委巷之人的做法。　③"子思"至"亦然"：这三句是用两个无服（相互之间不服丧）而有哭位的例子，来进一步

说明小功不为哭位是非礼的。子思与其嫂,依礼,叔嫂之间互不服丧,义在远嫌;言思是子游的儿子、申祥的妻兄,依礼,申祥与言思亦无服。然子思为其嫂、申祥为其妻兄皆为哭位,何况有服之小功呢?倡,先。踊,双脚跳起,这是表示哀痛至极,也是一种哭死者之礼,何时当踊,何时不当踊,以及踊的先后和次数,根据与死者远近亲疏关系的不同,都有严格的规定。子思哭嫂,申祥哭妻兄,又为什么要让妇人先踊呢?这是因为,虽然叔嫂无服,而其妻为娣姒(妯娌)则有服;为妻之兄弟无服,而其妻为其兄弟则有服,因此子思、申祥皆使其妻倡(先)踊,而己随其后而踊。这几句意思是说,子思哭他的无服的嫂嫂尚且有哭位,只是踊的时候由妇人先踊;申祥哭他的无服的妻兄言思也是这样。

35. 古者冠缩缝①,今也衡缝②。故丧冠之反吉,非古也③。

[注释]①古者冠缩缝:冠,实指冠梁。按,冠的形制,有一冠圈套在发际,叫做武;武上从前至后有一不宽的冠梁覆于头顶,狭义的冠即指这冠梁;武两侧各有丝绳可系于颔下以固冠,叫做缨。冠梁上有褶皱,褶皱都是顺着冠梁的方向纵向排列的,这就叫做"缩缝"。缩,即纵。 ②今也衡缝:衡,横。按,今,谓作此记之时。今人尚文,故吉冠(平时戴的冠通称吉冠)多褶皱,多褶皱则必横缝,也就是说褶皱是横着排列在冠梁上的。 ③故丧冠之反吉,非古也:按,今时吉冠虽尚文多褶皱而横缝,丧冠(为死者服丧戴的冠)则尚质少褶皱而仍纵缝,因此说与吉冠相反,今人即因此以为古时丧冠与吉冠上的褶皱亦相反,这是一种误解,故曰"非古也",即谓这并不是古时的冠制。

36. 曾子谓子思曰:"伋,吾执亲之丧①也,水浆不入于口者七日。"子思曰:"先王之制礼也,过之者俯而就之②,不至焉者跂而及之③。故君子之执亲之丧也,水浆不入于口者三日,杖而后能起④。"

[注释]①执亲之丧:即为双亲服丧。 ②过之者俯而就之:过之者,在此指贤者。谓贤者对于先王所制定的礼都可以俯身相就,也就是可以实行。③不至焉者跂而及之:不至焉者,在此指一般人,即达不到贤者标准的人。跂,通"企",踮起脚尖。及,到,达到。意思是,一般人通过努力也能做到。④"故君子"至"能起":意思是,因此君子为双亲服丧,水浆三天不入口就行了,扶着杖仍然能起身。

37. 曾子曰:"小功不税①,则是远兄弟终无服也,而可乎②?"

[注释]①小功不税:税,音tuì,指税服,也就是追服。按,如果得到丧讯晚,已经过了服丧期,而又为死者追服,就叫做税。小功不税,是说当服小功丧者,如果过了服丧期,就可以不再追服了。 ②则是远兄弟终无服也,而可乎:这是曾子对"小功不税"的说法表示异议,说如果这样的话,那么在远方而当为之服小功的兄弟,就始终无服了。

38. 伯高之丧①,孔氏之使者未至②,冉子摄束帛乘马而将之③。孔子曰:"异哉④,徒使我不诚于伯高⑤。"

[注释]①伯高之丧:按伯高死在卫国(见下第39节),不知何国人。②孔氏之使者未至:指孔子派去吊唁的使者还没有到达卫国。 ③冉子摄束帛乘马而将之:冉子,即孔子的学生冉求,字子有,小于孔子二十九岁。摄,犹贷,在此为假借,谓假借孔子的名义,故下文说"不诚",谓假借则不诚实。将,是致、送之义。乘马,四匹马。这句意思是,冉子用一束帛和四匹马假借孔子的名义前去致吊。 ④异哉:这是孔子表示惊异,犹言太奇怪了。⑤徒使我不诚于伯高:意思是,这不是徒然使我显得对伯高没有诚意吗?

39. 伯高死于卫,赴①于孔子。孔子曰:"吾恶②乎哭诸？兄弟,吾哭诸庙;父之友,吾哭诸庙门之外;师,吾哭诸寝③;朋友,吾哭诸寝门之外;所知④,吾哭诸野。于野,则已疏⑤;于寝,则已重。夫由赐也见我⑥,吾哭诸赐氏⑦。"遂命子贡为之主⑧,曰:"为尔哭也,来者拜之;知伯高而来者,勿拜也⑨。"

[注释]①赴:后多作"讣",讣告,报丧。 ②恶:音wū,疑问代词,何处,哪里。 ③寝:指正寝。按,自天子至大夫、士,都有正寝和燕寝。燕寝是平时常居之所,正寝则必当斋戒或疾病时居之,故死亦在正寝,即所谓"寿终正寝"。天子、诸侯的正寝又叫路寝,本是处理政事的地方。 ④所知:所认识的人。 ⑤于野,则已疏:意思是,在野外哭伯高,就显得关系太疏远了。⑥夫由赐也见我:赐,孔子的学生,姓端木,名赐,字子贡,比孔子小三十一岁。意思是,伯高本是由赐介绍我认识的。 ⑦吾哭诸赐氏:到赐家里去哭伯高。⑧主:主丧人。 ⑨"为尔"至"勿拜也":为尔,即为你(子贡)哭伯高。按,伯高的正式丧主是其嫡长子,应主丧于其家,且对凡来吊者皆当拜。但子贡非正主,则不然,凡是为子贡而来吊丧的,即看在伯高是子贡的朋友、为慰问子贡而来吊唁的,就行拜礼;如果是伯高的熟人而来吊丧的,就不用拜了。

40. 曾子曰:"丧有疾①,食肉、饮酒,必有草木之滋焉②。"以为姜桂之谓也。

[注释]①丧有疾:服丧期间生病。 ②必有草木之滋焉:草木,即下文所谓"姜桂之谓也"。因人在丧中,又生病了,没有胃口,故加调料来增加滋味。

41. 子夏丧其子而丧其明①。曾子吊之,曰:"吾闻之也,朋友丧明则哭之。"曾子哭。子夏亦哭,曰:"天乎,予之无罪也!"曾子怒,曰:"商,女②何无罪也?吾与女事夫子于洙泗之间③,退而老于西河之上④,使西河之民疑⑤汝于夫子,尔罪一也;丧尔亲,使民未有闻焉⑥,尔罪二也;丧尔子丧尔明,尔罪三也。而曰女何无罪与!"子夏投其杖而拜,曰:"吾过矣!吾过矣!吾离群而索居⑦,亦已久矣。"

[注释]①子夏丧其子而丧其明:子夏,孔子的学生,姓卜,名商,字子夏,比孔子小四十四岁。丧其明,眼睛失明。　②女:第二人称代词,通作"汝",你。　③事夫子于洙、泗之间:事,谓侍奉。夫子,对孔子的尊称,相当今所谓"先生"。洙、泗皆水名,古时此二水自今山东泗水县北合流西下,至鲁国首都曲阜北,又分为二水,洙水在北,泗水在南。洙、泗之间,即孔子聚徒讲学之地。　④退而老于西河之上:西河之上,指龙门至华阴一带地方。这是指子夏老而退居于此。　⑤疑:是"擬(拟)"的假借字,比拟,比作。　⑥丧尔亲,使民未有闻焉:这是说,子夏为双亲守丧,人们没有听说有什么值得称道的表现。　⑦离群而索居:群,指同学、朋友。索,在此是离散、孤独的意思。谓离开同学朋友而散居独处。

42. 夫昼居于内,问其疾可也①。夜居于外,吊之可也②。是故君子非有大故不宿于外;非致齐也,非疾也,不昼夜居于内③。

[注释]①昼居于内,问其疾可也:内,指正寝中。按,君子平日住在燕寝,只有两种情况才住到正寝中,一是斋戒,二是有病了(见下文)。因此当某人住到正寝中,就可以去慰问他的疾病。　②夜居于外,吊之可也:按,人丧双亲,就当在寝门外搭庐而居,故曰吊之可也。　③"非致"至"于内":齐,音zhāi,同"斋"。致齐,谓致内心之诚而斋戒。这几句意思是,不是诚心斋戒,不是有病,不昼夜都呆在正寝内。

43.高子皋①之执亲之丧也,泣血②三年,未尝见齿③,君子以为难。

[注释]①高子皋:孔子的学生,名柴,字子皋,比孔子小三十岁。②泣血:哭而无声如血。 ③未尝见齿:人大笑可见齿根,微笑则见齿;未尝见齿,即从来不笑。

44.衰与其不当物①也,宁无衰②。齐衰不以边坐③。大功不以服勤④。

[注释]①衰与其不当物:衰,音 cuī,本指丧服的上衣,在此泛指丧服。不当物,这里的意思是不符合标准,不符合要求。 ②宁无衰:宁可不穿丧服。 ③齐衰不以边坐:齐衰,五等丧服的第二等,仅次于斩衰。边坐,谓坐得不端正,偏倚着身体。 ④大功不以服勤:大功,这里是说穿着大功丧服。服勤,干活。

45.孔子之卫,遇旧馆人①之丧,入而哭之哀。出,使子贡说骖而赙之②。子贡曰:"于门人之丧,未有所说骖,说骖于旧馆,无乃已重③乎?"夫子曰:"予乡④者入而哭之,遇于一哀而出涕⑤,予恶夫涕之无从也⑥,小子行之⑦。"

[注释]①馆人:掌宾客馆舍的人。此馆人曾奉君命接待过孔子。②说骖而赙之:说,通"脱"。骖,音 cān,车辕左右两侧的马(参见《曲礼上第一》第59节注⑥)。赙,音 fù,赠给丧家钱物。 ③无乃已重:无乃,相当于"莫非"、"恐怕是",表示委婉测度的语气。已,太,过分。 ④乡:通"向",从前,原先。 ⑤遇于一哀而出涕:一,专一。涕,眼泪。出涕,是孔子为之感动而流泪。意思是,自己入吊时,遇主人专一致哀,因此为之感动而流泪。⑥予恶夫涕之无从也:无从,谓无物以从,即无物以表达自己的感情。按,情

必借物来表达,若无所赆,就会使人怀疑感情不真挚,而出涕也就显得虚伪了。　⑦小子行之:小子,孔子称其学生,犹今言同学们。行之,照办,即解骖马赠给丧家。

46.孔子在卫,有送葬者,而夫子观之,曰:"善哉为丧乎①!足以为法②矣。小子识③之。"子贡曰:"夫子何善尔也?"曰:"其往也如慕④,其反也如疑⑤。"子贡曰:"岂若速反而虞⑥乎?"子曰:"小子识之,我未之能行也⑦。"

[注释]①善哉为丧乎:意思是,这丧事办得真好啊。　②法:榜样。③识:音zhì,记住。　④其往也如慕:往,指送葬。慕,指小儿思念父母的啼哭声。意思是,他们送葬的时候如同小儿随父母啼哭。　⑤其反也如疑:意思是,返回来的时候又如同依恋父母而迟疑不想回。　⑥虞:谓虞祭。虞,是安的意思,为安父母之神而祭,故名。父母葬后,当天中午即迎父母之神于殡宫(参见第89节注①)而行虞祭之礼。按虞祭要进行三次:葬之当天一次,隔一天到第三天祭第二次,到第四天再祭一次是第三次。　⑦小子识之,我未之能行也:意思是,你们还是记住吧,我未能做到像他们那样呢。

47.颜渊①之丧,馈祥肉②。孔子出受之,入弹琴而后食之③。

[注释]①颜渊:孔子最得意的学生,名回,字子渊,小于孔子三十岁,或曰小四十岁。　②馈祥肉:这是颜渊的家人向孔子馈送大祥祭肉。　③弹琴而后食之:弹琴,是为了散哀。按,为父母之丧,大祥而后可以弹琴(参见第16节注①)。孔子盖为颜渊行心丧(在心中悼念)之礼而废乐,至大祥后始弹琴散哀,释心丧而后食肉。

48.孔子与门人立,拱而尚右①,二三子亦皆尚右②。

孔子曰："二三子之嗜学也③。我则有姊之丧故也,二三子皆尚左④。"

[注释]①拱而尚右:拱,拱手。尚,通"上",拱手时右手放在左手上面。②二三子:孔子的几个学生。 ③嗜学:嗜,好。谓喜欢学习。 ④"我则"至"尚左":按,丧事尚右,右属阴;吉事尚左,左属阳。故孔子让他的学生们尚左手。

49. 孔子蚤作①,负手曳杖②,消摇于门③,歌曰:"泰山其颓④乎,梁木其坏乎,哲人其萎⑤乎。"既歌而入,当户而坐。子贡闻之,曰:"泰山其颓,则吾将安仰⑥?梁木其坏,哲人其萎,则吾将安放⑦?夫子殆⑧将病也。"遂趋而入。夫子曰:"赐,尔来何迟也?夏后氏殡于东阶之上⑨,则犹在阼⑩也。殷人殡于两楹之间⑪,则与宾主夹之也。周人殡于西阶之上,则犹宾之也。而丘也,殷人也⑫,予畴昔之夜梦坐奠于两楹之间⑬。夫明王不兴,而天下其孰能宗予?予殆将死也⑭"盖寝疾七日而没。

[注释]①蚤作:蚤,通"早"。作,起。 ②负手曳杖:负,背着。曳,音yè,牵引,拖。背着手拖着手杖。 ③消摇于门:这是说孔子逍遥自在地在门前散步。 ④其颓:其,大概,恐怕。颓,坍塌。 ⑤萎:在此义为病逝。 ⑥安仰:安,表示疑问,相当于"什么"。仰,仰望,瞻仰。 ⑦放:音 fǎng,仿效。 ⑧殆:大概。 ⑨东阶之上:是指堂上正对堂的东阶的地方,下"西阶之上"仿此。 ⑩犹在阼:即犹如在阼阶之上。按,阼阶即东阶,阼阶上是主人堂上之位;宾客堂上之位则在西阶上。 ⑪两楹之间:楹,堂上的立柱,东西各一根,分别叫做东楹、西楹(参见《宫寝图》)。按,两楹之间,是堂的正中位;主人之位在东楹的东边,也就是所谓"东阶之上"的位置;宾客之位在西楹西边,也就是所谓"西阶之上"的位置;两楹之间的位置,就正处在宾主之间,

故下文说"与宾主夹之也"。两楹之间的位置,也正是君主南面听朝而治理天下之位。 ⑫而丘也,殷人也:按,孔子的祖先是宋人,宋人是殷的后裔,故自称殷人。 ⑬予畴昔之夜梦坐奠于两楹之间:畴昔,往日,从前。意思是,我往日梦见坐在两楹之间的地方被奠祭。 ⑭"夫明王"至"死也":这是孔子自占其梦之辞。宗,尊,推尊。这几句的意思是,现在圣明的君王不出现,而天下有谁能尊我在两楹之间的位置上呢?这恐怕是预兆我将要死了。

50. 孔子之丧,门人疑所服①。子贡曰:"昔者夫子之丧颜渊,若丧子而无服②,丧子路亦然。请丧夫子若丧父而无服。"

[注释]①疑所服:疑,有疑问,拿不准。拿不准该为孔子服何种丧。 ②若丧子而无服:如同为儿子服丧而不穿丧服。

51. 孔子之丧,公西赤为志①焉。饰棺墙,置翣②,设披③,周也;设崇④,殷也;绸练,设旐⑤,夏也。

[注释]①公西赤为志:公西赤,孔子的学生,姓公西,名赤,字子华,比孔子小四十二岁。为志,这里指撰写墓志铭。 ②饰棺墙,置翣:参见第12节注④。 ③披:是系在棺柩上的帛带,当柩车行进时,两边有人拉着披,以防因道路颠簸而致使棺柩倾斜。 ④设崇:崇,又叫牙旗,即周围饰有牙边的旗。设崇,谓在柩车上插牙旗。 ⑤绸练,设旐:绸,缠绕。练,素锦。旐,音zhào,旗名,这种旗是用缁布做成的,其宽即等于缁布的幅宽(二尺二寸),长八尺(一寻)。这种旗的旗杆是用练(即素锦)缠绕的,即所谓"绸练"。

52. 子张之丧,公明仪①为志焉。褚幕丹质②,蚁结于四隅③,殷士④也。

[注释]①公明仪:子张的学生。 ②褚幕丹质:褚,音zhǔ,紧贴棺身的

棺罩,其形如幕,故曰褚幕。丹质,谓底色是红的。 ③蚁结于四隅:是指在褚的四角饰以如蚁行般往来相交错的花纹。 ④殷士:意思是,这是用的殷代士的棺饰制度。

53.子夏问于孔子曰:"居父母之仇如之何①?"夫子曰:"寝苫,枕干,不仕②,弗与共天下③也。遇诸市朝④,不反兵⑤而斗。"曰:"请问居昆弟⑥之仇如之何?"曰:"仕弗与共国。衔君命而使⑦,虽遇之不斗。"曰:"请问居从父昆弟⑧之仇如之何?"曰:"不为魁。主人能,则执兵而陪其后⑨。"

[注释]①居父母之仇如之何:居,对待。意思是,对待父母的仇人应当怎样? ②寝苫,枕干,不仕:苫,草垫子。干,盾牌,在此泛指武器。仕,做官。 ③弗与共天下:犹言不共戴天,即谓不共存于人世间。 ④市朝:本指市场和朝廷,在此指集市,市场。 ⑤不反兵:因随身带着兵器,随时准备报仇,故无须反(返)兵。参见《曲礼上第一》第53节注②。 ⑥昆弟:即兄弟。 ⑦衔君命而使:衔,遵奉,领受。谓受君命出使。 ⑧从父昆弟:己与伯父、叔父之子为从父昆弟,即今所谓堂兄弟。 ⑨"不为"至"其后":魁:首领,领头人。这几句意思是,不做报仇的领头人。如果堂兄弟家的主人能带头报仇,就拿着武器在后面陪着去。

54.孔子之丧,二三子皆绖而出①。群②,居③则绖,出则否。

[注释]①绖而出:绖,音dié,麻做的孝带,在首曰首绖,在腰曰腰绖。据礼,出门当变绖服免,今为孔子绖而出,是隆师礼的一种表现。 ②群:这里意思是孔子的学生们相互服丧。 ③居:在家。

55. 易墓,非古也①。

[注释]①易墓,非古也:易墓,谓改葬。非古,不是古代的习俗。

56. 子路曰:"吾闻诸夫子,丧礼,与其哀不足而礼有余①也,不若礼不足而哀有余也;祭礼,与其敬不足而礼有余也,不若礼不足而敬有余也。"

[注释]①哀不足而礼有余:悲哀不足,而丧礼却做得过分,超出了礼的要求。下文义皆仿此。

57. 曾子吊于负夏①。主人既祖,填池②,推柩而反之③,降妇人而后行礼④。从者⑤曰:"礼与⑥?"曾子曰:"夫祖者,且⑦也。且,胡为其不可以反宿也⑧?"从者又问诸子游曰:"礼与?"子游曰:"饭于牖下⑨,小敛于户内⑩,大敛于阼⑪,殡于客位⑫,祖于庭⑬,葬于墓,所以即远也⑭。故丧事有进而无退。"曾子闻之,曰:"多矣乎,予出祖者⑮!"

[注释]①负夏:卫国地名。 ②既祖,填池:祖,是始的意思,这里指设祖奠,即将葬为柩车始出行而设奠。按,柩车初载时棺柩头朝内(北),将出葬时转成头朝外(南),并使车稍离原地,这是表示柩车出行的开始,即所谓"祖",同时要在柩车西边设奠以祭死者,故名"祖奠"(即始行之奠)。第二天清早柩车才正式出葬。出葬前还要彻去祖奠而改设"遣奠",这是为打发亲人上路而设的奠祭礼。设遣奠之后,柩车出行。曾子来吊,正当出葬的前一天,已经调转车头,并设祖奠之后;但主人以曾子的来吊为荣,所以"既祖"却又调转车头,使棺柩头朝内以受吊,并撤去祖奠,这就是"填池"的意思。据东汉郑玄注说,这里的"填池"当为"奠彻",因音近而误。 ③推柩而反之:谓推柩

车反转回原位。　④降妇人而后行礼：行礼，谓行遣奠之礼。按，据丧礼，棺柩头朝内时妇人们当立于堂上，柩车将行而转成头朝外时，妇人们当下堂立于两阶之间。因曾子来吊，主人又将柩车转成头朝内，原已降在两阶间的妇人们就当上堂避柩。待曾子吊后，又调转柩车头朝外，妇人们也跟着再次下堂，等到第二天清早，行遣奠之礼，柩车出行。　⑤从者：随从，指跟从曾子来吊唁的人。　⑥礼与：这符合礼吗？　⑦且：暂且。这是曾子对"祖"字的解释。　⑧且，胡为其不可以反宿也：意思是，既是暂且调转柩车，为什么不可以返回原位呢？　⑨饭于牖下：饭，谓为死者行饭含礼（即向死者中口填米）。牖，指正寝堂后的室牖。按，人疾病时卧在室中北墙下，死后被移到室牖下（牖朝南），即在此为死者饭含。　⑩小敛于户内：敛，为死者穿衣和包裹衾被等。小敛所用衣衾较少，大敛所用衣衾多而礼加隆：小敛用衣十九称（套），而大敛则用三十称。户内，指室内正当室门的地方。　⑪大敛于阼：大敛在阼阶上进行。　⑫客位：指西阶之上。按，凡宾客，皆从西阶升堂而立于西阶之上，故称此处为客位。　⑬祖于庭：谓在庭中设祖奠。　⑭所以即远也：谓这样来体现由近就远的意思。　⑮多乎矣，予出祖者：多，胜过，优于。出祖，谓有关出葬设祖奠的说法。这是曾子赞叹子游关于出葬设祖奠的说法胜过自己。

58.曾子袭裘而吊，子游裼裘而吊①。曾子指子游而示人曰："夫夫②也，为习于礼者，如之何其裼裘而吊也？"主人既小敛，袒，括发③，子游趋而出，袭裘，带，绖④而入。曾子曰："我过矣！我过矣！夫夫是也⑤。"

[注释]①曾子袭裘而吊，子游裼裘而吊：袭，在此是掩的意思，即用外面的礼服掩住里面的衣服，不使显露。裘，皮衣。裼，在此是袒露的意思，即开外衣前襟而将里面的衣服露出来。其实在礼服与裘之间还有裼衣（此处"裼"做名词，是一种漂亮而有花纹的罩衣），这里略而未言（参见《曲礼下第二》第1节注⑰）。这两句的意思是：曾子掩好里面的皮袄而吊丧，子游袒露里面的皮袄而吊丧。　②夫夫：上"夫"字作指示代词，是彼、那的意思。下

"夫"是对成年男子的通称。夫夫,犹言那个人。 ③袒,括发:袒,谓左袒,即袒露左肩臂。括发,用麻束发为髻。 ④带,绖:带,指系于腰间的孝带,是葛麻做的,又叫葛带。绖,指首绖,也是用的葛麻,又叫葛绖。 ⑤"我过"至"是也":按,凡吊丧之礼,主人未变服之前,可穿吉服(平日穿的服装)而吊,故子游开始时裼裘而吊;当主人变服(袒,括发)之后,则吊丧者亦当变,故子游趋出而"袭裘,带,绖"。而曾子始即袭裘,后则无可变,是曾子有失吊丧之礼。

59. 子夏既除丧而见①。予之琴。和之而不和②,弹之而不成声。作③而曰:"哀未忘也,先王制礼而弗敢过也④。"子张既除丧而见。予之琴。和之而和,弹之而成声。作而曰:"先王制礼,不敢不至焉⑤。"

[注释]①见:见孔子。 ②和之而不和:上"和"作动词,是调整的意思。下"和"是形容词,是和谐的意思,指琴声。 ③作:站起来,这是指孔子。 ④哀未忘也,先王制礼而弗敢过也:按,从子夏弹琴的表现看,他心中还怀着深深的悲哀,故弹而不成声,只是因为丧礼是先王制定的,他不敢违背,所以服满了丧期不敢不除服。 ⑤先王制礼,不敢不至焉:至,到,此指到规定的丧期。按,从子张弹琴的表现看,他已毫无悲情,只是因为先王所制定的丧礼的限制,他才不敢不到期就除服。

60. 司寇惠子①之丧,子游为之麻衰、牡麻绖②。文子辞曰:"子辱与弥牟之弟游③,又辱为之服,敢辞④。"子游曰:"礼也⑤。"文子退,反哭⑥。子游趋而就诸臣之位⑦。文子又辞曰:"子辱与弥牟之弟游,又辱为之服,又辱临其丧,敢辞。"子游曰:"固以请⑧。"文子退,扶嫡子南面而立⑨,曰:"子辱与弥牟之弟游,又辱为之服,又辱临其丧,虎也敢不复位⑩。"子游趋而就客位⑪。

[注释]①司寇惠子：姓司寇，名惠，字叔兰，是卫灵公之孙、卫将军文子木（字弥牟）之弟。子，男子之美称。　②麻衰、牡麻绖：这是一种不合礼制的吊服。麻衰，用麻布做的吊服。按，麻布被称为吉布，非丧事所当用。牡麻，雄性的麻。牡麻绖，则是齐衰之绖。服轻而绖重，不合于礼。因为司寇惠子废其嫡子虎而立其庶子为继承人，因此子游特为非礼之服以讥之，与檀弓刺公仪仲子之意同（参见本篇第1节）。　③子辱与弥牟之弟游：辱，谦辞，犹今言屈尊。游，交往。　④敢辞：谦辞，犹今言不敢当。　⑤礼也：这是子游故意说反话以讥之。　⑥反哭：返回到原来的位置而哭。　⑦子游趋而就诸臣之位：按，子游是宾，却就惠子之臣位（家臣之位），这又是故为非礼以讥之。⑧固以请：固，再也。此句直译当为："再次请求允许我这样做（就臣位）。"也就是再次表示不敢从命的意思。　⑨文子退，扶嫡子南面而立：按，当子游说"固以请"之后，文子已经觉察到他的讥刺之意，于是扶嫡子（虎）正丧主之位。南面而立，即丧主之位。只有死者的继承人，即嫡长子，才有资格为丧主，主持丧事。　⑩虎也敢不复位：意思是，不敢不恢复嫡子虎的丧主之位。⑪子游趋而就客位：趋，快步而行。按，这是子游的目的达到后，恢复到他作为来吊的宾客所应在的位置，以明礼之正。

61. 将军文子①之丧，既除丧而后越②人来吊。主人深衣，练冠，待于庙，垂涕洟③。子游观之曰："将军文氏之子，其庶几乎④？亡于礼者之礼也，其动也中⑤。"

[注释]①将军文子：即上节之文子弥牟。　②越：国名。　③"主人"至"涕洟"：主人，文子的嫡子。深衣，是一种上衣和下裳连为一体的服装。练冠，小祥之后所戴的冠（参见第19节注④）。按，深衣吉凶皆可服；练冠不纯吉，亦不纯凶。这是主人除丧之后服变通之服以受吊。涕，眼泪。洟，音tì，鼻涕。　④庶几乎：意思是，差不多可以称得上知礼了。　⑤亡于礼者之礼也，其动也中：亡于礼，是说非常礼，是常礼中没有的礼。动，在此义为做法、

处理。意思是,这是常礼之外的礼,他处理得很恰当。

62. 幼名①,冠字②,五十以"伯、仲"③,死谥④,周道⑤也。

[注释]①幼名:谓出生三月而父为之取名。 ②冠字:指二十岁行冠礼而宾为之取字。 ③五十以"伯、仲":按,古人二十岁加冠取字即有"伯某父"、"仲某父"三字了,到了五十岁,就去掉后面两字,而只用"伯"、"仲"等字眼相称呼。 ④死谥:人死后根据其生前的表现取谥号。 ⑤道:在此是制度的意思。

63. 绖也者,实也①。

[注释]①绖也者,实也:按,双亲死后,孝子的丧服有首绖和腰绖,即用麻缠在头上和腰间。这里是解释加首绖和腰绖的意义。实,谓忠实之心。意思是,表示孝子有忠实之心。

64. 掘中霤而浴①,毁灶以缀足②。及葬,毁宗,躐行③,出于大门,殷道也。学者行之④。

[注释]①掘中霤而浴:中霤,在此指正当室中的位置。掘中霤,谓在室中掘坑。这是为尸体沐浴时,将尸床架在坑上,沐浴之水便可流入坑里。 ②毁灶以缀足:毁灶,是毁掉灶台,目的在于用其砖。缀足,就是用灶台砖来缀足,使死者的足不扭曲,以便为死者穿鞋。至于如何缀法,今已不可详。 ③毁宗,躐行:毁宗,谓拆毁宗庙门西边的墙。躐,音 liè,义为践、踏。行,指行神,其位在宗庙门外西边。按,人活着时出门当先设坛告祭行神,以祈保一路平安,然后车躐行神之坛而过。此死人出葬则毁宗而出柩车,以便躐行神之位而过,以像活着时出门那样。 ④学者行之:学者,指学孔子的人。行之,谓照这样做。

65.子柳①之母死,子硕请具②。子柳曰:"何以哉③?"子硕曰:"请粥庶弟之母④。"子柳曰:"如之何其粥人之母以葬其母也?不可。"既葬,子硕欲以赙布之余具祭器⑤。子柳曰:"不可。吾闻之也,君子不家于丧⑥。请班⑦诸兄弟之贫者。"

[注释]①子柳:是鲁国叔孙氏的族人叔仲皮的儿子,子硕之兄。②具:指葬器。 ③何以哉:即以何,也就是用什么来置备葬器呢?意思是没有钱财。 ④粥庶弟之母:粥,音 yù,同"鬻",卖。庶弟,父之妾所生子。因此庶弟之母即父之妾。 ⑤赙布之余具祭器:赙布,谓别人赠送的助办丧事的钱。余,指没花完的钱。具祭器,谓购置祭器。 ⑥不家于丧:家,在此义为利家、发家。意思是不能因死者以求利。 ⑦班:在此是赐予或分给的意思。

66.君子曰:"谋人之军师①,败则死之②;谋人之邦邑③,危则亡之④。"

[注释]①谋人之军师:谓为人指挥军队作战。 ②败则死之:意思是,打了败仗就要以身殉职。 ③谋人之邦邑:为人治理国家都邑。 ④亡:流放,这里意思是自我放逐。

67.公叔文子升于瑕丘①,蘧伯玉②从。文子曰:"乐哉,斯丘也!死则我欲葬焉。"蘧伯玉曰:"吾子乐之,则瑗请前③。"

[注释]①公叔文子升于瑕丘:公叔文子,春秋卫国大夫,卫献公之孙,名拔,字叔文,亦称为公叔发。升,登上。瑕丘,晋国山丘名。 ②蘧伯玉:蘧,音 qú。蘧伯玉,卫大夫,名瑗,字伯玉。 ③吾子乐之,则瑗请前:按,蘧

伯玉如先死而葬于此丘,公叔文子就不得葬了,这是蘧伯玉委婉地批评公叔文子欲侵占别人的良田。

68.弁人有其母死而孺子泣者①,孔子曰:"哀则哀矣,而难为继②也。夫礼,为可传也,为可继也,故哭、踊有节③。"

[注释]①弁人有其母死而孺子泣者:弁,地名,今地不详。孺子泣,像婴儿般哭泣。 ②难为继:别人很难继续像他这样做,也就是别人很难学他。③哭、踊有节:踊,参见第34节注③。有节,有一定的节制。

69.叔孙武叔①之母死,既小敛,举者出户②,出户袒,且投其冠,括发③。子游曰:"知礼④!"

[注释]①叔孙武叔:鲁大夫,名州仇。 ②举者出户:举者,抬尸体的人。按,人死第二天在室中当门处小敛,第三天要把尸体抬出室,到堂的阼阶上大敛。 ③出户袒,且投其冠,括发:按,据丧礼,小敛之后,主人即当括发而袒,今武叔举尸出户而后才投冠而袒、括发,这就有失哀节,不合于丧礼。④知礼:这是子游讥讽叔孙武叔而说的反话。

70.扶君,卜人师扶右,射人师扶左①。君薨以是举②。

[注释]①"扶君"至"扶左":扶君,是因为君病了。"卜"是"仆"字之误。仆人、射人皆吏名,其职责之一是帮助君端正衣冠,以及指导君在不同场合行礼时所应处的方位。仆人师,仆人之长;射人师,射人之长。 ②以是举:以是,也照这样,即仆人师在右,射人师在左。举,谓抬君之尸。

71.从母①之夫,舅之妻,二夫人相为服②,君子未之言也③。或曰同爨缌④。

[注释]①从母:即今所谓姨妈。 ②二夫人相为服:二夫人,"夫"字是衍文。相为服,是说这二人不论谁先死,活着的一方就为死者服丧,即姨丈和舅妈互相服丧。 ③君子未之言:君子没有说过姨丈和舅妈可以互相服丧的话。 ④或曰同爨缌:或曰,有人说。这句意思是,姨丈和舅妈本不当相服,但因同爨(同灶而食),因此生出缌麻之亲来。缌麻,是五等丧服中最轻的一等,服期仅三个月。

72. 丧事欲其纵纵尔①,吉事欲其折折尔②。故丧事虽遽不凌节,吉事虽止不怠③。故骚骚尔则野④,鼎鼎尔则小人⑤,君子盖犹犹⑥尔。

[注释]①丧事欲其纵纵尔:纵纵,急遽的样子。意思是,办丧事要显出匆匆忙忙的样子。 ②折折尔:折,音 tí。折折,从容依礼而行的样子。 ③故丧事虽遽不凌节,吉事虽止不怠:不凌节,谓不乱节度。止,谓立而待事。按,因从容不迫,故有立而待事之时。怠,懈怠。 ④骚骚尔则野:骚骚,谓太急迫。野,粗鄙。意思是,太急迫就显得粗鄙。 ⑤鼎鼎尔则小人:鼎鼎,太舒缓。意思是,太放松就像小人。 ⑥犹犹:缓疾都很得体的样子。

73. 丧具,君子耻具①。一日二日而可为也者②,君子弗为也。

[注释]①丧具,君子耻具:丧具,办丧事用的东西。按,提前为双亲置备丧具,就如同欲其双亲速死,故君子耻之。 ②一日二日而可为也者:按,如绞(束殓衣的布带)、紟(单被)、衾(被子)、冒(包裹尸体的布套)等,这些东西都是人死后入殓时所用,且都是在人死后一二天内就可以赶制出来的,这些东西君子在双亲生前是不做的,故下文曰"君子弗为也"。

74.丧服,兄弟之子犹子也,盖引而进之也①。嫂、叔之无服也,盖推而远之②也。姑、姊妹之薄也,盖有受我而厚之者也③。

[注释]①"丧服"至"进之也":引而进,谓拉近、密切。这里意思是,为兄弟的儿子服丧和为亲生儿子是一样的,这样做是为了密切兄弟之间的关系。 ②推而远之:即远嫌之意。 ③姑、姊妹之薄也,盖有受我而厚之者也:按,姑、姊妹未出嫁而死,为之服齐衰不杖期,出嫁之后而死则为之降服大功,是即所谓"姑、姊妹之薄也"。姑、姊妹出嫁后而死,其丈夫为之服齐衰杖期,比其未出嫁所受服加厚,是即所谓"有受我而厚之者","受我"者,谓其丈夫。又按齐衰之丧有齐衰三年、齐衰期(一年)和齐衰三月之别,而齐衰期又分齐衰杖期和齐衰不杖期二等。姑、姊妹未出嫁为之服齐衰不杖期,出嫁后其夫为之服齐衰杖期,是其情笃于夫家,而恩薄于本宗。

75.食于有丧者之侧①,未尝②饱也。

[注释]①食于有丧者之侧:"食"字上疑脱"孔子"二字。意思是(孔子)在有丧事的人家旁边吃饭。 ②未尝:不曾。

76.曾子与客立于门侧,其徒①趋而出。曾子曰:"尔将何之②?"曰:"吾父死,将出哭于巷。"曰:"反,哭于尔次③。"曾子北面而吊焉④。

[注释]①其徒:曾子的学生。 ②尔将何至:你要到哪里去。 ③哭于尔次:次,所住的馆舍。当时曾子与其徒皆寓居在外。 ④曾子北面而吊焉:曾子面朝北(就宾位)吊丧。按,这是曾子为学生吊丧。

77.孔子曰:"之死而致死之,不仁而不可为也①。之死而致生之,不知而不可为也②。是故竹不成用③,瓦不成味④,木不成斲⑤,琴瑟张而不平⑥,竽笙备而不和⑦,有钟磬而无簨虡⑧,其曰明器,神明之也⑨。"

[注释]①之死而致死之,不仁而不可为也:上"之",前往。致死之,谓把死者当作无知者而致之以礼(即赠送随葬器物)。这两句意思是,前往赠送葬礼而把死者当作无知者,这是缺乏仁心而不可以这样做。 ②之死而致生之,不知而不可为也:致生之,生,活人,有知者。这两句意思是,前往赠送葬礼而把死者当作有知者,这是缺乏理智而不可以这样做。 ③竹不成用:谓编竹筐、竹篮等而不收边,即所编的筐、篮等没有縢缘,不能实用。 ④瓦不成味:味,指食物。意思是瓦器不能盛食物。 ⑤木不成斲:斲,是"斫"的异体,在这里是雕琢之意。谓木器不加雕琢。 ⑥张而不平:张,谓张弦。不平,谓弦不绷紧。 ⑦竽笙备而不和:竽,古代竹制簧管乐器,与笙相似而略大。不和,不调和,也就是奏不成声调。 ⑧有钟磬而无簨虡:簨,音 sǔn。虡,音 jù。簨虡,古代悬挂钟磬的架子,横杆叫簨,直柱叫虡。 ⑨其曰明器,神明之也:意思是,以上这些器物叫做明器,这是把死者当作神明来看待。

78. 有子问于曾子曰:"问丧于夫子乎①?"曰:"闻之矣。丧欲速贫,死欲速朽②。"有子曰:"是非君子之言也。"曾子曰:"参也闻诸夫子也。"有子又曰:"是非君子之言也。"曾子曰:"参也与子游闻之。"有子曰:"然。然则夫子有为言之③也。"曾子以斯言告于子游。子游曰:"甚哉④,有子之言!似夫子也。昔者夫子居于宋,见桓司马自为石椁⑤,三年而不成。夫子曰:'若是其靡⑥也,死不如速朽之愈⑦也。''死之欲速朽',为桓司马言之也。南宫敬叔反,必载宝而朝⑧。夫子曰:'若是其货也,丧不如速贫之愈也。''丧之欲速贫',为敬叔言之也。"曾子以子游之言告于有子。有子曰:"然。吾固曰非夫子之言也⑨。"曾子曰："子何以知之？"有子曰："夫子制于中都⑩，四寸之棺，五寸之椁，以斯知不欲速朽也⑪。昔者夫子失鲁司寇⑫，将之荆⑬，盖先之以子夏，又申之以冉有⑭，以斯知不欲速贫也。"

[注释]①问丧于夫子乎：问，是"闻"字之误。丧，在这里是指失去官位。古代仕而失位也称为丧。夫子，指孔子，犹今言先生。这句的意思是，你曾听先生谈起过失去官位的人应该怎样自处吗。　②丧欲速贫，死欲速朽：意思是，失去官位就希望尽快贫穷，死了就希望尽快腐朽。　③有为言之：意思是，这是有所指才这样说的。　④甚哉：甚，很，非常。这是肯定有子的话说得很对。　⑤桓司马自为石椁：桓司马，宋大夫，是向戌的孙子，名叫向魋（音 tuí），又称为司马桓。自为石椁，为自己建造石椁。　⑥靡：耗费，浪费。　⑦愈：副词，相当于"更加"、"越"。这里意思是更好。　⑧南宫敬叔反，必载宝而朝：南宫敬叔，鲁孟僖子之子仲孙阅，曾因失官位而离开鲁国，后得返回鲁国，载着宝物来朝见国君，目的想通过贿赂以求恢复官位。　⑨然。吾固曰非夫子之言也：固，本来。意思是，这就对了。我本来就说那不是先生用来教导人的话。　⑩夫子制于中都：制，建立制度。中都，鲁都邑名。按，孔子五十岁时曾做中都宰，为民建立制度。　⑪四寸之棺，五寸之椁，以斯知不欲速朽也：按，棺厚四寸，椁厚五寸，就是为防棺椁迅速腐烂，因此知孔子并不希望人死了就速朽。　⑫夫子失鲁司寇：按，孔子由中都宰晋升为司空，又由司空晋升为司寇。定公十四年（前496年）孔子又失去鲁司寇之职。　⑬将至荆：荆，即楚。孔子在鲁哀公六年（前489年）应聘至楚，当时孔子六十三岁。⑭先之以子夏，又申之以冉有：先派子夏去了解情况，继而又派冉有去进一步观察，以确定楚国是否真的想让他去做官。这是生怕做了官不久又失官。

79. 陈庄子死，赴于鲁①。鲁人欲勿哭。缪公召县子而问焉②。县子曰："古之大夫，束脩之问不出竟③，虽欲哭之，安得而哭之？今之大夫，交政于中国④，虽欲勿哭，焉得而弗哭？且臣闻之,哭有二道⑤:有爱而哭之,有畏而哭之。"公曰:"然。然则如之何而可⑥?"县子曰:"请哭诸异姓之庙⑦。"于是与哭诸县氏。

[注释]①陈庄子死,赴于鲁:陈庄子,齐大夫,名伯。赴,讣告,报丧,后多作"讣"。 ②缪公召县子而问焉:缪公,即穆公(参见第14节注①)。县子,鲁大夫,名琐,以知礼闻名。按,当时齐强鲁弱,鲁缪公不敢不慎重对待这件事,故召县子来询问。 ③束脩之问不出竟:束脩,一束干肉。问,犹"遗"(音wèi),赠送。竟,通"境"。意思是,拿着一束干肉送人也不敢出国境。原因是人臣无外交,不敢贰其君。 ④交政于中国:意思是,现在的大夫,在中原各国搞政治交往。 ⑤道:原因。 ⑥如之何而可:意思是,眼前这件事怎么办才合适呢。 ⑦请哭诸异姓之庙:请到异姓的庙里去哭。按,鲁是姬姓国,到姬姓以外的人的庙中去哭,这是县子所想出的一个变通、权宜之法。

80. 仲宪①言于曾子曰:"夏后氏用明器,示民无知也②。殷人用祭器,示民有知③也。周人兼用之,示民疑④也。"曾子曰:"其不然乎⑤,其不然乎。夫明器,鬼器也;祭器,人器也。夫古之人胡为而死其亲乎⑥?"

[注释]①仲宪:即原宪,字子思,孔子的学生。 ②夏后氏用明器,示民无知也:这是说夏后氏送葬用明器,这是向民众表示死者无知。按,明器皆不可实用之器,故可"示民无知"(参见第77节)。无知,是指死者已无知觉。 ③有知:是说死者有知,因此能够享受祭品。 ④示民疑:这是使民众对死者有知或无知疑惑不定。 ⑤其不然乎:恐怕不是这样吧。 ⑥古之人胡为而死其亲:古人,这里指夏后氏。意思是,古人怎么忍心把死了的亲人看作是无知者呢。按,三代送葬之具不同,其意不在于向民表示死者无知、有知,只是时代不同,葬具也因时而异罢了,不必作穿凿附会的解释。曾子的话,是对仲宪之言的否定。

81.公叔木①有同母异父之昆弟死,问于子游。子游曰:"其大功乎②。"狄仪③有同母异父之昆弟死,问于子夏。子夏曰:"我未之前闻也④。"鲁人则为之齐衰⑤。狄仪行齐衰。今之齐衰,狄仪之问也⑥。

[注释]①公叔木:木,是"朱"字之误,《春秋》作'戍',卫国公叔文子之子。 ②其大功乎:大概服大功丧吧。这是子游的一种不确定的解释。 ③狄仪:其人不可考。 ④未之前闻:我以前没有听说过这种情况该怎么服丧。 ⑤齐衰:这里是指服齐衰三月之丧,是齐衰中最轻的一种。 ⑥今之齐衰,狄仪之问也:意思是,今人为同母异父的兄弟服齐衰,就是从狄仪问子夏开始的。

82.子思之母死于卫①。柳若②谓子思曰:"子③圣人之后也,四方于子乎观礼④,子盖慎诸⑤。"子思曰:"吾何慎哉⑥?吾闻之,有其礼无其财⑦,君子弗行也;有其礼有其财,无其时⑧,君子弗行也。吾何慎哉!"

[注释]①子思之母死于卫:按,子思之父伯鱼死后,子思之母改嫁到卫国,故死于卫。 ②柳若:卫人,其详不可考。 ③子:指子思。按,子思是孔子的孙子,故下曰"圣人之后"。 ④四方于子乎观礼:四方的人都要看您怎样行丧礼。 ⑤慎诸:这是希望子思慬慎行事。 ⑥吾何慎哉:意思是,我有什么可当心的呢? ⑦无其财:没有足够的用以行礼的财物。 ⑧时:谓适当的时机。

83.县子琐①曰:"吾闻之,古者不降②,上下各以其亲③。滕伯文为孟虎齐衰,其叔父也;为孟皮齐衰,其叔父也④。"

[注释]①县子琐:参见第79节注②。　②不降:不降低丧服的等级。按,周代的丧服制度有降服的规定。如据《仪礼·丧服》说,子为母本当服齐衰三年之丧,但如果父亲还在世,就要为母降服齐衰期(一年),这是因为有"至尊"之父在,故不敢伸己对母之"私尊"。又第74节曰"姑、姊妹之薄",即为出嫁的姑、姊妹降服大功,亦其例。　③上下各以其亲:谓尊卑上下都各自按照亲疏关系来服应服的丧。　④"滕伯"至"父也":这几句是举例说明殷代不降服。滕伯文是殷时滕国的国君,爵为伯,名为文。孟虎是滕伯文的叔父,而滕伯文又是孟皮的叔父,可是滕伯文为他们都服齐衰,这说明滕伯文不因己之尊而降低对叔父的丧服,亦不因己之尊且长而降低对侄儿的丧服,因为叔和侄,亲疏关系都是一样的,故服亦同。

84. 后木①曰:"丧,吾闻诸县子曰:'夫丧,不可不深长思也。买棺外内易②。'我死则亦然③。"

[注释]①后木:鲁孝公之子惠伯巩的后代。　②外内易:易,平坦光滑。棺材的内外都要平坦光滑。　③我死则亦然:这是后木交代他的后人在他死后,所用的棺木也要"外内易"。按,买何种棺木,本是孝子的事,不是父亲生前所应交代的,此节记文实际是讥刺后木预为自己死后谋。

85. 曾子曰:"尸未设饰,故帷堂①,小敛而彻帷。"仲梁子②曰:"夫、妇方乱③,故帷堂,小敛而彻帷。"

[注释]①尸未设饰,故帷堂:设饰,即用衣衾包裹尸体,也就是敛。帷堂,在堂上设帷帐。　②仲梁子:鲁人,具体情况不详。　③夫、妇方乱:谓男、女的哭位正混乱而未定。按,这是记仲梁子与曾子对帷堂原因说法的不同。

86. 小敛之奠①,子游曰:"于东方②。"曾子曰:"于西方,敛斯席矣③。"小敛之奠在西方,鲁礼之末失也。

[注释]①奠:参见第33节注①。 ②东方:谓尸体的东边。 ③于西方,敛斯席矣:意思是,曾子认为小敛奠设在尸体的西边,敛时就要在西边布设奠席了。这是记曾子与子游说法的不同。

87. 县子曰:"绤衰,缌裳①,非古也。"

[注释]①绤衰,缌裳:衰,丧服的上衣。裳,丧服的下裳。绤,音 xì,粗葛布。缌,音 suì,细而稀疏的麻布。

88. 子蒲①卒,哭者呼"灭"。子皋②曰:"若是野哉③!"哭者改之。

[注释]①子蒲:名灭,其详不可得知。 ②子皋:又作子羔,即孔子的弟子高柴,比孔子小三十岁。 ③若是野哉:按丧礼,复(招魂)时呼名,哭不得呼名,故子皋斥哭而呼名者为"野",即粗野、鄙野。

89. 杜乔之母之丧,宫中无相①,以为沽②也。

[注释]①宫中无相:宫,谓殡宫,即死者生前的正寝,因为人死后即殡棺于此寝,故称殡宫。相,指相礼者,犹今所谓司仪。按,孝子丧亲,因悲痛而迷,礼节事宜,都须人指导,故当设相礼者。 ②沽:音 gǔ,粗疏,粗略。

90. 夫子曰:"始死,羔裘、玄冠者,易之①而已。"羔裘、玄冠,夫子不以吊②。

[注释]①羔裘、玄冠者,易之:羔裘,羊皮袄。玄冠,用玄色(黑色)的布做的冠。易,换下。按,羔裘、玄冠是吉服,是侍候亲人疾病时穿的,亲人死则当易之以深衣(上衣与下裳连为一体的一种服装)。 ②夫子不以吊:谓孔子

不穿这样的服装去吊丧。

91. 子游问丧具①。夫子曰:"称家之有亡②。"子游曰:"有无恶乎齐③?"夫子曰:"有毋过礼④。苟亡矣,敛首足形,还葬,县棺而封⑤,人岂有非之者哉?"

[注释]①问丧具:具,具备。这是问办丧事的器物怎样才算具备。②称家之有亡:称,音 chèn,相当,相符合。有亡,谓财物的多少。这句意思是,与家中财物的多少相称就行了。 ③齐:音 jì,后作"剂",这里是指财物多少与丧具厚薄的关系。 ④过礼:超过礼的规定。 ⑤"苟亡"至"而封":苟,如果。还,音 xuán,通"旋",迅速,立即。封,音 biǎn,通"窆",下棺。这几句意思是,如果没有家产,敛时的衣被也要足以包裹死者的首足形体,敛毕即葬,用手悬棺落葬就行了。

92. 司士赉①告于子游曰:"请袭于床②。"子游曰:"诺③。"县子闻之曰:"汏哉叔氏,专以礼许人④。"

[注释]①司士赉:司士,姓。赉,名。其人具体情况不详。 ②请袭于床:袭,为死者穿衣,即敛。按,据礼,人始死置尸于地,招魂后即置于床,小敛、大敛皆在床,但因后世失礼而袭敛于地,故司士赉告子游"请袭于床"。 ③诺:在此犹曰"行"、"可以"。 ④汏哉叔氏,专以礼许人:汏,通"泰",骄泰,奢侈;这里是自我矜大之义,指子游说话的口气太大。叔氏,子游的别字。按,凡有来询问礼事的,当据礼以答,今子游不据礼以答之,则专许诺,如同礼出于己,是一种自我矜大的态度,因此县子闻而讥之:"叔氏的口气也太自大了,好像专门由他批准别人实行礼似的!"

93. 宋襄公葬其夫人,醯、醢百瓮①。曾子曰:"既曰明器矣,而又实②之!"

[注释]①醯、醯百瓮:醯,音xī,醋。瓮,音wèng,一种陶制的盛器,小口大腹。 ②实:充满、装满。

94.孟献子①之丧,司徒旅归四布②。夫子曰:"可也③。"

[注释]①孟献子:鲁大夫,姓仲孙,名蔑;献,谥号。 ②司徒旅归四布:司徒,名敬子,是孟献子的家臣。旅,众,指家臣中的众下士;"旅"上盖脱"使"字。布,赙钱。孟献子家办丧事后赙钱有余,因此司徒敬子秉承主人之意,使众下士前去归还四方赙主人之钱。 ③可也:按,时人皆贪,孟献子之家却能如此,因此孔子说"可也",对孟献子表示肯定和赞扬。

95.读赗①,曾子曰:"非古也,是再告也。"

[注释]①读赗:赗是赠给丧家的助送葬的财物,凡有所赠,丧家都记录下来,这里的"赗"就是指的赠赗的记录。每当有宾客来赠赗时,都随即向棺柩做报告,以让死者之神知道;到出葬时,主人又使其吏向柩车读赗,以再次向死者报告,故下文曾子谓之"再告",即报告一遍又一遍,以讥其烦。

96.成子高①寝疾,庆遗②入请曰:"子之病革矣,如至乎大病③,则如之何?"子高曰:"吾闻之也:'生有益于人,死不害于人。'吾纵生无益于人,吾可以死害于人乎哉?我死,则择不食之地④而葬我焉。"

[注释]①成子高:即齐国大夫国伯高父(音fǔ),成是谥号。 ②庆遗:齐大夫庆封的族人。 ③子之病革矣,如至乎大病:病革,参见本篇第18节注⑦。大病,是"死"的讳辞。 ④不食之地:不长庄稼的土地。

97. 子夏问诸夫子曰:"居君之母与妻之丧①?""居处、言语、饮食衎尔②。"

[注释]①居君之母与妻之丧:按,有学者疑此句"丧"下当有"如之何"三字,盖传抄者脱之。意思是,为国君之母和国君之妻服丧应该怎样呢? ②居处、言语、饮食衎尔:按,有学者以为"居"上当有"夫子曰"三字。衎,音kàn。衎尔,是怡然自得貌。这句意思是,为君之母与君之妻服丧,起居、言谈、饮食都保持怡然自得的常态。按,为君母、君妻皆服齐衰杖期,然对一般人来说,恩义则浅,故其居丧可自处如此。

98. 宾客至,无所馆①,夫子曰:"生于我乎馆,死于我乎殡②。"

[注释]①馆:作动词,住宿。 ②生于我乎馆,死于我乎殡:意思是,活着住在我这里,死了就由我为他敛殡。

99. 国子高①曰:"葬也者,藏也。藏也者,欲人之弗得见也。是故衣足以饰身,棺周于衣②,椁周于棺,土周于椁。反壤树之③哉!"

[注释]①国子高:即成子高,成是谥号。 ②棺周于衣:周,在此是环绕、容纳之义。这句意思是,棺足以容纳衣衾就行了。下文义仿此。 ③反壤树之:壤,作动词,堆积土壤。树,亦作动词,谓种树。意思是,现在反而要在墓地上堆土种树!按,这是批评当时的葬俗不合于古代礼俗。

100. 孔子之丧,有自燕来观者①,舍②于子夏氏。子夏曰:"圣人之葬人,与人之葬圣人也,子何观焉③?昔者夫子言之曰:'吾见封之若堂④者矣,见若坊⑤者矣,见若覆夏屋⑥者矣,见若斧⑦者矣,从若斧者焉。'马鬣封⑧之谓也。今一日而三斩板,而已封⑨,尚行夫子之志乎哉⑩?"

[注释]①自燕来观者:从燕地来观看孔子丧礼的。　②舍:住宿。　③"圣人"至"何观焉":按,子夏之所以发此问,是以为圣人葬人,事皆合于礼;人之葬圣人,则未必皆合于礼。　④封之若堂:封,谓起土为坟。若堂,是说如堂基那样,四方而高。　⑤坊:指堤防,也就是河堤,上平、两边作坡形,南北长。　⑥夏屋:若今民间房屋,从屋脊向两下分为前后坡,坡低而宽,作人字形。　⑦若斧:如同斧刃向上的形状。　⑧马鬣封:鬣,马鬃毛。按,马颈部长鬃鬣处,其肉薄似斧,封形与之相似。马鬣封之形盖如斧形而加高、加长。　⑨三斩板,而已封:这是说为孔子筑坟,是用板筑法。板宽二尺,长六尺,围其周,而用绳约束之,板中填土筑实,筑够一板,即斩断约板的绳索,再约板而筑之,这样筑三次,即所谓"三斩板"。这样筑出来的坟就是长方体的了。已,止,谓封筑完成。　⑩尚行夫子之志乎哉:尚,恐怕,差不多。意思是,这样筑封,差不多实行了孔子的意愿吧?

101. 妇人不葛带①。

[注释]①妇人不葛带:带,在此指腰绖。凡绖,男子重首绖,妇人重腰绖。在卒哭祭(参见《曲礼上第一》第56节注①)之前,绖皆用牡麻;卒哭祭之后,要变服,即变牡麻绖为葛绖(葛麻做的绖)。但变服的原则是先变轻服,所以男子要变其麻腰绖为葛绖,妇女则变其麻首绖为葛绖而不得变其腰绖,故曰"妇人不葛带"。

102. 有荐新,如朔奠①。

[注释]①有荐新,如朔奠:荐新,祭名。荐,进上。新,谓五谷瓜果等时新之物。在殡棺期间,如有时新之物用以奠祭死者,就叫荐新之奠。朔,指每

月初一。在殡棺期间,每逢初一都要设奠以祭死者,叫做朔奠。如朔奠,是说如其仪节,非谓奠祭之物尽同。故这两句意思是,如果举行荐新之奠,仪节与朔奠相同。

103. 既葬,各以其服除①。

[注释]①各以其服除:按,士殡三月而葬,有关系疏远而服轻者,如服缌麻三月者,到葬时服期也就满了,所以葬后便可除服了。故这句意思是,葬后,该除服的人便可各自除服了。

104. 池视重霤①。

[注释]①池视重霤:重霤,即承霤,是设置在屋檐下承接雨水的天沟。按,棺柩载到柩车上之后要进行装饰,在棺柩外设柳,柳外覆以布,形似帐篷(参见本篇第12节注④),象征死者生前所居之宫。在当柩饰的前檐处,还要设一竹制的流水沟,外面蒙以青布,这就叫做池,其形如屋檐下的重霤,即所谓"池视重霤"。

105. 君即位而为椑①,岁壹漆之,藏焉。

[注释]①椑:音 bì,内棺,一般用杝(音 yí)木制作,故又称杝棺。

106. 复、楔齿、缀足、饭、设饰、帷堂并作①。父兄命赴者②。

[注释]①"复"至"并作":复,招魂。楔齿,用角柶楔入死者口中,以防死者牙关紧闭,这是为饭含做准备。按,角柶是角质的柶,其形如马蹄。缀足,是为防死者的足变形、弯曲,这是为穿屦做准备;如何缀足,不详。饭,即饭含。饰,即敛。帷堂,在堂上设帷帐。并作,谓以上诸事,同时而作。按,以

上诸事实有先后,非同时并作,而云"并作"者,是说作于同一日。 ②父兄命赴者:赴者,发讣告者。按,大夫以上由父兄命赴者,士则由丧主人亲命之。

107. 君复,于小寝、大寝、小祖、大祖、库门、四郊①。

[注释]①"小寝"至"四郊":这是指国君死而为之招魂的地方。小寝即燕寝。大寝即正寝(参见第39节注③)。小祖谓四亲庙(父庙、祖庙、曾祖庙、高祖庙)。大祖谓太庙(始祖庙)。库门指诸侯的外门。按,诸侯三门:库门、雉门、路门。四郊,指国都的四郊。

108. 丧不剥①奠也,与祭肉也与②。

[注释]①不剥:剥,裸露。不剥,谓将祭物用巾覆盖而不使裸露着。②与祭肉也与:上"与"读去声,意为在其中。下"与"读第二声,疑问语气词。祭肉,指杀牲之肉,鲜牲肉当覆盖。这句意思是,丧不剥奠的原因,是因为奠祭物中有祭肉吧。

109. 既殡,旬而布材与明器①。

[注释]①既殡,旬而布材与明器:旬,十天。布,谓布告、通告。这句意思是,殡棺后,过十天就要布告下人准备制造椁的材料和明器。

110. 朝奠日出,夕奠逮日①。父母之丧哭无时。使必知其反②也。

[注释]①朝奠日出,夕奠逮日:逮,到,及,这里是指到太阳将落未落的时候,也就是傍晚时候。按,既殡之后,每天早晨和傍晚都要设奠以祭死者,称为朝奠、夕奠。 ②使必知其反:使,谓奉君命出使。意思说,奉君命出使和返回后一定要告祭父母之神让他们知道。

111.练①,练衣黄里,縓缘②,葛要绖③,绳屦无绚④,角瑱⑤,鹿裘衡,长袪,袪⑥,裼之可也⑦。

[注释]①练:即小祥祭(参见第19节注④)。 ②练衣黄里,縓缘:衣,指内衣,又叫中衣。縓,音 quàn,浅绛(红)色。缘,镶边。意思是,练祭之后,就可穿练布做的黄色里子的内衣,并饰以浅绛色的镶边。 ③葛要绖:要,"腰"的古字。系葛麻做的腰绖。 ④绳屦无绚:绳屦,指麻绳编的鞋。绚,音 qú,古时鞋头上的装饰,有孔,可穿系鞋带。 ⑤瑱:音 tiàn,也叫充耳,古人冠冕上悬于两侧可用以塞耳的装饰物,平日用玉,有丧则去之,小祥后可戴角瑱。 ⑥鹿裘衡,长袪,袪:衡,是"横"字之误,在此是广阔、宽大的意思。上"袪",指袖子;下"袪",指袖缘口。按,小祥之前,裘狭袖短,袖口又无缘,至小祥可稍饰,更易作宽大而袖长之裘,袖口亦可设缘饰。 ⑦裼之可也:裼,有漂亮花纹的罩衣,在此作动词,谓穿裼衣。意思是,皮裘外边也可以加穿罩衣了。

112.有殡①,闻远兄弟之丧,虽缌必往②。非兄弟,虽邻不往。

[注释]①有殡:谓自家有丧殡而未葬。 ②虽缌必往:谓尽管关系较疏远,只当为之服缌麻之丧(五等丧服中最轻的一等),也一定要前去。

113.所识①,其兄弟不同居者皆吊②。

[注释]①所识:谓与死者相识,是朋友关系。 ②其兄弟不同居者皆吊:吊,在此是慰问之义。这句意思是,凡是死者的兄弟即使不与死者同居的,也都应当到死者家去慰问,以成就与死者生前往来之情义。

114.天子之棺四重:水、兕革棺被之①,其厚三寸;杝棺一②;梓棺二③。四者皆周④。棺束⑤,缩二,衡三,衽每束一⑥。柏椁以端⑦,长六尺。

[注释]①水、兕革棺被之:水,谓水牛。兕,音 sì,犀牛的一种。被,在此是相合之意。这句意思是,用水牛皮、兕牛皮合在一起制成棺。这是第一重棺。 ②杝棺一:杝,音 yí,谓杝木,即椴木,形似白杨,材轻而耐湿,古时多用作棺材。杝木棺是第二重。 ③梓棺二:梓,音 zǐ,落叶乔木,木质优良,轻软耐朽。按,用梓木做的棺共二重,加前面的二重,共为四重。 ④皆周:周,匝。谓这四重棺皆各有上下四方六面,即周匝之义。按,这是相对椁之不周而言的,椁只有四周而无顶和底。 ⑤棺束:按,古棺木无钉,故用皮条束合之。 ⑥缩二,衡三,衽每束一:缩,纵向。缩二,谓纵向束二道。衡(横)三,谓横向束三道。衽,又名小腰,因其形两头宽,中央窄,似深衣之衽,故名。在棺身与棺盖相合处凿坎,以将小腰纳入其中,这样便可将棺盖与棺身连接牢固。每当用皮条束棺处凿一衽,因此说"衽每束一"。 ⑦柏椁以端:柏椁,用柏木做椁。端,犹头,指柏木靠根部的一端。

115. 天子之哭诸侯也,爵弁绖,缁衣①。或曰使有司哭之②,为之不以乐食③。

[注释]①爵弁绖,缁衣:爵弁,冠的一种,"爵"通"雀",因为这种弁的颜色赤而微黑,似雀头的颜色,故名爵弁。绖,谓爵弁上加环绖。缁,同"缁",黑色。按,爵弁、缁衣,是士的祭服,因天子至尊,不见尸柩则不穿吊服,故穿士的祭服而哭,表示为之变服。 ②使有司哭之:派官吏去代哭。 ③不以乐食:吃饭时不演奏音乐。

116. 天子之殡也,菆涂龙輴①,以椁②,加斧于椁上③,毕涂屋④,天子之礼也。

[注释]①菆涂龙輴:菆,音 cuán,堆聚。菆涂,谓用树枝堆聚在棺上,四面再用泥涂抹之。輴,音 chūn,古代的载柩车,即殡车。龙輴,是车辕上画有

龙的殡车,为天子所用。　②以椁:是说菆涂以像椁之形。　③加斧于椁上:斧,通"黼",一种黑白相间的花纹,此处指绣有黼纹的幕布,即所谓棺衣,加在像椁的菆涂上。　④毕涂屋:再将殡全部封涂起来,故曰"毕涂",如屋形。

117. 唯天子之丧,有别姓而哭①。

[注释]①别姓而哭:谓使诸侯同姓、异姓、庶姓分别排列哭位而哭。

118. 鲁哀公诔孔丘曰:"天不遗耆老①,莫相予位②焉。呜呼哀哉,尼父③!"

[注释]①天不遗耆老:遗,留。耆,音 qí,古称六十岁曰耆,在此泛指老人。这句意思是,天不留下这位老人。　②莫相予位:相,助,辅助。没有人辅助我的君位。　③尼父:即孔子。孔子字仲尼,字后加"父"(或"甫"),是对男子的美称。

119. 国亡①大县邑,公、卿、大夫、士皆厌冠②,哭于大庙三日,君不举③。或曰君举而哭于后土④。

[注释]①亡:失去、丧失。　②厌冠:即丧冠(参见《曲礼下第二》第8节注⑤)。　③举:谓举乐,也就是演奏音乐。　④或曰君举而哭于后土:后土,本指土地神,此处指祀土地神的社坛。意思是,也有人说国君仍可听音乐,而要到社坛去哭。

120. 孔子恶野哭者①。

[注释]①恶野哭者:恶,音 wù,讨厌。野哭,谓哭非其地。按,古礼对于何种关系的人死了应当哭于何处都有规定,若哭非其地,便会给别人带来晦气,故孔子恶之。

121. 未仕者不敢税人①,如税人则以父兄之命②。

[注释]①未仕者不敢税人:税,以物赠送人。没有做官的人不敢拿家中的财物送人。 ②命:名义。

122. 士备入而后朝夕踊①。

[注释]①士备入而后朝夕踊:备,尽,全部。按,国君之丧,诸臣有朝夕哭踊之礼。哭时当依次就位,踊必有节,不容有先后。士位卑,哭位总是排在最后,士皆入,就没有不在位的了。因以士入为踊节,此时就可以哭踊了。

123. 祥而缟①。是月禫②,徙月乐③。

[注释]①祥而缟:祥,谓大祥。缟,白缯。谓大祥祭之后可以戴白缯做的冠。 ②禫:音 dàn,祭名,与大祥间隔一月。丧至此,已二十七月。③徙月乐:徙,迁移,引申为经过。谓过一个月就可以奏乐歌唱了。

124. 君于士有赐帟①。

[注释]①帟:音 yì,张盖在上方用以遮蔽尘埃的平顶幕帐,古代皆以缯为之。这里是用以张于所殡的棺柩之上。这句意思是,国君赐给士的丧礼有帟。

檀弓下第四

1.君之適长殇①,车②三乘。公③之庶长殇,车一乘。大夫之適长殇,车一乘。

[注释]①长殇:参见上篇第12节注⑤。 ②车:这是死者生前所乘车,在此用作送葬车。 ③公:与上"君"义同,皆指诸侯国君。

2.公①之丧,诸达官之长杖②。

[注释]①公:指诸侯国君。 ②达官之长杖:达官,指诸侯的卿、大夫、士,因为有官职,故称长。杖,谓服丧而拄杖。意思是,为诸侯国君服丧,各级长官都要拄丧杖。

3.君于大夫,将葬,吊于宫①;及出,命引之②,三步则止,如是者三,君退③。朝亦如之④,哀次亦如之⑤。

[注释]①将葬,吊于宫:宫,指殡宫。到大夫将要出葬的时候,国君到殡宫去吊唁。 ②及出,命引之:出,谓柩车出殡宫门。引,牵引,拉。按,因为孝子思慕亲人,不忍柩车之行,故须君命之行。 ③三步则止,如是者三,君退:孝子们拉柩车走了三步就停止了,君又命之,这样反复三次,柩车才正式上路,然后国君退去。按,古代一步是六尺。 ④朝亦如之:朝,指葬前朝

庙，即把棺柩从殡宫运到宗庙，行朝庙之礼。亦如之，这是说行朝庙礼时国君前来吊唁，也像这样待君命三次而后拉车前行。　⑤哀次亦如之：次，指大门外为接待宾客所设的次舍，是用席或布临时围起来的，宾客来后可在其中休息。这里是说在朝庙之后，柩车出大门，走到死者平生设次接待宾客的地方，孝子见其处又哀伤而停柩不行，所以又待君命之再三而后行。

4. 五十无车者，不越疆而吊人①。

[注释]①不越疆而吊人：不越过国界去吊唁别人。

5. 季武子①寝疾，蟜固不说齐衰而入见②曰："斯道也，将亡矣③。士唯公门脱齐衰④。"武子曰："不亦善乎！君子表微⑤。"及其丧也⑥，曾点倚其门而歌⑦。

[注释]①季武子：即鲁大夫季孙夙，世为上卿，执掌国政，专制强权，国人事之如君。　②蟜固不说齐衰而入见：蟜固，鲁人，姓蟜名固。说，通"脱"。按，凡入君门，当脱丧服。入大夫之门则不必脱之。但因季武子强，国人人见皆不敢不脱丧服，而蟜固则敢于不脱齐衰而入见。　③斯道也，将亡矣：道，犹礼，指入见大夫不脱衰服之礼。将亡，凡来见季武子者，都以事君之礼事之，脱衰服而入见，意味着见大夫不脱衰服之礼将亡。　④士唯公门脱齐衰：唯，只有。公门，国君之门。　⑤君子表微：表，显扬。君子就应该使衰微的礼发扬起来。　⑥丧：指季武子死。　⑦曾点倚其门而歌：曾点，曾参之父，字皙，也是孔子的学生。曾点倚季氏家之门而歌，是非礼的行为。此节记者的用意，一方面肯定蟜固的知礼、存礼，另一方面则讥刺曾点的违礼。

6. 大夫吊，当事而至①，则辞②焉。吊于人，是日不乐③。妇人不越疆④而吊人。行吊之日，不饮酒食肉焉。吊于葬者，必执引⑤。若从柩，及圹，皆执绋⑥。

[注释]①当事而至:事,谓小敛、大敛或殡棺等事。谓正当丧家有这些事时到来。 ②辞:犹告,是使傧者出来告诉来吊的大夫,主人因事不能出来迎接。 ③是日不乐:这一天不演奏音乐。 ④越疆:犹言出境、出国。 ⑤执引:引,牵引柩车的绳索。执引,就是拉柩车。 ⑥若从柩,及圹,皆执绋:从柩,跟从柩车而行。圹,墓穴。绋,音fú,大绳,这是悬棺下墓圹用的。执绋,谓拉绳下棺。

7. 丧,公吊之①,必有拜者②,虽朋友、州、里、舍人可也③。吊曰:"寡君承事④。"主人曰:"临⑤。"君遇柩于路,必使人吊之。

[注释]①丧,公吊之:丧,这里是指臣在异国而丧。公,指异国之君。②必有拜者:一定要有人前往拜谢该国君。 ③虽朋友、州、里、舍人可也:这是指前往拜谢者的身份。州、里、舍人,谓同州、同乡里以及同住在一所馆舍的人。 ④寡君承事:寡君,臣下对别国谦称本国国君。这句是异国之君的随行官员说的话,意思是,寡君来助承丧事。 ⑤临:音lìn,是丧主人的感谢辞,犹言"感谢前来吊唁"。

8. 大夫之丧,庶子不受吊①。

[注释]①庶子不受吊:按,因庶子贱,不可为大夫主丧,故不可接受人吊唁。

9. 妻之昆弟为父后者死①,哭之適室②。子为主③,袒、免、哭、踊④。夫入门右⑤,使人立于门外,告来者⑥。狎则入哭⑦。父在,哭于妻之室。非为父后者,哭诸异室⑧。

[注释]①为父后者:这里是指为己之岳父的继承人。 ②哭之適室:

哭者是夫,为其妻之昆弟为父后者之死而哭。適室,即正寝(参见上篇第30节注①)。　③子为主:按,自己的儿子,则是死者的外甥,在自己家里为其舅做丧主。　④袒、免、哭、踊:这是指为舅主丧的儿子的表现,肉袒,头上著免(音 wèn,参见上篇第1节注①),为舅哭、踊。　⑤夫入门右:谓夫进入正寝站在门右边哭。　⑥告来者:告诉听见哭声而来的人哭的原因。　⑦狎则入哭:狎,音 xiá,熟悉、亲近。如果是很熟习的人就进去哭。　⑧非为父后者,哭诸异室:意思是,如果妻的兄弟而不是其父继承人的死了,夫就到别的房间去哭。

10. 有殡,闻远兄弟之丧①,哭于侧室②。无侧室,哭于门内之右。同国则往哭之。

[注释]①有殡,闻远兄弟之丧:有殡,谓家中殡有棺柩,即有父母之丧。远兄弟,谓在异国者。　②哭于侧室:按,若不哭于侧室,则有哭殡之嫌。

11. 子张死,曾子有母之丧,齐衰而往哭之①。或曰:"齐衰不以吊②。"曾子曰:"我吊也与哉③?"

[注释]①齐衰:这是曾子为其母所穿的丧服。　②齐衰不以吊:穿着齐衰服不可以吊丧。　③我吊也与哉:按,哭与吊不同,吊是慰人之戚,哭是致己之哀。这句话的意思是,难道我是去吊唁他的吗?

12. 有若之丧,悼公①吊焉,子游摈由左②。

[注释]①悼公:战国初年鲁国国君。　②子游摈由左:摈,谓相赞礼事。按,依礼,相助君发布诏命在右,相助君行丧礼则在左。因当时礼废,人多不明此,故子游正之,在悼公的左边相赞丧礼。

13. 齐穀王姬之丧①,鲁庄公为之大功。或曰:"由鲁嫁,故为之服姊妹之服②。"或曰:"外祖母也,故为之服③。"

[注释]①齐毂王姬之丧:"毂",是"告"字之误,谓讣告。王姬,周女,是齐襄公夫人。　②由鲁嫁,故为之服姊妹之服:按,周王嫁女,由同姓为之主婚,故女由鲁主婚而嫁。既为之主婚,此女即比同于鲁女,故当为之服出嫁姊妹之服,故服大功。　③外祖母也,故为之服:按,此说以为王姬是鲁庄公的外祖母,故为之服大功。但此说实误:一,王姬是鲁庄公的舅妻,而不是外祖母;二,假令是外祖母,则当为服小功,而不当服大功。

14. 晋献公之丧,秦穆公使人吊公子重耳①,且曰:"寡人闻之,亡国恒于斯,得国恒于斯②。虽吾子俨然在忧服之中③,丧亦不可久④也,时⑤亦不可失也,孺子其图之⑥。"以告舅犯⑦。舅犯曰:"孺子其辞⑧焉。丧人无宝,仁亲以为宝。父死之谓何⑨,又因以为利,而天下其孰能说之⑩?孺子其辞焉。"公子重耳对客曰:"君惠吊亡臣重耳。身丧,父死,不得与于哭泣之哀⑪,以为君忧⑫。父死之谓何,或敢有他志,以辱君义⑬?"稽颡而不拜⑭,哭而起,起而不私⑮。子显以致命于穆公⑯。穆公曰:"仁夫,公子重耳!夫稽颡而不拜,则未为后也,故不成拜⑰。哭而起,则爱父也⑱。起而不私,则远利也⑲。"

[注释]①公子重耳:参见上篇第15节注①、②。按,重耳当时因避骊姬之乱而流亡在狄国。　②亡国恒于斯,得国恒于斯:恒,常常,总是。斯,指示代词,代有国君之丧这种情况。按,亡国、得国,往往在一个国家有君丧时发生。　③虽吾子俨然在忧服之中:吾子,对对方的敬爱之称。俨然,严肃貌。意思是,虽然您严肃地处在服丧的忧戚之中。　④丧亦不可久:丧,在此是流亡之意。意思是,但也不可长久地流亡在外。　⑤时:时机,机会。

⑥孺子其图之:孺子,古代称天子、诸侯、世卿的继承人,这里指重耳。其,表祈使或命令的语气。图,考虑,打算。意思是,请后生考虑考虑吧。 ⑦舅犯:即狐突之子狐偃,字子犯,因是重耳的舅舅,故称舅犯(参见上篇第15节注⑥)。 ⑧辞:推辞。 ⑨父死之谓何:意思是,父亲死了,是何等凶祸的事。 ⑩天下其孰能说之:说,音yuè,喜悦,后作"悦"。意思是,天下的人有谁能喜欢你。 ⑪不得与于哭泣之哀:意思是,不能在国中同亲人们一起哭泣致哀。 ⑫以为君忧:使贵国之君为我操心担忧。 ⑬以辱君义:以玷辱贵国之君的厚义。 ⑭稽颡而不拜:稽颡,下跪而以额触地,表示极度悲哀和虔诚。意思是,稽颡悲号而不成拜礼。 ⑮不私:不与秦国的使者私下交谈,以示无私利。 ⑯子显以致命:子显,即秦公子絷(音zhí),字子显,当时任使者。致命,传达言辞、使命,这里是向秦穆公汇报重耳说的话。 ⑰稽颡而不拜,则未为后也,故不成拜:为后,为父的继承人。意思是,重耳不敢以父亲的继承人自居,所以只稽颡而不成拜礼。按,丧礼,先稽颡而后拜,叫做成拜礼。但只有国君的法定继承人,才能拜谢来吊者而成拜礼。重耳不敢以继承人自居,故只稽颡而不成拜。 ⑱哭而起,则爱父也:稽颡后哭泣着站起来,这是爱父的表现。 ⑲起而不私,则远利也:起来后不和使者说私话,说明他不想因丧以图利。

15. 帷殡①,非古也,自敬姜之哭穆伯始也②。

[注释]①帷殡:指朝夕哭时帷殡。古人以为鬼神喜欢幽暗,故殡棺后,在殡宫堂上设有帷帐。依礼,朝夕哭时应当把帷帐撩起来,即所谓"彻帷"。②自敬姜之哭穆伯始也:敬姜,鲁大夫穆伯之妻。敬姜年轻丧夫,为避免别人以为其亡夫穆伯生前好色,因此她在朝夕哭时就不撩起殡上的帷帐,此后遂相沿成俗。

16. 丧礼,哀戚之至也,节哀顺变①也,君子念始之者也②。

[注释]①节哀顺变:变,谓父母死亡。谓节制人的悲哀以使人适应丧亲的剧变。 ②君子念始之者也:念,考虑。始,父母最初生我之心。意思是,君子之所以要节哀,是因为考虑到父母最初生我时的心情,而不敢因为过于悲伤毁坏身体。

17. 复,尽爱之道①也,有祷祠之心②焉。望反诸幽③,求诸鬼神之道④也。北面⑤,求诸幽之义也。

[注释]①复,尽爱之道:意思是,招魂,是孝子向亲人尽爱心的方式。②有祷祠之心:谓有祈祷鬼神以求亲人复生的心情。 ③望反诸幽:"反"字是衍文。谓招魂时望se幽暗处。按,古人以为鬼神尚幽暗,人死其魂必往幽暗处,故"望诸幽"以祈祷之。 ④道:方式、办法。 ⑤北面:谓招魂时面朝北。因为北面属阴,阴则幽暗,因此下文说这是"求诸幽之义"。

18. 拜、稽颡,哀戚之至隐①也;稽颡,隐之甚也②。

[注释]①至隐:隐,在此是痛的意思。至隐,悲哀痛极。 ②稽颡,隐之甚也:这是就拜和稽颡两种行礼方式而言,稽颡所表现的哀痛最厉害。

19. 饭用米、贝①,弗忍虚也②。不以食道,用美焉耳③。

[注释]①饭用米、贝:饭,谓行饭含礼。米,即所含之饭。贝,将米填入死者口中的工具。 ②弗忍虚也:虚,谓空着口。谓孝子不忍心亲人死后口中空无所食。 ③不以食道,用美焉耳:食道,指活人吃的饭食,因为是人所造做的,不洁,故为死者饭含不用。用美,即指用米、贝等,这些都是天性自然之物,故美。

20. 铭,明旌也①,以死者为不可别已,故以其旗识之。

爱之,斯录之矣②;敬之,斯尽其道焉耳③。

[注释]①铭,明旌也:铭,记、识。旌,旗。谓把死者的名字写在死者生前所用的旗帜上。明旌,即以旌明柩之意。 ②爱之,斯录之矣:因为孝子爱自己的亲人,所以把亲人的名字录写在旌旗上。 ③敬之,斯尽其道焉耳:尽其道,谓严格遵守制作铭旌之道;所谓道,指铭旌的大小尺寸等。意思是:因为孝子敬重自己的亲人,所以铭旌的大小严格依照尺度而不敢苟且。

21. 重,主道也①。殷主缀重焉②,周主重彻焉③。

[注释]①重,主道也:重,用木做成,士之重木长三尺。因人始死尚未及做主,故以重为其神位。按,所谓主,即木主,也就是为死者所设的木制的牌位,祭祀死者时,死者之神即可依其主以受享祭物。但这种木主是要在死者安葬、并行虞祭之后才制作,在此之前,人始死时,则是以重为主以依神。②殷主缀重焉:这是说,殷人为死者设木主之后还要把重连缀在木主下边。③周主重彻焉:谓周人为死者设木主之后,就把重撤去了。按,这是记殷周做主制度的不同。

22. 奠以素器①,以生者有哀素②之心也。唯祭祀之礼,主人自尽焉耳③。岂知神之所飨,亦以主人有齐敬之心也④。

[注释]①素器:凡物无饰曰素,如未漆的白木器。 ②哀素:犹言哀痛无饰。 ③唯祭祀之礼,主人自尽焉耳:意思是,谓只有葬后行祭祀之礼的时候,主人才尽其敬神之心而加以文饰。 ④"岂知"至"心也":飨,通"享"。齐,音zhāi,同"斋"。齐敬,庄严恭敬。意思是,要知道神之所以享用祭品,也是因为主人有一颗虔诚庄敬的心。按,古人认为,如果祭祀时不虔诚,不恭敬,神是不享用祭祀者的祭品的,因此也不会保佑这样的祭祀者。

23. 辟踊①,哀之至也,有算为之节文也②。

[注释]①辟踊:辟,通"擗",拍胸,捶胸。辟踊,捶胸顿足。 ②有算为之节文:算,数。按,每一踊三跳,三踊九跳,为一节。士三踊,大夫五踊,诸侯七踊,天子九踊,即所谓"节文"。

24. 袒,括发,变①也。愠,哀之变也②;去饰,去美也。袒,括发,去饰之甚也。有所袒,有所袭,哀之节也③。

[注释]①变:孝子形貌的改变。 ②愠,哀之变也:愠,是"袒"字之误,谓肉袒。哀之变,谓因哀伤而改变。 ③有所袒,有所袭,哀之节也:意思是,有时要肉袒,有时又要穿好衣服,说明悲哀应有节制。

25. 弁、绖葛而葬,与神交之道也,有敬心焉①。周人弁而葬,殷人冔②而葬。

[注释]①"弁"至"心焉":弁、绖葛,皆作动词,是戴弁(这里实际是戴素弁)、系葛首绖之意。道,方法,办法。按,孝子居丧时穿纯凶服,到葬时,将托亲人之遗体于地下,孝子当与山川土地之神交接,与神交则主敬,不可穿纯凶服,故去丧冠而戴素弁,又去麻绖而戴葛绖。 ②冔:音 xǔ,殷代斋戒、祭祀时所戴冠名。冔与上文周人之弁,都是白(素)色的。

26. 歠主人、主妇、室老①,为其病也,君命食之也②。

[注释]①歠主人、主妇、室老:歠,音 chuò,饮,喝,此处谓饮粥。主人,亡者之嫡长子。主妇,亡者之妻。室老,亡者的家臣头子。 ②为其病也,君命食之也:因为他们都哀伤不食以致病,所以国君命令他们吃粥。

27. 反哭升堂①,反诸其所作②也。主妇入于室③,反诸其所养④也。

[注释]①反哭升堂：反哭，礼名，是将死者葬后回来所行之礼，反哭礼在庙中进行，故"升堂"即升庙中之堂。　②所作：即作所，谓死者生前行礼（如祭祀、冠、婚等）的处所。　③室：亦指庙中之室。　④所养：即养所，谓平日供养亲人的地方。

28. 反哭之吊也，哀之至也①：反而亡焉，失之矣②，于是为甚③。殷既封而吊④，周反哭而吊。孔子曰："殷已悫，吾从周⑤。"

[注释]①反哭之吊也，哀之至也：谓反哭时有宾客来吊唁，是孝子最悲哀的时候。　②反而亡焉，失之矣：谓从墓地返回来而亲人已经不在了，失去了。　③甚：谓悲痛之甚。　④殷既封而吊：封，音biǎn，"窆"的古字，谓下棺入葬。吊，谓宾客对主人进行吊唁。　⑤殷已悫，吾从周：已，过分。悫，音què，质朴少文。从，遵从。意思是，殷礼过于简质，我遵从周礼。

29. 葬于北方，北首，三代之达礼也①，之幽②之故也。

[注释]①"葬于"至"礼也"：北方，指都城的北方。达，通。意思是，人死了葬在都城的北方，头朝北，是夏商周三代的通礼。　②之幽：谓死者的灵魂要到幽暗的地方去。

30. 既封，主人赠，而祝宿虞尸①。

[注释]①"既封"至"虞尸"：主人，死者的嫡长子。赠，谓以币（玄纁束帛）送死者于墓圹。祝，为主人掌神事者。宿，通"速"，谓预招使来。虞，谓虞祭（参见《檀弓上第三》第46节注⑥）。虞祭应有尸（参见《曲礼上第一》第4节注①），故使祝预宿。这几句意思是，棺下入墓穴之后，主人向死者赠

送玄纁束帛的时候,祝先回去约请虞祭时充任尸的人。

31. 既反哭,主人与有司视虞牲①。有司以几、筵舍奠于墓左②,反,日中而虞。

[注释]①既反哭,主人与有司视虞牲:虞牲,谓将用于虞祭的牲。谓行过反哭礼之后,主人和他的属吏们就要视察牲。 ②以几、筵舍奠于墓左:几,是放在席上供神凭依用的。筵,即席。舍,释。奠,放置。墓左,墓道面向南,以东为左。按,孝子以为父母的形体安葬在此,那就是交托给地神了,所以要布置几、席,为地神设位,再放置祭品,祭祀地神,以保佑父母。至于虞祭之礼,则是返回殡宫举行的。故下文说:"反,日中而虞。"

32. 葬日虞①,弗忍一日离也。是月也,以虞易奠②。卒哭③曰:"成事④"。

[注释]①葬日虞:谓葬的当天就举行虞祭。 ②以虞易奠:谓用虞祭代替葬前的朝夕奠。按,殡棺期间要行朝夕哭礼,同时要设朝夕奠。葬后不再行朝夕哭礼,也就不设朝夕奠了,而代之以虞祭之礼。 ③卒哭:祭名,这是人死葬后的最后一次祭礼。进行卒哭祭的时间,在三虞之后(参见《檀弓上第三》第46节注⑥)。 ④成事:谓祭事到此已成。

33. 是日也,以吉祭易丧祭①,明日祔于祖、父②。其变而之吉祭也,比至于祔,必于是日也接,不忍一日末有所归也③。殷练而祔④,周卒哭而祔,孔子善殷⑤。

[注释]①以吉祭易丧祭:按,卒哭祭之前所行皆属丧礼,其祭亦属丧祭;自卒哭祭开始,以后所行皆属吉祭,亦即吉礼。 ②祔于祖、父:祔,卒哭祭第二天之祭名,即将死者的牌位(木主)附于宗庙,使之与其祖、父的神灵合而祭之。 ③"其变"至"归也":这几句意思是,丧祭变到吉祭,接着就进入

到祔祭,之所以一定要使祔祭与卒哭祭这一天相连接,是因为孝子不忍心亲人的神灵哪怕一天无所皈依。 ④练而祔:练,即小祥祭。谓练祭而后才进行祔祭。 ⑤孔子善殷:按,殷人在人死一周年练祭之后才把死者看作神而进行祔祭,更符合于人情,所以孔子善之(认为殷人的做法好)。

34.君临臣丧,以巫、祝桃、茢,执戈①,恶之也,所以异于生也②。丧有死之道③焉,先王之所难言④也。

[注释]①"君临"至"执戈":临,音 lìn,哭吊死者。桃,桃枝,据说是鬼所恶。茢,音 liè,苕帚,可扫除不祥。执戈,是为驱除凶邪之气。 ②恶之也,所以异于生也:恶之,是厌恶死人的凶邪之气。异于生,谓不同于对待臣下活着时的礼节。 ③死之道:谓恶死之道。道在此指人的思想感情。 ④难言:不忍心说出来。

35.丧之朝也①,顺死者之孝心也②。其哀离其室也,故至于祖考之庙而后行③。殷朝而殡于祖④,周朝而遂葬。

[注释]①朝:谓葬前迁柩于庙以行朝庙之礼(参见第3节注④)。②顺死者之孝心也:谓顺遂死者对其父、祖的孝顺之心。按,死者生前出远门,都要先到庙中去行告庙礼,以让父、祖之神知道自己要出门远行了;现在死而将出葬了,行朝庙礼,犹如生前之告庙礼,都是体现孝子对父、祖的孝心。③其哀离其室也,故至于祖考之庙而后行:祖考,祖,泛指祖父以上之祖;考指已故之父。这是解释行朝庙礼的另一原因,就是因为死者的神灵将离开他的家室而悲哀,因此必要到父、祖之庙去辞行而后上路。 ④殷朝而殡于祖:谓殷人行朝庙礼而后就将棺柩殡在祖庙中,这是与周礼不同的。

36.孔子谓"为明器①者,知丧道②矣,备物而不可用也。哀哉,死者而用生者之器③也! 不殆于用殉乎哉④? 其曰明器,神明之也⑤。涂车,刍灵⑥,自古有之,明器之道也⑦"。孔子谓"为刍灵者善",谓"为俑⑧者不仁,殆于用人⑨乎者"!

[注释]①明器:随葬的器物。 ②知丧道:懂得办丧事的道理。 ③死者而用生者之器:这是指用活人的实用器物随葬。 ④不殆于用殉乎哉:殆,几乎,差不多。用殉,指用人殉葬。 ⑤其曰明器,神明之也:这是解释为什么把随葬器物叫做明器,就是因为把死者当神明看待。 ⑥涂车,刍灵:涂,泥。刍,草。灵,泛指人、马等。谓泥做的车子,草扎的人、马。 ⑦明器之道:谓上述涂车、刍灵等就是制作明器的方法。 ⑧俑:泥塑或木雕的人形。 ⑨用人:义同"用殉"。

37. 穆公①问于子思曰:"为旧君反服,古与②?"子思曰:"古之君子进人③以礼,退人以礼,故有旧君反服之礼④也。今之君子进人若将加诸膝⑤,退人若将队⑥诸渊,毋为戎首,不亦善乎⑦? 又何反服之礼之有?"

[注释]①穆公:鲁国国君。 ②为旧君反服,古与:退休或因故而被罢官、被放逐之臣称以前之君为旧君。为旧君当服齐衰三月。这句意思是问,故臣返回来为旧君服丧是古礼吗? ③进人:谓进用人。下"退人"与此义相反。 ④旧君反服之礼:是指返回来为旧君服丧之礼。 ⑤今之君子进人若将加诸膝:谓对将进用之人宠爱异常,好像要把他抱在膝盖上似的。 ⑥队:坠落,后作"坠"。 ⑦毋为戎首,不亦善乎:戎首,为他国主兵来攻伐故国。意思是,被放逐之臣不带领别国的兵来攻打故国就算不错了。

38. 悼公之丧,季昭子问于孟敬子①曰:"为君何食②?"敬子曰:"食粥,天下之达礼③也。吾三臣者之不能居公室④也,四方莫不闻矣。勉而为瘠⑤,则吾能,毋乃使人疑夫不以情居瘠者乎哉⑥?我则食食⑦。"

[注释]①季昭子问于孟敬子:季昭子,孟敬子,皆鲁大夫。 ②何食:吃什么饭。 ③达礼:通礼。 ④吾三臣者之不能居公室:三臣,指孟孙氏、叔孙氏、季孙氏,此三臣强横,专国政,不把国君放在眼里。不能居公室,即不能安处于国君之朝,服从国君的领导。 ⑤勉而为瘠:勉,努力,勉强。为瘠,使自己变得瘦瘠。按,为国君或双亲服丧,只能吃稀饭,且不能吃饱,因此将使服丧者变得瘦瘠。 ⑥毋乃使人疑夫不以情居瘠者乎哉:毋乃,莫非、岂不。不以情瘠,不是出于真情服丧而瘦瘠。 ⑦我则食食:上"食",动词;下"食",名词,指饭食。意思是,我还是照常吃我的饭吧。

39. 卫司徒敬子①死,子夏吊焉,主人未小敛,绖而往②。子游吊焉,主人既小敛,子游出,绖,反哭③。子夏曰:"闻之也与④?"曰:"闻诸夫子,主人未改服,则不绖⑤。"

[注释]①司徒敬子:卫大夫。 ②主人未小敛,绖而往:谓丧家主人还没有为死者小敛,子夏就著绖前往。 ③主人既小敛,子游出,绖,反哭:这是说,等主人为死者小敛后,子游出来,著绖,再进去哭。 ④闻之也与:意思是,你听谁说过应该这样做呢。 ⑤主人未改服,则不绖:按,主人小敛后始著绖,包括首绖和腰绖,即所谓"改服"。主人尚未改变常服,吊唁的人就不得先于主人著绖。

40. 曾子曰:"晏子可谓知礼也已,恭敬之有焉①。"有若曰:"晏子一狐裘三十年,遣车一乘②,及墓而反。国君七个,遣车七乘③;大夫五个,遣车五乘。晏子焉知礼④?"曾子曰:"国无道,君子耻盈礼⑤焉。国奢,则示之以俭⑥;

国俭,则示之以礼。"

[注释]①恭敬之有焉:谓有恭敬的言行。　②遣车一乘:遣车,送葬用的车,车上载有出发前设遣奠用以祭死者的牲体,故名。这里意思是,送葬只用一辆遣车。　③国君七个,遣车七乘:这是说按照礼的规定,如果死者是国君,送葬的遣车上应载七包牲体(按,包是用苇编的,牲体是分解开的,遣车所载,是牲的下肢),遣车用七辆。下文义仿此。　④晏子焉知礼:按,这里实际是批评晏子过俭。　⑤盈礼:盈,满,充满。这里意思是——按礼数的规定去做而无所缺。　⑥国奢,则示之以俭:国人奢侈成风,就应当向国人显示节俭。下文义仿此。

41.国昭子①之母死,问于子张曰:"葬及墓男子、妇人安位②?"子张曰:"司徒敬子之丧,夫子相③,男子西乡,妇人东乡。"曰:"噫!毋④。"曰:"我丧也,斯沾⑤。尔专之⑥,宾为宾焉,主为主焉,妇人从男子皆西乡⑦。"

[注释]①国昭子:齐国大夫。　②葬及墓男子、妇人安位:葬及墓,谓送葬到了墓地。安位,位置怎么排列。　③夫子相:谓孔子相礼。相,类今司仪。　④毋:莫,不可。　⑤斯沾:斯,此。沾,薄。意思是,照这样排列于礼太薄。　⑥尔专之:意思是,这事专门由你负责。　⑦妇人从男子皆西乡:意思是,主家的妇女都随从其男人在墓道东边面朝西而立。

42.穆伯之丧,敬姜昼哭。文伯之丧,昼夜哭①。孔子曰:"知礼矣。"

[注释]①"穆伯"至"夜哭":穆伯,鲁大夫。敬姜,穆伯之妻。昼哭,只在白天哭。按,丧夫不夜哭,以避思情之嫌。文伯,穆伯之子。

43.文伯之丧,敬姜据其床而不哭,曰:"昔者吾有斯子也,吾以将为贤人也,吾未尝以就公室①。今及其死也,朋友诸臣未有出涕者,而内人②皆行哭失声。斯子也,必多旷于礼③矣夫。"

[注释]①吾未尝以就公室:未尝,不曾。公室,即公署,办公的地方。意思是,我不曾到他的公署去观察过他的言行。 ②内人:指妻妾们。③旷于礼:旷,废。对礼有所旷废,也就是失礼。

44. 季康子之母死,陈亵衣①。敬姜曰:"妇人不饰,不敢见舅姑②。将有四方之宾来,亵衣何为陈于斯?"命彻之。

[注释]①陈亵衣:亵衣,即下身穿的衣服。这是说陈敛衣时把下衣也陈列出来。 ②妇人不饰,不敢见舅姑:饰,谓梳妆打扮。舅姑,即公婆。

45. 有子与子游立,见孺子慕①者,有子谓子游曰:"予壹不知夫丧之踊也②,予欲去之久矣。情在于斯,其是也夫③?"子游曰:"礼有微情者④,有以故兴物者⑤。有直情而径行者,戎狄之道也⑥。礼道⑦则不然。人喜则斯陶⑧,陶斯咏⑨,咏斯犹⑩,犹斯舞,舞斯愠⑪,愠斯戚⑫,戚斯叹,叹斯辟⑬,辟斯踊⑭矣。品节斯⑮,斯之谓礼。人死,斯恶之矣⑯;无能也,斯倍之矣⑰。是故制绞、衾,设蒌、翣⑱,为使人勿恶也。始死,脯醢之奠⑲;将行,遣而行之⑳;既葬而食之㉑。未有见其飨之者也㉒,自上世以来未之有舍㉓也,为使人勿倍㉔也。故子之所刺㉕于礼者,亦非礼之訾㉖也。"

[注释]①慕:指小儿在父母后面追随父母而唯恐追不上的那种哭号声。 ②予壹不知夫丧之踊也:壹:犹独,单单。意思是,我单单不理解丧礼中为什么规定有踊的仪节。 ③情在于斯,其是也夫:意思是,孝子的哀情就表现在这小儿的哭号中,这不正是人的真情所在吗?这是有子从小儿的号哭,悟出了丧礼中有踊的仪节的道理。 ④礼有微情者:微,犹杀(音shài),减少。意思是,礼有使人的哀情得以节制减轻的。 ⑤有以故兴物者:物,谓衰、绖等丧饰。意思是,有故意设制衰绖等物品以使人睹物思哀的。 ⑥有直情而径者,戎狄之道也:"有"字乃涉上文而衍。直情而径行,直接宣泄出来而不加任何节制。戎狄,在此指野蛮人。意思是,至于听任哀情直接宣泄出来的,那是野蛮人的表达方式。 ⑦礼道:谓礼的表达方式。 ⑧陶:喜悦,快乐。这里是指喜悦之心鼓荡于内而欲发。 ⑨咏:歌咏。 ⑩犹:是"摇"字之误,谓身体摇动。 ⑪舞斯愠:愠,怒。意思是,舞蹈快乐到极点就会生出愠怒之情。 ⑫愠斯戚:戚,忧愁,悲伤。谓由愠怒而转变为哀戚。 ⑬辟:以手搥胸。 ⑭辟斯踊:意思是,搥胸仍不足以表达就会顿足跳跃而踊。 ⑮品节斯:品,等级。意思是,对人的哀乐之情区分轻重等级而加以节制。 ⑯人死,斯恶之矣:人一死,就遭人厌恶了。 ⑰无能也,斯倍之矣:倍,通"背"。谓人死而无能,就遭人背弃了。 ⑱制绞、衾,设蒌、翣:绞、衾,参见上篇第73节注②。蒌,通"柳",即柳车。柳车、翣,参见上篇第12节注④。 ⑲脯醢之奠:即设脯醢做奠祭物。 ⑳将行,遣而行之:行,谓出葬。意思是,将出葬,设遣奠而后出葬。 ㉑既葬而食之:食,谓虞祭。谓葬毕回来又设虞祭以向死者的神灵献食。 ㉒未有见其飨之者也:谓从没有人看见鬼神享用过这些祭品。 ㉓舍:谓舍弃这些礼仪。 ㉔勿倍:不要背弃死者。 ㉕刺:指对礼的批评。 ㉖訾:音cī,过失,弊病。

46.吴侵陈①,斩祀,杀厉②。师还出竟③,陈大宰嚭使于师④。夫差谓行人仪⑤曰:"是夫也多言,盍尝问焉⑥?师必有名,人之称斯师也者,则谓之何⑦?"大宰嚭曰:"古之侵伐者,不斩祀,不杀厉,不获二毛⑧。今斯师也,杀厉与⑨？其不谓之杀厉之师⑩与？"曰："反尔地,归尔子,则谓之何⑪？"曰："君王讨敝邑之罪,又矜⑫而赦之,师与,有无名乎⑬？"

[注释]①吴侵陈：在鲁哀公元年(前494年)。 ②斩祀,杀厉：斩,谓砍伐树木。祀,指祀祠。厉,在此指有疫病的人。谓砍伐祀祠的树木,杀死有疫病的人。 ③师还出竟：师还,谓军队回国。竟,谓陈国国境。 ④陈大宰嚭使于师：嚭,音 pǐ,人名,其姓不详,是陈国的太宰,其名同于吴国的太宰。师,指吴军。 ⑤夫差谓行人仪：夫差,吴王名。行人,官名。仪,人名,其姓亦不详。 ⑥是夫也多言,盍尝问焉：多言,犹能言,擅长言辞,指太宰嚭。盍,何不。尝,尝试。这两句意思是,此人很善于辞令,何不试问问他？ ⑦"师必"至"谓之何"：名,此指军队的称号、名号。斯,此。斯师,谓我们吴国这支军队。这几句意思是,军队一定都有个称号,人们对于我们这支军队,是怎么称呼的？ ⑧不获二毛：获,俘虏。二毛,头发黑白相杂,即头发花白的人,也就是老兵。 ⑨杀厉与：杀过有疫病的人吧。 ⑩杀厉之师：这是太宰嚭给吴军取的称号。 ⑪反尔地,归尔子,则谓之何：意思是,把攻取的土地归还给你们,把俘虏的臣民归还给你们,那将怎么称我们的军队呢？ ⑫矜：怜悯,同情。 ⑬师与,有无名乎：意思是,如果是这样的军队,又怎么会没个好名称呢？

47. 颜丁善①居丧,始死,皇皇焉②如有求而弗得；及殡,望望焉如有从而弗及③；既葬,慨焉如不及其反而息④。

[注释]①颜丁善：鲁人。 ②皇皇焉：皇,通"惶",彷徨不安貌。 ③望望焉如有从而弗及：望望,瞻望貌。意思是,望而又望如同追从亲人而达不到的样子。 ④慨焉如不及其反而息：慨,惆怅。意思是,心中失落怅惘如同再也盼不到亲人回家来歇息的样子。

48.子张问曰:"《书》云,高宗三年不言,言乃讙①,有诸?"仲尼曰:"胡为其不然也②?古者天子崩,王世子听于冢宰三年③。"

[注释]①"《书》云"至"乃讙":《书》,西汉以后称为《尚书》。高宗,殷王,名武丁。三年,指高宗居丧的时间(参见《丧服四制第四十九》第8节)。言,谓谈论国事。讙,通"欢",谓臣民都很喜欢。 ②胡为其不然也:胡,为什么。然,如此,这样。 ③王世子听于冢宰三年:世子,即太子。冢宰,相当于后来的宰相。按,古时候天子死,太子守丧,听凭冢宰摄政三年。

49.知悼子①卒,未葬,平公②饮酒,师旷、李调侍③,鼓钟。杜蒉④自外来,闻钟声,曰:"安在⑤?"曰:"在寝⑥!"杜蒉入寝,历阶⑦而升,酌⑧曰:"旷,饮斯!"又酌曰:"调,饮斯!"又酌,堂上北面坐饮之,降,趋而出。平公呼而进之曰:"蒉,曩者尔心或开予,是以不与尔言⑨。尔饮旷何也?"曰:"子卯不乐⑩。知悼子在堂⑪,斯其为子卯也,大⑫矣。旷也,大师也,不以诏⑬,是以饮之也。""尔饮调何也?"曰:"调也,君之亵臣⑭也,为一饮一食,亡君之疾⑮,是以饮之也。""尔饮何也?"曰:"蒉也,宰夫⑯也,非刀匕是共,又敢与知、防⑰,是以饮之也。"平公曰:"寡人亦有过焉,酌而饮寡人。"杜蒉洗而扬觯⑱。公谓侍者曰:"如我死,则必无废斯爵也⑲。"至于今,既毕献,斯扬觯,谓之"杜举"⑳。

[注释]①知悼子:即晋大夫荀盈,鲁昭公九年(前533年)卒。 ②平公:即晋侯彪。 ③师旷、李调侍:师旷,晋国乐师,以善于辨音著名。李调,平公的嬖臣(受宠幸的近臣)。侍,陪着平公饮酒。 ④杜蒉:蒉,音kuì。亦

作屠劊。晋臣,时任宰夫。 ⑤安在:这是问国君安在。 ⑥寝:指正寝。天子、诸侯的正寝又叫路寝,本是处理政事的地方。 ⑦历阶:参见《曲礼上第一》第19节注⑨。 ⑧酌:斟酒。 ⑨曩者尔心或开予,是以不与尔言:曩,音 nǎng,先前,刚才。开,启发。这句意思是,刚才我以为你或许想对我有所启发,因此没有同你说话。 ⑩子卯不乐:据说商纣王是在甲子日死的,夏桀是在乙卯日灭亡的,因此王者把子卯日称为"忌日",不在这两天作乐和办吉事,以示戒惧。 ⑪知悼子在堂:知悼子的棺柩殡在堂的西阶上。 ⑫大:严重。按,商纣和夏桀的死日即子卯日尚且忌讳,现在有棺柩在堂,这是更严重的子卯日,故曰"大矣"。 ⑬旷也,大师也,不以诏:大师,即太师,乐官之长。诏,告。这句意思是,师旷是太师,不把这个情况告诫君,因此罚他饮酒。 ⑭褻臣:即嬖臣。 ⑮为一饮一食,亡君之疾:亡,通"忘"。疾,过失,此处指晋平公违礼之失。这两句是批评李调为贪吃喝,而忘了规劝君的过失。 ⑯宰夫:太宰的属官,掌宾客饮食。 ⑰非刀匕是共,又敢与知、防:刀匕,都是饮食器具。共,通"供"。与,参与。知,在此是知而即谏的意思。防,防止。这两句意思是,我作为一个宰夫不供应好餐具饮食,又敢于越职参与知而即谏、以防放逸的事。 ⑱洗而扬觯:洗,谓洗觯,既为洁净,亦为恭敬。觯,饮酒器,古代的一种酒杯。扬,举起。 ⑲如我死,则必无废斯爵也:这是希望晋君永远以此为鉴戒。 ⑳至于今,既毕献,斯扬觯,谓之"杜举":这几句意思是,直到今天,晋国的燕礼,在献酒完毕之后,还要加上一个仪节,即还要特地向国君举起这个酒杯(觯),以体现鉴戒之义,而将此仪节称之为"杜举"。

50. 公叔文子①卒,其子戍请谥于君②,曰:"日月有时,将葬矣,请所以易其名者③。"君曰:"昔者卫国凶饥④,夫子为粥与国之饿者⑤,是不亦'惠'乎?昔者卫国有难,夫子以其死卫寡人⑥,不亦'贞'乎?夫子听⑦卫国之政,修其班制⑧,以与四邻交,卫国之社稷不辱,不亦'文'乎?故谓夫子'贞惠文子'。"

[注释]①公叔文子:卫大夫。 ②君:卫灵公。 ③请所以易其名者:谓请求赐给一个可以代替他的名字的称号(即谥号)。 ④凶饥:饥荒。 ⑤夫子为粥与国之饿者:夫子,对公叔文子的尊称。为粥,煮稀饭。与,给予。 ⑥昔者卫国有难,夫子以其死卫寡人:卫国有难,指鲁昭公二十年(前522年)卫大夫齐豹等作乱。以其死卫寡人,谓公叔文子用生命捍卫寡人。 ⑦听:治理。 ⑧班制:谓尊卑等差之制。

51. 石骀仲①卒,无適子,有庶子六人,卜所以为后者。曰②:"沐浴佩玉则兆③。"五人者皆沐浴佩玉。石祁子④曰:"孰有执亲之丧⑤,而沐浴佩玉者乎?"不沐浴佩玉。石祁子兆,卫人以龟为有知⑥也。

[注释]①石骀仲:卫大夫。骀,音 tái。 ②曰:这是卜人曰。 ③沐浴佩玉则兆:沐,洗头。浴,洗澡。兆,谓得吉兆。 ④石祁子:亦石骀仲的庶子。 ⑤执亲之丧:为亲人办丧事。 ⑥石祁子兆,卫人以龟为有知:这两句意思是,占卜的结果石祁子得了吉兆,卫人都认为龟甲有灵验。按,占卜是用龟甲进行的,故以为龟有知。

52. 陈子车①死于卫,其妻与其家大夫谋以殉葬②,定而后陈子亢③至,以告曰:"夫子④疾,莫养于下⑤,请以殉葬。"子亢曰:"以殉葬,非礼也。虽然,则彼疾当养者,孰若妻与宰⑥?得已⑦,则吾欲已;不得已,则吾欲以二子者之为之⑧也。"于是弗果用。

[注释]①陈子车:齐大夫。 ②与其家大夫谋以殉葬:家大夫,即下文所称之宰,家臣头子。以殉葬,谓用活人殉葬。 ③陈子亢:是陈子车的弟弟,孔子的学生。 ④夫子:对陈子车的尊称。 ⑤莫养于下:下,谓地下。这是说,如果陈子车死了,没有人在地下奉养他。 ⑥则彼疾当养者,孰若妻

与宰:意思是,应当奉养他的病体的,有谁比妻子和家宰更合适呢。 ⑦已:止,谓停止殉葬的打算。 ⑧以二子者之为之:用你们二位为他殉葬。即用陈子车之妻和家大夫殉葬。

53.子路曰:"伤哉,贫也!生无以为养①,死无以为礼②也。"孔子曰:"啜菽③,饮水,尽其欢④,斯之谓孝。敛手⑤、足、形,还⑥葬而无椁,称其财⑦,斯之谓礼。"

[注释]①无以为养:是指无钱赡养双亲。 ②无以为礼:是指无钱为亲人举行丧礼。 ③啜菽:啜,音 chuò,吃。菽,大豆。这里意思是煮豆吃。 ④尽其欢:谓能使双亲精神愉快。 ⑤手:通"首"。 ⑥还:通"旋",犹疾,很快地,也就是说不到过完规定的殡葬期。按,古代的士,死后当先殡三月而后葬。如果是庶民,当殡多长时间,则礼书无文。 ⑦称其财:谓做到和自家的财力相称。

54.卫献公出奔,反于卫①,及郊,将班邑于从者②而后入。柳庄③曰:"如皆守社稷,则孰执羁靮而从④?如皆从,则孰守社稷?君反其国而有私⑤也,毋乃不可乎。"弗果班。

[注释]①卫献公出奔,反于卫:奔,出走,逃亡。按,卫献公于鲁襄公十四年(前559年)奔齐,于鲁襄公二十六年(前547年)又返回到卫国。 ②班邑于从者:班,分,颁赐。邑,邑地。从者,跟从自己逃亡的人。 ③柳庄:卫国的太史。 ④如皆守社稷,则孰执羁靮而从:羁,马络头。靮,音 dí,马缰绳。意思是,如果臣子都留在国内守卫国家,那么谁为您牵马而跟从您呢? ⑤有私:谓偏私于跟从自己出奔的人。

55.卫有大史曰柳庄,寝疾。公曰:"若疾革,虽当祭必告①。"公再拜稽首,请于尸曰②:"有臣柳庄也者,非寡人之臣,社稷之臣也,闻之死,请往。"不释服而往,遂以襚之③,与之邑裘氏与县潘氏④,书而纳诸棺⑤,曰:"世世万子孙无变⑥"也。

[注释]①虽当祭必告:虽然是我正在祭祀的时候,也一定要向我报告。②公再拜稽首,请于尸曰:这是柳庄死了以后的事,此处文略。尸,这是指扮装祭祀对象的人(参见《曲礼上第一》注①)。这两句意思是,柳庄果然在卫君祭祀的时候死了,卫君行再拜稽首礼,向尸请求说(详下)。 ③不释服而往,遂以襚之:襚,音 suí,赠送死者的衣衾。意思是,卫君不脱去祭服就前往吊丧,于是就把祭服赠给柳庄。 ④裘氏与县潘氏:裘氏、县潘氏都是赐给柳庄的邑名。 ⑤书而纳诸棺:把赐邑的命令记录下来放进棺中。 ⑥世世万子孙无变:意思是世世相传、万代子孙也不变。

56. 陈干昔寝疾,属①其兄弟,而命其子尊己②曰:"如我死,则必大为我棺③,使吾二婢子夹我④。"陈干昔死,其子曰:"以殉葬,非礼也,况又同棺乎?"弗果杀⑤。

[注释]①属:犹合,聚。 ②尊己:陈干昔之子名。 ③大为我棺:谓为我做一口大棺材。 ④使吾二婢子夹我:即用其二婢殉葬,放置在自己尸体两边,把自己夹在中间。 ⑤弗果杀:意思是,结果没有杀两个妾。

57. 仲遂卒于垂①,壬午犹绎②,万入去籥③。仲尼曰:"非礼也。卿卒不绎④。"

[注释]①仲遂卒于垂:仲遂,鲁庄公之子。垂,齐地名。 ②壬午犹绎:按,壬午的前一天则为辛巳日。绎,祭名,头一天举行了宗庙祭祀,第二天接着又祭,就叫绎祭。现在是辛巳日祭过了,壬午日又祭,故曰"壬午犹绎"。③万入去籥:万,即万舞,这是文、武两种舞的总名。籥,文舞。舞以武舞为

重,文舞为轻。万入去籥,则独用武舞。按,武舞执干(盾牌),故又称干舞。文舞吹籥,故又称籥舞。籥,音 yuè,古代的一种管乐器。这句意思是,表演万舞的人进来后去掉其中的籥舞,这是表示比昨日之正祭稍有减杀。 ④卿卒不绎:卿死不得举行绎祭。

58.季康子之母死,公输若①方小。敛②,般请以机封③。将从之④,公肩假⑤曰:"不可。夫鲁有初⑥,公室视丰碑⑦,三家视桓楹⑧。般,尔以人之母尝巧,则岂不得以⑨?其母以尝巧者乎,则病者乎⑩?噫⑪!"弗果从。

[注释]①公输若:鲁人,当时任匠师(工匠头子),负责窆事(下棺于墓圹的事),但因年龄还小,尚不知礼。 ②敛:这里是指下棺而敛于圹(墓穴)。 ③般请以机封:般,谓公输般,即鲁班,他见公输若年幼,便请求代替他主持窆事而试用他发明的机巧。机,即机巧。封,即"窆"。 ④将从之:谓丧家主人将听从他的话。 ⑤公肩假:鲁人。 ⑥初:在此谓旧例。 ⑦公室视丰碑:公室,谓诸侯。视,比照。丰,大。丰碑,是用大木砍削而成,其形似碑,下棺时所用。按下棺时植碑于墓圹的前后和左右,碑上凿有孔,孔中安辘轳,辘轳上缠绳,绳的一端系棺,另一端由人反身背着,听击鼓声向后退行,这样逐渐将棺下入圹中。用丰碑下棺,是天子之礼。这句意思是,诸侯下棺比照天子所用的丰碑。 ⑧三家视桓楹:三家,谓鲁国的三家最有权势的贵族,即仲孙氏、叔孙氏、季孙氏。桓楹,亦下棺所用。桓,大。楹,柱。因其形不似碑而似大柱子,故名桓楹。 ⑨尔以人之母尝巧,则岂不得以:以,通"已",止,停止。这两句意思是,你用别人的母亲来试验你的机械,不这样做就不行吗? ⑩其母以尝巧者乎,则病者乎:病,在此是不好受的意思。这两句是说,难道不用别人的母亲试验你的机械,你就不好受吗? ⑪噫:感叹词,犹今言"嗨"。

59.战于郎①。公叔禺人遇负杖入保者②,息曰:"使之③虽病也,任之④虽重也,君子不能为谋也,士弗能死也⑤,不可。我则既言矣⑥。"与其邻重汪踦往⑦,皆死焉。鲁人欲勿殇重汪踦⑧,问于仲尼。仲尼曰:"能执干戈以卫社稷,虽欲勿殇也,不亦可乎⑨?"

[注释]①战于郎:郎,鲁国都附近的邑名。此事发生在鲁哀公十一年(前484年),齐伐鲁,与鲁战于郎。 ②公叔禺人遇负杖入保者:公叔禺人,鲁昭公之子。负,扛着。入保,入城避难以求自保。 ③使之:谓以徭役役使民众。 ④任之:谓加给民众赋税。 ⑤君子不能为谋也,士弗能死也:意思是,尽管赋役沉重,但君子(统治者)却不能为民众谋划,士也不能为民众而死。 ⑥我则既言矣:此处省略了下面的话,即我既然说了这样的话(指批评士不能为民众而死的话),那么我就要能这样做(即为民众而死)。 ⑦与其邻重汪踦往:重汪踦,"重"当作"童",下仿此;童,未冠者(即未满二十岁)之称,姓汪,名踦。往,谓奔赴敌军。 ⑧鲁人欲勿殇重汪踦:意思是,鲁人想要用成人之礼来为他治丧,而不把他当作殇者。按,为殇者治丧,礼轻于成人。 ⑨虽欲勿殇也,不亦可乎:虽,即使。谓即使不把他当作未成年的人来治丧,不也是可以的吗?这是孔子肯定了鲁人的想法。

60. 子路去①鲁,谓颜渊曰:"何以赠我?"曰:"吾闻之也,去国,则哭于墓而后行②。反其国不哭,展墓③而入。"谓子路曰:"何以处我④?"子路曰:"吾闻之也,过墓则式,过祀则下⑤。"

[注释]①去:离开。 ②哭于墓而后行:按,这是指非受君命而去国,则主于孝,故当哭于墓(自家父祖之墓);若受君命去国,则不得哭墓。 ③展墓:展,省视,察看。返国则只察看墓而不哭。 ④何以处我:这是颜渊问子路的话,意思是,有什么赠言可以使我安处鲁国吗?因为颜渊并不打算离开鲁国。 ⑤过墓则式,过祀则下:意思是,经过墓地就要行轼礼,经过神祠就要下车。按,在子路看来,敬则无处而不安,因此劝颜渊以敬。

61. 工尹商阳与陈弃疾追吴师①,及之②,陈弃疾谓工尹商阳曰:"王事也,子手弓而可③。"手弓。"子射诸。"射之,毙一人,韔④弓。又及,谓之,又毙二人。每毙一人,揜其目⑤。止其御⑥曰:"朝不坐,燕不与⑦,杀三人,亦足以反命⑧矣。"孔子曰:"杀人之中,又有礼⑨焉。"

[注释]①工尹商阳与陈弃疾追吴师:工尹,楚官名,即工正,掌百工及官营手工业。商阳,工尹之名。陈弃疾,即楚公子弃疾。追吴师(吴国军队),事在鲁昭公十二年(前522年)。 ②及之:追上了。 ③王事也,子手弓而可:谓这是君王的事业,您可以把弓拿在手里。意思是随时准备射杀敌人。 ④韔:音chàng,弓袋,在此作动词,把弓放进袋子里。 ⑤揜其目:揜,音yǎn,同"掩"。为死者合上眼睛。 ⑥止其御:御,驾车者。这是让驾车者停止追赶。 ⑦朝不坐,燕不与:朝不坐,是指不得参加在路寝中坐议国事。按,君臣在朝廷上议事,皆立而不坐。退下来后,国君往往会就议而未决之事,招其重臣入路寝议之,则有席可坐。燕,谓燕礼,是国君在政事之余,为增进与其臣下的亲密关系而举行的一种饮酒礼。与,参加。不与,谓不得参加燕礼。 ⑧反命:汇报,交差。 ⑨有礼:是说商阳射毕即韔弓,揜死者之目,不穷追败亡之敌,不以多杀为功,等等。

62. 诸侯伐秦,曹桓公卒于会①。诸侯请含,使之袭②。

[注释]①曹桓公卒于会:会,这是指诸侯为伐秦而盟会。曹桓公死于此会,事在鲁成公十三年(前578年)。 ②诸侯请含,使之袭:含,读去声,谓行含礼,即为死者口中含玉,与饭含有别,统言之,则亦可谓之饭含之礼。袭,为死者穿敛衣。按,为死者穿敛衣是下人的事,不是诸侯所当为,曹人又请诸侯为曹桓公袭,记者记此,是讥曹人不知礼。

63. 襄公朝于荆①,康王②卒,荆人曰:"必请袭③。"鲁人曰:"非礼也。"荆人强之。巫先拂柩,荆人悔之④。

[注释]①襄公朝于荆:襄公,鲁君。荆,即楚。按,荆是楚国的本号,鲁僖公元年(前659年)始称楚。鲁襄公朝楚在二十八年(前632年)。 ②康王:楚君,鲁朝楚适逢其卒。 ③必请袭:请襄公务必为康王的尸体穿衣。这是想侮辱鲁襄公。 ④巫先拂柩,荆人悔之:鲁襄公让巫人拿着桃枝先把棺柩拂了拂,结果楚人很后悔。按,以桃枝拂柩,是为拂除凶邪之气,属君临臣丧之礼,故楚人悔之。这是鲁人权变以雪耻。

64. 滕成公之丧①,使子叔敬叔②吊,进书③。子服惠伯为介④。及郊,为懿伯之忌,不入⑤。惠伯曰:"政也,不可以叔父之私,不将公事⑥。"遂入。

[注释]①滕成公之丧:滕成公,滕国国君,其丧在鲁昭公三年(前539年)。 ②子叔敬叔:鲁大夫。 ③进书:这是进递鲁君的吊唁书。 ④子服惠伯为介:子服惠伯,鲁大夫。介,副手,这是做子叔敬叔的副手。 ⑤为懿伯之忌,不入:懿伯,是敬叔的从祖父,惠伯的叔父。忌,谓忌日,即死日。这是说,到达滕国国郊那天,正是懿伯的忌日,因此敬叔想缓一天再进城。按,敬叔先曾结怨于子服惠伯(据说是敬叔杀死了懿伯),怕正当忌日进城不吉利,遭子服惠伯的暗算,故想缓一天进城。 ⑥政也,不可以叔父之私,不将公事:这是惠伯劝敬叔放心进城。政也,谓我们是奉君命而行国家政事。将,行。意思是,不可因为我对叔父的私情,而不行公事。言外之意是,我不会乘此机会进行报复。

65. 哀公使人吊蒉尚①,遇诸道②,辟于路③,画宫而受吊焉④。曾子曰:"蒉尚不如杞梁⑤之妻之知礼也。齐庄公袭莒于夺⑥,杞梁死焉。其妻迎其柩于路而哭之哀。庄公使人吊之,对曰:'君之臣不免于罪,则将肆诸市朝,而妻妾执⑦。君之臣免于罪,则有先人之敝庐在,君无所辱命⑧。'"

[注释]①哀公使人吊蒉尚:哀公,指鲁君。蒉尚,鲁臣,其父死,故哀公使人吊(慰问)之。 ②遇诸道:谓哀公的使者在路上遇见了蒉尚家的灵柩。③辟于路:辟,音 bì,扫除。谓蒉尚扫除道路。 ④画宫而受吊焉:谓就地画殡宫的形状而接受吊唁。 ⑤杞梁:即杞殖,齐大夫。 ⑥齐庄公袭莒于夺:事在鲁襄公二十三年(前550年)。莒,国名,在今山东莒县一带。夺,莒地名,一作"隧",或作"兑"。 ⑦"君之"至"妾执":肆,陈尸示众。市朝,参见上篇第53节注④。这几句意思是,君的臣(指杞梁)如果不能免罪,就将把他陈尸在市朝,而妻妾也当被捕。按,杞梁奉君命攻打夺地未能完成君命而身死,故曰有罪。 ⑧有先人之敝庐在,君无所辱命:先人之敝庐,先人留下的破房子,这是谦指自己的家宅。意思是,不可在路上吊唁,而应当到我家里去吊唁,这才符合礼,也使作为使者的您不玷辱君命。

66. 孺子䡡①之丧,哀公欲设拨②,问于有若。有若曰:"其可也,君之三臣犹设之③。"颜柳④曰:"天子龙辁而椁、帱⑤。诸侯辁而设帱⑥。为榆沈,故设拨⑦。三臣者废辁而设拨,窃礼之不中者也,而君何学焉⑧!"

[注释]①䡡:音 tūn,鲁哀公的小儿子。 ②拨:即绋,拉柩车的大绳,设之于辁车(载柩车,参见上篇116节注①)。 ③其可也,君之三臣犹设之:三臣,指孟孙氏、叔孙氏、季孙氏(参见第38节注④)。这两句意思是,这是可以的,君的三个臣子还设拨呢。 ④颜柳:即孔子的学生颜辛,字子柳。⑤天子龙辁而椁、帱:参见上篇第116节注①、②。帱,音 dào,覆,谓覆盖于棺椁上,即上篇第116节所谓"加斧于椁上"。意思是,天子载柩用龙辁,其殡封涂而堆积树枝于上以为椁,再覆盖棺衣。 ⑥诸侯辁而设帱:意思是,诸侯载柩用辁车而覆盖棺衣。 ⑦为榆沈,故设拨:沈,汁。按,辁车载柩,十分笨

重,为减少地表阻力,故用榆树皮泡汁给地面加滑。设拨则可由人拉着以控制辒车滑行的快慢和方向。 ⑧"三臣"至"学焉":意思是,现在三臣已经不用辒车了,而仍然设拨,这是盗用天子、诸侯之礼而又不中用,君何必学他们呢。

67.悼公①之母死,哀公为之齐衰。有若曰:"为妾齐衰,礼与②?"公曰:"吾得已乎哉?鲁人以妻我③。"

[注释]①悼公:鲁哀公之子,名宁,当时尚未为鲁君。 ②为妾齐衰,礼与:按,依礼,天子、诸侯于妾无服(即不服丧),故有若讥之曰"礼与"(这符合礼吗)。 ③吾得已乎哉?鲁人以妻我:意思是,我不为她服齐衰能行吗?鲁人都以为她就是我的妻呢。按,悼公之母是妾,因哀公夫人已死,又宠爱其妾,视同夫人,故鲁人皆以为该妾就是哀公之妻。实际这是哀公违礼而又为己文过之言。

68.季子皋①葬其妻,犯人之禾②,申祥以告③,曰:"请庚④之。"子皋曰:"孟氏⑤不以是罪予,朋友不以是弃予,以吾为邑长于斯也,买道而葬,后难继也⑥。"

[注释]①季子皋:即孔子弟子高柴。 ②犯人之禾:是说柩车碾坏了别人的庄稼。 ③申祥以告:申祥,参见上篇第32节注①、②。以告,是告诉申祥。 ④庚:赔偿,偿还。 ⑤孟氏:即鲁三臣之一的孟孙氏,当时子皋做他的邑宰。 ⑥买道而葬,后难继也:按,子皋的意思,如果赔偿他,就等于掏钱买道而出葬,恐怕后人也难继续这样做。又按,子皋之意,盖以赔偿之事小,而买道之害大,我为邑宰,尚且要买道,后来的一般人也就不敢不买道而葬,因此不敢开此先例。

69.仕而未有禄①者,君有馈②焉曰"献",使焉曰"寡君"③。违而君薨,弗为服也④。

[注释]①仕而未有禄:谓初任公职而还没有确定俸禄。 ②君有馈:是说对国君有所馈赠。 ③使焉曰"寡君":谓出使异国称己君为"寡君"。 ④违而君薨,弗为服也:违,离开,这里意思是离职。意思是,如果离职而国君死了,就不为国君服丧。

70. 虞而立尸①,有几、筵。卒哭而讳②,生事毕而鬼事始已③。既卒哭,宰夫执木铎以命于宫④曰:"舍故而讳新⑤。"自寝门至于库门⑥。

[注释]①虞而立尸:谓举行虞祭要立尸(参见第30节注②)。 ②卒哭而讳:卒哭,谓卒哭祭(参见第32节注③)。讳,谓讳说死者之名字。 ③生事毕而鬼事始已:意思是,把死者当活人一样侍奉已经结束,而开始当作鬼神来敬奉。按,卒哭祭之前,还是把死者像其生前一样来侍奉的,因为孝子不忍心把亲人看作已经死了。 ④宰夫执木铎以命于宫:宰夫,官名,其主要职责是掌管对官吏的考核以及有关戒令。木铎,一种木舌的铃,摇动木铎可以警众,引起大家的注意。 ⑤舍故而讳新:按,中国古代宗法制度,有所谓毁庙、迁庙之制。诸侯五庙,即祢(父)庙、祖庙、曾祖庙、高祖庙、太祖(即始封君)庙。太祖庙不毁;高祖以下的四庙,即所谓四亲庙,若有新死者加入,原来的高祖庙就当毁而迁其牌位于太祖庙,原来的曾祖则依次升居高祖之位,而新死者则居祢庙,这样就可始终保持五庙之制。活着的人只避其四亲庙父祖之名讳,而对庙已毁迁之祖,则不再避讳其名。因此这里的意思是,取消旧的名讳,而开始避新的名讳。 ⑥自寝门至于库门:按王宫有五门,一曰皋门,二曰库门,三曰雉门,四曰应门,五曰路门。路门即寝门。

71. 二名不偏讳①。夫子之母名征在,言"在"不称"征",言"征"不称"在"。

[注释]①二名不偏讳:偏,当作"徧","徧"是"遍"的古字。意思是,如果是双字名,这两个字可以不同时都避讳(参见《曲礼上第一》第 56 节注③)。

72. 军有忧①,则素服哭②于库门之外,赴车不载櫜鞬③。

[注释]①军有忧:谓军队打了败仗。 ②素服哭:素服,谓服缟冠,即戴白色的冠。哭,谓君率其群臣而哭。按这是以丧礼处之。 ③赴车不载櫜鞬:赴车,回来报告战败消息的车。櫜,音 gāo,盛甲衣的袋子。鞬,弓袋。这句意思是,赴车上所载的甲衣不装入櫜中,所载的弓不装入鞬中,以示将再用,有仇必报。

73. 有焚其先人之室①,则三日哭②。故曰"新宫火",亦"三日哭"③。

[注释]①先人之室:谓宗庙。 ②三日哭:哭上三天。 ③"故曰"至"日哭":新宫火,事在鲁成公三年(前 588 年)。新宫是鲁宣公的庙,因神主初入,故曰"新宫"。"新宫火"和下面的"三日哭",都是《春秋》上记载的话。

74. 孔子过泰山侧,有妇人哭于墓者而哀。夫子式①而听之,使子路问之曰:"子之哭也,壹②似重有忧者。"而曰:"然。昔者吾舅死于虎,吾夫又死焉,今吾子又死焉。"夫子曰:"何为不去也?"曰:"无苛政③。"夫子曰:"小子识之,苛政猛于虎也。"

[注释]①式:谓手抚车轼。 ②壹:的确,实在。 ③苛政:苛暴的政令。

75. 鲁人有周丰也者，哀公执挚①请见之，而曰"不可"②。公曰："我其已夫③。"使人问焉曰："有虞氏未施信于民④而民信之，夏后氏未施敬于民⑤而民敬之，何施而得斯于民⑥也？"对曰："墟墓之间⑦，未施哀于民而民哀；社稷、宗庙之中，未施敬于民而民敬。殷人作誓而民始畔⑧，周人作会而民始疑⑨。苟无礼义忠信诚悫之心以莅之⑩，虽固结之⑪，民其不解⑫乎？"

[注释]①挚：见面礼。 ②不可：在此是"不敢当"的意思，也就是不敢当国君拿着见面礼来请见。 ③我其已夫：已，停止。意思是，那我就不勉强他了。 ④未施信于民：没有采取措施使民众信任他。 ⑤未施敬于民：没有采取措施使民众尊敬他。 ⑥何施而得斯于民：何施，用什么办法。斯，指代上文得信、得敬于民。 ⑦墟墓之间：在废墟和墓地之间。 ⑧殷人作誓而民始畔：誓，谓誓词、誓言。按，殷人作誓词，而自身不行，故至殷末而民叛之。 ⑨周人作会而民始疑：会，谓盟会。按，周到春秋时期，诸侯经常盟会，凡盟会都要订立条约甚至歃血而盟，用以结信，故民众怀疑他们已无诚信，才需要盟会以取信。 ⑩苟无礼义忠信诚悫之心以莅之：悫，音 què，也是诚的意思。莅之，"之"代民众，谓对待民众。 ⑪固结之：固，强固。此谓强行与民众交结。 ⑫解：散，离散。

76. 丧不虑居①，毁不危身②。丧不虑居，为无庙③也。毁不危身，为无后也④。

[注释]①不虑居：不考虑居住的安适与否。 ②毁不危身：毁，谓毁瘠，即因哀痛和不能正常饮食而使身体消瘦憔悴。不危身，不危及自己的生命。 ③无庙：是说死者的神灵尚未归附宗庙，犹如活着的人无居处，因此孝子不敢、也不忍心贪图居住之安适。 ④毁不危身，为无后也：按，如果危身，就将使父祖失去后继人。

77. 延陵季子适齐①,于其反也,其长子死,葬于嬴、博②之间。孔子曰:"延陵季子,吴之习于礼者也。"往而观其葬焉。其坎深不至于泉,其敛以时服,既葬而封③,广轮揜坎④,其高可隐⑤也。既封,左袒⑥,右还⑦其封,且号者三⑧,曰:"骨肉归复于土,命也!若魂气⑨则无不之也,无不之也。"而遂行。孔子曰:"延陵季子之于礼也,其合矣乎⑩!"

[注释]①延陵季子适齐:延陵季子,即吴公子季扎。适齐,到齐国去。按,《左传》载鲁昭公二十七年(前515年),延陵季子聘于上国,即适齐之事。 ②嬴、博:皆齐地名。 ③封:封土起坟。 ④广轮揜坎:广,坟宽。轮,坟长。揜坎,正好掩住墓穴。 ⑤其高可隐:隐,音yǐn,据。谓人蹲下来手可据(按着)坟顶,大约四尺高。 ⑥左袒:袒露左肩臂。 ⑦右还:向右绕坟转圈。 ⑧且号者三:且,连词,犹今所谓"一边……一边"。谓一边绕坟转圈,一边哭喊,共哭喊了三声。 ⑨魂气:灵魂精气。 ⑩合矣乎:很符合啊。

78. 邾娄考公①之丧,徐君使容居来吊、含②。曰:"寡君使容居坐含,进侯玉③,其使容居以含。"有司曰:"诸侯之来辱敝邑④者,易则易,于则于⑤。易、于杂者⑥,未之有也。"容居对曰:"容居闻之:'事君不敢忘其君,亦不敢遗其祖。'昔我先君驹王⑦,西讨济于河⑧,无所不用斯言也⑨。容居鲁人也,不敢忘其祖。"

[注释]①邾娄考公:邾娄,即邾国,参见上篇第20节注①。考公,"考"是"定"字之误,下第82节即作"邾娄定公"。 ②徐君使容居来吊、含:徐君,徐国国君。按,徐是嬴姓国,周初徐戎所建,在今江苏泗洪南。容居,徐臣。含,音hàn,谓行含礼。 ③寡君使容居坐含,进侯玉:坐含,即坐在死者床边为死者行含礼。进侯玉,即把用于行含礼的玉进献给丧家主人。按,行

含礼不可使比死者地位低贱的人,君死就当由君亲往行含礼,只不过使大夫致辞,并把含玉授给丧家主人。 ④来辱敝邑:谦辞,犹言屈尊来到敝国。 ⑤易则易,于则于:易,谓臣礼;于,谓君礼。意思是,该行臣礼的就行臣礼,该行君礼的就行君礼。 ⑥易、于杂者:谓君礼、臣礼不分的。 ⑦昔我先君驹王:按,驹王是徐先君的僭号,容居即其子孙。 ⑧西讨济于河:济,渡过。河,黄河。按,这是容居自夸其国之广大,久已行王者之礼。 ⑨无所不用斯言:意思是,所到之处没有不用这种口气说话的。按,此节所记,一讥徐之失礼和僭越,二讥邾人不能正礼。

79. 子思之母死于卫①,赴于子思。子思哭于庙②。门人③至曰:"庶氏④之母死,何为哭于孔氏之庙乎?"子思曰:"吾过矣!吾过矣!"遂哭于他室⑤。

[注释]①子思之母死于卫:按,子思之父伯鱼死后,母亲改嫁到了卫国,故死于卫。 ②哭于庙:谓哭于孔氏的宗庙。 ③门人:子思的弟子。 ④庶氏:是子思之母的后夫家的姓氏。 ⑤他室:别的房间。

80. 天子崩,三日,祝先服①;五日,官长服;七日,国中男女服②;三月,天下服③。虞人致百祀之木④,可以为棺椁者斩之⑤。不至者,废其祀,刎其人⑥。

[注释]①祝先服:祝,天子的祝官。服,此谓服杖,即拄杖。下"官长服"义同。按,祝在丧礼上主含礼和穿敛衣,很劳累,故先病(身体先受不了),故最先服杖。 ②国中男女服:国中,指王畿内,古代王都所领辖的千里地面,所谓王畿千里。服,此谓服齐衰三月之丧。 ③天下服:谓诸侯之大夫们为王服,所服为繐衰(一种细而疏的布做的丧服)。 ④虞人致百祀之木:虞人,掌山泽之官。百祀,即百年。 ⑤可以为棺椁者斩之:斩,砍伐。谓从百年老树中选择适宜制造棺椁的砍伐之。 ⑥不至者,废其祀,刎其人:不至,是指不能如期将木材送到。废其祀,是指把该虞人所掌管之山的神祀废

掉。刎其人,杀死这个虞人。

81. 齐大饥,黔敖为食于路①,以待饿者而食之。有饿者,蒙袂,辑屦,贸贸然来②。敖左奉食,右执饮,曰:"嗟③,来食!"扬其目而视之,曰:"予唯不食'嗟,来'之食④,以至于斯也。"从而谢⑤焉。终不食而死。曾子闻之,曰:"微与。其'嗟'也可去,其谢也可食⑥。"

[注释]①黔敖为食于路:黔敖做了食物放在路边。 ②蒙袂,辑屦,贸贸然来:蒙袂,袂是衣袖,用衣袖遮着脸。辑屦,辑是说因身体困惫而拖拉着鞋子,屦即鞋。贸贸然,垂头丧气的样子。 ③嗟:招呼声,犹今言"喂"。 ④予唯不食"嗟,来"之食,以至于斯也:意思是,我就是因为不吃由别人呼"喂,来吃"的食物,才变成这个样子的。 ⑤谢:在此是道歉的意思,谓黔敖向这个饿者道歉。 ⑥"微与"至"可食":微,犹无。无与,止之之辞。这几句意思是,不必这样嘛。他呼"喂"时可以离去,他既然道歉了,就可以吃了。

82. 邾娄定公之时,有弑其父者,有司以告,公瞿然失席①,曰:"是寡人之罪也。"曰:"寡人尝学断斯狱②矣。臣弑君,凡在官者,杀无赦。子弑父,凡在宫③者,杀无赦。杀其人,坏其室④,洿其宫而豬焉⑤。盖君逾月而后举爵⑥。"

[注释]①瞿然失席:瞿,音 jù。瞿然,惊怪貌。失席,谓因惊讶身体顷侧而离开了坐席。按,古人皆席地而坐。 ②断斯狱:审断这类案子。 ③在宫:宫即家,谓在家。 ④坏其室:拆毁他家的房子。 ⑤洿其宫而豬焉:洿,音 wū,指低洼蓄水处,这里用作动词,谓把他家的宅基挖成坑。豬,同"潴",水停聚。这句意思是,把他的宅地挖成坑而蓄满水。 ⑥盖君逾月而后举爵:意思是,国君大概要过一个月才举杯饮酒。

83.晋献文子①成室,晋大夫发②焉。张老③曰:"美哉,轮④焉!美哉,奂⑤焉!歌于斯,哭于斯,聚国、族于斯⑥。"文子曰:"武也,得歌于斯,哭于斯,聚国族于斯,是全要领以从先大夫于九京⑦也。"北面再拜稽首。君子谓之善颂、善祷⑧。

[注释]①晋献文子:即晋卿赵武,献文是其谥号。 ②发:谓发言赞颂。 ③张老:晋大夫。按,下面记张老的话,是讽新宅之奢。 ④轮:谓高大。 ⑤奂:谓众多。 ⑥歌于斯,哭于斯,聚国、族于斯:意思是,可以在这里奏乐举行祭祀,可以在这里哭泣举行丧礼,可以在这里聚集国宾、族人举行宴会。 ⑦全要领以从先大夫于九京:要,"腰"的古字。领,颈。先大夫,赵武的祖先。九京,"京"当作"原",晋国卿大夫的墓地在九原。意思是,这说明我可以不受刑戮而死,到九原追从先大夫们了。 ⑧君子谓之善颂、善祷:意思是,君子称他俩一个善于讽颂,一个善于祝祷。

84.仲尼之畜狗死,使子贡埋之,曰:"吾闻之也,敝帷不弃,为埋马也①;敝盖不弃,为埋狗也②。丘也贫,无盖,于其封③也,亦予之席,毋使其首陷焉④。"路马死,埋之以帷⑤。

[注释]①敝帷不弃,为埋马也:意思是,破旧的帷帐不抛弃,为的是可以用来埋马。 ②敝盖不弃,为埋狗也:盖,指撑在车上的布制的伞盖。意思是,破旧的伞盖不抛弃,为的是可以用来埋狗。 ③封:谓将狗埋入坑穴。 ④毋使其首陷焉:意思是,不要使狗的头直接陷在泥土中。 ⑤路马死,埋之以帷:这两句是作记者因孔子的事而并记埋路马之法。

85.季孙之母死,哀公吊焉。曾子与子贡吊焉,阍人为君在,弗内①也。曾子与子贡入于其厩而修容焉②。子贡先入,阍人曰:"乡者已告矣③。"曾子后入,阍人辟④之,涉内霤⑤,卿大夫皆辟位,公降一等而揖⑥之。君子言之曰:"尽饰之道,斯其行者远矣⑦。"

[注释]①阍人为君在,弗内:阍人,守门人。内,音 nà,"纳"的古字。②入于其厩而修容焉:厩,季氏家的马厩。修容,修整容貌。 ③乡者已告矣:意思是,刚才已经替您通报过了。 ④辟:"避"的本字,谓阍人为他避(让开)路。 ⑤涉内霤:涉,进入。霤,屋檐流水处。 ⑥揖:拱手为礼,谓揖请二人就位。 ⑦尽饰之道,斯其行者远矣:意思是,人应当尽力修整仪容的道理,一定可以流传得很久远。

86. 阳门之介夫①死,司城子罕②入而哭之哀。晋人之觇宋者③,反报于晋侯曰:"阳门之介夫死,而子罕哭之哀,而民说,殆不可伐也。"孔子闻之曰:"善哉,觇国乎④!《诗》云:'凡民有丧,扶服救之⑤。'虽微晋而已,天下其孰能当之⑥?"

[注释]①阳门之介夫:阳门,宋国国都的城门名。介,铠甲。介夫,一名穿甲衣的卫士。 ②司城子罕:司城,官名,掌城郭营建。子罕,即乐喜,宋戴公的后人。 ③晋人之觇宋者:觇,音 chān,窥视、侦察。按,晋欲伐宋,故派人前来窥探宋国的国情。 ④善哉,觇国乎:这是赞扬这个晋国派出的觇国者。意思是,干得真不错啊,这个窥别国情报的人。 ⑤凡民有丧,扶服救之:这两句诗引自《诗经·邶风·谷风》,意思是,别人家有凶祸的事,我都尽力去救助。 ⑥虽微晋而已,天下其孰能当之:微,犹非。意思是,即使不是晋国,天下又将有哪个国家能进攻宋国呢。

87. 鲁庄公之丧,既葬,而绖不入库门①;士大夫既卒哭,麻不入②。

[注释]①"鲁庄"至"库门":按,鲁庄公在位三十二年而死,太子般立而被弑,时年仅八岁的闵公被立而为丧主,又有庆父作乱,因此闵公不敢按常礼居丧,既葬即除凶服而穿吉服(国君日常穿的服装)入朝,以正定君臣之位,所以"绖不入库门",也就是不入朝的意思。又按,诸侯之朝三门,库门即第一道门。　②士大夫既卒哭,麻不入:麻,犹绖。这句意思是,群臣也就跟着提前除服,卒哭之后,就"麻不入(库门)"了。

88. 孔子之故人曰原壤,其母死,夫子助之沐椁①。原壤登木②曰:"久矣,予之不托于音③也。"歌曰:"狸首之班然,执女手之卷然④。"夫子为弗闻⑤也者而过之。从者曰:"子未可以已乎⑥?"夫子曰:"丘闻之:'亲者毋失其为亲也,故者毋失其为故也⑦。'"

[注释]①沐椁:沐,整治。谓修整棺椁。　②木:此谓椁木。　③托于音:用歌声来寄托感情。　④狸首之班然,执女手之卷然:狸,野猫,有数种,大小似狐,毛杂黄黑,有斑。班,通"斑"。卷,通"婘",美好貌。意思是,野猫头上的花纹斑斓,握着你的手呵,你的手多么好看。　⑤为弗闻:装作没听见。　⑥子未可以已乎:已,绝交。这里意思是,您不可以和他绝交吗?按,原壤母丧而歌,非礼之甚,故孔子之从者劝其与之绝交。　⑦"亲者"至"故也":这两句意思是,是亲人不要丧失亲缘关系,是老朋友不要丧失朋友关系。

89. 赵文子与叔誉①观乎九原。文子曰:"死者如可作也,吾谁与归②?"叔誉曰:"其阳处父③乎?"文子曰:"行并植于晋国,不没其身④,其知不足称⑤也。""其舅犯⑥乎?"文子曰:"见利不顾其君,其仁不足称也⑦。我则随武子⑧乎。利其君,不忘其身;谋其身,不遗其友⑨。"晋人谓文子知人。文子其中退然如不胜衣⑩,其言呐呐然⑪如不出其口,所举于晋国⑫,管库之士⑬七十有余家。生不交利,死不属其子焉⑭。

[注释]①赵文子与叔誉:赵文子,晋大夫,名武。叔誉,即叔向,晋大夫。 ②死者如可作也,吾谁与归:作,起,此谓活起来,活过来。谁与归,跟谁一路回去。 ③阳处父:晋襄公的太傅。 ④行并植于晋国,不没其身:并,谓兼揽众权。植,犹独立。没,终、死。这两句意思是,阳处父在晋国专权独断,不能使自身善终。按,阳处父后来被晋大夫狐射姑所杀。 ⑤其知不足称:他的智慧不值得称道。 ⑥舅犯:即狐偃,字子犯,参见第14节注⑦。 ⑦见利不顾其君,其仁不足称也:按,狐偃跟从重耳(后来的晋文公)在外流亡十九年,本当辅佐重耳回国重振晋国,但在回国途中渡河时,却向重耳请辞,其实是为他以后获高爵重禄,而以请辞预为要挟,因此说他见利不顾其君,缺乏仁心,故曰"其仁不足称"。 ⑧武子:即士会,晋大夫。 ⑨"利其"至"其友":这几句意思是,他为国君谋利,而又不忘记自身;为自身谋利,又能不遗弃他的朋友。这是赵文子说明他愿意同武子一路回去的理由。 ⑩其中退然如不胜衣:中,谓身体。退,柔和貌。如不胜衣,好像连衣服也承受不了。 ⑪呐呐然:说话迟钝貌。 ⑫所举于晋国:谓所荐举给晋国的人才。 ⑬管库之士:泛指低级小吏。 ⑭生不交利,死不属其子焉:意思是,他活着的时候不以利与人相交往,死了也不把自己的儿子托付给受过自己恩惠的人。

90. 叔仲皮学子柳①。叔仲皮死,其妻鲁人②也,衣衰而缪绖③。仲叔衍以告④,请繐衰而环绖⑤,曰:"昔者吾丧姑、姊妹,亦如斯,末吾禁也⑥。"退而使其妻繐衰而环绖⑦。

[注释]①叔仲皮学子柳:叔仲皮,鲁国叔孙氏的族人。学,音 xiào,教,谓教子柳学礼。然而子柳却终不知礼,见下文。 ②鲁人:鲁钝的人,这里是老实人的意思。 ③衣衰而缪绖:衣,是"齐"字之误。缪,当为"樛";樛,音 jiū,意为结。樛绖,就是用麻纠缠而做成的绖。这是说,其妻为她的公公服齐

衰丧而著縿绖,这本是符合礼的。 ④叔仲衍以告:叔仲衍,叔仲皮之弟,子柳之叔。告,谓告诉子柳。 ⑤繐衰而环绖:繐衰,是一种介乎大功与小功之间的丧服,其服细而稀疏。环绖,谓麻缠结如环,加之于首。这是仲叔衍请子柳让他的妻子服这样的丧服。 ⑥末吾禁也:意思是,没有人禁止我,也就是没有人认为我这样服丧不对。 ⑦退而使其妻繐衰而环绖:这是说子柳退下来后就让他的妻子服繐衰而加环绖。按,此节是讽刺子柳不知礼,还不如他的鲁钝的妻子懂礼。

91. 成人有其兄死而不为衰者①,闻子皋将为成宰,遂为衰。成人曰:"蚕则绩而蟹有匡,范则冠而蝉有绫。兄则死而子皋为之衰②。"

[注释]①成人有其兄死而不为衰者:成,孟孙氏的邑名。不为衰,即不为之服丧。 ②"蚕则"至"之衰":这几句是成邑的人用来讥笑那个兄死而"不为衰者"的歌谣。绩,指蚕绩丝作茧。匡,是"筐"的古字,指蟹壳,蟹壳似筐,故云"蟹有匡"。蚕茧须用筐装,但蟹的筐却不装蚕茧而自装,是蟹之筐不为蚕而生,犹如那个成人非为其兄而服丧。范,蜂。蝉,知了。绫,冠下的缨饰(参见上篇第11节注②)。这是说蜂之冠需要有绫饰,而蝉口下的绫饰却并非为蜂而长。这几句意思是,蚕儿作茧需用筐,蟹筐不为蚕茧长;蜂儿戴冠需绫饰,绫饰长在蝉口上。那个死了哥哥的人,因为子皋才服丧。

92. 乐正子春①之母死,五日而不食,曰:"吾悔之②,自吾母而不得吾情,吾恶乎用吾情③?"

[注释]①乐正子春:参见上篇第18节注②。 ②吾悔之:这是乐正子春后悔自己不该勉强五日不食。按照丧礼,只需三日不食,而乐正子春过礼二日,却非出于真情,故对自己的做法表示后悔。 ③"自吾"至"吾情":意思是,连我的母亲都得不到我的真情,我还在哪里用我的真情呢?这是说明他自悔的原因。

93.岁旱,穆公召县子①而问然,曰:"天久不雨,吾欲暴尪而奚若②?"曰:"天久不雨,而暴人之疾子,虐,毋乃不可与。""然则吾欲暴巫③而奚若?"曰:"天则不雨,而望之愚妇人,于以求之,毋乃已疏④乎?""徙市⑤则奚若?"曰:"天子崩,巷市⑥七日;诸侯薨,巷市三日。为之徙市,不亦可乎?"

[注释]①县子:即县子琐(参见上篇第79节注②)。 ②吾欲暴尪而奚若:暴,在太阳底下晒。尪,音 wāng,一种仰面朝天的疾病。按,这种病人因仰面朝天,其状如求雨然,故想通过暴尪以求雨。奚若,犹奚如,何如,怎样。 ③巫:以接鬼神、替人祈祷为职业的人。女曰巫,男曰觋(音 xí)。 ④已疏:太迂阔。 ⑤徙市:徙,迁,实即罢市。按,徙市本是庶人的丧礼,今徙市是为忧戚于旱而若丧。 ⑥巷市:既言徙市,又言巷市,是说徙交易场所于巷。按,国人因有大丧,忧戚罢市,而日用所需又不可缺,因此徙市于巷。

94.孔子曰:"卫人之祔①也,离之②。鲁人之祔也,合之,善夫③!"

[注释]①祔:谓祔庙祭(参见第33节注②)。 ②离之:谓将新死者的神主祔于宗庙时,按照昭穆制度,同其祖的神主放在同一个祏(音 shí,宗庙中藏神主的石盒)中,但当中要用物隔开,故曰"离之"。下文"合之",则谓不隔开。 ③善夫:鲁人的做法好啊!

王 制 第 五

1.王者之制禄爵,公、侯、伯、子、男,凡五等。诸侯之上大夫卿、下大夫①、上士、中士、下士,凡五等。

[注释]①上大夫卿、下大夫:诸侯的大夫分为二等,即上大夫和下大夫。上大夫就是卿。

2.天子之田方千里,公侯方百里,伯七十里,子男五十里。不能五十里者,不合于天子①,附于诸侯②,曰附庸。天子之三公之田视③公侯,天子之卿视伯,天子之大夫视子男,天子之元士④视附庸。

[注释]①不能五十里者,不合于天子:不能,即不足、不到。不合于天子,谓不参加朝会天子。 ②附于诸侯:谓附属于其附近的诸侯,如有事,则通过诸侯上达于天子。 ③视:比照。下同。 ④元士:按,士分三等,即上士、中士、下士。元士即上士。

3.制农田百亩①。百亩之分②,上农夫食③九人,其次食八人,其次食七人,其次食六人,下农夫食五人。庶人在官者④,其禄以是为差⑤也。诸侯之下士视上农夫,禄足以代其耕⑥也。中士倍下士⑦,上士倍中士,下大夫倍上士,卿四大夫禄,君十卿禄。次国之卿三大夫禄,君十卿禄。小国之卿倍大夫禄,君十卿禄。

[注释]①制农田百亩:意思是,制度规定一个农夫受田百亩。 ②百亩之分:谓百亩土地按肥瘠分类。 ③食:音 sì,供养。下同。 ④庶人在官者:即庶人(平民)而在官府任职事者。 ⑤其禄以是为差:谓依照这五等农夫的收入区分等差。 ⑥禄足以代其耕:谓使他们的俸禄足以代替他们亲自耕种所得。 ⑦中士倍下士:谓中士的俸禄比下士多一倍。下文义仿此。

4. 次国之上卿,位当大国之中①,中当其下,下当其上大夫。小国之上卿,位当大国之下卿,中当其上大夫,下当其下大夫。其有中士、下士者,数各居其上之三分②。

[注释]①中:谓中等的卿。下文义仿此。 ②"其有"至"三分":谓小国而有设中士、下士的,人数各占上士人数的三分之一。按,小国地少事寡,设官亦省,不一定设中士、下士。如有设者,其人数就按这里说的比例,上士二十七人(见第12节),则中士九人,下士亦九人。

5. 凡四海之内九州①,州方千里。州建百里之国三十,七十里之国六十,五十里之国百有二十,凡二百一十国。名山大泽不以封②。其余以为附庸、间田③。八州,州二百一十国。

[注释]①凡四海之内九州:凡,总计。按,此九州包括王畿,即天子的统辖区。除王畿所在之州,则为八州。以下所设建国制度,皆就此八州言,也就是所谓畿外之制。下文(第6节)始言王畿之制。 ②名山大泽不以封:即

不分封给某一国,而是全民所共有,即凡民不论其属于哪个封国的,都可以取其材而用之,但得交税。 ③其余以为附庸、间田:其余,谓分封后所余之地。附庸,谓不足五十里的小国。间,音xián。间田,未被封赐的土地,因无定主,故可供调剂用,如某诸侯有功,则可取间田以赏赐之,但如有诸侯因罪而削地,所削之地亦归之间田(参见第55节)。

6. 天子之县①内,方百里之国九,七十里之国二十有一,五十里之国六十有三,凡九十三国。名山大泽不以朌②,其余以禄士③,以为间田。

[注释]①县:古称天子所居之地为县,亦即王畿。 ②朌:音bān,同"颁",分赐。 ③其余以禄士:谓其余的土地作为供给士的禄田。

7. 凡九州千七百七十三国,天子之元士、诸侯之附庸不与①。

[注释]①不与:不包括在内,即不包括在千七百七十三国之内。

8. 天子百里之内以共官①,千里之内以为御②。

[注释]①天子百里之内以共官:谓天子都城周围百里之内的赋税收入用以供王朝官府办公开支。 ②千里之内以为御:千里之内,谓百里以外、千里以内。御,谓天子之衣食。意思是,千里之内的赋税供天子的衣食。

9. 千里之外设方伯①。五国以为属,属②有长;十国以为连,连有帅;三十国以为卒,卒有正;二百一十国以为州,州有伯。八州,八伯,五十六正,百六十八帅,三百三十六长。八伯各以其属属于天子之老③二人,分天下以为左右,曰二伯④。

[注释]①千里之外设方伯:千里之外,谓王畿之外的其他八州。伯,长。方伯,一方诸侯之长,即下文所谓"二伯"。 ②属:及下"连"、"卒"、"州",是以次隶属的大的行政区划名,"长"、"帅"、"正"、"伯"则分别是其长,即属长、连帅、卒正、州伯。 ③天子之老:即天子的上公。 ④分天下以为左右,曰二伯:左右,即东西。按,据说周天子分陕而治,陕以东周公制之,陕以西召公制之。陕的具体位置说法不一,大概在今河南陕县。周、召二公,即所谓"二伯"。又按此"二伯"之"伯"名同于八州之"伯"名,然所管辖不同。

10. 千里之内曰甸①,千里之外曰采②,曰流③。

[注释]①甸:这是出田租的地域。 ②采:这是指其他八州之地,这八州不收其田税,而采其地之美物进贡于天子,以当田税,故曰"采"。 ③流:谓九州之外蛮夷之地,这些地方或进贡或不进贡,流移不定,故曰"流"。

11. 天子三公、九卿、二十七大夫、八十一元士①。

[注释]①"天子"至"元士":这是记天子之下设官的员数。

12. 大国三卿,皆命于天子,下大夫五人,上士二十七人。次国三卿,二卿命于天子,一卿命于其君,下大夫五人,上士二十七人。小国二卿,皆命于其君,下大夫五人,上士二十七人①。

[注释]①"大国"至"七人":此节记诸侯国的官制及其任命之法。

13. 天子使其大夫为三监①,监于方伯之国②,国三人③。

[注释]①三监:官名,因每州设三人,故即以为名。 ②监于方伯之国:监察方伯属下的诸侯国。 ③国三人:"国"当作"州",实际是"州三人",八州则二十四人。

14. 天子之县内诸侯,禄也①。外诸侯,嗣也②。

[注释]①天子之县内诸侯,禄也:按,这是说,天子选贤以为官,在其任职期间,颁给畿内的土地如同诸侯,但此土地之收入,只是作为其俸禄,且只在其任职期间可以享有,去官则免之,子孙更不得以继承。 ②外诸侯,嗣也:嗣,继承。谓畿外所分封的诸侯,其封地可以世袭,子孙可以继承。

15. 制,三公一命卷①,若有加则赐也②,不过九命;次国之君不过七命,小国之君不过五命。

[注释]①制,三公一命卷:制,谓制度规定。命,犹等级、级别。卷,音 gǔn,通"衮",是古代王公所穿绣有卷龙的礼服。按,三公本为八命之官,当服鷩(音 bì)冕,即穿鷩服而戴冕。所谓鷩服,是指衣裳上面绘有华虫(一种有五色文采的虫类)、火、宗彝(一种长尾猿)、藻、粉米(白米状)、黼(白黑相间)、黻(黑青相间)等七种花纹或图案的礼服,称为七章之服。若加一命,则为九命(命数止于九,即下文所谓"不过九命")。若为上公,则可服衮冕,即穿衮服而戴冕。所谓衮服,就是在鷩服的七章上再加龙、山两种图案,称为九章之服。冕,其形制,上有一长方形的木板叫做延,延下有一冠圈叫做武,延的前沿挂着一串串的小玉珠叫做旒,据说天子十二旒,公九旒,下以二数递减。 ②若有加则赐也:如果天子再加恩惠就叫做赐。

16. 大国之卿不过三命,下卿再命①。小国之卿与下大夫一命②。

[注释]①"大国"至"再命":即谓大国之上卿三命,下卿再(二)命。按,下文未言次国即言"小国",是不言可知。因为大国之卿三命、再命,则次国之卿自然是再命、一命。 ②小国之卿与下大夫一命:意思是,小国之卿与下大夫都是一命。卿实即上大夫。

17. 凡官民材,必先论之①,论辨②,然后使之。任事,然后爵之③;位定,然后禄之。

[注释]①凡官民材,必先论之:官,动词,谓任人为官。民材,即人才。论,谓考其德行道艺。 ②辨:谓考问而确定。 ③任事,然后爵之:谓先任之以事,即让他承担具体工作,犹今所谓试用,然后根据他的实际表现,再授予爵位。

18. 爵人于朝,与士共之①。刑人于市,与众弃之②。是故公家不畜③刑人,大夫弗养,士遇之涂弗与言也④。屏之四方,唯其所之⑤,不及以政,亦弗故生也⑥。

[注释]①爵人于朝,与士共之:意思是,在朝廷上授人爵位,一定要同着士人公开进行。 ②刑人于市,与众弃之:市,集市。按,古代对罪犯施刑多在集市,故处死罪犯又叫弃市。之所以在集市人多的地方,这是表示同众人共同抛弃他。 ③畜:畜养。 ④士遇之涂弗与言也:涂,道路,后作"途"。谓士人在路上遇见受过刑的人不同他说话。 ⑤屏之四方,唯其所之:屏,放逐,摈弃。意思是,将受过刑的罪犯放逐到四方,任其漂流。 ⑥不及以政,亦弗故生也:及,涉及,这里是参与的意思。"故"字误,当为"欲"。意思是,不让受过刑的罪犯参与公事,也不希望他活下去。

19. 诸侯之于天子也,比年一小聘①,三年一大聘,五年一朝②。

[注释]①聘:问,慰问;这里是专指天子与诸侯或诸侯与诸侯间的遣使通问。 ②朝:按,聘问是派遣使者,朝则是诸侯亲往。

20.天子五年一巡守。岁二月①,东巡守,至于岱宗②,柴③,而望④祀山川。觐诸侯⑤,问百年者,就见之⑥。命大师陈诗⑦,以观民风。命市纳贾,以观民之所好恶,志淫好辟⑧。命典礼考时月,定日⑨,同律、礼、乐、制度、衣服,正之⑩。山川神祇有不举⑪者为不敬,不敬者君削以地;宗庙有不顺⑫者为不孝,不孝者君绌以爵⑬;变礼易乐者为不从⑭,不从者君流⑮;革制度衣服者为畔⑯,畔者君讨⑰。有功德于民者,加地进律⑱。五月南巡守,至于南岳⑲,如东巡守之礼。八月西巡守,至于西岳⑳,如南巡守之礼。十有一月北巡守,至于北岳㉑,如西巡守之礼。归假于祖祢,用特㉒。

[注释]①岁二月:岁,年。此谓当巡守之年的二月。 ②岱宗:即泰山。 ③柴:亦作"祡",祭天礼名,即燔柴以祭天。按,举行祭天礼时,先堆积柴火,再在柴上加牲和玉帛等而烧之,烟气上升,据说上帝闻到了烟气,就算享用了。 ④望:祭四方山川的祭名,即用双眼瞭望的方法表示祭祀。 ⑤觐诸侯:觐,诸侯秋季朝见天子之名,亦泛指朝见天子。这里是接见来朝诸侯之意。 ⑥问百年者,就见之:询问哪里有百岁老人,前去访见。 ⑦大师陈诗:大师,乐官。陈诗,陈(讽诵)其采自民间的诗。 ⑧"命市"至"好辟":市,谓典市官(掌管市场的官)。纳,献纳,在此义为报告。贾,音jià,"價(价)"的古字。按,通过物价,可以观察民之好恶,民所好而争买之物,其价必贵,否则价必贱。"志淫好辟",淫,奢侈。意思是,如果心志奢侈,所喜好的物品就邪僻不正。 ⑨命典礼考时月,定日:典礼,官名。考时月,定日,即考校东方各国的四季和月份的大小是否准确,确定日的干支(古用干支记日)。

⑩同律、礼、乐、制度、衣服,正之:意思是,统一法律、礼仪、乐律、制度、衣服,有偏差的加以纠正。 ⑪举:犹祭。 ⑫不顺:犹言不祭祀。 ⑬绌以爵:绌,通"黜",贬退,废除。这里是说贬低爵位。 ⑭不从:当时的罪名,谓不遵从周王朝的统一规定。 ⑮流:流放。 ⑯畔:通"叛"。 ⑰君讨:谓讨伐其君。 ⑱律:谓爵命的等级。 ⑲南岳:谓衡山,在今湖南。 ⑳西岳:谓华山,在今陕西。 ㉑北岳:谓恒山,在今河北。 ㉒归假于祖祢,用特:假,音gé,至。祖祢,祖庙和父庙。特,一,谓一头牛。意思是,回到京师,要到祖庙和父庙中去报告巡视归来,用一头牛祭祀祖和父。

21. 天子将出,类①乎上帝,宜乎社②,造乎祢③。诸侯将出,宜乎社,造乎祢。

[注释]①类:及下文"宜"、"造",皆祭名,其礼亡,今不可详。 ②社:土地神。按,供奉土地神设有社坛,即所谓封土为社。 ③祢:父庙。

22. 天子无事①与诸侯相见曰朝。考礼,正刑,一德,以尊于天子②。天子赐诸侯乐,则以柷将之③;赐伯、子、男乐,则以鼗将之④。诸侯赐弓矢然后征⑤,赐铁钺然后杀⑥,赐圭瓒然后为鬯⑦。未赐圭瓒,则资鬯于天子⑧。

[注释]①无事:谓无死丧寇戎(外敌入侵)之事,也就是在正常情况下。 ②"考礼"至"天子":谓考察诸侯国的礼仪,正定诸侯国的刑律,整齐诸侯们的德行,这样来使诸侯们尊崇天子。 ③以柷将之:柷,音zhú,木制的敲击乐器,形似方斗,上宽下窄,以椎撞击之。将,谓将命,即致辞。谓由使者拿着柷向诸侯致辞而赐之。 ④以鼗将之:鼗,音táo,一种小鼓,类今所谓拨浪鼓。谓拿着鼗鼓致命。 ⑤诸侯赐弓矢然后征:谓诸侯由天子赐给弓矢然后有出兵征伐权。 ⑥赐铁钺然后杀:铁钺,音fǔ yuè,同"斧钺",古代军法行刑用的斧子。谓诸侯由天子赐给铁钺然后有诛杀权。 ⑦赐圭瓒然后为鬯:圭瓒,一种柄类似圭的玉勺,用作灌酒器。鬯,音chàng,一种用于祭祀的香酒。

谓赐给圭瓒然后可以酿造鬯。 ⑧资鬯于天子:资,取。谓从天子那里获取鬯。

23.天子命之教,然后为学。小学在公宫南之左,大学在郊。天子曰辟廱①,诸侯曰頖宫②。

[注释]①辟廱:天子所设大学名。 ②頖宫:诸侯所设之大学名。

24.天子将出征,类乎上帝,宜乎社,造乎祢,祃①于所征之地。受命于祖②,受成于学③。出征执有罪反,释奠于学④,以讯馘告⑤。

[注释]①祃:音 mà,军祭名,其礼亡。 ②受命于祖:谓在宗庙占卜,以示受命于祖而后出征。 ③受成于学:学,谓大学。成,谓定兵谋。意思是,在大学里决定军事谋略。 ④释奠于学:释,谓释菜,即放置菜。奠,谓奠币(即帛),也是放置帛的意思。学,谓大学。释菜奠帛,皆为祭祀先师。 ⑤以讯馘告:讯,指被俘的敌囚。馘,音 guó,杀死敌人后割取敌人的左耳以计功,亦用以指代所杀之敌。意思是,把所俘虏和杀死的敌人数向先圣、先师报告。

25.天子、诸侯无事,则岁三田①:一为干豆②,二为宾客,三为充君之庖③。无事④而不田曰不敬,田不以礼曰暴天物⑤。天子不合围,诸侯不掩群⑥。天子杀则下大绥⑦,诸侯杀则下小绥,大夫杀则止佐车⑧,佐车止则百姓田猎⑨。獭祭鱼⑩,然后虞人入泽梁⑪。豺祭兽⑫,然后田猎。鸠化为鹰⑬,然后设罻罗⑭。草木零落然后入山林。昆虫未蛰⑮,不以火田⑯。不麛,不卵,不杀胎,不殀夭,不覆巢⑰。

[注释]①田:狩猎。 ②干豆:谓风干猎物盛于豆中用于祭祀,在此指代祭祀。豆,一种高脚盘。 ③庖:即今所谓厨房,在此指代供君食用。 ④无事:参见第22节注①。 ⑤田不以礼曰暴天物:暴天物,即今所谓暴殄天物,也就是残害灭绝万物。田猎之礼,详下文。 ⑥天子不合围,诸侯不掩群:谓天子打猎不采取合围的办法,诸侯不尽杀成群的野兽。 ⑦下大绥:绥,音ruí,通緌,泛指旌旗。下,偃仆之,也就是放倒。下句义仿此。 ⑧佐车:是用于驱赶、拦截野兽的车。 ⑨佐车止则百姓田猎:按,田猎之礼,尊卑贵贱有一定的先后次序,故百姓打猎在最后,即见大夫打猎完毕、佐车停下来了才开始。 ⑩獭祭鱼:獭,音tǎ,即水獭,一种半水栖兽类,捕食鱼类,亦捕食蛙、蟹等。据说獭甚贪,常捕鱼陈列水边以待食,如同陈物以祭,即所谓"祭鱼"。獭祭鱼在春正月,春风解冻,獭始可入水取鱼。 ⑪虞人入泽梁:虞人,管山泽的官。梁,即鱼梁,筑于河中拦鱼的水堰,堰的正中有一空穴,空穴处承以内有倒刺的竹笼,鱼可入而不可出。 ⑫豺祭兽:豺,犬科动物,性凶猛,据说豺杀兽围陈之若祭,故曰"祭兽"。豺祭兽在季秋九月。 ⑬鸠化为鹰:按,古人缺乏科学知识,以为鸠与鹰可互相变化。鸠化为鹰在秋八月,而鹰化为鸠则在仲春二月。 ⑭罻罗:罻,音wèi,小网。罗,捕鸟的网。罻罗在此泛指捕鸟的罗网。 ⑮蛰:音zhé,动物冬眠,潜伏起来不食不动。 ⑯火田:放火烧草来肥田。 ⑰"不麑"至"覆巢":麑,音mí,幼鹿,在此泛指幼兽。夭,音yǎo,斩杀。夭,亦指幼小的禽兽。意思是,不捕获幼兽,不获取鸟卵,不杀怀孕的母兽,不杀兽仔,不倾覆鸟巢。

26.冢宰制国用①,必于岁之杪②。五谷皆入,然后制国用。用地小大,视年之丰耗③,以三十年之通,制国用,量入以为出。祭用数之仂④。丧,三年不祭,唯祭天地社稷,为"越绋而行事"⑤。丧用三年之仂⑥。丧、祭,用不足曰"暴"⑦,有余曰"浩"⑧。祭,丰年不奢,凶年不俭。国无九年之蓄曰"不足",无六年之蓄曰"急";无三年之蓄,曰"国非其国"也。三年耕,必有一年之食;九年耕,必有三年之食。以三十年之通,虽有凶旱水溢,民无菜色⑨,然后天子食,日举以乐⑩。

[注释]①冢宰制国用:冢宰,天子之下的最高行政长官,犹后世所谓宰相。制国用,制定国家的财政预算。 ②杪:音 miǎo,树的末梢,引申为年月季节之末。 ③用地小大,视年之丰耗:按,"视"字实关上下两句而言,意思是,根据耕地的大小,年成的丰歉。 ④祭用数之仂:仂,音 lè,十分之一。谓祭祀费用占全年开支的十分之一。 ⑤越绋而行事:绋,拉辕车的大绳,此处指代丧事。丧在内,祭天地社稷在外,故为"越绋而行事",也就是越过丧事而行祭事。 ⑥丧用三年之仂:谓丧事的费用占三年开支的十分之一。⑦丧、祭,用不足曰"暴":丧事和祭祀过于奢侈,按预算开支还嫌不足就叫做"暴"。 ⑧有余曰"浩":预算做得过大而使钱物有多余就叫做"浩"。⑨菜色:指饥民营养不良的脸色。 ⑩天子食,日举以乐:举,杀牲盛馔。意思是,天天都可以杀牲吃极丰盛的饭食,而且一边听着音乐一边吃。

27. 天子七日而殡,七月而葬;诸侯五日而殡,五月而葬;大夫、士、庶人三日而殡,三月而葬。三年之丧,自天子达①。庶人县封②,葬不为雨止,不封,不树③。丧不贰事④,自天子达于庶人。丧从死者,祭从生者⑤。支子不祭⑥。

[注释]①自天子达:达,通。谓上自天子,下到庶民,皆通行此礼(为父母服三年丧之礼)。 ②县封:即悬窆,谓悬棺而下入圹。 ③不封,不树:不起坟,也不种树。 ④丧不贰事:服丧期间不做其他事。 ⑤丧从死者,祭从生者:生者,指孝子。谓丧礼依照死者生前的级别举行,祭礼依照孝子的级别举行。 ⑥支子不祭:支子不主持宗庙祭祀。按,在宗法制度下,只有宗子

(嫡长子)才有权主持宗庙祭礼,而支子只能参加助祭。

28.天子七庙,三昭、三穆①,与大祖之庙而七。诸侯五庙,二昭、二穆②,与大祖之庙而五。大夫三庙:一昭、一穆,与大祖之庙而三。士一庙③。庶人祭于寝④。

[注释]①天子七庙,三昭、三穆:昭、穆之制,参见《曲礼上第一》第44节注①。三昭、三穆,是天子有六亲庙,比诸侯多二亲庙,即于祢、祖、曾祖、高祖庙之上,又多二祖庙。如有新死者祔庙,即将原六世祖之神位迁入太庙,以下诸祖依次上迁,如此始终保持六亲庙,再加上太祖庙为七庙。 ②诸侯五庙,二昭、二穆:按,诸侯四亲庙,加上太祖庙为五庙。 ③士一庙:按,士唯祢庙,即父庙。 ④庶人祭于寝:按,庶人无庙,故祭于寝。

29.天子、诸侯宗庙之祭,春曰礿①,夏曰禘,秋曰尝,冬曰烝。天子祭天地,诸侯祭社稷,大夫祭五祀②。天子祭天下名山大川:五岳视三公③,四渎④视诸侯。诸侯祭名山大川之在其地者⑤。天子诸侯祭因国之在其地而无主后者⑥。

[注释]①礿:音 yuè,与下文"禘"、"尝"、"烝",皆不同季节的宗庙祭祀名。 ②五祀:参见《曲礼下第二》第33节注①。 ③视三公:谓比照祭祀三公所用牲器之数。下仿此。 ④四渎:指江、淮、河、济四条河流。 ⑤在其地者:谓在其封地内者。 ⑥无主后者:谓先公、先王,曾有功德于民者,本应世代享受祭祀,而现已绝后,无人为之主祭。

30.天子犆礿①,祫禘②,祫尝,祫烝。诸侯礿则不禘,禘则不尝,尝则不烝,烝则不礿③。诸侯礿犆④,禘一犆一祫⑤,尝祫,烝祫。

[注释]①天子犆礿:犆,音 tè,同"特",单一、单独。此谓天子春天特选一庙举行礿祭。 ②祫禘:祫,音 xiá,合祭祖先于太庙曰祫。此谓夏季把群庙的神主集合到太庙举行禘祭。下"祫尝,祫烝"义仿此。 ③"诸侯"至"不礿":按,诸侯一岁朝见天子一次,故四时之祭因此而缺其一。如某诸侯春天举行礿祭后,夏季来朝,则不行夏禘之祭;如果夏季禘祭毕而秋来朝,则不行秋尝之祭。 ④诸侯礿犆:谓诸侯春天的礿祭也是特选一庙而祭。 ⑤禘一犆一祫:谓夏天的禘祭是一年特祭,一年合祭。按,下"尝祫,烝祫",则是"尝一犆一祫,烝一犆一祫"的省文。

31. 天子社稷皆大牢①。诸侯社稷皆少牢②。大夫、士宗庙之祭,有田则祭,无田则荐③。庶人春荐韭,夏荐麦,秋荐黍,冬荐稻;韭以卵④,麦以鱼,黍以豚,稻以雁。祭天地之牛角茧、栗⑤,宗庙之牛角握,宾客之牛角尺。诸侯无故⑥不杀牛,大夫无故不杀羊,士无故不杀犬、豕,庶人无故不食珍⑦。庶羞不逾牲⑧,燕衣不逾祭服⑨,寝不逾庙⑩。

[注释]①大牢:大,音 tài,是"太"的古字。牛、羊、豕三牲俱备曰大(太)牢。 ②少牢:仅有羊、豕二牲曰少牢。 ③荐:进献,谓仅行荐新之礼,即向先人进献四时新物,详下。 ④韭以卵:谓韭菜配以蛋。下仿此。 ⑤牛角茧、栗:是说牛角如茧、如栗,也就是小牛犊。下文"牛角握"是说牛角一把可握,是比茧、栗稍大的小牛;"牛角尺"则牛已肥大。 ⑥无故:谓无礼事。 ⑦珍:谓精美的食物。 ⑧庶羞不逾牲:庶,众。羞,美味食物。不逾牲,谓祭神的各种美味食物不可超越规定的用牲级别。如规定用羊祭祀就不可用牛肉为羞。 ⑨燕衣不逾祭服:按,燕衣是日常所穿的服装,它不可以比祭服更好。 ⑩寝不逾庙:按,寝是居宅,它不可以比宗庙建造得更好。

32. 古者公田藉而不税①,市廛②而不税,关讥而不征③,林麓川泽以时入而不禁④,夫圭田⑤无征,用民之力岁不过三日⑥,田里不粥⑦,墓地不请⑧。

[注释]①藉而不税:藉,借。谓借助民力耕种公田而不征收民的田税。 ②廛:即今所谓店铺。 ③关讥而不征:讥,稽查,盘问。谓关卡只负责稽查而不征税。 ④时入而不禁:谓按时节进去樵采渔猎就不加禁止。 ⑤夫圭田:夫,犹治。圭田,卿大夫士的祭田,即收获物用于祭祀之田。 ⑥民之力岁不过三日:征用民力一年不超过三天。 ⑦田里不粥:粥,卖。谓田地和居邑不得出卖。 ⑧墓地不请:谓用作墓地,不得请求已划定的墓葬区域以外的地方。

33. 司空执度度地居民①。山川沮泽,时四时②,量地远近,兴事任力③。凡使民,任老者之事,食壮者之食④。

[注释]①司空执度度地居民:司空,掌管邦国城郭都邑营建的官。上"度",谓丈、尺等。下"度"动词,度量,丈量。谓度量土地使民居住。 ②山川沮泽,时四时:沮泽,即沼泽。上"时",谓按时观察了解。四时,谓四季的寒暖燥湿情况。 ③量地远近,兴事任力:意思是,测量土地的远近,目的在于确定居邑和水井的位置,然后兴起工程。 ④"凡使"至"之食":凡使用民力,让他们承担老年人也能干的活,而供给壮年人的粮食。

34. 凡居民材①,必因天地寒暖燥湿,广谷大川异制②。民生其间者异俗③:刚、柔、轻、重、迟、速异齐④,五味异和⑤,器械异制,衣服异宜。修其教不易其俗⑥,齐其政不异其宜⑦。中国、戎夷五方之民,皆有性也,不可推移。东方曰夷,被⑧发文身,有不火食⑨者矣;南方曰蛮,雕题交趾⑩,有不火食者矣;西方曰戎,被发衣皮,有不粒食⑪者矣;北方曰狄,衣羽毛穴居,有不粒食者矣。中国、夷、蛮、戎、狄，皆有安居⑫，和味，宜服，利用，备器⑬。五方之民，言语不通，嗜欲不同，达其志，通其欲，东方曰寄⑭，南方曰象，西方曰狄鞮，北方曰译。

[注释]①凡居民材：材，在此指城郭居邑等。谓凡使民居住的城邑。按，对于这里的"材"字，历来无确解。就上下文看，当理解为凡供民居住之材，故将此"材"字解释为城郭居邑等。 ②必因天地寒暖燥湿，广谷大川异制：意思是，一定要根据气候的寒暖燥湿，以及宽广的谷地或大河流域等不同的地理条件，采取不同的建制。 ③民生其间者异俗：民生其间，谓人民生活在不同的气候和地理条件之间。异俗，各自有其不同的习俗。 ④刚、柔、轻、重、迟、速异齐：齐，音 jì，后作"剂"，谓比例、分量。意思是，性情中刚强、柔弱、轻捷、滞重、迟缓、迅疾等成分各不相同。 ⑤五味异和：五味，指酸、甜、苦、辣、咸五种味道，这里泛指口味。异和，谓调和的比例不同，也就是上文所说的"异齐"。 ⑥修其教不易其俗：谓加强对各地人民的教化而不改变他们的习俗。 ⑦齐其政不异其宜：齐，整齐，统一。谓统一政令而不改变人民与当地条件相适应的习尚。 ⑧被：音 pī，"披"的古字，后作"披"。 ⑨不火食：谓食物不用火烧煮，也就是不吃熟食。 ⑩雕题交趾：雕，刻。题，额头。雕题，即在额上刻花纹。交趾，谓两足相向，即向里勾。 ⑪粒食：指谷类食物，谷类皆颗粒状。 ⑫皆有安居：都各有其安居之所。 ⑬和味，宜服，利用，备器：和，调和，调适。意思是，各有其合适的口味，适宜的衣服，便利的用具，充备的器材。 ⑭达其志，通其欲，东方曰寄：寄，及下文"象"、"狄鞮"（鞮，音 dī）、"译"，皆今所谓翻译。意思是，要通过翻译来表达他们的意思，通晓他们的想法，东方的翻译叫做寄。

35. 凡居民，量地以制邑，度地以居民①。地、邑、民居，必参相得②也。无旷土③，无游民，食节事时④，民咸安其居，乐事劝功⑤，尊君亲上，然后兴学。

[注释]①量地以制邑，度地以居民：上句的"量"和下句的"度"，在此都

是计量、测量的意思。上句是说要测量土地的广狭来决定居邑的大小,下句是说度量土地面积来决定安置居民的多少。　②地、邑、民居,必参相得:地,谓地理条件。参,通"三"。得,谓相符、相称。意思是,地理条件、居邑建制、民居的多少,一定要使这三方面都相称。　③无旷土:没有旷废的土地。④食节事时:饮食有节制,举事遵农时。　⑤劝功:劝,努力。功,事功,成绩。谓努力做出成绩。

36.司徒修六礼以节民性①,明七教以兴民德,齐八政以防淫②,一道德以同俗,养耆老以致孝,恤孤独以逮③不足,上贤以崇德,简不肖以绌恶④。命乡简不帅教者⑤以告,耆老皆朝于庠⑥,元日习射上功⑦,习乡上齿⑧,大司徒帅国之俊士与执事焉⑨;不变,命国之右乡简不帅教者移之左⑩,命国之左乡简不帅教者移之右,如初礼⑪;不变,移之郊⑫,如初礼;不变,移之遂⑬,如初礼;不变,屏之远方,终身不齿⑭。

[注释]①司徒修六礼以节民性:司徒,掌土地、人民和教化的官。六礼,及下文的"七教"、"八政",皆见篇末第60节。　②淫:奢侈,浮华。③逮:及。　④简不肖以绌恶:简,捐弃,剔除。绌,通"黜",排斥,摒除。⑤简不帅教者:简,在此是检查、检举之意。不帅教者,谓不听从教化的人。⑥耆老皆朝于庠:耆老,在此是指退休的官吏和乡中老而贤者;朝,会集。庠,乡的学校名。　⑦元日习射上功:元,善。元日,谓挑选出来的好日子。习,演习。射,谓乡射礼。上,尊尚。上功,即尊尚射中多而有功者。　⑧习乡上齿:乡,谓乡饮酒礼。齿,谓年齿,也就是年龄。上齿,谓以年高者为尊。⑨大司徒帅国之俊士与执事焉:大司徒,即上文之司徒。俊士,是指从乡里选拔出来而升入大学学习之士。与,参加。执事,从事工作,主管其事,这里指负责乡射礼和乡饮酒礼的事。意思是,大司徒率领被选拔出来而在大学学习的俊士回乡来参加举行乡射礼和乡饮酒礼的事。按,自"耆老"至此,是对于

那些被检举出来的"不帅教"者所采取的教育措施,主要是从正面对其进行教育、感化,以使其改变。 ⑩不变,命国之右乡简不帅教者移之左:不变,是指那些不帅教者不因此而悔改,那么就命国都的右乡把所检举的不遵循教化的人迁移到左乡。下句义仿此。 ⑪如初礼:是指在新的乡里如同当初一样通过习礼来对他们进行教化。 ⑫移之郊:谓迁移到郊区。 ⑬遂:郊以外曰遂。 ⑭齿:犹录,收录。

37. 命乡论秀士①,升②之司徒,曰选士。司徒论选士之秀者而升之学③,曰俊士。升于司徒者,不征于乡④;升于学者,不征于司徒⑤,曰造士。乐正崇四术,立四教⑥,顺先王《诗》《书》《礼》《乐》以造士⑦。春秋教以《礼》《乐》,冬夏教以《诗》《书》。王大子、王子、群后之大子、卿大夫、元士之適子、国之俊选,皆造焉⑧。凡入学以齿⑨。将出学⑩,小胥、大胥、小乐正简不帅教者⑪,以告于大乐正,大乐正以告于王。王命三公、九卿、大夫、元士皆入学⑫;不变,王亲视学;不变,王三日不举,屏之远方⑬:西方曰棘⑭,东方曰寄,终身不齿。大乐正论造士之秀者⑮,以告于王,而升诸司马⑯,曰进士。

[注释]①命乡论秀士:论,察,考查。谓命各乡考查优秀人才。 ②升:上报。 ③学:谓大学。 ④不征于乡:即免服乡中的徭役。 ⑤不征于司徒:即免服国家的徭役。 ⑥乐正崇四术,立四教:乐正,乐官之长,掌管对国子(贵族子弟)的教育。四术、四教,皆谓《诗》、《书》、《礼》、《乐》。 ⑦顺先王《诗》、《书》、《礼》、《乐》以造士:造士,造就、培养人才。这句意思是,依照先王流传下来的《诗》、《书》、《礼》、《乐》四书来造就人才。 ⑧皆造焉:谓皆用这"四术"来培养他们。 ⑨凡入学以齿:谓凡入学者,按照年龄长幼安排课程。 ⑩出学:犹今言毕业。 ⑪小胥、大胥、小乐正简不帅教者:小胥、大胥,都是大乐正的属官。小乐正,是大乐正的副手。简不帅教者,谓

检举不遵循教导的子弟。 ⑫王命三公、九卿、大夫、元士皆入学:这是说王命三公、九卿、大夫、元士都到学校去帮助对这些不帅教的子弟进行教育。⑬王三日不举,屏之远方:谓王三天用膳不演奏音乐,把不遵循教导的子弟摒弃到远方。 ⑭棘:及下文"寄",都是放逐的异名。 ⑮造士之秀者:谓所培养的士中的优秀者。 ⑯而升诸司马:司马,掌军政的官。把这些优秀者提拔到司马属下。

38. 司马辨论官材①,论进士之贤者②,以告于王而定其论③。论定然后官之,任官然后爵之,位定然后禄之。大夫废其事④,终身不仕,死以士礼葬之。有发⑤,则命大司徒教士以车甲⑥。

[注释]①辨论官材:谓辨别、考察、任用人才。 ②论进士之贤者:进士,国学中的优秀者,参见上节。贤者,谓优秀者,这又是进士中的优秀者。③定其论:谓由王下结论。 ④废其事:放弃自己的职守。 ⑤有发:谓有军事行动要征发士卒。 ⑥则命大司徒教士以车甲:就命大司徒教进士们乘兵车、穿甲衣。

39. 凡执技,论力①:适四方,赢股肱②,决射御③。凡执技以事上④者,祝、史、射、御、医、卜及百工⑤。凡执技以事上者,不贰事,不移官⑥,出乡不与士齿⑦;仕于家者⑧,出乡不与士齿。

[注释]①凡执技,论力:执技,谓怀有技艺的人。论力,谓考查他们的力量。下文即讲考查的方法。 ②适四方,赢股肱:赢,是"裸"的异体字。谓派他们到各地去,挽起裤腿、露着胳膊。 ③决射御:决,较量,决定胜负。谓比试射箭、驾车以决本领的高下。 ④事上:为君王服务。 ⑤祝、史、射、御、医、卜及百工:这些都是"事上"(为君王服务)的人。 ⑥不贰事,不移

官:谓不可从事专业以外的行业,也不迁调他们做官。 ⑦出乡不与士齿:意思是,这些人出了乡就不可按年龄长幼与士排列位次之高低。按,这是说这些有技艺专长的人,其社会地位甚低贱。 ⑧仕于家者:家,谓卿大夫。谓在卿大夫之家任职者。按,在卿大夫家任职则为卿大夫之家臣,其社会地位亦低贱,故下文说他们也是"出乡不与士齿"。

40. 司寇正刑明辟①,以听狱讼。必三刺②,有旨无简③不听,附从轻,赦从重④。凡制五刑⑤,必即天论,邮罚丽于事⑥。凡听五刑之讼⑦,必原父子之亲,立君臣之义,以权之⑧;意论轻重之序,慎测浅深之量以别之⑨;悉其聪明,致其忠爱,以尽之⑩。疑狱,泛与众共之;众疑,赦之。必察小大之比以成之⑪。成狱辞,史以狱成告于正⑫;正听之,正以狱成告于大司寇;大司寇听之棘木之下⑬,大司寇以狱之成告于王;王命三公参听之⑭,三公以狱之成告于王;王三又⑮,然后制刑⑯。凡作刑罚,轻无赦⑰。刑者,侀⑱也。侀者,成也,一成而不可变,故君子尽心焉。

[注释]①司寇正刑明辟:司寇,掌刑罚的官。正刑,谓审定刑律。明辟,辟,法,谓明辨刑罚。 ②三刺:刺,探讯,咨询。三刺,一曰讯群臣,二曰讯群吏,三曰讯万民。 ③有旨无简:旨,意,指犯罪动机;简,指犯罪事实。 ④附从轻,赦从重:谓对于非主谋而只是附从犯罪的人从轻处理,对于曾经宽赦而重新犯罪的人从重量刑。 ⑤制五刑:制,断,谓判断罪犯应受五刑中的哪种刑。五刑,指墨(在额上刺字)、劓(音 yì,割鼻子)、剕(音 fèi,断足)、宫(残坏男女生殖器)、大辟(死刑)五者。 ⑥必即天论,邮罚丽于事:论,理。邮,罪过。罚,对罪犯的处罚。丽,附,在此义为符合。意思是,一定要遵从天理,定罪施罚一定要符合事实。 ⑦凡听五刑之讼:谓凡审理应判处五刑的案件。 ⑧"必原"至"权之":权,权衡,衡量。意思是,一定要从体谅父子的亲情,确立君臣关系大义的角度,来进行权衡。 ⑨意论轻重之序,慎测浅深

之量以别之:意论,在此是考虑的意思。浅深,谓作案动机的无意或故意等。这两句意思是,要考虑犯罪情节的轻重程度,审慎地分析作案动机的深浅分量,来区别对待。　⑩悉其聪明,致其忠爱,以尽之:意思是,要充分发挥自己的聪明才智,奉献自己的忠君爱民之心,来彻底弄清案情。　⑪必察小大之比以成之:谓审案时一定要参考同类大小案件的成例来定案。　⑫成狱辞,史以狱成告于正:狱辞,供词。史,是司寇的属吏,掌司法文书。狱成,谓审理结果。正,司法官,士师的属吏。这两句意思是,经过审理核定罪犯的供词后,史把审案结果报告给正。　⑬大司寇听之棘木之下:是听于天子外朝的棘木(树)之下。按,天子之朝有五门,从外向内依次为皋门、库门、雉门、应门、路门。外朝在皋门与库门之间。外朝东西两边种有棘树。　⑭王命三公参听之:谓王命三公参加案件的审理。按,此犹今所谓终审。　⑮王三又:又,通"宥",宽宥。谓王对罪犯三次提出宽宥的理由,发还让三公重审。　⑯制刑:定罪判刑。　⑰凡作刑罚,轻无赦:谓凡制定刑罚,对于犯轻法不作赦免的规定。　⑱侀:定型,故下文曰"侀者,成也,一成而不可变",谓人一旦受刑肢体伤残就不可改变了。

41. 析言破律,乱名改作①,执左道②以乱政,杀。作淫声、异服、奇技、奇器以疑众,杀。行伪而坚③,言伪而辩④,学非而博⑤,顺非而泽以疑众⑥,杀。假于鬼神、时日⑦、卜筮以疑众,杀。此四诛者,不以听⑧。凡执禁以齐众,不赦过⑨。

[注释]①析言破律,乱名改作:谓剖析言词破坏法律,变乱名义更改制度。　②左道:旁门邪道。　③行伪而坚:行为虚伪却使人坚信不疑。　④言伪而辩:言论虚伪而辩不可屈。　⑤学非而博:学非正道而涉猎甚广。　⑥顺非而泽以疑众:非,错误。泽,在此是文饰的意思。谓顺从错误而加以文饰,用以疑惑民众。　⑦时日:谓有关时日吉凶的邪说。　⑧不以听:听,审理。不用审理。　⑨执禁以齐众,不赦过:禁,谓法律禁令。谓拿法律禁令来统一民众的,在对民众进行宣传教育时,不用赦免罪过的例子。按,这是因

为,用赦过的例子教育民众,则人怀侥幸而易犯法。

42. 有圭、璧、金、璋不粥于市,命服、命车①不粥于市,宗庙之器不粥于市,牺牲②不粥于市,戎器不粥于市,用器不中度③不粥于市,兵车不中度不粥于市,布帛精麤④不中数、幅广狭不中量不粥于市,奸色⑤乱正色不粥于市,锦文珠玉成器⑥不粥于市,衣服饮食不粥于市⑦,五谷不时、果实未孰不粥于市,木不中伐不粥于市,禽兽鱼鳖不中杀不粥于市。关执禁以讥⑧,禁异服,识异言⑨。

[注释]①命服、命车:命服,国君所赐之官服。命车,国君所赐的官车。 ②牺牲:用于祭祀的牛、羊、豕等。 ③不中度:不符合所要求的规格。下文义皆仿此。 ④麤:同"粗"。 ⑤奸色:谓颜色奇邪。 ⑥锦文珠玉成器:饰有锦绣花纹或镶嵌珠玉制成的器物。按,这些东西不准拿到市场上去卖,是为了不示民以奢和贪。 ⑦衣服饮食不粥于市:按,这是为了禁民不俭。中国古代是自给自足的自然经济社会,衣食皆靠自己生产制作。如果衣食在市场上可以买到,就会诱导民众放弃自我耕织而衣食,放弃俭朴而追求奢侈。 ⑧关执禁以讥:关,谓关吏,即负责把守关卡的人。禁,禁令,即以上所述禁止粥于市的种种规定。讥,察,检查。 ⑨识异言:识别异言者,以加强盘查。按,这是为了防止异国奸细。

43. 大史典礼①,执简记②,奉讳恶③。

[注释]①大史典礼:大,音 tài。典,掌管。谓大史掌管礼事。 ②执简记:谓负责拿简策记录。 ③奉讳恶:奉,敬辞,奉告,这里是奉告于王。讳恶,谓先王的名字、庙讳、忌日(死日)之类。

44. 天子齐戒受谏①。司会以岁之成,质于天子②,冢宰齐戒受质③。大乐正、大司寇、市④三官,以其成从质于天子⑤。大司徒、大司马、大司空齐戒受质。百官各以其成,质于三官。大司徒、大司马、大司空,以百官之成质于天子。百官齐戒受质,然后休老劳农⑥。成岁事,制国用。

[注释]①天子齐戒受谏:这是指王于年终接受群臣的奏事和谏言,为表示虔诚,王先斋戒而后受之。 ②司会以岁之成,质于天子:司会,总掌会计事务的官。成,会计总账。质,评断。意思是,司会把年终财务总结上奏天子,由天子评断。 ③冢宰齐戒受质:冢宰,天子之下的最高行政长官。受质,谓接受天子评断的结果。 ④市:即司市,掌管市场的官。 ⑤以其成从质于天子:谓以上三官相从(即跟在司会之后)把年终财务总结上奏天子,由天子评断。 ⑥休老劳农:谓让老人休养,并慰劳农夫。

45.凡养老①,有虞氏以燕礼②,夏后氏以飨礼,殷人以食礼,周人修而兼用之。五十养于乡③,六十养于国,七十养于学④,达于诸侯⑤。

[注释]①养老:这是一种礼,通过这种礼可诱导人们尊重和孝敬老人。②燕礼:及下文"飨礼"、"食礼",都是款待宾客之礼,前二者以饮酒为主,还有牲肉和其他丰富的菜肴;食礼以饭为主,亦有牲肉及丰富的菜肴。燕礼和食礼尚存,详可参看《仪礼》之《燕礼》和《公食大夫礼》,飨礼已佚,今不知其详。 ③五十养于乡:谓年五十者在乡中举行养老礼。下文义仿此。 ④学:谓大学。 ⑤达于诸侯:谓从天子到诸侯都举行养老礼。

46.八十拜君命,一坐再至①,瞽亦如之②;九十使人受③。五十异粻④,六十宿肉⑤,七十贰膳⑥,八十常珍⑦,九十饮食不离寝⑧,膳饮从于游可也⑨。六十岁制⑩,七十时制,八十月制,九十日修,唯绞、紟、衾、冒,死而后制⑪。

五十始衰,六十非肉不饱,七十非帛不暖,八十非人不暖⑫,九十虽得人不暖矣。五十杖于家⑬,六十杖于乡,七十杖于国,八十杖于朝。九十者,天子欲有问焉,则就其室,以珍从⑭。七十不俟朝⑮,八十月告存⑯,九十日有秩⑰。五十不从力政⑱,六十不与服戎⑲,七十不与宾客之事⑳,八十齐丧之事弗及㉑也。五十而爵㉒,六十不亲学㉓,七十致政㉔,唯衰麻为丧㉕。

[注释]①八十拜君命,一坐再至:命,这里指君的赏赐。坐,实即跪。至,谓头至地。按,上节记养老礼,只记到年七十的老者,八十以上,行动不便,国君就不把他们召集起来举行养老礼了,而是把养老礼上用以敬奉老者的酒食赏赐到老者之家,即此所谓"命"。拜谢君赐当行再拜稽首礼,然亦因八十以上者行礼不便,故优之。所以这里的意思是,年高八十的人拜谢君的赏赐,一次下跪而头两次至地就可以了。 ②瞽亦如之:瞽,盲人。按,盲人行礼不便,故亦优之。 ③九十使人受:按,九十者行礼更不便,故由其家人代受君赐,而不用亲自拜谢了。 ④五十异粻:粻,音 zhāng,米粮。异粻,谓年五十的人就可以吃不同于一般人的粮食,即吃精细一些的粮食。 ⑤宿肉:宿,预先,在此是提前一天的意思。按,六十岁的人要保证其能隔一天吃上一次肉,故当提前一天准备好肉,不使临时求之而不得。 ⑥贰膳:谓年七十除吃肉外还要附加一样美食,故曰贰膳。 ⑦八十常珍:珍,珍肴,珍味。谓年八十可以经常吃精美的食物。 ⑧九十饮食不离寝:寝,谓居室。按,这是为了让年九十的老人随时求食而可得。 ⑨膳饮从于游可也:这是说年九十者如果有外出的行动(即所谓游),就要拿着膳食和饮料跟从着他,以便他随时可用。 ⑩六十岁制:制,谓制作丧具。这是说,为年六十的人每年都要准备丧具。下文义仿此。 ⑪唯绞、紟、衾、冒,死而后制:绞、紟、衾、冒,参见《檀弓上第三》第73节注②。按,绞、紟、衾、冒等较易制作,一二日即可成,故待人死了再制作也来得及。 ⑫非人不暖:按,如何以人取暖,不详。 ⑬杖于家:谓在家拄杖而行。下文义仿此。 ⑭以珍从:谓带着珍肴跟从前往。

⑮不俟朝：不在朝廷上俟立。 ⑯八十月告存：存，慰问。对于年八十者国君每月派人去慰问。 ⑰九十日有秩：秩，常。谓年九十国君每天派人向他馈送常用的美食。 ⑱力政：力役之政，也就是服劳役。 ⑲服戎：服兵役。 ⑳不与宾客之事：谓不参与宾客应酬的事。 ㉑齐丧之事弗及：齐，同"斋"，祭祀前的斋戒，在此指代祭礼。丧，丧礼。谓不参加祭礼和丧事。 ㉒五十而爵：爵，谓大夫之爵。按，人年五十方可授予大夫之爵。 ㉓六十不亲学：谓年六十不亲往学校学习。按因年六十已不能备弟子礼。 ㉔致政：即退休。 ㉕唯衰麻为丧：衰，丧服。麻，谓麻絰带。意思是，如有丧事，只须穿丧服、系麻絰带就行了。

47. 有虞氏养国老于上庠①，养庶老②于下庠；夏后氏养国老于东序，养庶老于西序；殷人养国老于右学，养庶老于左学；周人养国老于东胶，养庶老于虞庠，虞庠在国之西郊。有虞氏皇而祭，深衣③而养老；夏后氏收而祭，燕衣④而养老；殷人冔而祭，缟衣⑤而养老；周人冕而祭，玄衣⑥而养老。

[注释]①有虞氏养国老于上庠：有虞氏，是舜为首领的时代。国老，指告老退职的卿、大夫。养国老，是一种优国老之礼，与前养老礼性质同。上庠，及下文"下庠"、"东序"、"西序"、"右学"、"左学"、"东胶"、"虞庠"等，皆四代大学与小学之异名。 ②庶老：退休的士。按，凡养国老皆在大学，养庶老皆在小学。 ③有虞氏皇而祭，深衣而养老：皇，及下文"收"、"冔"、"冕"，皆冠冕名。皇、收、冔，其形制今皆不可考。冕的形制，参见第15节注①。深衣，参见《檀弓上第三》第61节注②。 ④燕衣：是与群臣燕饮时穿的服装，黑色。 ⑤缟衣：这里是指一种白布做的深衣。 ⑥玄衣：玄（黑）衣，下配素裳。

48. 凡三王养老皆引年①。八十者，一子不从政②；九十者,其家不从政;废疾非人不养者③,一人不从政;父母之丧,三年不从政;齐衰、大功之丧,三月不从政;将徙于诸侯④,三月不从政;自诸侯来徙家,期不从政⑤。

[注释]①凡三王养老皆引年:引年,即引户校年。意思是,三代君王举行养老礼之后,都要按户校核居民的年龄。按,养老礼只是款待贤者,天下老者甚多,不可皆养,故行养老礼后,再核查年龄,以便对年老者行复除(免除赋役)之惠。 ②不从政:政,通"征",在此指劳役。谓不服劳役。 ③废疾非人不养者:谓残废或有疾病,无人照顾就不能生活的人。 ④将徙于诸侯:谓将从大夫采地迁徙到诸侯采地的人。 ⑤自诸侯来徙家,期不从政:期,音jī,此谓一年。意思是,从别的诸侯国迁来安家的,一年不服劳役。

49. 少而无父者谓之孤,老而无子者谓之独,老而无妻者谓之矜①,老而无夫者谓之寡。此四者,天民②之穷而无告者也,皆有常饩③。

[注释]①矜:音guān,通"鳏"。 ②天民:天所降生之民。 ③常饩:饩,音xì,泛指粮食。谓经常性的粮食救济。

50. 瘖、聋、跛、躃、断者、侏儒①,百工各以其器食之②。

[注释]①瘖、聋、跛、躃、断者、侏儒:瘖,音yīn,同"喑",嗓子哑,或不能出声,失音。躃,音bì,足不能行者。断者,四肢残缺的人。侏儒,矮小畸形的人。 ②百工各以其器食之:百工,各种工匠。器,才能,能力。谓由各种工匠用各自的技能供养他们。

51. 道路,男子由右,妇人由左,车从中央。父之齿随行①,兄之齿雁行②,朋友不相逾③。轻任并,重任分④,班白不提挈⑤。君子耆老不徒行⑥,庶人耆老不徒食⑦。大夫祭器不假,祭器未成,不造燕器⑧。

[注释]①父之齿随行:父之齿,父亲的同龄人。下"兄之齿"义仿此。这是说,遇见父亲的同龄人应该跟随其后而行。 ②雁行:谓并行而稍后。 ③朋友不相逾:逾,越过,抢先。和朋友一起走路不抢先。 ④轻任并,重任分:谓轻担子一人独担,重担子帮人分担。 ⑤班白不提挈:班白,头发花白的人。提挈,用手提着。这句意思是,头发斑白的人不应让他拿东西走路,如果在路上遇见了,应主动帮他拿。 ⑥君子耆老不徒行:意思是,君子中的老年人不徒步而行,应当乘车而行。 ⑦徒食:吃白饭而无菜肴。 ⑧"大夫"至"燕器":燕器,生活器具。按,这三句与上文意思不类,盖错简于此。

52.方一里者为田九百亩。方十里者为方一里者百,为田九万亩。方百里者为方十里者百,为田九十亿①亩。方千里者为方百里者百,为田九万亿亩。

[注释]①亿:今十万。

53.自恒山至于南河①,千里而近②。自南河至于江③,千里而近。自江至于衡山④,千里而遥⑤。自东河至于东海⑥,千里而遥。自东河至于西河⑦,千里而近。自西河至于流沙⑧,千里而遥。西不尽⑨流沙,南不尽衡山,东不尽东海,北不尽恒山,凡四海之内,断长补短,方三千里,为田八十万亿一万亿亩。方百里者,为田九十亿亩,山陵、林麓⑩、川泽、沟渎、城郭、宫室、涂巷⑪,三分去一,其余六十亿亩。

[注释]①自恒山至于南河:这是冀州域。按,此处的"南河",以及下文"东河"、"西河",皆就冀州而言。 ②千里而近:即将近千里。 ③自南河至于江:这是豫州域。 ④自江至于衡山:这是荆州域。 ⑤千里而遥:即超过千里。 ⑥自东河至于东海:这是徐州域。 ⑦自东河至于西河:这也是冀州域。 ⑧自西河至于流沙:这是雍州域。流沙,指今哈密(属新疆)东南之大沙海。 ⑨尽:在此义为包括。 ⑩林麓:犹山林。 ⑪涂巷:谓道路。

54. 古者①以周尺八尺为步,今以周尺六尺四寸为步。古者百亩,当今东田②百四十六亩三十步。古者百里,当今百二十一里六十步四尺二寸二分。

[注释]①古者:指周以前。 ②东田:谓齐鲁一带的田。

55. 方千里者,为方百里者百。封方百里者三十国,其余方百里者七十。又封方七十里者六十,为方百里者二十九,方十里者四十。其余方百里者四十,方十里者六十。又封方五十里者百二十,为方百里者三十,其余方百里者十,方十里者六十。名山大泽不以封,其余以为附庸间田。诸侯之有功者,取于间田以禄之①。其有削地者,归之间田。

[注释]①取于间田以禄之:从间田划取土地作为赏赐有功诸侯的禄地。

56. 天子之县内,方千里者为方百里者百。封方百里者九,其余方百里者九十一;又封方七十里者二十一,为方百里者十,方十里者二十九,其余方百里者八十,方十里者七十一；又封方五十里者六十三，为方百里者十五，方十里者七十五，其余方百里者六十四，方十里者九十六。

57. 诸侯之下士禄食九人，中士食十八人，上士食三十六人，下大夫食七十二人，卿食二百八十八人，君食二千八百八十人。次国之卿食二百一十六人，君食二千一百六十人。小国之卿食百四十四人，君食千四百四十人。次国之卿命于其君者，如小国之卿①。

[注释]①次国之卿命于其君者，如小国之卿：意思是，次国的卿而由他的国君任命的，俸禄如同小国的卿。

58. 天子之大夫为三监，监于诸侯之国者，其禄视诸侯之卿，其爵视次国之君，其禄取之于方伯之地①。方伯为朝天子，皆有汤沐之邑②于天子之县内，视元士③。

[注释]①其禄取之于方伯之地：谓三监的俸禄由方伯的管辖地供给。 ②汤沐之邑：供来朝方伯止宿的封邑。 ③视元士：谓方伯的汤沐邑比照天子的元士的封邑。

59. 诸侯世子世国①；大夫不世爵，使以德，爵以功②。未赐爵，视天子之元士，以君其国③；诸侯之大夫不世爵禄。

[注释]①世国：世袭封国。 ②大夫不世爵，使以德，爵以功：谓大夫不世袭爵位，按他的德行来任用，按他的功劳授予爵位。按，这以上是记天子畿内的诸侯、大夫的爵禄之制。 ③未赐爵，视天子之元士，以君其国：君，用作动词，统治。这几句意思是，诸侯的太子未得天子赐爵之前，比照天子的元

士的身份,来统治他的国家。

60. 六礼:冠、昏、丧、祭、乡①、相见。七教:父子②、兄弟、夫妇、君臣、长幼、朋友、宾客。八政③:饮食、衣服、事为、异别④、度、量、数、制⑤。

[注释]①乡:谓乡饮酒和乡射礼。　②父子:是指有关父子关系之教。下仿此。　③政:在此是指有关的制度和规定。下文"饮食",即有关饮食的制度和规定,等等。　④事为、异别:事为指技艺,异别指器物品类。　⑤数、制:数指计数方法,制指物品规格。

月 令 第 六

一

1. 孟春之月①，日在营室②，昏参中③，旦尾中④。其日甲乙⑤，其帝大皞⑥，其神句芒⑦，其虫鳞⑧，其音角⑨，律中大蔟⑩，其数八⑪，其味酸，其臭膻⑫，其祀户⑬，祭先脾⑭。

[注释]①孟春之月：按，一季三个月，分别名之为孟、仲、季。孟春之月，就是春季的第一个月，也就是夏历正月。 ②日在营室：营室，二十八宿之一，即室宿，其位置在十二次的诹訾。按，古人把黄道（太阳周年视运动的轨迹）附近的一周天按照由西向东的方向分为十二个等分，叫做十二次，并给每次都取了个名称。十二次是从太阳冬至时所在的次开始数，这一次叫做星纪，第二次叫玄枵，第三次就是诹訾。而室宿正当诹訾的位置，所以就用室宿（即营室）指代太阳运行所在的次，以说明季节已进入到孟春。以下诸月义皆仿此。 ③昏参中：昏，黄昏时候。参，音 shēn，二十八宿之一，有星七颗。中，正中。谓黄昏时参星出现在南方天空的正中。 ④旦尾中：旦，拂晓时候。尾，二十八宿之一。谓拂晓时尾星出现在南方天空的正中。 ⑤其日甲乙：按古代以十天干纪日，十日一循环。古代的阴阳五行学家将十天干分属五行，以为甲乙属木行；以四季分属五行，以为春季属木行。故以甲乙为春之

主日,也就是有代表性的、最为重要的日子。后文夏季"其日丙丁",秋季"其日庚辛",冬季"其日壬癸",义皆仿此。 ⑥大皞:是传说中的上古东方部落首领,死后为东方之帝,于五行则为木帝,故主春。 ⑦句芒:音 gōu méng,传说中上古时代的另一部落首领叫少皞,他的儿子叫重,因辅佐木德之帝即大(太)皞有功,故死后为木神,是为句芒。 ⑧其虫鳞:按,龙为鳞类的代表性动物,按照五行学说,苍龙属木行,主东方,故以鳞类为春虫。 ⑨角:古代五声音阶的第三个音,相当于今简谱上的"3"音。按照五行学说,角音属木,故为春音。 ⑩律中大蔟:按,古人观测月气,是用十二支律管进行的,这十二支律管的名称与十二乐律同(参见《乐记第十九》第26节注①)。十二支律管的长度各异,相互之间有一定的比例,将这十二支律管埋入地中,其上与地平,其下则依长度的不同而深入地中各异,管中各填以芦灰,某月月气至,相应律管中的芦灰便会飞出,即所谓"吹灰",这就是律管候气之法。 ⑪其数八:这是举春月之成数而言。据说五行有生数,有成数。所谓生数,是指五行排列顺序之数,即一水,二火,三木,四金,五土,这是天生之数。所谓成数,是指奇偶相配相成之数。除去五生数,尚余六、七、八、九、十5个数。单数为阳,偶数为阴。故水一的成数是六,火二的成数是七,木三的成数就是八。木为春,故春月之成数为八。金四、土五与九、十亦互为成数。 ⑫其味酸,其臭膻:这也是用五行学说来排列、规范万物之例,以为酸味和膻气于五行皆属木,故属之春。 ⑬户:单扇的门叫做户,此处是指户神,为五祀之一。 ⑭祭先脾:先,为先、为上。按,脾于五行属木行,故祭品以牲畜的脾为上。

2. 东风解冻,蛰虫始振①,鱼上冰②,獭祭鱼③,鸿雁④来。

[注释]①蛰虫始振:蛰虫,冬眠的虫。振,在此是活动的意思。 ②鱼上冰:谓鱼儿上跃到水面的薄冰上。 ③獭祭鱼:参见《曲礼上第一》第25节注⑩。 ④鸿雁:即大雁。

3. 天子居青阳左个①,乘鸾路②,驾仓龙③,载青旂④,

衣青衣,服⑤仓玉,食麦与羊⑥,其器疏以达⑦。

[注释]①青阳左个:按,青阳是明堂的一部分。明堂的建制,外圆而中方,四方及中央建堂,东方之堂叫做青阳,南方之堂叫做明堂(此堂与总体建筑之名同),西方之堂叫做总章,北方之堂叫做玄堂;各方的正堂叫做太庙,太庙各有左右室,叫做个,青阳之堂北头的室就叫做青阳左个;各堂皆有门朝其所在之方;明堂的中央之堂亦名太庙,无左右个,唯有堂称太室(参见第61节),其门亦朝南。明堂据说是古代天子宣明政教和举行祭祀的地方,凡有重大的典礼,均在明堂举行。　②乘鸾路:鸾,音 luán,车铃。路,车。谓乘有鸾铃的车。　③仓龙:仓,通"苍",青色。按,青色是东方之色。龙,八尺以上的马称为龙。　④旂:音 qí,旗的一种。　⑤服:佩带。　⑥食麦与羊:这是配合孟春之月当吃的主要食物。全篇凡言"食某"义皆仿此。　⑦其器疏以达:疏,粗糙。以,连词,相当于"而"。达,通。谓所用器物上镂刻的花纹粗疏而通达。

4.是月也以立春。先立春三日,大史谒①之天子曰:"某日立春,盛德在木。"天子乃齐②。立春之日,天子亲帅三公、九卿、诸侯、大夫以迎春于东郊③,还反赏④公、卿、诸侯、大夫于朝。

[注释]①谒:音 yè,报告。　②齐:音 zhāi,同"斋",斋戒,这是为举行迎春典礼而斋戒。　③迎春于东郊:这是到东郊举行迎春典礼。此礼主要是迎大皞、句芒之神而祭之。　④还反赏:还反,当作"还乃"。后文"还反"皆仿此。谓迎春典礼回来后实行赏赐。

5.命相布德①,和令②,行庆③,施惠,下及兆民。庆赐遂行,毋有不当④。

[注释]①布德:颁布德教。　②和令:和,通"宣"。谓宣布有关禁令。

③行庆:庆,赏赐。谓赏赐有善行的人。 ④毋有不当:谓赏赐不要有不恰当的。

6. 乃命大史守典奉法①,司天日月星辰之行②,宿离不贷③,毋失经纪④,以初为常⑤。

[注释]①守典奉法:即奉守典法(典章法度)。 ②司天日月星辰之行:司,负责。谓由司天负责观测天上日月星辰的运行。 ③宿离不贷:宿,犹止。离,犹行。贷,音 tè,通"忒",差错。谓对日月星辰运行所经过的位置的观测不得有差错。 ④毋失经纪:经纪,指天文进退迟速的度数。意思是,对日月星辰运行度次的记载不得有失误。 ⑤以初为常:初,旧。谓把传统的(即旧有的)方法作为观测的常法。

7. 是月也,天子乃以元日祈谷①于上帝。乃择元辰②,天子亲载耒耜,措之于参保介之御间③,帅三公、九卿、诸侯、大夫,躬耕帝藉④。天子三推⑤,三公五推,卿、诸侯九推。反,执爵于大寝⑥。三公、九卿、诸侯、大夫皆御⑦,命曰劳酒⑧。

[注释]①以元日祈谷:元日,指一个月中上旬的辛日。比如正月初一是甲日,那么上辛就是初八。祈谷,祈求保佑粮食丰收。 ②元辰:元,吉。元辰,吉日。 ③措之于参保介之御间:措,放置。参保介,就是参乘,亦即车右(参见《曲礼上第一》第 59 节注⑪)。保,犹衣,穿着。介,甲衣。参保介,就是"穿着甲衣居右而参乘"的意思。御,驾车人。"之御"二字误倒。这句意思是,把耒耜放在穿甲衣的参乘和御者之间。 ④帝藉:帝,谓天帝。藉,通"籍",即藉田,是古代天子、诸侯征用民力耕种的田。每逢春耕开始,天子、诸侯躬耕藉田,以示对农业的重视。因为藉田的收获主要用于祭祀上帝及诸天神,故称帝藉。 ⑤三推:谓将耒耜插入地中象征性地推动三下。下文义仿此。 ⑥反,执爵于大寝:返,谓耕藉田之礼完毕后返回来。执爵,谓举行

酒宴。大寝,即正寝,亦即路寝,在路门内。 ⑦御:谓参加饮酒。 ⑧命曰劳酒:名叫劳酒,也就是慰劳群臣之酒的意思。

8. 是月也,天气下降,地气上腾,天地和同,草木萌动①。王命布农事,命田舍东郊②,皆修封疆,审端经术③,善相丘陵、阪险、原隰④,土地所宜,五谷所殖,以教道民,必躬亲之⑤。田事既饬,先定准直⑥,农乃不惑。

[注释]①萌动:萌生,萌芽。 ②命田舍东郊:田,田畯,主农事的官。命令田畯住到东郊去,以督促农事。 ③皆修封疆,审端经术:封疆,即田界。经,通"径"。术,通"遂",是农夫与农夫所耕百亩土田之间的小沟;遂上有径,故曰"经(径)遂"。这两句意思是,督促农民们都修整地界,审察并修正田间小道和沟渠。 ④善相丘陵、阪险、原隰:相,看,观察。善相,好好地察看。阪险,阪指坡地,险指山泽。原隰,原指平地,隰指低湿地。按,这是观察不同地形都适宜种植什么庄稼,故下文曰"土地所宜,五谷所殖"。 ⑤必躬亲之:是说上述工作田畯都必须亲自去做。 ⑥田事既饬,先定准直:饬,音chì,整顿。准直,标准。谓农田和渠道修整好了以后,还得先确定种植的标准。

9. 是月也,命乐正入学习舞①,乃修祭典②。命祀山林川泽,牺牲毋用牝③。禁止伐木,毋覆巢④,毋杀孩虫、胎、夭、飞鸟⑤,毋麛,毋卵⑥,毋聚大众,毋置城郭⑦,掩骼埋胔⑧。

[注释]①入学习舞:学,指大学。习舞,谓教习舞蹈。 ②乃修祭典:修,谓修订。祭典,有关祭祀的典礼,包括祭祀的对象,祭祀的时间,祭祀所用祭品,以及祭祀的礼仪,等等。 ③牝:音pìn,雌性的鸟兽。 ④覆巢:倾覆鸟巢。 ⑤毋杀孩虫、胎、夭、飞鸟:孩虫,指幼兽。胎,谓在腹中未出者。夭,

音 ǎo,动植物之初生者。飞鸟,此谓初飞之鸟。 ⑥毋麛,毋卵:麛,幼兽。谓不可捕杀幼兽,不可掏取鸟卵。 ⑦毋聚大众,毋置城郭:这是孟春之月所忌讳的事。 ⑧掩骼埋胔:胔,音 zì,肉腐曰胔。谓掩埋所遇见的动物的骨骼腐肉。

10. 是月也,不可以称兵①,称兵天必殃。兵戎不起,不可从我始②。毋变天之道③,毋绝地之理④,毋乱人之纪⑤。

[注释]①称兵:举兵征伐。 ②兵戎不起,不可从我始:意思是,不可采取军事行动,采取军事行动也不可从我开始。 ③毋变天之道:这是说明为什么不能称兵。因为春天是生长的季节,天之道主生,而战争杀伐,就直接违背了天之生道,天必降灾殃予称兵者。 ④毋绝地之理:按,地之理有刚柔,春天主生,于地之理则为柔,称兵杀伐则违背了地之柔,这就是绝地之理。 ⑤毋乱人之纪:按,人之纪有仁有义,春主生,于人之纪则为仁,称兵杀伐则违背了仁,扰乱了人之纪。

11. 孟春行夏令①,则雨水不时,草木蚤②落,国时有恐③。行秋令,则其民大疫④,猋风暴雨总至⑤,藜莠蓬蒿⑥并兴。行冬令,则水潦为败⑦,雪霜大挚⑧,首种不入⑨。

[注释]①夏令:谓夏季才可施行的政令。 ②蚤:通"早"。 ③有恐:有恐惧的事情。 ④疫:瘟疫,流行性急性传染病的通称。 ⑤猋风暴雨总至:猋,音 biāo,暴风。谓狂风暴雨就会一起到来。 ⑥藜莠蓬蒿:泛指各种杂草。 ⑦水潦为败:水潦,即水涝。为,造成。败,谓败坏农田。意思是,将有水涝灾害败坏农田。 ⑧挚:伤折,伤害。 ⑨首种不入:入,谓入于地,此谓播种。谓早春作物不能播种。

二

12. 仲春之月,日在奎①,昏弧中②,旦建星③中。其日甲乙,其帝大皞,其神句芒,其虫鳞,其音角,律中夹钟,其数八,其味酸,其臭羶④,其祀户,祭先脾。

[注释]①奎:二十八宿之一,有星十六颗,其位置当十二次的第四次,即降娄之次。 ②弧:即弧矢,星名,又称"天弓",简称"弧"。 ③建星:在南斗(即二十八宿的斗宿)之上。 ④羶:羊的气味。

13. 始雨水①,桃始华②,仓庚③鸣,鹰化为鸠④。

[注释]①雨水:二十四节气之一。按,此所记节气与今不同,今之雨水在正月,惊蛰在二月,据此记则这两个节气的顺序正好颠倒。 ②华:开花。 ③仓庚:即黄鹂。 ④鹰化为鸠:鹰变化为鸠。参见《王制第五》第 25 节注⑬。

14. 天子居青阳大庙①,乘鸾路,驾仓龙,载青旂,衣青衣,服仓玉,食麦与羊,其器疏以达。

[注释]①青阳大庙:谓青阳三室的中间之室。

15. 是月也,安萌牙①,养幼少,存诸孤②。择元日,命民社③。命有司省囹圄④,去桎梏,毋肆掠⑤,止狱讼⑥。

[注释]①安萌牙:牙,通"芽"。意思是,要使植物的幼芽安稳地生长。 ②存诸孤:存,抚恤。孤,谓孤苦无靠的人。 ③社:此作动词,谓祭祀社神(土地之神)。 ④省囹圄:省,音 xǐng,视察、察看。囹圄,音 líng yǔ,监狱。

⑤毋肆掠:谓不可肆意鞭笞犯人。　⑥止狱讼:停止打官司。

16. 是月也,玄鸟①至。至之日,以大牢祀于高禖②,天子亲往,后妃帅九嫔御③。乃礼天子所御④,带以弓韣,授以弓矢⑤,于高禖之前。

[注释]①玄鸟:即燕子。　②高禖:即郊禖,古代帝王求子所祀之神。③九嫔御:九嫔,泛指天子的众妻妾。御,谓陪同祭礼。　④礼天子所御:礼,当作"醴"。御,谓有娠者。意思是,于是向天子的怀孕的妻妾进醴酒。⑤带以弓韣,授以弓矢:韣,音 dú,弓袋子。意思是,给她带上弓套,授给她弓矢。按,这是希望怀孕的妻妾能够生男孩。

17. 是月也,日夜分①,雷乃发声,始电,蛰虫咸动,启户始出②。先雷三日,奋木铎③以令兆民曰:"雷将发声,有不戒其容止④者,生子不备⑤,必有凶灾。"日夜分,则同度、量、钧、衡、石、角、斗、甬,正权、概⑥。

[注释]①日夜分:即春分。春分这天昼夜等长,故曰日夜分,且用以指代春分节气。　②启户始出:谓蛰虫破洞而出。　③木铎:一种木舌的铃(参见《檀弓下第四》第70节注④)。　④戒其容止:戒,谨慎。谓谨慎自己的容貌举止。　⑤生子不备:肢体器官发育不完备,即所生之子将会有残疾。⑥"则同"至"权、概":同、角、正,皆谓平。丈尺曰度,斗斛曰量,三十斤曰钧,秤曰衡,百二十斤曰石。甬,即斛。秤锤曰权。概,木制,刮平斗斛所用,形如尺。这句意思是,要统一长度单位、容量单位、钧、秤和石,使斗、斛都合乎标准,使秤锤和刮斗斛的平尺都准确无误。

18. 是月也,耕者少舍①,乃修阖扇②,寝庙毕备③。毋作大事④,以妨农之事。是月也,毋竭川泽,毋漉陂池⑤,

毋焚山林。天子乃鲜羔⑥,开冰,先荐⑦寝庙。

[注释]①少舍:舍,犹止。耕种的人稍停息。 ②阖扇:谓门户。③寝庙:即宗庙。凡庙,前曰庙,后曰寝。 ④大事:谓如征伐或兴起大的工程。 ⑤漉陂池:漉,音 lù,竭。陂,音 bēi。陂池,即池沼,池塘。 ⑥鲜羔:鲜,是"献"字之误。献羔,在此是用以祭祀司寒之神。 ⑦荐:进献。

19. 上丁①,命乐正习舞,释菜②,天子乃帅三公、九卿、诸侯、大夫亲往视之③。仲丁④,又命乐正入学习乐⑤。

[注释]①上丁:一个月中上旬的丁日。 ②释菜:祭名,是指用菜祭祀学校里的先师之神。 ③视之:察看释菜礼。 ④仲丁:中旬的丁日。⑤乐:原误作"舞"。

20. 是月也,祀不用牺牲,用圭璧,更皮币①。

[注释]①用圭璧,更皮币:更,代替。皮,此谓鹿皮。币,谓束帛(即一束帛。一束是五匹)。这是说,用圭璧、皮币替换牺牲。

21. 仲春行秋令,则其国大水,寒气揔至①,寇戎来征。行冬令,则阳气不胜②,麦乃不熟,民多相掠。行夏令,则国乃大旱,暖气早来,虫螟为害③。

[注释]①揔:同"總(总)"。 ②阳气不胜:这是说阳气将为阴气所败。③虫螟为害:谓庄稼将会发生病虫害。

三

22. 季春之月,日在胃①,昏七星②中,旦牵牛③中。其日甲乙,其帝大皞,其神句芒,其虫鳞,其音角,律中姑洗,其数八,其味酸,其臭羶,其祀户,祭先脾。

[注释]①胃:二十八宿之一,有星三颗,其位置当十二次的第五次,即大梁之次。 ②七星:即星宿,二十八宿之一,有星七颗。 ③牵牛:即牛宿,二十八宿之一,有星六颗。

23. 桐始华①,田鼠化为鴽②,虹始见,萍始生。

[注释]①桐始华:桐树开始开花。 ②田鼠化为鴽:鴽,音 rú,是鹌鹑类的鸟。按,这也是由于古人缺乏科学知识所至,以为鴽是由田鼠变化来的。

24. 天子居青阳右个①,乘鸾路,驾仓龙,载青旂,衣青衣,服仓玉,食麦与羊,其器疏以达。

[注释]①青阳右个:青阳之堂的右室,即青阳之堂最南边的室。

25. 是月也,天子乃荐鞠衣于先帝①,命舟牧覆舟②,五覆,五反,乃告舟备具于天子焉,天子始乘舟。荐鲔③于寝庙,乃为麦祈实④。

[注释]①天子乃荐鞠衣先帝:鞠衣,是一种颜色如初生的桑叶般嫩黄色的礼服。先帝,大皞之属。这句意思是,天子进献嫩桑色的礼服祭祀先帝。②命舟牧覆舟:舟牧,是管理舟船的官。覆舟,把船反扣过来,目的是为了便于检查船底。 ③鲔:音 wěi,鱼名,属金枪鱼科。 ④为麦祈实:即祈求麦子丰收。

26. 是月也,生气方盛,阳气发泄,句者毕出①,萌者尽达②,不可以内③。天子布德行惠:命有司发仓廪,赐贫穷,振乏绝;开府库,出币帛,周④天下;勉诸侯聘⑤名士,礼贤者。

[注释]①句者毕出:屈生的幼芽都出土。 ②萌者尽达:萌者,谓幼芽已出土而直生者。尽达,都上达地表。 ③不可以内:内,音nà,"纳"的古字。谓不可以做收敛赋税财货的事情。 ④周:周济。 ⑤聘:问,慰问。

27. 是月也,命司空曰:"时雨将降,下水上腾①,循行国邑,周②视原野,修利堤防,道③达沟渎,开通道路,毋有障塞。田猎置罘、罗网、毕、翳④,餧兽之药,毋出九门⑤"。

[注释]①下水上腾:谓地下水往上升。 ②周:遍。 ③道:音dǎo,疏通,疏导,后作"导"。 ④置罘、罗网、毕、翳:置罘,音jiēfú,是一种捕兽的网。罗网,是捕鸟的网。毕,是一种长柄的小网。翳,通"弋",是一种末端系绳用以射飞鸟的箭。 ⑤餧兽之药,毋出九门:餧,是"喂"的异体字。药,指喂兽的毒药。九门,指天子之朝的五门,即路门、应门、雉门、库门、皋门,再加上城门、近郊之门、远郊之门和关门,凡九门。按,捕猎的工具和毒兽之药都禁出九门,目的就是禁止在季春之月捕杀鸟兽。

28. 是月也,野虞①无伐桑柘。鸣鸠拂其羽②,戴胜③降于桑。具曲、植、篷、筐④。后妃齐戒,亲东乡躬桑⑤。禁妇女毋观⑥,省妇使⑦,以劝⑧蚕事。蚕事既登⑨,分茧、称丝效⑩功。以共郊⑪、庙之服,无有敢惰。

[注释]①野虞:主管田及山林之官。 ②鸣鸠拂其羽:鸣鸠,即斑鸠。拂其羽,拍击其翅膀。 ③戴胜:一种小鸟。 ④曲、植、篷、筐:皆养蚕用具。曲,即薄曲。植,是放置薄曲的木架。篷,音qú,通"筥",竹编的圆筐。筐,竹编的方筐。 ⑤亲东乡躬桑:亲、躬,都是亲自的意思。东乡,谓东郊。桑,在此用作动词,谓采摘桑叶。 ⑥观:游玩。 ⑦省妇使:减少妇女其他方面的

差使。按,这是为了让妇女们集中精力养好蚕。 ⑧劝:鼓励。 ⑨登:成,完成。 ⑩效:通"校",考核,考查。 ⑪郊:祭天礼名,即郊天礼。

29. 是月也,命工师令百工审五库之量①,金、铁、皮、革、筋、角、齿、羽、箭、干、脂、胶、丹、漆,毋或不良②。百工咸理③,监工日号:"毋悖于时④!毋或作为淫巧⑤,以荡上心⑥!"

[注释]①命工师令百工审五库之量:工师,百工之长。五库,指收藏下面所记诸物的仓库。 ②毋或不良:不要有不好的。 ③百工咸理:理,治事。谓百工都各治其事,即各自从事自己的制作之事。 ④毋悖于时:悖,违背。时,指工期。 ⑤淫巧:过于精巧或新奇的制品。 ⑥以荡上心:荡,动摇。谓使君心动摇而产生奢侈之心。

30. 是月之末,择吉日大合乐①,天子乃率三公、九卿、诸侯、大夫,亲往视之。

[注释]①大合乐:礼名,其礼早佚,盖如今之音乐舞蹈大会演。按,大合乐的目的,据说是为了助阳气生长万物,而且可以教化天下的人。

31. 是月也,乃合累牛腾马①,游牝于牧②。牺牲、驹、犊,举书其数。命国难③,九门磔攘④,以毕春气⑤。

[注释]①合累牛腾马:累、腾,皆雌雄相配之名。谓使牛马雌雄结合交配。 ②游牝于牧:牝,雌性的牲。谓放出雌牲让它在牧场游走交配。 ③难:音 nuó,后作"傩",是一种驱逐疫鬼的活动。 ④九门磔攘:九门,参见第27节注。磔,音 zhé,分裂牲体以祭鬼神。攘,谓攘除凶灾疫鬼。 ⑤毕春气:毕,结束。春气,此指春时的疫气。

32.季春行冬令,则寒气时发①,草木皆肃②,国有大恐③。行夏令,则民多疾疫,时雨不降,山林不收④。行秋令,则天多沈阴,淫雨蚤降,兵革并起。

[注释]①时发:谓时不时地发作。 ②肃:萎缩,肃杀。 ③国有大恐:国中会有使人大恐惧的事情发生。 ④山林不收:林,是"陵"字之误。谓高地农作物没有收成。

四

33.孟夏之月,日在毕①,昏翼中②,旦婺女中③。其日丙丁④,其帝炎帝⑤,其神祝融⑥,其虫羽⑦,其音徵⑧,律中中吕⑨,其数七⑩,其味苦,其臭焦⑪,其祀灶,祭先肺⑫。

[注释]①毕:二十八宿之一。 ②翼:二十八宿之一。 ③婺女:二十八宿之一。 ④其日丙丁:按,古代的阴阳五行学家以为丙丁日属火,夏亦属火,故以丙丁为夏季之主日(参见第1节注⑤)。 ⑤炎帝:传说上古姜姓部落的首领,死后为火德之帝。 ⑥祝融:传说是颛顼的后代,死后成为火官之神。 ⑦其虫羽:按照五行学说,因为夏属火,而二十八宿之南方七宿之形似鸟,称为"朱雀",故以羽类为夏虫。 ⑧徵:音 zhǐ,古代五声音阶的第四个音,相当今简谱上的"5"音。 ⑨律中中吕:参见第1节注⑩。 ⑩其数七:参见第1节注⑪。 ⑪焦:烧焦的气味。 ⑫祭先肺:参见第1节注⑭。

34.蝼蝈①鸣,蚯蚓出,王瓜②生,苦菜秀③。

[注释]①蝼蝈:即蛙。 ②王瓜:亦称土瓜,葫芦科。 ③苦菜秀:苦菜,一种野菜,又名荼。秀,开花。

35.天子居明堂左个①,乘朱路,驾赤骍②,载赤旂,衣朱衣,服赤玉,食菽与鸡,其器高以粗。

[注释]①明堂左个:南面之堂的东边之室(参见第3节注①)。②骝:音liú,赤身黑鬣的马。

36. 是月也以立夏。先立夏三日,大史谒之天子曰:"某日立夏,盛德在火。"天子乃齐。立夏之日,天子亲帅三公、九卿、大夫以迎夏于南郊①。还反行赏,封诸侯,庆赐遂行,无不欣说。

[注释]①迎夏于南郊:谓行迎夏之礼,其礼主要是祭炎帝、祝融。

37. 乃命乐师习合礼乐①,命太尉赞桀俊,遂贤良②,举长大③,行爵出禄④,必当其位。是月也,继长增高⑤,毋有坏堕⑥,毋起土功,毋发大众,毋伐大树。是月也,天子始絺⑦。命野虞出行⑧田原,为天子劳⑨农劝民,毋或失时。命司徒巡行县鄙⑩,命农勉作,毋休于都⑪。是月也,驱兽毋害五谷,毋大田猎。农乃登麦⑫,天子乃以彘尝麦⑬,先荐寝庙。是月也,聚畜百药。靡草死,麦秋至⑭,断薄刑,决小罪,出轻系⑮。蚕事毕,后妃献茧⑯,乃收茧税,以桑为均⑰,贵贱长幼如一⑱,以给郊、庙之服⑲。

[注释]①习合礼乐:习,教习。合礼乐,谓礼仪与音乐的配合。 ②太尉赞桀俊,遂贤良:太尉,掌武事的官。赞,推举,推荐。桀俊,即俊杰。遂,犹进。 ③长大:身材高大而有力的人。 ④行爵出禄:行、出,皆谓授予。谓授给被荐举的人爵位和俸禄 ⑤继长增高:谓草木都在继续生长增高。 ⑥毋有坏堕:不要做毁坏城郭房屋之类的事。 ⑦天子始絺:絺,音chī,细葛布。谓天子开始穿细葛布衣。 ⑧行:巡视。 ⑨劳:音lào,慰劳。 ⑩县

鄙:在此泛指乡里。　⑪命农勉作,毋休于都:勉,尽力,努力。休,休息。都,泛指都邑。　⑫农乃登麦:农,此谓农官。登,进。谓农官进上新麦。　⑬以彘尝麦:彘,音 zhì,即猪。谓用猪肉配合尝新麦。　⑭靡草死,麦秋至:靡草,草名。秋,在此是成熟的意思。这两句意思是,靡草死亡了,却是麦子成熟季节的到来。　⑮断薄刑,决小罪,出轻系:意思是,可以审理一些轻刑的案件,叛决一些小罪犯,赦免一些被拘禁的轻罪犯人。　⑯献茧:谓内命妇献茧于后妃。按,天子之妻,有一后,三夫人,九嫔、二十七世妇、八十一女御;自九嫔以下为内命妇。这里是九嫔以下,献其蚕茧给王后和三夫人。　⑰乃收茧税,以桑为均:均,衡量。意思是,于是开始收取茧税,茧税是依照所用桑叶的多少来衡量收取的。　⑱贵贱长幼如一:谓养蚕的妇女不论贵贱老少都按统一的标准收取茧税。　⑲服:谓祭服。

38. 是月也,天子饮酎①,用礼乐。

[注释]①饮酎:酎,音 zhòu,一种重复酿造的醇酒。

39. 孟夏行秋令,则苦雨①数来,五谷不滋②,四鄙入保③。行冬令,则草木蚤枯,后乃大水败其城郭。行春令,则蝗虫为灾,暴风来格④,秀草不实⑤。

[注释]①苦雨:伤害庄稼的雨。　②滋:滋生,生长。　③四鄙入保:鄙,边界上居邑。保,"堡"的古字,城堡,小城。谓四周边邑的人民就会逃入城堡躲避寇敌。　④格:来,至。　⑤秀草不实:即"草不秀实"之义,谓草木不开花结果。

五

40. 仲夏之月,日在东井①,昏亢中②,旦危中③。其日丙丁,其帝炎帝,其神祝融,其虫羽,其音徵,律中蕤宾,其数七,其味苦,其臭焦,其祀灶,祭先肺。

[注释]①东井:二十八宿之一。 ②亢:二十八宿之一。 ③危:二十八宿之一。

41. 小暑至,螳螂生,䴗始鸣①,反舌无声②。

[注释]①䴗:音 jú,鸟名,即伯劳。 ②反舌无声:反舌,鸟名,即百舌鸟。无声,不发出叫声。

42. 天子居明堂太庙①,乘朱路,驾赤骊,载赤旂,衣朱衣,服赤玉,食菽与鸡,其器高以粗。养壮佼②。

[注释]①明堂太庙:明堂正中之室。 ②养壮佼:壮佼,身体强健壮美的人。谓养育好身体壮美的人。按,仲夏是万物盛长的时节,古人认为养壮佼之人,可以助长养之气。

43. 是月也,命乐师脩鞀、鞞①、鼓,均②琴、瑟、管③、箫,执干、戚、戈、羽,调竽、笙、竾、簧④,饬钟、磬、柷、敔⑤。

[注释]①脩鞀、鞞:脩,通"修"。鞀,同"鼗",音 táo,即鼗鼓。鞞,同"鼙",音 pí,一种小鼓。 ②均:调匀。 ③管:古代的一种似笛的竹制管乐器。 ④调竽、笙、竾、簧:竽,古代的一种簧管乐器,形似笙而较大,管数亦较多。竾,音 chí,同"篪",古代竹制的管乐器之一,像笛,有八孔,横吹。簧,乐器名,也是一种竹制管乐器,有簧片可震动发声。这句意思是,调理好竽、笙、竾、簧等各种管簧乐器。 ⑤饬钟、磬、柷、敔:饬,修整。柷,音 zhú。敔,音 yǔ。柷、敔都是古代的打击乐器。柷,参见《王制第五》第 22 节注③。敔,又称楬,形如伏虎,雅乐将终时击之止乐。这句意思是,整饬好钟、磬、柷、敔等

各种打击乐器。

44. 命有司为民祈祀山川百源①,大雩帝②,用盛乐③。乃命百县雩祀百辟卿士有益于民者④,以祈谷实。

[注释]①祈祀山川百源:祈祀,谓通过祭祀来祈祷。祈祀山川百源,是为民祈求水源丰沛。　②雩帝:雩,音yú,古代为求雨而举行的祭祀,祭祀的对象是天帝。　③盛乐:谓韬、鞞以下十九种乐器并奏(见上节)。　④雩祀百辟卿士有益于民者:按,这里所说的祭祀对象是古之百辟卿士,因为他们生前为民做过好事,死后为神,故以雩祭祭之,下句"以祈谷实"(求他们保佑谷物籽粒饱满),就是祭祀的目的。按,百辟卿士,在此指上公级别的人物,如句龙、后稷之类。句龙相传为共工之子,能平水土,后世祀为后土之神(参见第60节注④)。后稷是周的先祖,名弃,虞舜时命之为农官,教民耕稼,故称"后稷"。

45. 农乃登黍①。是月也,天子乃以雏②尝黍。羞以含桃③,先荐寝庙。

[注释]①农乃登黍:农,农官。登,进,谓进献于天子。　②雏:小鸡。③羞以含桃:羞,进,亦是进于天子。含桃,樱桃。

46. 令民毋艾蓝①以染,毋烧灰②,毋暴布③,门闾毋闭④,关市毋索⑤。挺重囚⑥,益其食。

[注释]①毋艾蓝:艾,通"刈"。蓝,草名,可作染料,染物为青碧色。谓不要割取蓝草用作染料。按,据说青是赤之母,夏于五行属火,于色为赤,如果仲夏而割取蓝,就会有伤时气,故禁之。　②毋烧灰:灰,是"炭"字之误。按,烧炭是将正旺烧的木柴熄灭,然后成炭,灭旺燃之火,亦伤时气,故禁之。③毋暴布:暴,晒。据说因为布是女子所织,是阴功所成,仲夏暴布,则是以阴

干阳。　④门闾毋闭:门闾,谓城门和闾门。禁止关闭门闾,是为使时气宣畅。　⑤关市毋索:关市,关卡和市场。索,谓对商旅进行搜索,看是否有漏税之物。按,因当时阳气盛大,故为君者亦当体现宽大的精神。　⑥挺重囚:挺:犹宽。谓给重罪犯减刑。

47. 游牝别群①,则絷腾驹②,班马政③。

[注释]①游牝别群:牝,雌马,此指已怀孕的雌马。谓游走交配而怀孕的雌马要和马群区别开来。　②絷腾驹:腾驹,指已变得强壮而能腾跃的马驹。絷,音 zhí,马络头的一部分,在此指代马络头。意思是,要把已能腾跃的马驹套上络头。　③班马政:班,颁布,后作"颁"。颁布有关马的政令。

48. 是月也,日长至①,阴阳争②,死生分③。君子齐戒,处必掩身④,毋躁;止声色,毋或进⑤;薄滋味,毋致和⑥;节耆⑦欲,定心气,百官静⑧,事毋刑⑨,以定晏阴之所成⑩。

[注释]①日长至:即夏至。　②阴阳争:按照阴阳家的说法,此月阳气已达到极盛,盛极而衰,故从夏至以后,白天即一天天变短,而阴气则欲起而与阳气争,故曰"阴阳争"。　③死生分:分,犹半。谓死物和生物各半。④处必掩身:谓君子居处必遮掩身体。　⑤毋或进:谓舞乐和女色不要有进献给君子的。　⑥薄滋味,毋致和:饮食滋味要清淡,不要追求五味调和。⑦耆:通"嗜"。　⑧百官静:官,谓身体器官。意思是,身体的各个器官都要守静。　⑨事毋刑:不要处理有关刑罚的事。　⑩以定晏阴之所成:晏,在此义为安。阴主静,主安,故称阴为"晏阴"。按此月阴气方起而欲盛,故当顺节令,以定阴气而渐成其盛。

49. 鹿角解①,蝉始鸣,半夏②生,木堇荣③。

[注释]①鹿角解:鹿脱下头上的角。　②半夏:药草名。　③木堇荣:木堇,即木槿,花木名。荣,开花。

50.是月也,毋用火南方①,可以居高明②,可以远眺望,可以升山陵,可以处台榭③。

[注释]①毋用火南方:据阴阳家的说法,南方本是火位,又因火位而用火,则更盛其火,就会成为始起的微阴之害。　②高明:高敞明亮的地方。③台榭:台上有屋曰台榭。

51.仲夏行冬令,则雹冻伤谷,道路不通,暴兵来至。行春令,则五谷晚熟,百螣①时起,其国乃饥。行秋令,则草木零落,果实早成,民殃于疫。

[注释]①螣:音 tè,吃苗叶的害虫。在此泛指损伤庄稼的害虫。

六

52.季夏之月,日在柳①,昏火②中,旦奎③中。其日丙丁,其帝炎帝,其神祝融,其虫羽,其音徵,律中林钟,其数七,其味苦,其臭焦,其祀灶,祭先肺。

[注释]①柳:二十八宿之一,其位置在十二次的第八次,即鹑火之次。②火:亦称"商星"、"大火"、"大辰",即心宿,二十八宿之一。　③奎:亦称"天豕"、"封豕",二十八宿之一。

53.温风始至,蟋蟀居壁①,鹰乃学习②,腐草为萤③。

[注释]①蟋蟀居壁:蟋蟀居住在墙壁的缝隙中。　②鹰乃学习:谓雏

鹰开始学习飞翔。　③腐草为萤：按，古人认为萤火虫是从腐草中生出来的。

54. 天子居明堂右个①，乘朱路，驾赤骝，载赤旂，衣朱衣，服赤玉，食菽与鸡，其器高以粗。命渔师伐蛟②，取鼍，登龟，取鼋③。命泽人纳材苇④。

[注释]①明堂右个：南方明堂三室的最右边（西边）之室。　②命渔师伐蛟：渔师，掌渔之官。蛟，一种鼍、鳄之类的动物（参见下注）。　③取鼍，登龟，取鼋：鼍，音 tuó，即扬子鳄。登龟，进献龟。鼋，音 yuán，鳖科动物，大者可长达一米以上。　④泽人纳材苇：泽人，即泽虞，掌池泽之官。纳，收取。材苇，蒲苇之属。

55. 是月也，命四监大合百县之秩刍①，以养牺牲，令民无不咸出其力，以共皇天上帝②、名山大川四方之神，以祠宗庙、社稷之灵，以为民祈福。

[注释]①命四监大合百县之秩刍：按，周制，县大于郡，一县有四郡，四监即县大夫，因监一县之四郡而得"四监"之名。秩，常。刍，饲草。意思是，命令四监大规模收集畿内百县按常制所应缴纳的饲草。　②以共皇天上帝：共，通"供"。皇天上帝，即天帝，上帝。

56. 是月也，命妇官①染采。黼、黻、文、章，必以法故②，无或差贷③；黑、黄、仓、赤，莫不质良，毋敢诈伪。以给郊、庙祭祀之服，以为旗章④，以别贵贱等给之度⑤。

[注释]①妇官：即染人，掌染丝帛的官。　②黼、黻、文、章，必以法故：白与黑相间谓之黼，黑与青相间谓之黻，青与赤相间谓之文，赤与白相间谓之章。这是指所染丝帛的颜色。法故，即故法、旧法。　③差贷：失误。

④章:谓官服。　⑤以别贵贱等给之度:等给,即等级。谓用以区别贵贱等级的差别。

57. 是月也,树木方盛,乃命虞人入山行木①,毋有斩伐。不可以兴土功,不可以合诸侯,不可以起兵动众。毋举大事②,以摇养气③。毋发令而待④,以妨神农之事⑤也。水潦盛昌,神农将持功⑥,举大事则有天殃。

[注释]①行木:巡视树木。　②举大事:谓兴徭役。　③以摇养气:摇,动摇,犹言干扰。谓干扰季夏养育万物之气。　④毋发令而待:不要预先下达征发徭役的命令而让民众等待。　⑤神农之事:神农所掌管的农事。⑥神农将持功:谓神农将拿这些雨水来成就人间的农事之功。

58. 是月也,土润溽暑①,大雨时行。烧薙行水②,利以杀草③,如以热汤,可以粪田畴,可以美土强④。

[注释]①溽暑:溽,音 rǔ,湿润。谓土地湿润而热。　②烧薙行水:薙,音剃 tì,除草。烧薙,则谓焚烧已除之草。行水,在此义谓蓄积雨水。　③利以杀草:按,此时天气暑热,田中水温甚高,所割除的杂草浸泡在高温之水中,就不得复生了。故下文说"如以热汤",即如同泡在开水中一般。　④可以粪田畴,可以美土强:强,坚硬难耕的土地。这两句是说这种除草法的好处,一可增加土壤肥力,二可改良土壤。所谓"美土强",就是使坚硬难耕的土地得到改善。

59. 季夏行春令,则谷实鲜落①,国多风欬②,民乃迁徙。行秋令,则丘隰水潦③,禾稼不熟,乃多女灾④。行冬令,则风寒不时,鹰、隼蚤鸷⑤,四鄙入保⑥。

[注释]①谷实鲜落:鲜,少。谓粮食籽粒寡少而又多散落。　②风欬:

欬,音 kài,咳嗽。谓风寒咳嗽。 ③丘隰水潦:丘,在此指高地。隰,音 xí,低湿地。谓不论高地低湿地都发生水涝。 ④女灾:谓如孕妇流产或生子不育之类。 ⑤鹰、隼蚤鸷:隼,音 sǔn,一种贪残而凶猛的鸟。鸷,音 zhì,一种凶猛的鸟,在此指鸟凶猛。谓鹰、隼之类的鸟就会早日变得凶猛。 ⑥四鄙入保:鄙,边境。谓四周边境上的民众就会逃入城堡以避寇敌。

60. 中央土①,其日戊己②,其帝黄帝③,其神后土④,其虫倮⑤,其音宫⑥,律中黄钟之宫⑦,其数五⑧,其味甘,其臭香,其祀中霤⑨,祭先心。

[注释]①中央土:按五行学家以五行分配于东南西北中五方,中央为土。按季节说,则季夏亦当中央,故亦属土。 ②戊己:按,以十天干纪日,戊己正处于十日的中央。 ③黄帝:传说中上古时代中原各部落的首领。 ④后土:传说中的上古部落首领共工氏的儿子,名叫句龙,死后被祀为土神。 ⑤其虫倮:倮,同"裸"。倮虫,谓身无羽毛鳞甲的动物。 ⑥宫:古代五声音阶的第一个音,相当于今简谱上的"1"。 ⑦律中黄钟之宫:此黄钟是指十二乐律之黄钟律。用黄钟律来定宫音的音高,就是黄钟宫(参见《乐记第十九》第 26 节注①)。 ⑧其数五:参见第 1 节注⑪。 ⑨中霤:指室的中央,也是土神之名(参见《郊特牲第十一》第 20 节注⑪)。

61. 天子居大庙大室①,乘大路②,驾黄骝,载黄旂,衣黄衣,服黄玉,食稷与牛,其器圜以闳③。

[注释]①大庙大室:明堂正中央之堂(参见第 3 节注①) ②大路:据说是殷代的车。 ③圜以闳:圜,音 yuán,同"圆"。闳,宏大。

七

62. 孟秋之月,日在翼①,昏建星中,旦毕中。其日庚辛,其帝少皥②,其神蓐收③,其虫毛,其音商④,律中夷则,其数九,其味辛⑤,其臭腥,其祀门⑥,祭先肝。

[注释]①翼:即翼宿,其位置在十二次的第九次,即鹑尾之次。 ②少皥:一作少昊,传说中的上古部落首领,死后为西方之帝,于五行则为金帝,故主秋。 ③蓐收:蓐,音 rù。蓐收,传说是少皥之子,名该,生前为主金之官,死后被祀为金神。 ④商:五声音阶的第二个音,相当于今简谱上的"2"音,按五行家的说法,商音属金,故为秋音。 ⑤辛:指葱、蒜等的带刺激性的味道。 ⑥门:是指双扇相阖之门,与单扇之户异。

63. 凉风至,白露降①,寒蝉鸣②,鹰乃祭鸟③,用始行戮④。

[注释]①白露:秋季阴气盛而露重,故色白。 ②寒蝉:蝉的一种,似蝉而小。 ③鹰乃祭鸟:按,此月鹰杀鸟于大泽之中,四面陈之如祭,故曰祭鸟。 ④行戮:处决罪犯。

64. 天子居总章左个,乘戎路,驾白骆①,载白旂,衣白衣,服白玉,食麻②与犬,其器廉③以深。

[注释]①白骆:一种白毛黑鬣的马。 ②麻:是"穈"的省文,穈通"糜",即糜子,是黍的一种。 ③廉:有棱角。

65. 是月也以立秋。先立秋三日,大史谒之天子曰:"某日立秋,盛德在金。"天子乃齐。立秋之日,天子亲帅三公、九卿、诸侯、大夫,以迎秋于西郊①。还反赏军帅武人于朝。天子乃命将帅,选士厉②兵,简练杰俊③,专任有功④,以征不义,诘诛暴慢,以明好恶,顺彼远方⑤。

[注释]①迎秋于西郊:迎而祭少昊之神。 ②厉:磨砺。 ③简练杰俊:简练,选择而训练。杰俊,犹今言骨干。 ④专任有功:谓全权委任有功的将帅。 ⑤顺彼远方:谓使远方之国顺服。

66. 是月也,命有司修法制,缮囹圄①,具桎梏②,禁止奸③,慎罪邪④,务搏执⑤。命理瞻伤、察创、视折、审断⑥。决狱讼,必端平。戮有罪,严断刑。天地始肃,不可以赢⑦。

[注释]①缮囹圄:修缮监狱。 ②具桎梏:桎,拘系犯人两脚的刑具。梏,手铐。桎梏,犹今言脚镣手铐;在此泛指刑具,谓具备刑具。 ③奸:音gān,违法乱纪。 ④慎罪邪:慎察犯罪和邪恶的人。 ⑤搏执:抓捕。 ⑥命理瞻伤、察创、视折、审断:理,治理狱讼的官。瞻、察、视、审,都是察看之义。伤、创、折、断,指因受轻重不同的刑罚所致不同程度的伤残。此句意思是,命令狱官察看那些因受刑而致伤残的人。 ⑦天地始肃,不可以赢:肃,严厉。赢,犹懈。谓天地之气开始变为严厉,不可以宽纵懈怠。

67. 是月也,农乃登谷,天子尝新,先荐寝庙。

68. 命百官始收敛①;完堤坊,谨壅塞②,以备水潦;修宫室,坏③墙垣,补城郭。

[注释]①收敛:谓征收赋税。 ②谨壅塞:谓谨防河道壅塞。 ③坏:音péi,通"培"。在此是培土加固的意思。

69. 是月也,毋以封诸侯、立大官,毋以割地,行大使①,出大币②。

[注释]①大使:高级使者。 ②大币:重币,即重礼。

70.孟秋行冬令,则阴气大胜,介虫①败谷,戎兵乃来。行春令,则其国乃旱,阳气复还,五谷无实。行夏令,则国多火灾,寒热不节,民多疟疾。

[注释]①介虫:长甲壳的虫。

八

71.仲秋之月,日在角①,昏牵牛中,旦觜觿中②。其日庚辛,其帝少皞,其神蓐收,其虫毛,其音商,律中南吕,其数九,其味辛,其臭腥,其祀门,祭先肝。

[注释]①角:二十八宿之一,其位置在十二次的第十次,即寿星之次。②觜觿:音 zī xī,即觜宿,二十八宿之一。

72.盲风①至,鸿雁来,玄鸟归,群鸟养羞②。

[注释]①盲风:疾风。 ②养羞:羞,美食。养羞,谓藏食以备冬月之用。

73.天子居总章大庙①,乘戎路②,驾白骆,载白旂,衣白衣,服白玉,食麻与犬,其器廉以深。

[注释]①总章大庙:西方三室的正中间之室。 ②戎路:兵车。

74.是月也,养衰老,授几①杖,行糜粥②饮食。

[注释]①几:形似小方案,置于席的一端,人坐在席上时,可侧身凭依。②行糜粥:行,犹赐。糜粥,一种较稠的粥。

75.乃命司服①,具饬②衣裳:文绣有恒③,制有小大,度有长短;衣服有量④,必循其故⑤;冠带有常⑥。

[注释]①司服:掌服装的官。 ②具饬:准备和整理。 ③文绣有恒:文绣,所绣的花纹。恒,定,一定。 ④有量:谓有一定要求。 ⑤故:旧制,旧法。 ⑥常:定制。

76.乃命有司,申严百刑①,斩杀必当,毋或枉桡②;枉桡不当,反受其殃。

[注释]①申严百刑:申明并严格执行各种刑罚。 ②枉桡:桡,冤屈。谓枉法曲断。

77.是月也,乃命宰、祝循行牺牲:视全具,按刍豢①,瞻肥瘠,察物色②;必比类③;量小大,视长短,皆中度④。五者⑤备当,上帝其飨。

[注释]①视全具,按刍豢:全具,完好无残缺。按,查验。刍豢,刍指养牛羊的饲草,豢指养犬豕的谷物。 ②瞻肥瘠,察物色:瞻,视。物色,此指牺牲的毛色。 ③比类:根据祭祀的需要将牲畜分类。 ④中度:中,音zhòng。中度,符合要求。 ⑤五者:谓所视、所按、所瞻、所察、所量。

78.天子乃难①,以达秋气②;以犬尝麻③,先荐寝庙。

[注释]①难:驱逐疫鬼(参见第31节注③)。 ②达秋气:使秋气畅达。 ③麻:即糜子,是黍的一种(参见第64节注②)。

79.是月也,可以筑城郭,建都邑,穿窦窖①,修囷仓②。乃命有司趣民收敛③,务畜菜,多积聚④。乃劝种麦,毋或失时,其有失时,行罪无疑。

[注释]①穿窦窖:穿洞挖窖。 ②囷仓:囷,音 qūn,圆形的谷仓。仓,方形的谷仓。囷仓在此泛指粮仓。 ③趣民收敛:趣,音 cù,督促。收敛,谓做好收藏工作。 ④积聚:谓蓄积过冬物资。

80.是月也,日夜分①,雷始收声②,蛰虫坏户③,杀气④浸盛,阳气日衰,水始涸⑤。

[注释]①日夜分:即秋分。 ②雷始收声:谓开始停止打雷。 ③坏户:坏,通"培"(参见 68 节注③)。户,谓穴。 ④杀气:秋属金,金主杀,故称秋气为杀气。 ⑤涸:音 hé,水枯竭。

81.日夜分,则同度量①,平权衡②,正钧石③,角斗甬④。是月也,易⑤关市,来商旅,纳货贿,以便民事。四方来集,远乡皆至,则财不匮,上无乏用,百事乃遂⑥。

[注释]①度量:长度单位和容量单位。 ②权衡:秤锤和秤。 ③钧石:三十斤为钧,一百二十斤为石。按,石做重量单位,古读 shí,今读 dàn。 ④角斗甬:角,平,使平,在此谓使符合标准。甬,音 yǒng,通"桶",古量器名,即斛,十斗为斛。 ⑤易:在此谓减轻税收。 ⑥遂:顺,顺利。

82.凡举大事,毋逆大数①,必顺其时,慎因其类②。

[注释]①凡举大事,毋逆大数:大事,指大的工程,或会合诸侯,发起军事行动等。逆,违反。大数,当作"天数"。天数即天道。 ②必顺其时,慎因其类:类,谓或阴或阳。意思是,一定要顺应时令,谨慎地依照时令的阴阳属

性来办事。

83. 仲秋行春令,则秋雨不降,草木生荣①,国乃有恐。行夏令,则其国乃旱,蛰虫不藏,五谷复生。行冬令,则风灾数起,收雷先行②,草木蚤死。

[注释]①草木生荣:草木又会开花。 ②收雷先行:先期停止打雷。

九

84. 季秋之月,日在房①,昏虚②中,旦柳中。其日庚辛,其帝少皞,其神蓐收,其虫毛,其音商,律中无射,其数九,其味辛,其臭腥,其祀门,祭先肝。

[注释]①房:二十八宿之一,其位置在十二次的第十一次,即大火之次。 ②虚:二十八宿之一。

85. 鸿雁来宾①,爵入大水为蛤②,鞠有黄华③,豺乃祭兽,戮禽④。

[注释]①鸿雁来宾:此指大雁飞来暂停做客。 ②爵入大水为蛤:爵,通"雀"。大水,谓海。谓雀入海变化为蛤。按,这也是古人缺乏科学知识的说法。 ③鞠有黄华:鞠,通"菊"。谓菊开出了黄花。 ④豺乃祭兽,戮禽:参见《王制第五》第25节注⑫。禽,亦兽。

86. 天子居总章右个①,乘戎路,驾白骆,载白旂,衣白衣,服白玉,食麻与犬,其器廉以深。

[注释]①总章右个:谓西方总章北边之室。

87.是月也,申严号令,命百官贵贱无不务内①,以会天地之藏②,无有宣出③。

[注释]①务内:致力于做好收藏工作。 ②以会天地之藏:会,符合。以符合此时天地主闭藏的时令。 ③宣出:谓宣露散出。

88.乃命冢宰:"农事备收,举五谷之要①,藏帝籍之收于神仓②,祇敬必饬③。"

[注释]①举五谷之要:要,会计簿书,犹后世账册。举,定。谓定其租税之簿。 ②藏帝籍之收于神仓:帝籍,即藉田。神仓,藏祭祀之谷的粮仓。谓把藉田的收获藏入神仓。 ③祇敬必饬:祇,谓谨其事。敬,谓一其心。饬,谓致其力。意思是,收仓的事必须小心谨慎、用心专一而又努力。

89.是月也,霜始降,则百工休。乃命有司曰:"寒气总①至,民力不堪②,其皆入室③。"

[注释]①总:汇聚。 ②民力不堪:堪,能承受。谓民的体力对严寒将难以忍受。 ③其皆入室:其,表祈使或命令。意思是,让民众都回家吧。按,民自春耕开始住在田间,到此时始回家居住。

90.上丁①,命乐正入学习吹②。是月也,大飨帝③,尝牺牲④,告备于天子⑤。

[注释]①上丁:一个月上旬的丁日。 ②习吹:教习吹奏乐器。③大飨帝:大飨,祭礼名,其礼亡,今不可详。谓用大飨之礼祭祀天帝。④尝牺牲:尝,祭礼名。谓用牲肉向群神行尝祭礼。 ⑤告备于天子:谓祭毕向天子报告祭事已完备。

91. 合诸侯，制百县①：为来岁受朔日②；与诸侯所税于民轻重之法③；贡职④之数，以远近土地所宜为度⑤，以给郊、庙之事，无有所私⑥。

[注释]①制百县：制，犹敕，命令。此谓敕命畿内各县。 ②为来岁受朔日：按，秦以十月为岁首，也就是把十月作为新的一年的开始，故季秋九月为年终，于此月颁布来岁之朔日，以统一历法。朔日，指来年十二个月的初一之日。 ③与诸侯所税于民轻重之法：与诸侯，当曰"与诸侯、百县"，此处文略。与，授予。税民，向民征税。 ④贡职：谓藩属或外国对于朝廷按时的贡纳。 ⑤以远近土地所宜为度：谓依照地域的远近和当地出产的情况来确定职贡数的等差。 ⑥无有所私：谓天子不把贡物据为私有。

92. 是月也，天子乃教于田猎①，以习五戎②，班马政。命仆及七驺咸驾③，载旌旐，授车以级④，整设于屏外⑤。司徒搢扑⑥，北面誓之⑦。天子乃厉饰⑧，执弓挟矢以猎。命主祠祭禽于四方⑨。

[注释]①教于田猎：谓通过打猎教民军事。 ②五戎：谓弓矢、殳、矛、戈、戟五种兵器。 ③命仆及七驺咸驾：仆，即戎仆，掌驾军车者。七驺，皆天子之马官。谓命令戎仆和七驺都驾车。 ④授车以级：按级别授军车给臣下。 ⑤整设于屏外：整，整齐队列。设，陈列。屏，野外田猎处临时所设指挥部之门外的屏蔽物，盖如后世所谓屏风。 ⑥扑：是惩罚人的刑具，用荆制成，长三尺。 ⑦北面誓之：誓，军中发布有关告诫、约束将士的号令。"誓"上脱"以"字。谓面朝北而向众人宣告军法。 ⑧厉饰：即戎服，军服，在此作动词，谓穿上军服。 ⑨祭禽于四方：谓用所猎获的禽兽祭祀四方之神。

93. 是月也，草木黄落，乃伐薪为炭。蛰虫咸俯在内①，皆墐其户②。

[注释]①内:是"穴"字之误。 ②墐户:墐,音 jìn,用泥涂塞。户,此指冬眠之虫的洞口。谓昆虫把自己的洞口用泥涂塞起来。

94.乃趣狱刑①,毋留有罪②。收禄秩之不当,供养之不宜者③。

[注释]①乃趣狱刑:于是督促审案定刑。 ②毋留有罪:不要有遗留而不审理的罪犯。 ③收禄秩之不当,供养之不宜者:意思是,对于不当加给的禄位,不当有的供养,都要收回。

95.是月也,天子乃以犬尝稻,先荐寝庙。

96.季秋行夏令,则其国大水,冬藏殃败①,民多鼽嚏②。行冬令,则国多盗贼,边竟不宁,土地分裂。行春令,则暖风来至,民气懈惰,师兴不居③。

[注释]①冬藏殃败:谓窖藏之物为水所侵。 ②鼽嚏:鼽,音 qíu,鼻塞不通。嚏,即喷嚏。 ③师兴不居:居,停息。谓战争不得停息。

十

97.孟冬之月,日在尾①,昏危中,旦七星②中。其日壬癸,其帝颛顼③,其神玄冥④,其虫介⑤,其音羽⑥,律中应钟,其数六,其味咸,其臭朽,其祀行⑦,祭先肾。

[注释]①尾:二十八宿之一,其位置在十二次的第十二次,即析木之次。 ②七星:即星宿。 ③颛顼:传说中上古部落首领,死后为北方之帝,于五行属水帝,于四季则主冬。 ④玄冥:水神名。 ⑤介:甲虫类,龟、鳖之

属。　⑥羽:五声音阶的第五个音,相当于今简谱上的"6"音。　⑦行:路神之名,其神位在宗庙门外西边。

98.水始冰,地始冻,雉入大水为蜃①,虹藏不见。

[注释]①雉入大水为蜃:雉,野鸡。大水,指海。蜃,大蛤。按,这也是古人缺乏科学知识的说法。

99.天子居玄堂左个①,乘玄路,驾铁骊②,载玄旂,衣黑衣,服玄玉,食黍与彘,其器闳以奄③。

[注释]①玄堂左个:北面之堂的西边之室。　②铁骊:纯黑色的马。③其器闳以奄:奄,通"掩",掩口,即口小。谓所用的器物体大而口小。

100.是月也,以立冬。先立冬三日,大史谒之天子曰:"某日立冬,盛德在水。"天子乃齐。立冬之日,天子亲帅三公、九卿、大夫以迎冬于北郊①,还反赏死事②,恤孤寡。

[注释]①迎冬于北郊:谓迎颛顼之神而祭之。　②死事:为国事而死者。

101.是月也,命大史衅龟、筴①,占兆②,审卦吉凶。

[注释]①衅龟、筴:衅,谓以牲血涂之。筴,同"策",谓蓍草。　②占兆:通过占卜得龟兆。按,龟兆实际是指龟甲上的裂纹。

102.是察阿党①,则罪无有掩蔽②。

[注释]①是察阿党:是,是月,这个月。阿党,此指治狱而枉法的司法

官吏。　②罪无有掩蔽:罪犯就无法得到庇护。

103.是月也,天子始裘①。命有司曰:"天气上腾,地气下降,天地不通②,闭塞而成冬。"命百官谨盖藏,命司徒循行积聚③,无有不敛④。

[注释]①裘:毛皮衣。　②天地不通:天地二气不相交通。　③循行积聚:巡视积聚收藏的物资。　④无有不敛:不要有尚未收藏的物资。

104.坏①城郭,戒门闾②,修键闭③,慎管钥,固封疆,备边竟④,完要塞,谨关梁,塞徯径⑤。

[注释]①坏:谓加固之(参见68节注③)。　②戒门闾:谓加强城门和闾里的警戒。　③键闭:门闩。　④备边竟:加强边境的守备。　⑤塞徯径:堵塞野地的小路。

105.饬丧纪①,辨衣裳②,审棺椁之薄厚,茔丘垄之大小、高卑、厚薄之度、贵贱之等级③。

[注释]①饬丧纪:整顿有关丧事的制度。　②辨衣裳:衣裳,此指丧服。谓分辨丧服的尊卑。　③"茔丘"至"等级":"茔"当作"营"。"大小"当作"小大"。"厚薄"当作"薄厚"。谓审查营造坟墓的小大、高低、薄厚的尺度和贵贱的等级。

106.是月也,命工师效功①,陈祭器,按度程②,毋或作为淫巧,以荡上心③,必功致为上。物勒工名,以考其诚④。功有不当,必行其罪,以穷其情⑤。

[注释]①工师效功:工师,工官之长。效,进献,报告。命令工师报告

工作成绩。　②按度程：度程，法式（度为法，程为式）。考察所陈祭器是否符合法式。　③毋或作为淫巧，以荡上心：参见第29节注⑤、⑥。　④物勒工名，以考其诚：勒，雕刻。诚，与伪相对。按，器必用而后知其质量好坏，不光听其报告，看其表面，故物勒工名，就是为了便于以后考其诚伪，也就是考其质量可信与否。　⑤穷其情：谓彻底查究事故的原委。

107. 是月也，大饮、烝①。天子乃祈来年于天宗②，大割祠于公社及门闾③，腊先祖、五祀④。劳农以休息之⑤。

[注释]①大饮、烝：谓十月农功毕，天子、诸侯与其群臣饮酒于太学。烝，冬祭名。谓用烝祭祭祀宗庙。　②天宗：谓日月星辰。　③大割祠于公社及门闾：割，宰杀。祠，祭祀。公社，即国社，是祭祀后土的地方。谓大杀牲祭祀国社后土之神，以及城门和闾里。　④腊先祖、五祀：腊，音là，祭名，以田猎所获祭之。按，腊祭实即《周礼》所谓蜡祭（蜡，音zhà，参见《礼运第九》第1节注①），秦则易名为腊祭。五祀，即户、灶、中霤、门、行五种神。谓用腊祭祭祀祖先和五祀之神。　⑤劳农以休息之：谓慰劳农民，让农民休息。

108. 天子乃命将帅讲武①，习射御，角力②。

[注释]①讲：演习，训练。　②习射御，角力：射，射箭。御，驾车。角力，比试搏击的技巧和勇力。

109. 是月也，乃命水虞、渔师①收水泉池泽之赋，毋或敢侵削众庶兆民，以为天子取怨于下。其有若此者，行罪无赦。

[注释]①水虞、渔师：分掌水泽和渔政的官。

110. 孟冬行春令，则冻闭不密①，地气上泄②，民多流亡。行夏令,则国多暴风,方③冬不寒,蛰虫复出。行秋令,则雪霜不时,小兵④时起,土地侵削。

[注释]①冻闭不密:谓封闭不严密而遭受寒冻。 ②地气上泄:按,孟冬当地气下沉,而此则上泄(参见第103节)。 ③方:正当。 ④小兵:谓小的战争。

十一

111. 仲冬之月,日在斗①,昏东壁②中,旦轸③中。其日壬癸,其帝颛顼,其神玄冥,其虫介,其音羽,律中黄钟,其数六,其味咸,其臭朽,其祀行,祭先肾。

[注释]①斗:二十八宿之一,其位置在十二次的第一次,即星纪之次。 ②东壁:即壁宿,二十八宿之一。 ③轸:二十八宿之一。

112. 冰益壮①,地始坼②,鹖旦③不鸣,虎始交④。

[注释]①壮:厚而坚硬。 ②坼:冻裂。 ③鹖旦:鹖,音 hé。鹖旦,一种山鸟。 ④交:交配。

113. 天子居玄堂大庙①,乘玄路,驾铁骊,载玄旂,衣黑衣,服玄玉,食黍与彘,其器闳以奄。

[注释]①玄堂大庙:北方之堂的正中之室。

114. 饬死事①。命有司曰:"土事毋作,慎毋发盖②,毋发室屋及起大众③,以固而闭地,气沮泄④,是谓发天地之房⑤,诸蛰则死,民必疾疫,又随以丧⑥。命之曰畅月⑦。"

[注释]①饬死事:饬,通"敕",谓饬命军士战必有死志,也就是立下为国捐躯之志。 ②慎毋发盖:谓当心不要揭开覆盖收藏好的东西。 ③毋发室屋及起大众:发室屋,拆毁宫室房屋。起大众,大规模地征发民众。 ④以固而闭地,气沮泄:"固而"当作"固天"。固,闭。"气"上脱"阳"字。"沮"当作"且"。这两句意思是,这样来封闭天地之气,否则阳气将泄漏。 ⑤发天地之房:发,开。房,谓房门。谓开天地的房门。 ⑥又随以丧:丧,逃亡。谓又随之为避瘟疫而逃亡。 ⑦命之曰畅月:畅,通达。按,时当闭藏而通达之,故将这种违反时令之月,名之为"畅月"。

115. 是月也,命奄尹申宫令①,审门闾②,谨房室,必重闭③。省妇事④,毋得淫⑤,虽有贵戚近习⑥,毋有不禁。

[注释]①命奄尹申宫令:奄尹,主领奄竖(宦者)之官。宫令,谓有关宫门的禁令,如稽查出入及宫门之开闭等。 ②审门闾:"门闾"当作"门闱"。门闱即宫门。 ③重闭:内外门都关闭。 ④省妇事:减少妇女的劳作。 ⑤淫:谓女功奢伪,好出新花样。 ⑥贵戚近习:贵戚,天子的姑姊妹之属。近习,天子所亲幸者。

116. 乃命大酋①,秫稻必齐②,曲糵必时③,湛炽必絜④,水泉必香,陶器必良,火齐必得,兼用六物⑤,大酋监之,毋有差贷⑥。

[注释]①大酋:酒官之长。 ②秫稻必齐:秫,粘高粱。齐,剂量。谓秫稻的多少必须合适(符合剂量)。 ③曲糵必时:曲糵,酿酒用的发酵剂。谓曲糵的制作必须及时。 ④湛炽必絜:湛,浸渍。炽,炊。絜,通"潔"(洁),清洁。谓浸泡米和炊蒸时必须洁净。 ⑤六物:即指以上所述秫稻、曲

蘖、湛炽、水泉、陶器、火齐六者。　⑥差贷:失误。

117. 天子命有司祈祀①四海、大川、名源、渊泽、井泉②。是月也,农有不收藏积聚者,马牛畜兽有放佚③者,取之不诘④。

[注释]①祈祀:祈祷和祭祀。　②名源、渊泽、井泉:著名的水源、深渊和湖泊、水井和水泉。　③放佚:谓散放而不收入栏厩。　④取之不诘:诘,追究,查办。谓散放的牲畜,他人获取之,不加罪责。

118. 山木薮泽①,有能取蔬食、田猎禽兽者,野虞教道之②。其有相侵夺者③,罪之不赦。

[注释]①山木薮泽:即山林和沼泽。　②野虞教道之:野虞,参见第28节注①。谓由野虞指导去做。　③相侵夺者:谓发生互相侵害或争夺的。

119. 是月也,日短至①,阴阳争②,诸生荡③。君子齐戒④,处必掩身,身欲宁,去声色,禁耆欲,安形性⑤,事欲静,以待阴阳之所定⑥。

[注释]①日短至:即冬至。　②阴阳争:阴方盛,阳欲起,故曰争。③诸生荡:荡,动。按,仲冬虽阴气方盛,然犹有阳气与之争而欲起,故有生机萌动。　④齐戒:同"斋戒"。　⑤安形性:使自己的形体和心性都保持安静。⑥以待阴阳之所定:谓等待阴阳自然消长而定其盛衰。

120. 芸①始生,荔挺出②,蚯蚓结③,麋角解,水泉动。

[注释]①芸:一种香草。　②荔挺出:荔,草名。挺,生出。　③蚯蚓结:结,犹屈。此谓蚯蚓屈首向下。

121. 日短至,则伐木取竹箭①。是月也,可以罢官之无事②,去器之无用者③。涂阙廷门闾④,筑囹圄⑤,此所以助天地之闭藏也⑥。

[注释]①竹箭:小竹子。凡竹,大曰竹,小曰箭。 ②罢官之无事:按,这里是指一种因某种需要而临时设置的官,事毕其官即无事,可以罢去了。③去器之无用者:这也是一种因临时需要而造的器物,事后也就无用而可以去了。 ④涂阙廷门闾:阙廷,即廷阙,是宫廷门外两边土筑的高台,台上建有楼。这里是指将高台上的凹陷处涂抹好。门闾,谓城门与里门,门上有缝隙,则涂塞好。 ⑤筑囹圄:修筑好监狱。 ⑥此所以助天地之闭藏也:按原文脱"所"字。此句意思是,这样来帮助天地做好闭藏的事。

122. 仲冬行夏令,则其国乃旱,氛雾冥冥①,雷乃发声。行秋令,则天时雨汁②,瓜瓠③不成,国有大兵④。行春令,则蝗虫为败,水泉咸竭,民多疥疠⑤。

[注释]①氛雾冥冥:氛雾,即雾气。冥冥,雾气散乱弥漫的样子。②雨汁:谓雨雪相杂而下,也就是俗语所谓雨夹雪。 ③瓜瓠:即瓠瓜,也就是葫芦。 ④大兵:大的战争。 ⑤疥疠:在此泛指皮肤病。

十二

123. 季冬之月,日在婺女①,昏娄②中,旦氐③中。其日壬癸,其帝颛顼,其神玄冥,其虫介,其音羽,律中大吕,其数六,其味咸,其臭朽,其祀行,祭先肾。

[注释]①婺女:即二十八宿之女宿,其位置在十二次的第二次,即玄枵之次。 ②娄:也是二十八宿之一。 ③氐:亦二十八宿之一。

124.雁北乡①,鹊始巢②,雉雊③,鸡乳④。

[注释]①乡:通"向"。 ②鹊始巢:喜鹊开始筑巢。 ③雊:音gòu,鸣叫。 ④鸡乳:乳,谓鸟兽等产卵、产子。此处谓母鸡生蛋。

125.天子居玄堂右个①,乘玄路,驾铁骊,载玄旂,衣黑衣,服玄玉,食黍与彘,其器闳以奄。

[注释]①玄堂右个:北面之堂的东边之室。

126.命有司大难①,旁磔②,出土牛,以送寒气③。

[注释]①大难:一种驱逐疫鬼的活动(参见第31节注③),这里是为逐尽阴气,以导阳气。 ②旁磔:谓在国门旁刳碎牲体以攘除疫鬼(参见第31节注④)。 ③出土牛,以送寒气:出,犹作。按,冬于五行属水,而土能胜水,故作土牛以毕送寒气。所以这句意思是:作土牛,用来送走寒气。

127.征鸟厉疾①。乃毕山川之祀,及帝之大臣②,天之神祇③。

[注释]①征鸟厉疾:征鸟,指鹰隼之类的鸟,善搏击。厉疾,猛厉迅疾。这句意思是,征鸟变得猛厉而迅疾。 ②帝之大臣:谓五帝之佐,如句芒、祝融之属。 ③天之神祇:谓司中、司命、风师、雨师等。

128.是月也,命渔师始渔①,天子亲往②。乃尝鱼,先荐寝庙。

[注释]①命渔师始渔:渔师,掌管捕鱼的官。始渔,开始打鱼。 ②天子亲往:天子亲自前去察看所打的鱼。

129.冰方盛①,水泽腹坚②。命取冰。冰以入③。

[注释]①冰方盛:冰结得正厉害。 ②腹坚:腹,厚。冰结得既厚且坚。 ③冰以入:谓将所取的冰藏入冰窖里。

130.令告民出五种①,命农计耦耕事②,修耒耜,具③田器。

[注释]①令告民出五种:五种,五谷之种。出,谓出于仓而简择之。这句意思是,下令告诉农民拿出五谷来挑选良种。 ②命农计耦耕事:耦耕,两人各执一耜并肩而耕。谓命令农官计划安排好耦耕的事。 ③具:准备好。

131.命乐师大合吹而罢①。

[注释]①命乐师大合吹而罢:合吹,谓各种吹奏乐器一起演奏。罢,谓停止乐器的教习。

132.乃命四监收秩薪柴①,以共郊、庙及百祀②之薪燎。

[注释]①乃命四监收秩薪柴:四监,官名(参见第55节注①)。秩,常,常制。谓命令四监收集按常制所当缴纳的柴火。 ②郊、庙及百祀:郊,谓祭天礼,又称郊天礼。庙,指宗庙祭礼。百祀,对百神(泛指各种各样的神)的祭祀。

133.是月也,日穷于次,月穷于纪①,星回于天②,数将几终,岁且更始③,专而农民,毋有所使④。天子乃与公卿大夫共饬国典⑤,论时令⑥,以待来岁之宜⑦。

[注释]①日穷于次,月穷于纪:次,谓十二次。穷于次,谓走完了十二次。纪,会。谓去年季冬,日月会于玄枵之次,至此复会于玄枵之次。这两句意思是,日、月都已经运行一周天了。 ②星回于天:星星也都走完一周天而回到去年此时所在的位置。 ③数将几终,岁且更始:几,将近,差不多。这两句意思是,一年的日子将近终结,新的一年将要开始。 ④专而农民,毋有所使:而,在此作第三人称代词,他,他们。使,谓征派徭役。这两句意思是,专门使农民们乘这时稍作休息,不要向他们征派徭役。 ⑤共饬国典:饬,整饬,整理。谓共同整理国家的典章制度。 ⑥论时令:讨论四时所实行的政令。 ⑦以待来岁之宜:意思是,以待来年实行更加适宜的政令。

134. 乃命太史,次诸侯之列,赋之牺牲①,以共皇天上帝、社稷之飨②。乃命同姓之邦共寝庙之刍豢③。命宰历卿、大夫至于庶民土田之数④,而赋牺牲,以共山林名川之祀。凡在天下九州⑤之民者,无不咸献其力,以共皇天上帝、社稷、寝庙、山林、名川之祀。

[注释]①次诸侯之列,赋之牺牲:次,编次,排列。意思是,排列诸侯国的大小,来决定所当进献祭祀用牲的多少。 ②飨:通"享",谓供天帝和社稷之神享用。 ③刍豢:在此犹言"牺牲"。 ④命宰历卿、大夫至于庶民土田之数:历,犹次,也是排列的意思。土田之数,谓拥有土地的多少。 ⑤九州:按,据说古时将天下分为九州(参见《王制第五》第5节),故此处九州,犹言全天下。

135. 季冬行秋令,则白露蚤降①,介虫为妖②,四鄙入保③。行春令,则胎夭多伤④,国多固疾⑤,命之曰逆。行夏令,则水潦败国,时雪不降,冰冻消释。

[注释]①白露蚤降:白露,谓霜。蚤,通"早"。 ②介虫为妖:介虫,即

有甲壳的虫。谓甲虫会变成妖怪为害。　③四鄙入保:谓四周边境上的人民就将逃入城堡躲避寇敌(参见39节注③)。　④胎夭多伤:谓胎儿就会多夭伤。　⑤固疾:顽固难治的疾病。

曾子问第七

1.曾子问曰:"君薨而世子生,如之何①?"孔子曰:"卿、大夫、士从摄主②,北面于西阶南。大祝裨冕③,执束帛④,升自西阶,尽等,不升堂⑤,命毋哭。祝声三⑥,告曰:'某之子生,敢告⑦。'升⑧,奠币于殡东几上,哭降⑨。众主人⑩、卿、大夫、士、房中⑪皆哭,不踊⑫,尽一哀,反位,遂朝奠⑬。小宰升,举币⑭。三日,众主人、卿、大夫、士如初位⑮,北面。大宰、大宗⑯、大祝皆裨冕。少师奉子以衰⑰。祝先,子从,宰、宗人从,入门,哭者止。子升自西阶⑱,殡前北面。祝立于殡东南隅,祝声三,曰:'某之子某,从执事,敢见⑲。'子拜稽颡,哭⑳。祝、宰、宗人、众主人、卿、大夫、士哭,踊三者三㉑,降,东反位,皆袒㉒。子踊㉓。房中亦踊三者三。袭,衰,杖㉔。奠出㉕。大宰命祝史,以名徧告于五祀㉖、山川。"

[注释]①君薨而世子生,如之何:世子,即太子。这里是问,国君死了,而太子出生,该如何行丧礼。按,现在国君的棺柩殡在西阶上(堂上对着西阶的地方)。 ②摄主:谓冢宰。摄,代理。按,此时无正主,因国君死了,而太子刚出生,故由冢宰做代理主人,来主持丧礼。 ③大祝裨冕:大祝,是祝官

之长。祝官是主神事的官。裨,音 pí,是一种礼服。冕,是头上戴的冠名。按,古代天子有六种礼服,最尊的是大裘,其余五种皆称裨衣,或裨服。这五种裨衣的区别在于服上所绘绣花纹图案的不同。自天子至诸侯的卿大夫,根据等级的不同,亦可穿不同的裨服。穿裨服再配以相应等级的冕,即所谓裨冕。 ④束帛:一束帛,即五匹(二十丈)帛(参见《曲礼下第二》第1节注⑨)。 ⑤尽等,不升堂:谓登上台阶的最上一级,但不上到堂上。 ⑥祝声三:谓祝发出三声"噫歆"声音以警神,即新死的国君之神,因将要向死者报告太子降生。 ⑦某之子生,敢告:意思是,某夫人的儿子降生了,谨向您报告。 ⑧升:谓升到堂上。按,此前是"尽等,不升堂"。 ⑨降:谓从西阶下堂。 ⑩众主人:是指已死之君的父兄们。 ⑪房中:指代妇人们。妇女在东房中。 ⑫踊:双脚同时跳起,是一种极哀痛的表示。也是一种丧礼,何时当踊,何人当踊,以及踊的次数,都有规定(参见注⑳)。 ⑬尽一哀,反位,遂朝奠:反位,返回到朝夕哭时所在之位。朝夕哭,谓殡棺期间,早、晚入殡宫哭死者。这里意思是,哭一阵尽哀之后,各自返回到行朝夕哭礼的位置,接着便为死者设朝奠。可见,向死者报告太子降生,是在大清早设朝奠之前。 ⑭小宰升,举币:小宰,大宰的副手。举币,是说小宰把祝所奠于殡东几上的币(即帛)举而下堂,埋在堂下的两阶之间。 ⑮初位:即上云"卿、大夫、士从摄主,北面于西阶南"之位。 ⑯大宗:主掌礼事的官。 ⑰少师奉子以衰:少师,主养子之官。按,子初生未能服衰,故用衰衣(即丧服)抱着新生儿。 ⑱子升自西阶:子,太子。太子由少师抱着从西阶上堂。 ⑲某之子某,从执事,敢见:上"某",夫人名。下"某",世子名。从执事,使执事官跟从自己,也就是率领臣属之意。这句意思是,某夫人所生的儿子某,谨帅臣属前来拜见。 ⑳子拜稽颡,哭:稽颡,古代的一种拜礼,屈膝下拜,以额触地,表示极度虔诚。按,这里实际是捧子者(即少师)代太子拜、哭。 ㉑踊三者三:即成三踊之礼。按,踊以跳跃三次为一节,是为一踊;如此者三节,即跳跃九次,是为三踊;三踊则踊礼成。 ㉒降,东反位,皆袒:谓踊毕下堂,返回到东阶下行朝夕哭礼的位置,然后都袒露左臂。 ㉓子踊:亦少师代踊。 ㉔袭,衰,杖:这是说少师为太子穿好袒时解开的衣襟,用丧服把婴儿包好,又替婴儿拄杖。 ㉕奠出:奠,原误作"亦"。此奠谓设朝奠。 ㉖五祀:参见《曲礼下第二》第33节注①。

2. 曾子问曰:"如已葬而世子生,则如之何?"孔子曰:"大宰、大宗从大祝而告于祢①。三月,乃名于祢②,以名徧告及社稷、宗庙、山川。"

[注释]①告于祢:祢,即祢庙,是父庙。告于祢,即到祢庙去向君父的神灵报告太子的出生。 ②名于祢:在祢庙为新生的太子取名。

3. 孔子曰:"诸侯适天子①,必告于祖,奠于祢②,冕而出视朝③,命祝史告于社稷、宗庙、山川④,乃命国家五官⑤而后行。道而出⑥。告者五日而徧,过是非礼也⑦。凡告用牲币,反亦如之⑧。诸侯相见,必告于祢⑨,朝服而出视朝⑩,命祝史告于五庙、所过山川⑪,亦命国家五官,道而出。反必亲告于祖祢,乃命祝史告至于前所告者,而后听朝而入⑫。"

[注释]①适天子:适,往,到。谓到天子那里去朝见。 ②必告于祖,奠于祢:告,祭名。告于祖,是到祖庙去行告祭之礼,目的是向父祖之神报告自己将到天子那里去朝见。奠,谓设奠祭物以祭祀父祖之神。按,这两句是互文,既告于祖,亦告于祢;既奠于祢,亦奠于祖。 ③冕而出视朝:冕,是"裨冕"的省文(参见第1节注③)。视朝,谓临朝听政。 ④命祝史告于社稷、宗庙、山川:祝史,本指祝官和史官,但在此实指祝官,即太祝,是掌祭祀祈祷之事的官。告于社稷、宗庙、山川,是向社稷、宗庙、山川之神行告祭之礼。 ⑤五官:是指主掌国事的五位大夫。 ⑥道而出:道,祭名,即向路神行軷祭之礼,以祈保佑一路平安。其礼,出行者出了国都城门即停下来,排列好车马,设置酒脯,以祭路神。祭前须筑一小土山,作为路神的神位,并杀牲置其上。祭毕,车马辗土山及牲体而过,然后正式出发上路。 ⑦告者五日而徧,过是非礼也:意思是,出发前对于当行告祭礼的神要在五天内都告祭遍,超过五天就不符合礼。 ⑧凡告用牲币,反亦如之:牲币,牲谓杀牲(牛、羊、豕

等),币谓束帛,这是指行告祭礼当用的祭品。反,同"返",谓回国。反亦如之,谓返国后也要向神报告,而所用的祭品也是这样。 ⑨诸侯相见,必告于祢:这是指出国去会见别国诸侯,出发前要到祢庙去行告祭礼,但不用去祖庙告祭。 ⑩朝服而出视朝:朝服,是臣下朝见国君、国君接见来朝诸侯,或在比较庄重的场合穿的一种服装(参见《曲礼上第一》第42节注④)。前往会见诸侯前穿朝服视朝,不同于"适天子"之"冕而出视朝"。 ⑪命祝史告于五庙、所过山川:这是命祝史去向五庙和将要经过的山川行告祭礼。五庙,谓祢庙、祖庙、曾祖庙、高祖庙、始祖庙。 ⑫听朝而入:即入而听朝,也就是入朝听政。

4. 曾子问曰:"并有丧①,如之何?何先何后?"孔子曰:"葬,先轻而后重②;其奠也,先重而后轻:礼也③。自启及葬,不奠④,行葬不哀次⑤;反葬奠,而后辞于殡⑥,遂修葬事⑦;其虞⑧也,先重而后轻:礼也。"

[注释]①并有丧:谓父母或亲人同月而死。 ②葬,先轻而后重:轻、重,是就恩情而言。如父与母,在父权制社会,则父之恩情重于母,因此先葬母而后葬父。下文行奠祭之礼,则相反。 ③礼也:谓这是符合礼的。 ④自启及葬,不奠:启,谓葬前启(开)殡,这里是指先启恩轻者之殡而葬之。不奠,指不再为后葬者(即恩重者)设朝夕奠。 ⑤不哀次:次,指庙门外所设次舍,这是用布或席围成的临时休息处,是恩重者生前为接待宾客所设(参见《檀弓下第四》第3节注⑤)。哀次,谓停车致哀。 ⑥反葬奠,而后辞于殡:反葬奠,谓葬毕恩轻的返回来之后再为恩重者设奠。"殡"当为"宾"。辞于宾,辞谓言辞,谓将恩重者的启殡之期告于宾(前来参加葬礼的亲朋僚友等)。 ⑦修葬事:指准备恩重者的葬事。 ⑧虞:谓葬后行虞祭之礼(参见《檀弓上第三》第46节注⑥)。

5. 孔子曰:"宗子虽七十,无无主妇①。非宗子,虽无主妇可也。"

[注释]①宗子虽七十,无无主妇:宗子,即宗主,在此兼大宗、小宗言。主妇,宗子之妻。按,凡人年六十无妻者,即不复娶。而宗子虽年七十,亦当娶而以为主妇,使之领宗妇,故云"无无主妇"。

6.曾子问曰:"将冠子,冠者至①,揖让而入,闻齐衰、大功之丧②,如之何?"孔子曰:"内丧则废,外丧则冠而不醴③,彻馔而埽④,即位而哭。如冠者未至,则废⑤。如将冠子而未及期日,而有齐衰、大功、小功之丧,则因丧服而冠⑥。""除丧不改冠乎⑦?"孔子曰:"天子赐诸侯、大夫冕、弁⑧,服于大庙,归设奠,服赐服,于斯乎有冠醮,无冠醴⑨。父没而冠,则已冠,埽地而祭于祢,已祭而见伯父、叔父⑩,而后飨冠者⑪。"

[注释]①将冠子,冠者至:将冠子,指年满二十岁将行冠礼的贵族子弟。冠者,指主人(将冠者的父兄)专门请来为子弟行加冠礼者,一般为父兄的僚友中德高望重者。 ②揖让而入,闻齐衰、大功之丧:谓行揖礼,即拱手为礼。让,谓主人让由宾先入门。按,古代的宫寝结构,左寝右庙,寝庙各有门,寝庙之外又有大门。士冠礼是在祢庙中举行的。这里是指宾入大门后知道主人家有齐衰或大功之丧。 ③内丧则废,外丧则冠而不醴:内丧,谓大门内之丧,即冠者自家人有丧。废,谓冠礼废止而不行。因冠礼属吉礼,丧礼为凶礼,吉凶不可同处。外丧,谓大门外之丧,即死者非冠者自家之人,而所行丧礼与冠礼又不在一处,这样冠礼就可继续进行。但三次加冠毕,不向加冠的年轻人行醴礼。按,行冠礼要先后向将冠者加冠三次,三次加冠之后,要由冠者向加冠的年轻人行醴礼,即向这个年轻人进上一觯(古代的一种饮酒器)醴,以象征冠礼的完成,又叫醴冠者,或醴子。不醴即不向加冠的年轻人行醴礼。又按,醴是一种酿造一宿即成的酒(参见《曲礼上第一》第30节注⑥)。

④彻馔而埽:馔,谓脯醢等,这本来是为醴子而设的,现在既不醴子,则脯醢也都撤去不用。埽,谓埽除行冠礼之处,以示更新,而后即位哭。 ⑤如冠者未至,则废:意思是,如果冠者尚未到来,而主人得知有丧事,那就废止冠礼。 ⑥因丧服而冠:意思是,那就穿着丧服举行冠礼。 ⑦除丧不改冠乎:这是曾子问,待丧期满了,除去丧服以后,不再改行一次冠礼吗? ⑧冕、弁:这里是服装名,谓冕服(配合头上戴冕而穿的服装)、弁服(配合头上戴弁而穿的服装)。 ⑨"服于"至"冠醴":设奠,谓设奠于宗庙。这几句意思是,受赐回来后在太庙设奠祭以告祖,接着在太庙穿上天子所赐之服。在这种情况下,可以举行醮冠之礼,而不再举行醴冠。按,冠礼的正礼用醴,即在三次加冠之后向加冠的年轻人进醴以示礼成,如注③所言。但冠礼还有一种变例,即进酒而不用醴,其礼仪较用醴为简,即所谓"冠醮",而前者即所谓"冠醴"。 ⑩见伯父、叔父:这是以成人之礼相见,表示自己已成人。 ⑪飨冠者:这里是指用醴和脯醢酬劳冠者。

7. 曾子问曰:"祭如之何则不行旅酬①之事矣?"孔子曰:"闻之小祥者,主人练祭而不旅②,奠酬于宾,宾弗举③,礼也。昔者鲁昭公④练而举酬行旅,非礼也。孝公大祥⑤,奠酬弗举,亦非礼也⑥。"

[注释]①旅酬:旅,众。向人劝酒曰酬。凡祭祀或燕饮之礼,参加者按照地位的尊卑,从尊者开始,往下依次递相劝酒(或曰进酬酒),就叫做旅酬。 ②闻之小祥者,主人练祭而不旅:小祥,人死一周年的祭名。又称练祭,因主人戴练冠而祭,故名。练冠,是一种用加灰捶洗得较白的布做的冠(参见《檀弓上第三》第19节注④)。举行小祥祭可以不行旅酬礼。 ③奠酬于宾,宾弗举:宾,指祭礼上的主宾。凡行旅酬礼,皆从宾开始,先由一执事者向宾进酬酒,宾受酬饮毕,旅酬就正式开始了,然后由宾酬主人,主人再依次递酬参加祭祀者。因小祥祭不行旅酬礼,所以执事者向宾进酬酒后,宾就"奠酬"而"弗举",也就是把酒放在一边不再举以酬主人。 ④鲁昭公:春秋时鲁国国君,他曾于举行练祭礼上行旅酬之礼。 ⑤孝公大祥:孝公,西周时期鲁君,

大祥,人死两周年后的祭名。　⑥亦非礼也:按,大祥祭当行旅酬礼,当行而不行,故曰"亦非礼也"。

8.曾子问曰:"大功之丧,可以与于馈奠之事乎①?"孔子曰:"岂大功耳? 自斩衰以下皆可,礼也。"曾子曰:"不以轻服而重相为乎②?"孔子曰:"非此之谓也③。天子、诸侯之丧,斩衰者奠④;大夫齐衰者奠⑤;士则朋友奠⑥,不足则取于大功以下者,不足则反之⑦。"曾子问曰:"小功可以与于祭⑧乎?"孔子曰:"何必小功耳? 自斩衰以下与祭,礼也。"曾子曰:"不以轻丧而重祭乎⑨?"孔子曰:"天子、诸侯之丧祭也,不斩衰者不与祭,大夫齐衰者与祭;士祭不足,则取于兄弟大功以下者⑩。"曾子问曰:"相识有丧服,可以与于祭乎⑪?"孔子曰:"缌不祭,又何助于人⑫?"曾子问曰:"废丧服,可以与于馈奠之事乎⑬?"孔子曰:"说衰与奠,非礼也,以摈相可也⑭。"

[注释]①大功之丧,可以与于馈奠之事乎:馈奠,殡棺期间向死者所行奠祭礼。这句意思是问,自己服有大功之丧,可以参加馈奠死者的事吗?②不以轻服而重相为乎:意思是,这不是轻视自己所服之丧而重视参加别人家的丧事吗? 按,曾子问的是自己有大功之丧在身可否参加别人家的馈奠之事,孔子答的是自斩衰以下都可以为所为服者行奠祭之礼,所以孔子这里实际是所答非所问,而曾子又没有听出孔子之答非己问,因此又提出此问题。③非此之谓也:此,代曾子所说参加别人家的馈奠之事。按,孔子这才发现自己与曾子互相对对方的意思有误解,故又作以下的解释。　④天子、诸侯之丧,斩衰者奠:意思是,我是说天子或诸侯的丧事,就由为他服斩衰的人设奠。按,这以下是孔子举例说明自己所说的是为所服者馈奠。　⑤大夫齐衰者奠:意思是,大夫的丧事,就由为他服齐衰的人设奠。按,因天子、诸侯是由服

斩衰者奠,为避尊者,故大夫之丧降一等,由为其服齐衰的兄弟们为之奠。 ⑥士则朋友奠:士的丧事,就由朋友们为他设奠。按,这也是为避尊者,即避天子、诸侯、大夫。 ⑦不足则取于大功以下者,不足则反之:不足,是指设奠的人手不够。按,这里不是指平日的朝夕奠,而是指殷奠。殷,盛。殷奠即盛奠。平日朝夕奠不杀牲,殷奠则须杀牲,礼盛于平日之奠,故曰殷奠。大夫以上之丧每月要举行两次殷奠,即在月朔(初一)与月半(十五)各举行一次。士则月半不殷奠,只有月朔之殷奠。大功以下,是指服大功、小功、缌麻者。反之,谓反取于大功以上者,也就是说,如果人手还不够,就可以反过来找为他服大功以上之丧的人帮忙设奠。 ⑧与于祭:与,参加、参与。祭,指虞祭和卒哭祭等。 ⑨不以轻丧而重祭乎:意思是,这不是轻视自己的丧事而重视别人的祭事吗? ⑩"天子"至"下者":这几句意思是,天子、诸侯的丧祭,不是服斩衰的就不参加;大夫的丧事,服齐衰的参加丧祭;士的丧祭如果朋友人手不够,就可以找服大功的兄弟以下的人来帮忙。 ⑪相识有丧服,可以与于祭乎:相识,自己熟识的人,熟人。这里意思是,相识的人死了,而自己有丧服在身,可以参加对他的丧祭吗? ⑫缌不祭,又何助于人:意思是,服缌麻之丧的人还不得参加对所服者的丧祭,又何况是帮助别人行丧祭呢? 按,服缌麻者依亲疏关系还在五服之内。 ⑬废丧服,可以与于馈奠之事乎:这里是问,丧满除服,可以参加别人家为殡设馈奠的事吗? ⑭说衰与奠,非礼也,以摈相可也:说,通"脱"。这里意思是,一脱下丧服就参加别人的馈奠,不符合礼。如果以摈相的身份参加或许可以。

9.曾子问曰:"昏礼既纳币①,有吉日②,女之父母死,则如之何?"孔子曰:"壻使人吊。如壻之父母死,则女之家亦使人吊。父丧称父③,母丧称母,父母不在,则称伯父世母④。壻已葬,壻之伯父致命女氏⑤曰:'某之子有父母之丧⑥,不得嗣为兄弟⑦,使某⑧致命。'女氏许诺而弗敢嫁,礼也。壻免丧,女之父母使人请,壻弗取而后嫁之,礼也⑨。女之父母死,壻亦如之。"曾子问曰:"亲迎⑩女在涂，而婿之父母死，如之何？"孔子曰："女改服布深衣，缟总，以趋丧⑪。女在涂而女之父母死，则女反。""如婿亲迎，女未至，而有齐衰、大功之丧，则如之何⑫？"孔子曰："男不入，改服于外次⑬。女入，改服于内次⑭。然后即位而哭。"曾子问曰："除丧则不复昏礼乎⑮？"孔子曰："祭，过时不祭，礼也，又何反于初⑯？"孔子曰："嫁女之家，三夜不息烛，思相离也。取妇之家，三日不举乐，思嗣亲也⑰。三月而庙见，称'来妇'也；择日而祭于祢，成妇之义也⑱。"曾子问曰："女未庙见而死，则如之何⑲？"孔子曰："不迁于祖，不祔于皇姑，婿不杖，不菲，不次，归葬于女氏之党，示未成妇也⑳。"曾子问曰："取女有吉日，而女死，如之何？"孔子曰："婿齐衰而吊，既葬而除之㉑。夫死亦如之。"

[注释]①纳币：即纳徵，婚礼的"六礼"之一。纳徵是男女双方婚姻关系正式确立的标志。　②吉日：指亲迎之日（参见注⑩）。这里是指已经确定了亲迎的日子。　③父丧称父：意思是，如果一方死的是父亲，另一方就得以父亲的名义前去吊唁。下"母丧称母"义仿此。　④父母不在，则称伯父世母：世母，即伯母。意思是，如果父母已经不在，那就以伯父或伯母的名义前去吊唁。　⑤婿已葬，婿之伯父致命女氏：意思是，如果婿已经安葬了父母，婿的伯父就要派人去向女家致辞（所致之辞见下文）。按，男家父母死，孝子当服三年之丧，怕因丧而耽误了女方，故"致命女氏"，意思是该女可以另嫁他人。　⑥某：代婿父的姓和官位。　⑦不得嗣为兄弟：嗣，继。兄弟，指两姓结为婚姻关系，因夫妇同等，有兄弟之义。这句话犹言不能继续成就婚姻。⑧某：代使者名。　⑨"婿免"至"礼也"：意思是，婿服满丧期除服后，女方父母派人前来请求继续婚姻关系，如果婿不娶，而后把女儿嫁给别家，这是符合礼的。按，此时婿不娶，是因为婿仍处于余哀之中，无心情考虑婚娶的事。

⑩亲迎:婚礼"六礼"的最后一礼,即由婿亲自去女家迎娶妇。 ⑪深衣,缟总,以趋丧:深衣,是一种上衣和下裳连为一体的服装(参见《檀弓上第三》第61节注②)。缟,白缯。总,同"總(总)",束发。缟总即用白缯缠发髻。趋丧,奔赴丧事。 ⑫"如壻"至"如之何":意思是,如果婿亲迎,所迎娶的女子还没有到家,而婿家有了齐衰或大功之丧,该怎么办? ⑬男不入,改服于外次:男子先不进家门,在大门外的次舍中更换服装(将亲迎的服装换成丧服)。 ⑭内次:设于大门内、寝门外之次,这是为接待女宾而设的。 ⑮除丧则不复昏礼乎:这是问,服丧期满除服之后就不再补行婚礼了吗?按,上文说亲迎而遭丧,婚礼不能正常进行,所以曾子又发此问。 ⑯祭,过时不祭,礼也,又何反于初:这是孔子的回答,意思是,祭礼过了日期就不再祭了,这是礼的规定,又何必反过来补行当初的婚礼呢? ⑰取妇之家,三日不举乐,思嗣亲也:意思是,娶妻的人家,三天不演奏音乐,是因为想到后辈将代替前辈。按,古与今不同,不把结婚当成喜事,相反是当成忧戚的事。因为结婚是为了生子,这就意味着将父死而子继,所以娶妇之家"三日不举乐"。 ⑱"三月"至"义也":这几句意思是,结婚后三个月,新妇要行庙见之礼,以向舅姑(即公婆)的神灵报告"某氏来做妇";要选择一个好日子到祢庙祭祀舅姑,以表示妇的名分正式成立。按,如果舅姑都健在,那么亲迎后第二天清早新妇要去拜见舅姑,即行"妇见舅姑"之礼,从而象征妇的名分正式成立。如果舅姑已死,那么就在新婚的三个月后到舅姑的庙中去拜祭舅姑,行三月庙见之礼,以向舅姑之神灵报告"某氏来做妇",象征妇的名分的正式成立。 ⑲女未庙见而死,则如之何:按,妇未行三月庙见之礼,妇的名分就未正式成立,那她就还不算男方家族的人,如果这时死了,该如何处理呢?故问之。 ⑳"不迁"至"妇也":意思是,葬前不迁柩到祖庙行朝庙礼,妇的牌位也不和其姑的牌位放在一起,婿不为她拄丧杖、穿丧鞋,也不住到丧次中去,并将她的棺柩送回到娘家的墓地去安葬,表示她尚未正式成为男家的妇。按,如果妇的名分已经成立,那么妻死,葬前要把妻的棺柩迁运到祖庙去行朝庙礼,现在妇的名分尚未成立,那就不得行朝庙礼,所以说"不迁"。如果妻的名分已经成立,那么妻死葬后,要行祔庙礼,即将死者的牌位送入姑(即婆婆)的庙中,把它和姑的牌位放在一起,即祔于皇姑,现在妇的名分尚未成立,故"不祔于皇姑"。如果妇

的名分已经成立,那么妻死,夫要为妻服齐衰杖期之丧,并且穿丧屦(草编的丧鞋),而且要住到为守丧而搭建的小窝棚(即所谓次)中,但现在妇的名分尚未成立,因此婿虽为之服齐衰期(即齐衰一年之丧),而不拄丧杖,即所谓"埻不杖",也不为之穿草编的丧鞋,即所谓"不菲",也不为之离寝而住到守丧的小窝棚里,即所谓"不次"。又,如果妻的名分已经成立,成了男方家族的成员,那么死后就要葬到男方家族的墓地中,现在妇的名分尚未成立而死,就不得葬入男方墓地,而要葬回到她娘家的墓地去,故曰"归葬于女氏之党"。 ㉑埻齐衰而吊,既葬而除之:意思是,婿穿着齐衰丧的丧服前去吊唁,女子葬后就除服。

10. 曾子问曰:"丧有二孤①,庙有二主,礼与?"孔子曰:"天无二日,土无二王,尝、禘、郊、社,尊无二上②。未知其为礼也。昔者齐桓公亟举兵,作伪主以行③,及反,藏诸祖庙。庙有二主,自桓公始也。丧之二孤,则昔者卫灵公适鲁,遭季桓子之丧。卫君请吊,哀公辞不得命,公为主,客入吊。康子立于门右,北面。公揖让,升自东阶,西乡。客升自西阶吊。公拜,兴,哭。康子拜稽颡于位,有司弗辩也④。今之二孤,自季康子之过也⑤。"

[注释]①二孤:犹言二主,即两个丧主(主持丧礼的人)。下文"庙有二主"则谓两个神主。 ②尝、禘、郊、社,尊无二上:尝、禘皆宗庙祭祀的礼名(参见《王制第五》第29节),皆属合祭诸父祖之神,而以太祖为主。郊,是祭天礼,虽兼祭天上诸神,而以上帝为主。社,是祭土地神之礼,兼祭四方之神,而以后土为主。这就叫做"尊无二上"。 ③昔者齐桓公亟举兵,作伪主以行:这里是解释"庙有二主"的由来。亟,音 qì,屡次,一再。作伪主以行,按古代天子、诸侯出行要用车载迁庙主(即新近迁入太庙的祖先牌位)而行,但因迎取庙主以及事后奉还庙主,礼仪甚繁琐,到齐桓公时期因为征战匆遽,顾不上这些礼仪,就造了一个假神主牌位,即所谓伪主,以代替真神主随军而

行,回来后就把这个假牌位放入庙,于是宗庙里同一个祖先就有了两个神主,见下文。　④"丧之二孤"至"弗辩也":这是解释"丧有二孤"的由来。是说从前卫灵公到鲁国去,碰上季桓子的丧事。卫灵公请求吊唁季桓子,鲁哀公加以推辞而未能推辞得了,于是就由鲁哀公做丧主,卫国客人进去吊唁。季康子站在庙门内右侧,面朝北。哀公与客人行揖让之礼,然后哀公从东阶上堂,面朝西而立。客人从西阶上堂吊唁。哀公向客人行拜礼,拜罢起身而哭。季康子在他的位置上向客人行稽颡拜礼,而属吏们却未能对季康子的做法加以指正。按礼,有客来吊,只有丧主人才向客行拜礼。现在卫灵公来吊,鲁哀公为丧主,这是符合礼的。但哀公向卫灵公行过拜礼之后,季康子也向卫灵公行稽颡拜礼,这就是有两位丧主了,而下属们却对季康子的做法未能辨其非。　⑤今之二孤,自季康子之过也:这是说,现在社会上有两个丧主的做法,就是从季康子的错误开始的。

11. 曾子问曰:"古者师行,必以迁庙主行乎①?"孔子曰:"天子巡守,以迁庙主行,载于齐车②,言必有尊也③。今也取七庙④之主以行,则失之矣。当七庙、五庙无虚主⑤;虚主者,唯天子崩,诸侯薨,与去其国,与祫祭于祖为无主耳⑥。吾闻诸老聃⑦曰:'天子崩,国君薨,则祝取群庙之主而藏诸祖庙,礼也。卒哭成事⑧,而后主各反其庙。君去其国,大宰取群庙之主以从,礼也。祫祭于祖,则祝迎四庙之主⑨。主出庙、入庙,必跸⑩。'老聃云⑪。"曾子曰:"古者师行无迁主,则何主⑫?"孔子曰:"主命。"问曰:"何谓也?"孔子曰:"天子、诸侯将出,必以币帛、皮、圭,告于祖祢,遂奉以出,载于齐车以行⑬。每舍奠焉,而后就舍⑭。反必告,设奠,卒,敛币玉,藏诸两阶之间,乃出,盖贵命也⑮。"

[注释]①古者师行,必以迁庙主行乎:师行,军队出发。迁庙主,指最新迁入太庙的神主。按,古代诸侯五庙,从下至上依次为:祢庙、祖庙、曾祖庙、高祖庙、太庙。太庙是始祖庙,永远不迁。以下如有新死者入祢庙,原祢庙之神主(牌位)则向上依次递迁:原祢庙主上迁入祖庙,祖庙主上迁入曾祖庙,最后高祖庙之神主上迁入太庙。这最新迁入太庙的高祖牌位就是军队载以随行的迁庙主。 ②齐车:指王的五路(车)之一的金路(饰有金的车)。 ③必有尊也:这是说一定要有尊崇的对象。 ④七庙:据说古代西周天子七庙,即在太庙(后稷庙)之下,加文王(昭)、武王(穆)二庙,这三庙永不迁,下面依次是高祖、曾祖、祖、祢四庙,是为七庙。 ⑤七庙、五庙无虚主:按,天子七庙,诸侯五庙,若取太庙之一主,因太庙迁主甚多,则不至虚其庙;若取太庙以下任意一庙之神主,该庙就空虚而无主了,因为太庙以下之六庙或四庙本来就只有一位神主。 ⑥"虚主者"至"无主耳":这是说在什么情况下太庙以下各庙才可以虚无神主。那就是,只有在天子死,诸侯死,或诸侯离国,以及将各庙的神主集中到太庙进行合祭的情况下,太庙以下各庙才虚而无主。 ⑦老聃:即老子,春秋时期陈国苦县人,姓李,名耳,字聃,与孔子同时。 ⑧卒哭成事:卒哭,谓卒哭祭,是人死葬后的最后一次祭礼(参见《曲礼上第一》第56节注①)。成事,即完成,完毕。 ⑨祫祭于祖,则祝迎四庙之主:祫祭,合祭。祖,指太祖庙。祝迎四庙之主,是就诸侯而言,若天子则当迎六庙之主。 ⑩主出庙、入庙,必跸:跸,音 bì,清除道路,禁止行人通行。这里是说,凡迎送神主出庙、入庙,都要禁止行人通行。 ⑪老聃云:以上是老聃说的。 ⑫古者师行无迁主,则何主:意思是,古时行军如果不载迁庙的神主随行,那载什么主呢? ⑬"天子"至"以行":齐,同"斋"。齐(斋)车,载神主的车。按,这里是回答什么是"主命"。意思是,天子、诸侯将出行,一定要拿着币帛、兽皮和玉圭,到祖庙和祢庙去行告祭礼,然后就捧着币帛、兽皮和玉圭出来,载在斋车上随同出行,这就叫做载主命。 ⑭每舍奠焉,而后就舍:上"舍",意为停宿。奠,谓设奠以祭主命。下"舍",谓馆舍。意思是,每当要停宿的时候,就要设奠以祭主命,然后就馆舍休息。 ⑮"反必告"至"贵命也":意思是,返回之后必须设奠告祭宗庙,礼毕,把币帛、圭玉等收起来,埋藏在庙堂下两阶之间的地方,然后出庙,这是表示尊崇主命的意思。

12. 子游问曰:"丧慈母如母,礼与①?"孔子曰:"非礼也。古者男子外有傅②,内有慈母,君命所使教子也,何服之有?昔者鲁昭公少丧其母,有慈母良,及其死也,公弗忍也,欲丧之。有司以闻曰③:'古之礼,慈母无服。今也君为之服,是逆古之礼而乱国法也。若终行之,则有司将书之,以遗后世,无乃④不可乎。'公曰:'古者天子练冠以燕居⑤。'公弗忍也,遂练冠以丧慈母。丧慈母,自鲁昭公始⑥也。"

[注释]①丧慈母如母,礼与:慈母,按,如果某妾无子,而另一妾之子又无母,于是父亲命无子之妾做该子之母,同时又命该子以该妾为母,该妾就是该子的慈母。这里子游是问,为慈母服丧如同为生母一样,符合礼吗? ②傅:老师。 ③有司以闻曰:闻,谓使君主知道,即向君主报告,亦泛指向上级或官府报告。意思是,官吏报告昭公说。 ④无乃:相当于"莫非"、"恐怕是",表示委婉测度的语气。 ⑤古者天子练冠以燕居:按,因为妾的地位卑贱,春秋以前,如果妾子(即庶子)继位做了天子或诸侯,其母死,天子或诸侯为之服缌麻之丧。春秋时期,情况有所变化,如果妾子做了天子或诸侯国君,其母死,天子或诸侯只在闲暇无事的时候为其母服练冠(即头戴练冠),这就是所谓"练冠以燕居"("燕"通"闲")。可见,所谓"练冠以燕居",是指的庶子为庶母服丧,而不是为慈母服,所以鲁昭公这话说错了。 ⑥丧慈母,自鲁昭公始:这是说,为慈母服丧,是从鲁昭公开始的。按,鲁昭公的生母名叫归齐,到昭公三十岁时而死,是昭公丧母时年已不少。又据说归齐死时,昭公竟无哀戚之容,又怎能为慈母服丧?因此有学者认为这里史实有误,丧慈母者,并非昭公。至于始于何公,已不可考。

13. 曾子问曰:"诸侯旅见天子,入门,不得终礼,废者几①?"孔子曰:"四。""请问之。"曰:"大庙火,日食,后之丧,雨沾服失容②,则废。如诸侯皆在而日食,则从天子救日,各以其方色与其兵③。大庙火,则从天子救火,不以方色与兵。"曾子问曰:"诸侯相见,揖让入门,不得终礼,废者几④?"孔子曰:"六⑤。""请问之。"曰:"天子崩,大庙火,日食,后、夫人之丧,雨沾服失容,则废。"曾子问曰:"天子尝、禘、郊、社、五祀之祭,簠簋⑥既陈,天子崩,后之丧,如之何?"孔子曰:"废。"曾子问曰:"当祭而日食,大庙火,其祭也如之何?"孔子曰:"接祭⑦而已矣。如牲至未杀,则废⑧。天子崩,未殡,五祀之祭不行。既殡而祭⑨,其祭也,尸入,三饭,不侑⑩;酳不酢而已矣⑪。自启至于反哭⑫,五祀之祭不行。已葬而祭,祝毕献而已⑬。"曾子问曰:"诸侯之祭社稷,俎豆⑭既陈,闻天子崩,后之丧,君薨,夫人之丧,如之何?"孔子曰:"废。自薨比至于殡⑮,自启至于反哭,奉帅天子⑯。"曾子问曰:"大夫之祭,鼎俎既陈,笾豆既设,不得成礼,废者几?"孔子曰:"九。""请问之。"曰:"天子崩、后之丧、君薨、夫人之丧、君之大庙火、日食、三年之丧、齐衰、大功,皆废。外丧⑰自齐衰以下,行也。其齐衰之祭也,尸入,三饭,不侑;酳不酢而已矣。大功,酳而已矣。小功、缌,室中之事而已矣⑱。士之所以异者,缌不祭;所祭,于死者无服则祭⑲。"

[注释]①"诸侯"至"废者几":旅,众。这里是问,众诸侯朝见天子,进了朝廷之门,却不能把朝见礼进行到底,导致朝礼废止的有几种情况? ②"大庙"至"失容":大,同"太"。太庙,始祖庙。按,这里说导致废朝礼的有四种情况:一是太庙失火,二是出现日食,三是王后死,四是诸侯因遭雨而失容(不能保持符合礼仪的容态和举止)。 ③各以其方色与其兵:方色,是指象征五方的颜色。按,古人依据五行来划分五方及其颜色:东方属木行,为青

色;南方属火行,为赤色;西方属金行,为白色;北方属水行,为黑色;中方属土行,为黄色。这里是说诸侯从天子救日之法,如果是东方的诸侯就穿青色衣,兵器用戟;是南方诸侯就穿赤色衣,兵器用矛,等等。但其具体如何救法,不详。下文救太庙之火则与此相反,不讲究方色与兵器。 ④废者几:这里是问造成诸侯相互朝见之礼废止的有几种情况。 ⑤六:这是说有六种情况,据下文所举,比造成废止朝见天子之礼多了"天子崩"和"夫人之丧"两种情况。 ⑥簠簋:簠,音 fǔ。簋,音 guǐ。都是食器,用以盛黍稷稻粱等做的饭食。这里是用簠簋泛指祭品。 ⑦接祭:接,通"捷",就是减省其礼而迅速祭祀,也不立尸。 ⑧废:此指废止杀牲,也就是不杀牲,这也是"接(捷)"的要求。 ⑨既殡而祭:这是说天子殡棺之后再行至五祀的祭祀之礼。 ⑩尸入,三饭,不侑:尸,指活人扮作五祀之神的形象以受祭者。三饭,谓尸吃了三把饭。按,古人用手抓饭,抓一把分三次咽下,是为一饭。三饭,则抓三次饭,咽九次。侑,劝。不侑,即不劝尸继续吃。按,在正常情况下,尸三饭即告饱,但要由祝劝侑尸继续吃。如果是士礼,当劝尸吃够九饭,大夫礼十一饭,诸侯礼十三饭,天子礼十五饭。现在则尸三饭告饱即止,不再劝侑之。 ⑪酳不酢而已矣:酳,音 yìn,食毕饮酒漱口,是古代宴会或祭祀时的一种礼节。已矣,意思是罢了,算了。按,正常情况下,主人进酒以酳尸,尸酳毕再回敬主人酒就叫酢。现在因为遭天子之丧,只酳而不酢,故曰"酳不酢而已矣"。 ⑫自启至于反哭:启,谓葬前启殡。反哭,谓葬后回祖庙而哭。 ⑬已葬而祭,祝毕献而已:祭,谓天子葬后再祭五祀。按,在正常情况下,祭祀时要由祝劝侑尸吃够十五饭,然后由摄主(即代理主人)向尸进酳酒,尸饮毕酳酒再酢摄主,摄主饮毕酢酒再酌酒献给祝,祝饮毕再向下面的执事人员献酒。现在因遭天子之丧,礼仪从俭,故祝接受献酒即止,不再向祝以下的执事人员献酒,即所谓"祝献毕而已"。已,停止。 ⑭俎豆:俎,形似今北方之小炕桌,祭祀时用以盛牲肉。豆,形似高脚盘,可用以盛酱类祭品。这里用俎豆指代祭品。 ⑮自薨比至于殡:薨,指君始死时。比,至义同,在此都是到的意思。谓从君始死到殡棺。 ⑯奉帅天子:奉,遵奉、奉行。帅,遵循。这里意思是,都遵循以上所述天子处理五祀之祭的原则。 ⑰外丧:非同门中之丧(参见第6节注③)。 ⑱室中之事而已矣:室中之事,即指全部的尸祭之礼。按,祭祀立尸以象征所祭之神,所以祭神实际就是祭尸,而祭尸的全部礼仪都是在庙堂后的室中进行的,室中之礼完毕之后,尸祭礼就结束了。正常情况下,还要请尸到堂上行傧尸礼(即把尸当作宾客加以款待),现在都省略了,即所谓"室中之事而已矣"。 ⑲"士之"至"则祭":意思是,士与大夫的不同之处在于,士如果有缌麻之丧在身,就不举行祭礼;士只有在不为死者服丧的情况下,才举行祭礼。

14. 曾子问曰:"三年之丧,吊乎①?"孔子曰:"三年之丧,练,不群立,不旅行②。君子礼以饰情③。三年之丧而吊哭,不亦虚乎④?"

[注释]①三年之丧,吊乎:这是问如果自己身服三年之丧,是否可以吊唁别人。 ②三年之丧,练,不群立,不旅行:练,小祥祭。旅,众人。这几句意思是,服三年之丧,即使行过小祥祭礼,也不同众人站在一起,不同众人一起行走。 ③君子礼以饰情:饰,表现,表达。意思是,君子通过行礼来表达自己的感情。 ④三年之丧而吊哭,不亦虚乎:意思是,自己身服三年之丧,而去别人家吊唁哭泣,不是虚假而不真诚吗?按,自己有三年之丧,处于丧亲的悲痛之中,不可能再分心为别人而悲痛,所以如果去别人家吊丧,就显得虚伪而不真诚。

15. 曾子问曰:"大夫、士有私丧①,可以除之矣,而有君服焉,其除之也?如之何?"孔子曰:"有君丧服于身,不敢私服,又何除焉?于是乎有过时而弗除也②。君之丧服除,而后殷祭,礼也③。"

[注释]①私丧:自家之丧。 ②"有君丧"至"弗除也":意思是,当服有君丧在身的时候,即使又发生私丧也不敢服,又怎么谈得上先为私丧除服呢。这样就有了过时而不除的丧服。 ③君之丧服除,而后殷祭,礼也:殷祭,谓小祥祭和大祥祭。意思是,等到君丧期满除之后,再补行私丧的小祥、大祥

祭礼,这是符合礼的。

16. 曾子曰:"父母之丧弗除,可乎①?"孔子曰:"先王制礼,过时弗举②,礼也。非弗能勿除也,患其过于制也③。故君子过时不祭,礼也。"

[注释]①父母之丧弗除,可乎:这是问,为父母服丧,期满而不除服,可以吗? ②过时弗举:过了行礼的时间就不再举行了。 ③非弗能勿除也,患其过于制也:意思是,为父母服丧,不是不能做到期满不除服,是怕这样做超过了礼制的规定。

17. 曾子问曰:"君薨既殡,而臣有父母之丧,则如之何?"孔子曰:"归居于家,有殷事①,则之君所,朝夕②否。"曰:"君既启③,而臣有父母之丧,则如之何?"孔子曰:"归哭而反送君④。"曰:"君未殡,而臣有父母之丧,则如之何?"孔子曰:"归殡,返于君所,有殷事则归,朝夕否:大夫室老行事,士则子孙行事。大夫内子有殷事,亦之君所⑤,朝夕否。"

[注释]①殷事:指朔月(初一)奠、月半(每月十五)奠,以及荐新之奠等(参见《檀弓上第三》第 102 节)。 ②朝夕:谓朝、夕哭奠。 ③启:谓将葬而启殡。 ④归哭而反送君:意思是,先回家哭父母,然后返回来为国君送葬。 ⑤大夫内子有殷事,亦之君所:内子,嫡妻。意思是,大夫的嫡妻,当国君有大的奠祭礼时,也要到国君那里去参加,

18. "贱不诔贵①,幼不诔长,礼也。唯天子称天以诔之②。诸侯相诔,非礼也③。"

[**注释**]①贱不诔贵:诔,谓诔辞,古代列述死者生平德行,表示哀悼并以之定谥号。这句意思是,地位低的人不为地位高的人作诔辞。下文义仿此。 ②天子称天以诔之:依礼,当由尊者、长者为贱者、幼者作诔辞,但天子至尊,无更尊之者,故称天以诔之。 ③诸侯相诔,非礼也:依礼,诸侯当请诔于天子,故诸侯相互为诔是不符合礼的。

19. 曾子问曰:"君出疆,以三年之戒,以椑从①,君薨,其人如之何②?"孔子曰:"共殡服,则子麻弁绖,疏衰,菲,杖③。入自阙④,升自西阶⑤。如小敛,则子免而从柩,入自门,升自阼阶⑥。君、大夫、士,一节⑦也。"

[**注释**]①君出疆,以三年之戒,以椑从:出疆,出国。戒,准备。椑,音bì,内棺。意思是,君出国,事前做了为之服三年丧的准备,并用椑棺跟从着。按,这是考虑到国君有可能死在国外。 ②君薨,其人如之何:君薨,谓君死在外国。其人,指所在国之人。意思是,君死在外国,该国的人该怎么办? ③"共殡服"至"杖":麻弁绖,即首绖。麻弁,是布弁,弁上加环绖(做成环形的绖),故曰麻弁绖。疏,是粗的意思。衰,谓丧服。疏衰,即粗布做的丧服,这里指斩衰服。菲,草编的丧屦。杖,丧杖。 ④入自阙:这是指棺柩运回国后,运入殡宫。入殡宫时,是把殡宫门西边的墙打开一个缺口而入,故曰"入自阙",这是表示异于生时(活着时)。按,生人当从门而入)。 ⑤升自西阶:按,因棺柩从外来,如同宾客,故自西阶搬运上堂。 ⑥"如小敛"至"阼阶":免,一种头上戴的丧饰(参见《檀弓上第三》第1节注①)。这几句意思是,如果死在国外的国君小敛而后再送回国,那么国君之子就头上著免跟在棺柩后边,并让国君的遗体从正门运入,从阼阶升到堂上。 ⑦一节:同一种礼节。

20. 曾子问曰:"君之丧,既引①,闻父母之丧,如之何?"孔子曰:"遂既封而归,不俟子②。"曾子问曰:"父母之丧,既引,及涂③,闻君薨,如之何?"孔子曰:"遂既封,改服④而往。"

[注释]①君之丧,既引:引,是拉柩车的大绳。这句意思是,参加国君的丧礼,已经拉起了送葬柩车上的大绳。 ②遂既封而归,不俟子:封,及下文"封"字,都是"窆"的古字,谓将棺柩下入墓穴。按,国君之子(即嗣君)要等到封墓之后才能回来,此臣则既窆即归,故曰"不俟子"。 ③涂:同"途",道路。 ④改服:意思是,脱去为父母所服的丧服,改成为君当服的丧服。按,此时国君新死,臣当用麻束发,赤脚,穿布做的深衣,前往奔丧。

21. 曾子问曰:"宗子为士,庶子为大夫,其祭也如之何?"孔子曰:"以上牲①祭于宗子之家,祝曰:'孝子某为介子某荐其常事②。'若宗子有罪,居于他国,庶子为大夫,其祭也,祝曰:'孝子某,使介子某执其常事③。'摄主不厌祭④;不旅;不假⑤;不绥祭⑥;不配⑦;布奠于宾,宾奠而不举⑧;不归肉⑨。其辞于宾曰:'宗兄、宗弟、宗子在他国,使某辞⑩。'"

[注释]①上牲:指少牢,即一头羊和一头猪。按,少牢是大夫祭祀所用,士则仅用特牲(一头猪),少牢相对于特牲为上,故曰上牲。 ②孝子某为介子某荐其常事:孝子,指宗子。上"某",代宗子之名。介子,指庶子;介,副。庶子贱,故于宗子为副。下"某",代庶子名。下文"孝子某"、"介子某"义同此。常事,岁时祭祀之常礼。这句意思是,孝子某替介子某奉献祭品以行岁时祭祀之常礼。 ③孝子某,使介子某执其常事:意思是,孝子某使介子某主持岁时祭祀的常礼。 ④摄主不厌祭:摄主,指庶子。厌祭,谓饫神,即让神吃饱、吃足。意思是,做代理祭主的不举行厌祭。 ⑤不旅;不假:旅,谓旅酬。假,通"嘏",福。按,在行尸祭礼时,尸要授给主人一个饭团子,并向主人致祝福辞,以示神向主人赐福,谓之嘏辞。这里意思是,不行旅酬礼;尸不向主人致祝福辞。 ⑥不绥祭:绥,通"隋",食前祭礼名。谓由佐食帮助主人或尸行食前祭礼(参见《曲礼上第一》第30节注⑧)。按,佐食是协助尸用食的

人。由佐食帮助把该行食前祭礼的食品——取过来放到尸或主人跟前,以便尸或主人用以行食前祭,这就叫绥祭。这里意思是,不用人帮助尸和主人行食前祭礼。　⑦不配:按,在正常情况下,祭祀父祖,当以父祖之妻配享祭祀。现在庶子为代理主人而祭,则不配祭。　⑧布奠于宾,宾奠而不举:意思是,做代理主人的庶子向参加祭祀的宾进酒,把酒杯放置在宾席前,宾把酒杯移放到一边而不举以饮之。　⑨不归肉:按,祭祀时,尸和宾席前都放有俎,俎上放有牲肉,在正常情况下,祭礼完毕,尸和宾出庙后,主人要派人把尸和宾席前俎上剩余的牲肉分别送到他们家中,叫做归俎。然而摄主执祭则否。　⑩宗兄、宗弟、宗子在他国,使某辞:某,主祭的庶子自称其名。意思是,宗兄或宗弟、宗子在别国,使某代主祭事并报告诸位。

22. 曾子问曰:"宗子去在他国,庶子无爵而居者,可以祭乎①?"孔子曰:"祭哉!""请问其祭如之何?"孔子曰:"望墓而为坛,以时祭②。若宗子死,告于墓,而后祭于家③。宗子死,称名不言孝,身没而已④。子游之徒有庶子祭者以此,若义也⑤。今之祭者,不首其义,故诬于祭也⑥。"

[注释]①"宗子"至"祭乎":这里是问,宗子离开祖国而在别国,庶子没有爵位而留居本国,可以主持祭祀吗?　②望墓而为坛,以时祭:意思是,在接近父祖坟墓的地方筑坛,按时进行祭祀。　③若宗子死,告于墓,而后祭于家:意思是,如果宗子死了,就先祭告父祖之墓,而后在家中祭祀。　④宗子死,称名不言孝,身没而已:按,只有宗子祭其父才能自称孝子,所以宗子死了而其庶子祭之时,只能自称名而名前不得加"孝子"二字。身没而已,这是说庶子不称孝子的情况一直到该庶子死了就算了,而该庶子的嫡子祭其父则可以自称"孝子"。　⑤子游之徒有庶子祭者以此,若义也:若,顺从。意思是说,子游的门人有庶子主持祭祀的,都是顺从上面所说的礼。　⑥今之祭者,不首其义,故诬于祭也:首,根据。这几句意思是,现在有的庶子祭祀,不根据

古人制礼之义,因此他们的祭礼多诬妄。

23. 曾子问曰:"祭必有尸乎?若厌祭,亦可乎①?"孔子曰:"祭成丧②者必有尸,尸必以孙,孙幼则使人抱之③。无孙则取于同姓可也④。祭殇必厌,盖弗成也⑤。祭成丧而无尸,是殇之也⑥。"

[注释]①若厌祭,亦可乎:厌,音 yā,此谓阴厌。按,古人祭祀皆有尸,但在迎尸入庙之前,主人要先行飨神之礼,即用酒、牲肉、黍稷以及其他祭品置于神位前以供神享用,并由祝致辞,这就叫做阴厌。因为此时享神的祭品设在室奥,即室的西南隅阴暗处,故名。这里是问,如果只行厌祭,不设尸,是否可以。 ②成丧:成人之丧。 ③尸必以孙,孙幼则使人抱之:意思是,尸一定要用死者的孙子来充当,孙子幼小就让人抱着。按,之所以尸必以孙,是因为按昭穆排列,孙与祖之位同。古代宗庙,依昭穆次序排列,始祖庙居中,其下左昭右穆,父昭子穆。故父庙居左为昭,子庙在右为穆,孙庙又在左,是孙与其祖同昭穆也。 ④无孙则取于同姓可也:这是说从同姓中找孙辈的人为尸。 ⑤祭殇必厌,盖弗成也:殇,未成年而死者(参见《檀弓上第三》第12节注⑤)。这两句意思是,祭殇者就必须用厌祭,就因为死者尚未成人的缘故。 ⑥祭成丧而无尸,是殇之也:意思是,祭祀成年死者而没有尸,这就是把死者当作殇者看待了。

24. 孔子曰:"有阴厌,有阳厌①。"曾子问曰:"殇不祔祭,何谓阴厌、阳厌②?"孔子曰:"宗子为殇而死,庶子弗为后也③。其吉祭特牲④,祭殇不举⑤,无肵俎⑥,无玄酒⑦,不告利成⑧,是谓阴厌⑨。凡殇与无后者⑩,祭于宗子之家,当室之白⑪,尊于东房⑫,是谓阳厌。"

[注释]①有阴厌,有阳厌:阴厌,参见上节注①。阳厌,按,阴厌之后即

迎尸入室,举行尸祭礼,这是祭祀的正礼部分。尸祭完毕,送尸出庙,然后要把祭品从室的西南隅移到西北隅,继续供神享用,这就叫做阳厌。因室的西北隅可接受到由门窗射入的阳光的照射,故名。 ②殇不衬祭,何谓阴厌、阳厌:按,这里的"衬"是"备"字之误。意思是,对于未成年而死的人,祭礼简略而不完备,又怎么说有阴厌、阳厌之祭呢? ③宗子为殇而死,庶子弗为后也:意思是,宗子未成年而死,庶子不可做他的后继人。 ④其吉祭特牲:按,人死行过卒哭祭之后,凶礼就结束了,此后所行祭礼即谓之吉祭。吉祭成人用特牲(一头牛),祭殇者用特豚(一头猪)。但为表示尊宗子,尽管他是殇者,也从成人之礼而用特牲。 ⑤祭殇不举:按,如果有尸,那么就由佐食举牲之肺脊授给尸,帮尸行食前祭礼,尸祭之而后食。现在是殇祭而无尸,故无佐食助举肺脊行食前祭礼。 ⑥肵俎:肵,音 qí,敬。肵俎,尸祭所用俎名,用以为尸盛牲的心和舌。殇祭无尸,故亦无肵俎。 ⑦玄酒:用洁净的水当酒,称为玄酒,设玄酒主要体现返本尚朴之义,凡尸祭皆当设之。 ⑧不告利成:若行尸祭,尸依礼享食完毕,叫做利成,且由祝向主人报告尸"利成"。殇祭无尸,故不告利成。 ⑨阴厌:按,因殇祭无尸,只行尸祭前的享神礼以祭殇者,而享神之物设于祖庙室奥阴暗处,故名阴厌(参见上节注①)。 ⑩凡殇与无后者:凡殇,谓一般人而非宗子之殇。无后者,谓无儿孙者。 ⑪当室之白:谓室的西北隅门窗的光线可以照射处。 ⑫尊于东房:尊,盛酒器(参见《曲礼上第一》第34节注②)。

25. 曾子问曰:"葬引至于堩①,日有食之,则有变②乎?且不乎?"孔子曰:"昔者吾从老聃助葬于巷党③,及堩,日有食之。老聃曰:'丘,止柩就道右,止哭以听变④。'既明反⑤,而后行。曰:'礼也。'反葬⑥而丘问之,曰:'夫柩不可以反者也。日有食之,不知其已之迟数,则岂如行哉⑦?'老聃曰:'诸侯朝天子,见日而行,逮日而舍奠⑧。大夫使,见日而行,逮日而舍。夫柩不蚤出,不莫宿,见星而行者,唯罪人与奔父母之丧者乎⑨。日有食之,安知其不见星也⑩？且君子行礼,不以人之亲痁患⑪。'吾闻诸老聃云⑫。"

[注释]①葬引至于堩:堩,音 gèng,道路。谓葬死者已拉柩车上路。②变:谓变于常礼。 ③助葬于巷党:助葬,帮助人家行葬礼。巷党,党名。④丘,止柩就道右,止哭以听变:丘,孔子名。意思是,柩车停止前进,靠在路右边,停哭,以听任日食变化。 ⑤既明反:谓日食过去,太阳复返光明以后。⑥反葬:谓葬后返回时。 ⑦"夫柩"至"行哉":数,通"速"。迟数,即快慢,早晚。意思是,柩车一上路就不可以返回,出现日食,不知要等多长时间日食才停止,难道让柩车继续前进比停滞不前好吗？ ⑧逮日而舍奠:逮,及,到。舍,停宿。到日落时就停宿并设奠祭行主。行主即出行所载迁主(参见第10节注③)。 ⑨"夫柩"至"者乎":蚤,通"早"。意思是,柩车不早出,也不到黄昏时才中途停宿,天空出现星星而赶路的,大概只有罪人和奔父母之丧的人吧。 ⑩日有食之,安知其不见星也:意思是,出现日食,怎知天空不会暗到出现星星呢？按,这是解释上文所说让柩车停止前进,以等待日食的变化的原因。 ⑪不以人之亲痁患:痁,音 shān,病。这句意思是,如果出现日食而柩车不止行,或天空晦暗以至出现星星,便是使所葬人之父母贱若罪人,就是病辱人之亲。 ⑫吾闻诸老聃云:这是我听老聃说的。

26. 曾子问曰:"为君使而卒于舍①,礼曰:'公馆复,私馆不复②。'凡所使之国,有司所授舍,则公馆已,何谓私馆不复也③？"孔子曰:"善乎,问之也。自卿大夫之家曰私馆。公馆,与公所为曰公馆④。公馆复,此之谓也⑤。"

[注释]①为君使而卒于舍:意思是,为国君出使而死在异国馆舍。②公馆复,私馆不复:公馆,公家所安排的馆舍。私馆,私家馆舍,如卿大夫之家。见下文。复,招魂。意思是,死在公馆就为死者行招魂礼,死在私馆就不行招魂礼。 ③"凡所"至"复也":意思是,凡所出使的国家,由该国的官吏安排馆舍,就是公馆了,怎么还存在死于私馆而不招魂的问题呢？ ④"自

卿"至"曰公馆":意思是,出使者自宿于卿大夫家中,就叫做私馆。宿于公家所建造的馆舍,以及由该国国君所安排的馆舍,就叫公馆。　⑤公馆复,此之谓也:意思是,所谓死在公馆要为死者招魂,就是指此而言。

27.曾子问曰:"下殇土周葬于园①,遂舆机而往②,涂迩故也。今墓远③,则其葬也如之何?"孔子曰:"吾闻诸老聃曰,昔者史佚④有子而死,下殇也,墓远。召公谓之曰:'何以不棺敛于宫中⑤?'史佚曰:'吾敢乎哉?'召公言于周公。周公曰:'岂不可⑥?'史佚行之。下殇用棺,衣棺⑦,自史佚始也。"

[注释]①下殇土周葬于园:下殇,指年八岁至十一岁而死者。土周,本是夏后氏的葬法,即烧土为砖附于棺周围,也叫堲周(堲音jí,烧过的土),周人用此法葬下殇者(参见《檀弓上第三》第12节)。下殇者不葬于墓地,而葬于园圃,故下文曰"涂迩"(即路程近)。　②舆机而往:舆,抗。机,盛尸具,似床。殇者盛于机,抗着往园中所设堲周之棺中殓葬之。　③今墓远:谓今人葬下殇者用成人的葬法,敛于棺而葬于墓地,故墓远(墓地路程远)。　④史佚:是西周成王时的一位贤史官。　⑤何以不棺敛于宫中:这是召公为史佚出主意,让他用成人礼,棺敛殇者于宫中,然后就可用车载往墓地,墓地再远也不怕了。　⑥岂不可:这是用反问句表示同意。　⑦衣棺:即衣于棺,也就是为死者穿衣装敛于棺。

28.曾子问曰:"卿大夫将为尸于公,受宿矣①,而有齐衰内丧②,则如之何?"孔子曰:"出舍于公馆以待事③,礼也。"孔子曰:"尸弁、冕而出,卿大夫士皆下之④,尸必式,必有前驱⑤。"

[注释]①卿大夫将为尸于公,受宿矣:受宿,受谓已经接受命令,宿谓

独宿而斋戒。意思是,卿大夫中有人将为国君的祭礼充当尸,已经接受了君命独宿而斋戒了。 ②内丧:参见第6节注③。 ③出舍于公馆以待事:出去住在公家的馆舍中以等待祭事。 ④尸弁、冕而出,卿大夫士皆下之:尸或戴爵弁,或戴冕而出,卿大夫士见了都要下车。 ⑤尸必式,必有前驱:意思是,尸一定要在车上向下车的卿大夫士行轼礼,尸出行必须有车马在前面为他开路。

29. 子夏问曰:"三年之丧,卒哭,金革之事无辟①也者,礼与?初有司与②?"孔子曰:"夏后氏三年之丧,既殡而致事③;殷人既葬而致事。《记》曰:'君子不夺人之亲,亦不可夺亲也④。'此之谓乎。"子夏曰:"金革之事无辟也者,非与⑤?"孔子曰:"吾闻诸老聃曰:'昔者鲁公伯禽⑥,有为为之⑦也。'今以三年之丧从其利者,吾弗知也⑧。"

[注释]①金革之事无辟:金革之事,在此指服兵役之事。辟,通"避",在此义为推辞、推避。意思是,服兵役的事就不可推避了。 ②初有司与:意思是,或者当初是官吏命令孝子这样做的? ③既殡而致事:致事,辞官。意思是,孝子将亲人殡后就辞官守丧。 ④君子不夺人之亲,亦不可夺亲也:意思是,君子不可剥夺别人亲爱自己亲人之情,孝子也不可被人剥夺亲爱自己亲人之心。 ⑤金革之事无辟也者,非与:意思是,照这样说来,有丧服在身而服兵役的事不可推避的情况,不符合礼吧? ⑥鲁公伯禽:伯禽,是周公的长子,封于鲁,故称鲁公。 ⑦有为为之:即有原因、不得已而为之。按,伯禽初封于鲁,即有徐戎作乱,情况紧急,当时伯禽正为母丧行卒哭祭,不得已而举兵征之。 ⑧今以三年之丧从其利者,吾弗知也:意思是,现在征发服三年丧的人从军攻伐以求利的,我不知道是根据的什么礼。

文王世子第八

1.文王为世子①,朝于王季②日三。鸡初鸣而衣服,至于寝门外,问内竖之御者③曰:"今日安否?何如?"内竖曰:"安。"文王乃喜。及日中又至,亦如之。及莫④又至,亦如之。其有不安节⑤,则内竖以告文王,文王色忧,行不能正履⑥。王季复膳,然后亦复初⑦。食上,必在视寒暖之节⑧。食下,问所膳⑨,命膳宰⑩曰:"末有原⑪。"应曰:"诺。"然后退。

[注释]①世子:即太子(参见《曲礼下第二》第2节注⑥)。 ②王季:周文王之父。 ③内竖之御者:内竖,内庭小臣。御,值日,当值。 ④莫:古"暮"字。 ⑤节:义同于"适"。 ⑥行不能正履:履,在此义为行走。谓走路连脚步也迈不稳。 ⑦王季复膳,然后亦复初:意思是,王季的饮食恢复正常,然后文王也恢复了原来的神态。 ⑧节:在此意为程度、情况。 ⑨所膳:膳,犹食,吃。意思是吃得怎么样。 ⑩膳宰:主饮食的官。 ⑪末有原:末,犹勿,不要。原,再。意思是,不要把吃剩下的食物再给王进上。

2.武王帅而行之,不敢有加焉①。文王有疾,武王不说冠带②而养。文王一饭,亦一饭;文王再饭,亦再饭。旬有二日乃间③。

[注释]①武王帅而行之,不敢有加焉:帅,循。有加,谓做得更好。意思是,武王遵循文王的榜样行事,而不敢希求比文王做得更好。 ②带:本指束于衣外的大带,此处指代衣裳。 ③旬有二日乃间:旬有二日,谓十二天。间,痊愈,病好了。

3. 文王谓武王曰:"女何梦矣?"武王对曰:"梦帝与我九龄①。"文王曰:"女以为何也?"武王曰:"西方有九国焉,君王其终抚诸②。"文王曰:"非也。古者谓年龄,齿亦龄也。我百,尔九十,吾与尔三焉③。"文王九十七乃终。武王九十三而终。

[注释]①九龄:九颗牙齿。按,这是武王对九龄的理解。文王则以为是九岁的年龄,也就是多活九岁,见下文。 ②君王其终抚诸:抚,犹抚有,据有。谓君王最终将抚有这九国。 ③我百,尔九十,吾与尔三焉:意思是,我将活一百岁,你九十岁。我给你三岁吧。

4. 成王幼,不能莅阼①。周公相,践阼而治②。抗世子法于伯禽③,欲令成王之知父子、君臣、长幼之道也。成王有过,则挞伯禽,所以示成王世子之道也。《文王之为世子》④也。

[注释]①莅阼:莅,临也。阼,指阼阶上主人之位,在此指代君主之位。 ②践阼而治:践阼,登上王位。这里意思是代理成王就王位治理天下。 ③抗世子法于伯禽:抗,犹举,呈上。意思是,拿做太子的规则要求伯禽,以便成王从伯禽身上认识、体会有关父子、君臣、长幼关系的道理,见下文。 ④《文王之为世子》:这是篇内小题。按,此篇共由6篇合成,即当有6个小

题,实际篇中只有1、2、3、6这4个小题,第4、5小题已不可考。

5. 凡学①世子,及学士,必时②。春夏学干戈③,秋冬学羽籥④,皆于东序⑤。小乐正学干,大胥赞之;籥师学戈,籥师丞赞之⑥。胥鼓《南》⑦。春诵,夏弦,大师诏之⑧。瞽宗秋学礼,执礼者诏之⑨。冬读《书》,典书者诏之⑩。礼在瞽宗,《书》在上庠⑪。

[注释]①学:音 xiào,同"教",教导。下文"学"义同。 ②必时:时,指四时,也就是四季。这里意思是,必须按照四季来安排教学内容。 ③干戈:干,盾牌。干戈在此都是指武舞所执的道具,此处指代武舞。 ④羽籥:籥,音 yuè。羽和籥是文舞所用的道具,此处指代文舞。 ⑤东序:夏后氏的学名。按,下文瞽宗,是殷学名;上庠,是有虞氏之学名。周学则名为辟廱。据说周兼有四代之学。 ⑥"小乐正"至"赞之":小乐正、大胥、籥师、籥师丞,都是乐官名。这几句意思是,小乐正教武舞怎样运用干,由大胥协助他;籥师教武舞怎样运用戈,由籥舞丞协助他。按,此四乐官武舞、文舞皆教,此处只记怎样教武舞,乃省文。 ⑦胥鼓《南》:胥,即大胥。《南》,是南夷的音乐。 ⑧春诵,夏弦,大师诏之:诵,谓诵读《诗》。诏,教导。意思是,春季教读《诗》,夏季教弹琴,由太师来教。 ⑨瞽宗秋学礼,执礼者诏之:执礼者,即掌礼的官。谓秋季在瞽宗教礼,由掌礼官来教。 ⑩冬读《书》,典书者诏之:典书,掌管书籍的官。谓冬季教读《书》,由掌书官来教。 ⑪礼在瞽宗,《书》在上庠:意思是,教礼在瞽宗进行,教《书》在上庠进行。

6. 凡祭与养老乞言、合语①之礼,皆小乐正诏之于东序②。大乐正学舞干戚,语说③、命乞言,皆大乐正授数④,大司成论说在东序⑤。凡侍坐于大司成者,远近间三席⑥。可以问,终则负墙⑦。列事未尽,不问⑧。

[**注释**]①养老乞言、合语:养老,礼名。乞言,古代帝王及其嫡长子养一些德高望重的老人,以便向他们求教,叫乞言。合语,是指进行乡射礼、乡饮酒礼、大射礼、燕射礼等礼时,进行到行旅酬礼(参见《曾子问第七》第7节注①)的阶段时,便可以交谈了,这就叫做"合语"。在此之前,因盛行威仪,是不可以语的。 ②皆小乐正诏之于东序:谓以上诸礼都由小乐正在东序进行教授。 ③舞干戚、语说:戚,斧,也是武舞的道具。语说,谓合语之说,说即辞令。古人甚重辞令,故学子皆须学之。 ④皆大乐正授数:数,篇数。意思是,上述学习内容,都由大乐正授给所当学习的教材篇数。 ⑤大司成论说在东序:大司成,即国学中的老师。论说,在此义为讲授。这句意思是,上述大师乐所授的教材,都由大司成在东序进行讲授。 ⑥凡侍坐于大司成者,远近间三席:三席,席之制,宽三尺三寸又三分寸之一,三席则为一丈。意思是说,凡陪坐在大司成跟前听讲的,要与大司成保持三席的距离。 ⑦可以问,终则负墙:意思是,不懂可以提问,问罢就后退靠墙而坐。 ⑧列事未尽,不问:列事,指大司成讲述的内容。意思是,如果大司成还没有讲叙完,不可以插言提问。

7. 凡学,春官释奠于其先师①,秋冬亦如之。凡始立学者必释奠于先圣②、先师,及行事必以币③。凡释奠者必有合也,有国故则否④。凡大合乐,必遂养老⑤。

[**注释**]①春官释奠于其先师:官,谓学官。释奠,放置祭品于先师之神位前,以行祭祀先师之礼。先师,学官中有道德者,死后被奉为先师。这句意思是,春季要由学官举行释奠礼以祭祀先师。 ②先圣:指周公、孔子等。 ③及行事必以币:行事,谓释奠进行祭祀。按,始立学的释奠礼重于四时之常礼,故必有币(帛)。 ④凡释奠者必有合也,有国故则否:合,谓合乐,即舞蹈、歌唱、乐器演奏合在一起进行。国故,谓如国君死,或有灾荒、战争、瘟疫等,则不合乐。 ⑤凡大合乐,必遂养老:养老,谓行养老礼,参见《王制第五》第45节注①。这两句意思是,凡演奏大合乐,一定就此举行养老礼。

8. 凡语于郊①者,必取贤敛才②焉:或以德进,或以事举,或以言扬③。曲艺皆誓之,以待又语④。三而一有焉⑤,乃进其等,以其序,谓之"郊人",远之⑥。于成均,以及取爵于上尊也⑦。

[注释]①语于郊:语,考论。郊,谓郊学,也就是大学,因建在国都之郊,故名。意思是,在郊学中考论学士的才能。 ②取贤敛才:取、敛,在此都是录取的意思。也就是一定要录取贤才。 ③"或以"至"言扬":这几句意思是,德行、办事能力、或言论,不论哪一方面有突出表现,都可以被录用。 ④曲艺皆誓之,以待又语:曲艺,小技能。誓,谨。意思是,即使怀有小技能的人,都谨慎地进修自己的技艺,以等待再次考论人才而能被录用。 ⑤三而一有焉:献其三技而有一技可用。 ⑥"乃进"至"远之":等,谓人的身份等级。序,谓等级的高低次序。意思是,有一技之长的人,就可以从他们的同等人中被进用,并按照技艺的高低排列名次,这种人被称作"郊人",但仍被疏远而不加重用。 ⑦于成均,以及取爵于上尊也:成均,据说是五帝时期的大学之名,在此泛指大学,亦即上所谓郊学。上尊,指设于堂上的酒尊。按,此谓天子来大学行饮酒礼,饮酒礼进行到行旅酬礼时,被进用的曲艺之人(即"郊人")也能参与旅酬而饮酌自堂上之尊的酒,所以荣之。

9. 始立学者,既兴器①,用币,然后释菜②,不舞不授器③,乃退,傧于东序④,一献⑤,无介、语⑥可也。《教世子》⑦。

[注释]①始立学者,既兴器:"兴"是"衅"字之误。按,古代凡有新造成的器物,都要杀牲,取牲血以涂器,叫做衅器。这里是说,开始建立学校,给新制成的礼乐器物涂上牲血衅祭之后。 ②用币,然后释菜:币指帛。释菜,古代入学时祭祀先圣、先师的一种典礼,即放置菜在神位前以祭祀。 ③不舞不授器:按,因释菜礼轻于释奠礼,故不舞。释奠礼则须舞。不舞也就不授给舞蹈所用的道具。 ④乃退,傧于东序:傧,是指用一定的礼仪招待宾客。此

释菜礼以何人为宾,不详。或以为大司乐主之,而以大司成为宾。东序,参见第5节注⑤。这里意思是,退入东序招待宾。　⑤一献:谓主人向宾行一献之礼。一献之礼包括献、酢、酬三个仪节。主人先敬宾酒叫献;宾回敬主人酒叫酢;主人先自饮一杯,然后再酌酒以劝宾饮叫酬;宾则奠爵而不举,即把主人所进酬酒放在一边不再饮,以示礼成:此即一献之礼的全过程。　⑥无介、语:介,副,指宾的副手。按,凡礼盛者宾皆有介,以助宾行礼事。语,在此指代旅酬礼,因行礼至旅酬始可以交谈。然释菜礼轻,故可无介、无语。也就是说,不为宾设介、不行旅酬礼也是可以的。　⑦《教世子》:篇中小题,谓以上是《教世子》篇。

10. 凡三王①教世子,必以礼乐。乐所以修内也,礼所以修外也。礼乐交错于中,发形于外②,是故其成也怿,恭敬而温文③。立大傅、少傅以养之④,欲其知父子、君臣之道也。大傅审父子、君臣之道以示之⑤;少傅奉世子以观大傅之德行而审喻之⑥。大傅在前,少傅在后,入则有保,出则有师⑦,是以教喻而德成⑧也。师也者,教之以事,而喻诸德者也。保也者,慎其身以辅翼之,而归诸道者也⑨。《记》曰:"虞夏商周有师、保,有疑、丞⑩。设四辅及三公,不必备,唯其人⑪。"语使能也⑫。君子曰:"德,德成而教尊,教尊而官正,官正而国治⑬。"君之谓也⑭。

[注释]①三王:夏商周三代之王。　②礼乐交错于中,发形于外:谓礼乐交互作用在内心,而通过外在的行为表现出来。　③是故其成也怿,恭敬而温文:怿,音yì,喜悦;快乐。这两句意思是,因此能成就愉悦的心境,恭敬而又温文尔雅的仪态。　④立大傅、少傅以养之:大,音tài。大傅、少傅,都是太子的老师,少傅位次于大傅。养,教养。　⑤大傅审父子、君臣之道以示之:谓大傅审慎地遵循父子、君臣的道理行事,以为太子做榜样。　⑥少傅奉世子以观大傅之德行而审喻之:谓少傅侍奉太子观察大傅的德行,而仔细地

把其中的道理讲解给太子听。 ⑦入则有保,出则有师:保、师,即保氏、师氏。保氏负责教太子以德行,师氏负责教太子以六艺。 ⑧德成:成就太子的德行。 ⑨慎其身以辅翼之,而归诸道者也:归诸道,就是符合道。意思是,审慎自身的言行来辅助太子,而使太子的言行能够符合于太子之道。 ⑩有师、保、有疑、丞:按,师、保、疑、丞,即下文所谓"四辅",都是负责教育太子的官。疑、丞的具体职掌不详。 ⑪设四辅及三公,不必备,唯其人:意思是,为太子设立以上四辅以及三公,不一定全设,只看有无合格的人才设。 ⑫语使能也:这是总结上面引文的意思,是说要使真正能胜任的人做教育太子的官。 ⑬"德"至"国治":意思是,修养德行,德行修养成了,发出的教导就会受到尊重,教导受到尊重官吏就会廉正,官吏廉正国家就能治理好。 ⑭君之谓也:这是指上面的话是针对国君而言的。

11. 仲尼曰:"昔者周公摄政,践阼而治,抗世子法于伯禽,所以善成王①也。闻之曰:'为人臣者,杀其身有益于君,则为之。'况于其身以善其君乎?周公优为之②。"是故知为人子,然后可以为人父;知为人臣,然后可以为人君;知事人,然后能使人。成王幼,不能莅阼,以为世子,则无为也③。是故抗世子法于伯禽,使之与成王居,欲令成王之知父子、君臣、长幼之义也。

[注释]①善成王:谓教育成王学习善道。 ②周公优为之:优,优秀,出色。谓周公在这方面做得很出色。 ③以为世子,则无为也:按,因为成王年幼,不能即王位,如果让他学做太子,因父亲武王已死,又没有学做太子的条件,所以说"以为世子,则无为也"。因此让伯禽学做太子,再让成王从伯禽那里体会"父子、君臣、长幼之义"(参见第4节)。

12. 君之于世子也,亲则父也,尊则君也。有父之亲,有君之尊,然后兼天下而有之,是故养世子①不可不慎也。

行一物而三善皆得者,唯世子而已②。其齿于学③之谓也。世子齿于学,国人观之曰:"将君我,而与我齿让④,何也?"曰:"有父在则礼然⑤。"然而众知父子之道矣。其二曰:"将君我,而与我齿让,何也?"曰:"有君在则礼然。"然而众著⑥于君臣之义也。其三曰:"将君我,而与我齿让,何也?"曰:"长长⑦也。"然而众知长幼之节矣。故父在斯为子,君在斯谓之臣,居子与臣之节,所以尊君、亲亲⑧也。故学之为父子焉⑨,学之为君臣焉,学之为长幼焉。父子、君臣、长幼之道得而国治⑩。语曰:"乐正司业,父师司成⑪,一有元良,万国以贞⑫。"世子之谓也。《周公践阼》⑬。

[注释]①养世子:培养太子。 ②行一物而三善皆得者,唯世子而已:物,事,事情。谓做一件事而能兼有三项好处的,只有太子罢了。下文从"其齿于学"至"长幼之节矣",即所谓太子做一件事而有三项好处的具体表现。 ③齿于学:齿,年龄。谓太子与同学们按年龄排列尊卑次序。 ④齿让:意思是,谦让地与我们按年龄论尊卑。 ⑤有父在则礼然:意思是,因为太子上有父在,所以处处执谦让之礼。 ⑥著:明,明白。 ⑦长长:上"长",意为尊敬。下"长",年长的人。 ⑧亲亲:上"亲"意为亲近,亲爱。下"亲"为亲属。 ⑨学之为父子焉:学,教导。意思是,教太子有关父子关系的道理。下两句义仿此。 ⑩父子、君臣、长幼之道得而国治:意思是,有关父子、君臣、长幼关系的道理都懂得了,国家就可以治理好了。 ⑪乐正司业,父师司成:乐正,乐官名。司,掌管。父师,"父"与"甫"通,甫,大。父师,即大(太)师。意思是,乐正掌管学业,大师总掌学成。按,学成,犹今所谓毕业。 ⑫一有元良,万国以贞:元,善。万国,泛指天下。贞,正,正道。一人德行善良,天下都得端正。 ⑬《周公践阼》:篇内小题。

13. 庶子之正于公族者①,教之以孝弟、睦友、子爱②,明父子之义,长幼之序。其朝于公③,内朝则东面,北上④;臣有贵者以齿⑤。其在外朝⑥,则以官,司士为之⑦。其在宗庙之中,则如外朝之位,宗人授事,以爵,以官⑧。

[注释]①庶子之正于公族者:庶子,官名,是司马的属官,其职掌详下文。正,通"政"。正于公族,即为政于公族,也就是所掌管的公族的政事。②孝弟、睦友、子爱:弟,通"悌",敬爱兄长。睦友,和睦亲友。子,通"慈"。子爱,慈爱待人。 ③其朝于公:其,代公族的人。公,指诸侯国君。谓公族的人朝见国君。 ④内朝则东面,北上:内朝,即路寝,在路门内。按,诸侯之朝三门:库门、雉门、路门(参见《檀弓上第三》第107节注①)。东面,站在西边而面朝东。北上,以北边为上位。 ⑤臣有贵者以齿:意思是,公族中的臣有地位尊贵的,按年龄长幼排列位次。 ⑥外朝:在此实指治朝,在路门外、雉门内。因治朝相对于内朝则在外,故亦可称外朝。 ⑦则以官,司士为之:司士,是司马的属官,负责排列朝廷官位。意思是,如果在外朝,就按官位高低就朝位,由司士负责排列位次。 ⑧宗人授事,以爵,以官:宗人,是负责掌管礼事和宗庙的官。授事,即下文所谓"以爵,以官"之事。意思是,由宗人负责,按照爵位来排列位次,按照官职来分派祭祀时所担任的职事。

14. 其登馂、献、受爵,则以上嗣①。

[注释]①"其登"至"上嗣":登,谓登堂。馂,在此指吃尸所剩余的食物。献、受爵,皆属国君的宗庙祭祀之礼,其详已不可知。上嗣,指嫡长子。这里意思是,宗庙祭祀时上堂吃尸所剩下的饭食、行献酒礼和受爵礼,都由嫡长子进行。

15. 庶子治之①,虽有三命,不逾父兄②。

[注释]①庶子治之:谓由庶子负责排列内朝公族之人的位次。 ②虽

有三命,不逾父兄:三命,指古代官吏的级别。按,古代官吏的级别有一命至九命之别,九命最高(参见《王制第五》第15、16节)。意思是,即使有三命之官,也不可超越他父兄的位次。

16. 其公大事①,则以其丧服之精麤为序②,虽于公族之丧亦如之③,以次主人④。若公与族燕,则异姓为宾,膳宰为主人⑤。公与父兄齿⑥。族食,世降一等⑦。

[注释]①公大事:公,诸侯国君。大事,此谓死丧。 ②以其丧服之精麤为序:麤,同"粗"。序,指位次。这是记庶子官治君丧而为公族服丧者排列哭位的位次。为国君虽皆服斩衰,但根据亲疏关系的不同,丧服的精粗则不一样,亲者粗而疏者精,故其哭位的位次即据丧服的精粗来排列。 ③虽于公族之丧亦如之:这是说,即使是公族中人的丧事也这样排列哭位。 ④以次主人:主人,主丧者。次主人,谓接续在主人的后边。 ⑤若公与族燕,则异姓为宾,膳宰为主人:这是说,如果国君同族人举行燕饮之礼,就用异姓的人担任燕礼上的宾,而用膳宰充当主人。膳宰是为国君掌饮食的官。按,古代行饮酒礼必设宾主,故君与其族人饮,就以异姓之人为饮酒礼上的宾。又,凡饮酒礼,主人必向宾献酒。但现在的主人是国君,地位太尊,如由国君向宾献酒,则宾必拘谨而不能尽欢心,故由膳宰充当主人,以代理国君向宾献酒。 ⑥公与父兄齿:谓国君同族中父兄们按长幼排列尊卑位次。 ⑦族食,世降一等:族食,指国君与族人在一起行燕食礼,亦即今所谓聚餐。燕食与燕饮不同:燕食主于吃饭,而燕饮主于饮酒。据说国君一年要举行四次燕食礼,但族人则根据与国君关系的亲疏,以决定参加次数的多少,关系最亲的可参加四次,以下隔一代人就少参加一次,故曰"世降一等"。

17. 其在军,则守于公祢①。公若有出疆之政,庶子以公族之无事者守于公宫②:正室守太庙③,诸父守贵宫贵室,诸子诸孙守下宫下室④。

[注释]①其在军,则守于公祢:其,代庶子官。公祢,即行主,亦即迁主。祢,父的神主。迁主而称公祢,是因为行军在外,表示亲切。这两句意思是,庶子在军中,就负责守护迁主。 ②公族之无事者守于公宫:公族之无事者,指公族中没有担任公职的人。公宫,国君的宫庙。 ③正室守太庙:正室,谓嫡子。这是指公族中凡做卿、大夫、士者的嫡子。太庙,国君的始祖庙。④诸父守贵宫贵室,诸子诸孙守下宫下室:诸父,公(国君)的伯父、叔父。宫,即庙。贵宫谓群公(公即君)之庙,即四亲庙;下宫谓群公下之庙,即别庙。宫,是统言;室则是宫中之室。这两句意思是,让伯父、叔父们守四亲庙,诸侄儿、侄孙们守别庙。

18.五庙之孙,祖庙未毁①,虽为庶人,冠、取妻必告②;死必赴③;练、祥则告④。族之相为⑤也,宜吊不吊,宜免不免,有司罚之⑥。至于赗、赙、承、含,皆有正焉⑦。

[注释]①五庙之孙,祖庙未毁:太祖庙与四亲庙为五庙。太祖庙不毁,以下四亲庙亲尽则递相迁毁。故此处"五庙",实当言"四庙",而之所以言"五庙"者,盖诸侯有立国未久,自始封之君传至己,方满五世,甚或有未满五世者,其庙皆不毁。 ②告:谓互相通告。 ③赴:此处谓讣告于君。④告:亦谓互相通告。 ⑤族之相为:谓公族中人互相行礼。 ⑥宜吊不吊,宜免不免,有司罚之:免,谓袒免,即袒左臂而首著免以致哀。凡同高祖者,即四世以内之亲,则当相互服丧;至五世则亲尽,不服丧,仅为死者袒免;至六世以外,则袒免亦不必,唯行吊礼而已。有司,谓庶子。这几句意思是,应该吊唁的而不吊唁,应该袒免的而不袒免,庶子就要责罚违礼者。 ⑦赗、赙、承、含,皆有正焉:赗,音 fèng,谓赠给丧家助送葬之物,如车马。赙,音 fù,谓赠丧家财物以助办丧事,如钱或币帛。承,是"赠"字之误。赠,谓赠给死者随葬物,如束帛、明器。含,谓珠玉,饭含所用。正,谓庶子官正之以礼,即按礼的规定来要求行赗、赙、承(赠)、含之礼者。

19. 公族其有死罪,则磬于甸人①。其刑罪,则纤剸亦告于甸人②。公族无宫刑③。狱成④,有司谳于公⑤,其死罪,则曰:"某之罪在大辟⑥。"其刑罪,则曰:"某之罪在小辟⑦。"公曰:"宥⑧之。"有司又曰:"在辟⑨。"公又曰:"宥之。"有司又曰:"在辟。"及三宥,不对,走出,致刑于甸人⑩。公又使人追之曰:"虽然,必赦之。"有司对曰:"无及也⑪。"反命于公⑫。公素服,不举,为之变,如其伦之丧⑬,无服,亲哭之⑭。

[注释]①磬于甸人:甸人,是掌郊野的官。磬,音 qìng,古死刑之一,谓悬而缢杀之,即绞死,可保全尸。之所以交由甸人磬之而不行刑于市,是为了隐而不使人知,因为是公族中人,家丑不可外扬。 ②纤剸亦告于甸人:纤,音 jiān,通"歼",刺。剸,音 tuán,割。纤剸,在此泛指肉刑。告,通"造",适,往。这句意思是,如果犯的是当用刑的罪,或刺或割,也要押送到甸人那里去施刑。 ③宫刑:中国古代五刑之一,阉割男子生殖器,或破坏妇女生殖机能(一说将妇女禁闭宫中为奴)。 ④狱成:狱,讼案。成,谓审定。 ⑤谳于公:谳,音 yàn,将案情上报。谓将审判结果报告国君。 ⑥大辟:古五刑之一,谓死刑。 ⑦小辟:死刑以外的刑罚。 ⑧宥:宽恕,宽大。 ⑨在辟:谓罪在大辟。这是有司奉君命对案件重审后再向国君所作的报告,重审的结果,仍维持原判。下文义同。 ⑩及三宥,不对,走出,致刑于甸人:意思是,等到国君第三次提出对罪犯从宽处理的时候,司法官就不回答了,迅速出去,把罪犯押送到甸人那里去行刑。 ⑪无及也:来不及了。 ⑫反命于公:谓行刑后司法官回来报告国君。 ⑬"公素服"至"伦之丧":素服,穿白色的衣服。不举,谓不听音乐。为之变,谓为死者改变日常生活。如其伦之丧,伦,同类,此谓同亲族的人;就如同自己的亲属有丧。 ⑭无服,亲哭之:无服,不为死者服丧。亲哭之,谓亲自哭死者,而不使人代哭。

20. 公族朝于内朝,内亲也;虽有贵者以齿,明父子也。

外朝以官，体异姓也。宗庙之中，以爵为位，崇德也；宗人授事以官，尊贤也①。登馂、受爵以上嗣，尊祖之道也②。丧纪以服之轻重为序，不夺人亲也。公与族燕则以齿，而孝弟之道达矣。其族食世降一等，亲亲之杀也③。战则守于公祢，孝爱之深也。正室守大庙，尊宗室而君臣之道著矣；诸父诸兄守贵室，子弟守下室，而让道达矣④。五庙之孙，祖庙未毁，虽及庶人，冠、取妻必告，死必赴，不忘亲也；亲未绝而列于庶人，贱无能也。敬吊临、赙、赗，睦友之道也。古者庶子之官治，而邦国有伦；邦国有伦，而众乡方矣⑤。公族之罪，虽亲不以犯有司，正术也，所以体百姓也。刑于隐者，不与国人虑兄弟也。弗吊，弗为服，哭于异姓之庙，为忝祖远之也；素服，居外，不听乐，私丧之也，骨肉之亲无绝也。公族无宫刑，不翦其类也⑥。

[注释]①"公族"至"尊贤也"：这是申释第13节之义。体异姓，体犹联结。这段话意思是，公族的人朝见国君在内朝，这说明国君以同宗亲人为自己内部的人；族人中即使有地位尊贵的，在内朝也按长幼排列位次，这是为了彰明有关父子关系的道理。外朝按官位排列位次，这是为了团结异姓。宗庙中按爵位排列位次，这是为了表示尊崇有德行的人；宗人按官职分派祭祀所担任的职事，这是为了表示尊重贤才。　②登馂、受爵以上嗣，尊祖之道也：这是申释第14节之义。这几句意思是，上堂吃尸所剩下的饭食，行受爵礼而由嫡长子进行，这是通过尊重嫡长子来体现尊敬祖先的道理。按，中国古代实行嫡长子继承制，只有嫡长子才是继承祖先的正体，故尊重嫡长子，即体现了尊祖。　③"丧纪"至"杀也"：这是申释第16节之义。纪，犹事。意思是，办丧事按照丧服的轻重来排列哭位，这体现了不以疏者夺亲者的亲情。国君与族人燕饮时按照长幼排列位次，孝顺父母、尊敬兄长的道理就体现出来了。国君与族中人举行燕食礼，关系疏远一辈就减少一次参加的机会，这说明国

君亲爱其亲族的感情也随关系的疏远而递减。 ④"战则"至"让道达矣"：这是申释第17节之义，而文字稍有不同。正室守太庙，尊宗室，而君臣之道著矣，这是说，因为嫡子是宗室的正体，而太庙是祖先的正宗，以正体守正宗，而不敢以支庶之子守之，正是出于"尊宗室"。这段话意思是，出外征战时守护迁主，这说明国君对祖先的孝爱之深。由公族中的嫡子们守护太庙，这说明对宗室的尊崇，而有关君臣关系的道理也由此体现出来；由国君的伯父、叔父和宗兄们守护四亲庙，而由子侄和宗弟守护别庙，这样贱当让贵的道理就体现出来了。 ⑤"五庙"至"乡方矣"：这是申释第18节之义。这段话意思是，诸侯五庙祖先的子孙们，凡祖庙尚未迁毁的，即使下降到做了平民，有了举行冠礼、娶妻等事，也必须互相通告，有了死丧的事必须报告国君，这说明国君没有遗忘自己的亲属；与国君的亲属关系尚未断绝，而被下列于平民之中，这体现了对无能者的鄙视。族人有丧必须恭敬地前往哭吊，并行赗、赠之礼，这体现了和睦友爱族人的道理。古时候庶子这种官把公族治理得好，国家就有了伦理；国家有了伦理，民众就知道努力的方向了。 ⑥"公族之罪"至"不翦其类也"：这是申释第19节之义。与，犹许。这段话意思是，公族中的人犯了罪，即使与国君很亲近，也不因此而干犯司法官执法，这是为了端正法纪，并以此来团结百姓。公族中的罪犯在隐避的地方行刑，这是为了避免国人议论国君兄弟的过恶。国君对被处死的族人不吊唁，不为之服丧，而到异姓的庙里去哭他，是为了避免玷辱自己的祖先而疏远被处死者；为死者穿白衣，住在宫寝外面，不听音乐，这说明国君私下里悼念他，与死者的骨肉亲情并未断绝。对公族的罪犯不施宫刑，这是为了不使公族的人断绝后代。

21. 天子视学，大昕鼓征，所以警众也①。众至，然后天子至。乃命有司行事②，兴秩节③，祭先师、先圣焉。有司卒事反命，始之养也④。适东序，释奠于先老⑤，遂设三老、五更、群老之席位⑥焉。适馔省醴，养老之珍具，遂发咏焉⑦。退修之以孝养也⑧。反⑨。登歌《清庙》⑩，既歌而语，以成之也⑪：言父子、君臣、长幼之道，合德音之致，礼之大者也⑫。下管《象》⑬,舞《大武》⑭,大合众以事,达有神,兴有德也⑮。正君臣之位,贵贱之等焉,而上下之义行矣⑯。有司告以乐阕⑰,王乃命公、侯、伯、子、男及群吏曰:"反养老幼于东序⑱。"终之以仁也⑲。

[**注释**]①天子视学,大昕鼓征,所以警众也:视学,视察学校。大昕,黎明时候。鼓征,击鼓召集学生。警众,谓击鼓的作用也是为了警告众人做好准备。 ②有司行事:有司,此谓学官。行事,各行其职。 ③兴秩节:兴,犹举。秩,常。节,犹礼。谓依照常礼,祭祀先师先圣(见下)。 ④有司卒事反命,始之养也:养,谓养老礼。意思是,学官们祭祀完毕,向天子报告,然后开始行养老礼。 ⑤适东序,释奠于先老:先老,谓先世之担任三老、五更者(详下注)。这两句意思是,天子来到东序,奠祭先老。按,天子视察学校是在虞、庠进行的。视察完毕返回都城中,第二天才到东序行养老礼。虞、庠、东序,皆学校名,参见前第5、6节。 ⑥遂设三老、五更、群老之席位:三老、五更,是从年老退休的官吏中选出的有德行而又明达事理的人物。群老,亦老而贤者,无定数。 ⑦适馔省醴,养老之珍具,遂发咏焉:馔,酒食陈列处。省,视,察看。珍,谓珍肴。具,谓馔具。视察毕,天子出门迎三老、五更。三老、五更将入门时,音乐开始演奏,歌咏也开始表演,即所谓"遂发咏焉"。这几句意思是,天子要前往察看为养老礼准备的食物和醴酒,以及珍肴和餐具,然后命奏乐迎接三老、五更和群老入席。 ⑧退修之以孝养也:修,通"羞",进献。谓天子退下去捧着酒食献上,这样来体现对老人的孝养。 ⑨反:谓天子返席。 ⑩登歌《清庙》:《清庙》,《诗经·周颂》中的一篇。谓使乐工登堂而演唱《清庙》之歌。 ⑪既歌而语,以成之也:谓演唱完毕,老人们开始交谈,以成就天子养老礼的意义。 ⑫"言父子"至"大者也":德音,指《清庙》诗。致,极致,最美好的德行。大,犹言重要。意思是,所谈的都是有关父子、君臣、长幼的道理,以与《清庙》诗所歌颂的文王的美德相配合,这是养老礼中最重要的部分了。 ⑬下管《象》:管,古代的一种似笛的竹制乐器。《象》,乐曲名,据说是周武王伐纣之乐。这里是说,乐工又下堂在堂前用管吹奏《象》舞的乐曲。 ⑭舞《大武》:《大武》是表现武王伐纣的舞蹈,其内容、结构和意义,参看《乐

记第十九》第44节。这里是说表演《大武》舞。 ⑮大合众以事,达有神,兴有德也:意思是,集合广大学士都来参加跳舞,通过乐舞来体达天神之意,使有德的人兴盛。 ⑯而上下之义行矣:谓使有关上下关系的原则得到遵行。 ⑰阕:终,音乐演奏完毕。 ⑱反养老幼于东序:东序,在此泛指学校。又,"幼"是衍文。这里意思是,回去后,都要在学校行养老礼。 ⑲终之以仁也:意思是,天子用他的仁心给养老礼做了终结。

22. 是故圣人之记事也①,虑之以大,爱之以敬,行之以礼,修之以孝养②,纪之以义③,终之以仁④。是故古之人一举事,而众皆知其德之备也。古之君子举大事必慎其终始,而众安得不喻焉⑤?《兑命》曰:"念终始典于学⑥。"

[注释]①记事:记,通"纪",犹综理。纪事,犹言理事。 ②修之以孝养:这是就上节天子"退修之以孝养也"而言。 ③纪之以义:这是就上节"既歌而语,以成之也"而言,意思是,言谈都围绕义理。 ④终之以仁:这是就天子命"反养老(幼)于东序"而言,谓又能用仁爱之心来结束所做的事。 ⑤众安得不喻焉:谓民众怎能不从中了解到君子的完备德行呢? ⑥《兑命》曰:"念终始典于学":兑,音yuè,通"说"。《说命》,《尚书》佚篇名。《伪古文尚书》有《说命》上、中、下三篇,不可据信。念,思,想着。典,常。意思是,要始终想着经常学习,就能增进德行。

23.《世子》之《记》①曰:"朝夕至于大寝之门外②,问于内竖曰:'今日安否?何如?'内竖曰:'今日安。'世子乃有喜色。其有不安节,则内竖以告世子,世子色忧,不满容③。内竖言'复初',然后亦复初。朝夕之食上,世子必在,视寒暖之节。食下,问所膳。羞,必知所进,以命膳宰,然后退。若内竖言疾,则世子亲齐,玄而养④。膳宰之馈,必敬视之;疾之药,必亲尝之。尝馈善,则世子亦能食⑤;尝馈寡,世子亦不能饱。以至于复初⑥,然后亦复初。"

[**注释**]①《世子》之《记》:这是已佚古《世子礼》篇后之《记》的遗文。②朝夕至于大寝之门外:大寝,即正寝,亦即路寝。这是说,做太子的早晨和傍晚都要到大寝门外去问候王。下文即记问候的内容。 ③不满容:不能像平日那样充满优雅的容态。 ④若内竖言疾,则世子亲齐,玄而养:齐,同"斋"。玄,在此指玄冠、玄端。玄冠是用玄色的布做的冠。玄端是服名,其上衣为缁衣,下裳则玄裳、黄裳、或杂裳(一种前玄后黄的裳)皆可。意思是,如果小臣报告王生病了,太子就亲自斋戒,头戴玄冠、身穿玄端服侍候王养病。⑤尝馈善,则世子亦能食:善,谓多于前。这句意思是,王吃饭比以前多,那么太子也就能多吃饭。 ⑥复初:谓王恢复健康。

按,此节可与第 1 节参看。

礼运第九

1.昔者仲尼与于蜡宾①,事毕,出游于观②之上,喟然而叹。仲尼之叹,盖叹鲁也。言偃③在侧曰:"君子何叹?"孔子曰:"大道④之行也,与三代之英⑤,丘未之逮⑥也,而有志⑦焉。大道之行也,天下为公,选贤与能⑧,讲信修睦。故人不独亲其亲,不独子⑨其子,使老有所终⑩,壮有所用⑪,幼有所长⑫,矜⑬寡孤独废疾者,皆有所养;男有分,女有归⑭;货恶其弃于地也,不必藏于己;力恶其不出于身也,不必为己。是故谋⑮闭而不兴,盗窃乱贼而不作,故外户而不闭⑯,是谓大同。

[注释]①昔者仲尼与于蜡宾:与,音yù,参与。蜡,音zhà,祭名,于每年十二月举行,是合聚万物之神而祭之。行蜡祭还当聚民于学校以行饮酒礼,行饮酒礼当设宾主,而孔子做了饮酒礼上的宾,故曰"与于蜡宾"。②观:音guàn,古代于大门外两旁建高台,台上建楼,人在楼中可以瞭望,叫做观,又叫门阙,或简称阙。 ③言偃:即孔子的学生子游。 ④大道:此谓五帝时期的治理天下之道,实际是儒家学者所理想的社会,即"大同"社会,详下文。按,五帝说法不一,司马迁依《世本》、《大戴礼》,以黄帝、颛顼、帝喾、唐尧、虞舜为五帝。 ⑤三代之英:三代,夏、商、周。英,指下文所提到的禹、

汤、文、武、成王、周公一流的人物。 ⑥逮:及,赶上。 ⑦志:记载。 ⑧天下为公,选贤与能:谓天下不是一家之私有,不是传给子孙,而是选拔贤能的人,把君位传给他。 ⑨子:爱,慈爱。 ⑩终:谓终养。 ⑪有所用:谓有用武之地。 ⑫长:音 zhǎng,抚育,培育。 ⑬矜:音 guān,通"鳏",老而无妻的人。 ⑭男有分,女有归:分,犹职。归,古代谓女子出嫁。这两句意思是,男子都有自己的职业,女子都能适时婚嫁。 ⑮谋:此指阴谋诡计。 ⑯故外户而不闭:外户,谓门朝外开。不闭,谓人出门离家不必关门。

2."今大道既隐,天下为家①,各亲其亲,各子其子,货力为己,大人世及②以为礼,城郭沟池以为固,礼义以为纪③,以正君臣,以笃父子④,以睦兄弟,以和夫妇,以设制度,以立田里⑤,以贤勇知⑥,以功为己,故谋用是作⑦,而兵由此起。禹、汤、文、武、成王、周公,由此其选也⑧。此六君子者,未有不谨⑨于礼者也,以著其义,以考其信⑩,著有过,刑仁讲让,示民有常⑪。如有不由此者,在埶者去,众以为殃⑫。是谓小康。"

[注释]①天下为家:谓以天下为私家之物而传子、传孙。 ②大人世及:大人,指天子、诸侯。世及,父子相传为世,兄弟相传为及。 ③纪:纲纪。 ④笃父子:笃,深厚。使父子感情深厚。 ⑤立田里:立,谓明确所有权。田,耕地,里,居宅。谓划分田地和居宅。 ⑥贤勇知:知,是"智"的古字。以有勇有智者为贤。 ⑦用是作:用是,因此。作,兴起。 ⑧由此其选也:此,代以礼义治国。选,谓被选拔出的英杰人物。谓以上六人,就是用礼义治国的英杰人物。 ⑨谨:慎守,严守。 ⑩以著其义,以考其信:著,明。考,成。意思是,借礼以彰明道义,成就信用。 ⑪著有过,刑仁讲让,示民有常:刑,通"形",表现,彰显。意思是,昭察过失,彰显仁爱而讲究谦让,向民众显示治国有常法。 ⑫在埶者去,众以为殃:埶,是"势(勢)"的古字,在此指王位。意思是,身为天下之君王,而不遵行礼义,天下人就会认为他是殃民之主,将

共同废黜之。

3. 言偃复问曰:"如此乎,礼之急也①?"孔子曰:"夫礼,先王以承②天之道,以治人之情,故失之者死,得之者生。《诗》曰:'相鼠有体,人而无礼;人而无礼,胡不遄死③!'是故夫礼,必本于天,殽于地,列于鬼神④,达于丧、祭、射、御、冠、昏、朝、聘。故圣人以礼示之,故天下国家可得而正也⑤。"

[注释]①如此乎,礼之急也:意思是,礼是如此急需吗? ②承:秉承。③相鼠有体,人而无礼;人而无礼,胡不遄死:这几句诗引自《诗经·鄘风·相鼠》。相,察看。遄,音 chuán,疾速。意思是,看那老鼠有肢体,做人反而没有礼;做人反而没有礼,为何还不快快死! ④必本于天,殽于地,列于鬼神:本,根据。殽,音 xiáo,通"效",效法。列于鬼神,谓取法度于鬼神。 ⑤故圣人以礼示之,故天下国家可得而正也:正,治理。意思是,因此圣人用礼来诱导民众,天下国家就可以治理好了。

4. 言偃复问曰:"夫子之极言①礼也,可得而闻②与?"孔子曰:"我欲观夏道,是故之杞③,而不足征④也,吾得《夏时》⑤焉。我欲观殷道,是故之宋⑥,而不足征也,吾得《坤乾》⑦焉。《坤乾》之义⑧,《夏时》之等⑨,吾以是观之⑩。

[注释]①极言:竭力强调。 ②闻:谓告而使知之。按,这里是想从孔子那里知道礼的来源。 ③我欲观夏道,是故之杞:观,了解。夏道,这里是指夏代的礼。杞,夏禹的后裔所建立的国家。 ④不足征:征,证明,证验。这里是指杞所保存的文献不足征验。 ⑤《夏时》:传说是夏代的历法书。⑥宋:商汤的后代所建立的国家。 ⑦《坤乾》:是一部运用阴阳理论进行占

箧的书。　⑧《坤乾》之义:指《坤乾》书中所体现的事物变化的道理。⑨《夏时》之等:指《夏时》中所记载的四时运转的程序。　⑩吾以是观之:意思是,我就据此来考察夏、殷时代的礼。

5."夫礼之初始诸饮食。其燔黍捭豚①,污尊而抔饮②,蒉桴而土鼓③,犹若可以致其敬于鬼神④。及其死也,升屋而号告曰:'皋某复⑤。'然后饭腥而苴孰⑥。故天望而地藏⑦也,体魄则降,知气在上。故死者北首,生者南乡,皆从其初⑧。昔者先王未有宫室,冬则居营窟,夏则居橧巢⑨。未有火化,食草木之实,鸟兽之肉,饮其血,茹其毛⑩。未有麻丝,衣其羽皮。后圣有作,然后修火之利,范金,合土⑪,以为台榭⑫、宫室、牖户,以炮,以燔,以亨,以炙,以为醴酪⑬。治其麻丝以为布帛,以养生送死,以事鬼神上帝:皆从其朔⑭。故玄酒在室,醴、醆在户⑮,粢醍在堂,澄酒在下⑯。陈其牺牲,备其鼎俎,列其琴、瑟、管、磬、钟、鼓,修其祝嘏⑰,以降上神与其先祖,以正君臣,以笃父子,以睦兄弟,以齐上下,夫妇有所,是谓承天之祜⑱。作其祝号⑲,玄酒以祭,荐其血毛,腥其俎,孰其殽⑳,与其越席,疏布以幂㉑,衣其澣帛㉒,醴、醆以献,荐其燔炙㉓。君与夫人交献,以嘉魂魄,是谓合莫㉔。然后退而合亨㉕,体其犬、豕、牛、羊㉖,实其簋、簠、笾、豆、铏羹㉗,祝以孝告,嘏以慈告㉘,是谓大祥,此礼之大成㉙也。"

[注释]①燔黍捭豚:燔,烧,这里是指在石头上烧,因尚未发明炉灶。黍,籽实称黍子,有黏和不黏两种,黏黍可酿酒,不黏的可做饭。捭,音bò,撕裂,分开。豚,在此泛指兽肉。这句意思是,古时候人们把黍米和撕开的肉放

在石上烧熟来吃。 ②污尊而抔饮：污，同"洼"，音 wā，掘地。污尊，即掘地为坑当作尊以蓄水。抔，音剖 póu，用手捧。这句意思是，在地上挖坑蓄水而用手捧着喝。 ③蒉桴而土鼓：蒉，音 kuài，通"块"，即土块。桴，音 fú，鼓槌。蒉桴，即抟土块做成的鼓槌。土鼓，谓筑土为鼓。 ④犹若可以致其敬于鬼神：意思是，仍然可以向鬼神表达敬意。 ⑤号告曰"皋某复"：皋，拉长了声音呼唤。某，代死者名。复，回来。按，这是为死者招魂，呼唤其灵魂回来。又按，"皋"字实际是状语，应置于"号"字之前，但礼书中皆习置于"某复"之前。 ⑥然后饭腥而苴孰：生米曰腥。苴，即苞苴，也就是蒲包。意思是，然后用生米为死者行饭含礼，用蒲包包裹熟肉为死者送葬。按，饭含，即向死者口中填米。 ⑦天望而地藏：天望，谓始死升屋向天号告以招魂。地藏，谓不用棺椁，埋尸于土中。 ⑧死者北首，生者南乡，皆从其初：按，古人的观念，以为人死归阴，北方为阴，故死者北首（头朝北）；生人属阳，故生者南向（头朝南）而居。这些都是从初民的习俗沿袭下来的。 ⑨冬则居营窟，夏则居橧巢：橧，音 zēng。橧巢，谓聚薪柴建巢穴而居其上。这两句意思是，冬天居住在所营造的洞穴中，夏天居住在用薪柴搭建的窝巢里。 ⑩茹其毛：茹，食。按，因上古不会用火，兽去毛不能尽，故带毛而食之。 ⑪修火之利，范金，合土：修，习，学习。范，型范，俗称模子，这里是指用模子铸造器物。意思是，教人学习利用火，铸造用器，和泥烧制陶器。 ⑫台榭：建在高台上的木屋，多为游观之所。 ⑬以炮，以燔，以亨，以炙，以为醴酪：炮，谓用泥裹而烧之。燔，谓加于火上烧之。亨，谓放在锅中煮之。炙，谓贯串而置于火上烤之。醴，谓醴酒。酪，音 lào，即醋。 ⑭皆从其朔：朔，初，当初。谓所有这些都是从当初圣人教会人用火开始的。 ⑮故玄酒在室，醴、醆在户：玄酒，以水为酒。醆，同"盏"。醴、醆，皆酒名，即所谓醴齐和盎齐。醴齐是一种未将糟滓滤去的酒，酒精含量较低，类似后世的甜酒；盎齐是一种葱白色的酒，因盛在醆（盏）中，故又名之为醆。在户，是指在室内靠近门的地方。 ⑯粢醍在堂，澄酒在下：粢是"齐"字之误。醍，音 tǐ，即缇齐，一种浅红色清酒。澄酒，即沈齐，是一种有糟滓沈在下的红赤色而稍清澄的酒。 ⑰修其祝嘏：修，撰作。祝，谓告神之辞。嘏，音 gǔ，是尸向主人祝福之辞。 ⑱是谓承天之祜：祜，音 hù，福，大福。意思是，这就叫做承受天赐的大福。 ⑲祝号：祝辞和各种祭祀的名号。 ⑳荐其血毛,腥其俎,孰其殽:荐,进献于神。血毛,所杀之牲的血和毛。腥,生牲肉。殽,在此指煮熟的牲肉。这几句意思是,进献杀牲的血和毛,奉上盛有生肉的俎,又进上煮熟的牲肉。 ㉑与其越席,疏布以幂:越,音 huó,通"括",结。此谓结蒲为席。疏,粗。幂,音 mì,盖覆酒食的巾。这两句意思是,铺设蒲编的席,用粗布巾覆盖酒尊。 ㉒衣其澣帛:衣,穿衣,此指穿祭服。澣,音 huàn,同"浣"。澣帛,经过涑染的帛做的祭服。 ㉓醴、醆以献,荐其燔炙:燔炙:谓燔肉炙肝。意思是,献上醴和醆,进上经过烧烤的牲肉和肝。 ㉔君与夫人交献,以嘉魂魄,是谓合莫:交献,谓交替向尸献酒。嘉,乐,喜欢。合莫,犹言契合。这三句意思是,国君和夫人交替向尸献酒,以使祖先的灵魂快乐,这叫做与神灵相契合。 ㉕合亨:按,上文云"孰其殽",其实并未真正煮熟,故此时又合亨(烹)之。这里是说将各种半生不熟的牲肉合在一起烹煮。 ㉖体其犬、豕、牛、羊:谓分别骨肉的贵贱以放置于众俎。按,牲之骨体有贵贱之分,就左右来说,右体贵于左体;就前后来说,前体贵于后体;就上下来说,上体贵于下体。 ㉗实其簠、簋、笾、豆、铏羹:簠、簋以盛饭食。笾,盛干肉之类。豆,盛酱类。铏,音 xíng,盛菜羹的器皿。铏中盛羹曰铏羹。这句意思是,将簠、簋、笾、豆和盛羹汤的铏都分别盛满食物。 ㉘祝以孝告,嘏以慈告:孝,谓孝孙。嘏,在此意为祝福。意思是,祝使孝孙某前来祭祖报告祖先,尸代祖先之神向主人祝福而说一番慈惠的话。 ㉙是谓大祥,此礼之大成:意思是,这叫做大吉祥,也是祭礼最圆满的了。

6. 孔子曰:"於呼,哀哉!我观周道,幽、厉伤之①。吾舍鲁何适矣②!鲁之郊、禘,非礼也③。周公其衰矣④。杞之郊也,禹也⑤;宋之郊也,契也⑥:是天子之事守也⑦。故天子祭天地,诸侯祭社稷⑧。

[注释]①我观周道,幽、厉伤之:意思是,我考察周的治理天下之道,从幽王和厉王时期,就令人悲伤了。 ②吾舍鲁何适矣:适,往,到。意思是,我除了鲁国,还能到哪里去呢? ③鲁之郊、禘,非礼也:按,郊、禘之礼,只有天

子才能举行,而鲁行之,这是僭越行为,故曰"非礼也"。又按,禘是将诸庙之祖合祭于始祖庙(即太庙),鲁是周的同姓国,与周天子同一始祖,故只有周天子才有权行禘祭礼。　④周公其衰矣:其,表推拟,大概,恐怕。意思是,周公所制定的礼恐怕是衰微了。　⑤杞之郊也,禹也:意思是,杞行郊祭天之礼,用禹配祭。按,杞国可以行郊天礼,因为杞是禹的后裔,禹本为天子,可行郊天礼,故子孙可世守其事而行郊天礼,而用禹配祭。　⑥宋之郊也,契也:契,音xiè,传说中商的祖先。按,宋是商的后裔,故世守其事,亦可行郊天礼,而以契配祭,理同于杞。　⑦是天子之事守也:按,这是总结上两句,说明因为杞、宋之祖,分别为夏、殷之天子,故其子孙世守其事亦可行郊天礼,其他诸侯国则不可引以为例。　⑧天子祭天地,诸侯祭社稷:意思是,只有天子才有权祭天地,诸侯只能祭祀本国的社稷之神。

7."祝嘏莫敢易其常古,是谓大假①。祝嘏辞说,藏于宗、祝、巫、史,非礼也,是谓幽国②。醆、斝及尸君,非礼也,是谓僭君③。冕、弁、兵革,藏于私家,非礼也,是谓胁君④。大夫具官,祭器不假,声乐皆具,非礼也,是谓乱国⑤。故仕于公曰臣,仕于家曰仆。三年之丧,与新有昏者,期不使⑥。以衰裳入朝,与家仆杂居齐齿,非礼也,是谓君与臣同国⑦。故天子有田以处其子孙,诸侯有国以处其子孙,大夫有采以处其子孙,是谓制度。故天子适诸侯,必舍其祖庙,而不以礼籍入,是谓天子坏法乱纪⑧。诸侯非问疾吊丧,而入诸臣之家,是谓君臣为谑⑨。是故礼者,君之大柄⑩也,所以别嫌明微,傧鬼神⑪,考制度,别仁义,所以治政安君也。故政不正则君位危,君位危则大臣倍,小臣窃⑫。刑肃而俗敝,则法无常⑬,法无常而礼无列,礼无列则士不事⑭也。刑肃而俗敝,则民弗归也,是谓疵国⑮。

[**注释**]①祝嘏莫敢易其常古,是谓大假:祝嘏,谓祝辞与嘏辞;祝辞为告神,嘏辞为祝福。按,祝嘏之辞自古有常法,不可随意改变,因此说"莫敢易其常"。假,通"嘏",大,此谓礼中最大的礼。　②"祝嘏"至"幽国":辞说,指礼文。这几句意思是,礼文只由宗、祝、巫、史掌管,国君和大夫都不知礼、不明礼,礼不明则无以治国,其国政必昏暗,因此称为"幽国"。　③醆、斚及尸君,非礼也,是谓僭君:斚,音jiǎ,酒器名,其形略与爵相似。尸君,即尸。僭君,僭礼之君。按,据说醆(盏)是夏代的酒杯,斚是殷代的酒杯,只有夏、殷的后代即杞、宋二国之君祭祀时,才能用以献尸(向尸献酒),其他诸侯国君若用之则为僭礼,故曰"非礼也,是谓僭君"。　④"冕、弁"至"胁君":私家,指大夫之家。按,冕、弁是卿大夫的尊服,只有受君的爵命才得服;兵革当藏于国家之兵库,有军事行动才授人,现在却藏于私家,这些都是不符合礼的,说明该私家十分强横,对君构成威胁,故谓之"胁君"。　⑤"大夫"至"乱国":具,齐备。按,做大夫的不能像国君那样设置齐备的职官,也就是不能"具官";大夫也不能具有齐备的祭器,因此祭祀时需借用祭器,如果"祭器不假(借)",说明该大夫之家祭器齐备,这也是不符合礼的;大夫也不能拥有齐备的乐器和乐人,如果"声乐皆具",就像鲁国的季孙氏"八佾舞于庭"那样,就是非礼的,如果有这样的大夫,就叫做"乱国",也就是乱礼之国。　⑥三年之丧,与新有昏者,期不使:期,谓一年。意思是,服三年之丧的臣和有新婚的臣,一年之内国君不派他差事。　⑦"以衰"至"同国":按照家天下的观念,国是君的国而非臣的国,有丧者不居丧于家,而穿着丧服入朝,是视君之朝如己之家,则有君与臣同其国之嫌;又大夫是其仆之君,而仆亦犹大夫之臣,大夫而与其仆"杂居齐齿",无上下之分,是亦犹"君与臣同国"。　⑧"故天子"至"乱纪":礼籍,是记载礼的简策,上面载有入诸侯国之宗庙所当注意的忌讳。这几句意思是,天子到诸侯国去,必须下榻在诸侯的祖庙里,而如果不按照礼籍上的规定进入祖庙,这就叫做天子坏法乱纪。　⑨君臣为谑:谑,戏谑,谓君臣关系极不严肃。　⑩大柄:犹言重要手段。　⑪别嫌明微,傧鬼神:傧,尊敬。谓辨别嫌疑,明察幽微,礼敬鬼神。　⑫大臣倍,小臣窃:倍,通"背",背

弃,背叛。窃,谓窃权。 ⑬刑肃而俗敝,则法无常:意思是,如果刑法严峻而礼俗败坏,法律就会变动不定。 ⑭不事:不做事,也就是不能恪尽职守。 ⑮民弗归也,是谓疵国:民弗归,谓民不归心于国,也就是民心不向着国家。疵,病。疵国,即病国。

8."故政者,君之所以藏身①也,是故夫政必本于天,殽以降命②。命降于社之谓殽地③,降于祖庙之谓仁义④,降于山川之谓兴作⑤,降于五祀之谓制度⑥,此圣人所以藏身之固也。

[注释]①藏身:即托身,安身。 ②殽以降命:殽,音 xiào,通"效",效法。命,谓政令。此谓效法天以出政令。 ③命降于社谓殽地:社,即社神,也就是土地神,谓后土。意思是,政令根据祭祀后土的需要来下达叫做效法地。 ④降于祖庙之谓仁义:意思是,政令根据祭祀祖庙的需要来下达叫做仁义。 ⑤降于山川之谓兴作:意思是,政令根据祭祀山川的需要来下达叫做兴作。 ⑥降于五祀之谓制度:五祀,此谓五行之神。按,古人的观念,认为世界万物皆体现有五行的属性,各种制度亦出于五行,因此这里的意思是,根据祭祀五行之神的需要来下达政令就叫做制度。

按,对于这一节的意思,向无的解,我们这里只是提供一种参考性的解释,并不一定就是最正确的解释。

9."故圣人参于天地,并于鬼神以治政也①。处其所存,礼之序也②;玩其所乐,民之治也③。故天生时,而地生财,人其父生,而师教之:四者④君以正用之,故君者立于无过⑤之地也。

[注释]①故圣人参于天地,并于鬼神以治政也:参,参照;并,比,比照。参、并,在此都是效法的意思。此节承上节,意思是,因此圣人参照天地,比照

鬼神来治理国政。　②处其所存,礼之序也:其,代圣人。意思是,处于圣人所存在的时代,到处是礼的秩序。　③玩其所乐,民之治也:玩,体味。意思是,体味圣人所引以为乐的,是民众得到治理。　④四者:谓天、地、父、师。⑤过:过失,过错。

10. "故君者所明也,非明人者也①;君者所养也,非养人者也;君者所事也,非事人者也②。故君明人则有过,养人则不足,事人则失位③。故百姓则君以自治也,养君以自安也,事君以自显也④。故礼达而分定⑤。故人皆爱其死,而患其生⑥。

[注释]①故君者所明也,非明人者也:意思是,做国君的是利用别人的智慧来使自己聪明,而不是使别人聪明。下两句义仿此。　②君者所事也,非事人者也:这两句意思是,做国君的是被别人所服侍,而不是服侍别人的。③"故君"至"失位":此承上文,是从反面来说的。意思是,国君想用个人的智慧来使别人聪明就难免犯错误,供养别人就缺乏资财,服侍别人就丧失君位。　④"故百姓"至"自显也":则,效法。意思是,百姓效法国君的榜样来管理自己,供养国君来使自己生活安定,为国君做事来求得显贵。　⑤礼达而分定:达,通达,贯彻。意思是,礼教得到贯彻而上下名分得到确定。⑥故人皆爱其死,而患其生:爱,爱慕,向慕。其,代为义而死者。患,怕。下"其",代不义而生者。意思是,人人都向慕守义而死,怕做不义而生的人。

11. "故用人之知去其诈①,用人之勇去其怒,用人之仁去其贪。

[注释]①用人之知去其诈:意思是,利用别人的智慧而抛弃别人的伪诈。下两句义仿此。

12."故国有患,君死社稷①,谓之义;大夫死宗庙,谓之变②。"

[注释]①君死社稷:谓国君为守卫社稷而死。 ②变:是"辩"字之误。辩,犹正,此谓正道。

13."故圣人耐①以天下为一家,以中国为一人者,非意②之也。必知其情,辟于其义③,明于其利,达于其患,然后能为之④。何谓人情?喜、怒、哀、惧、爱、恶、欲,七者弗学而能。何谓人义?父慈、子孝、兄良、弟弟⑤、夫义、妇听、长惠⑥、幼顺、君仁、臣忠十者,谓之人义。讲信修睦,谓之人利。争夺相杀,谓之人患。故圣人之所以治人七情,修十义,讲信修睦,尚辞让,去争夺,舍礼何以治之。饮食男女,人之大欲存焉。死亡贫苦,人之大恶存焉。故欲恶者,心之大端也⑦。人藏其心,不可测度也。美恶皆在其心,不见其色也。欲一以穷之,舍礼何以哉⑧?"

[注释]①耐:古"能"字。 ②非意:意,臆度,臆想。谓不只是一种臆想。 ③必知其情,辟于其义:情,指下文所说的人之"喜、怒、哀、惧、爱、恶、欲"七情。辟,通"譬",明白,通晓。谓明白下文"父慈、子孝"以下十义。 ④能为之:即能做到上文所说的"以天下为一家,以中国为一人"。 ⑤弟弟:下"弟"通"悌"。 ⑥惠:爱。 ⑦故欲恶者,心之大端也:谓欲望和厌恶,是人心的两个最基本的出发点。 ⑧欲一以穷之,舍礼何以哉:穷,尽,毫无保留。意思是,要想使人心的好坏彻底显露出来,除了用礼来测度还能用什么呢?

14."故人者,其天地之德,阴阳之交,鬼神之会,五行之秀气也①。故天秉阳,垂日星。地秉阴,窍于山川②。播五行于四时,和而后月生也③。是以三五而盈④,三五而阙。五行之动,迭相竭也⑤。五行、四时、十二月,还相为本⑥也。五声、六律、十二管,还相为宫⑦也。五味、六和、十二食,还相为质⑧也。五色、六章、十二衣,还相为质⑨也。

[**注释**]①"故人"至"秀气也":意思是,因此作为人,体现了天地的德性,阴阳的交会,鬼神的妙合,并荟萃了五行的秀气。 ②窍于山川:窍,洞,孔穴。意思是,山川就是大地的孔穴,大地通过山川来通气。 ③播五行于四时,和而后月生也:播,分布。春属木,夏属火,季夏属土,秋属金,冬属水,这就是所谓"播五行于四时"。四季和顺,而后生出十二个月。 ④三五而盈:三五,谓十五天。盈,指月满而圆。下文义仿此。 ⑤五行之动,迭相竭也:五行的运行,交替而尽。如春是木行,夏是火行,由春而夏,是火行盛而木行竭。 ⑥还相为本:义即周而复始。 ⑦五声、六律、十二管,还相为宫:五声,指宫、商、角、徵、羽。六律,即十二律,因十二律分阴、阳两类,处于奇数位的六律叫做阳律,处于偶数位的六律叫做六吕,合称为"律吕",古书中则通常用"六律"来包举阴阳各六的十二律。十二管,即十二律管。还相为宫,此处之宫,指宫调式。但宫音作为五声音阶之一,与其他四声一样,只有相对的音高,没有绝对的音高,它们的音高要用十二律来确定,例如用十二律的第一律黄钟律来定宫音的音高,这样构成的调式,就叫做黄钟宫。十二律依次皆可用以确定宫音的音高,根据音乐所要表现的内容和性质的不同,可以轮环地使用,即所谓"还相为宫"。 ⑧五味、六和、十二食,还相为质:五味,谓酸、苦、辛、咸、甘。六和,谓五味加以滑(以米粉和菜为滑),谓之六和。十二食,谓十二月之所食(参见《月令》)。还相为质,质,本也,如春以酸为本味,夏以苦为本味,秋以辛为本味,冬以咸为本味,是一年的四季,酸、苦、辛、咸,轮环作为本味,即所谓"还相为质"。 ⑨五色、六章、十二衣,还相为质:青、赤、黄、白、黑为五色,加上天的玄色为六章。十二衣,谓十二月之衣,如春衣青,夏衣赤,季夏之末衣黄,秋衣白,冬衣黑(参见《月令》),是十二月之衣以五色

"还相为质"。

15."故人者,天地之心也,五行之端①也,食味,别声,被色而生者也②。故圣人作则③,必以天地为本,以阴阳为端,以四时为柄,以日、星为纪,月以为量④,鬼神以为徒⑤,五行以为质⑥,礼义以为器⑦,人情以为田,四灵以为畜⑧。以天地为本,故物可举⑨也。以阴阳为端,故情可睹也⑩。以四时为柄,故事可劝也。以日、星为纪,故事可列也。月以为量,故功有艺也⑪。鬼神以为徒,故事有守也⑫。五行以为质,故事可复⑬也。礼义以为器,故事行有考⑭也。人情以为田,故人以为奥也⑮。四灵以为畜,故饮食有由⑯也。

[注释]①五行之端:端,谓端绪。按,五行之性不可见,然而人具有仁、义、礼、知、信五者,这正是五行的端绪:仁是木之端,义是金之端,礼是火之端,知是水之端,信是土之端。五行之性亦由此而可见,故曰人是"五行之端"。 ②食味,别声,被色而生者也:这里的味、声、色,指五味、五声、五色,参见上节。这句意思是,人就是食五种滋味,辨别运用五种声调,兼被五种颜色而产生出来的。 ③则:谓治理社会的各种典则。 ④以日、星为纪,月以为量:谓以日、星的运行来纪时,按十二月来计量事功。 ⑤鬼神以为徒:按,"徒"在此有"徒侣相依"之义,故这句意思是,以鬼神为依傍。 ⑥五行以为质:质,本。意谓以五行的运行规律为本体。 ⑦器:器具。 ⑧四灵以为畜:四灵,即下节所说的麟、凤、龟、龙。按,四灵皆瑞征,古人以为四灵出现,是圣人降生、天下大治的征兆,故以四灵为畜,实际意思是说以天下大治为制定典则的目标。 ⑨物可举:物,指大地之物。举,谓兴起,兴盛。 ⑩以阴阳为端,故情可睹也:按,古人认为人情与阴阳相通,因此效法阴阳而行教化,抓住阴阳之端绪,则人情无隐而皆可见。 ⑪月以为量,故功有艺也:艺,在此义为标准、准则。谓按十二月来计量事功,因此所当完成的事功就有了标

准。 ⑫鬼神以为徒,故事有守也:意思是,以鬼神为依傍,因此政事就可以守而不失。 ⑬复:在此义为周而复始。 ⑭考:成功,成效。 ⑮人情以为田,故人以为奥也:奥,犹主。意思是,以人情为田地,因此人是治理的主要对象。 ⑯四灵以为畜,故饮食有由:由,来源。按,古人以为,麟、凤、龟、龙四灵皆至,为天下大治的瑞征,民众的饮食温饱自然就不成问题了,故曰"饮食有由"。

16."何谓四灵?麟、凤、龟、龙谓之四灵。故龙以为畜①,故鱼鲔不淰②;凤以为畜,故鸟不獝;麟以为畜,故兽不狘;龟以为畜,故人情不失。

[注释]①龙以为畜:谓以龙为家畜。 ②鱼鲔不淰:鲔,音wěi,在此泛指大鱼。淰,音shěn,以及下文的"獝"(音xù)、"狘"(音xuè),皆惊走貌。

17."故先王秉蓍、龟①,列祭祀,瘗缯②,宣祝嘏辞说③,设制度,故国有礼,官有御,事有职,礼有序④。

[注释]①蓍、龟:蓍,音shī,草名,占筮所用。龟,龟甲,占卜所用。皆所以定吉凶。 ②列祭祀,瘗缯:瘗,音yì,埋。缯,丝织物,即所谓币帛。瘗埋的目的是用以祭神。意思是,依次进行各种祭祀,埋牲和缯以赠神。 ③宣祝嘏辞说:祝谓祝辞,用以祝告神。嘏谓嘏辞,是尸代神所说的对人的祝福之辞。说即辞说,也就是祝辞和嘏辞之说。这句意思是,宣读告神和祝福的文辞。 ④官有御,事有职,礼有序:御,治理。意思是,百官各有所当治理的事,事有分职,礼有秩序。

18."故先王患礼之不达于下也。故祭帝于郊,所以定天位也①。祀社于国,所以列地利也②。祖庙,所以本仁也③。山川,所以傧鬼神也④。五祀,所以本事也⑤。故宗、祝在庙,三公在朝,三老在学⑥,王前巫而后史⑦,卜、筮、瞽、侑皆在左右⑧。王中心无为也,以守至正⑨。故礼行于郊,而百神受职焉⑩。礼行于社,而百货可极⑪焉。礼行于祖庙,而孝慈服焉⑫。礼行于五祀,而正法则⑬焉。故自郊、社、祖庙、山川、五祀,义之修而礼之藏也⑭。

[注释]①祭帝于郊,所以定天位也:按,郊礼是祭天礼,也是古代帝王最高、最隆重的祭祀之礼,通过举行郊礼,就可确立天的至高无上的地位,故曰"所以定天位"。 ②祀社于国,所以列地利也:社,社神,即土地之神。国,谓国都。意思是在国都中祭社神,用以叙列土地的养民之功。 ③祖庙,所以本仁也:谓祭祀祖庙,是用以体现以仁为本。 ④山川,所以傧鬼神也:谓祭祀山川,用以体现当礼敬鬼神。 ⑤五祀,所以本事也:五祀,在此指五行之神。五行是制度和政令之本。事,即指制度政令。这里意思是说,祭祀五行之神,以体现治国要以制度和政令为本。 ⑥三老在学:参见《文王世子第八》第21节注⑥。 ⑦王前巫而后史:谓天子则前有巫官而后有史官。⑧卜、筮、瞽、侑皆在左右:卜,谓卜人。筮,谓筮人。瞽,指乐官。侑,谓侑食之官,亦即膳宰。左右,是身边的意思。 ⑨王中心无为也,以守至正:谓王的心中无须操劳杂务,这样来坚守正道。 ⑩礼行于郊,而百神受职焉:百神受职,谓风雨寒暑,四时节候,皆有神掌管。这两句意思是,在国郊祭祀天帝,众神就都会遵循职守。 ⑪百货可极:百货,指各种财物。极,尽,全部。意思是,各种财物就可尽为国家所用。 ⑫孝慈服焉:服,实行,行用。谓天下人都实行孝慈之道,也就是孝敬慈爱的德行可化行天下。 ⑬礼行于五祀,而正法则:按,五祀皆为宫室之神,宫室的建造皆有法度,因此通过祭五祀,就可启发天下"正法则"。 ⑭"自郊"至"藏也":藏,音 zàng。意思是,从祭天、祭社、祭祖庙、祭山川,直到祭五祀,都是义的修饰,礼的府藏。

19."是故夫礼必本于大一①。分而为天地,转而为阴阳,变而为四时,列而为鬼神。其降曰命,其官于天也②。

夫礼必本于天,动而之地,列而之事,变而从时,协于分艺③。其居人也曰养④,其行之以货、力、辞让、饮食、冠、昏、丧、祭、射、御、朝、聘⑤。

[注释]①大一:即太一,中国古代的哲学概念,用以指宇宙万物的本原、本体。　②其降曰命,其官于天也:官,主,主宰。意思是,太一之气降临到人世间就叫做命,太一对万物的主宰在于天。　③变而从时,协于分艺:变而从时,就是从时(四季)而变。协,协调、配合。艺,谓标准(参见第15节注⑪)。这两句意思是,随四季而变化(即不同季节都有礼的不同要求),配合十二个月来制定事功的标准。　④其居人也曰养:居人,即在人。养,是"义"字之误。意思是,礼在人叫做义。　⑤"其行之"至"朝、聘":意思是,礼的实行是通过财物、体力、谦让、饮食、冠礼、婚礼、丧礼、祭祀、射箭、驾车、朝觐、聘问等等表现出来的。

20. "故礼义也者,人之大端①也,所以讲信修睦,而固人之肌肤之会,筋骸之束②也;所以养生送死,事鬼神之大端③也;所以达天道,顺人情之大窦④也。故唯圣人为知礼之不可以已⑤也。故坏国、丧家、亡人,必先去其礼⑥。

[注释]①大端:犹言基本出发点。　②固人之肌肤之会,筋骸之束:谓使人的肌肤的会合、筋骨的联结都得到强固。按,这不是说人的肌肤的结合、筋骨的联结不牢固,而只是用作比喻,说明人无礼的约束,就会表现出松懈怠慢的容态。　③大端:此处义为基本指导原则。　④窦:孔穴,孔道。按,窦在此用作比喻,是比喻有礼义则可通达,无礼义则将闭塞。　⑤已:止,停止。⑥故坏国、丧家、亡人,必先去其礼:意思是,那些导致败国、丧家、亡身的人,肯定是先废弃了礼。

21. "故礼之于人也,犹酒之有糵①也:君子以厚,小人以薄②。故圣王脩义之柄,礼之序,以治人情③。故人情者,圣王之田也,脩礼以耕之,陈义以种之,讲学以耨之,本仁以聚之,播乐以安之④。故礼也者,义之实也,协诸义而协,则礼虽先王未之有,可以义起也⑤。义者,艺之分,仁之节也⑥。协于义,讲于仁,得之者强⑦。仁者,义之本也,顺之体也,得之者尊⑧。故治国不以礼,犹无耜而耕也;为礼不本于义,犹耕而弗种也;为义而不讲之以学,犹种而弗耨也;讲之于学而不合之以仁,犹耨而弗获也;合之以仁而不安之以乐,犹获而弗食也;安之以乐而不达于顺,犹食而弗肥也。四体既正,肤革充盈,人之肥也。父子笃,兄弟睦,夫妇和,家之肥也。大臣法,小臣廉,官职相序⑨,君臣相正,国之肥也。天子以德为车,以乐为御,诸侯以礼相与⑩,大夫以法相序⑪,士以信相考⑫,百姓以睦相守,天下之肥也,是谓大顺⑬。大顺者,所以养生送死,事鬼神之常也⑭。故事大积焉而不苑⑮,并行而不缪,细行而不失⑯,深而通,茂而有间,连而不相及也,动而不相害也⑰,此顺之至也。故明于顺,然后能守危也⑱。

[注释]①蘖:音 niè,曲蘖,即酒曲,酿酒的发酵剂。 ②君子以厚,小人以薄:谓君子用脩蘖酿造醇厚的酒,小人用以酿造薄酒。 ③故圣王脩义之柄,礼之序,以治人情:脩,通"修"。柄,比喻手段。意思是,圣王加强义的手段,礼的秩序,用来治理人情。 ④本仁以聚之,播乐以安之:谓本于仁爱来凝聚人心,播扬音乐来安定人心。 ⑤"故礼"至"起也":义之实,即义的实践,也就是义的制度化。协,协调,配合。这几句意思是,礼是根据义确定的制度,应将礼合于义而使二者结合起来,礼即使在先王的时候还没有,也可以根据义来制定。 ⑥义者,艺之分,仁之节也:艺,标准,法则。意思是,义是法则有分别的依据,是施行仁道的节度。 ⑦协于义,讲于仁,得之者强:

意思是,使法则与义相结合,并据以讲究仁道的运用,能这样做的就会强大。 ⑧仁者,义之本也,顺之体也,得之者尊:意思是,仁是义的根本,是顺的主体,能得到仁的人就会受到尊重。 ⑨官职相序:谓官职井然有序。按,这是说上下统属关系和职权的划分都井然有序,官吏各循其职,恪尽职守。 ⑩相与:相处,相对待。 ⑪以法相序:谓依法序列官位。 ⑫士以信相考:相,表动词,犹今言相请,相烦等等。考,成,成功。谓士依信用而成功。 ⑬大顺:这是儒家的一种理想的社会,其具体要求如上下文所述。 ⑭大顺者,所以养生送死,事鬼神之常也:意思是,大顺,就是养生送死,祭祀鬼神的常礼。按,这是对"大顺"这种理想社会状态的简略概括。 ⑮事大积焉而不苑:苑,音yùn,积聚,郁滞,在此是阻塞不通之义。谓国事成堆而无阻滞。 ⑯并行而不缪,细行而不失:缪,音miù,错误。细行,"行"字是衍文。意思是,众事同时施行而不发生错误,细小的事情也不遗漏。 ⑰"深而"至"害也":意思是,深积的事而能贯通,繁多的事而有条理,事与事相连贯而不互相牵扯,实行起来不互相妨害。 ⑱明于顺,然后能守危也:危,在此谓居安思危,即使太平盛世,也时刻保持警惕。所以这句意思是,明确了顺的目标,然后才能居安思危,保持警惕。

22."故礼之不同也,不丰也,不杀也,所以持情而合危也①。故圣王所以顺,山者不使居川,不使渚者居中原,而弗敝也②;用水、火、金、木③,饮食必时;合男女④,颁爵位,必当年德,用民必顺⑤。故无水、旱、昆虫之灾,民无凶、饥、妖孽之疾⑥。故天不爱⑦其道,地不爱其宝,人不爱其情。故天降膏露,地出醴泉,山出器车,河出马图⑧,凤皇、麒麟皆在郊棷⑨,龟、龙在宫沼⑩,其余鸟兽之卵胎,皆可俯而窥也。则是无故⑪,先王能修礼以达义,体信以达顺,故此顺之实也⑫。"

[注释]①"故礼"至"合危也":丰,谓增加。杀,音shài,谓减少。合危,

即上节"守危"之意。意思是,礼的不同,不可以增加,不可以减少,借以维持人情,而保持警惕之心。 ②"故圣王"至"弗敝也":渚,水中可居住的小块陆地。敝,损坏,破坏。这几句意思是,圣王所以能够做到使天下顺是因为,居住山区的民众不让他们居住到河边去,居住水渚的民众不让他们居住到中原去,不破坏民众的生活习性。 ③水、火、金、木:这里指各种不同的生活资源。 ④合男女:谓使男女婚配。 ⑤用民必顺:意思是,征用民力必须顺应农时。 ⑥妖孽之疾:妖孽,按,古人缺乏科学知识,把不能解释的各种疾病和自然灾害都理解为妖孽作怪。疾,在此义为危害,祸害。 ⑦爱:谓不舍得,吝惜。下文"爱"字义同此。 ⑧山出器车,河出马图:器车,制作车的器材。马图,即龙马负图,也就是《易·系辞上》所谓"河出图,洛出书"之"河图"。 ⑨凤皇、麒麟皆在郊棷:皇,后作"凰"。棷,音zōu,泽。谓凤凰、麒麟都出现在郊区的沼泽中。 ⑩龟、龙在宫沼:谓龟和龙都畜养在宫中的池沼里。 ⑪是无故:是,指上文所说的种种象征天下大治(也就是"大顺")的瑞征。无故,没有别的原因。 ⑫"先王"至"实也":意思是,只是因为先王能加强礼而通达义,体现信而通达顺,因此获得这种天下大顺的结果。

礼器 第十

1.礼器,是故大备①。大备,盛德②也。礼释回③,增美质,措则正④,施则行。其在人也,如竹箭之有筠⑤也,如松柏之有心也,二者居天下之大端⑥矣,故贯四时而不改柯易叶⑦。故君子有礼,则外谐而内无怨,故物无不怀仁,鬼神飨德⑧。

[注释]①礼器,是故大备:大备,即完备。意思是,礼能使人修养成器,因此能使人完备。 ②盛德:盛,大,在此也是完备之义。谓人的德行完备。 ③释回:释,除。回,邪。谓礼能使人消除邪念。 ④措则正:谓举措符合正道。 ⑤竹箭之有筠:箭,小竹。筠,竹表的青皮。 ⑥二者居天下之大端:二者,指竹之皮、松柏之心。居天下,是指竹与松柏生长于天下。大端,在此意为基本条件。 ⑦贯四时而不改柯易叶:贯,犹言经历。柯,草木的枝茎。谓竹和松柏历经四季而不改变其枝叶。 ⑧物无不怀仁,鬼神飨德:物,在此指人。怀,谓归心。意思是,人们无不归心于有仁德的人,鬼神也乐于享用有德者的祭祀。

2.先王之立礼也,有本,有文①。忠信,礼之本也;义理,礼之文也。无本不立,无文不行②。

[注释]①有本,有文:本,谓根本。文,谓文饰。 ②无本不立,无文不行:意思是,没有根本,礼就不能成立;没有文饰,礼就不能施行。

3. 礼也者,合于天时,设于地财①,顺于鬼神,合于人心,理②万物者也。是故天时有生③也,地理有宜④也,人官有能⑤也,物曲有利⑥也。故天不生,地不养,君子不以为礼,鬼神弗飨也⑦。居山以鱼鳖为礼,居泽以鹿豕为礼,君子谓之不知礼⑧。故必举其定国之数,以为礼之大经⑨。礼之大伦,以地广狭⑩;礼之薄厚,与年之上下⑪。是故年虽大杀,众不匡惧⑫,则上之制礼也,节矣⑬。

[注释]①设于地财:设,在此也是合的意思。谓配合地的物产。②理:治理。 ③天时有生:谓天的不同时令各有所生之物。 ④地理有宜:谓不同的地理条件各有相宜的物产。 ⑤人官有能:谓人所担任的不同职官各有所能。 ⑥物曲有利:曲,遍,周遍。谓物的不同品类皆各有所利。⑦"故天"至"弗飨也":意思是,天时所不适于生长的东西,地理条件所不适于培育的物产,君子不用来行礼,鬼神也不享用。 ⑧不知礼:即不懂礼。按,上文居住山地的人却要用鱼鳖来行礼,居住泽地的人却要用鹿豕来行礼,都是本地所不出产的,故批评这种做法是"不知礼"。 ⑨必举其定国之数,以为礼之大经:定国之数,谓本国物产之数。大经,犹言基本条件。这里意思是,必须用本国所出产物品的多少,作为行礼的基本条件。 ⑩礼之大伦,以地广狭:伦,类。意思是,行礼的大的类别,是根据所拥有的土地的大小来确定的。按,自天子以至诸侯卿大夫,所拥有土地广狭不同,因此所可行之礼的伦类不同,地广者礼备(如天子,有关天地山川宗庙等的祭祀之礼皆当行之),地狭者所可行礼的伦类亦狭。 ⑪年之上下:在此指年成的好坏。 ⑫年虽大杀,众不匡惧:杀,音shài,减损。匡,通"恇",怯,惧。意思是,年成即使大歉收,人们也不担心不能行礼。 ⑬上之制礼也,节矣:上,指圣人或先王。节,调节。这句意思是,就因为先王制礼是有变通调节的。

4.礼,时为大①,顺次之,体次之,宜次之,称次之②。尧授舜,舜授禹,汤放桀,武王伐纣,时也③。《诗》云:"匪革其犹,聿追来孝④。"天地之祭,宗庙之事,父子之道,君臣之义,伦⑤也。社稷、山川之事,鬼神之祭,体⑥也。丧、祭之用,宾客之交,义也⑦。羔、豚而祭,百官皆足⑧;大牢而祭,不必有余⑨:此之谓称也⑩。诸侯以龟为宝,以圭为瑞⑪。家不宝龟,不藏圭,不台门⑫,言有称也⑬。

[注释]①礼,时为大:谓行礼以符合天时为最重要。 ②顺次之,体次之,宜次之,称次之:顺,谓顺伦序。体,谓体现区别。宜,谓必须适宜。称,谓必须相称。详下文。 ③时也:谓都是符合天时的行为。 ④匪革其犹,聿追来孝:这两句诗引自《诗经·大雅·文王有声》,是解释周文王伐崇之后,把都邑从岐迁徙到丰,而大作丰邑的意义,说明文王是追述祖业,行孝道,合天时而兴作,以证"礼,时为大"之义。按,今本《毛诗》这两句诗与此文字颇不同,因为这里用的是《齐诗》之文。革,急。犹,道。聿,音yù,述。诗的意思是,不是为了急行己道,而是为了追述祖业来行孝。 ⑤伦:意思是,这就叫做顺伦序。 ⑥体:意思是,这就叫做体现区别。按,据上文,对社稷、山川和宗庙鬼神的祭祀各不相同,故体现了区别。 ⑦丧、祭之用,宾客之交,义也:义,通"宜"。意思是,丧礼和祭礼的费用,与宾客交往的开支,都必须根据需要,这就叫做适宜。 ⑧羔、豚而祭,百官皆足:百官,泛指各级官吏。意思是,或用小羊,或用小猪来祭祀,各级官吏所当用的祭品都够用。 ⑨大牢而祭,不必有余:按牛、羊、豕三牲具备为大牢。这句意思是,或合用牛、羊、猪三牲,也不必有多余的祭品。 ⑩此之谓称也:这就叫做祭礼与祭品相称。 ⑪瑞:信物。 ⑫家不宝龟,不藏圭,不台门:家,谓大夫之家。台门,大门两边筑土为基,基上起屋曰台门。意思是,大夫家不得藏龟甲,不得藏圭玉,不得建造台门。 ⑬言有称也:这是说要和自己的地位相称。

5.礼有以多为贵者。天子七庙,诸侯五,大夫三,士一;天子之豆二十有六①,诸公十有六,诸侯十有二,上大夫八,下大夫六;诸侯七介,七牢②;大夫五介,五牢;天子之席五重③,诸侯之席三重,大夫再重;天子崩七月而葬,五重④,八翣⑤;诸侯五月而葬,三重、六翣;大夫三月而葬,再重、四翣:此以多为贵也。

[注释]①天子之豆二十有六:这是指天子月初盛馔所设豆数。所谓月初盛馔,是指每月初一天子的膳食要大为丰盛。按,豆中主要盛各种酱类食物,而酱类为众食物之首,故举豆数以概其余。 ②诸侯七介,七牢:这里是指诸侯朝见天子(诸侯互行相见礼亦然)时,用七介(七个副手),而天子赐以七太牢。首言诸侯而不言天子,因为天子无介(见下节)。 ③五重:这是指坐席,五重即五层席叠放在一起。 ④五重:此所谓五重,是指抗木与茵。按,抗木是封圹(墓穴)口时棚在椁上用的,其长度与圹口齐,横三根、纵二根为一重。抗木上再加放抗席,然后填土封圹。茵,是置于圹底衬垫棺椁用的浅缁色的粗布,横三幅、纵二幅为一重。 ⑤八翣:参见《檀弓上第三》第12节注④。

6.有以少为贵者。天子无介,祭天特牲①,天子适诸侯,诸侯膳以犊②;诸侯相朝,灌用郁鬯③,无笾豆④之荐;大夫聘礼以脯醢;天子一食⑤,诸侯再,大夫、士三,食力无数⑥;大路繁缨一就⑦,次路⑧繁缨七就;圭、璋特⑨,琥、璜爵⑩;鬼神之祭单席⑪;诸侯视朝,大夫特,士旅之⑫:此以少为贵也。

[注释]①特牲:特,一。特牲,即一头牛。 ②犊:一头小牛。 ③灌用郁鬯:灌,谓向神献酒,即酌酒浇地,以示礼敬,以祈神降临。郁鬯,一种祭祀用的香酒,亦简称鬯,是用黑黍酿造,再捣煮郁金香草掺和而成的一种香酒(参见《曲礼下第二》第42节注②)。 ④笾豆:礼书中习用以指代即脯(干

肉)醢(肉酱),因脯盛于笾,醢盛于豆。 ⑤一食:即一饭(参见《曲礼上第一》第30节注⑪),这是指在食礼上,天子自己吃的饭数,仅一食即告饱。下"再"、"三"义仿此。 ⑥食力无数:谓自食其力的庶民们就无定数了,吃饱为止。 ⑦大路繁缨一就:大路,是殷代天子乘之以祭天的木车,没有别的雕饰,只有繁缨一就而已。繁和缨,都是五色丝带,繁系在马腹,缨系在马的前胸。一就,即一匝。 ⑧次路:是殷代乘以处理各种卑杂之事用的车。 ⑨圭、璋特:圭、璋皆玉器名。圭作长条状,上有一钝角。圭从中剖开之一半,其形即为璋。诸侯行朝聘礼时,圭以献王或诸侯国君,璋以献王后或国君夫人,献时都是单独献上,无须以币帛衬托,即所谓"圭、璋特达"。 ⑩琥、璜爵:琥、璜,亦玉名。琥为虎形,璜为半环形。天子向诸侯进酬酒,或诸侯相互进酬酒的时候,要用琥、璜随币帛以进,而不可特达。 ⑪鬼神之祭单席:谓祭祀鬼神只为鬼神设一领席。 ⑫诸侯视朝,大夫特,士旅之:特,一,此谓一一行礼。旅,众。谓诸侯临朝的时候,对来朝的大夫当一一行揖礼,而对众士却是统行一次揖礼。

7.有以大为贵者。宫室之量①,器皿之度②,棺椁之厚,丘封③之大,此以大为贵也。

[注释]①宫室之量:指宫室的面积。 ②器皿之度:指器皿的容量。 ③丘封:指坟墓。

8.有以小为贵者。宗庙之祭,贵者献以爵①,贱者献以散;尊者举觯,卑者举角;五献之尊,门外缶,门内壶,君尊瓦甒②:此以小为贵也。

[注释]①贵者献以爵:贵者,谓尸。爵,及下散、觯、角,皆饮酒器名,其容量,爵一升,散五升,觯三升,角四升。 ②门外缶,门内壶,君尊瓦甒:按,壶大一石,瓦甒五斗,缶大小不详。缶是为士旅食者(即庶人在官者)所设的尊,应比壶大。壶是为卿大夫所设的尊。瓦甒则是为君所设的尊。

9.有以高为贵者。天子之堂九尺,诸侯七尺,大夫五尺,士三尺,天子、诸侯台门①:此以高为贵也。

[注释]①台门:参见第4节。

10.有以下为贵者。至敬不坛①,埽地而祭;天子、诸侯之尊废禁②,大夫、士棜禁③:此以下为贵也。

[注释]①至敬不坛:谓祭祀最尊的神不筑坛。按,此指天神。 ②废禁:禁,古时承尊器,形如方箱,下有足,青铜制,酒尊置于其上。废禁即不用禁。 ③棜禁:棜,音yù。棜禁,亦名斯禁,是一种无足的禁。

11.礼有以文为贵者。天子龙衮①,诸侯黼②,大夫黻,士玄衣纁裳;天子之冕,朱绿藻③十有二旒,诸侯九,上大夫七,下大夫五,士三:此以文为贵也。

[注释]①龙衮:即九章(绘有九种花纹图案)之服,因为绘有卷曲之龙,故名。 ②黼:及下文"黻",皆服装名,因服上分别绘有黼、黻之纹而得名,然花纹图案比龙衮则少。 ③朱绿藻:藻,即彩色丝绳,因是用朱绿二色制成,故名。朱绿藻穿玉珠则为旒,悬挂在冕的延前。

12.有以素①为贵者。至敬无文②,父党无容③,大圭④不琢,大羹不和⑤,大路素而越席⑥,牺尊疏布鼏,樿杓⑦:此以素为贵也。

[注释]①素:谓朴素。 ②至敬无文:至敬,谓天。谓祭祀至尊的天不穿有文饰的祭服。 ③父党无容:党,所。谓在父的住所不讲究仪容。 ④大圭:圭中之最尊者,长三尺,是天子奉以朝日月所用。 ⑤大羹不和:大

羹,羹中最贵者。谓大羹不加作料调和味道。 ⑥大路素而越席:大路,天子祭天用的车,车中最尊者。越席,即蒲席(参见《礼运第九》第5节注㉑)。 ⑦牺尊疏布鼏,樿杓:牺尊,牺牛形的尊,盛酒以祭天。鼏,音 mì,同"幂",覆。樿,音 shàn,木名,白纹。

13. 孔子曰:"礼不可不省①也。礼不同,不丰,不杀②。"此之谓也,盖言称也③。

[注释]①省:音 xǐng,察,注意。 ②礼不同,不丰,不杀:谓礼有种种的不同,所当用的礼物不可增加,也不可减少。 ③盖言称也:这是说礼物要和所行的礼相称吧。

14. 礼之以多①为贵者,以其外心者也②。德发扬,诩万物③。大理物博④,如此则得不以多为贵乎? 故君子乐其发也⑤。

[注释]①多:此处统上多、高、大、文而言。 ②以其外心者也:外,谓将内心之德发扬于外。意思是,因为这样可以使天子内心的德发扬出来。 ③诩万物:诩,音 xǔ,犹普遍。谓普施于万物。 ④大理物博:大理,是对天子统理天下的敬称。物博,是指天下广博的万事万物。 ⑤故君子乐其发也:谓君子乐于用众多的礼物来发扬内心之德。按,这是讲"礼以多为贵"的原因。

15. 礼之以少①为贵者,以其内心者也②。德产之致也精微③,观天下之物,无可以称其德者④,如此则得不以少为贵乎? 是故君子慎其独也⑤。

[注释]①少:在此统上少、小、下、素而言。 ②以其内心者也:意思是,因为这样可以体现崇尚内心之德。 ③德产之致也精微:致,致密,细密。

谓内心之德的产生细密而又精微。 ④观天下之物,无可以称其德者:谓统观天下万物,没有任何东西可以和内心的德相媲美。 ⑤是故君子慎其独也:独,在此义为少。谓君子行礼谨慎地用较少的礼物来体现德。

16.古之圣人,内之为尊,外之为乐,少之为贵,多之为美①。是故先王之制礼也,不可多也,不可寡也,唯其称②也。是故君子大牢而祭谓之礼,匹士大牢而祭谓之攘③。管仲镂簋,朱纮,山节,藻棁④,君子以为滥矣。晏平仲⑤祀其先人,豚肩不掩豆⑥,澣衣濯冠以朝⑦,君子以为隘⑧矣。是故君子之行礼也,不可不慎也,众之纪也,纪散而众乱。孔子曰:"我⑨战则克,祭则受福⑩。"盖得其道⑪矣。

[注释]①"内之"至"为美":意思是,以用德涵养内心为最可崇尚,以使德发扬于外为乐事,以用尽可能少的礼物体现德为可贵,以用尽可能多的礼物发扬德为美事。 ②唯其称:指礼与礼物相称。 ③"是故"至"谓之攘":君子,谓大夫以上者。攘,盗窃。匹士,即士。谓君子祭祀用太牢叫做合礼,一介之士而用太牢叫做盗窃。 ④镂簋、朱纮、山节、藻棁:镂簋,谓镂玉以饰簋,这是天子的簋饰。大夫之簋则当刻龟以饰。纮,音 hóng,是系冕、弁的丝带。朱纮是天子所用,大夫、士只能用黑色而有浅绛色镶边的丝带。山节、藻棁,皆庙堂建筑之饰。棁,音 zhuō,梁上的短柱。山节,谓建柱头为斗拱结构,形如山。藻棁,谓画梁上短柱以藻纹。这是天子的庙饰,而管仲僭为之,故下文曰"君子以为滥"(滥用礼)。 ⑤晏平仲:即晏婴,字平仲,齐大夫。
⑥豚肩不掩豆:豚肩,小猪前胫骨的上端。掩,音 yǎn,义同掩。豚肩当盛于俎,此处说"不掩豆"(连豆也掩盖不住),是借以说明其小,非谓盛于豆。按,大夫祭先人当用少牢(羊和豕),士用特牲(一头猪),晏平仲身为大夫而仅用豚肩,是过俭而不合于制。 ⑦澣衣濯冠以朝:澣,同浣,洗涤。濯,音 zhuó,也是洗涤之义。按,大夫之衣尚鲜华之美,而晏氏只把旧衣和冠洗一洗就穿戴着去朝君,是亦俭而不华。 ⑧隘:狭小,谓其器局狭小,不大器。 ⑨我:

谓知礼者。　⑩祭则受福：按，神不享非礼之祭，如能依礼而祭，神就会享用而赐福给祭祀者。知礼者能做到依礼而祭，神就歆享之，故"祭则受福"。
⑪道：谓如上所述有关行礼的道理。

17. 君子曰："祭祀不祈，不麾蚤①，不乐葆大②，不善嘉事③，牲不及肥大，荐不美多品④。"孔子曰："臧文仲⑤安知礼？夏父弗綦逆祀而弗止也⑥，燔柴于奥⑦。夫奥者，老妇之祭也，盛于盆，尊于瓶⑧。"

[注释]①祭祀不祈，不麾蚤：祈，求，在此谓求福。麾，音 huī，快。蚤，通"早"。谓祭祀不为求福，不图快求早。　②不乐葆大：乐，谓乐意于，快意于，引申为贪求。葆，崇高。意思是，不贪求高大。　③不善嘉事：嘉事，即嘉礼，如婚礼、冠礼等。意思是，不是为了求得嘉事的美满。　④牲不及肥大，荐不美多品：意思是，祭祀所用的牲不等养到肥大，所进献的祭物不以种类繁多为美。按，这是因为礼之义有以少为贵者。　⑤臧文仲：鲁庄公至鲁文公时期为鲁国大夫。　⑥夏父弗綦逆祀：夏父，复姓；弗綦，名；鲁文公时期担任宗伯，掌宗庙及礼事。逆祀，这是发生在鲁文公时期的事。文公的父亲是僖公，僖公之上还有闵公，闵公和僖公都是庄公之子，然闵公是嫡子而年少，僖公是庶子而年长。庄公死，闵公继位，这时僖公是闵公的臣。闵公即位不到二年就死了，于是僖公继立。僖公死，其子文公立。文公在二年八月丁卯这一天，大合祭诸庙之神主于太庙，当时掌管祭事的夏父弗綦为讨好文公，就以"新鬼大，故鬼小"为理由向文公建议在排列神主位次时，将僖公排在闵公之上，这就是将臣列于君之上，将后君列于先君之上，故曰"逆祀"。　⑦燔柴于奥："奥"是"爨"字之误。按"爨"在此指灶。燔柴是周代用以祭天和日月星辰以及火神的一种祭法。灶神只是五祀之一，其神卑小，不可比于火神，而夏父弗綦却把灶神当火神来祭，用燔柴的祭法，这是不符合礼的，而当时作为卿大夫的臧文仲也未能加以劝止。　⑧"夫奥"至"于瓶"：这几句是解释祭灶神当如何祭法。意思是，祭灶神，不过是老妇人举行的祭礼，祭品盛在盆里，用瓶做盛酒的尊。

18. 礼也者,犹体①也,体不备,君子谓之不成人②。设③之不当,犹不备也。礼有大,有小,有显,有微。大者不可损,小者不可益,显者不可揜,微者不可大也。故经礼三百,曲礼三千④,其致一也⑤,未有入室而不由户者⑥。

[注释]①犹体:如同人的身体。 ②体不备,君子谓之不成人:谓身体没有发育完备,君子就称之为不成人。 ③设:谓礼的设施。 ④经礼三百,曲礼三千:三百、三千,皆极言其多。按,经礼指礼的大节,曲礼指礼的细目。⑤其致一也:一,谓诚。谓这许多的礼实行起来都必须致以诚心则是一样的。⑥未有入室而不由户者:按,想入室而不由门则不可能入,用以比喻行礼而不具备诚心是不可以的。

19. 君子之于礼也,有所竭情尽慎,致其敬而诚若①,有美而文而诚若②。君子之于礼也,有直而行也③,有曲而杀也④,有经而等也⑤,有顺而讨也⑥,有撙而播也⑦,有推而进也⑧,有放而文也⑨,有放而不致也⑩,有顺而摭也⑪。

[注释]①有所竭情尽慎,致其敬而诚若:若,顺。这是说,有竭真情、尽戒慎、致恭敬而表达真诚和顺之心。按,这是指实行那些以少、小、下、素为贵的礼而言。 ②有美而文而诚若:谓有通过美化、文饰而表达真诚和顺之心的。按,这是指实行那些以多、大、高、文为贵的礼而言。 ③有直而行也:谓有直接表达真情而不加节制的。如亲人始死,孝子任其哀情而哭踊无节。④有曲而杀也:谓有为尊者所屈而降低礼的等级的。如父没子当为母服齐衰三年之丧,但如果父在而母死,父于子为至尊,子为父之尊所厌,不敢尽申其对母的哀情,故屈而服齐衰期(一年)。 ⑤有经而等也:经,谓常制,定制。谓有成为定制而凡人都同样遵循的。如子为父服斩衰三年,为母服齐衰三

年,此上自天子,下至庶人通用之礼。 ⑥有顺而讨也:讨,递减,除去。谓有顺着等级的降低而依次降低规格的。如冕之旒数,天子十二,公则九,伯七,子男五,依次递减。 ⑦有撙而播也:撙,音chàn,芟除。播,布。谓有取在上位者的礼物而普施惠于下的。如行祭礼,到行旅酬礼时,凡参加的人,贵贱皆得饮酒,即"撙而播"之例。 ⑧有推而进也:谓有推位卑者进而可行尊者之礼的。如王者之后,得用天子之礼,如杞、宋二国得行郊天之礼即其例。 ⑨有放而文也:谓有效仿他物而刻绘花纹的。如天子之服饰有日月和升龙之纹,而牺尊则刻作牛之形,等等。 ⑩有放而不致也:致,极。谓有效仿他物刻绘花纹而不敢超越最高标准的。诸侯以下亦有放(仿)法而不得极。 ⑪有顺而摭也:摭,音zhí,取。谓有自上而下依顺序有所取则的。如天子一食(告饱),诸侯二食,大夫三食之类是其例。

20. 三代之礼,一也①,民共由②之。或素或青,夏造殷因③。

[注释]①一也:是指三代之礼都要靠诚心来实行,这一点都是一样的。 ②由:奉行;遵从。 ③或素或青,夏造殷因:意思是,三代虽然有崇尚白色(素)的,有崇尚青色的,但礼的基本原则却是从夏代开始制定,而由殷代沿袭下来。

21. 周坐尸,诏侑武方①,其礼亦然,其道一也②。夏立尸而卒祭③。殷坐尸④。周旅酬六尸⑤。曾子曰:"周礼其犹醵与⑥。"

[注释]①周坐尸,诏侑武方:坐尸,谓祭祀时让尸坐着。诏,告,告尸所当行之礼。侑,劝,劝尸进食。武,是"无"字之误。方,犹常。无常,是指没有固定的祝官,凡祝官皆可。意思是,周代祭祀时让尸坐着,告诉尸所当行的礼仪和劝尸进饮食没有固定的祝官。 ②其礼亦然,其道一也:亦然,谓和殷代是一样的。其道一也,谓行礼时都需要怀有诚心是一样的。 ③夏立尸而卒

祭:卒,终了,完毕。谓夏代祭祀时让尸站着,一直到祭祀完毕。 ④殷坐尸:这是说殷代沿袭夏代祭祀用尸之礼而革其立尸之礼为坐尸(让尸坐着)。 ⑤周旅酬六尸:这是在太庙中合祭时的礼。按,天子七庙,将六亲庙的神主集中到太祖庙中,太祖与六亲庙之祖各立一尸。太祖的尸居中,六亲庙之祖的尸则依昭穆分列两边。到行旅酬礼时,太祖的尸因至尊而不参加旅酬,其他六尸皆依昭穆之次而参加旅酬,即所谓"周旅六尸"。这一句说明周代沿袭殷代的坐尸之礼,而增益旅酬之礼。 ⑥周礼其犹醵与:醵,音 jù,谓众人凑钱饮酒。这是说,周代的这种礼就像大伙凑钱一块饮酒吧。

22. 君子曰:"礼之近人情者,非其至者也①。郊血②,大飨腥③,三献爓,一献孰④。"

[注释]①礼之近人情者,非其至者也:谓礼与人情相近似的,不是最完善的礼。 ②郊血:郊,祭天礼。血,谓牲血。郊祭天用牲血。 ③大飨腥:大飨,谓合祭先王。腥,生的牲肉。谓合祭先王用生的牲肉。 ④三献爓,一献孰:三献,是祭社稷、五祀之礼。一献,是祭群小祀(小神)。爓,音 xún,是沉于汤下的一种半生不熟的肉。酒一献,即行一献之礼(参见《文王世子第八》第9节注④)。三献,即一献之礼重复三次,因祭社、五祀用三献之礼,因此这里即以之代其祭名。下"一献"仿此。谓祭祀社神、稷神和五祀之神用沉在汤下面的半生的肉,祭祀各种小神用熟肉。

23. 是故君子之于礼也,非作而致其情也,此有由始也①。是故七介以相见也,不然则已悫②。三辞三让③而至,不然则已蹙④。故鲁人将有事于上帝,必先有事于頖宫⑤。晋人将有事于河,必先有事于恶池⑥。齐人将有事于泰山,必先有事于配林⑦。三月系,七日戒,三日宿⑧,慎之至也。故礼有摈诏⑨,乐有相步⑩,温之至也⑪。

[注释]①"是故"至"始也":这几句意思是,君子对于行礼,不是造作而表现虚情,都是由内心怀有诚意开始的。 ②七介以相见,不然则已悫:介,副手。已,甚。悫,音què,朴实,质朴。按,已悫(过于质朴)则无文饰,不足以达其情。这是指诸侯相见之礼。意思是,诸侯相见,要配七名副手来申达宾主之情,不然就过于简质了。 ③三辞三让:按,古代的宫庙建制,东庙西寝,寝庙之外有大门,寝庙之间有墙隔开而以闱门相通。宾客到来,主人迎出大门外,然后与宾互行揖礼而让由宾先入,宾推辞,而后主人先入为宾导行,此一辞一让。入闱门及入庙门,亦当如此辞让,凡三辞三让。又按,古代迎接宾客,礼盛者皆迎入庙中。 ④已蹙:蹙,音cù,急促,紧迫。已蹙则不足以从容达情。 ⑤鲁人将有事于上帝,必有事于頖宫:有事,谓祭祀。頖,音pàn。頖宫,诸侯之大学名(参见《王制第五》第23节)。这两句意思是,鲁人将郊祭上帝,必须先在頖宫告祭后稷。 ⑥晋人将有事于河,必先有事于恶池:河,即今黄河。恶,是"呼"字之误。呼池,小河名,在并州。意思是,晋人将祭祀黄河,必须先祭祀呼池。 ⑦配林:林名,具体在何地不详。 ⑧三月系,七日戒,三日宿:宿,谓预招使来,即预邀。意思是,祭祀前三个月就要把牲系入栏中饲养,祭祀前七天主人要斋戒,前三天就要约请尸。 ⑨摈诏:摈,相礼者。诏,告。这里是指有摈者诏告礼仪。 ⑩乐有相步:乐,作动词,谓演奏音乐。相步,扶持乐工者。乐工皆盲人,故须人扶而行。 ⑪温之至:谓体现出行礼十分从容温厚。

24.礼也者,反本修古,不忘其初者也①。故凶事不诏②,朝事以乐③。醴酒之用,玄酒之尚④;割刀之用,鸾刀之贵⑤;莞簟之安,槀鞂之设⑥。是故先王之制礼也,必有主⑦也,故可述而多学⑧也。

[注释]①礼也者,反本修古,不忘其初者也:意思是,礼是为了使人复返本性,修习古道,不忘初始。 ②凶事不诏:凶事,这里指丧事。意思是,有了丧死不用告诉就会由衷地悲哀。 ③朝事以乐:朝事,指朝廷尊贤养老的事。以乐,谓演奏音乐以使人和乐。 ④醴酒之用,玄酒之尚:用,谓用于祭

祀。尚，谓被尊尚。按，古人于郑重的礼事饮酒，必设两尊，一尊盛酒，一尊盛玄酒。玄酒尊总是放置在上位，以示反本尚朴，但并不饮用。　⑤割刀之用，鸾刀之贵：割刀，即今之刀。鸾刀，刀环有铃的刀，属古刀。今刀便利，可以割物。古刀迟钝，用之为难。宗庙不用今刀而用古刀，亦示返本修古之义。　⑥莞簟之安，槀鞂之设：莞，音 guān，草名，此指用莞草编的席。簟，音 diàn，竹席。槀，"稿"的异体，指稻、麦的秆子。鞂，音 jiē，同"秸"。槀鞂是除去穗粒，用槀秆编成的粗席。这两句意思是，莞席和竹席便于安卧，而祭天却铺设禾秆编的粗席。　⑦主：这里是指以复返本性、修习古道为主。　⑧可述而多学：谓先王所制定出的礼可以传述而使人多学不厌。

25. 君子曰："无节于内者，观物弗之察矣①。欲察物而不由礼，弗之得②矣。"故作事不以礼，弗之敬矣；出言不以礼，弗之信矣。故曰"礼也者，物之致③也"。

　　[注释]①无节于内者，观物弗之察矣：节，犹验。察，明辨，详审。意思是，内心如果没有检验事物的标准，观察事物就不能分辨。　②得：谓得出正确结论。　③致：极致，最高境界。此处谓礼是事物的极致。

26. 是故昔先王之制礼也，因其财物而致其义①焉尔。故作大事②必顺天时。为朝夕必放于日月③，为高④必因丘陵，为下⑤必因川泽，是故天时雨泽，君子达亹亹⑥焉。是故昔先王尚有德，尊有道，任有能，举贤而置之，聚众而誓之⑦。是故因天事天，因地事地⑧，因名山升中于天⑨，因吉土以飨帝于郊⑩。升中于天而凤凰降，龟龙假⑪；飨帝于郊而风雨节，寒暑时。是故圣人南面而立⑫，而天下大治。

　　[注释]①因其财物而致其义：财物，犹云才性。谓依照万物的不同性

状而制定相宜的礼。　②大事:谓祭祀。　③为朝夕:为朝,谓行朝日之礼,天子春分之日朝日于东门之外。为夕,谓行祀月之礼,天子秋分之夕祀月于西门之外。　④为高:指冬至祭天帝。按,祭天必就丘陵高处设坛。　⑤为下:指夏至祭地。按,祭地必就河泽低下处设坛。　⑥君子达亹亹:达,犹皆。亹,音wěi。亹亹,勤勉不倦貌。　⑦聚众而誓之:誓,发布有关告诫、号令。此谓聚集众人而宣告所要举办的大事。　⑧因天事天,因地事地:谓因天之高而就高处祭天,因地之下而就低处祭地。　⑨因名山升中于天:名山,指方岳大山,如泰山。升中于天,谓燔柴祭天,燔柴则烟气上达中天。按,这是指天子登泰山举行封禅大典,以向天告成,即报告天下治理成功。　⑩因吉土以飨帝于郊:吉土,指王都。飨帝,谓祭祀天帝。郊,谓王都之郊。　⑪假:音gé,至。　⑫南面而立:谓天子面朝南站在朝廷上。

27.天道至教,圣人至德①。庙堂之上,罍尊在阼,牺尊在西②。庙堂之下,县鼓在西,应鼓在东③。君在阼,夫人在房④;大明生于东,月生于西⑤:此阴阳之分,夫妇之位也⑥。君西酌牺、象⑦,夫人东酌罍尊。礼,交动乎上⑧;乐,交应乎下⑨:和之至⑩也。

[注释]①天道至教,圣人至德:意思是,天道对人的教诲是最高的教诲,圣人的德行是最高的德行。　②罍尊在阼,牺尊在西:罍尊,尊体上画有云雷形装饰的尊。阼,即阼阶,是堂的东阶,这里是指阼阶之上、堂的东序前的地方。牺尊,尊体作牺牛形的尊。　③县鼓在西,应鼓在东:县鼓,谓大鼓,在西方而县(悬)之。应鼓,一种小鼓,在东方而县(悬)之。　④夫人在房:夫人在堂后的西房。　⑤大明生于东,月生于西:大明,指太阳。月生于西,按,此句向无的解,我们只能姑据字面解而译之,即:月亮升起于西方。　⑥此阴阳之分,夫妇之位也:意思是,这就是阴阳的分界,夫妻的定位。　⑦牺、象:牺,谓牺尊。象,谓象尊,即尊体为象形的尊。　⑧礼,交动乎上:按,君在东边而到西边的牺尊和象尊酌酒,君夫人在西房而到东边从罍尊酌酒,即所谓"交动乎上"。　⑨乐,交应乎下:按,县鼓在西边,而应鼓在东边,县鼓敲响

而应鼓与之相应,即所谓"交应乎下"。 ⑩和之至:和谐的最高境界。

28. 礼也者,反其所自生①。乐也者,乐其所自成②。是故先王之制礼也以节事③,修乐以道志④。故观其礼乐,而治乱可知也。蘧伯玉⑤曰:"君子之人达⑥。"故观其器而知其工之巧,观其发⑦而知其人之知。故曰"君子慎其所以与人者⑧"。

[注释]①礼也者,反其所自生:意思是,礼,教人回溯自己所由产生的根本。 ②乐也者,乐其所自成:意思是,乐,教人欢乐自己所取得的成功。 ③节事:谓调节人的行事。 ④道志:道,说,讲述。谓宣达心志。 ⑤蘧伯玉:春秋时期卫国大夫,名瑗。 ⑥君子之人达:谓君子一流的人物都很明达。 ⑦发:在此指一个人的所作所为,即发之于外者。 ⑧君子慎其所以与人者:意思是,君子都十分慎重所用来与人交接的礼乐。

29. 太庙之内敬矣①。君亲牵牲,大夫赞币而从②。君亲制祭,夫人荐盎③。君亲割牲,夫人荐酒④。卿大夫从君,命妇⑤从夫人。洞洞⑥乎,其敬也!属属⑦乎,其忠也!勿勿⑧乎,其欲其飨之也⑨!纳牲诏于庭⑩,血毛诏于室⑪,羹定诏于堂⑫:三诏皆不同位,盖道求而未之得也⑬。设祭于堂,为祊乎外⑭。故曰:"于彼乎,于此乎⑮。"

[注释]①太庙之内敬矣:谓在太庙中祭祀必须十分虔敬。 ②大夫赞币而从:按,杀牲前当先用币帛行告神礼,故由大夫赞币(即帮助国君捧着币帛),在后边跟从着。 ③君亲制祭,夫人荐盎:制祭,君亲自割取牲之肝,洗于郁鬯,而用之于祭。盎,酒名,即盎齐(参见《礼运第九》第5节注⑮)。意思是,国君亲自割制牲体的肝,夫人进献盎齐。 ④君亲割牲,夫人荐酒:意思是,国君亲自宰割牲肉,夫人进献酒。 ⑤命妇:卿大夫之妻。 ⑥洞洞:

虔敬貌。　⑦属属:诚实貌。　⑧勿勿:勤勉貌。　⑨其欲其飨之也:谓他们就是这样地希望神享用他们的祭祀啊。　⑩纳牲诏于庭:纳牲,谓将祭祀用的牺牲牵进庙时。诏,告,谓将所用的牺牲告于神。庭,谓庙庭中。　⑪血毛诏于室:这是指杀牲后,拿着牲血和牲毛到室中向神报告。按,上文是将所用之牲报告给神,这里是杀牲之后再向神报告。　⑫羹定诏于堂:羹,牲肉。定,成,谓牲肉已煮熟。按,这是当牲肉煮熟后又在堂上向神报告。　⑬求而未之得也:意思是,求神降临而尚未得。按,神之所在,人不可知,故多方求索之,或在庭,或在室,或在堂。　⑭为祊乎外:祊,音 bēng,祭名,谓正祭毕,明日又祭(又称绎祭)。祊祭在庙门外西边的西塾中进行,故曰"为礼乎外"(参见《郊特牲第十一》第19节注②)。　⑮于彼乎,于此乎:意思是,神在那里吧,神在这里吧。

30. 一献质①,三献文②,五献察③,七献神④。

[注释]①一献质:一献,谓行一献之礼(参见《文王世子第八》第9节注⑤)。质,谓过于简质。　②文:谓礼仪稍繁。　③察:明,这里是礼明显加隆之义。　④神:谓如神就在跟前。

31. 大飨,其王事与①。三牲、鱼、腊②,四海九州③之美味;笾豆之荐④,四时之和气也;内金,示和也⑤;束帛加璧⑥,尊德也;龟为前列,先知也⑦;金次之,见情也⑧;丹、漆、丝、纩、竹、箭,与众共财⑨也。其余无常货,各以其国之所有,则致远物也⑩。其出也,《肆夏》而送⑪之,盖重礼也⑫。

[注释]①大飨,其王事与:大飨,谓王飨来朝诸侯。意思是,举行大飨礼,大概是天子的事吧。　②腊:音 xī,风干的兽肉。　③四海九州:四海,按,古人以为中国四境有海环绕,各按方位为"东海"、"南海"、"西海"和"北海",但亦因时而异,说法不一。九州,古代分中国为九州,说法亦不一。《尚

书·禹贡》所载九州为:冀、兖、青、徐、扬、荆、豫、梁、雍州。这里四海九州泛指天下。 ④笾豆之荐:笾盛干肉类,豆盛酱类。荐,进。 ⑤内金,示和也:内,是"纳"的古字。金,指铜。意思是,天子接受诸侯进贡的铜,是为了体现和乐的精神。按,这以下都是记诸侯朝见天子所进贡的物品。 ⑥束帛加璧:璧即玉璧。玉璧是加放在束帛上捧着进上的。 ⑦龟为前列,先知也:意思是,进贡的龟甲陈放在贡品的最前列,体现了能预知事情的吉凶。按,古人认为龟有前知之灵,故龟甲用于占卜,进贡时置于贡品的最前。 ⑧金次之,见情也:意思是,铜放在龟甲的后边,体现了重视君臣和乐之情。 ⑨与众共财:谓体现了与民众共有财物。 ⑩则致远物也:意思是,这样就可以使边远地方的物产也进贡于朝。 ⑪《肆夏》:古诗乐名,即《诗经·周颂》之《时迈》,诸侯离朝时演奏此乐。 ⑫盖重礼也:谓这是表现十分重视礼仪。

32. 祀帝于郊,敬之至①也。宗庙之祭,仁之至也。丧礼,忠之至也。备服器②,仁之至也。宾客之用币③,义之至也。故君子欲观仁义之道,礼其本也④。

［注释］①至:意为最高表现。下文"至"义皆仿此。 ②备服器:此谓具备丧礼所用的衣服器物。 ③宾客之用币:谓宾客所赠之赗赙。 ④故君子欲观仁义之道,礼其本也:意思是,君子想要观察仁义之德行,观察行礼是最根本的。

33. 君子曰:"甘受和,白受采①,忠信之人,可以学礼。苟无忠信之人,则礼不虚道②。是以得其人之为贵也③。"

［注释］①甘受和,白受采:按,甘为众味之本,不偏主一味,故得受五味之和。白是五色之本,不偏主一色,故得受五色之采。举此二物,喻忠信之人可以学礼。 ②礼不虚道:道,犹从。谓礼不会虚假地附从无忠信之人。 ③是以得其人之为贵也:因此教礼以得到具有忠信品质的人为最重要。

34.孔子曰:"诵《诗》三百,不足以一献①。一献之礼,不足以大飨②。大飨之礼,不足以大旅③。大旅具矣,不足以飨帝④。毋轻议礼!"

[注释]①诵《诗》三百,不足以一献:按,这是说学《诗》虽多,而不学礼,仍不能行礼,哪怕只是一献之礼。 ②大飨:此大飨谓祫祭(即合祭)先王。 ③大旅:祭名,是祭五帝之礼。五帝指东、南、西、北、中五方帝,地位在至上帝(天帝)之下。 ④飨帝:谓祭天,即祭至上帝(天帝)。

35.子路为季氏宰①。季氏祭,逮闇而祭,日不足,继之以烛②。虽有强力之容,肃敬之心,皆倦怠矣,有司跛倚以临祭③,其为不敬大矣。他日祭,子路与④。室事交乎户,堂事⑤交乎阶,质明⑥而始行事,晏朝⑦而退。孔子闻之,曰:"谁谓由⑧也而不知礼乎?"

[注释]①季氏宰:季氏,鲁国势力最大的贵族。宰,是家臣头子。 ②逮闇而祭,日不足,继之以烛:闇,通"暗",此指黎明以前。谓季氏天不亮就开始祭祀,祭了一整天时间还不够,又点起火把继续祭祀。 ③跛倚以临祭:谓一瘸一拐地应付着祭祀。 ④与:参与,参加。 ⑤室事交乎户,堂事交乎阶:室事,指在室中行尸祭礼,这是祭祀的正礼部分,故又名正祭。交乎户,户指室门,谓所需的祭品由室内的人和室外的人在室门处交相传递。堂事,指正祭礼完毕后在堂上行傧尸礼(参见《曾子问第七》第13节注⑱)。 ⑥质明:天亮的时候。 ⑦晏朝:黄昏时候。 ⑧由:即仲由,子路名仲由。

郊特牲第十一

1.郊特牲①,而社稷大牢②。天子适③诸侯,诸侯膳④用犊。诸侯适天子,天子赐之礼大牢⑤。贵诚之义也⑥。故天子牲孕弗食也,祭帝弗用也。大路繁缨一就⑦,先路⑧三就,次路五就⑨。郊血,大飨腥,三献爓,一献孰⑩。至敬不飨味,而贵气臭⑪也。诸侯为宾⑫,灌用郁鬯,灌用臭也⑬。大飨尚腵脩而已矣⑭。

[注释]①郊特牲:郊,是郊天礼(即祭天礼)的省称。特,一。牲,在此指牛犊。意思是,祭天用一头牛犊。 ②社稷大牢:社稷,祭祀土神和谷神的地方,专门筑有祭坛,称社稷坛。大牢,牛、羊、豕三牲具备之称。 ③适:往,到。这里是前往巡视的意思。 ④膳:向天子进膳,即招待天子饭食。 ⑤赐之礼大牢:即用大牢之礼招待诸侯。 ⑥贵诚之义也:意思是,这些都体现了以诚为贵的意思。 ⑦大路繁缨一就:大路,天子所乘车名,即《周礼·巾车》之玉路,是一种饰以玉的车。繁缨,在此指马腹和马胸前的带饰,繁系于马腹,缨系于马胸,皆用五色丝带。就,即匝。这句意思是,驾车的马只用五色丝带分别在马腹和马前胸缠一匝。 ⑧先路:天子所乘的一种用象牙装饰的车。 ⑨次路:副车。 ⑩郊血,大飨腥,三献爓,一献孰:参见《礼器第十》第22节注②~④。 ⑪至敬不飨味,而贵气臭:至敬,指最崇敬的祭祀对象。不飨味,即不用美味来祭祀,以供神享用。贵气臭,谓用燔烧木柴的祭法来祭

天。据说周人尚臭(气味),燔柴则气味随烟气上达于天,上帝闻到气味就算享用了。 ⑫诸侯为宾:意思是诸侯相互为宾客。 ⑬灌用郁鬯,灌用臭也:灌用郁鬯,参见《礼器第十》第6节注③。灌用臭也,谓这就是进献郁鬯的香气。 ⑭大飨尚腶脩而已矣:腶脩,是一种加姜桂等香料捶捣而成的干肉。这句意思是,天子用大飨礼招待来朝诸侯,只以加有佐料的干肉为贵。

2. 大飨①,君三重席而酢焉②。三献之介,君专席而酢焉③,此降尊以就卑也④。

[注释]①大飨:参见《曲礼下第二》第42注①,这里是指用大飨礼招待来朝的诸侯。 ②君三重席而酢焉:这是说诸侯相朝,主君(被朝见之君)设三重之席而受酢酒。按,主君先向宾即来朝的诸侯献酒,然后宾回敬主君酒,叫做酢酒(参见《文王世子第八》第9节注④)。因为宾主相敌(地位相等),故宾坐三重席(即铺设三层席)受献,主君亦坐三重席接受宾的酢酒。 ③三献之介,君专席而酢焉:专席即单席,与"重席"相对。这是指卿作为使者来行聘问之礼,此卿当受三献之礼,故即以"三献"指代卿。三献之介,即指此卿的介,也就是作为使者的卿的副手,其地位为大夫。此大夫由于为介之故,只坐一席(即专席),因此主君也坐一席以受酢,即所谓"专席而(受)酢"。 ④此降尊以就卑也:意思是,这体现了降尊就卑之义。

3. 飨、禘①有乐,而食、尝②无乐,阴阳之义也③。凡饮养阳气也④,凡食养阴气也。故春禘而秋尝,春飨孤子,秋食耆老,其义一也⑤,而食、尝无乐。饮,养阳气也,故有乐。食,养阴气也,故无声。凡声,阳也⑥。

[注释]①飨、禘:飨,谓春飨孤子(见下文)。所谓孤子,是指为国事而死者之子。禘,当为"禴"(又作"礿",音 yuè),春季祭祀宗庙之礼名。 ②食、尝:食,音嗣 sì,指秋食耆老(见下文)。尝,秋季祭祀宗庙之礼名。 ③阴阳之义也:谓上文所说的用飨礼招待孤子和用禴祭祭祀宗庙有音乐伴奏,而

用食礼招待老人和用尝祭祭祀宗庙不演奏音乐,这体现了阴阳之义的不同。按,古人的观念,一年四季,春夏属阳,秋冬属阴。乐属阳,故春行禴、禘之礼用乐,秋行食、尝之礼不用乐。　④凡饮养阳气也:饮,即指禴礼,禴礼以饮酒为主。这是说,凡禴礼在于涵养阳气。下句义仿此。　⑤其义一也:谓都是为了顺时令而涵养阳气和阴气。　⑥凡声,阳也:谓乐声都属阳,这是进一步说明为什么春行礼要用乐。

4.鼎俎奇而笾豆偶,阴阳之义也①。笾豆之实,水土之品②也,不敢用亵味而贵多品③,所以交于旦明之义④也。

[注释]①鼎俎奇而笾豆偶,阴阳之义也:按,古人的观念,鼎俎是用以盛牲体的,牲体为动物,属阳性,故用奇数;笾豆盛水土之实(参下注),为植物,属阴性,故用偶数。　②水土之品:意思是,都是靠水土生长的物品。③不敢用亵味而贵多品:亵味,谓人所食的美味,人所常食者,于神则为亵。贵多品,这是承上文"不敢"而言,意思是,不敢以种类繁多为贵。　④所以交于旦明之义:"旦"是"神"字之误。谓这样来体现交接神明的意思。

5.宾入大门而奏《肆夏》①,示易以敬也②,卒爵而乐阕③,孔子屡叹④之。奠酬而工升歌,发德也⑤。歌者在上,匏竹在下⑥,贵人声也。乐由阳来者也,礼由阴作⑦者也,阴阳和而万物得⑧。

[注释]①宾入大门而奏《肆夏》:宾,指异国派来朝聘的使者。朝聘礼毕退出时奏《肆夏》之乐,参见《礼器第十》第31节注⑪。　②示易以敬也:易,和悦。谓奏《肆夏》的目的是向来宾表示和悦和尊敬。　③卒爵而乐阕:卒爵,是指宾饮毕主人向他献的酒。乐阕,是指音乐也正好演奏完毕。④叹:赞叹。　⑤奠酬而工升歌,发德也:奠酬,是指主人向宾进酬酒,而宾将酬酒放置在一边不再饮。奠,放置。工升歌,指乐工升堂演唱。发,在此是宣

扬之义。这句意思是,在宾奠酬的同时,乐工升堂演唱,这是为了宣扬主人的德行。　⑥歌者在上,匏竹在下:歌者,谓歌唱者。在上,谓在堂上。匏竹,皆乐器名。匏,音 páo,指笙。竹,指管。在下,谓在堂下。　⑦礼由阴作:谓礼是由阴气产生的。按,古人的观念,礼属阴性。　⑧万物得:谓万物各得其所宜。

6.旅币无方①,所以别土地之宜,而节远迩之期也②。龟为前列,先知也③;以钟次之,以和居参之也④;虎豹之皮,示服猛也⑤;束帛加璧,往德也⑥。

[注释]①旅币无方:旅,众,此指众诸侯。币,指诸侯朝见天子所进献的贡品。方,常。意思是,众诸侯进献天子的贡品没有一定。　②所以别土地之宜,而节远迩之期也:迩,近。这两句意思是,这样便于分别贡献各方土地所适宜生长的物品,而规定远近地区不同的朝贡日期。　③龟为前列,先知也:意思是,陈列贡品把龟甲放在最前列,体现了能预知事情的吉凶(参见《礼器第十》第31节注⑦)。　④以钟次之,以和居参之也:和,谓钟能发出和乐的声音。这两句意思是,钟接在龟甲后边,体现了以和乐之物放在众贡品之间。　⑤虎豹之皮,示服猛也:意思是,贡献虎豹皮,体现能以德使四方威猛者顺服。　⑥束帛加璧,往德也:束帛加璧,束帛上加放着璧。意思是,贡献上面加放有玉璧的束帛,体现天子有德而前往归附。

7.庭燎之百①,由齐桓公始也。大夫之奏《肆夏》②也,由赵文子③始也。

[注释]①庭燎之百:庭中设火把,为夜晚来朝之臣照明,此火把名为庭燎。依礼,只有天子才能百燎(即点燃百支火把),公用五十燎,侯伯子男用三十燎。　②大夫之奏《肆夏》:按,《肆夏》本是诸侯国君升堂就席或迎接来宾时所用的乐曲,大夫不得用之。　③赵文子:春秋时期晋国大夫。

8.朝觌,大夫之私觌,非礼也①。大夫执圭而使,所以申信也②。不敢私觌,所以致敬也③,而庭实私觌何为乎诸侯之庭④?为人臣者无外交,不敢贰君也⑤。

[注释]①朝觌,大夫之私觌,非礼也:觌,本是秋天朝见之名,在此泛指朝见。这里的朝觌,是指诸侯朝见诸侯。觌,音dí,见。这句意思是,诸侯朝见诸侯,随同前往的大夫私自去拜见主国的国君,是不符合礼的。 ②大夫执圭而使,所以申信也:圭,是大夫出使异国所持的信物,以证明自己是奉国君之命前来出使的,所以下文说"申信也",即申达诚信。 ③不敢私觌,所以致敬也:这是说,如果大夫随同国君出使,就不敢私见主国国君,这样来表达对自己国君的尊敬。 ④而庭实私觌何为乎诸侯之庭:庭实,指进献给诸侯国君而陈放于堂前庭中的礼物。此承上文,意思是,而如今大夫拿着礼物去私见的现象为什么会出现在主君的庭中呢? ⑤为人臣者无外交,不敢贰君也:贰,谓不专一,怀有二心。意思是,做人臣的不可私下搞外交,这是表示不敢对君怀有二心。

9.大夫而飨君①,非礼也。大夫强而君杀之,义也,由三桓始也②。天子无客礼,莫敢为主焉③。君适其臣,升自阼阶,不敢有其室也④。觐礼,天子不下堂而见诸侯,下堂而见诸侯,天子之失礼也,由夷王⑤以下。

[注释]①大夫而飨君:谓大夫势强,能控制其君,召君而飨之。 ②大夫强而君杀之,义也,由三桓始也:三桓,鲁国的三家势力强大的贵族,即孟孙氏、叔孙氏、季孙氏。这里意思是,大夫强横而国君杀了他,是符合道义的,这在鲁国是从三桓开始的。 ③天子无客礼,莫敢为主焉:意思是,天子没有做客人之礼,因为没有人敢做天子的主人。 ④君适其臣,升自阼阶,不敢有其室也:适,往,到。阼阶,即堂的东阶,这是主人上下堂之阶。按,若是宾客前来,当升自宾阶(西阶),但因君是臣之主,故君适其臣家,就从阼阶上堂,臣则升自西阶。不敢有其室,意思是不敢以家室的主人自居,这是解释为什么天

子到来而臣不敢从阼阶上堂。　⑤夷王:名姬燮,西周后期的天子,其时周政始衰。

10.诸侯之宫县①,而祭以白牡②,击玉磬③,朱干设锡,冕而舞《大武》④,乘大路⑤,诸侯之僭礼也⑥。台门而旅树⑦,反坫⑧,绣黼、丹朱中衣⑨,大夫之僭礼⑩也。故天子微,诸侯僭;大夫强,诸侯胁。于此相贵以等⑪,相觌以货⑫,相赂以利,而天下之礼乱矣。诸侯不敢祖天子⑬,大夫不敢祖诸侯,而公庙之设于私家⑭,非礼也,由三桓始也⑮。

[注释]①诸侯之宫县:宫县,谓四面悬挂乐器,如宫室然,这是天子之礼。诸侯只能东西北三面悬乐,谓之轩县。　②白牡:牡,在此指公牛。白牡即白色的公牛。白牡是殷祭祀所用牲,据说只有殷的后裔宋才得用之,其他诸侯则不得用。　③玉磬:这是天子的乐器,诸侯当击石磬。　④朱干设锡,冕而舞《大武》:干,盾牌。设锡,谓以锡敷盾之背而使之突出如龟背。《大武》,舞名,参见《文王世子第八》第21节注⑭。诸侯可以舞《大武》,但不得如天子那样以朱干设锡为道具、头戴冕而舞。　⑤大路:天子之车,参见第1节注⑦。　⑥诸侯之僭礼也:是说以上诸项都是诸侯的僭礼行为。　⑦台门而旅树:台门,参见《礼器第十》第11节注⑫。旅,道。树,谓屏。依礼,天子外屏(屏设于大门外),诸侯内屏(屏设于大门内),大夫设簾,士则设帷。⑧反坫:坫,音diàn,小土台。按,古代两君相会,设酒樽于堂上两楹之间,坫则在酒樽的南边。两君饮酒献酬毕,即将爵反置于坫上,因此又名之为反坫。⑨绣黼、丹朱中衣:绣黼,绣刺而为黼文,即一种白黑相间的花纹。丹朱,即赤色,此指染缯为赤色。绣黼为中衣之领,丹朱为中衣之缘(镶边)。中衣,穿在朝服或祭服里边的衣服。　⑩大夫之僭礼:按,自"台门"至"中衣",本皆诸侯之礼,而现在大夫也这样做,所以称之为"僭礼"。　⑪相贵以等:等谓等同,即下级僭上而与其上级的尊贵相等。这里是说下不畏上、臣不尊君,反而

要与之同尊贵。 ⑫相觌以货:觌,见,这里是指私相觌。是说臣不畏其君而拿着财物去私相结交。 ⑬诸侯不敢祖天子:祖,在此作动词,谓祭祀祖先。这句意思是,诸侯如与天子同一祖先,如鲁国之与周天子,只有天子有权祭祀其祖先,如后稷、文王、武王,鲁国则不敢祭祀,鲁国只能祭祀本国的始祖周公。下句义仿此。 ⑭公庙之设于私家:公庙,指诸侯国君之祖庙。私家,指大夫之家。 ⑮由三桓始也:这是说鲁之三桓皆立其祖桓公之庙,而桓公同时也是鲁君之祖。

11. 天子存二代之后①,犹尊贤②也。尊贤不过二代③。

[注释]①天子存二代之后:天子,指周天子。二代之后,指前二代帝王的后裔,周天子不灭亡他们,而把他们分封为诸侯:杞就是夏之后,宋就是商之后。 ②犹尊贤:犹,仍然,还。意思说,这体现仍然遵法前二代创业的先贤。 ③不过二代:即存先贤之后不超过两个朝代。之所以不过二代,是因为时代已经改变了,如果尽遵法前代,不仅不合时宜,当代之法也不可尽行了。

12. 诸侯不臣寓公①,故古者寓公不继世②。

[注释]①诸侯不臣寓公:寓公,原为诸侯,后因故丧地失国,寓居他国,故称寓公。这句意思是,诸侯不敢以寄居在本国的别国诸侯为臣。 ②寓公不继世:意思是寓公没有继承人。按,寓公虽不可臣,寓公的儿子却可为所寄居之国的臣,因此寓公也就没有继承人了。

13. 君之南乡,答阳之义也①。臣之北面,答君也。

[注释]①君之南乡,答阳之义也:意思是,君位面朝南,体现了面对阳气的意思。

14. 大夫之臣不稽首①,非尊家臣,以辟君也②。

[注释]①大夫之臣不稽首:大夫之臣,指大夫的家臣。不稽首,不行稽首拜礼。稽,音 qǐ,稽首是拜礼中最重的一种。其拜法,先双膝跪地,双手抱拳与心平,头俯至拳,再将拳下至地,头则伸至拳前而下触于地,是为一次稽首拜礼;如果这样做两次,就叫再拜稽首。 ②非尊家臣,以辟君也:意思是,这样做不是因为尊敬家臣,而是为了避免以大夫为正君之嫌。辟,是"避"的古字。辟君,按,诸侯对天子,大夫对诸侯,皆当行稽首拜礼,大夫之家臣对大夫亦稽首拜,那就有拟大夫为正君之嫌。

15. 大夫有献弗亲①。君有赐不面拜②,为君之答己也。

[注释]①大夫有献弗亲:大夫有献,是说大夫有物要献给国君。弗亲,即不亲自往送,而派人前往送上。 ②君有赐不面拜:不面拜,即不当面拜谢,这是为了不烦君回礼答拜,故下文说"为君之答己也"。

16. 乡人裼①,孔子朝服立于阼,存室神也②。

[注释]①裼:音 shāng,强鬼,这里作动词,谓驱逐强鬼,即所谓傩。②孔子朝服立于阼,存室神也:朝服,古人朝会或举行隆重典礼时穿的一种礼服。存室神,按,孔子怕乡人裼而惊动庙室之神,故穿着朝服站在堂的阼阶之上,这是因为鬼神依于人,故欲使鬼神依己而安。

17. 孔子曰:"射之以乐①也,何以听,何以射②!"孔子曰:"士使之射③,不能则辞以疾④,县弧之义⑤也。"

[注释]①射之以乐:射,指射箭比赛。以乐,用音乐伴奏。谓射箭比赛时用音乐伴奏。 ②何以听,何以射:这是孔子因射箭与音乐二者配合之难

而发出的叹美之辞,意思是,必须怎样地听着音乐的节奏,又怎样地配合着节奏而射啊! ③士使之射:是说国君使士与己为耦而比赛射箭。按,古代的射箭比赛之礼,是以二人相配成一对而射,称之为一耦,其中一为上耦,一为下耦。 ④不能则辞以疾:意思是,如果该士不会射箭,就以有病相推辞。参见《曲礼下第二》第3节注②、③。 ⑤县弧之义:按,古代生了孩子,如果生的是男孩,就在门的左边悬一张弓,因为弓是弧形的,故称之曰"悬弧",表示这个孩子将来有射道(将学会射箭的本领)。今作为士而不能射,是与悬弧之义相违背,那就等于说枉为男子,枉为士,因此不可用"不能射"相推辞,而只能变相地"辞以疾"。

18. 孔子曰:"三日齐,一日用之①,犹恐不敬,二日伐鼓,何居②!"

[注释]①三日齐,一日用之:齐,同"斋",此指祭祀前的斋戒。意思是,祭祀前先斋戒三天,而后用于一天的祭祀之礼。 ②二日伐鼓,何居:二日,指斋戒的第二天。伐鼓,即敲鼓,这是为了作乐(演奏音乐),这样必使斋戒不能专心致诚,因此孔子对此加以批评。居,语气词,在此表疑问。何居,这是为什么?

19. 孔子曰:"绎之于库门内①,祊之于东方②,朝市之于西方③,失之矣。"

[注释]①绎之于库门内:绎,祭名,祭祀的第二天又祭,就叫绎祭。库门,即外门。诸侯之朝有三门:库门、雉门、路门(参见《曲礼下第二》第70节注①)。如果是天子之朝则有五门,库门之外还有皋门,路门之外还有应门(参见《曲礼下第二》第22节注②)。按,绎祭之礼,当行于庙门外的西堂,即西塾之堂。庙门两边各有一座建筑物,分别叫做东塾、西塾。塾兼跨庙门内外,当中有墙相隔为内、外塾。内塾与外塾结构相同,都是前堂而后室(外塾以南为前,内塾以北为前。参见《宫寝图》)。所谓庙门外之西堂,即西塾的

外塾之堂。绎祭当行之于庙门外西堂,而今却行之于库门内,是失礼的行为。 ②祊:亦属绎祭。祊当在庙门外西室进行,即在西塾的外塾之室中进行,可见绎与祊都在庙门外西塾进行,一在堂而一在室。而今却行祊祭于东方,也是失礼的做法。 ③朝市:朝,音 zhāo。朝市,即早市,当设于市内东方,而今却设在西方,也是失礼的。

20.社祭土而主阴气也①,君南乡于北墉下,答阴之义也②。日用甲,用日之始也③。天子大社④,必受霜露风雨,以达天地之气⑤也。是故丧国之社屋之⑥,不受天阳也。薄社北墉,使阴明也⑦。社所以神地之道⑧也。地载万物,天垂象⑨。取财于地,取法于天,是以尊天而亲地也。故教民美报⑩焉。家主中霤,而国主社,示本也⑪。唯为社事,单出里⑫;唯为社田,国人毕作⑬;唯社丘乘共粢盛⑭:所以报本反始⑮也。

[注释]①社祭土而主阴气也:主阴气,即为阴气之主。按,古人的观念,土地属阴,故主阴气。这句意思是,社是祭土地神的,是阴气之主。 ②君南乡于北墉下,答阴之义也:按,社筑有坛,神主放置在坛上,面朝北(北为阴)。社坛周围筑有墙,君面朝南立于北墉(墙)下,正与神主相对,故云"答阴之义"。所谓神主,即祭祀对象的象征物,如同祭祖时所设祖先的牌位,有木制的,也有石制的。 ③日用甲,用日之始也:按,甲是十天干之首,古人用十天干纪日,故云"日之始"。 ④天子大社:大社即太社,这是古代天子为群姓祈福报功而设立的祭祀土神的场所。 ⑤达天地之气:即使天地之气畅达。⑥丧国之社屋之:指已灭亡之国的社坛,如对于周来说,已灭亡之国是殷,殷都亳,其社名为亳社。屋之,是说建屋把它遮蔽起来,让它得不到阳光照射,故下文说"不受天阳",这样就使它不得达天地之气。 ⑦薄社北墉,使阴明也:薄,通"亳"。薄社,即亳社,因薄社上面盖屋而东、南、西三面围有墙,只开北面不围,北面属阴,故曰"使阴明",也就是使朝北的一面接受光线的意

思。 ⑧社所以神地之道:社,在此作动词,谓筑社坛。神地道,即为土地立地神。 ⑨天垂象:日、月、星等是天所垂之象。 ⑩美报:颂美天地之美德而加以报答。 ⑪家主中霤,而国主社,示本也:中霤,指室的中央之处,也是土神之名。卿大夫之家祭土神于中霤,天子、诸侯则祭土神于社,故曰"国主社"。示本,意思是通过祭祀来向民显示立国之根本在土地。 ⑫唯为社事,单出里:社事,祭祀社神之事。单,通"殚",尽。里,古代的基层组织,二十五家为里。单出里,谓里中的人全都出来参加祭祀社神的事。 ⑬唯为社田,国人毕作:田,指田猎。为社田,为祭祀社神而田猎。作,行。国,指都城。国人毕作,全都城的人都出行,前往田猎。 ⑭唯社丘乘共粢盛:丘乘,是按井田制划分的基层组织名称。据《周礼》,九夫为井,四井为邑,四邑为丘,四丘为甸。甸,音shèng,即"乘"。粢盛,祭祀用的米。这句意思是,只有为祭社神,才按丘乘供给祭祀用米。 ⑮所以报本反始:本,指土地。这句意思是,用上面这些做法来报答土地而追思万物的初始。

21. 季春出火为焚①也,然后简其车赋②,而历其卒伍③,而君亲誓社,以习军旅④,左之,右之,坐之,起之,以观其习变也⑤。而流示之禽⑥,而盐诸利⑦,以观其不犯命⑧也,求服其志,不贪其得⑨。故以战则克⑩,以祭则受福⑪。

[注释]①季春出火为焚:季春,谓春三月。火,指大火星,属于二十八宿的星宿。大火星季春三月黄昏之时出现在南方天空。出火为焚,即谓见大火星出来,就可以拿出火去焚烧荒原了,这是为通过打猎进行军训做准备。 ②简其车赋:简,阅,检阅。车赋,谓车马器械之类。 ③历其卒伍:历,数。卒伍,百人为卒,五人为伍。这里是指检查地方的兵民之数。 ④君亲誓社,以习军旅:意思是,由国君亲自率领着在社坛前誓师,这样来开始训练军队。 ⑤"左之"至"习变也":意思是,使军队或向左,或向右,或坐下,或起立,以观察军队练习应变的能力。 ⑥流示之禽:流,犹行,谓行田猎。行田猎驱禽兽于众士卒之前,以诱使他们猎取。 ⑦盐诸利:盐,通"艳",谓艳羡。利,指禽

兽。意思是,用所驱赶来的禽兽之利诱使兵众艳羡,看他们是否有违纪而猎获。按,禽兽的猎杀取舍都有定制,不可违制而获取之,否则必受惩罚。这是训练军队要有纪律,从而遏制兵卒的贪利之心。 ⑧不犯命:即犯命不,也就是看有没有违犯军纪、军命的。 ⑨求服其志,不贪其得:志,谓心志。服其志,谓使兵众从内心服从。不贪其得,即不贪于得利。 ⑩克:战胜。
⑪受福:受神所赐之福。

22. 天子适四方①,先柴②。

[注释]①适四方:适,往,到。这是天子要到四方巡视。 ②柴:在此作动词,谓燔柴行告祭天之礼,参见《王制第五》第20节注③。告祭天,就是向天报告自己将要出巡。

23. 郊之祭也,迎长日之至①也,大报天而主日②也。兆于南郊,就阳位也③。扫地而祭,于其质也④。器用陶匏,以象天地之性⑤也。于郊,故谓之"郊"⑥。牲用骍,尚赤也⑦。用犊⑧,贵诚也。郊之用辛也,周之始郊日以至⑨。

[注释]①郊之祭也,迎长日之至:郊,是祭天礼名。郊祭天是在冬至举行的,冬至是一年中白天最短的一天,此后白天便逐日变长了,因此说"迎长日之至"。 ②大报天而主日:大报天,重重地报答天。主日,以日神为主。按,天神众多,大报天则以日神为主要祭祀对象。 ③兆于南郊,就阳位:兆,祭天的兆域,也就是划出一块地方来行祭天礼。南郊,指国都的南郊。南属阳,天属阳,故就南郊之阳位祭天。 ④扫地而祭,于其质也:意思是,把地打扫干净而举行祭祀,不筑坛,这是体现崇尚质朴。 ⑤器用陶匏,以象天地之性:陶,谓陶制的尊、簋、俎、豆、壶等器皿。匏,音 páo,葫芦的一种,此处指匏尊、匏爵等。陶匏皆上古质朴之器,在此泛指上古所用质朴的祭器。象天地之性,即象征天地的本性。 ⑥于郊,故谓之"郊":这是说祭天礼名"郊"的由来,是因为祭天礼行之于国郊,所以谓之"郊"。 ⑦牲用骍,尚赤也:骍,音

xīng,这里指赤色的牛。尚赤,周人崇尚赤色,即以赤色为最尊贵的颜色。⑧犊:即上文所谓骍,实际是一头牛犊。 ⑨郊之用辛也,周之始郊日以至:用辛,是说举行郊祭用辛日,这是据用十天干计日说的。日以至,即冬至之日。这两句是解释为什么周代郊礼用辛日。因为周最初举行郊礼(即所谓"始郊")是在冬至之日,而这年的冬至恰是辛日,于是郊用辛日,就成了定制。

24. 卜郊①,受命于祖庙,作龟于祢宫,尊祖亲考之义也②。卜之日,王立于泽,亲听誓命,受教谏之义也③。献命库门之内,戒百官也④,大庙之命戒百姓也⑤。祭之日,王皮弁以听祭报,示民严上⑥也。丧者不哭,不敢凶服⑦,泛埽反道⑧,乡为田烛⑨,弗命而民听上⑩。祭之日王被衮以象天⑪;戴冕,璪十有二旒,则天数也⑫;乘素车,贵其质也;旂十有二旒⑬,龙章而设日月⑭,以象天也。天垂象⑮,圣人则之,郊所以明天道⑯也。帝牛不吉,以为稷牛⑰。帝牛必在涤三月,稷牛唯具⑱,所以别事天神与人鬼也。万物本乎天,人本乎祖,此所以配上帝也⑲。郊之祭也,大报本反始也⑳。

[注释]①卜郊:这是通过占卜来确定举行郊天礼的日期和用牲。②"受命"至"义也":受命于祖庙,是在祖庙行告祭礼,因为行祭天礼是大事,不敢自作主张,所以要先向祖先报告,以示受命于祖,然后再行占卜。作龟,犹言灼龟,龟甲之被灼处会炸裂成兆纹,即可据以推断吉凶。祢宫,即祢庙,是父庙。考,父死称考。先告祭祖庙表示受命于祖先,再在祢庙灼龟进行占卜,这体现了尊敬祖先而亲近先父之义。 ③"卜之日"至"义也":泽,即泽宫,因其周围环水,故以"泽"名。又,王者每在泽宫举行射箭比赛,以选择宗庙祭祀的助祭者,故以"泽"名,"泽"是"择"的同音字(参见《射义第四十六》第9节注②)。誓命,是指有关官吏向众人发出的告诫之命。这几句意思是,

占卜那天,天子要站在泽宫,亲自听取官吏告诫众人,这体现了天子接受教诲和劝谏之义。　④献命库门之内,戒百官也:这是说有司将所拟当誓戒百官之命(实即注意事项)献给王,而由王在库门内亲自告诫百官。库门,参见第19节注①。按,这是从泽宫回都之后,重又申诫之。　⑤大庙之命戒百姓:大庙,即太庙。大庙之命,是说在太庙中发布的告诫之命。百姓,是指王的亲族。　⑥王皮弁以听祭报,示民严上:王皮弁,王穿着皮弁服。皮弁是冠名,其形状类似近世之瓜皮帽,是用白鹿皮做的。配合皮弁穿的服装就叫皮弁服:上穿白色的衣,下着白色的裙,腰间系黑色的带,两腿系白色的蔽膝。这两句意思是,祭祀的那天,天子穿着皮弁服以听取臣下有关祭礼准备情况的报告,这是向民众显示应当以尊严的态度对待君上。　⑦丧者不哭,不敢凶服:凶服,即丧服。这是说,有丧事的人不敢哭,也不敢穿丧服,因为祭祀属吉礼,而丧事属凶礼,不敢以凶礼冲犯吉礼。　⑧泛埽反道:泛埽,广泛地大扫除。反道,是指将道路上的土铲起而反扣过来使新土在上,以示道路整理一新。　⑨乡为田烛:乡,指国郊之乡。烛,火把。为田烛,是恐王郊祭起得太早,天尚未明,故在田头点起火把。　⑩弗命而民听上:是说从"丧者不哭"以下这几件事,不用下命令,民众都会遵照朝廷的要求去做。　⑪被衮以象天:谓被衮服,即穿着衮服,这是王祭天的礼服。衮服上绣有日月星辰,故曰象天。　⑫戴冕,璪十有二旒,则天数也:冕、十二旒,参见《王制第五》第12节注⑮。璪,音zǎo,贯玉珠的彩色丝绳,即所谓"玉藻"。则天数,效法天一年有十二个月之数。　⑬旒:这是指悬垂在旒下沿用作装饰物的飘带。　⑭龙章而设日月:章,旌旂。旌旂上绘有龙和日月。　⑮天垂象:日月星辰,即天所垂之象。　⑯郊所以明天道:通过行祭天礼,用来彰明天的法则。　⑰帝牛不吉,以为稷牛:这是指卜牲的情况。按,周人祭天,以其始祖后稷配祭,因此用作祭天之牲的牛亦养有二,一名帝牛,专为祭天飨帝所用;一为稷牛,为配祭之后稷所用。但如卜牲而帝牛不吉,或有死伤等变故,即以稷牛顶替帝牛而用之,即所谓"帝牛不吉,以为祭牛"。为,犹用。　⑱帝牛必在涤三月,稷牛唯具:涤,即涤宫,养牛牲之处,犹今所谓牛栏。帝牛在用作牲前必须先在涤宫中饲养三个月,以使其肥硕。按,稷牛本亦在栏中与帝牛同时饲养,因此如果帝牛不吉,可以用稷牛来顶替,而临时另选一牛以备稷牛之数,即所谓"稷牛唯具"。帝牛除可用稷牛顶替外,则不可临时选用别的牛,这是因为天神比人鬼尊贵的缘故,即下文所谓"所以别事天神与人鬼"。　⑲万物本乎天,人本乎祖,此所以配上帝也:意思是,万物根源于天,人根源于始祖,这就是要用始祖后稷与上帝配祭的原因。　⑳郊之祭也,大报本反始也:意思是,郊祭天,就是为了重重地报答天而追念自己的始祖。

25. 天子大蜡八①。伊耆氏始为蜡②。蜡也者,索③也,岁十二月,合聚万物而索飨之也④。蜡之祭也,主先啬而祭司啬也⑤,祭百种以报啬也⑥。飨农及邮表畷、禽兽⑦,仁之至义之尽也。古之君子,使之必报之。迎猫,为其食田鼠也;迎虎,为其食田豕也;迎而祭之也。祭坊与水庸,事也⑧。曰⑨:"土反其宅⑩,水归其壑,昆虫毋作,草木归其泽⑪。"皮弁、素服而祭⑫。素服以送终⑬也,葛带、榛杖,丧杀也⑭。蜡之祭,仁之至义之尽也。黄衣、黄冠而祭,息田夫也⑮。野夫黄冠;黄冠,草服也⑯。

[注释]①大蜡八:祭名。蜡祭于每年十二月举行,是合聚万物之神而祭之(参见《礼运第九》第1节注①),但主要的祭祀对象则有八神,故曰"大蜡八"。所谓八神,即下文所说的先啬、司啬、百种、农、邮表畷、禽兽、坊、水庸八者。　②伊耆氏始为蜡:伊耆氏,传说中的上古部落领袖,或以为即神农氏。据说伊耆氏是最早开始蜡祭的,因此这里说他"始为蜡"。　③索:尽。　④合聚万物而索飨之:合聚万物,这里是指万物之神。索飨,尽飨之。　⑤主先啬而祭司啬也:啬,通"穑"。先啬是始教民稼穑者,如传说中神农氏一类的人物。司啬是掌管农事的官,指后稷。　⑥祭百种以报啬:百种,指掌管各类谷种的神。意思是,祭祀掌管各类谷种的神,以报答他们教民稼穑之功。　⑦飨农及邮表畷、禽兽:农,指农官田畯。邮表畷(音zhuì),指田畯在田间居以督促农民耕作的房舍。禽兽,谓猫、虎之类。　⑧祭坊与水庸,事也:坊即堤防,可用以蓄水、障水。水庸,即水沟,可受水而泄之。事也,这是解释祭坊

与庸的原因,是因为它们对人有事功。 ⑨曰:这以下是祭祀时祝所致辞。 ⑩土反其宅:反,归。宅,安。土归其安则不崩毁。 ⑪草木归其泽:这是祈祷神让草木皆归其生长之所,而不生于农田以害禾稼。 ⑫皮弁、素服:皮弁,是以白鹿皮为弁。素服,以素缯为衣裳,实即皮弁服,参见24节注⑥。 ⑬素服以送终:按,蜡祭在年终,万物皆岁成而终,故蜡祭有为万物送终之义。 ⑭葛带、榛杖,丧杀也:葛带,葛麻做的绖带,系在头上的叫首绖,系在腰间的叫腰绖。榛杖,用榛木做的丧杖。按,丧的正礼当用牡麻绖,竹丧杖,用葛绖、榛杖则是丧礼的降等,故曰"杀也"。杀,音shài,减损,降等。 ⑮黄衣、黄冠而祭,息田夫也:意思是,农夫穿黄衣、戴黄冠而参加蜡祭,是为了使农夫得到休息。 ⑯野夫黄冠:黄冠,草服也:意思是,田野的农夫戴黄冠;黄冠,是草野之服。之所以用黄色,是象其季节之色,年终,草木皆黄落。

26.大罗氏,天子之掌鸟兽者也,诸侯贡属焉①。草笠而至,尊野服也②。罗氏致鹿与女③,而诏客告也,以戒诸侯④曰:"好田、好女者,亡其国⑤。天子树瓜华,不敛藏之种也⑥。"

[注释]①诸侯贡属焉:谓诸侯向王进贡鸟兽的,所贡之鸟兽都属大罗氏管。 ②草笠而至,尊野服也:草笠是诸侯派来进贡鸟兽的使者所服,这种草笠是野人之服,年成丰收,是由野人而得,故重其事而尊其服。按,野人,谓居住在国城郊野的人,与居住在国城中的"国人"相对。 ③罗氏致鹿与女:致,送。谓大罗氏把鹿和女子送给前来进贡鸟兽的使者。按,送鹿是为了告诫诸侯不要贪好田猎,送女子是为了告诫诸侯不要贪好女色,见下文。 ④而诏客告也,以戒诸侯:谓以王命诏使者,让使者回去转告王对诸侯的告诫。 ⑤好田、好女者,亡其国:这就是王对诸侯的告诫之辞,即贪好田猎和女色,将导致亡国。 ⑥天子树瓜华,不敛藏之种也:瓜华,即瓜果。意思是,天子只种瓜果,这是不可敛藏的作物。按,瓜果是时鲜之物,应时需而种之,而不可敛藏;如果是可敛藏之物,如粮食,天子就不种,以喻不可与民争利,这就是天子对诸侯的告诫。

27.八蜡以记四方①。四方年不顺成,八蜡不通②,以谨民财也③。顺成之方,其蜡乃通,以移民也④。既蜡而收,民息已⑤。故既蜡,君子⑥不兴功。

[注释]①八蜡以记四方:意思是,通过八蜡之祭,以记四方年成的丰欠。按,八蜡之祭,四方之国皆行之,但如果某年某国年成凶荒,就不行其祭,因此通过八蜡之祭,就可记知四方年成的丰歉。见下文。 ②不通:即不行。③以谨民财:谓使民谨慎地运用财物,不可奢费。 ④移民:移,宽义。意思是,使民众的花费可以稍宽裕些。 ⑤既蜡而收,民息已:既蜡,谓蜡祭过后。收,谓收敛好财物。这里意思是,蜡祭之后,民众都收藏好财物而休息。⑥君子:泛指统治者。

28.恒豆之菹,水草之和气也①;其醢,陆产之物也②。加豆③,陆产也;其醢,水物也。笾豆之荐④,水土之品也,不敢用常亵味而贵多品⑤,所以交于神明之义也,非食味之道也⑥。先王之荐,可食也,而不可耆也⑦。卷冕、路车,可陈也,而不可好也⑧。《武》壮,而不可乐也⑨;宗庙之威,而不可安也⑩;宗庙之器可用也,而不可便其利也⑪。所以交于神明者,不可以同于所安乐之义⑫也。酒醴之美,玄酒明水之尚,贵五味之本也⑬;黼黻文绣之美,疏布之尚,反女功之始也⑭;莞簟之安,而蒲越、槀鞂之尚,明之也⑮;大羹不和⑯,贵其质也;大圭⑰不琢,美其质也;丹漆雕几之美,素车之乘⑱,尊其朴也,贵其质而已矣。所以交于神明者,不可同于所安亵之甚⑲也,如是而后宜。鼎俎奇而笾豆偶,阴阳之义也⑳。黄目,郁气之上尊㉑也,黄者中也,目者气之清明者也,言酌于中而清明于外也㉒。

祭天,扫地而祭焉,于其质而已矣。醯醢之美,而煎盐之尚㉓,贵天产也。割刀之用,而鸾刀之贵,贵其义也:声和而后断也㉔。

[注释]①恒豆之菹,水草之和气也:恒,常。菹,音zū,一种用醋腌渍成的菜。这两句意思是,常用的豆盛的菹菜,是用水草类的菜做成的,能得四时和美之气。　②其醢,陆产之物也:醢,酱类。意思是,豆所盛的醢,是用陆地所产之物做成的。　③加豆:按,祭祀进行到尸食饭毕,当酢尸,即进酒供尸饮以洁口的时候,要再进献用豆盛的菹菜,叫做加豆。　④笾豆之荐:谓用笾和豆盛而进上的祭品。　⑤不敢用亵味而贵多品:亵味,人所常吃的美味食物,于神则为亵味,即不洁净的滋味。贵多品,谓以种类繁多为贵。　⑥所以交于神明之义也,非食味之道也:意思是,这样来体现以虔敬之心交接神明,而不是像常人那样贪图美味的做法。　⑦先王之荐,可食也,而不可耆也:耆,通"嗜",喜好。这两句意思是,先王向神进献的祭品,虽然是可以吃的,但都不是常人所喜欢吃的。　⑧卷冕、路车,可陈也,而不可好也:卷,通"衮"。衮冕,穿衮服而戴冕。衮服是指绣有卷龙图案的礼服,这是王者所服。路车,"路"亦作"辂",是古代天子或诸侯贵族所乘的车。不可好,即不可作为个人的爱好之物,因衮冕、路车都是尊严之物,故不可好。　⑨《武》壮,而不可乐也:《武》,即《大武》,是一种武舞名,舞起来威武雄壮,但不可用来娱乐,故曰"不可乐也"。　⑩宗庙之威,而不可安也:意思是,宗庙虽然威严,但不可在里边安居。　⑪宗庙之器可用也,而不可便其利也:意思是,宗庙祭祀器具虽然可以用,但都不是便利于常人用的。　⑫所安乐之义:即常人用来使自己安乐的标准、要求。　⑬酒醴之美,玄酒明水之尚,贵五味之本也:玄酒,实即水,即明水,明水就是露水,这是古人认为最洁净的水,用来当酒,叫做玄酒。尚,通"上",指玄酒放在上位。五味,此指清浊不同的五种酒,也就是《周礼·天官·酒正》所谓五齐,即泛齐、醴齐、盎齐、缇齐、沈齐。这几句意思是,酒和醴的味道虽美,却将用作玄酒的明洁的水放在上位,这样来体现以五味之本为贵。　⑭黼黻文绣之美,疏布之尚,反女功之始也:黼黻,白与黑相间为黼,青与赤相间为黻,这里泛指礼服上所绣的华美花纹。疏布,粗

布。这几句意思是,绘刺有黼黻花纹的布帛虽然美,却以粗布为上,体现了追念最初的女工的织品。 ⑮莞簟之安,而蒲越、稾鞂之尚,明之也:莞簟,莞是莞草编的席,簟是竹席。稾鞂,用禾秆编织成的草席。参见《礼器第十》第24节注⑥及《礼运第九》第5节注㉑。明,彰明。这里意思是,莞席和竹席虽便于安卧,而祭天却铺设禾秆编的粗席,这是为了彰明神与人的不同。 ⑯大羹不和:大羹不加作料调和味道,参见《礼器第十》第12节注⑤。 ⑰大圭:圭中之最尊者,参见《礼器第十》第12节注④。 ⑱丹漆雕几之美,素车之乘:几,音 qí,即沂鄂,器物上的凹凸刻纹。沂,凹纹;鄂,凸纹。素车,未加漆饰的车,即白木车。这两句意思是,涂饰红漆并雕刻凹凸花纹的车虽然美,却乘用白木车。 ⑲不可同于所安亵之甚:意思是,大不同于人们贪图安适的东西。 ⑳鼎俎奇而笾豆偶,阴阳之义也:意思是,鼎俎用单数而笾豆用双数,这体现了阴阳不同的意思(参第4节注①)。 ㉑黄目,郁气之上尊:黄目,是一种用黄金镂饰的酒尊名。郁气,即郁鬯,因贵其香气,故名。这句意思是,黄目,是盛郁鬯的最上等的尊。 ㉒"黄者"至"于外也":以东西南北中五方与颜色相配,黄色是中方之色,即所谓"黄者中也"。目是人气中清明之气的所在,即所谓"目者气之清明者也"。黄目之名是说酌郁鬯到尊中而清明的气息散布于外,即所谓"言酌于中而清明于外也"。 ㉓醯醢之美,而煎盐之尚:醯,音 xī,即醋。煎盐,即盐,盐是海水晒成,其功如同用火煎治,故名。这两句意思是,醋和肉酱虽然味美,却把盐放在上位。 ㉔"割刀"至"断也":意思是,割刀便利切割,而鸾刀被尊贵,是贵重它能体现和谐之义,切割时它那环铃先发出和谐的声音,而后才切断(参见《礼器第十》第24节注⑤)。

29. 冠义①。始冠,缁布之冠也②。大古冠布,齐则缁之③。其緌④也,孔子曰:"吾未之闻也。冠而敝之可也⑤。"適子冠于阼,以著代也⑥。醮于客位,加有成也⑦。三加弥尊,喻其志也⑧。冠而字之,敬其名也⑨。委貌,周道也⑩;章甫,殷道也;毋追,夏后氏之道也。周弁⑪、殷冔、夏收。三王共皮弁、素积⑫。无大夫冠礼,而有其昏⑬

礼。古者五十而后爵,何大夫冠礼之有⑭?诸侯之有冠礼,夏之末造也⑮。天子之元子,士也,天下无生而贵者也⑯。继世以立诸侯,象贤也⑰。以官爵人,德之杀也⑱。死而谥⑲,今也。古者生无爵,死无谥⑳。

[注释]①冠义:冠礼的意义。按,古代的贵族男子,年满二十岁就算成年了,要举行一个隆重的成年仪式,叫做冠礼。《仪礼》一书的第一篇叫做《士冠礼》,完整地记载了冠礼的仪式,可参看。 ②始冠,缁布之冠也:按,行冠礼要先后加冠三次,第一次加缁布冠,故曰"始冠缁布之冠";第二次加皮弁,第三次加爵弁。 ③大古冠布,齐则缁之:大古,即太古,远古时候。冠布,戴白布冠。齐,同"斋",本指祭祀前的斋戒,在此指代祭祀。缁之,是说到祭祀时就把白布冠染成缁(黑)色。 ④緌:音 ruí,指冠上的缨饰,参见《檀弓上第三》第11节注②。 ⑤冠而敝之可也:按,始加的缁布冠并非成年男子正式的冠,皮弁和爵弁才是正式的冠,故缁布冠只是在始加冠时戴一戴,以后就不再戴了,故曰"敝之可也"。敝,是弄坏、毁掉的意思,在此是说不再用了。 ⑥适子冠于阼,以著代也:适,同"嫡"。适子,在此指嫡长子。冠于阼,是说嫡子行冠礼,即为嫡子加冠,是在阼阶上进行的。按,阼阶上是主人之位,现在嫡子之父尚在,因此是其父之位,然而嫡子加冠却在其父位上进行,这是为了表明嫡子将代其父继承家业,故曰"著代也"。著,明、表明。 ⑦醮于客位,加有成也:按,在为嫡子三次加冠完毕后,主持冠礼的人要向冠者进醴,或进酒,进醴叫做醴冠者,进酒就叫做醮。不论进醴或进酒,嫡子的位置都要从阼阶上移到堂的正中位,这是宾客之位,故名客位。加有成,加在此是尊尚之意,尊尚嫡子现在已经正式成人了。 ⑧三加弥尊,喻其志也:弥,益,更加。三次加冠,所加的冠一次比一次尊贵,故曰"三加弥尊"。按,三次所加之冠,皮弁尊于缁布冠,爵弁尊于皮弁。喻,教。之所以加冠三次,且所加的冠一次比一次尊贵,就是教喻嫡子树立不断进取、积极向上的精神。 ⑨冠而字之,敬其名也:按,名是初生时父所取,到行冠礼成人,即取字以代其名,这字就是在三次加冠完毕后,由冠礼上的执礼之宾为加冠的年轻人取的,故曰"冠而字之"。从此以后,除非国君和父母,皆讳而不得呼其名,这是表明对父为他所

取名的尊重,即所谓"敬其名也"。 ⑩委貌,周道也:委貌,以及下"章甫"、"毋追",是夏、商、周三代所常戴的冠名,其名不同,形制也应有异,这些都体现了先王或圣人制礼之道,故以"道"言。 ⑪弁:及下"㡊"(音 xǔ)、"收",是三代斋戒、祭祀所戴冠名。 ⑫三王共皮弁,素积:皮弁,参见第 24 节注⑥。素积,裳名。积,谓襞积,即腰间的折皱。素积就是白色而腰间有折皱的裳,类似今之白裙子。这句意思是,三王的时代都戴皮弁和穿腰间有折皱的裳。 ⑬昏:同"婚",后多作"婚"。 ⑭古者五十而后爵,何大夫冠礼之有:这两句是解释"无大夫冠礼,而有其昏(婚)礼"的原因。因为古时候五十岁以后才可以受爵为大夫,而冠礼是在二十岁的时候举行的,二十岁以前不得为大夫,自然也就不可能有大夫冠礼。但做了大夫以后仍可以婚娶,故有大夫婚礼。 ⑮诸侯之有冠礼,夏之末造也:这两句是说,夏末以前,无诸侯冠礼,就像没有大夫冠礼一样,到夏末的时候,才造作出诸侯冠礼来。 ⑯"天子"至"贵者也":意思是,即使是天子的太子,加冠也用士礼,说明天下没有生来就尊贵的人。 ⑰继世以立诸侯,象贤也:象,效法、学习。意思是,之所以让诸侯的太子继世而立为诸侯,是为了让他效法自己祖宗的贤德,而不是说他们生来就尊贵。 ⑱以官爵人,德之杀也:德,功德。杀,音 shài。意思是,以官爵授人,是按照功德的大小来决定所授官爵的等差,而不是看出身是否尊贵。 ⑲谥:古代帝王、贵族、大臣、士大夫或其他有地位的人死后,据其生前业绩评定的带有褒贬意义的称号,叫做谥号。 ⑳古者生无爵,死无谥:意思是,古时候生前没有建立功德而受爵位,死后就不给他加谥号。按,这几句记古今谥制之异,与前所记冠礼之义无涉,盖他篇之《记》文而错简于此。

30. 礼之所尊,尊其义也。失其义,陈其数,祝史之事①也。故其数可陈也,其义难知也。知其义而敬守之②,天子之所以治天下也。

[注释]①失其义,陈其数,祝史之事:失其义,在此意思是不问其义。陈,陈述。数,在此指礼数、仪节。祝史,即祝官,在此非指祝官与史官(参见《曾子问第七》第 3 节注④)。宣读祝告辞以及相赞礼仪等,是祝史之事。

②知其义而敬守之:懂得礼的意义而谨慎地保持着。

31. 天地合①,而后万物兴焉。夫昏礼,万世之始也②。取于异姓,所以附远厚别③也。币必诚,辞无"不腆",告之以直信④。信,事人也⑤。信,妇德也。壹与之齐⑥,终身不改,故夫死不嫁。男子亲迎,男先于女⑦,刚柔之义也,天先乎地,君先乎臣,其义一也。执挚以相见,敬章别也⑧。男女有别,然后父子亲。父子亲,然后义生。义生,然后礼作。礼作,然后万物安。无别无义,禽兽之道也。壻亲御授绥⑨,亲之也。亲之也者,亲之也⑩。敬而亲之,先王之所以得天下也。出乎大门而先,男帅女,女从男,夫妇之义,由此始也。妇人,从人者也:幼从父兄,嫁从夫,夫死从子。夫也者,夫也⑪。夫也者,以知帅人者也⑫。玄冕齐戒,鬼神阴阳也⑬。将以为社稷主,为先祖后⑭,而可以不致敬乎?共牢而食⑮,同尊卑也。故妇人无爵,从夫之爵,坐以夫之齿⑯。器用陶匏,尚礼然也⑰,三王作牢,用陶匏⑱。厥明,妇盥馈⑲。舅姑卒食,妇馂余,私之也⑳。舅姑降自西阶,妇降自阼阶,授之室也㉑。昏礼不用乐,幽阴之义也㉒。乐,阳气也。昏礼不贺,人之序也㉓。

[注释]①天地合:谓天地相配合。 ②夫昏礼,万世之始也:意思是,婚礼是后世子孙万代的开始。 ③附远厚别:附远,谓与远族结亲。厚别,谓严禁同血缘的婚配。 ④币必诚,辞无"不腆",告之以直信:币,指男家向女家行纳徵礼时所赠送的礼物(参见《曾子问第七》第9节注①)。诚,实,谓所赠礼物必可实用。腆,犹善。直信,正直诚信。这几句意思是,所赠送的礼物必须都是能实用的,而且不说"礼物不好"之类的客套话,这样来告诫女子要

正直而诚信。 ⑤信,事人也:事,犹立。诚信,是人立身的根本。 ⑥壹与之齐:齐,在此指夫妻同牢共馔礼。按,据古代婚礼,夫亲迎其妇进家门后,当晚新婚夫妇要在一起同吃一顿饭,吃饭时夫妇相对设席,各自席前摆设的食物数量和种类都是一样的,而在两席之间设有三俎,俎上分别盛着豚、鱼、腊三牲,此俎即所谓牢,这三牲则是夫妇共用的,这就叫同牢共馔礼。行过同牢共馔礼,新婚夫妇便就寝了,该女也就正式成为妻了。所以有学者把"齐"字直接释之为"妻",是有道理的。故"壹与之齐",也就是一与男人为妻的意思。 ⑦男先于女:按,亲迎之礼,是男子到女家迎娶,将女子迎出门后,男子便乘车在前先行,先到家,然后站在门前迎接新妇到来。 ⑧执挚以相见,敬章别也:按,男子亲迎时,当执雁为见面礼,此雁即为挚。男到女家后,当升堂至女子所在的东房门前,奠雁,然后下堂出门,接着女子便随男子而去。章,显示,表明。这两句的意思是,男子亲迎时要拿着见面礼与女子相见,这样来表明夫妇当相敬而又有别的意思。 ⑨婿亲御授绥:绥,车上的可抓以上车的绳。按,婿亲迎时,要亲自为女驾车,待车轮转够三周,再由御者(车夫)代之。 ⑩亲之也者,亲之也:对妇亲爱,就是使妇对己亲爱。 ⑪夫也者,夫也:这是解释"夫"字之义,谓夫就是丈夫。 ⑫夫也者,以知帅人者也:意思是,丈夫,就是用才智来领导别人的人。 ⑬玄冕齐戒,鬼神阴阳也:玄冕,古代天子、诸侯祭祀的礼服名。阴阳,谓夫妇。意思是,身穿祭服斋戒而后亲迎,是以祭祀鬼神的虔敬态度来对待夫妇婚礼。 ⑭将以为社稷主,为先祖后:意思是,将与妇共同做祭祀社稷的主祭人,并为祖先生出后继人。这两句是说明之所以要用虔敬的态度来对待婚礼的原因。 ⑮共牢而食:参见注⑥。 ⑯坐以夫之齿:齿,年齿,年龄。意思是,妇与妯娌在一起排座次,不依己之年龄,而依照丈夫的年龄为序。 ⑰器用陶匏,尚礼然也:陶匏,上古所用质朴之器(参见第23节注⑤),在此泛指质朴的食器。尚,通"上",尚礼然,谓上古之礼就是这样。 ⑱三王作牢,用陶匏:牢,在此指夫妇同牢共馔礼。上古无夫妇同牢共馔礼,三王时期制定了此礼,但仍用上古的器具,以象征重视夫妇结合的开始。 ⑲厥明,妇盥馈:厥明,指新婚的第二天。盥,洗手。馈,谓行馈食礼。新婚的第二天清早,新妇要去拜见舅姑(公婆)并行馈食礼,也就是要为舅姑做一顿饭,进献给舅姑。 ⑳舅姑卒食,妇馂余,私之也:卒食,谓吃罢新妇所献之食。馂余,谓新妇吃舅姑剩余的食物,参见《曲礼上第一》第36节注①。私,犹言恩,谓新妇吃剩余的食物,体现了公婆对新妇的恩惠。㉑舅姑降自西阶,妇降自阼阶,授之室也:按,阼阶是主人尊者升降之阶,现在相反,由妇降自阼阶,而舅姑降自西阶,其义就在于体现"授之室也",即表示将把主持家务的权力授给妇。㉒昏礼不用乐,幽阴之义也:按,古人认为乐属阳,故下文云"乐,阳气也";婚礼属阴,不得以阳干阴,以便体现"幽阴之义"。幽,深。阴,即指婚礼。幽阴,即便于深思婚礼的意义。㉓昏礼不贺,人之序也:序,犹代。按,婚礼意味着己将代父,而又将生子以代己,故孝子不忍言,人亦皆不忍贺。

32. 有虞氏之祭也,尚用气①。血、腥、爓祭②,用气也。殷人尚声③,臭味未成,涤荡其声,乐三阕,然后出迎牲④。声音之号,所以诏告于天地之间也⑤。周人尚臭⑥,灌用鬯臭,郁合鬯臭,阴达于渊泉⑦。灌以圭璋,用玉气也⑧。既灌,然后迎牲,致阴气也⑨。萧合黍稷,臭阳达于墙屋⑩。故既奠,然后焫萧合膻芗⑪。凡祭慎诸此⑫。魂气归于天,形魄归于地,故祭求诸阴阳之义也⑬。殷人先求诸阳,周人先求诸阴⑭。诏祝于室,坐尸于堂,用牲于庭,升首于室,直祭祝于主,索祭祝于祊⑮。不知神之所在,于彼乎?于此乎?或诸远人⑯乎?祭于祊,尚曰求诸远者与⑰。祊之为言倞也⑱。肵之为言敬也⑲。富也者福也⑳。首也者直也㉑。相,飨之也㉒。嘏,长也,大也㉓。尸,陈也㉔。毛、血,告幽全之物㉕也。告幽全之物者,贵纯㉖之道也。血祭,盛气也㉗。祭肺、肝、心,贵气主也㉘。祭黍稷加肺,祭齐加明水,报阴也㉙。取膟膋燔燎、升首,报阳也㉚。明水、涚齐,贵新也㉛。凡涚,新之也。其谓之明水也,由主人之絜著此水也㉜。君再拜稽首,肉袒亲割㉝,敬之至也。敬之至也,服㉞也。拜,服也。稽首,服之甚也。肉袒,服之尽㉟也。祭称"孝孙"、"孝子",以其义称也㊱。称"曾孙某",谓国、家也㊲。祭祀之相,主人自致其敬,尽其嘉,而无与让也㊳。腥、肆、爓、腍祭㊴,岂知神之所飨也?主人自尽其敬而已矣㊵。举斝、角,诏妥尸㊶。古者尸无事则立,有事而后坐也。尸,神象也,祝将命㊷也。缩酌用茅,明酌也㊸;醆酒涗于清㊹;汁献涗于醆酒㊺。犹明、清与醆酒于旧泽之酒也㊻。祭有祈焉,有报焉,有由辟㊼焉。齐之玄也,以阴幽思也㊽。故君子三日齐,必见其所祭者㊾。

[**注释**]①有虞氏之祭也,尚用气:有虞氏,远古部落名,传说舜为其领袖(参见《檀弓上第三》第 12 节注①)。气,谓生气,即生的牲血、牲肉之气,祭祀所用。按,这里的"气"与下文周人所尚之"臭"有别,臭亦气,然主于芳香之气。这句意思是,有虞氏时代的祭祀,崇尚用生气。 ②血、腥、爓:血谓牲血,腥谓生的牲肉,爓是一种半生不熟的牲肉(参见《礼器第十》第 22 节注②、③、④)。这三者皆为用其气,故下文说"用气也"。 ③尚声:崇尚用声音来祭祀。 ④"臭味"至"迎牲":臭味未成,是说尚未杀牲;未杀牲,则既不得有气味,亦不得有牲肉的味道。涤荡其声,涤荡犹言飘荡,谓先演奏而飘荡起乐声。乐三阕,乐曲的一段叫一阕,演奏三段则为三阕。迎牲,把牲迎进庙中。 ⑤声音之号,所以诏告于天地之间也:意思是,殷人通过声音的呼号,来报告天地间的鬼神,让它们都来享受祭祀。 ⑥尚臭:此臭指芳香、美好的气味,周人崇尚用这样的气味来祭祀鬼神。 ⑦灌用鬯臭,郁合鬯臭,阴达于渊泉:灌,以酒浇地。鬯,古代宗庙祭祀用的香酒,以郁金香合黑黍酿造而成。鬯臭,即指鬯酒的香气。郁,指郁金香。煮郁金香草与酒和合,便造成有香气的鬯酒,故曰"郁合鬯臭"。以郁鬯灌地,地属阴,则香气下达于渊泉,故曰"阴达于渊泉",这是向阴处求鬼神前来享用祭祀。 ⑧灌以圭璋,用玉气也:

圭璋,指代瓒,瓒是舀酒用的玉杓,以圭为柄则称圭瓒,以璋为柄则称璋瓒,圭璋也都是玉,用以酌郁鬯,则郁鬯有玉气,故曰"用玉气也"。这都是周人尚臭的做法。 ⑨致阴气也:即致阴以香气,阴指地下阴处的鬼神。 ⑩萧合黍稷,臭阳达于墙屋:萧,即香蒿。阳达,即上达。灌地为致阴,向上则为阳达。这两句意思是,用香蒿和合黍稷,据说还要加上牲的脂膏,进行焚烧,香气上达到墙屋。 ⑪既奠,然后焫萧合膻芗:奠,即奠酒,也就是放置酒。这是指荐熟之时,即尸尚未入室之前,荐熟食飨神,以行阴厌之礼(参见《曾子问第七》第23节注①),这时祝酌酒放在尸席(亦即神位)前铏羹(用铏所盛的肉汁)的南边,即所谓奠。焫,音ruò,烧。膻,是"馨"字之误。芗,谷类的香气。馨芗在此即指黍稷。这句意思是,先由祝在神位前铏羹的南边放置一杯酒(此即所谓"既奠"),然后将香蒿和合黍稷而焚烧。 ⑫凡祭慎诸此:意思是,凡祭祀都必须谨慎地这样做。 ⑬祭求诸阴阳之义:按,以郁鬯灌地是求诸阴,萧合黍稷而臭阳达于墙屋则是求诸阳。 ⑭殷人先求诸阳,周人先求诸阴:按,殷人先"涤荡其声",乐声上扬,是先求诸阳;周人先灌地,是先求诸阴。 ⑮"诏祝"至"祝于祊":诏,告,谓告神。由祝在室中告神,故曰"诏祝于室"。请尸坐在堂上正中之位,故曰"坐尸于堂"。在庭中杀牲,故曰"用牲于庭"。杀牲后将牲首进献到室中,故曰"升首于室"。直祭,即正祭。正祭时由祝向神主致祈告辞,故曰"直祭祝于主"。祊,本为祭名,因祊祭在庙门外西边,故即以之指代其地。求索诸神而祭,而由祝在庙门外致祈告辞,故曰"索祭祝于祊"。 ⑯诸远人:是估计神也有可能远离人而不在宗庙里。 ⑰祭于祊,尚曰求诸远者与:尚,庶几,也许可以。意思是,在庙门外求索神灵而祭,也许可以说是求索远离人的神而祭祀吧。 ⑱祊之为言倞也:倞,音liàng,远。这是说,祊是远的意思。 ⑲肵之为言敬也:肵,此处指肵俎,为尸而设,这里是为尸设肵俎(参见《曾子问第七》第24节注⑥)。 ⑳富也者福也:按,飨尸毕(即尸享用祭品毕),尸要使祝向主人致祝福辞,叫做嘏辞,嘏辞中有"富"字,此处即解释"富"字之义。 ㉑首也者直也:按,上文说"升首于室",此处即释其义。 ㉒相,飨之也:相,即相者,此处指为尸进送食物以助尸享用者,故释其义为"飨之也"。 ㉓嘏,长也,大也:按,尸使祝向主人致祝福辞叫嘏,主人受福也叫嘏,此处是释主人受福曰"嘏"之义。 ㉔尸,陈也:

按，尸是神的象征，神不可见而陈尸以见之，故曰"尸，陈也"。㉕毛、血，告幽全之物：毛、血，是说杀牲后献牲毛、牲血于神。幽，指牲血，血在内，故称幽。全，指牲毛，牲毛在外，象征牲的外形和毛色都完好全备。告幽全，就是向神报告所用之牲，体内体外都完好具全。这是解释杀牲后先向神进献毛、血之义。㉖贵纯：纯，在此指牲体内外都完好。贵纯，即谓祭祀用牲贵在完好。　㉗血祭，盛气也：意思是，用牲血祭祀，是表明牲体的生气旺盛。㉘祭肺、肝、心，贵气主也：气主，谓气所居之处。古人认为，牲的肺、肝、心都是气所居处，因此用这三者祭祀，就贵在它们是气主。㉙祭黍稷加肺，祭齐加明水，报阴也：祭黍稷加肺，是由祝命佐食帮助尸用黍稷加上肺行食前祭礼（参见《曲礼上第一》第30节注⑨）。祭齐加明水，则是指行正祭礼。齐，指五齐，即五种清浊不同的酒（参见第28节注⑬）。明水，即玄酒。这里是说用五种酒加上玄酒行正祭礼。阴，指地下的神灵。报阴，即报答地下的神灵。㉚取膟膋燔燎、升首，报阳也：膟，音lǜ，牲血。膋，音liáo，脂肪。阳，指天上的神。这几句意思是，取牲血和牲的膏脂一起燔烧，将牲的头进献到神位前，这是报答天上的神。　㉛明水、涚齐，贵新也：明水，即玄酒。涚，音shuì，过滤。齐，指五齐。五齐浊，故须过滤使之清。这两句意思是，用明水为玄酒，并将五种酒过滤变得清澄，都是贵在新洁。　㉜其谓之明水也，由主人之絜著此水也：明水，即明洁之水，也就是非常洁净的水。絜，通"洁"，清洁。著，成。这两句意思是，那叫做明水的，是由于主人清洁而成就了这水的清洁。㉝肉袒亲割：肉袒，凡肉袒皆谓袒露左臂。亲割，亲自切割牲肉。　㉞服：谓对神顺服。　㉟服之尽：谓彻底顺服。　㊱祭称"孝孙"、"孝子"，以其义称也：意思是，祭祀者自称"孝孙"、"孝子"，是仅就祭祖父和父亲的意思而自称的。　㊲称"曾孙某"，谓国、家也：某，代祭祀者之名。国，谓国君。家，谓大夫。这句意思是，祭祀者自称"曾孙某"，是国君或大夫祭祀所有的祖先而自称的。　㊳"祭祀"至"让也"：相，指祭礼上的相礼者，即告诉和帮助尸与主人行礼者。按，如果是宾主行礼，相者当告诉宾主何时当谦让；现在是祭祀之礼，是主人向尸表达其真诚虔敬之心，故相者无须告诉尸谦让。这几句的意思是，祭祀所设的相者，由于祭祀是主人亲自向尸表达虔敬之意，所以只是在劝告尸享用祭品方面尽量做到完善，而无须告诉尸与主人互相谦让。

㊴腥、肆、爓、腍祭:腥,生牲肉。肆,音tì,通"剔",剔解牲体。爓,沉在汤下的半生不熟的牲肉。腍,音rěn,熟牲肉。 ㊵岂知神之所飨也?主人自尽其敬而已矣:此承上文所进各种牲肉而言,意思是:怎知神究竟喜欢享用哪一种呢?主人自尽他的虔敬之心罢了。 ㊶举斝、角,诏妥尸:斝、角,皆饮酒器名。斝之形略与爵相似(参见《礼运第九》第7节注③)。角之形亦略似爵(参见《礼器第十》第8节注①)。举斝、角者是尸。诏,告。妥,安。按,此所谓斝与角,是尸入室前行阴厌之礼时奠于神位前铏的南边的(参见注⑪),尸入室就席后,即举此斝或角,将行食前祭礼,这时主人(天子或诸侯)则请尸先安坐于席,然后再行礼,即此所谓"诏妥尸"。 ㊷将命:即传达辞命。 ㊸缩酌用茅,明酌也:缩,泲(音jǐ),即过滤。酌,斟酒。这里是指祭祀所用的醴齐,醴齐浊,当先泲而后可酌用。泲醴用茅草,故曰"缩酌用茅"。明酌,一名事酒,因其色清明,故谓之明酌。要泲醴齐,当先用明酌和之,使之稍清,然后再用茅泲之。这两句意思是,祭祀所用的醴要用茅草过滤使之变清而可酌,过滤前先要用明酌掺和。 ㊹醆酒涚于清:醆酒,即盎齐(参见《礼运第九》第5节注⑮)。清,指清酒。按,盎齐比醴齐稍清,但仍较浊,故当先用清酒掺和然后涚(过滤)之。 ㊺汁献涚于醆酒:"献"当作"莎",是齐地方言读音之误。汁莎即郁鬯。因为郁鬯是用黑黍酿造而又摩莎(揉搓)郁金香汁调和其间以生香气,故名汁莎。这句意思是,郁鬯用醆(盎)酒掺和然后过滤。 ㊻犹明、清与醆酒于旧泽之酒也:犹,如同。泽,读为"醳",音yì,旧醳,酒名,即昔酒。因为这种酒须久酿才成,故以"昔"名。这句意思是,有人认为三种酒的过滤法,如同现在的明酌、清酒和醆酒用昔酒掺和而过滤一样。按,以上所记醴齐、醆酒、汁献(莎)三种酒的过滤法,是天子、诸侯之礼所用,作此记者当时的人已不知此法,故有人对当时之法做了这样错误的比况。 ㊼辟:退避,躲避;此处谓避祸,避免灾难。 ㊽齐之玄也,以阴幽思也:齐,同"斋"。玄,谓玄色的衣冠。这两句意思是,斋戒穿戴玄色的衣冠,是用阴暗的颜色来配合幽深的思念。 ㊾君子三日齐,必见其所祭者:按,凡人思虑过甚,则可见其亲人之形象。然古人则信以为然,以为真的见到了亲人。

内则第十二

1. 后王命冢宰①:"降德于众兆民②。"

[注释]①后王命冢宰:后王,即君王、天子。冢宰,周天子下的最高行政长官,亦称太宰。 ②降德于众兆民:降,下。德,此谓德教。众兆民,犹言广大民众。这句意思是,下去对广大民众进行德行教育。

2. 子事父母,鸡初鸣,咸盥漱①,栉、縰②,笄、总③,拂髦④,冠、緌缨,端⑤,韠⑥,绅⑦,搢笏⑧。左右佩用:左佩纷、帨、刀、砺、小觿、金燧⑨;右佩玦、捍、管、遰、大觿、木燧⑩。偪⑪,屦著綦⑫。

[注释]①盥漱:盥,洗手。漱,洁口。 ②栉、縰:栉,音zhì,梳子、篦子等的总称,在此作动词,梳头。縰,音xǐ,同"纚",此谓用黑缯缠发髻。 ③总:同"總(总)",束,束发。按古人的发饰,以黑缯(纚)缠头顶部之发以为髻,而脑后之发则另以练缯(经水煮涑过的缯)总束其根部,其余部分则垂于脑后以为饰。 ④拂髦:拂,去尘。髦,即髦。按,髦,音 duǒ,是指婴儿出生三个月为其剪发时留下不剪的部分(参见第47节),但这一部分待婴儿稍长后亦当剪去,而长大后为了表示以赤子之心孝事父母,则当以假发做成髦形戴在头上,这就叫做髦。 ⑤冠、緌缨,端:冠,谓戴上冠。緌缨,谓使冠的緌

饰垂在冠缨下(参见《檀弓上第三》第 11 节注②)。端,服装名,即玄端服(参见《文王世子第八》第 23 节注④)。 ⑥韠:音 bì,古代的一种蔽膝,上窄下宽而较长,可遮住大腿至膝部。 ⑦绅:古代束于衣外的大带。 ⑧搢笏:搢,插。笏,古代臣朝见君时所执的狭长的板子,用玉或象牙或竹木等制成。
⑨纷、帨、刀、砺、小觿、金燧:纷,犹今抹布。帨,音 shuì,佩巾。砺,磨石。觿,音 xī,古代解衣结的用具,形如锥。小觿,是解小结用的,下文"大觿"则是解大结用的。金燧,又叫阳燧,古代取火用的工具,是一种金属做的尖底杯子,置于日光下,可聚光于底部,烧着易燃物。 ⑩玦、捍、管、遰、大觿、木燧:玦,音 jué,亦作"决",古代射箭时套在右手大拇指上的象骨套子,钩弦时可保护拇指。捍,亦名"拾",皮制的臂衣,射箭时套在左臂上,以防发矢时左臂衣袖碍弦。管,即今所谓钥匙。遰,音 dì,即今刀鞘。木燧,木制的钻取火种的用具。古人晴天则用金燧就日光取火,阴则用木燧以钻火。 ⑪偪:音 bī,帛带或布带,用以束胫,自足至膝,如今所谓裹腿,在此作动词,谓将小腿绑束好。
⑫屦著綦:屦,音 jù,鞋。綦:音 qí,鞋带。系好鞋带。

3. 妇事舅姑①,如事父母。鸡初鸣,咸盥漱,栉,縰,笄,总,衣绅②。左佩纷、帨、刀、砺、小觿、金燧。右佩箴、管、线、纊③,施縏袠④;大觿、木燧。衿缨⑤,綦屦。

[注释]①舅姑:即公婆。 ②衣绅:衣,此指绡衣,即用黑色的生丝缯做的衣。绅,即绅带。这里意思是,穿上绡衣并束好绅带。 ③纊:丝绵。
④施縏袠:施,安放,放置。縏,音 pán,小囊。袠,音 zhì,刺。因縏囊是以针刺制的,故云"縏袠"。这句意思是,上面所说的箴、管、线、纊几样东西,都放在小囊(縏袠)里。 ⑤衿缨:衿,结、系。缨,香囊。这里是说系着香囊。

4. 以适父母、舅姑之所①。及所,下气怡声,问衣燠寒,疾痛苛痒②,而敬抑搔③之。出入则或先或后,而敬扶持之。进盥,少者奉盘,长者奉水,请沃盥④,盥卒授巾。

问所欲⑤而敬进之,柔色以温之。饘、酏、酒、醴、芼羹、菽、麦、蒉、稻、黍、粱、秫⑥,唯所欲⑦。枣、栗、饴、蜜以甘之⑧;堇、荁、枌、榆、免、薧、瀡瀡以滑之⑨;脂膏以膏之⑩。父母、舅姑必尝之而后退。

[注释]①以适父母、舅姑之所:以,在此承接上文,意思是,准备好了之后,就到父母、公婆的住所去。　②下气怡声,问衣燠寒,疾痛苛痒:怡,和悦。燠,音 yù,暖、热。苛,疥疮,一种刺痒的皮肤病。　③抑搔:抑,按摩。搔,抓挠。　④"进盥"至"沃盥":进盥,谓进前为父母盥洗。盘,是承接盥洗时的弃水用的。水,盛在匜中(参见第 10 节注③)。沃,浇水。执匜者从上将水缓慢倒下,父母(公婆)则伸手从下接而洗之,弃水则流入盘中,这就是所谓沃盥。　⑤问所欲:这是问父母或公婆想吃什么。　⑥饘、酏、酒、醴、芼羹、菽、麦、蒉、稻、黍、粱、秫:饘,音 zhān,稠粥。酏,音 yí,薄粥。芼羹,加放有菜的肉羹。菽,豆。蒉,音 fèi,炒熟的麻子。黍,即黍子。粱,即粟,通称"谷子",去壳后称"小米"。秫,音 shú,粱米、粟米之黏者。　⑦唯所欲:唯父母公婆所欲,想要什么就为他们进上什么。　⑧以甘之:之,代父母公婆。意思是,用以使父母、公婆感到甘甜。　⑨堇、荁、枌、榆、免、薧、瀡瀡以滑之:堇,音 jǐn,菜名。荁,音 huán,亦菜名,似堇而叶稍大。枌,音 fén。按,榆有赤、白二种,白者名枌。免,音 wèn,鲜物。薧,音 kǎo,干物。瀡,音 xiū,淘洗。瀡,音 suǐ,一种使食物柔滑的佐料。这句是说,上述堇菜、荁菜、枌叶、榆叶等物,或用新鲜的,或用晒干的,用水淘洗而后加瀡调和以使食物变得柔滑可口。　⑩以膏之:膏,甘美。以使之味甘美。

5. 男女未冠笄者①,鸡初鸣,咸盥漱,栉,縰,拂髦,总角②,衿缨,皆佩容臭③。昧爽而朝,问何食饮矣,若已食,则退,若未食,则佐长者视具。

[注释]①笄:指加笄礼,是女子的成人礼,如同男子的冠礼。古代女子年十五行加笄礼。　②总角:在头两侧束发如角,这是童子的发饰。　③衿

缨,皆佩容臭:衿,指衣襟。缨,系香囊的丝带。容臭,谓香物,因臭(香)物可以修饰容貌,故名。这两句意思是,身上系香囊,佩带香物。

6.凡内外①,鸡初鸣,咸盥漱,衣服,敛枕簟②,洒扫室、堂及庭,布席,各从其事③。

[注释]①凡内外:谓凡内外的人,尊卑长幼莫不皆然。 ②敛枕簟:敛,收藏。簟,音diàn,泛指席。 ③各从其事:各干各的事。

7.孺子①早寝晏起,唯所欲②,食无时。

[注释]①孺子:幼儿,儿童。 ②唯所欲:想做什么就做什么。

8.由命士以上,父子皆异宫①,昧爽而朝,慈以旨甘②,日出而退,各从其事。日入而夕③,慈以旨甘。

[注释]①由命士以上,父子皆异宫:命士,正式受有爵命的士。宫,古代对房屋、居宅的通称。 ②昧爽而朝,慈以旨甘:昧爽,拂晓,黎明。朝,谓去向父母请安。慈,谓怀着爱敬之心。甘旨,谓向父母进献的美味食物。 ③夕:晚朝曰夕。

9.父母、舅姑将坐,奉席请何乡①。将衽,长者奉席请何趾②。少者执床与坐③,御者举几④。敛席与簟,县衾,箧枕,敛簟而襡之⑤。

[注释]①将坐,奉席请何乡:将坐,是指早晨起来时。奉,恭敬地捧着,后作"捧"。乡,通"向"。意思是,请问席朝什么方向铺设。 ②将衽,长者奉席请何趾:衽,卧席,此处作动词,意为寝,卧睡。按,这里实指父母、舅姑欲稍憩时。长者,大儿子或大儿媳妇。何趾,脚朝何方。 ③少者执床与坐:

床,略同几而低于几,可坐。按,这是指父母、舅姑将坐的时候,小儿子或小儿媳妇执此床与父母、舅姑坐在一起,以便侍候父母、舅姑;父母、舅姑坐后则有御者拿几供他们凭依,即下文所谓"御者举几"。 ④御者举几:御者,即侍从。几,类似今北方之小炕桌,是放在席上供人凭依用的。 ⑤"敛席"至"襡之":这是指父母(舅姑)起床后下辈要做的事。席与簟,席指铺在下面的大席,簟在席上,是亲身之席。县,悬挂,后作"悬"。衾,音qīn,被子。箧,音qiè,藏物的小箱子。襡:音dú,收藏,这里是指装进布套子里。按,因为簟是亲身之物,应当洁净,所以把它卷起来后还要用布套子装起来。

10. 父母、舅姑之衣衾、簟、席、枕、几,不传①;杖、屦祗敬之,勿敢近②;敦、牟、卮、匜,非馂莫敢用③;与恒食饮,非馂莫之敢饮食④。

[注释]①不传:传,移动。谓不得随便移动。 ②杖、屦祗敬之,勿敢近:祗,音zhī,敬。意思是,对他们的杖和鞋都要怀着恭敬的心情而不敢挨近。 ③敦、牟、卮、匜,非馂莫敢用:敦,音duì,古代的盛食器,青铜制,用以盛黍、稷、稻、粱等。器形多样,一般上盖与器身皆作半球形,各有三足,故盖可仰置于地,盖与器身合则为球形。牟,音móu,通"鍪",釜属的器皿。卮,音zhī,"卮"的异体字,古代的盛酒器。匜,音yí,古代的盥器,可向下注水以供沃盥,这里是供食前盥手用。非馂莫敢用,这是说以上这些器皿,不是吃父母、舅姑剩余的食物的时候不敢用。 ④与恒食饮,非馂莫之敢饮食:与,连词,及,以及。恒,常。这两句意思是,以及父母、舅姑所常饮食之物,不是他们吃剩下的就不敢吃。

11. 父母在,朝夕恒食,子、妇佐馂①;既食恒馂②。父没母存,冢子御食③,群子、妇佐馂如初。旨、甘、滑,孺子馂④。

[注释]①父母在,朝夕恒食,子、妇佐馂:佐,助,此处意为劝食,劝父

母、舅姑尽量多吃点。这几句意思是，父母健在，平常早晚吃饭，儿子和媳妇要在旁劝食并吃父母吃不完的某种食物。　②既食恒馂：既食，指父母吃完之后。恒馂，谓总是要再吃父母吃剩的食物。　③冢子御食：冢子，长子。御，侍候。谓由长子侍候母亲吃饭。　④旨、甘、滑，孺子馂：谓父母吃剩下的好吃、甜美而又柔滑的食物，让幼儿吃。

12. 在父母、舅姑之所，有命之，应"唯"，敬对①。进、退、周旋慎齐②；升、降、出、入揖游③。不敢哕噫、嚏咳、欠伸、跛倚、睇视④，不敢唾洟，寒不敢袭⑤，痒不敢搔。不有敬事，不敢袒裼⑥；不涉不撅⑦。亵衣衾不见里⑧。父母唾洟不见⑨。冠带垢，和灰请漱⑩；衣裳垢，和灰请澣；衣裳绽裂，纫箴请补缀。五日则燂汤请浴⑪，三日具沐⑫。其间面垢，燂潘请靧⑬；足垢燂汤请洗。少事长，贱事贵，共帅时⑭。

[注释]①有命之，应"唯"，敬对：意思是，如果父母、公婆有什么吩咐，应该答应"是"，并恭敬地回答问话。　②慎齐：慎，谨慎。齐，音zhāi，庄重。　③揖游：揖，行揖礼。游，犹从容。　④哕噫、嚏咳、欠伸、跛倚、睇视：哕噫，犹今所谓打饱嗝。嚏咳，打喷嚏、咳嗽。欠伸，伸懒腰。跛倚，独脚站立或斜倚着身子。睇视，即斜视。　⑤不敢唾洟，寒不敢袭：唾洟，吐唾沫或擤鼻涕。袭，加衣服。按，这里是说不敢在父母面前加衣服，怕引起父母为己担心。　⑥不有敬事，不敢袒裼：敬事，指为尊者劳作之事。袒裼，谓露出肩臂。　⑦不涉不撅：涉，涉水，过河。撅，音guì，撩起衣裳。　⑧亵衣衾不见里：亵衣衾，指不干净的衣被。里，谓衣被的里子。意思是，比较脏的衣被的里子要叠在里边而不要露出来让人看见。　⑨父母唾洟不见：意思是，发现地下有父母的唾沫或鼻涕就立即清除而不让人看见。　⑩冠带垢，和灰请漱：灰，指草木灰。和灰搔洗，可使衣服布帛洁净。漱，濯洗。意思是，父母的冠或绅带脏了，就请求为父母和灰清洗。　⑪燂汤请浴：燂，音xún，温，烧热。燂汤，即

烧热水。浴,洗澡。 ⑫沐:洗头。 ⑬煇潘请靧:潘,淘米水。靧,音 huì,洗脸。 ⑭帅时:帅,循。时,是。意思是,都像上面说的这样做。

13. 男不言内,女不言外①。非祭非丧,不相授器。其相授,则女受以篚。其无篚,则皆坐奠之,而后取之②。外内不共井,不共湢浴③,不通寝席,不通乞假,男女不通衣裳④。内言不出,外言不入⑤。男子入内,不啸不指⑥,夜行以烛,无烛则止。女子出门必拥蔽其面,夜行以烛,无烛则止。道路,男子由右,女子由左。

[注释]①男不言内,女不言外:内,指家务事。外,指公事。 ②其无篚,皆坐奠之,而后取之:坐,在此实指跪,《仪礼》、《礼记》中往往以"坐"包跪。这是说异性传递东西,在没有篚的情况下,就由一方把东西放在地上,而后由另一方拿取,以避免亲相授受。 ③外内不共井,不共湢浴:湢,音 bì,浴室。意思是,居内的妇女和居外的男子不共饮一口井,不共用浴室。 ④不通寝席,不通乞假,男女不通衣裳:意思是,男女不互用卧席,不互相求借东西,男女不混穿衣裳。 ⑤内言不出,外言不入:意思是,妇女的家务事不说给男子听,男子的公事不说给妇女听。 ⑥不啸不指:啸,吹口哨。指,谓以手指画。按,啸或指画,都异于常态,怕惊吓在内的妇女们。

14. 子妇①孝者敬者,父母、舅姑之命勿逆,勿怠②。若饮食之,虽不耆,必尝而待③;加之衣服④,虽不欲,必服而待。加之事,人代之,己虽弗欲,姑与之而姑使之,而后复之⑤。子妇有勤劳之事,虽甚爱之,姑纵之,而宁数休之⑥。子妇未孝未敬,勿庸疾怨⑦,姑教之;若不可教,而后怒⑧之;不可怒,子放妇出,而不表礼焉⑨。

[注释]①子妇:儿媳。 ②勿逆,勿怠:不违反,不懈怠。 ③若饮食

之,虽不耆,必尝而待;饮食之,谓父母、舅姑赐予饮食。耆,音 shì,喜欢,爱好,后作"嗜"。待,谓等待父母(舅姑)命令退下时再退下。 ④加之衣服:谓父母、舅姑赐给衣服。 ⑤"加之事"至"复之":这几句意思是,父母、舅姑分派自己干的活,又让别人来代替自己干,即使自己不愿意,也要姑且让代己的人干,等到代己的人不干了而后自己再接着干。 ⑥"子妇"至"休之":这几句意思是,儿媳有辛苦劳累的事,父母、舅姑即使对她很疼爱,也要姑且任她去干,而宁可多让她休息。 ⑦勿庸疾怨:庸,用。疾怨,怨恨。 ⑧怒:谴责。 ⑨不可怒,子放妇出,而不表礼焉:不可怒,犹言怒而不可,即谴责而不改。子放妇出,谓子被放逐,而妇被弃出(即被休)。表,犹明。不表礼,谓不明言妇犯礼之罪过,而为之隐,以示尚未彻底决裂。

15. 父母有过,下气怡色,柔声以谏。谏若不入,起敬起孝①,说则复谏②;不说,与其得罪于乡党州闾,宁孰谏③。父母怒,不说而挞之流血,不敢疾怨,起敬起孝。

[注释]①起敬起孝:更加恭敬孝顺。 ②说:音 yuè,愉悦,后作"悦"。这里是指等到父母心情好的时候。 ③不说,与其得罪于乡党州闾,宁孰谏:乡党州闾:皆地方基层行政组织名。孰,是"熟"的古字。孰谏,谓殷勤而谏,履谏。这句意思是,如果父母不高兴,与其让父母因过错而得罪地方上的人,宁可犯颜履谏。

16. 父母有婢子①,若庶子②、庶孙,甚爱之,虽父母没,没身敬之不衰③。子有二妾,父母爱一人焉,子爱一人焉,由衣服饮食,由执事,毋敢视父母所爱④,虽父母没,不衰。子甚宜其妻⑤,父母不说,出。子不宜其妻,父母曰:"是善事我⑥。"子行夫妇之礼焉,没身不衰⑦。

[注释]①婢子:女奴婢。 ②若:或,或者。 ③没身敬之不衰:意思

是,一直到自己老死之前都要像父母活着时一样对这些婢子、庶子、庶孙等,怀着爱敬的心情而不改变。 ④"由衣服"至"所爱":由,从。视,比,相比。意思是,儿子对于自己所喜爱的妾,从衣服饮食,到所派的活计,都不敢同父母所喜爱的相比。 ⑤宜其妻:宜,犹善。谓觉得他的妻子好。 ⑥是善事我:她能很好地侍奉我。 ⑦子行夫妇之礼焉,没身不衰:意思是,儿子也要对她行夫妇之礼,一直到老死也不改变。

17. 父母虽没,将为善,思贻父母令名,必果①;将为不善,思贻父母羞辱,必不果。

[注释]①"父母"至"必果":贻,音 yí,遗(音 wèi),给予。意思是,父母虽然死了,自己将做好事,想给父母留下好名声,就一定要做出成效来。按,下句句式同而义相反。

18. 舅没则姑老,冢妇①所祭祀、宾客,每事必请于姑,介妇②请于冢妇。舅姑使冢妇,毋怠,不友无礼于介妇③。舅姑若使介妇,毋敢敌耦于冢妇④,不敢并行,不敢并命⑤,不敢并坐。凡妇不命适私室不敢退⑥。妇将有事,大小必请于舅姑。子妇无私货,无私畜,无私器,不敢私假,不敢私与⑦。妇或赐⑧之饮食、衣服、布帛、佩帨、茝兰⑨,则受而献诸舅姑。舅姑受之则喜,如新受赐⑩。若反赐之,则辞,不得命,如更受赐,藏以待乏⑪。妇若有私亲兄弟,将与之,则必复请其故⑫,赐⑬,而后与之。

[注释]①冢妇:嫡长子之妻。 ②介妇:谓众妇。 ③不友无礼于介妇:友,通"有"。谓冢妇不要有对众妇无礼的言行。 ④舅姑若使介妇,毋敢敌耦于冢妇:敌耦:平等,平均。这两句意思是,公婆如果指使众妇,众妇不敢要求与长妇均分劳役。 ⑤并命:谓与冢妇同时命令下人。 ⑥凡妇不命适

私室不敢退:适,往,到。意思是,凡妇侍奉公婆时,公婆不命回各自的房间就不敢退去。 ⑦不敢私假,不敢私与:假,借。与,予,谓送给别人。 ⑧妇或赐:或,有人。按,这是"或赐妇"的倒文,谓如果有人赐东西给妇。 ⑨佩帨、茝兰:佩帨,即佩巾。茝,音 zhǐ。茝兰,香草名。 ⑩舅姑受之则喜,如新受赐:意思是,舅姑接受了,自己心里就很高兴,如同自己当初受赐时的心情。 ⑪如更受赐,藏以待乏:意思是,对于舅姑又反赐给自己的东西,就如再次受到赐予一样高兴,并把东西收藏起来等待匮乏的时候用。 ⑫必复请如故:谓一定要再次向舅姑请求。 ⑬赐:谓舅姑许赐。

19. 適子①、庶子,祗事宗子②、宗妇。虽贵富,不敢以贵富③入宗子之家,虽众车徒,舍于外,以寡约入④。子弟犹归⑤器,衣服、裘、衾、车马,则必献其上⑥,而后敢服用其次也。若非所献,则不敢以入于宗子之门⑦,不敢以贵富加于父兄、宗族。若富,则具二牲,献其贤者于宗子⑧,夫妇皆齐而宗敬焉,终事而后敢私祭⑨。

[注释]①適子:適,同"嫡",此指嫡长子的同母弟,即小宗。 ②宗子:此谓嫡长子,即大宗。 ③不敢以贵富:谓不敢以富贵者的身份。 ④虽众车徒,舍于外,以寡约入:舍,安置。即使车马和随从众多,也必须安置在大门外边,而以简约的形式进入宗子家。 ⑤犹归:犹,若,如果。归,通"馈",赠送。 ⑥献其上:上,谓好的。把好的献给宗子。 ⑦若非所献,则不敢以入于宗子之门:意思是,如果不是要献给宗子的东西,就不敢拿进宗子的家门。 ⑧若富,则具二牲,献其贤者于宗子:意思是,如果富贵者要参加祭祀,就要准备二头牲,并把其中好的一头献给宗子。 ⑨夫妇皆齐而宗敬焉,终事而后敢私祭:齐,同"斋"。这两句意思是,富贵者夫妇二人都要先斋戒以表示对于宗庙祭祀的虔敬之心,协助宗子祭祀完毕,而后才敢进行自家的祭祀。

20. 饭:黍、稷、稻、粱、白黍、黄粱,稰、穛①。膳:胹、臐、脓、醢、牛炙②；醢、牛胾、醢、牛脍③；羊炙、羊胾、醢、豕炙④；醢、豕胾、芥酱、鱼脍⑤；雉、兔、鹑、鷃⑥。饮：重醴，稻醴，清、糟⑦；黍醴，清、糟；粱醴，清、糟；或以酏为醴⑧；黍酏、浆、水、醷、滥⑨。酒：清、白⑩。羞：糗饵、粉酏⑪。

[注释]①饭：黍、稷、稻、粱、白黍、黄粱，稰、穛：这是说饭有这几种。黍，此指黄黍。粱，此指白粱，穗大，多毛且长，而谷粗扁长。稰，音xǔ，成熟晚的稻子，即今晚稻。穛，音zhuō，犹今早稻。 ②膳：胖、臐、脓、醢、牛炙：这是说膳食有这样几种，其中"醢"字学者以为是衍文。胖，音xiāng。臐，音xūn。脓，音xiāo。胖、臐、脓三物分别为牛肉羹、羊肉羹、猪肉羹。牛炙，烤牛肉。这四种膳在最北边排成一行。 ③醢、牛胾、醢、牛脍：醢，是肉酱。胾，音zì，切成大块的肉，牛胾即切成大块的牛肉。脍，音kuài，细切的肉，牛脍即细切的牛肉。此四物接在上一行南边为第二行。 ④羊炙、羊胾、醢、豕炙：意思是，烤羊肉、羊肉块、肉酱、烤猪肉，此四物为第三行。 ⑤醢、豕胾、芥酱、鱼脍：意思是，肉酱、猪肉块、芥菜酱、切细的鱼肉，此四物为第四行。 ⑥雉、兔、鹑、鷃：鷃，同鴳，音yàn，鹌鹑的一种。意思是，野鸡肉、兔肉、鹌鹑肉、鷃肉，此四物为第五行。 ⑦饮：重醴，稻醴，清、糟：重醴，是说醴有清有糟，清与糟两两相并而陈，故曰重醴。所谓清，指已沛者，糟则未沛者。用稻制的醴曰稻醴，稻醴清、糟相并而陈，故曰"稻醴，清、糟"。这以下都是说的饮料，故以"饮"字开头。下文"黍醴，清、糟；粱醴，清、糟"，义仿此。 ⑧或以酏为醴：酏，音yí，薄粥。这是说，或者用薄粥酿造为醴。 ⑨黍酏、浆、水、醷、滥：黍酏，即用黍煮成的薄粥。浆，此谓以醋和水。水，指清水。醷，指梅浆。滥，谓以水和酒。意思是，饮料还有黍煮的粥、醋水、清水、梅浆、水酒。 ⑩酒：清、白：清，谓清酒。白酒则包括事酒和昔酒两种，因这两种酒俱白，故用一"白"字代替。昔酒是无事而饮之酒，清酒则是祭祀之酒。因此，这里的酒实指三种酒，即清酒、事酒、昔酒。 ⑪羞：糗饵、粉酏：羞，进，这里是指用笾盛以进上的两种食品。糗，音qiǔ，是用稻米粉和黍粉合蒸成的饼。饵，是炒熟的豆所捣成的粉。因为糗有黏性，故着粉防其粘，这就叫做糗饵。"酏"是"餈"字之误。餈，是"糍"的异体字，即糯米做成的饼，如今所谓糍巴，为防

其粘,亦著以豆粉,故曰"粉酏"。

21. 食:蜗醢而苽食、雉羹①;麦食,脯羹、鸡羹②;析稌,犬羹、兔羹③。和糁,不蓼④。濡豚,包苦,实蓼⑤;濡鸡,醢酱,实蓼⑥;濡鱼,卵酱,实蓼⑦;濡鳖,醢酱,实蓼⑧。腶脩,蚳醢⑨;脯羹,兔醢⑩;麋肤,鱼醢⑪;鱼脍,芥酱⑫;麋腥,醢酱⑬;桃诸、梅诸,卵盐⑭。

[注释]①食:蜗醢而苽食,雉羹:食,谓饭食。蜗醢,蜗牛肉做的酱,又叫蠃醢。苽,音gū,即菰米。雉,即野鸡。按,这里是说以蜗为醢,以苽米为饭,以雉为羹,三者味相宜。下仿此。 ②麦食,脯羹、鸡羹:意思是,麦做的饭,配以干肉做的羹、鸡肉羹。 ③析稌,犬羹、兔羹:析,通"淅"。稌,音tú,即稻。析稌,谓淘米。这里意思是,淘稻米做的饭,配以狗肉羹、兔肉羹。 ④和糁,不蓼:和糁,即以米屑为糁而和之。蓼,音liǎo,辛菜,即葱、蒜、姜之类。意思是,以上的羹都要加五味调和并搀以米糁,而不加放辛菜。 ⑤濡豚,包苦,实蓼:濡,谓以汁调和烹煮。苦,苦荼,用以包豚。蓼,一种辛菜。实蓼,谓实蓼于豕腹中。这句意思是,烹煮小猪,猪身上用苦菜覆盖,猪腹中填塞辛菜。 ⑥濡鸡,醢酱,实蓼:这句意思是,烹煮鸡肉,加肉酱,鸡腹中填塞辛菜。 ⑦濡鱼,卵酱,实蓼:卵酱,即鱼子酱。意思是,烹煮鱼,加鱼子酱,鱼腹中填塞辛菜。 ⑧濡鳖,醢酱,实蓼:意思是,烹煮鳖肉,加肉酱,鳖腹中填塞辛菜。 ⑨腶脩,蚳醢:腶脩,参见《曲礼上第一》第30节注⑦。蚳,音chí,蚍蜉(蚁)子。这句意思是,加姜桂等捶捣而成的干肉,配以蚁子酱。 ⑩脯羹,兔醢:意思是,用干肉做成的羹,配以兔肉酱。 ⑪麋肤,鱼醢:麋,音mí,哺乳动物,雄的有角,角像鹿,尾像驴,蹄像牛,颈像骆驼,但从整体来看哪一种动物都不像,是中国的一种稀有的珍贵兽类,也叫四不像。肤,切成块的肉。意思是,切成块的麋肉,配以鱼肉酱。 ⑫鱼脍,芥酱:意思是,切细的鱼肉,配以芥菜酱。 ⑬麋腥,醢酱:醢酱,此指麋醢酱。意思是,生麋肉,配以麋肉酱。 ⑭桃诸、梅诸,卵盐:桃诸、梅诸,即桃菹、梅菹,是用桃、梅做成的菹菜,经过晾晒使干,可供冬天食用。食用时则和以卵盐。卵盐,是一种大而

形似鸟卵的盐。意思是,干桃菹、干梅菹,配以大如鸟卵的盐块。

22. 凡食齐视春时,羹齐视夏时,酱齐视秋时,饮齐视冬时①。凡和,春多酸②,夏多苦,秋多辛,冬多咸,调以滑甘③。牛宜稌④,羊宜黍,豕宜稷,犬宜粱,雁宜麦,鱼宜苽。春宜羔豚,膳膏芗⑤;夏宜腒鱐,膳膏臊⑥;秋宜犊麛,膳膏腥⑦;冬宜鲜羽,膳膏膻⑧。

[注释]①"凡食"至"冬时":齐,调剂,后作"剂"。视,比照。这几句意思是,调剂饭食应比照春季以温为宜,调制羹汤应比照夏天以热为宜,调剂酱类应比照秋天以凉为宜,调剂饮料应比照冬天以寒为宜。 ②凡和,春多酸:意思是,凡调和食物的滋味,春天应多一些酸味。下三句义仿此。 ③调以滑甘:谓四季的食物中都要调和一些能使之变得柔滑和甘甜的调料。按,调以滑,谓加堇、荁、粉、榆之类;调以甘,谓加枣、栗、饴、蜜之类(参见第4节)。 ④牛宜稌:意思是,牛肉宜于配合稻饭。下五句义仿此。 ⑤春宜羔豚,膳膏芗:膏,此指牛膏,据说牛膏香。意思是,春季适宜吃羊肉和猪肉,当用有香味的牛膏脂煎食。 ⑥夏宜腒鱐,膳膏臊:腒,音 jū,干雉。鱐,音 sù,干鱼。此膏为犬膏,据说犬膏臊。意思是,夏季适宜吃野鸡和鱼的干脯,当用有臊味的狗膏脂煎食。 ⑦秋宜犊麛,膳膏腥:犊,谓牛犊。麛,音 mí,本指幼鹿,泛指幼兽。据说鸡膏腥。意思是,秋季适宜吃小牛和小兽肉,当用有腥味的鸡膏脂煎食。 ⑧冬宜鲜羽,膳膏膻:鲜,指生鱼。羽,谓雁肉。据说羊膏之味膻。意思是,冬季适宜吃鲜鱼和雁肉,当用有膻味的羊膏脂煎食。

23. 牛脩,鹿脯,田豕脯,麋脯,麕脯①。麋、鹿、田豕、麕,皆有轩②。雉、兔皆有芼③。爵、鷃、蜩、范、芝栭、菱、椇、枣、栗、榛、柿、瓜、桃、李、梅、杏、楂、梨、姜、桂④。

[注释]①牛脩,鹿脯,田豕脯,麋脯,麕脯:牛脩,是加姜桂捶捣的干牛

肉。脯,皆谓干肉。麕,音jūn,鹿属,即獐子。 ②轩:切成大片的肉。 ③皆有芼:谓皆加放有菜。 ④"爵"至"桂":皆动、植物名。其中爵,通"雀"。鷃,参见第20节注⑥。蜩,音tiáo,即蝉。范,即蜂。芝栭,即木耳。栭,音ér。菱,即菱角。椇,音jǔ,即枳椇,果实可食。楂,即山楂。按此节从"牛脩"至"桂",凡三十一物。

24. 大夫燕食①,有脍无脯,有脯无脍。士不贰羹胾②。庶人耆老不徒食③。

[注释]①燕食:指平日吃饭。 ②不贰羹胾:贰,重。不得吃两样肉羹和肉块。 ③庶人耆老不徒食:庶人耆老,谓年六十以上者。不徒食,即不白口吃饭而需有肉。

25. 脍,春用葱,秋用芥①。豚,春用韭,秋用蓼。脂用葱,膏用薤②。三牲用藙③,和用醯④。兽用梅。鹑羹、鸡羹、鴽⑤,酿之蓼⑥。鲂、鱮烝⑦,雏烧,雉,芗,无蓼⑧。

[注释]①脍,春用葱,秋用芥:脍,切细的肉,这里指调和切细的肉,春用葱,秋用芥(指芥菜酱)。下文调豚肉义仿此。 ②薤:音xiè,菜名,叶中空似细葱而有棱,气亦如葱,根似小蒜,也是一种辛类的菜。 ③藙:音yì,即茱萸,果实可作调料。 ④醯:音xī,即醋。 ⑤鴽:音rú,鹌鹑之类的小鸟。 ⑥酿之蓼:酿,拌和,调和。蓼,辛菜。 ⑦鲂、鱮烝:鲂,音fáng,鱼名。鱮,音xù,即鲢鱼。烝,同"蒸"。此处谓蒸鲂鱼、鱮鱼。 ⑧雏烧,雉,芗,无蓼:雏,谓雏鸟。意思是,烧雏鸟肉、野鸡肉,都要用香草调味,不用辛菜。

26. 不食雏鳖。狼去肠,狗去肾,狸去正脊,兔去尻,狐去首,豚去脑,鱼去乙,鳖去丑①。肉曰脱之,鱼曰作之,枣曰新之,栗曰撰之,桃曰胆之,柤、梨曰攒之②。

[注释]①"不食"至"去丑":狸,即俗所谓野猫。尻,音kāo,即臀部。乙,是指鱼体中形如篆"乙"的骨,食之鲠人不可出。丑,指鳖的肛门。按,以上从"雏鳖"至鳖之"丑",凡九物,都是食之而不利人之物,故或不食,或去之。 ②"肉曰"至"攒之":脱,谓脱骨,即去除肉中的骨头。作,谓去鳞。新,谓擦去枣上的尘土,使之洁净一新。撰,音xuǎn,通"选",谓选择栗中好的,无虫眼的。胆,拂拭。按,桃多毛,将毛拭去,令青滑如胆。柤,音zhā,即山楂。攒,通"钻",谓钻去其虫眼处。按,自"肉"至"梨",凡九物,这里是说这九物的基本做法及其名称。

27. 牛夜鸣则庮①;羊泠毛而毳,羶②;狗赤股而躁,臊③;鸟麃色而沙鸣,郁④;豕望视而交睫,腥⑤;马黑脊而般臂,漏⑥。

[注释]①牛夜鸣则庮:庮,音yǒu,恶臭。意思是,牛如果夜鸣,它的肉就恶臭。 ②羊泠毛而毳,羶:泠,音líng,通"零",谓毛稀零。毳,音cuì,谓毛纠结,这里是指毛端纠结。羶,音shān,字亦作"膻"。意思是说,羊毛稀零而又多结,它的肉就羶。 ③狗赤股而躁,臊:赤,是指狗后腿内侧无毛。意思是,狗的后腿内侧无毛而又性躁,它的肉就臊。 ④鸟麃色而沙鸣,郁:麃,音piǎo,谓色变而无润泽。沙,嘶。郁,谓腐臭。意思是,鸟的毛色失去光泽而鸣声嘶哑,它的肉就腐臭。 ⑤豕望视而交睫,腥:望视,远视。"腥"是"星"字之误。星,肉中如米者,即生有猪囊虫,今俗称"米星肉"。意思是,猪如作远视状而睫毛相交,它的肉中就生有囊虫。 ⑥马黑脊而般臂,漏:般臂,谓前胫骨。般,通"斑"。"漏"是"蝼"字之误,谓如蝼蛄臭。意思是,马脊作黑色而前胫有杂斑,它的肉就会有如蝼蛄般的臭味。按,此节是指出有上述病症的这些动物都不可以吃。

28. 雏①尾不盈握弗食。舒雁翠②,鹄、鸮胖③,舒凫翠④,鸡肝、雁肾、鸨奥⑤、鹿胃。

[注释]①雏:在此指雏鸡。 ②舒雁翠:舒雁,即鹅。翠,尾肉。这里意思是,鹅尾部的肉不能吃。下文义仿此,即都是说的禽之不能吃的部分。③鹄、鸮胖:鹄,音 hú,即天鹅。鸮,音 xiāo,即猫头鹰。胖,音 pàn,谓胁侧薄肉。 ④舒凫:即鹜,亦即野鸭。 ⑤鸨奥:鸨,音 bǎo,似雁而略大,体长可达一米。奥,即胃。按,此节是指出上述动物之某一部分不可以吃。

29. 肉腥,细者为脍,大者为轩①。或曰麋、鹿、鱼为菹,麕为辟鸡,野豕为轩,兔为宛脾②。切葱若薤,实诸醯以柔之③。

[注释]①肉腥,细者为脍,大者为轩:肉腥,即生肉。意思是,生肉细切叫做脍,切成大片叫做轩。 ②"或曰"至"宛脾":菹,凡物切成大片或用其全物,就叫做菹,故此处的"菹"实与"轩"同义。辟鸡、宛脾,都是切得细碎的意思,即所谓"细切为脍"。至于此肉何以名大切为"菹"、"轩",细切为"辟鸡"、"宛脾",已不可考。这几句意思是,有人说麋、鹿、鱼都切成大片的菹状,麕肉切成细碎的辟鸡状,野猪肉切成大片的轩状,兔肉切成细碎的宛脾状。 ③切葱若薤,实诸醯以柔之:意思是,切葱或薤,和肉一起放入醋中浸渍,以使之变得柔软。

30. 羹、食,自诸侯以下至于庶人,无等①。大夫无秩膳②,大夫七十而有阁③。天子之阁,左达五,右达五④;公、侯、伯于房中五⑤;大夫于阁三⑥;士于坫一⑦。

[注释]①无等:谓不分等级,都可以吃。 ②大夫无秩膳:秩,常。膳,在此谓食之美者。意思是,大夫不常有美食。按,因大夫五十始命(参见《郊特牲第十一》第 29 节注⑬),尚未甚老。 ③大夫七十而有阁:谓有秩(常)膳。阁,如今所谓菜柜。阁中常放有美食。 ④左达五,右达五:达,夹室。左达、右达,分别指堂上的左、右夹室。按,古代的宫室建制,堂上东西两边各有一道南北向的短墙,叫做序;序之外与堂屋的东西墙之间的地方叫做夹室。

这里是说天子的左、右夹室各有五个菜柜。 ⑤房中五：谓有五阁，放在房中。 ⑥大夫于阁三：这是说大夫三阁，也都放在房中，此处不说"房中"，是承上文而省。 ⑦士于坫一：坫，此指筑于室中的土台。按，士卑，不得有阁，故只在室中作一坫（即土台）以放置食物。

31. 凡养老，有虞氏以燕礼，夏后氏以飨礼，殷人以食礼，周人修而兼用之。凡五十养于乡，六十养于国，七十养于学，达于诸侯①。八十拜君命，一坐再至，瞽亦如之；九十者使人受。五十异粻，六十宿肉，七十二膳，八十常珍，九十饮食不违寝，膳饮从于游可也。六十岁制，七十时制，八十月制，九十日脩，唯绞、紟、衾、冒，死而后制。五十始衰，六十非肉不饱，七十非帛不暖，八十非人不暖，九十虽得人不暖矣。五十杖于家，六十杖于乡，七十杖于国，八十杖于朝。九十者，天子欲有问焉，则就其室，以珍从。七十不俟朝，八十月告存，九十日有秩。五十不从力政，六十不与服戎，七十不与宾客之事，八十齐丧之事弗及也。五十而爵，六十不亲学，七十致政。凡自七十以上，唯衰麻为丧②。凡三王养老，皆引年。八十者，一子不从政；九十者，其家不从政③，瞽亦如之④。凡父母在，子虽老不坐。有虞氏养国老于上庠，养庶老于下庠；夏后氏养国老于东序，养庶老于西序；殷人养国老于右学，养庶老于左学；周人养国老于东胶，养庶老于虞庠，虞庠在国之西郊。有虞氏皇而祭，深衣而养老；夏后氏收而祭，燕衣而养老；殷人冔而祭，缟衣而养老；周人冕而祭，玄衣而养老⑤。

[注释]①"凡养老"至"诸侯"：这九句与《王制》全同，参见《王制第五》

第 45 节。 ②"八十拜君命"至"唯衰麻为丧":这一大段亦与《王制》全同,参见《王制第五》第 46 节。 ③"凡三"至"从政":这几句亦与《王制》同,参见《王制第五》第 48 节。 ④瞽亦如之:瞽,盲人。谓盲人也是这样,即同于上文所谓"其家不从政"。 ⑤"有虞氏养国老"至"玄衣而养老":参见《王制第五》第 47 节。

32. 曾子曰:"孝子之养老也,乐其心①,不违其志,乐其耳目,安其寝处,以其饮食忠养②之,孝子之身终③。终身也者,非终父母之身,终其身也。是故父母之所爱亦爱之,父母之所敬亦敬之,至于犬马尽然,而况于人乎④?"

[注释]①乐其心:谓要使老人从心里感到快乐。 ②以其饮食忠养:以其饮食,谓以老人爱吃的饮食。忠养,谓尽孝子之心以养之。 ③孝子之身终:谓一直到孝子身终,也就是到身死为止。 ④至于犬马尽然,而况于人乎:意思是,以至于对父母所爱的犬马自己都要爱,何况是父母所爱的人呢?

33. 凡养老,五帝宪,三王有乞言①。五帝宪,养气体②而不乞言,有善则记之,为惇史③。三王亦宪④,既养老而后乞言,亦微其礼⑤。皆有惇史。

[注释]①凡养老,五帝宪,三王有乞言:宪,法,效法。乞,求,请求。这几句意思是,凡举行养老礼,五帝时代是为效法老人的德行,三王时代不但效法德行,又请老人对国政发表意见。 ②养气体:谓保养老人的气息和身体。 ③惇史:惇,厚。言老人有好的德行,则记录之,使众人法则,作为惇厚者之史。 ④亦宪:谓也效法老人的德行。 ⑤亦微其礼:意思是,也只是略微举行一下这种"乞言"之礼。

34. 淳熬①,煎醢,加于陆稻上,沃之以膏②,曰淳熬。

淳毋,煎醢,加于黍食上,沃之以膏③,曰淳毋。

[注释]①淳熬:与下文"淳毋",是两种珍肴的名称。 ②煎醢,加于陆稻上,沃之以膏:这是记淳熬的做法。即煎炒肉酱,加在陆地产的稻米做的饭上,再浇上油脂。 ③煎醢,加于黍食上,沃之以膏:这是记淳毋的做法,即煎炒肉酱,加在黍饭上,再浇上油脂。按,此节是记淳熬和淳毋两种珍肴的做法。

35. 炮,取豚若将①,刲之刳之,实枣于其腹中,编萑以苴之,涂之以谨涂②,炮之,涂皆干,擘之,濯手以摩之,去其皽③;为稻粉,糔溲之以为酏,以付豚,煎诸膏,膏必灭之④;巨镬汤,以小鼎,芗脯于其中,使其汤毋灭鼎⑤,三日三夜毋绝火,而后调之以醯醢⑥。

[注释]①炮,取豚若将:炮,也是一种珍肴的名称。"将"是'牂'字之误,谓牡羊。意思是,炮法,取猪或公羊。 ②"刲之"至"谨涂":刲,音 kuī,刺杀,割取。刳,音 kū,挖,挖空。萑,音 huán,芦类植物,似苇而细。苴,裹。谨,通"墐",黏土。这几句意思是,将猪或公羊杀后将腹中挖空,用枣填塞在其中,用芦苇编的席包裹,用黏土涂封起来。 ③"炮之"至"去其皽":擘,音 bò,用手分开。皽,音 zhāo,皮肉上的薄膜。这几句承上文,意思是,用火烧烤,待涂封的泥都干了,然后擘开,再洗手搓摩,以去掉肉表的薄膜。 ④"为稻"至"灭之":糔,音 xiǔ,通"潃瀡"之"潃"(参见第4节注⑨)。糔溲,此谓用水调和粉面。酏,薄粥。付,通"敷",涂。灭,淹没。这几句承上文,意思是,碾稻米粉,用水调和为粥状,敷在猪肉的外面,然后用油煎,所用油量必须能将猪肉淹没住。 ⑤"巨镬"至"灭鼎":镬:古代的一种无足的鼎,类今之大锅。脯,即指猪或羊,之所以称之脯,是因为豚、羊之肉去其皽,而又经薄切,如同制作肉脯。这几句亦承上文,意思是,用一只大镬盛热水,用一只小鼎放在镬中,将油煎过的肉切成薄片如脯状,用香料调和此脯而放入小鼎中,镬中的热水不可没过小鼎。 ⑥三日三夜毋绝火,而后调之以醯醢:此亦承上文,

意思是,这样煨上三天三夜不要绝火,而后再用醋和肉酱加以调和。按,此节是记炮这种珍肴的做法。

36. 捣珍①,取牛、羊、麋、鹿、麕之肉,必脄②,每物与牛若一,捶反侧之,去其饵③,孰出之,去其皽,柔其肉④。

[注释]①捣珍:也是一种珍肴。 ②脄:音 méi,指脊侧肉。 ③每物与牛若一,捶反侧之,去其饵:牛,此指牛的夹脊肉。饵,指牲畜的筋腱。这几句意思是,所取牛、羊、麋、鹿、麕的肉每一种都同牛的夹脊肉取一样多,反复捶捣,去掉肉中的筋腱。 ④孰出之,去其皽,柔其肉:柔,这里是指加醋和肉酱调和其肉。这几句承上文,意思是,将肉煮熟后捞出来,去掉肉表的薄膜,再用醋和肉酱调和之。按,此节所记就是捣珍这种珍肴的做法。

37. 渍①,取牛肉,必新杀者,薄切之,必绝其理②,湛诸美酒,期朝而食之③,以醢若醯、醷④。

[注释]①渍:也是一种珍肴的名称。 ②绝其理:理,肉的纹理。谓横着切断肉的纹理。 ③湛诸美酒,期朝而食之:湛,音 jiān,通"渐",浸渍。期朝:谓从今早到明早。 ④以醢若醯、醷:醷,音 yì,梅浆。这里是说,吃的时候用肉酱或醋、梅浆调味。按此节是记渍这种珍肴的做法。

38. 为熬①,捶之,去其皽,编萑,布牛肉焉②,屑桂与姜③,以洒诸上而盐之,干而食之。施羊亦如之④。施麋,施鹿,施麕,皆如牛羊。欲濡肉,则释而煎之以醢⑤。欲干肉,则捶而食之⑥。

[注释]①熬:也是一种珍肴的做法。 ②布牛肉焉:是布于萑席上。 ③屑桂与姜:即把桂和姜做成屑。 ④施羊亦如之:这是说,把这种方法用于羊肉也是如此。下文义仿此。 ⑤欲濡肉,则释而煎之以醢:释,浸渍。意思

是,想要使肉湿润,就用水浸泡再用肉酱煎煮。 ⑥欲干肉,则捶而食之:想要吃干肉,就捶捣而后吃。按此节是记熬这种珍肴的做法。

39. 糁①,取牛、羊、豕之肉,三如一②,小切之,与稻米,稻米二、肉一③,合以为饵④,煎之。

[注释]①糁:音 sǎn,即糁食,也是一种珍肴之名。 ②三如一:谓三种肉取一样多。 ③与稻米,稻米二、肉一:这是说将切后的肉,与稻米掺和,掺和时是按照稻米二、肉一的比例。 ④饵:糕饼。按,此节是记糁这种珍肴的做法。

40. 肝膋①,取狗肝一,幪之以其膋②,濡③,炙之,举燋其膋④,不蓼⑤。

[注释]①肝膋:膋,音 liáo。肝膋,也是珍肴的一种。 ②幪:音 méng,覆盖。膋,脂肪,此指狗的肠间脂。 ③濡:谓濡以膋,即使狗的脂肪浸润狗肝。 ④举燋其膋:举,皆。燋,通"焦"。谓炙膋皆熟而焦。 ⑤不蓼:谓不需用辛菜。按,此节记肝膋这种珍肴的做法。又按,自第33节至此节所记,即所谓养老八珍的做法。

41. 取稻米,举糔溲①之,小切狼臅膏②,以与稻米为酏③。

[注释]①糔溲:糔、溲二字在此义同,都是淘洗的意思。 ②臅:音 chù,狼胸臆间的膏脂。 ③以与稻米为酏:谓与稻米相和而煮成粥。按,此节记酏食的做法。

42. 礼始于谨夫妇①。为宫室,辨外内,男子居外,女子居内。深宫固门,阍寺守之,男不入,女不出②。男女不同椸枷③,不敢县于夫之楎、椸④,不敢藏于夫之箧笥⑤,不敢共湢浴⑥。夫不在,敛枕箧簟席⑦,襡器而藏之⑧。少事长,贱事贵,咸如之。夫妇之礼,唯及七十,同藏无间⑨。故妾虽老,年未满五十,必与五日之御⑩。将御者,齐,漱,澣,慎衣服,栉,縰,笄,總角,拂髦,衿缨,綦屦⑪。虽婢妾⑫,衣服、饮食必后长者。妻不在,妾御莫敢当夕⑬。

[注释]①礼始于谨夫妇:意思是,礼,应从谨守夫妇之礼开始。②"深宫"至"女不出":阍寺,阍人和寺人,古代掌管门禁的官。这几句意思是,宫室深邃,宫门牢固,阍寺看守宫门,男子不得入内,女子不得出外。③椸枷:音 yí jiā,晾衣服的竹竿和衣架,参见《曲礼上第一》第26节注③。④不敢县于夫之楎、椸:楎,音 huī,钉在墙上挂衣服的木橛。这里是说妇女不敢把自己的衣服悬挂在丈夫挂衣服的木橛上。⑤箧笥:箧,音 qiè,小箱子。笥,音 sì,盛衣物或饭食等的方形竹器。⑥湢浴:参见第13节注③。⑦敛枕箧簟席:按,此文当作"箧枕敛簟席",传写误倒。⑧襡器而藏之:襡,参见第9节注⑤。意思是,把夫的器具也装入布套中收藏好。⑨唯及七十,同藏无间:唯,只有。同藏,谓衣服器物放在一起。无间,不加分别。⑩五日之御:御,谓侍夫过夜。五日一御,据说是诸侯的制度。诸侯一娶九女,分别五日一次侍君过夜。⑪"将御者"至"綦屦":齐,谓斋戒。漱,谓洗漱。澣,音 huàn,同"浣",洗涤,此处指穿洗干净的衣服。慎衣服,谓谨慎服装穿着。栉,縰,笄,總角,拂髦,这里的"角"、"拂髦"是衍字,其余参见第2节注②、③。衿缨,参见第3节注⑤。綦屦,参见第2节注⑫。这几句意思是,将侍夜的妻妾,要先斋戒,漱洗,穿洁净的衣服,谨慎服装穿着,梳头,用黑缯缠发髻,发髻中插笄,束好头发,结好香囊,系好鞋带。⑫虽婢妾:这是指丈夫所宠爱的婢妾。⑬妻不在,妾御莫敢当夕:意思是,妻不在,妾侍候丈夫过夜也不敢占用该妻侍夜的日子。

43.妻将生子,及月辰①,居侧室②。夫使人日再问之,作③而自问之。妻不敢见,使姆衣服而对④。至于子生,夫复使人日再问之。夫齐,则不入侧室之门⑤。子生,男子设弧于门左⑥,女子设帨于门右⑦。三日始负子,男射,女否⑧。

[注释]①月辰:谓生月之辰,指生子之月的初一。 ②侧室:在燕寝之旁。按,燕寝在正寝之后。又,侧室非一室,其形制盖亦如燕寝。 ③作:谓临产发动时。 ④妻不敢见,使姆衣服而对:姆,女师。意思是,妻不敢见夫,而让傅姆穿着整齐代己去回答夫的问候。按,之所以妻不敢见,其意在远私媚(即借生子而私下要宠于夫)之嫌。 ⑤夫齐,则不入侧室之门:意思是,如果夫在斋戒期间,就不到侧室去问候了。 ⑥设弧于门左:按此即所谓悬弧之义(参见《郊特牲第十一》第17节)。 ⑦设帨于门右:帨,佩巾。谓在门的右侧挂一佩巾。 ⑧三日始负子,男射,女否:意思是,到第三天,才抱婴儿出房门,是男孩就要举行射礼,是女孩就算了。

44.国君世子生,告于君,接以大牢①,宰掌具②。三日,卜士负之③。吉者宿齐,朝服寝门外,诗负之④。射人以桑弧蓬矢六⑤,射天地四方⑥。保受乃负之⑦。宰醴负子,赐之束帛⑧。卜士之妻,大夫之妾,使食子⑨。

[注释]①接以大牢:初生之儿未能食,而以太牢之礼接待之者,示重其事。 ②宰掌具:宰,此指宰夫,是为诸侯掌膳食之吏。具,谓馔具(陈设食物及餐具)。 ③卜士负之:谓通过占卜选择一名士来抱世子(即太子)。 ④吉者宿齐,朝服寝门外,诗负之:吉者,谓通过占卜而得吉兆者,也就是经占卜选出的士。宿齐,谓前一天要斋戒。寝门,此谓路寝之门。诗负之,诗之言承,谓由保姆从侧室抱出来而由士承接过去。这几句意思是,被选中的士前一天要斋戒,然后身穿朝服等候在路寝门外,从保姆手中接过孩子来抱着。 ⑤射人以桑弧蓬矢六:射人,官名,为国君掌射事者。桑弧蓬矢,这是仿太古之制而示质朴,即用桑木做的弓,而用蓬梗做的矢六支。 ⑥射天地四方:即

向四方各射一矢,这是象征男儿志在四方。　⑦保受乃负之:保,指保姆。谓保姆从士手中接过孩子抱着。　⑧醴负子,赐之束帛:醴负子,即醴负子者,也就是向抱太子的士进醴,并赐予他一束帛。　⑨卜士之妻,大夫之妾,使食子:食子,即喂养太子。这是通过占卜从士之妻和大夫之妾中各选择一人,来负责喂养太子。

45.凡接子择日①。冢子则大牢,庶人特豚,士特豕,大夫少牢,国君世子大牢②。其非冢子,则皆降一等③。

[注释]①凡接子择日:接子,谓行接子礼,上节所记即接子礼。择日:是指在新生儿出生后的三天之内选择吉日。　②"冢子"至"世子大牢":冢子,即嫡长子,这里是指天子的太子。按,子的地位不同,所用牲亦异。特,一。特豚,一头小猪。特豕,一头猪。少牢,用羊豕二牲。国君世子,指诸侯国君的太子。　③其非冢子,则皆降一等:非冢子,即非嫡长子,包括嫡长子之弟和诸妾子。降一等,谓用牲的规格降一等。

46.异为孺子室于宫中①。择于诸母与可者②,必求其宽裕、慈惠、温良、恭敬、慎而寡言者,使为子师,其次为慈母,其次为保母③,皆居子室。他人无事不往。

[注释]①异为孺子室于宫中:孺子,谓新生子。意思是,在宫中另选一室作为抚育幼儿的地方。　②择于诸母与可者:诸母,指众妾。可者,指众妾之外而可选以抚育幼儿者。意思是,从幼儿的庶母或其他妇女中选择抚育幼儿的人。　③使为子师,其次为慈母,其次为保母:师,教儿善道者。慈母,负责培养幼儿好的生活习惯和嗜好者。保母,照顾幼儿起居生活者。

47.三月之末,择日剪发为鬌①:男角,女羁;否则男左,女右②。是日也,妻以子见于父③。贵人则为衣服④,

由命士以下皆漱澣。男女夙兴,沐浴,衣服。具视朔食⑤。夫入门,升自阼阶,立于阼,西乡。妻抱子出自房,当楣⑥立,东面。姆先,相曰"母某敢用时日,祇见孺子"⑦。夫对曰:"钦,有帅⑧。"父执子之右手,咳而名之⑨。妻对曰:"记,有成⑩。"遂左还授师⑪。子师辩告诸妇、诸母名。妻遂适寝⑫。夫告宰名⑬,宰辩告诸男名⑭,书曰:"某年某月某日,某生⑮。"而藏之。宰告闾史⑯。闾史书为二,其一藏诸闾府,其一献诸州史。州史献诸州伯⑰,州伯命藏诸州府。夫入,食如养礼⑱。

[注释]①剪发为鬌:谓剪去胎发而留下一部分为鬌(参见第2节注④)。 ②男角,女羁;否则男左,女右:这是说所留胎发的形状。角,谓夹囟两旁之发留而不剪,似角。羁,谓午达,即十字交叉形。这两句意思是,是男孩就留下囟门两旁的胎发如两角形,是女孩就在头顶部留下十字形的胎发;否则就男孩留下左边的胎发,女孩留下右边的胎发。 ③妻以子见父:以,及。妻及子去见子的父亲。 ④贵人则为衣服:贵人,是指孩子的父亲地位在大夫以上。为衣服,谓换上新衣服。 ⑤具视朔食:具,谓所设馔具。视,比照。朔食,指每月初一的盛馔,天子用大牢,诸侯少牢,大夫特豕,士特豚。 ⑥楣:即屋上的二檩。按,古人制五架之屋,正中曰栋,次曰楣,前曰庑,犹今农村屋上之脊檩、二檩、檐檩。 ⑦姆先,相曰"母某敢用时日,祇见孺子":某,代妻名。敢,表冒昧之词。时,是,这。祇见孺子,谓使孺子祇见。这几句意思是,傅姆站在妻的稍前的位置,帮助妻传话说:"孩子的母亲某谨在今天这个时候,使幼子敬见父亲。" ⑧钦,有帅:钦,敬。帅,循。意思是,教孩子懂得恭敬,凡事都循礼而行。 ⑨咳而名之:咳,通"颔"(音hàn),下巴。此作动词,谓用手托着幼儿的下巴。名之,为儿取名。 ⑩记,有成:意思是,铭记父言,使己成才。这是妻代其子回答子之父。 ⑪左还授师:意思是,向左转身把孩子交给老师。 ⑫寝:指夫的燕寝。 ⑬宰:家臣之长。 ⑭诸男:谓诸子及其他昆弟之子。 ⑮某:代子名。 ⑯闾史:闾中之吏。古代二十

五家为闾。下"州史"则州中之吏。　⑰州伯:即州长。　⑱夫人,食如养礼:夫进入燕寝,与嫡妻共餐,如同平日受家人供养之礼。这是说嫡妻生子后生活开始恢复正常。

48. 世子生,则君沐浴,朝服。夫人亦如之。皆立于阼阶,西乡。世妇抱子①,升自西阶。君名之,乃降。適子、庶子见于外寝②,抚其首,咳而名之,礼帅初,无辞③。

[注释]①世妇:诸侯国君的正妻曰夫人,世妇是次于夫人者。　②適子、庶子见于外寝:適(嫡)子,指太子的同母弟。庶子,指妾子。外寝,此实指燕寝。　③礼帅初,无辞:帅,循。辞,即上节父曰"钦,有帅",母曰"记,有成",非嫡长子,则不说这些告诫的话。

49. 凡名子,不以日月,不以国,不以隐疾①。大夫、士之子不敢与世子同名。

[注释]①"凡名"至"隐疾":参见《曲礼上第一》第28节注第①、②、③。

50. 妾将生子,及月辰,夫使人日一问之。子生三月之末,漱澣,夙齐,见于内寝①。礼之如始入室②,君已食,彻焉,使之特馂,遂入御③。

[注释]①夙齐,见于内寝:夙齐,同于"宿齐",谓妾前一天先行斋戒(参见第44节注④)。见于内寝,这是妾带子去行见父礼。内寝,此谓嫡妻之寝。按,凡宫室之制,前有路寝,次有君之燕寝,再次为夫人正寝;卿大夫以下,前有嫡室,次有燕寝,再次有嫡妻之寝。此处内寝,指卿大夫以下嫡妻之寝。②礼之如始入室:礼之,谓夫以礼接待妾。如始入室,谓对妾用新婚来嫁时之礼以待之。　③"君已"至"入御":这里所说就是"始入室"之礼。君已食,谓

君与嫡妻用餐毕。然后将所剩的饭食撤下来,让生子的妾单独吃,即所谓"使之特馂"。若非行"始入室"之礼,则当众妾同馂。接着该妾便侍候夫过夜。按,此节是记大夫、士的妾所生子见父及夫待妾之礼。

51. 公庶子生,就侧室①。三月之末②,其母沐浴,朝服见于君。摈者以其子见③。君所有赐,君名之④。众子⑤则使有司名之。

[注释]①公庶子生,就侧室:庶子生,谓公(诸侯国君)之妾生子。就侧室,是说妾临产时要住到侧室去。 ②三月之末:谓庶子出生三个月之月末。 ③摈者以其子见:摈者,指傅姆之属。这是说,由摈者抱着庶子见君。 ④君所有赐,君名之:谓生子之妾,如君特有恩赐,偏所爱幸,君就亲自为其子取名,故云"君名之"。 ⑤众子:谓众妾所生之子。

52. 庶人无侧室者,及月辰,夫出居群室①。其问之也,与子见父之礼,无以异也②。

[注释]①夫出居群室:按因为无侧室,妻与夫同寝而居,妻现在将生子,故夫出避之。群室,谓夹室之属(参见30节注④)。 ②其问之也,与子见父之礼,无以异也:意思是,夫问候妻,和子见父的礼仪,与卿大夫、士没有什么不同。

53. 凡父在,孙见于祖,祖亦名之①,礼如子见父,无辞。

[注释]①凡父在,孙见于祖,祖亦名之:意思是,凡是父亲在世,新生的孙儿去见祖父,也就由祖父给孙取名。

54. 食子者①,三年而出②,见于公宫,则劬③。

[注释]①食子者:食,音sì,喂养。子,谓国君的世子。此所谓食子者,即第44节所谓"卜士之妻,大夫之妾,使食子"者。 ②三年而出:谓食子者过三年就可以出去回自己家了。 ③见于公宫,则劬:见于公宫,即见公于宫,这是食子者去向公(即国君)告辞。劬,音qú,慰劳。谓国君要对她进行劳赐。

55. 大夫之子有食母①。士之妻自养其子。

[注释]①食母:即乳母。

56. 由命士以上,及大夫之子,旬而见①。冢子未食而见,必执其右手②。嫡子、庶子已食而见,必循其首③。

[注释]①旬而见:旬,十日。谓子生后十天即行见父礼。 ②冢子未食而见,必执其右手:冢子,嫡长子。未食而见,指父在未与嫡妻行共餐礼之前就先见之,以示重视。必执其右手,谓见子时必须握着子的右手。 ③循其首:谓抚摸婴儿的头。

57. 子能食食①,教以右手。能言,男"唯",女"俞"②,男鞶革,女鞶丝③。六年,教之数与方名。七年,男女不同席,不共食。八年,出入门户,及即席饮食,必后长者,始教之让④。九年,教之数日⑤,十年,出就外傅,居宿于外,学书记⑥,衣不帛襦袴,礼帅初,朝夕学幼仪⑦,请肄简、谅⑧。十有三年,学乐,诵诗,舞《勺》⑨。成童,舞《象》⑩,学射、御。二十而冠,始学礼,可以衣裘帛,舞《大夏》⑪,惇行孝弟,博学不教,内而不出⑫。三十而有室⑬,始理男事,博学无方,孙友视志⑭。四十始仕,方物出谋发虑⑮，道合⑯则服从，不可则去。五十命为大夫，服官政⑰。七十致仕⑱。

[注释]①食食：吃饭。 ②男"唯"，女"俞"："唯"、"俞"都是应答之声，但"唯"声较直，"俞"声较婉，这是男女之别。 ③男鞶革，女鞶丝：鞶：盛帨巾的小囊。男孩是用皮革制的，女孩是用丝制的。 ④必后长者，始教之让：必后长者，谓必让年长者先。教之让，谓教以谦让之礼。 ⑤数日：谓计算日期。 ⑥书记：书写和记事。 ⑦衣不帛襦袴，礼帅初，朝夕学幼仪：襦袴，泛指衣裤。不帛襦袴，谓不穿帛制的襦裤。礼帅初，谓遵循当初在家时学习的谦让之礼。幼仪，谓初级的礼仪。 ⑧请肄简、谅：肄，音 yì，学习。谅，信。意思是，向老师所请教学习的，贵在简要而信实。 ⑨《勺》：是一种文舞。 ⑩成童，舞《象》：成童，指十五岁以上。《象》是一种武舞。 ⑪《大夏》：是一种文武兼备的舞乐。 ⑫博学不教，内而不出：出，谓为人谋事。意思是，广博地学习而不可为师教人，努力吸收知识而不可为人谋事。 ⑬有室：谓娶妻成家。 ⑭博学无方，孙友视志：方，犹常。孙，顺。视，谓视其志。意思是，广博地学习而无固定的内容，与朋友和顺相处而注意观察他们的志向。 ⑮方物出谋发虑：方，犹比。谓比方事物来进行谋虑。 ⑯道合：谓与统治者、当权者道合。 ⑰服官政：谓独当一面处理政事（参见《曲礼上第二》第8节注②）。 ⑱致仕：犹今退休。

58. 凡男拜，尚左手①。

[注释]①尚左手：尚，通"上"。上左手，谓左手放在右手之上。按，凡拜皆先抱拳，抱拳时当左手置于右手之上。

59. 女子十年不出①，姆教婉娩、听从，执麻枲，治丝茧，织纴组紃②，学女事③，以共衣服。观于祭祀，纳酒、浆、笾、豆、菹、醢，礼相助奠④。十有五年而笄⑤，二十而嫁，有故⑥二十三年而嫁。聘则为妻，奔则为妾⑦。

[注释]①女子十年不出:谓女孩十岁以后就不出门。 ②婉娩、听从,执麻枲,治丝茧,织纴组紃:婉娩,温婉柔顺。执麻枲,纺麻织布,枲亦麻。治丝茧,即煮茧缫丝。纴,缯帛之属。组,亦织。紃,音 xún,圆形丝带。织纴组紃,谓纺织缯帛丝带。 ③女事:女子的活计。 ④礼相助奠:意思是,按照祭礼的要求帮助大人放置祭品和祭器。 ⑤十有五年而笄:笄,谓行加笄礼。按,女子十五许嫁,而行加笄礼,犹男子之冠礼,皆表示已成年(参见《曲礼上第一》第 29 节注④)。 ⑥有故:谓父母之丧。 ⑦聘则为妻,奔则为妾:谓接受男家聘礼而出嫁的就是妻,不待聘而嫁的就是妾。按,女不待聘而嫁就叫做奔。

60. 凡女拜,尚右手①。

[注释]①此句参见第 58 节。

玉藻第十三

1.天子玉藻十有二旒①,前后邃延②,龙卷③以祭。玄端而朝日④于东门之外,听朔于南门之外⑤。闰月则阖门左扉,立于其中⑥。

[注释]①玉藻十有二旒:玉,指冕前垂旒上的玉珠。藻,指穿玉珠用彩色丝绳。天子之冕十有二旒。 ②邃延:邃,深长。延,是覆盖于冕上的木板,其表蒙以玄色的布,其里则为纁色。 ③龙卷:谓绘龙于衣,即所谓龙衮服。卷,通"衮"(参见《王制第五》第15节注①)。 ④玄端而朝日:"端"是"冕"字之误。玄冕,玄衣而戴冕。朝日,谓行朝日礼,这是春分所行之礼。 ⑤听朔于南门之外:听朔,按,天子及诸侯每月初一要杀牲,到宗庙行"告朔"礼,即把初一这天的到来报告给祖先之神,行完告朔礼而后处理朝政,就叫"听朔",也叫"视朔"。听朔是在南门外的明堂进行的,故曰"听朔于南门之外"。 ⑥闰月则阖门左扉,立于其中:意思是,如果是闰月,就关上明堂门的左扇,站在门内处理政事。

2.皮弁①以日视朝,遂以食,日中而馂,奏而食。日少牢,朔月大牢,五饮:上水、浆②、酒、醴、酏。卒食,玄端③而居。动则左史书之,言则右史书之。御瞽幾声之上下④。年不顺成,则天子素服,乘素车,食无乐。

[注释]①皮弁:白鹿皮制的弁(参见《郊特牲第十一》第24节注⑥)。②上水、浆:上水,犹言第一是水。浆以下次之。浆,即醋水(参见《内则第十二》第20节)。 ③玄端:服名,参见《文王世子第八》第23节注④。 ④御瞽幾声之上下:御瞽,侍御国君的乐工。幾,音jī,察。按瞽人审音,能察乐声之哀、乐,若政和则乐声乐,政酷则乐声哀。察其乐而知其政,以防国君有失。

3. 诸侯玄端①以祭,裨冕②以朝,皮弁以听朔于太庙,朝服以日视朝于内朝③。朝,辨色始入④。君日出而视之,退适路寝听政⑤,使人视大夫⑥。大夫退,然后适小寝⑦,释服。又朝服以食,特牲,三俎,祭肺⑧。夕深衣⑨,祭牢肉⑩。朔月少牢,五俎,四簋⑪。子卯,稷食,菜羹⑫,夫人与君同庖⑬。

[注释]①玄端:此"端"亦"冕"字之误。 ②裨冕:参见《曾子问第七》第1节注③。 ③内朝:即正朝,又叫治朝,在路寝门外,而相对于库门外的外朝,亦可称为内朝。 ④朝,辨色始入:朝,指群臣上朝。辨色,谓天色始可辨时,犹黎明。 ⑤君日出而视之,退适路寝听政:意思是,国君到太阳出来的时候出来见群臣,然后退入路寝处理政事。 ⑥使人视大夫:谓使人招见大夫们入路寝商议决策。 ⑦小寝:即燕寝。 ⑧三俎,祭肺:三俎,谓豕、鱼、腊。按,腊谓干肉;祭肺,是指用牲俎上的肺行食前祭礼。 ⑨深衣:参见《檀弓上第三》第61节注②。 ⑩祭牢肉:按,牢肉指上文所谓"特牲",即一头猪。用此牢肉行食前祭礼,故曰"祭牢肉"。 ⑪朔月少牢,五俎,四簋:朔月,即月朔,每月的初一。五俎,上文所说的三俎再加盛羊肉之俎和盛羊的肠胃之俎,即为五俎。四簋,谓黍、稷、稻、粱各一簋。 ⑫子卯,稷食,菜羹:子卯,谓子日或卯日,这是忌日(参见《檀弓下第四》第49节注⑩),故食稷饭、菜羹。 ⑬同庖:即共庖厨,也就是共餐。

4.君无故不杀牛,大夫无故不杀羊,士无故不杀犬豕。君子远庖厨①,凡有血气之类,弗身践也②。至于八月不雨,君不举③。年不顺成,君衣布,搢本④,关梁不租,山泽列而不赋⑤,土功不兴,大夫不得造车马。

[注释]①君子远庖厨:按,据说因为君子对于禽兽,见其生不忍见其死;闻其声不忍食其肉,因此远离庖厨。 ②凡有血气之类,弗身践也:有血气,是说有血、有气息的动物。弗身践,意思是不忍亲临而见其被宰杀。③至于八月不雨,君不举:谓连续八个月不下雨,国君吃饭不演奏音乐。举,谓举乐,即演奏音乐。 ④搢本:搢,插。本,指笏板的下部。按,国君以象骨为笏,大夫、士以竹为笏而用象骨饰其本。现在因为灾年,君所搢之笏也只用象骨饰本,同于大夫、士。所以这里的意思是说,国君腰带间插与大夫、士相同的笏板。按,这些都是因灾年而降低规格,从简的表示。 ⑤关梁不租,山泽列而不赋:这是说,关卡和山梁不收租,山泽只划分出禁区和开放区以让民众获取生活资料,而不收取赋税。

5.卜人定龟①,史定墨②,君定体③。

[注释]①卜人定龟:卜人,为君掌卜事之官。定龟,龟甲有多种,占卜不同的事项当用不同的龟甲,故须先定之。 ②史定墨:谓由史官将烧灼龟甲后的兆纹染墨使之明显(参见《郊特牲》第24节注②)。按,灼龟甲后,由史官用墨涂其坼裂处(即所谓兆纹),其裂广而深者,则墨可渗入而显,其裂细微者则墨不可入而不显,然后根据所显之兆纹以断吉凶。 ③君定体:体,即兆体、兆象,亦即史所涂墨而显者。定体,谓视兆所得,也就是由国君观察兆体以判断吉凶。

6.君羔幦,虎犆①。大夫齐车鹿幦,豹犆;朝车②。士齐车鹿幦,豹犆。

[注释]①羔幦，虎犆：幦，音 mì，古代车轼上的覆盖物，也称"幎"（参见《曲礼下第二》第 10 节注⑥）。犆，音 zhí，缘。这句意思是，国君的车轼上覆盖羊皮做的幦，幦周围用虎皮镶边。下文义仿此。按，此车是君的斋车，即君祭祀所乘车。　②朝车：大夫的朝车，这里是说其制与大夫的齐（斋）车同。

7.君子之居恒当户，寝恒东首。若有疾风，迅雷，甚雨，则必变①，虽夜必兴，衣服、冠而坐②。日五盥，沐稷而靧粱③，栉用樿栉，发晞用象栉④。进禨，进羞，工乃升歌⑤。浴用二巾：上絺下绤⑥。出杅，履蒯席，连用汤⑦，履蒲席，衣布，晞身，乃屦，进饮⑧。将适公所，宿齐戒，居外寝⑨，沐浴。史进象笏，书思对命⑩。既服，习容观，玉声，乃出⑪，揖私朝，辉如也，登车则有光矣⑫。

[注释]①必变：谓必改变常规。　②虽夜必兴，衣服、冠而坐：兴，起。衣服、冠，在此用作动词，谓穿衣、戴冠而坐。　③沐稷而靧粱：沐稷，谓用淘洗稷的水洗头。靧，音 huì，洗脸。靧粱，谓用淘洗粱的水洗脸。　④栉用樿栉，发晞用象栉：上"栉"，用作动词，谓梳头。下"栉"，名词，指梳子。末"栉"，亦名词，指梳子。樿，音 shàn，木名。晞，音 xī，干，干燥。这两句承上文，谓洗沐后，梳头用樿木梳子，如果头发已经干了就用象骨梳子。　⑤进禨，进羞，工乃升歌：禨，音 jī，沐后所饮的酒。羞，此谓脯醢。工，谓乐工。升歌，谓升堂而歌。这几句意思是，洗头后进酒，并进上脯醢，接着乐工升堂歌唱。　⑥上絺下绤：絺，音 chī，细葛布。绤，音 xì，粗葛布。　⑦出杅，履蒯席，连用汤：杅，音 yú，浴盆。蒯：音 kuǎi，草名，多丛生水边，可编席。连，犹释，谓释去足垢。汤，热水。这几句意思是，出了浴盆，站在蒯草席上，用热水冲去脚上的污垢。　⑧进饮：即进禨。　⑨外寝：此谓正寝（参见《檀弓上第三》第 39 节注③）。按，正寝相对于燕寝则为外寝。　⑩史进象笏，书思对命：史，大夫之史官。象笏，用象骨饰本的笏（参见第 4 节注④）。书思对命，谓把自己所想到的记在笏板上，以待对答君的问题。　⑪既服，习容观，玉

声,乃出:容观,容貌仪表。意思是,穿好朝服后,要先练习上朝的仪容,听玉佩的鸣声与步履是否协调,然后才出门。 ⑫揖私朝,煇如也,登车则有光矣:揖,谓行揖礼,即拱手为礼。私朝,是大夫处理家政之所。揖私朝,是指向私朝的家臣们行揖礼,表示告辞。煇,同"辉",光辉。煇如,是说显出神采奕奕的样子。登车则有光矣,是说登车时更显出光彩照人的样子。

8. 天子搢珽,方正于天下①也。诸侯荼,前诎后,让于天子②也。大夫前诎,后诎,无所不让③也。

[注释]①天子搢珽,方正于天下:搢,音 jìn,插。珽:音 tǐng,天子玉笏名,即大圭,长三尺,上稍窄,而顶端作尖角状。这两句意思是,天子插珽,是表示用端方正直之道治理天下。 ②诸侯荼,前诎后,让于天子:荼,通"舒",诸侯笏名,亦圭属,其形上圆下方(上半弯曲成圆弧形),以示上有天子,有所畏惧。下文"前诎后",即谓前圆曲而后方直。这里意思是说,诸侯插荼,荼前圆而后直,表示让于天子。 ③无所不让:既让于天子,又让于诸侯,故曰无所不让。

9. 侍坐则必退席①,不退,则必引而去君之党②。登席不由前,为躐席③。徒坐不尽席尺④。读书、食,则齐⑤,豆去席尺⑥。

[注释]①侍坐则必退席:侍坐,谓陪侍君坐。退,谓退坐于君旁边的席上。 ②不退,则必引而去君之党:不退,谓旁无别席可退,或君不命之退。引,却,也是退的意思。君之党,谓君所亲近的人。这句意思是,如果不退坐在旁边的席上,就必须退到君所亲近的人的后边去坐。 ③登席不由前,为躐席:按,升席必由席的下端,故曰"登席不由前"。躐,音 liè,践。为躐席,意思是,为避免失礼而践席。 ④徒坐不尽席尺:徒,空;空坐,这是说非饮食或讲问时。不尽席,谓席前边要空出一尺,不要坐到紧挨着席边的位置。 ⑤齐:谓与席的前边平齐。 ⑥豆去席尺:谓盛食物的豆要放在席前离席一

尺的地方。

10.若赐之食,而君客之①,则命之祭,然后祭②。先饭,辩尝羞,饮而俟③。若有尝羞者,则俟君之食,然后食④。饭,饮而俟⑤。君命之羞,羞近者⑥。命之品尝之,然后唯所欲⑦。凡尝远食,必顺近食⑧。君未覆手,不敢飧⑨。君既食,又饭飧。饭飧者,三饭也⑩。君既彻,执饭与酱,乃出授从者⑪。

[注释]①若赐之食,而君客之:意思是,如果君赐臣一同用餐,而对臣以客礼相待。 ②命之祭,然后祭:祭,谓行食前祭礼。按,君虽以客礼待臣,臣则不敢以客自居,故必君命之行食前祭礼而后才敢祭。 ③先饭,辩尝羞,饮而俟:辩,通"徧(遍)"。饮,谓饮水以洁口。这里是说,吃饭前,臣要为君先尝饭,并遍尝菜肴,然后饮水洁口,而等待君吃。待君食而后臣才敢吃。按,这是行臣为君尝食之礼,以示忠孝之道。 ④若有尝羞者,则俟君之食,然后食:尝羞者,指膳宰,膳宰有为君尝食的职责。这是说,如果有膳宰为君尝菜肴,那就等到君开始吃了,然后臣再开始吃。 ⑤饭,饮而俟:谓臣吃饭前,饮水以等待君先吃。 ⑥君命之羞,羞近者:羞,本指美味的菜肴,在此作动词,谓吃菜肴。这句意思是,到吃饭时君命臣吃菜肴,臣就吃放在近处的菜肴。 ⑦命之品尝之,然后唯所欲:意思是,君命臣把所有的菜肴都尝尝,然后才敢想吃什么菜就吃什么菜。 ⑧凡尝远食,必顺近食:意思是,凡尝远处的菜肴,必须从近处顺次而吃。 ⑨君未覆手,不敢飧:覆手,谓覆手以拭嘴角两旁,以免沾有食屑。飧,音 sūn,用汤水泡饭,表示已吃饱。按食礼,食毕,要作三次水泡饭以助饱。因此君尚未覆手拭嘴,臣就不敢吃水泡饭,以示不敢先君而饱。 ⑩君既食,又饭飧。饭飧者,三饭也:意思是,君吃过水泡饭之后,臣才吃水泡饭。吃水泡饭,只吃三口。 ⑪君既彻,执饭与酱,乃出授从者:彻,谓彻下食物和食器。执饭与酱,按,这是依照"归宾俎"之礼而行。主人请客吃饭,凡专为客设的饭菜,饭后吃不完可以带走,有时还由主人派人

把所剩的饭菜送到客人家去,即所谓"归宾俎"。这里是臣自彻己馔,然后授予自己的随从人员,故下文云"乃出授从者"。

11. 凡侑食,不尽食①。食于人不饱②。唯水、浆不祭,若祭为已僫卑③。

[注释]①凡侑食,不尽食:侑,劝。侑食,谓奉劝尊长进食。不尽食,不把自己的饭菜都吃尽。按,古代吃饭,皆于各自席前设食,颇类今所谓分餐制。 ②食于人不饱:意思是,到别人家做客不要吃饱。按,上文不尽食,与此不饱食,皆为谦让之礼。 ③唯水、浆不祭,若祭为已僫卑:祭,谓行食前祭礼。已,太,过分。僫,音 xiè,同"𠉂",谓为势所压,惧而自卑。这句意思是,只有水、浆可以不行食前祭礼,如果用水、浆行食前祭礼,就太降低自己的身份了。

12. 君若赐之爵,则越席再拜稽首受,登席,祭之①,饮卒爵而俟,君卒爵,然后授虚爵②。君子之饮酒也,受一爵而色洒如③也,二爵而言言斯④;礼已三爵,而油油,以退⑤。退则坐⑥取屦,隐辟而后屦:坐左纳右⑦,坐右纳左。

[注释]①"君若"至"祭之":赐之爵,即赐之酒。越席,谓越过自己的坐席。登席,谓再回来登上自己的席。祭之,谓用酒行食前祭礼,即以酒酹地少许以示祭。 ②君卒爵,然后授虚爵:卒爵,谓饮完爵中酒。授虚爵,即把空爵授给酒宴上的侍从人员。必待君卒爵然后授虚爵,示不敢先于君卒爵。 ③色洒如:洒如:肃敬貌。谓面色显出很严肃而恭敬的样子。 ④言言斯:温和而恭敬的样子。斯,犹耳。 ⑤油油,以退:油油,喜悦而恭敬的样子。按,酒过三爵,则敬意衰减,而君子可以离去了,故曰"以退"。以,在此作连词,表承接,相当于"而"。 ⑥坐:即跪(参见《曲礼上第一》第23节注①)。 ⑦坐左纳右:此处记古人穿屦之法,即跪左腿则穿右屦。下文义仿此。

13. 凡尊,必上玄酒①。唯君面尊②。唯飨野人皆酒③。大夫侧尊用棜④。士侧尊用禁⑤。

[注释]①凡尊,必上玄酒:尊,作动词,谓放置酒尊。上玄酒,使玄酒在上,即把玄酒放置在上位。 ②唯君面尊:谓只有国君的席位面对酒尊。 ③唯飨野人皆酒:意思是,只有招待乡野的人才全用酒,而不设玄酒。 ④侧尊用棜:侧尊,谓设于旁侧之尊,不使主人面向之,明与宾客共此酒。与上"唯君面尊"之尊异。棜,禁名,一名斯禁,是一种无足的禁(参见《礼器第十》第10节注③)。 ⑤禁:参见《礼器第十》第10节注②。

14. 始冠缁布冠,自诸侯下达①。冠而敝之可也②。玄冠,朱组缨③,天子之冠也。缁布冠,缋緌④,诸侯之冠也。玄冠,丹组缨,诸侯之齐冠⑤也。玄冠,綦⑥组缨,士之齐冠也。缟冠,玄武,子姓之冠也⑦。缟冠,素纰,既祥之冠也⑧。垂緌五寸,惰游之士也⑨。玄冠,缟武,不齿⑩之服也。居冠属武⑪。自天子下达,有事然后緌⑫。五十不散送⑬。亲没不髦⑭。大帛不緌⑮。玄冠紫緌,自鲁桓公始也⑯。

[注释]①自诸侯下达:达,通。谓自诸侯以下一直到士都通行此礼,即"始冠缁布冠"之礼。 ②冠而敝之可也:参见《郊特牲第十一》第29节注⑤。 ③玄冠,朱组缨:朱组缨,用红色丝带做的冠缨(系冠的带子)。这是天子始加之冠,与诸侯以下异。 ④缋緌:缋,同"绘"。緌,参见《檀弓上第三》第11节注②。缋緌,彩绘的緌饰。 ⑤丹组缨,诸侯之齐冠:丹组缨,与上朱组缨近似,亦红色丝带做的冠缨。齐冠,谓诸侯斋戒时戴的冠。 ⑥綦:音qí,苍白色或青黑色。 ⑦缟冠,玄武,子姓之冠也:缟冠,细白的生绢做的冠。武,冠圈(参见《檀弓上第三》第35节注①)。子姓,谓众子孙。姓,生。孙是子之所生,故谓之子姓。按:缟是凶色,玄是吉色,缟冠而玄武,则不纯

吉。因父有父母之丧，子不敢纯吉服，故戴吉凶二色相杂之冠。 ⑧缟冠，素纰，既祥之冠也：纰，音 pí，缘边。此谓戴白冠而又用白色镶边，这是大祥之后所戴的冠。祥，指大祥，人死二周年之祭名。 ⑨垂緌五寸，惰游之士也：垂緌，是指缟冠素纰之垂緌。按，惰游之士，即游手好闲而不务正业者，使之服此冠以耻之。 ⑩不齿：这是指那些不可教化的被放逐的人，因其不齿于人，故戴此冠以耻之。 ⑪居冠属武：居，谓闲居。属武，谓冠梁与冠圈是连缀在一起的，而不加緌饰，这是因为闲居时礼简而少威仪的缘故。若非闲居之冠，冠梁与冠圈是分开的，到需要戴的时候才连缀在一起。 ⑫自天子下达，有事然后緌：谓从天子以下一直到士，有事的时候戴的冠才缀有緌饰。 ⑬五十不散送：不散，谓送丧不散麻。麻指腰绖。腰绖缠于腰，多余部分任其散垂就叫做散，将多余的部分缠结于腰间而不散垂就叫做绞。或散或绞，要视丧礼的进行而变化。据礼，人始死三天之内当散垂，三天之后则当绞，到启殡后送葬时又当散垂，葬后则又当绞。人年五十岁，体力始衰，不必备礼，因此只绞而不散垂。 ⑭亲没不髦：参见《内则第十二》第 2 节注④。 ⑮大帛不緌：大帛，即疏帛，也就是粗疏的素缯。这是说，用粗疏的白缯做的冠不加緌饰。 ⑯玄冠紫緌，自鲁桓公始也：按，玄冠之緌不宜用紫色，为其非正色，而后世用之，则是从鲁桓公开始的。

15. 朝玄端，夕深衣，深衣三袪①，缝齐倍要②，衽当旁③，袂可以回肘④。长、中继揜尺⑤。袷二寸，袪尺二寸，缘广寸半⑥，以帛里布，非礼也⑦。士不衣织⑧。无君者不贰采⑨。衣正色，裳间色⑩。非列采不入公门⑪，振絺、绤不入公门⑫，表裘不入公门，袭裘不入公门⑬。纩为茧，缊为袍，禅为絅，帛为褶⑭。朝服之以缟也，自季康子始也⑮。孔子曰："朝服而朝，卒朔然后服之⑯。"曰："国家未道，则不充其服焉⑰。"唯君有黼裘以誓省，大裘非古也⑱。

[注释] ①深衣三袪：袪，音 qū，袖口。这是说大夫、士的深衣的腰围与

袖口的比例,袖口周长是二尺四寸,腰围则为七尺二寸,是袖口的三倍,故曰"三袪"。 ②缝齐倍要:齐,音 zī,指深衣的下边。倍腰,谓腰围七尺二寸,下边则为一丈四尺四寸。 ③衽当旁:衽,指裳两旁邪裁为上窄下宽形的布幅。按,深衣是一种上衣与下裳连为一体的衣服。其下裳是用六幅布裁分为十二幅再拼合缝制成的,其中八幅皆为正幅,前后各四,另四幅则邪裁,下宽而上窄,缝于裳的两旁名为衽,故曰"衽当旁"。 ④袂可以回肘:按,袂上下之宽二尺二寸,肘长尺二寸,故可以回肘。 ⑤长、中继掩尺:长,谓长衣;中,谓中衣。长衣、中衣都是穿在礼服之内的。之所以名称不同,是因为中衣是穿在吉服之内的,而长衣则是穿在凶服之内的,且中衣总是穿在内,而长衣在特殊情况下,如大夫遭丧而受聘,就应当暂脱去丧服而以长衣为外服,故不名为中衣。中衣、长衣之制大体与深衣同,唯衣袖的长短不同。深衣为闲居时之衣,故袖短,手掌可露于外,行动方便;长衣、中衣因衬在礼服之内,故其袖长当与礼服相称,所以相当于在深衣的袖口处另接一尺,以继袖长,使可掩覆手掌,即所谓"继掩尺"。 ⑥袷二寸,袪尺二寸,缘广寸半:这是兼深衣、长衣和中衣言之。袷,音 jié,即交迭于胸前的衣领,因是从颈的后项向前曲而下,故称曲领。这几句意思是,深衣、长衣、中衣的曲领之领边宽二寸,袖口宽一尺二寸,衣的镶边宽一寸半。 ⑦以帛里布,非礼也:这是说,外服是布,而用帛为中衣,穿在里面,即所谓"以帛里布",这样是很不相称的,因此也是不符合礼的。 ⑧士不衣织:此处的织,是指先染丝而后织以为缯者。因为这样的衣服费功多而颜色重,士的地位低贱,不可以穿,只有大夫以上才可以穿。士只可以穿素丝先织而后再染色的缯做的衣服。 ⑨无君者不贰采:无君者,是指辞官位而离国的人,这种人不可穿两种颜色的衣裳,故曰"不贰采"。 ⑩衣正色,裳间色:正色,谓五方之色,即东方青色,南方赤色,西方白色,北方黑色,中央黄色。间色,杂色。此谓上衣要用正色,下裳则可用杂色。 ⑪非列采不入公门:列采,指正服之色,在此指代正服。谓不穿正服不可进入国君的门。 ⑫振絺、綌不入公门:振,通"袗",单。穿单絺、綌做的衣之所以不得入公门,是因为会显露出人体的轮廓。 ⑬表裘不入公门,袭裘不入公门:裘,皮袄。袭,是说皮裘穿在里面,而外面罩以礼服。这两句意思是,皮袄穿在外面不可进入国君的门,用礼服完全遮掩住里面的皮袄也不可进入国君的门。前者因其亵而不洁,后者则因不合于朝君之礼。按,朝君之礼,以裼为敬,即当开正服前襟而露出里面的裼衣,此则袭而揜之,是不合于礼的(详可参见《曲礼下第二》第1节注⑰)。 ⑭纩为茧,缊为袍,禅为䌹,帛为襎:纩,音 kuàng,指新丝绵絮。缊,音 yùn,新旧混合的绵絮。䌹,音 jiǒng,单衣。襎,音 dié,夹衣。这几句意思是,用新丝绵做的衣服叫做茧,用新旧混合的绵絮做的衣服叫做袍,无衬里的禅衣叫做䌹,用帛做的夹衣叫做襎。 ⑮朝服之以缟也,自季康子始也:缟,白色的生丝绢。按,朝服当用布做成,这里不用布而用缟,是不符合古制的。季康子,鲁国三家最大的贵族之一(参见《郊特牲第十一》第9节注②)。 ⑯朝服而朝,卒朔然后服之:朔,谓告朔礼(参见第1节注⑤)。卒朔,谓告朔礼结束。按,行告朔礼当穿皮弁服,告朔礼结束后脱去皮弁服,而穿朝服上朝。因此这两句的意思是,穿朝服而上朝,是在每月初一行过告朔礼之后。 ⑰国家未道,则不充其服焉:未道,实即无道。不充,犹言不穿。按,这两句仍是孔子的话,意思是,国家无道,就不穿这个国家的朝服。 ⑱唯君有黼裘以誓省,大裘非古也:黼裘,是用羔和狐白杂为黼文的皮衣。省,當爲"狝"。狝,秋田。意思是,只有国君才穿黼裘誓戒众人而举行秋季的田猎之礼,穿大裘是不符合古制的。

16. 君衣狐白裘,锦衣以裼之①。君之右虎裘,厥左狼裘②。士不衣狐白③。君子狐青裘,豹褎,玄绡衣以裼之④;麛裘,青豻褎,绞衣以裼之⑤;羔裘,豹饰⑥,缁衣以裼之;狐裘,黄衣以裼之⑦。锦衣狐裘⑧,诸侯之服也。犬、羊之裘不裼⑨。

[注释]①锦衣以裼之:锦衣,是指以素锦为衣。裼,指加在狐裘外的罩衣。 ②君之右虎裘,厥左狼裘:君之右、厥左,指在君左、右的卫士。虎裘、狼裘,即虎皮袄、狼皮袄。 ③士不衣狐白:按,因为狐之白者少而贵,故只有国君才可穿,士贱则不得穿。 ④君子狐青裘,豹褎,玄绡衣以裼之:君子,这里指大夫、士。狐青裘,青色狐皮袄。豹褎,用豹皮做衣袖;褎,是"袖"的古字。绡,轻而薄的生丝织品。玄绡衣以裼之,谓用玄色的绡衣做裼衣。

⑤麛裘,青犴褎,绞衣以裼之:麛,幼鹿。犴,音àn,北方的一种野狗。绞衣,绞,音xiáo,苍黄色,用苍黄色的缯做的衣。 ⑥褎:犹"袂"(袖)。 ⑦黄衣以裼之:按,自"麛裘、青犴褎,绞衣以裼之"至此,是说君子或可穿的各种皮裘。 ⑧锦衣狐裘:锦,谓素锦。这里是说用素锦衣做狐皮袄的裼衣。 ⑨犬、羊之裘不裼:按,犬、羊皮袄,是庶人所穿,其质地粗略,无须文饰,因此也就不必加裼衣。

17. 不文饰也不裼①。裘之裼也,见美也②。吊则袭,不尽饰也③。君在则裼,尽饰也④。服之袭也,充美也⑤。是故尸袭,执玉圭袭⑥。无事则裼,弗敢充也⑦。

[注释]①不文饰也不裼:意思是,不加文饰就无须加穿裼衣。 ②裘之裼也,见美也:裼,原误作"饰"。裼,这里是袒裼、袒露之义。见美,按,裼衣上还加有正服,这里是指开正服前襟以见裼衣的文饰之美。君子在一般情况下,以见美为敬。 ③吊则袭,不尽饰也:袭,掩而不开之谓,即掩好外面的正服,而不露出里面的裼衣之美。尽饰,意思是,尽文饰之道以为敬。按,礼有以裼为敬者,也就是以文饰为敬者,如臣见君则当裼,也就是开正服前襟而露出里面漂亮的裼衣。也有以袭为敬者,如子见父母以质为敬,故当袭,即掩好正服而不露出里面的裼衣。这里所记是丧礼,丧主哀,故敬不在美,所以就要掩好正服前襟,不显露裼衣的文饰,即所谓"不尽饰"。 ④君在则裼,尽饰也:君在,是说在国君面前。在国君面前则以裼为敬,故当尽文饰之美,故曰"尽饰也"。 ⑤服之袭也,充美也:充,犹覆。按,这里是指在盛礼的场合,以质为敬,故当袭以充美,即如下文所说"尸袭,执玉圭袭"(参见下注)。 ⑥是故尸袭,执玉圭袭:尸,在此作动词,谓充当尸。玉圭,这是最贵重的玉器,只有在十分庄重的场合,如作为使者出使异国而向异国之君进献玉圭,这时就必须袭。这两句意思是,充当尸的时候应当掩好正服前襟,拿玉圭的时候应当掩好正服前襟。 ⑦无事则裼,弗敢充也:无事,是指在一般情况下,也就是不当盛礼或特别庄重的场合,当以裼为敬,故不敢充(掩覆)其美。

18.笏,天子球玉,诸侯以象,大夫以鱼须文竹,士竹本象可也①。见于天子,与射,无说笏②。入大庙说笏,非古也③。小功不说笏,当事免则说之④。既搢必盥,虽有执于朝,弗有盥矣⑤。凡有指画于君前,用笏⑥。造⑦受命于君前,则书于笏。笏,毕用也,因饰焉⑧。笏度二尺有六寸,其中博三寸,其杀六分而去一⑨。

[注释]①"笏"至"可也":这几句是说,等级不同,所执笏的用材不同。球玉:即美玉。天子的笏是用美玉制作的。象,象骨。鱼须文竹,鱼指海产之鲛鱼(也就是鲨鱼);须,是"颁"字之误,"颁"与"班"通,而"班"又通"斑";鲛鱼皮有斑纹,可以为饰,故大夫用之以饰笏。这是说,大夫的笏是用竹子做的而用有斑纹的鲛鱼皮做装饰。士笏也是竹子做的,而下端可以用象骨装饰,故曰"士竹本象可也"。 ②见于天子,与射,无说笏:说,通"脱"。意思是,朝见天子,参加射箭比赛,笏不离身。 ③入大庙说笏,非古也:意思是,进入国君的太庙不带笏,不符合古礼。 ④小功不说笏,当事免则说之:小功,丧服的第四等,是较轻的丧服。免,在此指悲哀哭踊之时。这两句意思是,服小功之丧,笏可以不离身,但当必须哭踊的时候就可以去掉笏了。 ⑤既搢必盥,虽有执于朝,弗有盥矣:意思是,把笏插进绅带之后必须洗手,这样即使在朝廷上需要拿笏,也无须再洗手了。 ⑥用笏:即用笏指画。 ⑦造:到,去。 ⑧笏,毕用也,因饰焉:毕用,谓每事皆用,主要指用之于记录。饰,谓对笏加以装饰,借以区别上下等级。 ⑨"笏度"至"而去一":按,天子、诸侯从笏的中部以上渐渐稍杀(窄),至上端则去掉三寸的六分之一,余有二寸半。大夫、士的笏又从中以下渐杀,至下端亦去掉三寸的六分之一。这几句意思是,笏长二尺六寸,它的中间部分宽三寸,天子、诸侯的笏从中部往上渐窄,大夫、士的笏从中部往下渐窄,窄头比中部减少三寸的六分之一。

19.而素带,终辟①。大夫素带,辟垂②。士练带,率,下辟③。居士④锦带。弟子缟带⑤。并纽约用组⑥。

[注释]①而素带,终辟:按,此句之上当有"天子素带,朱里,终辟",脱错在后(见第23节)。"而素带,终辟",说的是诸侯之制。辟,通"裨",音 bì,谓以彩缯饰带之侧。素,是熟绢。终,竟。终辟,谓终竟此带尽缘饰其边。②垂:指带下剩余而垂以为饰的部分。 ③士练带,率,下辟:练,指经过煮涑的缯。率,音 lǜ,通"繂",谓缠缉,即编为辫状。这句意思是,士系缯带,带两侧编为辫状,带的下端饰以镶边。 ④居士:不做官的士。 ⑤缟带:白色生丝带。 ⑥并纽约用组:并,皆,都。纽约,纽是带的交结处。合并其纽,用丝绳约之,则不可解。这是说从天子至弟子,都是用丝绳拴系交结处。

20. 韠,君朱,大夫素,士爵韦①。圜,杀,直②。天子直。公侯前后方。大夫前方,后挫角。士前后正③。韠,下广二尺,上广一尺,长三尺。其颈五寸,肩、革带博二寸④。

[注释]①"韠"至"韦":韠,音 bì,即蔽膝,系于腰两侧,而向下遮蔽两腿。爵,通"雀",谓如雀头的颜色,赤而微黑。韦,是说韠是用熟牛皮做的。②圜,杀,直:圜,同"圆"。这里是说韠的形制,有削上端两侧之角而为圆形的,有裁杀斜角而为方角的,有上下直裁的。 ③"天子"至"后正":按韠的下端为前,上端为后。又,韠之制,长三尺,上宽一尺,下宽二尺。天子自上之左右角宽一尺处,斜裁至下之左右角宽二尺处,尽其所裁,斜下而中无所屈,故曰"直"。诸侯自上之左右角正裁而下,至五寸止,止处宽一尺;自下之左右角正裁而上,至五寸止,止处宽二尺;又自上五寸之下宽一尺处斜裁至下五寸之上宽二尺处止,上下各有五寸不斜裁,故曰"方"。大夫自下之左右角正裁而上,至五寸止,止处宽二尺,就此宽处左右斜裁之至上左右角宽一尺处,尽其上端之左右及左右之两边,各削一寸,去其两角,其下端裁方与诸侯同,上端不裁方,只削其两角,故曰"圜"。士之下端左右角亦方裁,上至五寸而止,止处二尺,亦就止处斜裁至上端宽一尺处,尽如大夫,但不削圜二角,后直而前方,故曰"前后正"。总之,这几句话的意思是,天子的韠是从下端向上端直裁的。公侯的韠是下端和上端都裁成方角的。大夫的韠下端裁成方角,上端

则削去两角而为圆形。士的韠下端和上端都是正裁。 ④其颈五寸,肩、革带博二寸:按,韠之上端宽一尺,其中央部分宽五寸处为颈,两端各二寸处为肩。革带,是系于腰间、衣外之带。腰间、衣外除大带,还系有革带,韠即系于革带。

21. 大夫大带①四寸。杂带,君朱绿,大夫玄华,士缁辟②。二寸,再缭四寸③。凡带有率,无箴功④。

[注释]①大带:古代贵族礼服所用带。按,礼服之带有革带、大带之分。革带以系佩及鞁(即韠),大带则加于革带之上,用素或练制成,即大夫以上以素(白色生绢),士则以练。大夫之大带宽四寸,士之大带宽二寸。②杂带,君朱绿,大夫玄华,士缁辟:杂:犹饰。朱绿,带之上段为朱而下为绿。玄华,带之表为玄而里为华,华谓黄色。缁辟,谓内外皆缁。这几句意思是,带的装饰,国君上红下绿,大夫外黑内黄,士内外都饰以黑色。 ③二寸,再缭四寸:二寸,指士的带宽。缭,绕。再绕,谓绕腰两匝。意思是,士的带宽二寸,绕腰两匝也就是四寸了。 ④凡带有率,无箴功:率,通"繂",谓编为辫状(参见19节注③)。箴,后作"针"。无箴功,是说针线细密,不见用针之功。这两句意思是,凡带有编为辫状的地方,针线的痕迹都细密得好像没有用过针线一样。

22. 一命缊韍,幽衡①;再命赤韍,幽衡;三命赤韍,葱②衡。

[注释]①一命缊韍,幽衡:一命,谓士。按周代官爵的等级,有一命、再命,至九命,最高为九命,最低为一命。缊,音 wēn,赤黄色。韍,音 fú,亦即韠,因是穿祭服时所系,故异其名。幽,通"黝",黑色。衡,亦作"珩",佩玉上部的横杠可系处。 ②葱:青绿色。

23. 天子素带,朱里,终辟①。

[**注释**]①按此节当置于第19节之首,脱错于此。意思是,天子系白色熟绢带,带里子是红色的,带从头到尾都有镶边。

24. 王后袆衣①,夫人揄狄②。

[**注释**]①袆衣:袆,音 huī。袆衣,王后的祭服名,其服素底而画有彩色羽毛的雉(野鸡)为饰。 ②揄狄:亦作"摇翟",音同互通,是国君夫人的祭服名,其服青底而画有彩色羽毛的雉以为饰。

25. 三寸①,长齐于带②。绅长制③,士三尺,有司④二尺有五寸。子游曰:"参分带下,绅居二焉⑤。"绅、韠、结三齐⑥。

[**注释**]①三寸:这是指系带的纽和丝绳的宽度。 ②长齐于带:这是说丝带下部的长度与绅带齐。按,此处的带即指绅带之余而下垂为饰的部分。 ③绅长制:犹言绅长的规格。 ④有司:谓府、史之属,皆主人自除之吏。 ⑤参分带下,绅居二焉:按,人长八尺,大带之下四尺五寸,分而为三,绅居二分焉,则绅长三尺。 ⑥绅、韠、结三齐:结,谓结其余。意思是,绅长、韠长、系纽的丝绳下余部分的长,三者等齐。

26. 君命屈狄①。再命袆衣②。一命襢衣③。士褖衣④。唯世妇命于奠茧⑤,其他则皆从男子⑥。

[**注释**]①君命屈狄:君,指女君,是子男之妻。屈,亦作"阙"。屈狄,是子男之妻的祭服,服上缝缀有用缯剪成的雉形图案。这句意思是,受有爵命的子男之妻祭祀时穿屈狄。 ②再命袆衣:袆,是"鞠"字之误也。按,子男之卿再命,其妻得服鞠衣。鞠衣是一种如初生的嫩桑般黄色的衣,是子男的卿之妻的祭服。这句意思是,受二命的子男之卿之妻祭祀时穿鞠衣。 ③一命襢衣:襢,音 tǎn,同"袒"。子男之大夫一命,其妻得服襢衣;因其衣坦然正白

而无文采,故名。这是说,受一命的子男的大夫之妻祭祀时穿禪衣。 ④褖衣:褖,音tuàn。褖衣,是一种黑色而镶赤边的衣裳,是士之妻祭祀时所穿。 ⑤唯世妇命于奠茧:世妇,位卑于夫人(诸侯之正妻)。按,世妇虽已被命,犹不得即服命服,必须入助蚕事,蚕事毕,献茧多而功大,更须君亲命之著服,才得服,故云"命于奠茧"。奠茧,犹言献茧。 ⑥其他则皆从男子:男子,即子男。谓其他方面享受的待遇都依从其子男之夫的爵位。

27. 凡侍于君,绅垂①,足如履齐②,颐霤③,垂拱,视下而听上④,视带以及袷⑤,听乡任左⑥。

[注释]①凡侍于君,绅垂:这是说陪侍君子时,不可昂首挺胸,而要弯腰使绅带下垂。 ②足如履齐:齐,音zī,裳下部的缉边。履,踩踏。按,因弯腰陪侍君,则裳的前缉边挨地,就像脚要踩着裳的缉边似的,故曰"足如履齐"。 ③颐霤:颐,即俗所谓下巴。霤,指屋檐。这里意思是说,陪侍君时,要低头而使下巴下垂如屋檐。 ④垂拱,视下而听上:垂拱,谓两手重合而下垂,表示恭敬。视下而听上,是说目光要下视,而当听国君说话时就要扬首谛听。 ⑤视带以及袷:袷,谓交领。这是说,看国君时目光只能注视衣带以上到衣领的地方。 ⑥听乡任左:乡,通"向"。任左,按因为人的右耳目不如左耳目明,故任左,即用左耳听,以表示听得十分仔细认真。这句意思是,听国君说话的时候要使左耳侧向前。

28. 凡君召以三节①:二节以走,一节以趋②。在官不俟屦,在外不俟车③。

[注释]①节:是君派使者召臣所持的信物,凡三节,用玉做成,其形制不详。 ②二节以走,一节以趋:走,疾趋,奔跑。趋,疾行。这是说,用二节召臣臣就要快跑前往,用一节召臣臣就快走前往。 ③在官不俟屦,在外不俟车:意思是,臣如果在朝中官署,不等到穿好鞋就赶紧前往;臣如果在朝外家中,不等到备好车马就赶紧前往。

29.士于大夫,不敢拜迎,而拜送①。士于尊者先拜,进面,答之拜,则走②。士于君所言大夫,没矣则称谥若字,名士③;与大夫言,名士,字大夫④。

[注释]①不敢拜迎,而拜送:按,士卑于大夫,若迎拜,则恐烦大夫答拜。若地位相同,则当迎拜。但大夫离去时则当行拜礼相送。 ②"士于"至"则走":进面谓进门见尊者。这几句意思是,士如果前往访见位尊者,就当先在门外行拜礼,然后进去见尊者,尊者如果答拜,就应当跑到一边避开,以示不敢当。 ③"士于"至"名士":没,通"殁",死。若,或,或者。这几句意思是,士在国君面前谈起大夫,如果大夫已经死了就称他的谥号,或称他的字,而士自称名。 ④与大夫言,名士,字大夫:意思是,士同大夫谈话,士自称名,而对大夫称字。

30.于大夫所有公讳,无私讳①。凡祭不讳②,庙中不讳③,教学临文不讳④。

[注释]①于大夫所有公讳,无私讳:所,处所,地方,这里是指在大夫之所,也就是在大夫面前。公讳,谓君讳。私讳,谓大夫的家讳。这两句意思是,在大夫面前要避君讳,而不避大夫家的私讳。 ②凡祭不讳:这是指祭祀读祝祷辞的时候可以不避讳。 ③庙中不讳:这是指在庙中读祝祷辞的时候可以不避讳。 ④教学临文不讳:这是指教或学面对书中的文字诵读时可以不避讳。

31.古之君子必佩玉,右徵、角,左宫、羽①,趋以《采齐》②,行以《肆夏》③,周还中规,折还中矩,进则揖之,退则扬之④,然后玉锵鸣也⑤。故君子在车则闻鸾和之声⑥,行则鸣佩玉,是以非辟之心⑦,无自入也。君在不佩玉,左结佩,右设佩⑧;居则设佩,朝则结佩⑨;齐则绪结佩⑩,而爵韠。凡带必有佩玉,唯丧否。佩玉有冲牙⑪。君子无故玉不去身。君子于玉,比德焉。天子佩白玉而玄组绶⑫。公侯佩山玄玉⑬而朱组绶。大夫佩水苍玉而纯⑭组绶。世子佩瑜玉而綦组绶⑮。士佩瓀玟而缊组绶⑯。孔子佩象环五寸而綦组⑰。

[注释]①右徵、角,左宫、羽:羽,原误作"月"。徵、角、宫、羽,皆属古代的五声音阶名(参见《乐记第十九》第4节注①)。 ②趋以《采齐》:这是路门外的乐节。门外当趋,即小步快走。《采齐》,古乐名,已佚。这句意思是,在路寝门外快步走时音乐演奏《采齐》。按,天子、诸侯的正寝又叫路寝,是处理政事的地方(参见《檀弓下第四》第49节注⑥)。 ③行以《肆夏》:这里的行,是指进入路门上堂的时候。《肆夏》,即《诗经·周颂》之《时迈》(参见《礼器第十》第31节注⑪)。 ④"周还"至"扬之":周还,谓转身。折还,谓转弯时。揖,谓身体如行揖礼时那样微俯。扬,谓仰。这几句意思是,转身的时候圆如规,拐弯的时候方如矩,前进时身体要微俯,后退时身体要微仰。⑤玉锵鸣也:谓佩玉发出锵锵的鸣声。 ⑥鸾和之声:鸾、和,皆车铃。按,鸾在衡(车辕前端架在牲口脖子上的横木),和在式(轼),车走动时鸾和皆会发出鸣声。 ⑦非辟之心:指非礼而邪僻的思想。 ⑧君在不佩玉,左结佩,右设佩:君在不佩玉,是就太子而言,君在,谓太子在君所。不佩玉,是说把玉佩拴结好,不使之发出声音。左、右之佩,指佩带木燧、大觽、小觽之类,以示孝事君上(参见《内则第十二》第2节)。这几句意思是,太子在国君面前不带佩玉,左、右两边都要佩带备国君有事时所须用的东西。 ⑨居则设佩,朝则结佩:居,谓太子从君前退下,到自己的燕寝居所。结佩,是指系结备国君有事需用的东西,如木燧及觽之类。这两句意思是,太子退处燕寝要带玉佩,朝见国君时就要再系结备国君有事时所需用的东西。 ⑩齐则绠结佩:齐,谓斋戒时。绠,音zhēng,屈曲,谓结其绶而又屈上之。意思是,斋戒的时候要把佩玉上的绶带挽结起来,使原来下垂的佩玉屈折向上。 ⑪佩玉有冲牙:按,佩玉实名杂佩,是由一组玉按一定方式连缀而成,其最上一块略似半圆形而圆弧朝上的叫做珩,珩的弧形的正中系以绶带,珩的下边正中和两端各系

一条丝绳,这三条丝绳的中间各贯有一玉珠,中间的玉珠最大,叫做瑀(音 yǔ),两旁的珠叫做琚(音 jū)。三条丝绳的末端亦各系有一块玉,正中的一块如等腰梯形的玉就叫做冲牙,两旁各有一块如半月形而其下角勾向内侧的玉叫做璜,行动时璜的下角就会与冲牙下边的两角碰撞而发出鸣声来。 ⑫玄组绶:绶,丝带,古代用以系佩玉、官印、帷幕等。绶带的颜色常用以标志不同的身份与等级,故天子用玄组绶,即用玄色丝带做绶带。下文义仿此。 ⑬山玄玉:青黑如山色的玉。 ⑭纯:是"缁"字之误。 ⑮瑜玉而綦组绶:瑜,是玉之美者,故世子佩之。綦组绶,谓苍白色或青黑色的绶带。 ⑯瓀玟而缊组绶:瓀,音 ruán,似玉的美石。玟,音 mín,美石。瓀玟,即指似玉的美石。缊,音 wēn,赤黄色。 ⑰孔子佩象环五寸而綦组:意思是,孔子佩带五寸的象骨环,而系以杂色的绶带。

32. 童子之节①也,缁布衣,锦缘,锦绅,并纽②,锦束发,皆朱锦③也。肆束及带④,勤者有事则收之,走则拥之⑤。童子不裘,不帛,不屦绚,无缌服,听事不麻⑥,无事则立主人⑦之北,南面。见先生,从人而入⑧。

[注释]①节:礼节。 ②并纽:谓绅带的交接处用纽并结在一起。 ③皆朱锦:谓以上诸物所用锦都是朱色的。 ④肆束及带:肆,音 yì,通"肄","余,多余。肄束,谓纽结之余。意思是,系纽丝带的剩余部分以及下垂的绅带。 ⑤勤者有事则收之,走则拥之:勤者,是指有活要干,有事情要做的时候。走,指需要快跑的时候。拥,抱。意思是,如果有事情要做,就用一只手将下垂的绅带挽起来,需要快跑的时候就用双手抱住绅带。 ⑥"童子"至"不麻":绚,音 qú,鞋头上的装饰,有孔,可以穿系鞋带。无缌服,谓不服缌麻之丧,因为儿童未能习礼,且缌麻之丧轻,故父在,则不服缌服。如果父亲死了,则当服本服,也就是该服何等丧服就服何等丧服。不麻,谓不服麻绖带。这几句意思是,儿童不穿皮衣,不穿帛衣,不穿鞋头上有装饰的鞋,不服缌麻之丧,听大人吩咐为丧事做事也不系麻绖带。 ⑦主人:谓丧主人,亦即主丧人。 ⑧见先生,从人而入:先生,谓老师。童子不能独自为礼,若往见师,只

能随大人而入。

33. 侍食于先生、异爵者①,后祭,先饭②。客祭,主人辞曰:"不足祭也。"③客飧,主人辞以"疏"④。主人自置其酱,则客自彻之⑤。一室之人,非宾客,一人彻⑥。壹食之人,一人彻⑦。凡燕食,妇人不彻⑧。

[注释]①侍食于先生、异爵者:侍食,谓陪侍尊者吃饭。异爵者,谓爵位尊于己者。 ②后祭,先饭:后祭,谓后行食前祭礼,这是表示此馔不为己设。先饭,这是先为尊者尝食。 ③客祭,主人辞曰"不足祭也":客祭,谓客人行食前祭礼,这有表示感谢主人的饭菜丰盛的意思。主人辞,是主人自谦饭菜粗疏,不值得祭。 ④客飧,主人辞以"疏":飧,指已饱之后再用汤水泡饭吃,表示赞美主人的饭菜好吃。疏,谓饭菜粗疏,不值得饱食。这是主人谦虚的话。 ⑤主人自置其酱,则客自彻之:意思是,如果饭前是主人亲自为客人设酱,饭后客人就要亲自把酱撤下去。 ⑥一室之人,非宾客,一人彻:一室之人,谓同事而共居者。一人,谓年少者。意思是,如果是住在一个寝室的同事,而不是宾客,饭后就由年少者一人撤除餐具。 ⑦壹食之人,一人彻:壹,犹聚。一人,亦指年少者。 ⑧凡燕食,妇人不彻:燕食,谓家常吃饭。妇人不彻,按,这是因为妇人体质弱,不胜礼事。

34. 食枣、桃、李,弗致于核①。瓜祭上环,食中,弃所操②。凡食果实者,后君子③;火孰者,先君子④。

[注释]①致于核:即谓委弃之,即把核扔在地上。 ②瓜祭上环,食中,弃所操:环,谓削瓜似环。上环,谓近瓜蒂处。按,吃瓜亦须行食前祭礼。这几句意思是,吃瓜前要将瓜的上端削成环状行祭礼,吃瓜的中部,抛弃用手拿的一端。 ③后君子:按,古人于药及饭食,皆当为尊者尝之,以防有毒害。但瓜果乃生成之物,不可能有毒害,故当让尊者先食,而己则在尊者之后食。 ④火孰者,先君子:凡经加工用火烧熟的食物,则当先为尊者尝之。

35. 有庆,非君赐不贺①。有忧者②。

[注释]①有庆,非君赐不贺:意思是,有喜庆的事,如果不是获得国君的赏赐,就不庆贺。 ②有忧者:按,"者"下文亡缺,不成句,意思不明。

36. 勤者有事则收之,走则拥之①。

[注释]①按,这是第32节之文,重出于此。

37. 孔子食于季氏,不辞,不食肉而飧①。

[注释]①"孔子"至"而飧":不辞,谓不行推辞之礼。不食肉而飧,按,凡为客之礼,吃饭前当先起身推辞,吃时则当先吃肉块,并依次而吃其他食物,一直到吃饱,再行飧礼,即吃三口水泡饭(参见第10节)。然而孔子在季氏家吃饭,既不辞,又不食肉而飧,必是季氏进食失礼,孔子以此讥之。

38. 君赐车马,乘以拜①;赐衣服,服以拜。赐,君未有命,弗敢即乘服也②。君赐,稽首,据掌致诸地③。酒肉之赐,弗再拜④。凡赐,君子与小人不同日⑤。

[注释]①乘以拜:要乘着前去拜谢君。下文义仿此。 ②赐,君未有命,弗敢即乘服也:意思是,君赏赐的车服,君没有下命令,就不敢乘,不敢穿。 ③据掌致诸地:据掌,谓以两手撑地。致诸地,是说头要触地。按,这是说稽首礼的行法。 ④酒肉之赐,弗再拜:意思是,如果君赐给酒肉,行了拜谢礼接受之后就无须再次前去拜谢了。 ⑤凡赐,君子与小人不同日:意思是,凡君行赏赐,赏赐君子和赏赐小人不在同一天。

39. 凡献于君,大夫使宰①,士亲,皆再拜稽首送之②。膳于君,有荤、桃、茢③。于大夫去茢,于士去荤。皆造于

膳宰④。大夫不亲拜⑤，为君之答己也。

[注释]①宰：大夫的家宰，即家臣头子。　②皆再拜稽首送之：按，这里有两层意思：大夫遣宰时，当向宰行再拜稽首礼以送之，这是其一；宰和士献物于君，并非亲献于君，而是交付给君门前的小臣转交给君，交付小臣后，宰和士皆当向小臣行再拜稽首礼以表相送，这是其二，故曰"皆再拜稽首送之"。　③膳于君，有荤、桃、茢：膳于君，谓进献美食于君。荤、桃、茢，皆避凶邪之物。荤，音 hūn，谓辛物，如姜、葱之类。桃谓桃枝。茢，音 liè，即笤帚。意思是，献美食给君，要同时送上辛物、桃枝和笤帚。　④皆造于膳宰：造，往，到。膳宰，本指为国君掌饮食的官，此处泛指为君、大夫、士掌饮食之官。这句意思是，食物都献到食官膳宰那里。　⑤大夫不亲拜：拜，谓行拜送礼。按，古人送物予人，物送出后当向受物者行拜礼，这叫拜送礼。对方受物前则当先行拜礼，而后接受之，这叫拜受礼。这里是说大夫馈送美食后，不亲去向君行拜送礼，原因是怕烦君回拜礼，即下文所谓"为君之答己也"。

40. 大夫拜赐而退①。士待"诺"而退②；又拜，弗答拜③。大夫亲赐士，士拜受，又拜于其室④。衣服，弗服以拜⑤。敌者不在，拜于其室⑥。凡于尊者有献，而弗敢以闻⑦。士于大夫不承贺，下大夫于上大夫承贺⑧。亲在，行礼于人称父。人或赐之，则称父拜之⑨。

[注释]①大夫拜赐而退：拜赐，是指大夫前往拜谢君昨日之赐。按，拜赐时，是在君门前向小臣说明来意，当小臣要进去向君报告时，大夫即行拜礼而后退，恐烦君得报后召己答拜。　②士待"诺"而退：士卑，君不答拜，故士在君门前行过拜礼之后，要等小臣进去向君报告而后出来向士转告君之"诺"（即今所谓"知道了"），再退去。　③又拜，弗答拜：这是补记士退去之前之礼。谓士退去之前还当行拜礼，以感谢君的回话，君终不答拜。　④大夫亲赐士，士拜受，又拜于其室：这几句意思是，大夫亲自到士家赏赐士，士行拜礼接受，还要到大夫的家里去拜谢。　⑤衣服，弗服以拜：意思是，大夫如果赐

衣服给士，士不穿着所赐之衣去拜谢大夫。按，这是与接受君赐不同之处，若君"赐衣服，服以拜"（见第38节）。 ⑥敌者不在，拜于其室：敌者，谓地位相同的人。意思是，赐物给地位相同的人而受赐者不在家，受赐者回来后就要到赐者家里去拜谢。 ⑦凡于尊者有献，而弗敢以闻：意思是，凡献物给尊者，则不敢直接说献给谁，而只能说送何物给尊者的属吏或随从者。 ⑧士于大夫不承贺，下大夫于上大夫承贺：意思是，士有喜庆的事不敢接受大夫的祝贺，下大夫对于上大夫则可以接受祝贺。按，这是因为士与大夫尊卑相差远，故士有喜庆的事不敢接受大夫的亲贺。下大夫与上大夫尊卑相差不远，故可承受其亲贺。 ⑨"亲在"至"拜之"：意思是，父亲在世，向人送礼就要用自己父亲的名义。如果有人赐给礼物，就要用自己父亲的名义拜谢。

41. 礼不盛，服不充①。故大裘不裼②，乘路车不式。

[注释]①礼不盛，服不充：充，覆。意思是，不当盛礼，礼服就要袒开前襟而不覆盖里面文饰美丽的裼衣（参见第17节）。 ②大裘不裼：大裘，天子祭天所服。不裼，谓不袒露裼衣。按，这是举例说明礼盛则服充。

42. 父命呼，"唯"而不"诺"，手执业则投之，食在口则吐之，走而不趋①。亲老，出不易方，复不过时②。亲癠，色容不盛，此孝子之疏节也③。父没而不能读父之书，手泽存焉尔④；母没而杯圈不能饮焉，口泽之气存焉尔⑤。

[注释]①"父命"至"不趋"：意思是，父亲使人叫儿子，儿子要答应"唯"而立即前往，不能只答应"诺"而不动身，如果有活计在手就要放下活计，如果有食物在口就要吐出食物，快跑而不是快走到父亲跟前。 ②亲老，出不易方，复不过时：意思是，双亲年老，自己外出前禀告过父母要去何处，外出后就不得改变所去的地方，以免父母召己而莫知所在，返回则不超过预定的时间。 ③亲癠，色容不盛，此孝子之疏节也：癠：音jí，疾病，生病。色容不盛，谓儿子面色忧虑而顾不上讲究仪容。此孝子之疏节，谓这只是孝子孝心

的粗略表现,还不足称至孝。 ④父没而不能读父之书,手泽存焉尔:父亲死了,而不忍心读父亲读过的书,因为有父亲生前拿书的手迹存留在上面。⑤母没而杯圈不能饮焉,口泽之气存焉尔:杯、圈,皆盛酒浆之器。圈,是木制的卮、匜之类。意思是,母亲死了,而不忍心用母亲生前用过的饮器,因为有母亲生前口液的气息存留在上面。

43. 君入门,介拂阑,大夫中枨与阑之间,士介拂枨①。宾入不中门,不履阈②。公事自阑西,私事自阑东③。

[注释]①"君入"至"拂枨":这是记两君相见入门之礼。君,此谓来访之宾。介,谓上介,由卿充任,是宾的第一副手。大夫,即大夫介,次于上介而尊于士介。助主君(被访国之君)迎宾的副手则称摈,相应地有上摈、大夫摈、士摈。此处唯言介(宾)、介,未言主君与摈,因知宾、介入门之礼,则主君与摈不言可知。又古代大门之制,门正中竖有一短木叫做阑,将门分为东西两半,阑高略低于车轴,故车可越其上而过。在阑与东西门框之间,即在当门东西两半的正中,各竖有一长木,叫做枨。宾主入门时,宾由阑西,当阑与西枨的正中;主君由阑东,当阑与东枨的正中。宾的上介紧随宾后而稍东,故曰"介拂阑",是拂阑的西侧。主君的上摈紧随主君之后而稍西,则当拂阑之东侧。宾的大夫介后于上介,而步宾之迹,亦由阑与西枨的正中入门,故曰"大夫中枨与阑之间"。主君之大夫摈亦步主君之迹。宾的士介后于大夫介而稍西,故曰"士介拂枨",是拂门的西枨。主君的士摈则拂东枨而入。这样宾的上介、大夫介、士介,与主君的上摈、大夫摈、士摈,入门时的路线正好逞一"八"字形,如所谓雁行。此即两君相见宾主入门之礼。因此,这几句的意思是,来访的国君从阑的西边入门,上介跟在后边而稍偏东挨着阑入门,大夫介跟在上介后边而从阑与西枨的正中间入门,士介跟在大夫介后边而稍偏西挨着西枨入门。 ②宾入不中门,不履阈:不中门,谓不走门的正中。阈,音 yù,门槛。不履阈,谓不踩着门槛。 ③公事自阑西,私事自阑东:意思是,因公事而来就从阑的西边入门,如因私事而来就从阑的东边入门。

44.君与尸行接武①,大夫继武,士中武,徐趋皆用是②。疾趋则欲发,而手足毋移③。圈豚行不举足,齐如流④。席上亦然⑤。端行颐霤,如矢⑥。弁行剡剡起屦⑦。执龟玉,举前曳踵,蹜蹜如也⑧。凡行容惕惕⑨,庙中齐齐⑩,朝廷济济翔翔⑪。

[注释]①接武:武,足迹。接武,谓一次举足迈出的距离只是足迹的一半,人的足迹一般长一尺二寸,是一次只迈出六寸的距离,这是因为尊者行步尚徐缓。以下大夫和士行走所迈出的距离依次加倍。按,这是指在君庙中行步之仪。　②大夫继武,士中武,徐趋皆用是:中,间隔。徐,慢行。趋,疾行,快走。意思是,大夫行走时要使后脚的脚尖与前脚的后跟相接,士行走时要使前后脚间隔一脚的距离,慢走和快走都用这种迈步法。　③疾趋则欲发,而手足毋移:发,起。按,这里不是指在庙中,而是说因他事行礼,手中不拿东西,需直身疾行时,就可不遵接武、继武、中武之法,而可如平常之迈步自如。这两句意思是,向前直行快走时脚就像抬起而不沾地,但手和脚不要左右摇摆游移不定。　④圈豚行不举足,齐如流:圈,转。豚,音 dùn,谓若有所循。齐,音 zī,裳下部的缉边。按,行走时不抬脚,循地而行,则裳的下边亦垂而下,则直如流水般,故曰"齐如流"。这两句意思是,循一定的路线转弯时不抬脚擦地而行,使裳的下边下垂如流水。　⑤席上亦然:谓走在席上而尚未坐下时也这样。　⑥端行颐霤,如矢:端,直。颐,下巴。霤,屋檐。这两句意思是,直行时要使下巴下垂如屋檐,而迈步直如射出的箭。　⑦弁行剡剡起屦:弁,急。剡,音 yǎn。剡剡,身起貌。意思是,急速行走的时候就像身子要离地腾起的样子。　⑧执龟玉,举前曳踵,蹜蹜如也:蹜,音 sù。蹜蹜,谓脚步小而快。这几句意思是,拿着龟甲和玉器的时候,要举起前脚掌而拽着脚后跟行走,显出脚步紧凑促狭的样子。　⑨凡行容惕惕:惕惕,直疾貌。意思是,凡行走在道路上要显出端庄而紧迫的神情。　⑩庙中齐齐:齐齐,恭悫貌。意思是,行走在庙中要显出恭敬虔诚的样子。　⑪朝廷济济翔翔:济济翔翔,庄敬貌。意思是,行走在朝廷上要显出矜庄恭敬的样子。

45. 君子之容舒迟,见所尊者齐遬①,足容重,手容恭,目容端,口容止,声容静,头容直,气容肃,立容德,色容庄,坐如尸,燕居告温温②。凡祭,容貌颜色如见所祭者。丧容累累,色容颠颠,视容瞿瞿梅梅,言容茧茧③。戎容暨暨,言容诎诎④,色容厉肃,视容清明。立容辨卑毋谄,头颈必中,山立,时行,盛气颠实扬休,玉色⑤。

[注释]①君子之容舒迟,见所尊者齐遬:舒迟,闲雅舒缓。齐,音 zī。遬,音速 sù。"齐"、"遬"二字在此义同,都是迅疾的意思。这两句意思是,君子的仪容闲雅而从容不迫,见到尊长的时候就要迅速迎侍,唯恐迟后。②"足容"至"温温":端,正。止,谓言有所止,不妄说。肃,谓如屏住呼吸一般,十分平静。告,谓教使人。这几句意思是,举步要稳重,抬手要恭敬,目不斜视,口不妄言,声不粗厉,头不偏邪,呼吸平静,站立时显出很有德行修养的样子,面色要矜庄,坐时如尸一样庄重,闲处而指使人的时候态度温和可亲。③"丧容"至"茧茧":累累,瘦病疲惫的样子。颠颠,神色忧思的样子。瞿瞿梅梅,目光显得模糊不清的样子。茧茧,说话声气细微的样子。 ④戎容暨暨,言容诎诎:戎容,谓在军中之容。暨暨,果敢刚毅的样子。诎,音 è。诎诎,严厉威重的样子。 ⑤"立容"至"玉色":辨,通"贬",谓自贬卑,也就是谦逊。谄,同"谄",谄媚。颠,通"填"。实,满。扬,通"阳"。休,同"煦"。这几句意思是,站立时要显出谦卑而又不谄媚的样子,头颈必须端正,要立得稳重如山,该行动时才行动,盛气充满体内而又如阳光一样和煦,面色温润如玉。

46. 凡自称,天子曰"予一人",伯曰"天子之力臣",诸侯之于天子曰"某土之守臣某"①,其在边邑曰"某屏之臣某"②,其于敌以下曰"寡人"③,小国之君曰"孤",摈者亦曰"孤"④。

[注释]①某土之守臣某:上"某",代封地名。下"某",代诸侯名。②某屏之臣某:上"某",地名。屏,藩屏,亦即藩卫之意。下"某",诸侯名。这句意思是,某地藩卫之臣某。 ③其于敌以下曰"寡人":意思是,诸侯对于同自己地位相等和地位在己之下的人自称"寡人"。 ④摈者亦曰"孤":按,诸侯朝见天子时有协助自己行礼仪的副手叫做介,为天子接待诸侯的人叫做摈者。诸侯到来时是先由介报告天子的摈者,摈者再向天子报告某诸侯的到来。小国的介向天子之摈者报告时称己君为"孤",因此摈者向天子报告时亦称之为"孤",故曰"摈者亦曰'孤'"。

47. 上大夫曰"下臣"①,摈者曰"寡君之老"②。下大夫自名,摈者曰"寡大夫"③。世子自名,摈者曰"寡君之適"④。公子曰"臣孽"⑤。士曰"传遽之臣",于大夫曰"外私"⑥。大夫私事使,私人摈则称名⑦,公士摈则曰"寡大夫"、"寡君之老"⑧。大夫有所往,必与公士为宾也⑨。

[注释]①上大夫曰"下臣":这是上大夫对本国国君自称"下臣"。②摈者曰"寡君之老":这是指上大夫作为使者出使他国时,主国之君设摈者接待之,主国的摈者向主君转达使者之介的原话,称上大夫为"寡君之老"。此处因文略,省去了介、摈传言的过程。下仿此。 ③下大夫自名,摈者曰"寡大夫":这是说,下大夫对国君自称名,出使他国时主国的摈者向主君传达介的话时称之为"寡大夫"。 ④世子自名,摈者曰"寡君之嫡":这是说,太子对国君自称名,出使他国时主国的摈者向主君传达介的话时称之为"寡君的嫡子"。 ⑤公子曰"臣孽":公子,谓诸侯之庶子。按,树干萌生旁枝曰孽,故借用为庶子之称。这里是说,国君的庶子对国君自称"臣孽"。 ⑥士曰"传遽之臣",于大夫曰"外私":传遽之臣,按,秦汉以后,凡急事速行,乘车曰传,乘马曰遽。传遽都是微贱小事,士位卑,故借以自称。又按,凡大夫家臣称"私",此士既不是大夫之臣,故对大夫称曰"外私"。 ⑦大夫私事使,私人摈则称名:这是说,大夫因私事到别国去,用自己的家臣做摈者,该摈者

向主国传言就称大夫的名。　⑧公士摈则曰"寡大夫"、"寡君之老"：公士，国君所命之士，即公家之士。如果大夫因公事而出使，就由国君派公士为他做介，于主国之宾馆对主国前来致礼者，则以宾馆之主人自居，故称"公士摈"。公士摈对主国传言则称大夫为"寡大夫"，或称"寡君之老"。　⑨大夫有所往，必与公士为宾也：有所往，谓出聘。大聘使上大夫，小聘使下大夫。按，公士为大夫之介，若对主国而言，则大夫与公士皆宾，故曰"与公士为宾"。

明堂位第十四

1.昔者周公朝诸侯于明堂之位①:天子负斧依②,南乡而立;三公中阶之前,北面,东上③;诸侯之位,阼阶之东,西面,北上;诸伯之国,西阶之西,东面,北上;诸子之国,门东,北面,东上。诸男之国,门西,北面,东上;九夷④之国,东门之外,西面,北上;八蛮之国,南门之外,北面,东上;六戎之国,西门之外,东面,南上;五狄之国,北门之外,南面,东上;九采之国,应门之外⑤,北面,东上;四塞,世告至⑥。此周公明堂之位也。明堂也者,明诸侯之尊卑也⑦。

[**注释**]①昔者周公朝诸侯于明堂之位:按,因为当时成王年幼,周公暂居天子之位,代理成王掌管朝政,故下文"天子"即指周公。但也正因周公只是代理天子而非正式的周王,为避嫌,所以不在宗庙而在明堂接见来朝诸侯。这里是讲周公在明堂接见诸侯时,天子及不同级别的诸侯们位置的排列。②天子负斧依,南乡而立:谓天子面朝南背靠斧依而立,也就是立在朝堂上的正中位(参见《曲礼下第二》第22节注①)。 ③三公中阶之前,北面,东上:中阶,按,堂的南边有三阶,东边的叫东阶,又叫阼阶,西边的叫西阶,中阶则在东西阶之间。这里是说,三公在堂下中阶前,面朝北而立,以东边的位置为

上位。　④九夷：泛指东方的少数民族。下八蛮、六戎、五狄，则分指南、西、北三方的少数民族。这里是指前来朝见天子（实即周公）的少数民族诸侯。　⑤九采之国，应门之外：按，采距王畿千里之外，但尚在九州之内。应门，在南门之内。明堂四面有门，南门之内又有应门。　⑥四塞，世告至：四塞，谓九州之外的夷狄。如果天子新即位或其国君易世，则一来朝告至，故云"世告至"。　⑦明堂也者，明诸侯之尊卑也：意思是，之所以叫明堂，是用来区别诸侯地位尊卑的。

2. 昔殷纣乱天下，脯鬼侯以飨诸侯①，是以周公相②武王以伐纣。武王崩，成王幼弱，周公践③天子之位以治天下。六年，朝诸侯于明堂，制礼作乐，颁度量而天下大服。七年致政于成王④。成王以周公为有勋劳于天下，是以封周公于曲阜，地方七百里，革车千乘⑤，命鲁公世世祀周公以天子之礼乐。是以鲁君孟春乘大路⑥，载弧韣旂十有二旒⑦，日月之章⑧，祀帝于郊，配以后稷⑨，天子之礼也。

　　[注释]①脯鬼侯以飨诸侯：鬼侯，亦作"九侯"，殷时的诸侯。按，鬼侯有个女儿长得很美，纳给了商纣王，但此女不好淫，于是纣怒而杀之，并把鬼侯也杀了而将其尸体做成肉脯，即所谓"脯鬼侯"。按，《史记·殷本纪》记载说是"醢九侯"，即做成肉酱，与此稍异。飨诸侯，即拿给诸侯们吃。　②相：助，协助，辅助。　③践：在此义为登基。　④致政于成王：把政权交还给成王。　⑤革车：古代兵车的一种。据说兵车有轻车和重车之分，作战时，轻车一乘，甲士步卒二十五人。重车一乘，甲士步卒七十五人。　⑥大路：是天子所乘之车。　⑦弧韣旂十有二旒：弧，张旗的竹弓。韣，音dú，弧外的布套。旒，是旌旗下边悬垂的饰物。　⑧日月之章：章，徽识。谓旗帜上绘有日月的图案做徽识。　⑨祀帝于郊，配以后稷：祀帝，谓祭祀天帝。配以后稷，谓祀天帝时用后稷配祭。按，只有天子才有资格祭祀天帝以后稷配祭，所以下文说"天子之礼也"。但鲁国可用此礼，这是周天子因周公的勋劳而赋予鲁国

的特权。

3.季夏六月,以禘①礼祀周公于大庙,牲用白牡②,尊用牺、象、山罍③,郁尊用黄目④,灌用玉瓒大圭⑤,荐用玉豆、雕篹⑥,爵用玉琖仍雕⑦,加以璧散、璧角⑧,俎用梡、嶡⑨。升歌《清庙》,下管《象》⑩,朱干玉戚⑪,冕而舞《大武》。皮弁,素积⑫,裼而舞《大夏》⑬。《昧》⑭,东夷之乐也。《任》,南蛮之乐也。纳夷蛮之乐于大庙,言广鲁于天下也⑮。

[注释]①禘:这里是指一种大祭祀之礼。 ②牡:雄性牲畜。 ③尊用牺、象、山罍:皆酒尊名。牺尊,尊作牺牛形。象尊,尊作大象形。山罍,尊上绘饰有山云之形。 ④郁尊用黄目:郁,即郁鬯。黄目,是一种用黄金镂饰的酒尊名。 ⑤玉瓒大圭:玉瓒,舀酒的玉杓。大圭,指圭形的杓柄。 ⑥篹:音suǎn,笾类盛物器。 ⑦玉琖仍雕:琖,"盏"的异体字。仍雕,仍,因,因爵之形为之雕饰。 ⑧加以璧散、璧角:加,谓献加爵。按,向尸行过九献之礼后,诸臣又献,是为加爵。璧散、璧角,皆谓以璧饰其口。按,散、角,皆饮酒器(参见《礼器第十》第8节注①)。 ⑨梡、嶡:梡,音kuǎn。嶡,音jué。梡、嶡,皆俎名,其形制,梡形四足如案,嶡则加横木于足中央为横撑。 ⑩升歌《清庙》,下管《象》:升歌,谓升堂而歌。《清庙》,《诗·周颂》之第一篇。下管,谓管在堂下吹奏。《象》,是一种武舞,此处指配合《象》武的乐曲。 ⑪朱干玉戚:干,盾牌。戚,斧。按,此处的斧皆指武舞(即下所谓《大武》舞)所用的道具。 ⑫皮弁、素积:皮弁谓皮弁服,素积指裳,是一种白色而腰间有折皱的裙。 ⑬裼而舞《大夏》:裼,谓袒露出上衣里面的裼衣(参见《曲礼下第二》第1节注⑰)。《大夏》,据说是夏后氏的舞名。 ⑭《昧》:及下《任》,皆传说中少数民族的乐名。 ⑮纳夷蛮之乐于大庙,言广鲁于天下也:这两句意思是,将夷人和蛮人的音乐吸收到太庙中,借以说明鲁周公的功德广施于天下。

4. 君卷冕①立于阼,夫人副、袆②立于房中。君肉袒③迎牲于门,夫人荐豆笾④。卿大夫赞君,命妇⑤赞夫人,各扬⑥其职,百官废职服大刑,而天下大服⑦。

[注释]①卷冕:身穿衮服而头戴冕(参见《郊特牲第十一》第28节注⑧)。 ②副、袆:副,是夫人的一种首饰,其形制已不可详。袆,即袆衣(参见《玉藻第十三》第24节注①)。 ③肉袒:谓露出右肩臂。 ④荐豆笾:荐,进。豆盛醢,故用以指代醢。笾盛脯,故用以指代脯。故此处实谓进上醢和脯。 ⑤命妇:谓天子的世妇(地位仅次于天子的夫人,参见《曲礼下第二》第19节注①),以及受有爵命的卿大夫之妻。 ⑥扬:举,这里有办好,执行好的意思。 ⑦而天下大服:谓通过祭祀而使天下敬服周公的功德。

5. 是故夏礿,秋尝,冬烝①。春社,秋省②,而遂大蜡③,天子之祭也④。

[注释]①夏礿,秋尝,冬烝:礿、尝、烝,皆宗庙祭名(参见《王制第五》第29节注①)。按,此处未言春祭名,《春秋》经中也未记鲁之春祭,可能因为鲁宗庙不行春祭之礼。 ②春社,秋省:社,谓祭祀社神,即土地神。省,音xiǎn,通"狝",秋季田猎名。 ③大蜡:祭名,即大蜡八之祭(参见《郊特牲第十一》第25节注①)。 ④天子之祭也:这些都是天子的祭礼。

6. 大庙,天子明堂①。库门,天子皋门。雉门,天子应门②。

[注释]①大庙,天子明堂:意思是,鲁国的太庙,相当于天子的明堂。②"库门"至"应门":这是将鲁侯之三门与天子之五门相对照,意思是,鲁的库门相当于天子的皋门,鲁的雉门相当于天子的应门(参见《王制第五》第40节注⑬)。

7. 振木铎于朝,天子之政也①。

[注释]①振木铎于朝,天子之政也:木铎,参见《月令第六》第17节注③。这两句意思是,在朝廷上摇响木铎然后发出号令,这是天子行政的方式。

8. 山节,藻棁①,复庙,重檐,刮楹②,达乡③,反坫,出尊④,崇坫,康圭⑤,疏屏⑥,天子之庙饰也⑦。

[注释]①山节,藻棁:参见《礼器第十》第16节注④。 ②复庙,重檐,刮楹:复庙,实即双重屋顶的庙。重檐,谓屋檐下又有屋檐与之相重。楹,柱。刮,谓以石磨柱,使之光泽。刮楹,谓庙堂的柱子都经过打磨。 ③达乡:乡,通"向",窗户,每室四门八窗,窗与门皆相对而通达,故曰"达乡"。 ④反坫,出尊:反坫,坫是两楹之间放置酒杯的小土台,因互相敬酒后,把空酒杯放还在坫上,故又名反坫。出尊,是说反坫的位置出于尊。按,反坫在尊的南边,堂上以北为内,以南为外,在外则为出,故曰"出尊"(参见《郊特牲第十一》第10节注⑧)。 ⑤崇坫,康圭:崇坫,比反坫高的小土台。康,安。前来朝聘的诸侯所授的玉圭,可安放于此崇坫上,故曰"康圭"。 ⑥疏屏:疏,刻。谓于屏上刻云气虫兽的图案。按,天子之屏设于大门外,诸侯之屏设于大门内,鲁用天子制,亦设屏于大门外。 ⑦天子之庙饰也:意思是,以上说的这些都是天子的庙饰。

9. 鸾车,有虞氏之路也①。鉤车②,夏后氏之路也。大路③,殷路也。乘路④,周路也。

[注释]①鸾车,有虞氏之路也:鸾车,是设有鸾、和二铃的车(参见《玉藻第十三》注⑥)。路,即车。 ②鉤车:鉤,同"钩",弯曲,谓车厢前的栏杆作弯曲状,故名。 ③大路:即木路(参见《礼器第十》第6节注⑦)。 ④乘路:谓玉路,即有玉饰的车。按,以上是记虞、夏、商、周四代天子所乘以祭天的车名。

10.有虞氏之旂①,夏后氏之绥②,殷之大白③,周之大赤④。

[注释]①旂:音 qí,这是一种绘有交龙图案的旗。 ②绥:通"緌",是一种旗杆顶端饰有牦牛尾的旗。 ③大白:即白色的旗。 ④大赤:即赤色的旗。按,以上是记四代天子之旗名。

11.夏后氏骆马黑鬣①,殷人白马黑首②,周人黄马蕃鬣③。

[注释]①骆马:白马而黑鬣叫做骆马。这是说,夏后氏乘有黑色鬣毛的白马。 ②殷人白马黑首:这是说,殷天子乘马头为黑色的白马。 ③周人黄马蕃鬣:蕃,赤色。这是说,周天子乘有赤色鬣毛的黄马。

12.夏后氏牲尚黑,殷白牡,周骍刚①。

[注释]①夏后氏牲尚黑,殷白牡,周骍刚:这里说的是夏、商、周三代祭祀用牲所崇尚的颜色。夏后氏祭祀用牲崇尚黑色,殷天子用白色雄性的牲,周天子用赤色雄性的牲。

13.泰①,有虞氏之尊也。山罍②,夏后氏之尊也。著③,殷尊也。牺、象④,周尊也。

[注释]①泰:是一种陶制的尊。 ②山罍:及下牺、象,参见第 3 节注③。 ③著:是一种无足的尊。 ④牺、象:谓牺尊、象尊,即尊体分别制为牺形、象形的尊。

14.爵,夏后氏以琖①,殷以斝②,周以爵。

[注释]①琖:谓玉琖(盏。参见第 3 节注⑦)。 ②斝:酒器名(参见

《礼运第九》第7节注③)。按这里是记三代天子所用酒器名。

15.灌尊,夏后氏以鸡夷①,殷以斝,周以黄目②。其勺,夏后氏以龙勺③,殷以疏勺④,周以蒲勺⑤。

[注释]①灌尊,夏后氏以鸡夷:灌,谓行灌礼,即以酒浇地(参见《礼器第十》第6节注③)。灌尊,即行灌礼所用以盛酒的尊。鸡夷,"夷"通"彝",因刻画鸡形于尊,故名。 ②黄目:参见第3节注④。 ③龙勺:勺的柄端为龙头形,故名。 ④疏勺:疏,刻镂。这是一种通体柄与柄端皆加刻镂的勺。 ⑤蒲勺:谓刻勺为凫头形,其口微开,如同蒲草之根合而末端微开,故名。按此节是记夏、商、周三代行灌礼酌酒所用勺名。

16.土鼓,蒉桴,苇籥,伊耆氏之乐也①。

[注释]①"土鼓"至"乐也":土鼓,蒉桴,参见《礼运第九》第5节注③。籥,参见《檀弓下第四》第57节注③。伊耆氏,参见《郊特牲第十一》第25节注②。这几句意思是,用土做鼓,抟土做鼓椎,用苇做籥,这是伊耆氏时候的乐器。

17.拊搏①、玉磬、揩击②、大琴、大瑟③、中琴、小琴,四代④之乐器也。

[注释]①拊搏:鼓名,用皮革中填糠做成,形如小鼓。 ②揩击:即柷、敔,分别参见《王制第五》第22节注③及《月令第六》第43节注⑤。 ③大琴、大瑟:是一种比一般的琴瑟要长而宽,且弦亦多的琴瑟。 ④四代:虞、夏、商、周。

18.鲁公之庙,文世室也。武公之庙,武世室也①。

[注释]①"鲁公"至"室也":鲁公之庙,指鲁国的开国之君、周公之子伯禽之庙。文,指周文王。室,即庙。世室,就是百世不迁毁的意思。武公之庙,指伯禽的玄孙鲁武公敖之庙。"武世室"之"武",指周武王。按,周尊文王、武王,故此二王之庙永不迁毁。鲁亦相应地有二公之庙不迁毁。这几句意思是,鲁公伯禽的庙,相当于周文王的庙而不迁毁。鲁武公敖的庙,相当于周武王的庙而不迁毁。

19.米廪,有虞氏之庠①也。序,夏后氏之序也。瞽宗,殷学也。頖宫,周学也②。

[注释]①米廪,有虞氏之庠:这是说鲁国的米廪,是有虞氏的庠,鲁国以有虞氏之庠为廪以藏祭祀用粮(即粢盛)。按,廪是粮仓,庠即学校(下"序"、"瞽宗"、"頖宫",皆学校名)。这是说鲁国立有有虞氏的庠,而以之兼做储放粢盛的粮仓。下文义仿此。 ②"序"至"周学也":这几句意思是,鲁国的序,就是夏后氏的序。鲁国的瞽宗,就是殷代的学校。鲁国的頖宫,就是周代的学校。

20.崇鼎①,贯鼎,大璜②,封父龟,天子之器也③。

[注释]①崇鼎:崇,及下"贯"、"封父"都是古国名,周伐其国而迁其重器,而分给同姓诸侯。 ②大璜:按,玉圆而扁平中有圆孔曰璧,璧从中剖开,其半即为璜。大璜,原本是夏后氏之器。 ③天子之器也:意思是,上面所说的崇国的鼎,贯国的鼎,夏后氏的大璜,封父国的龟,这些都是天子的重器。

21.越棘、大弓,天子之戎器也①。

[注释]①越棘、大弓,天子之戎器也:棘,即戟。意思是,越国的戟和大弓,是天子的兵器。

22.夏后氏之鼓足①,殷楹鼓②,周县鼓③,垂之和钟④,叔之离磬⑤,女娲之笙、簧⑥。夏后氏之龙簨虡⑦,殷之崇牙⑧,周之璧翣⑨。

[注释]①夏后氏之鼓足:足,谓四足。"鼓足"盖"足鼓"之倒文。意思是,夏后氏的有足的鼓。下文义仿此。 ②楹鼓:楹即柱,谓以柱贯穿鼓中而上下出头,可将鼓竖起而击之。 ③县鼓:县,通"悬"。县鼓,谓将鼓悬于簨虡(见下注)而击之。 ④垂之和钟:垂,人名,传说是舜时的共工(官名,即工官)。和钟,一种编钟。意思是,垂所制作的和钟。 ⑤叔之离磬:叔,人名,其详不可知。离磬,是一种悬挂时稀疏相离的磬。按,离磬亦属编磬。意思是,叔所作的离磬。 ⑥簧:参见《月令第六》第43节注⑤。 ⑦簨虡:悬挂钟磬的架子(参见《檀弓上第三》第77节注⑧)。 ⑧殷之崇牙:崇牙,殷的簨虡名,谓于簨上刻画为崇牙(突起如牙状)之形,故名。 ⑨周之璧翣:璧翣,是周的簨虡名。周人以缯为翣扇,上面绘饰图案,并载以小玉璧,下悬五彩羽毛,而挂于簨的两角,故名之为"璧翣"。按,此节记女娲、有虞氏及三代之乐器名,而鲁皆兼有之。

23.有虞氏之两敦①,夏后氏之四连②,殷之六瑚,周之八簋。俎,有虞氏以梡③,夏后氏以嶡,殷以椇④,周以房俎⑤。夏后氏以楬豆⑥,殷玉豆,周献豆⑦。

[注释]①敦:盛黍稷器(参见《内则第十二》第10节注③)。 ②连:有的本子作"琏"。按,此连与下瑚,皆盛黍稷器,其形制皆不详。 ③梡:及下嶡,皆俎名(参见第3节注⑨)。 ④椇:殷俎名。按,椇即枳椇(参见《曲礼下第二》第42节注⑥)。枳椇之木多曲,故借以形容殷俎足间横撑之曲,亦因之为俎名。 ⑤房俎:俎名,其形制已不可考。 ⑥楬豆:楬,音qià。楬豆,一种不加装饰的豆。 ⑦献豆:一种有刻饰的豆。按,此节记四代食器名,而鲁皆兼有之。

24. 有虞氏服韨①，夏后氏山②，殷火③，周龙章④。

[注释]①韨:音 fú。韠(蔽膝)用于祭服则名韨,质而无文饰(参见《玉藻第十三》第22节注①)。　②山:韨名,画饰以山形,故名。　③殷火:谓殷之韨又增饰以火的图案。　④周龙章:谓周之韨又增饰以龙的图案。按,此节记四代所用韨名制之异,而鲁皆兼有之。

25. 有虞氏祭首①，夏后氏祭心，殷祭肝，周祭肺。夏后氏尚明水②，殷尚醴，周尚酒。

[注释]①有虞氏祭首:谓有虞氏祭祀用牲畜的头以献神。下文义仿此。　②明水:即玄酒(参见《礼运第九》第28节注⑫)。按,此节记四代祭祀所用牲、酒之异,而鲁亦皆兼有之。

26. 有虞氏官五十，夏后氏官百，殷二百，周三百①。

[注释]①"有虞氏"至"三百":按此节记四代所设职官员数之异。据说鲁兼有四代之官。

27. 有虞氏之绥①，夏后氏之绸练②，殷之崇牙，周之璧翣③。

[注释]①有虞氏之绥:绥,参见第10节注②。意思是,有虞氏的丧旗旗杆顶端缀以旄牛尾。　②夏后氏之绸练:绸,是说用绸子包裹旗杆。练,指煮涷过的白色丝绢。这句意思是,夏后氏的丧旗旗杆用绸子包裹而旗的侧边饰以白色熟绢做的旒。　③殷之崇牙,周之璧翣:崇牙、璧翣,参见第22节。这两句意思是,殷人丧旗的侧边饰以缯制的牙边,周人的丧旗作翣扇形而上面装饰着小的玉璧。

28. 凡四代之服、器、官,鲁兼用之,是故鲁,王礼也,天下传之久矣①。君臣未尝相弑也②,礼、乐、刑、法、政、俗,未尝相变也,天下以为有道之国,是故天下资礼乐焉。

[注释]①是故鲁,王礼也,天下传之久矣:意思是,鲁国所行的礼,是王礼,即周天子之礼,关于这一点,天下人传闻已经很久了。 ②君臣未尝相弑也:谓鲁国的君臣没有发生过相互残杀的事。按,此及下文,都是对鲁国的夸饰之辞。后世学者皆以为此节所说意在盛美周公之德,然皆诬而不实,不可据信。

丧服小记第十五

1.斩衰,括发①以麻。为母,括发以麻,免而以布②。齐衰恶笄③以终丧。男子冠而妇人笄④;男子免而妇人髽⑤,其义,为男子则免,为妇人则髽⑥。

[注释]①括发:用麻从后项往前相交于额上,再向后绕而缠发为髻,这是小敛后尚未成服(未正式穿丧服)时的丧饰。　②免而以布:免,是一种戴在头上的丧饰(参见《檀弓上第三》第1节注①)。按,这是记为母服丧与为父的不同处。为父丧,在室中为尸体小敛,小敛后主人(主丧的孝子)括发,然后从室中抬尸至堂,这时主人要下堂向前来参加丧礼的宾客行拜礼,拜毕要到阼阶下就位而踊,然后上堂到东序的东边著绖带,再回到阼阶下主人之位,而其头饰仍然是括发而未变。如果为母丧,从小敛后括发,抬尸至堂,一直到子拜宾,都括发而与父丧不异,而在子拜宾之后,就要改括发为布免,就阼阶下之位而踊,此即为母与为父丧的不同处。　③恶笄:即丧笄,为母丧以榛木为笄。　④男子冠而妇人笄:冠,指丧冠。丧冠的形制,是用麻绳绕头为冠圈(即武),又用一条宽二寸的布(布上有三条纵向的折皱),从冠圈的前边(即前额处)覆至后项,缝缀在冠圈上,此即冠梁,亦简称冠。若为父服丧,就用六升布为冠,为母则用七升布为冠。按,古代布幅宽二尺二寸,径线八十缕(即八十根径线)为升,六升之布四百八十缕,七升之布五百六十缕,可见都是极粗疏的布。笄,指丧笄。为父以箭篾(小竹)为笄,为母则以榛木为笄。

⑤髽：音 zhuā，是一种妇女的丧髻。髽有两种：服斩衰用麻缠髽，服齐衰则用布缠髽，这两种又都称为露紒（露着的发髻）。　⑥其义，为男子则免，为妇人则髽：意思是，其意义，就在于表明是男子就著免，是妇人就束髽髻，以此来分别男女而已。

2. 苴杖，竹也。削杖，桐也①。

[注释]①"苴杖"至"桐也"：杖，指丧杖。苴杖，即以苴竹为杖。削杖，削桐木为杖。按，苴杖与削杖都是孝子所拄的丧杖，苴杖为斩衰之杖，削杖为齐衰之杖。

3. 祖父卒，而后为祖母后者三年①。

[注释]①"祖父"至"三年"：按，这里是指嫡子死而嫡孙为后继人，此嫡孙当为其祖父服斩衰三年之丧；如果祖父先死而后祖母死，则当如父先死而后为母服丧一样，为祖母服齐衰三年之丧；如果祖父还活着而祖母死了，那就当为之服齐衰期一年之丧。因此这两句意思是，祖父先已死了，而后作为祖母后代的孙子为祖母服齐衰三年之丧。

4. 为父母，长子稽颡①。大夫吊之，虽缌必稽颡②。妇人为夫与长子稽颡，其余则否③。

[注释]①为父母，长子稽颡：长子，指嫡长子。稽颡，是丧拜中最重的一种。其拜法同于稽首（参见《曲礼下第二》第 11 节注③），拜时要以头触地，但稽首拜头触地即起，稽颡则头触地后当稍留而后起。按，服丧者向来吊的宾客行礼，有先稽颡而后拜（即先行稽颡拜礼，再行常人之拜礼）与先拜而后稽颡两种，服重者则当先稽颡而后拜。这里是记嫡长子为父母服丧，当从重，故当先稽颡而后拜。其他自服齐衰不杖期者以下，则当先拜而后稽颡。稽颡，参见《檀弓上第三》第 5 节注①。　②大夫吊之，虽缌必稽颡：按，死者

是士,大夫是尊者而来吊,因此当特于优礼。本来对同等级的来吊者,自服齐衰不杖期以下者即当先拜而后稽颡,而对大夫则不然,不分服之轻重皆当先稽颡而后拜。 ③妇人为夫与长子稽颡,其余则否:妇人为夫服斩衰三年,为嫡长子服齐衰三年,都是重服,故拜宾亦当先稽颡。但对于其他来吊之宾,就不先稽颡了。

5. 男主必使同姓,妇主必使异姓①。

[注释]①男主必使同姓,妇主必使异姓:按,这是指死者无后继人,无人为之主丧,别人代为丧主所当遵循的原则。意思是,代理男丧主必须使丧家同姓中人,代理女丧主必须使与丧家异姓的女子。

6. 为父后者为出母无服①。

[注释]①为父后者为出母无服:为父后者,此指作为父亲继承人的嫡长子。出母,谓母犯了"七出"之过而为父所离弃。按,所谓"七出"是指:一、无子,二、淫佚,三、不好好服侍舅姑,四、口舌,五、盗窃,六、妒忌,七、有恶疾。作为父亲的继承人,如果生母被出,那么生母死了,就不为之服丧,故曰"无服"。

7. 亲亲以三为五,以五为九①。上杀,下杀,旁杀②,而亲毕矣。

[注释]①亲亲以三为五,以五为九:亲亲,谓亲近自己的亲人。以三为五,按己,上亲父,下亲子为三;又因父而上亲祖,因子而下亲孙,是所谓以三为五。以五为九,又因祖而亲曾祖、高祖,因孙而亲曾孙、玄孙,是所谓以五为九。 ②上杀、下杀、旁杀:杀,音 shài。上杀,指由父至祖,以至曾祖、高祖,与己之亲情渐疏而服渐轻,如为父服斩衰三年丧,为祖减至齐衰期,为曾祖、高祖则皆服齐衰三月,是所谓上杀之义。下杀,指由子至孙,以至曾孙、玄孙,

亦亲情渐疏而服渐轻。如父为子服齐衰期(若为嫡长子则服斩衰三年),为孙服大功九月,为曾孙服小功五月,为玄孙则服缌麻三月,是所谓下杀之义。旁杀,谓为父之兄弟(伯父、叔父)服齐衰期,为祖之兄弟(从祖)服小功五月,为曾祖之兄弟(族祖)则服缌麻;又父为兄弟之子视若己子而服齐衰期,为堂兄弟之子则服小功五月,为族兄弟之子则服缌麻,是皆所谓旁杀之义。服至缌麻而尽,即下文所谓"亲毕"。

8. 王者禘其祖之所自出,以其祖配之①,而立四庙②。庶子王亦如之③。

[注释]①王者禘其祖之所自出,以其祖配之:按,中国古代各民族为神化自己的祖先,有所谓"感生"说,即把自己的祖先说成是感上帝之精气而生,非同于凡人。如传说商民族的祖先契是其母简狄吞服天帝的玄鸟(燕子)卵而怀孕所生,即《诗·商颂·玄鸟》所谓"天命玄鸟,降而生商"。又如传说周民族的祖先后稷,是其母姜嫄踩了天帝留下的脚印的大拇指处于是有感而怀孕所生,即《诗·大雅·生民》所谓"履帝武敏歆"。因此古代帝王祭祀天帝,即所谓"祖之所自出"者,就用自己的始祖来配祭。如周人祭天,即以后稷配祭。 ②立四庙:是指除始祖庙外,自高祖以下至祢,凡立四庙。按,据《王制》,天子七庙(见彼第28节),故学者颇疑此处之说有脱文。 ③庶子王亦如之:谓嫡子因故(如疾病)而不可立,被废弃,则立庶子,庶子祭天、立庙也是这样。

9. 别子为祖①,继别为宗②。继祢者为小宗③。有五世而迁之宗,其继高祖者也④。是故祖迁于上,宗易于下⑤。尊祖,故敬宗⑥;敬宗,所以尊祖祢也。庶子不祭祖者,明其宗也⑦。

[注释]①别子为祖:别子,指诸侯国君的庶子,包括嫡长子下面的诸嫡子及妾所生子,因众庶子皆别于嫡长子,故称别子。诸侯由嫡长子继承君位,

庶子则为卿大夫,分出去另立新宗,为新宗的始祖,故云"别子为祖"。 ②继别为宗:按,别子所立新宗世世代代由嫡长子继承,百世不迁,永为新宗族的大宗,即所谓"继别为宗"。 ③继祢者为小宗:这是指别子的庶子又分出去另立新宗而为士,士又由其嫡长子继承,为其同父兄弟所宗,是为小宗。祢,父也,即别子的庶子而分出去为士者。 ④有五世而迁之宗,其继高祖者也:五世而迁之宗,即指小宗。小宗为别子的庶子,而庶子又有庶子,如此分衍下去,则有无数的小宗,故古人又作出规定,除大宗百世不迁,小宗下传超过五代,就不再为族人所宗。例如从己身算起,己之上为父、祖、曾祖、高祖,己则为高祖之玄孙,尚在五世之内,故仍为族人所宗;到己之子,亦即高祖的玄孙之子,就不再为族人所宗了,族人另有所近者为其宗,这就叫做迁宗。又所谓"其继高祖者",指玄孙,尚在五世之内,不属当迁之宗。继高祖者之子,即高祖的玄孙之子,已超过五世,其宗当迁,已如上述。 ⑤祖迁于上,宗易于下:按,诸侯五庙:太庙与四亲庙。太庙永不迁毁,四亲庙则依次迁毁。当有新死者入庙,就当将原来的祢庙、祖庙、曾祖庙的牌位依次向上递迁,而原来的高祖庙的牌位就当迁而置于太庙中,这就叫做"祖迁于上"。宗易于下,详上注。 ⑥尊祖,故敬宗:这是因为宗是继承父祖的正体,所以敬宗就是尊祖的体现,故下文说"敬宗,所以尊祖祢也"。 ⑦庶子不祭祖者,明其宗也:意思是,庶子不得主持对祖庙的祭祀,正是表明有宗子在。

10. 庶子不为长子斩,不继祖与祢故也①。

[注释]①"庶子"至"故也":按,依礼,父应当为嫡长子服斩衰三年之丧,这是指父本身就是嫡长子,是宗庙祭祀的主持者,这样的父的嫡长子死了,就当为之服斩衰三年。其原因,因为嫡长子是继承父祖的正体,父将把宗庙的主祭权传给他(这在礼书中叫"传重"),为了体现尊祖敬宗之义,所以要为自己的嫡长子服斩衰三年之丧。但如果父本身是庶子,非继父祖之正体,这样的父的嫡长子死了,就不得为之服斩衰三年之丧了。这种规定的意义,就在于体现尊先祖之正体,而不二其统。所以这两句的意思是,父亲是庶子就不为自己的嫡长子服斩衰三年之丧,因为不是继承祖和父的正体的缘故。

11.庶子不祭殇与无后者①。殇与无后者从祖祔食②。

[注释]①庶子不祭殇与无后者:庶子,谓己身为庶子。殇,在此指庶子之子未成年而死者。无后者,谓庶子之子已成年而尚未婚或已婚无子而死者。不祭,是因己为庶子,无宗庙祭祀权,而宗庙在宗子家。所以这句的意思是,自己是庶子,就不祭自己未成年而死的儿子或无子而死的儿子。 ②殇与无后者从祖祔食:这句是解释上句所说的殇者与无后者当如何祭祀,即"从祖祔食"。所以这句的意思是,庶子的未成年而死的儿子或无子而死的儿子,是在宗子祭祀宗庙的时候附于被祭的祖先而享受祭祀。

12.庶子不祭祢①者,明其宗也。

[注释]①庶子不祭祢:这里是说庶子之父是嫡长子,故死而得立祢庙,而庶子则非继祢之正体,故不得祭之。之所以这样规定,就是为了表明主祭权在宗子,即下文所谓"明其宗也"。

13.亲亲,尊尊,长长①,男女之有别②,人道之大者也③。

[注释]①亲亲,尊尊,长长:亲亲,谓父母。尊尊,谓祖及曾祖、高祖。长长,谓兄弟及旁亲。这句意思是,为父母服丧,为祖以至高祖服丧,为兄弟及旁亲服丧。 ②男女之有别:这是说,对上述诸亲服丧,都要对其中的男女体现出差别。如为父服斩衰,为母服齐衰;为未出嫁的姑、姊妹服期,出嫁则服大功,而姑、姊妹出嫁后为其夫则服斩衰,夫为妻服期,等等,皆所谓男女有别。 ③人道之大者也:意思是,这是人所应遵循的大原则。

14.从服者,所从亡则已①。属从者,所从虽没也服②。妾从女君而出,则不为女君之子服③。

[注释]①从服者,所从亡则已:从服,是制定丧服的原则之一,其中又可分六类(参见《大传第十六》第9节),此处所谓从服,是指六类之一的"徒从",即本无亲属关系,不当服丧,徒从某人而服,此人若死,也就不再服了,即所谓"所从亡则已"。属于徒从关系的,如子从母服母之君母(母之父的正妻),又如妾子从君母(父的正妻)服君母之党(君母娘家亲属)。 ②属从者,所从虽没也服:属从,亦属六从之一,即通过某人而与所为服者产生间接的亲属关系,即使某人死了,亲属关系犹在,仍当为之服,如子从母服母之党(母之娘家人),又如妻从夫服夫之党,或夫从妻服妻之党。 ③"妾从"至"子服":妾,指女君(丈夫的嫡妻)的侄(侄女)娣(妹),从女君来嫁而为妾,此女君犯"七出"而被出,则侄娣亦同时被出。本来妾当从女君为女君之子服齐衰期,被出之后,女君仍为其子服期,妾则不再服。

15. 礼,不王不禘①。

[注释]①礼,不王不禘:此禘,是说行郊天礼。意思是,按照礼的规定,不是天子不得行禘祭之礼。按,此节当上承"王者禘其祖之所自出"(见第8节)之后,而错简于此。

16. 世子不降妻之父母①。其为妻也,与大夫之嫡子同②。

[注释]①世子不降妻之父母:按,丧服制度有降服的规定,一般因为己之地位尊贵,或为己上之尊贵者所厌(压),而比原来降低一级丧服等级。如第31节记"大夫降其庶子",即是因己尊而降低为庶子的丧服等级。又如子为母当服齐衰三年,如果有父在,子为父之尊所厌,就只能为母服齐衰期(一年)。但世子虽然尊贵,而为其妻之父母却"不降",其原因,是因为夫妇一体,妻之父母乃妻之正尊,故其夫即服其本服而不降。 ②其为妻也,与大夫之嫡子同:按,大夫之嫡长子为妻服齐衰不杖期,此世子为其妻亦同。

17. 父为士，子为天子、诸侯，则祭以天子、诸侯，其尸服以士服①。父为天子、诸侯，子为士，祭以士，其尸服以士服。

[注释]①则祭以天子、诸侯，其尸服以士服：意思是，祭祀父亲的时候就用天子礼或诸侯礼，充当父亲的尸的人则穿士的服装。下文义仿此。

18. 妇当丧而出，则除之①。为父母丧，未练而出，则三年②。既练而出则已③。未练而反则期，既练而反则遂之④。

[注释]①妇当丧而出，则除之：意思是，妇正当为公婆服丧的时候而被夫遣出，就除服而不服丧了。 ②为父母丧，未练而出，则三年：练，谓小祥祭，即人死一周年的祭名。按，已嫁之女为其娘家父母本当服齐衰期（一年）之丧，未练而被出，则当随娘家之兄弟服三年之丧。 ③既练而出则已：意思是，如果妇已经为父母举行过小祥祭而被夫遣出，也就不再为父母服丧了。 ④未练而反则期，既练而反则遂之：意思是，如果妇为父母服丧尚未举行过小祥祭而被夫遣出，而又在尚未举行小祥祭的时间内被夫命返回，那就仍为父母服一年之丧。如果被遣出之妇在已经为父母举行过小祥祭之后而又被夫命返回，那就接着为父母服满三年之丧。

19. 再期之丧，三年也①。期之丧，二年也②。九月、七月之丧，三时也③。五月之丧④，二时也。三月之丧⑤，一时也。故期而祭，礼也；期而除丧，道也⑥。祭不为除丧⑦也。三年而后葬者，必再祭，其祭之间不同时，而除丧⑧。大功者主人之丧⑨。有三年者，则必为之再祭⑩。朋友虞、祔而已⑪。士妾有子而为之缌，无子则已⑫。

[注释]①再期之丧,三年也:再期,是说经过小祥祭和大祥祭之丧,大祥结束,已进入第二十五个月,也就是进入第三个年头了,故曰"三年也"。②期之丧,二年也:期,谓期而小祥,小祥结束已进入第十三个月,也就是进入第二个年头了,故曰"二年也"。③九月、七月之丧,三时也:九月,指服大功丧。七月,是为中殇者所服之丧。按,人未成年(不满二十岁)而死曰殇,其中年十九至十六而死为长殇,十五至十二为中殇,十一至八岁为下殇,不满八岁以下皆为无服之殇。三时,是说服丧期经历了三个季节。④五月之丧:指小功丧。⑤三月之丧:指缌麻之丧。⑥期而祭,礼也;期而除丧,道也:期,指人死一周年。除丧,谓变除丧服。按,一周年小祥祭后男子要除其首绖,女子除其腰绖;二周年大祥祭后即除去丧服。道,谓天道,天道一年一改变,故变除丧服以应之。这两句意思是,人死逢周年而举行祭祀,这是礼的要求;逢周年而变除丧服,这是适应天道的变化。⑦祭不为除丧:这是说,祭的目的不是为了变除丧服,而是为了存慰死者。⑧"三年"至"而除丧":三年而后葬,是说因故未能及时安葬。按,人死当先殡而后葬,士殡三个月,大夫五个月,诸侯七个月,天子九个月。可见最长如天子也是九月而葬。这里说三年而后才葬,定是因故未能及时安葬。必再祭,则是说必须葬后再举行小祥祭和大祥祭。但两次祭祀不可同月进行,故下文说"其祭之间不同时"。不同时,在这里是说不同月。祭后再除去丧服,故曰"除丧"。⑨大功者主人之丧:大功,谓与死者有大功之亲者,如死者之从父昆弟。主人之丧,因死者无子或子幼小,而妻又不可主丧,故用大功者代为丧主。⑩有三年者,则必为之再祭:有三年者,是说如死者的子与妻,皆当为死者服三年之丧。既有当为死者服三年丧的,那么主丧者就必须为他们再主持小祥和大祥两次祭礼,即所谓"为之再祭"。⑪朋友虞、祔而已:虞,参见《檀弓上第三》第46节注⑥。祔,参见《檀弓下第四》第33节注②。这里意思是,如果是为朋友主丧,那就主持到进行了虞祭和祔祭就算了。⑫士妾有子而为之缌,无子则已:这是说,如果是士的妾,生过儿子的,死了就为她服缌麻之丧;如果没有生过儿子的,死了就不为她服丧了。

20.生不及祖父母、诸父、昆弟,而父税丧,己则否①。

为君之父母、妻、长子,君已除丧,而后闻丧,则不税②。降而在缌、小功者,则税之③。近臣,君服,斯服矣,其余从而服,不从而税④。君虽未知丧,臣服已⑤。

[注释]①"生不"至"则否":谓因父在异国做官时而生下自己,自己未能回国见过祖父母、诸父、昆弟诸亲,又因相隔遥远,当听说以上诸亲中有丧时,丧期已过,那就只由父税丧即可,自己则否。税,音 tuì。税丧,谓追服。②"为君"至"不税":意思是,为国君的父母、妻和嫡长子,如果在国君已经除服之后才听说他们的丧事,就不追服了。　③降而在缌、小功者,则税之:按,这两句应上承"父税丧,己则否"之后,而脱错在此。这句其实是进一步解释《檀弓上第三》中曾子所说的话,曾子说过"小功不税"(见彼第 37 节),而此处说小功当税,是因为这里的小功是指本当服齐衰、大功,降而服小功、缌麻者,而曾子所说是本来就当服小功者,此其所异。　④"近臣"至"而税":近臣,是指随侍于君的小臣,如阍寺之类,虽近君而地位卑贱。其余,则指国君手下的大臣们。国君若外出行朝聘之礼,不能及时返国,等到返国时,才知有亲丧,如果服丧期未过,小臣就随君而服;如果丧期已过,君追服,小臣亦追服。至于其他大臣,只是在丧期内从君而服,若丧期已过,就不从君追服了。　⑤君虽未知丧,臣服已:意思是,君因外出等原因即使不知道自己亲人的丧事,留在国内的大臣们也同样为死者服丧。

21. 虞,杖不入于室①。祔,杖不升于堂②。

[注释]①虞,杖不入于室:按,虞祭是在殡宫(即死者生前的正寝)的室中进行的。主人在入室行虞祭之前,当把丧杖倚放在室的西序前,然后进入室中,不得挂杖入室。这是因为哀情渐杀,已不至于对身体影响太厉害,而服杖则非诚。　②祔,杖不升于堂:这是说,行祔祭之礼,不得挂着丧杖登上庙堂。按,之所以如此,原因与上同,皆因哀情衰减之故。

22. 为君母后者①,君母卒,则不为君母之党服②。

[注释]①为君母后者:君母,是庶子对父之嫡妻的称呼。如果君母无嫡子,而立妾之子(即庶子)为后,君母死,该子即为主后人,也就是主丧人。按,此节所记属于从服关系中的"徒从"(参见第14节)。 ②君母卒,则不为君母之党服:按,作为君母后继人,君母活着,当从君母而为君母之党,即君母的娘家人服丧,君母如果死了,也就不再为之服丧了。

23. 绖杀五分而去一①。杖大如绖②。

[注释]①绖杀五分而去一:绖,此指首绖。首绖五分去一,即将首绖的粗细程度减去五分之一,就成为腰绖了。 ②杖大如绖:杖,指丧杖。绖,此指腰绖。大,指粗。这里是说丧杖的粗细与腰绖同。

24. 妾为君之长子,与女君同①。

[注释]①妾为君之长子,与女君同:君之长子,谓嫡长子。女君,谓嫡妻,也就是嫡长子之母。女君为嫡长子服齐衰三年,庶母(妾)亦与之同,这体现了不敢轻君之正统之义。

25. 除丧者,先重者①。易服者,易轻者②。

[注释]①除丧者,先重者:按,除丧服不是等到服满丧期一次除去,而是随着服丧期的延长,哀情的减轻,逐渐除去的。如服斩衰三年之丧者,主要分三个阶段除服,即小祥、大祥和禫祭,禫祭之后便可彻底除服而终丧了。但除服的顺序却是先重服而后轻服。男子丧服最重首绖,女子最重腰绖,所以小祥祭后第一次除服,男子就除首绖,女子除腰绖。 ②易服者,易轻者:易服,即变服。按,服丧者随着哀情的减轻,不仅有除服之礼,还有变服之礼,即变重服为较轻一等的丧服。如行过卒哭祭(参见《曲礼上第一》第56节注①)之后,就当变服,但变服却是先变轻服。男子轻腰绖,女子轻首绖,所以服斩衰之丧者,卒哭之后,男子就将原来的麻腰绖变成葛腰绖,而不变其首绖。

女子则将其麻首绖变成葛首绖,而不变其腰绖。还有另一种变服,即先遭斩衰之丧,过了卒哭祭已经变过服了,又遭齐衰之丧,丧服也就应当相应地有所变。但仍然是不变重服而变轻服,即男子变腰绖而女子变首绖。齐衰的首绖和腰绖都是牡麻绖,重于葛绖,所以男子要将变服后的葛腰绖和女子变服后的葛首绖都适应齐衰丧而变成牡麻绖。

26. 无事不辟庙门①,哭皆于其次②。

[注释]①无事不辟庙门:辟,音pì,开。这里是说殡棺期间,非当朝夕哭时,没有特殊情况不开庙门,这是因为鬼神尚幽暗的缘故。庙,指殡宫,即死者生前的路寝,因殡棺于此,故称。 ②哭皆于其次:次,居丧处,如孝子所居之倚庐。若朝夕哭,则当入庙各自就哭位而哭,若无时悲至而哭,就不入庙,而就在其居丧之庐中哭之。

27. 复与书铭①,自天子达于士,其辞一也:男子称名;妇人书姓与伯仲②,如不知姓则书氏③。

[注释]①复与书铭:复,谓招魂。又,死者生前贵贱等级不同,旗亦不同,人死后书其名于旗,即所谓书铭。书铭的目的,是用作死者灵柩的标识。②妇人书姓与伯仲:伯仲,表排行的词,老大称伯,老二称仲,老三、老四则依次称叔、季。如鲁为姬姓,鲁女死,则书曰"伯姬之柩"、"叔姬之柩"等等。③不知姓则书氏:按,氏是姓的支系,氏延用既久,则可能忘其姓,故有不知姓的情况。如鲁国的三桓,后各自称氏,分别为季孙氏、叔孙氏、孟孙氏。

28. 斩衰之葛,与齐衰之麻同①。齐衰之葛,与大功之麻同②。

[注释]①斩衰之葛,与齐衰之麻同:斩衰之葛,谓卒哭变服后的葛绖带(包括首绖与腰绖,参见第 25 节注④)。齐衰之麻,谓齐衰初丧时的牡麻绖

带。同,谓绖粗俱为七又五分之一寸,带粗俱为五又二十五分之十九寸。这两句意思是,斩衰变服后的葛首绖和腰绖,与齐衰初服丧时的麻首绖和腰绖的粗细相同。　②齐衰之葛,与大功之麻同:齐衰之葛,指齐衰变服后的葛绖带。大功之麻,是指大功初丧所服之麻首绖和麻腰绖。绖俱为五又二十五分之十九寸,带俱为四又一百二十五分之七十六寸。这两句意思是,齐衰变服后的葛首绖和腰绖,与大功初服丧时的麻首绖和腰绖相同。

29. 报葬①者报虞,三月而后卒哭②。

[注释]①报葬:报,通"赴",在此是急速的意思。报葬,谓因故或因家贫,死而即葬,不待葬期,故曰"报葬"。　②三月而后卒哭:这是说,卒哭祭则必须在葬后三个月举行。

30. 父母之丧偕①,先葬者不虞祔,待后事②。其葬服斩衰③。

[注释]①偕:谓同月或同日而死。　②先葬者不虞祔,待后事:按,父母同时而死,葬则先轻而后重,祭则先重而后轻。故当先葬母,但葬后并不先行虞祭和祔庙祭,而应当待父葬后,先虞父而后虞母,先祔父而后祔母。③其葬服斩衰:这是说安葬父母时,都穿斩衰服。

31. 大夫降其庶子①,其孙不降其父②。大夫不主士之丧③。

[注释]①大夫降其庶子:按,大夫尊,庶子卑,大夫为庶子本当服齐衰期,然以尊厌卑,故为其庶子降一等而服大功。　②其孙不降其父:孙,谓庶子之子。谓庶子之子不降其父,仍服斩衰三年。　③大夫不主士之丧:按,此处的士,是指无后者,即无人为之主丧者,然其亲属中有大夫,则不为之主丧,因为大夫尊而士卑。

32. 为慈母之父母无服①。

[注释]①为慈母之父母无服：慈母，谓某妾无子，另一妾之子丧母，父命某妾为该子之母，于是某妾便对该子承担起母亲的责任，是为慈母。但父虽命为母子，而本非骨肉，故仅服慈母而不服慈母之父母。所以这句意思是，子为慈母的父母不服丧。

33. 夫为人后者①，其妻为舅姑大功②。

[注释]①为人后者：这是指本为支子(包括庶子)，而做了宗子的后继人，则当为宗子服斩衰，而为其亲生父母则降服齐衰期。 ②其妻为舅姑服大功：按，妻从夫服而降一等，故为本舅姑(亦即其夫的亲生父母)服大功。所以这两句意思是，丈夫做了宗子的后继人，他的妻就为公婆服大功之丧。

34. 士祔于大夫，则易牲①。

[注释]①士祔于大夫，则易牲：祔，谓祔庙祭。这里是说祖为大夫，孙为士，孙死祔祖，则用大夫牲，不敢用士牲，因为大夫牲用少牢(羊豕)，士牲用特牲(一豕)，故士牲卑，不可用以祭尊者。

35. 继父不同居①也者。必尝同居，皆无主后，同财而祭其祖祢，为同居②。有主后者，为异居③。

[注释]①继父不同居：按，父死子幼而母嫁人，所嫁之人即为此子之继父。子如果不随其母而到继父家，即为不同居者，也就是没有在一起生活。这句意思是，有了继父而不与继父共同生活，就不为继父服丧。 ②"必尝"至"为同居"：必尝同居，是说必须共同生活过。皆无主后，是说继父和该子死后都没有为之主丧的人。同财而祭其祖祢，是说某子父死而随母嫁，如继父以其财产为该子筑宫庙，使得岁时祭祀己之父祖，这才算得上是与继父同居，如果继父死，就为之服齐衰一年之丧。 ③有主后者，为异居：异居，是指曾

同居而后又分居,或虽同居而被视作分居。造成异居的情况有三,一是昔曾同居而今异居;二是今虽同居而财产各别(即不同财);三是继父又有了儿子。这第三种情况,即此处所谓"有主后者为异居"之义。如异居,则仅为继父服齐衰三月之丧。

36. 哭朋友者,于门外之右,南面①。

[注释]①"哭朋"至"南面":意思是,朋友死了,哭朋友的人在死去的朋友家的门外西边,面朝南而哭。

37. 祔葬者不筮宅①。

[注释]①祔葬者不筮宅:祔葬,谓合葬。不筮宅,宅,谓墓地。筮宅,谓通过占筮确定墓地。因先死者葬前已经筮之,故后来合葬者不再筮。

38. 士、大夫不得祔于诸侯①。祔于诸祖父之为士大夫者,其妻祔于诸祖姑,妾祔于妾祖姑,亡则中一以上而祔②,祔必以其昭穆③。诸侯不得祔于天子,天子、诸侯、大夫可以祔于士④。

[注释]①士、大夫不得祔于诸侯:这是说,子孙是士或大夫不得附于做诸侯的祖先进行祔祭,因其位卑,故不得附尊者,而只能附于做士或大夫之祖,如下文所说。 ②"祔于"至"而祔":中,间隔。这几句意思是,附于做士或大夫的各祖父进行祔祭的,他们的妻就附于各祖姑进行祔祭,他们的妾就附于妾祖姑进行祔祭;如果祖父没有妾,中间就隔过曾祖这一代而上附于高祖妾姑进行祔祭。 ③祔必以其昭穆:这是解释上句,说明为什么要"中一以上而祔",是因为祔庙祭必须遵循昭穆的次序。按,昭穆是宗庙和墓葬排列所应遵循的次序(参见《曲礼上第一》第44节注①)。 ④"诸侯"至"祔于士":这两句意思是,子孙是诸侯不得附于做天子的祖先进行祔祭,子孙是天子、诸

侯或大夫则可以附于做士的祖先进行祔祭。这里意在说明，子孙发达了，做了天子、诸侯，则不可以己之尊而轻视其祖，即所谓不可"自尊而卑于其祖"。

39. 为母之君母，母卒则不服①。

[注释]①为母之君母，母卒则不服：母之君母，即母之嫡母，自己的外祖嫡母。母之生母则为妾，是母非母之君母所生，因此己从母为母之君母服，如果母亲死了，就不再为母之君母服了。

40. 宗子母在为妻禫①。

[注释]①宗子母在为妻禫：禫，除服之祭名。依礼，父在，嫡子（即宗子）为妻服齐衰不杖期，不杖则不行禫祭。若父没而母在，宗子为妻就可服齐衰杖期，又得行禫祭。这是因为，为妻之服，与父在为母同。这句意思是，宗子父死而母在，为妻除服当举行禫祭。

41. 为慈母后者①，为庶母可也，为祖庶母可也②。

[注释]①为慈母后者：慈母，参见第32节。按，父既命丧母之妾子做某妾之子，则此子即为该妾（即其慈母）后。这句意思是，妾子可以做慈母的主后人。 ②为庶母可也，为祖庶母可也：按，这是作《记》者的类推，以为妾子既可为慈母后，则亦可为庶母或祖庶母（父之庶母）之后，但必须具备以下两个条件，即一，此庶母或祖庶母必须是曾经生子而子死者；二，必须是经过父命某妾子为某庶母或祖庶母之后方可。又，依礼，妾子为慈母服齐衰三年，为庶母后或庶祖母后者亦然。故这两句意思是，为庶母的主后人也是可以的，为祖庶母的主后人也是可以的。

42. 为父、母、妻、长子禫①。

[注释]①为父、母、妻、长子禫：意思是，为父、母、妻和嫡长子除服当举

行禫祭。

43. 慈母与妾母,不世祭也①。

[注释]①不世祭:不世世代代祭祀,仅止于子本人祭之,自孙以后皆不祭。

44. 丈夫冠而不为殇①。妇人笄而不为殇②。为殇后者,以其服服之③。

[注释]①丈夫冠而不为殇:丈夫,指男子。冠,谓行过冠礼。不为殇,是说行过冠礼以后如果死了,就不为殇。按,在正常情况下,男子二十岁行冠礼,标志成人,而男子二十岁以前死为殇;但在特殊情况,男子也可以提前行冠礼。所以这句意思是,男子只要行过冠礼,不管他是否到了成人的年龄,如果死了,就不按殇者视之了,而当以成人礼对待之。 ②妇人笄而不为殇:女子年十五许嫁而行加笄礼,凡加笄而后死者,也不按殇者对待之。 ③为殇后者,以其服服之:按,此殇者指大宗之子。大宗之子既殇,而大宗不可绝后,即以其族人为后,此族人与殇者即为兄弟,当以兄弟之服服之,即所谓"以其服服之"。这两句意思是,因大宗之子殇而来做大宗后继人的,就为殇者服兄弟的丧服。

45. 久而不葬者,唯主丧者不除①,其余以麻终月数者,除丧则已②。

[注释]①久而不葬者,唯主丧者不除:久而不葬,是指因故久殡而不葬。除服,谓男子除首绖,妇女除腰绖,以至于禫后彻底除服(参见第25节)。按,子为父,妻为夫,臣为君,孙为祖,皆得为丧主,故此四者,也只有此四者,如遇久殡而不葬的情况,皆不除服。 ②其余以麻终月数者,除丧则已:其余,指服齐衰期以下至缌麻者。以麻终月数,是说不敢变服(变麻为葛,参见

第25节),一直到服满自己应服的丧期就除服,故下文说"除丧则已",而不必待葬后再除服。这是因为主人不除服,故其余的人也就不敢变服。虽终月而除服,然丧服仍当收藏起来,以待送葬时再服用。

46. 箭笄终丧三年①。

[注释]①箭笄:箭,是一种细小而茎实的竹,用这种小竹做的丧笄,即所谓箭笄。这里是指女子未嫁者为父所服。

47. 齐衰三月,与大功同者,绳屦①。

[注释]①"齐衰"至"绳屦":按,齐衰三月,服重而时月轻;大功是九月之丧,服轻而时月稍重。两者相较,与死者恩之深浅则大体相同,故二者皆穿绳屦,以体现其同。这几句意思是,服齐衰三月之丧,与服大功九月之丧相同的是,都穿麻绳编的丧鞋。

48. 练,筮日,筮尸,视濯,皆要绖,杖,绳屦①。有司告具,而后去杖②。筮日,筮尸,有司告事毕,而后杖,拜送宾③。大祥吉服而筮尸④。

[注释]①"练"至"绳屦":练,谓小祥祭。筮日,谓小祥祭前先要占筮日期。筮尸,谓通过占筮确定小祥祭上充当尸的人。视濯,谓祭前察看祭器是否洗涤干净。要绖,谓系腰绖。按,小祥祭男子要除首绖(参见第25节),故此处未言及首绖,仅记腰绖。又按小祥之腰绖已易为葛绖。杖,谓拄杖。绳屦,谓穿麻绳编的丧鞋。 ②有司告具,而后去杖:有司,主人的属吏。告具,谓向主人报告以上筮日、筮尸、洗涤祭器三事已具备(准备好),练祭可以进行了。去杖,谓主人去掉丧杖。按,有司已告具,主人当临事,故去杖。临事去杖,是敬的表现。又按,以上三事,并不是同一天进行的,故每一事准备好,有司便告具,主人便去杖而临事。 ③"筮日"至"送宾":按,筮日和筮尸二事

都有宾来参加,这二事进行时主人要去杖临事,二事进行完毕后,主人则要拄杖拜送宾。此处即是记拜送宾的事。此处未言视濯,是因为视濯无宾。 ④大祥吉服而筮尸:按,大祥祭服缟冠、朝服,今将举行大祥,亦当于前日服大祥之服以临筮日及筮尸、视濯之事。此处唯言筮尸,不言筮日和视濯,是因为从上面所记小祥祭之事已可知。又按,吉服指朝服,然服吉服而犹缟冠,以示不纯吉,至禫祭后方纯吉(参见《檀弓上第三》第16节注③、④)。

49. 庶子在父之室,则为其母不禫①。庶子不以杖即位②。父不主庶子之丧,则孙以杖即位可也③。父在,庶子为妻以杖即位可也④。

[注释]①庶子在父之室,则为其母不禫:按,这里说的是不命之士,即未取得正式的士的身份,而父子同居者。这样的庶子,如果其母死了,服满除服时不举行禫祭,这是因为与父生活在一起,为父尊所厌,而不得伸其服。如果父子不同居,则当行禫祭。 ②庶子不以杖即位:按,这是指有父母之丧的时候,庶子当下嫡子一等。位,指朝夕哭之位。嫡子当拄杖就阼阶下之哭位,庶子则至中门外就当去杖而入。 ③"父不"至"可也":按,若嫡子死,父当为之主丧而有杖,嫡子之子,即父之孙则不得以杖即位,这是为避其祖之尊。庶子死,则父不为之主丧,故庶子之子可以杖即位。 ④父在,庶子为妻以杖即位可也:按,如果是嫡子之妻死,则舅当为嫡妇主丧,嫡子则不得以杖即位。然舅不为庶妇主丧,故庶子得为其妻以杖即位。

50. 诸侯吊于异国之臣,则其君为主①。诸侯吊,必皮弁锡衰②,所吊虽已葬,主人必免③。主人未丧服,则君亦不锡衰④。

[注释]①其君为主:谓异国之君为其臣主丧。 ②诸侯吊,必皮弁锡衰:诸侯吊,亦谓吊唁异国之臣。皮弁,此指弁绖,也就是皮弁上加环绖。锡衰,是一种用加灰捶洗得洁白光滑的麻布做的丧服。衰,本指丧服的上衣,在

此泛指丧服。　③主人必免：免，是未成服之饰（成服在大敛殡之后）。成服以后，启殡以前，则不得服免。又，启殡之后当免，至葬后并行过卒哭祭之后而止。现在人君来吊，虽非服免之时而必免者，是表示对来吊之君的尊重。

④主人未丧服，则君亦不锡衰：未丧服，即未成服，也就是尚未穿上正式当穿的丧服。按，成服在大敛殡后，可见此君（异国之君）是在大敛殡前来吊的。这两句意思是，如果主人尚未正式穿丧服，来吊的人君也就不穿锡衰了。

51. 养有疾者不丧服①，遂以主其丧②。非养者入主人之丧，则不易己之丧服③。养尊者必易服，养卑者否④。

[注释]①养有疾者不丧服：养，谓服侍病人，即所谓"有疾者"。有疾者，指自己的亲属。不丧服，是说原来正在服丧，现因养有疾者而释其丧服，因为丧服是凶服，对养疾不吉利。　②遂以主其丧：按，如果这位有疾者病故而又无主后的人，于是这位服侍他的亲属便为他主丧。　③非养者入主人之丧，则不易己之丧服：意思是，如果另有不曾为死者服侍过疾病而又有丧服在身的亲属来为死者主丧，这个主丧者就不改变自己原来的丧服，因为有疾者已经死亡，不存在对养疾不吉利的问题了。　④养尊者必易服，养卑者否：尊者，谓父兄。卑者，谓子弟之属。这两句意思是，侍候父兄的，如果原来穿有丧服的就必须脱去丧服，侍候子弟的就无须脱去丧服了。

52. 妾无妾祖姑①者，易牲而祔于女君可也②。

[注释]①妾祖姑：在此是兼妾祖姑和高祖妾祖姑而言。按，依昭穆之次，子当祔于祖，妾则当祔于妾祖姑。若无妾祖姑，就隔过曾祖妾祖姑而祔于高祖妾祖姑。若亦无高祖妾祖姑，那就如下文所说，当祔于女君了。　②易牲而祔于女君可也：易牲，谓改变祭祀用牲。按，妾的身份下女君一等，现在祔于女君，则当改用女君之牲。如女君用少牢（羊、豕），妾只能用特牲（一豕），现在既祔于女君，故当改用少牢。女君，在此指嫡祖姑。这两句意思是，为妾举行祔祭，妾如果没有妾祖姑和高祖妾祖姑的，那就改变祭祀用牲而附

于嫡祖姑进行祔祭。

53. 妇之丧,虞,卒哭,其夫若子主之,祔则舅主之①。

[注释]①"妇之"至"舅主之":这几句意思是,妇人之丧,虞祭和卒哭祭,由她的丈夫或儿子主持,祔祭则由其舅(公公)主持。

54. 士不摄大夫①。士摄大夫,唯宗子②。

[注释]①士不摄大夫:摄,代理。此谓士不得为大夫代主丧事。②士摄大夫,唯宗子:此承上文,意思是,士为大夫代主丧事,只有宗子才可以。

55. 主人未除丧①,有兄弟自他国至②,则主人不免而为主③。

[注释]①主人未除丧:谓主人服丧期未满,仍在服丧。 ②自他国至:这是指前来奔丧。 ③则主人不免而为主:谓主人不改著免而为兄弟主持吊丧。按,如果是国君来吊,主人就当易服而著免,这是通过改变丧服形式以示敬。但因为是兄弟来吊,亲属则尚质,故无须变服示新,故曰"主人不免而为主"。

56. 陈器之道,多陈之而省纳之可也,省陈之而尽纳之可也①。

[注释]①"陈器"至"可也":陈器,谓陈列随葬的明器。按,启殡后、出葬前,要陈列明器。明器分为两类:一类是朋友宾客赠送的,陈列时以多为荣,但入圹(墓穴)则有定数,不可尽纳,即下文所谓"多陈之而省纳之";一类是主人自作的,依礼有限,不可多作,即下文所谓"省陈之而尽纳之"。这几句

是说,陈列明器的办法,凡朋友宾客赠送的可以多多地陈列而少纳入墓圹,凡主人自作的可以少陈列而全部纳入墓圹中。

57.奔兄弟之丧,先之墓而后之家为位而哭。所知之丧,则哭于宫①而后之墓。

[注释]①宫:谓殡宫,即死者葬前殡棺之宫。

58.父不为众子次于外①。

[注释]①父不为众子次于外:众子,庶子。按,如嫡长子死,则父为之居于中门之外,庶子则否。次:谓丧次,即居丧处,如倚庐、垩室之类。

59.与诸侯为兄弟者服斩①。

[注释]①与诸侯为兄弟者服斩:包括在本国任卿大夫者以及客居异国或仕于异国者,凡与诸侯为兄弟的,皆为该诸侯服斩衰三年之丧。

60.下殇小功①,带澡麻②,不绝本③,诎而反以报之④。

[注释]①下殇小功:下殇,十一岁以下至八岁而死者(参见《檀弓上第三》第12节注⑤)。小功,是指因下殇而降服小功者,即本当服齐衰期,降二等,故在小功。 ②带澡麻:带,指腰绖。澡麻,谓将麻加灰捶洗,而使麻洁白。 ③不绝本:本,指麻的根部。此处意思是,澡麻用作腰绖时不断去麻的根部。 ④诎而反以报之:诎,音 qū,曲,折。报,犹合。意思是,将做腰绖缠绕腰间后多余而散垂的麻折向上而缠合在腰间。

61.妇祔于祖姑,祖姑有三人,则祔于亲者①。

[注释]①祖姑有三人,则祔于亲者:按,舅(即公公)之母死,舅之父又先后两次娶妻,故妇有三祖姑。亲者,谓舅之生母。

62. 其妻为大夫而卒,而后其夫不为大夫,而祔于其妻,则不易牲①。妻卒而后夫为大夫,而祔于其妻,则以大夫牲。

[注释]①"其妻"至"不易牲":这几句意思是说,妻在丈夫做大夫的时候死了,而死后她的丈夫不做大夫了,对妻进行祔庙祭时,只能用与现在丈夫的地位相应的牲,而不得改用原来做大夫时所当用的牲。按,下几句意思正好与此相反。

63. 为父后者,为出母无服。无服也者,丧者不祭故也①。

[注释]①"为父"至"故也":这是申释第6节之义,解释为什么为出母无服。因己为嫡子,即所谓"为父后者",当主持宗庙祭祀,而出母与己之宗亲缘已绝,不得入己宗庙,故不得享受祭祀,因此也就不为之服,这也是为了体现嫡子正体于上,尊祖敬宗之义。

64. 妇人不为主而杖者①,姑在为夫杖②,母为长子削杖③,女子子在室为父母,其主丧者不杖,则子一人杖④。

[注释]①妇人不为主而杖者:按,妇人服丧一般是不拄丧杖的,而这里是列举妇人拄杖的例子。 ②姑在为夫杖:这是妇人拄杖之例一。按,妻为夫当服斩衰三年之丧,而斩衰无不杖,故即使上有姑在,也不为姑尊所厌(压)而不杖。 ③母为长子削杖:这是妇人拄杖之例二。按,子为母服齐衰三年之丧,拄削杖(即桐杖);母为嫡长子亦服齐衰三年之丧,亦削杖。其原因,父之所不降,母亦不敢降。即父不敢以己尊而降低为嫡长子的丧服等级(父为

嫡长子服斩,苴杖),所以母也不敢降。 ④"女子子"至"一人杖":这是女子挂杖之例三。按,这里是指父母无男儿,而使族人代主丧事,代主丧者不杖,故由在室(未出嫁)女子中年长者一人杖,其余女子则不杖。这是因为女子在室还都属童子,依礼,童子不杖,故在室女子本不当杖。

65. 缌、小功,虞、卒哭则免①。既葬而不报虞,则虽主人皆冠②,及虞则皆免。为兄弟既除丧已,及其葬也,反服其服③。报虞卒哭则免,如不报虞则除之④。远葬者,比反哭者皆冠,及郊而后免反哭⑤。君吊,虽不当免时也,主人必免,不散麻⑥。虽异国之君免也,亲者皆免⑦。

[注释]①缌、小功,虞、卒哭则免:按,服缌、小功之丧者,殡之后、启殡之前,即使有事也不著免,启殡至葬则当著免,但恐人以为到虞和卒哭时可以不免,故特于此明之。 ②既葬而不报虞,则虽主人皆冠:报,同29节之"报",义为疾速。按,依礼,大敛殡后第二天即成服,成服则孝子当戴丧冠而著首绖。然自启殡以后,卒哭以前,其服则与未成服之前同,即主人括发(即髽),齐衰以下著免,而启殡后则主人亦免,因此卒哭之后,至小祥第一次除服之前,又当恢复成服之丧服。然此处说"既葬不报虞",不虞则不得行卒哭祭,不行卒哭祭则不得恢复成服之首服,而服丧者之首(头上)又不可久无饰,因此"虽主人皆冠"。 ③为兄弟既除丧已,及其葬也,反服其服:兄弟:此谓服小功以下者,即上文所谓服"缌、小功"者。这几句意思是,为兄弟服缌麻、小功丧的,丧满除服之后,到出葬的时候,还要再反过来服本服送葬。 ④报虞卒哭则免,如不报虞则除之:意思是,如果速葬并速行虞祭,到行卒哭祭的时候就为死者著免;不速葬因而不速行虞祭的,送葬后就除服了。 ⑤"远葬"至"反哭":远葬,谓墓在四郊之外。既远在四郊之外,不可无饰,故至葬罢要行反哭礼时,便皆著冠,等走到城郊后便去冠著免而回去行反哭礼。按,反哭,谓葬后返回来先到祖庙中哭(因葬前要搬运死者的灵柩到祖庙中行朝庙之礼),再到殡宫中哭,哭时哭者的位置皆如朝夕哭位,这就是所谓反哭。 ⑥主人必免,不散麻:按,这是表示对来吊之君的尊重(参见第50节注③)。

不散麻,是说把腰绖多余而散垂的麻在腰间缠绕起来。 ⑦虽异国之君免也,亲者皆免:免,指丧主人著免。亲者,指服大功以上之丧者。这两句意思是,即使是别国的国君前来吊唁,主人也必须著免,与死者亲近的人都要著免。

66.除殇之丧者,其祭也必玄①。除成丧者,其祭也朝服、缟冠②。

[注释]①除殇之丧者,其祭也必玄:祭,谓除服祭。必玄,谓戴玄冠而服玄端服。所谓玄端服,谓上衣为缁衣,下裳则玄裳、黄裳、或杂裳(一种前玄后黄的裳)皆可(参见《文王世子第八》第23节注①),而此处为殇者则是服黄裳。这两句意思是,为殇者除丧服,行除服祭时必须穿戴玄色的衣冠。②除成丧者,其祭也朝服、缟冠:按,这里是记成人丧之除服祭所当服。成人之丧大祥祭后即可除服。大祥服朝服、缟冠。朝服是吉服,其服玄冠、缁衣、素裳(参见《曲礼上第一》第42节注④)。但这里不是戴玄冠而戴缟冠(白色的冠),则是不纯吉,这是因为要等到禫祭以后才彻底除服,也才能服纯吉之服。

67.奔父之丧,括发于堂上、袒①,降踊,袭、绖于东方②。奔母之丧,不括发,袒于堂上,降踊,袭、免于东方,绖,即位成踊③,出门,哭止。三日而五哭,三袒④。

[注释]①括发于堂上、袒:括发,用麻束发为髻。堂上,谓殡宫堂上。袒,谓左袒,即袒露左肩臂(参见《檀弓上第三》第58节注③)。 ②降踊,袭、绖于东方:降,下堂。踊,双脚跳起,以表极度哀痛(参见《檀弓上第三》第34节注③)。袭,谓再将所袒之衣穿好。绖,谓系首绖、腰绖。东方,谓东序东边。 ③成踊:谓成三踊之礼(参见《檀弓下第四》第23节注②)。 ④三日而五哭,三袒:谓初来一哭,明日、后日朝夕哭,共为五哭。又初来时袒,明日及后日之朝哭又皆袒,故为三袒。

68. 適妇不为舅后者①,则姑为之小功。

[注释]①適妇不为舅后者:適,同"嫡"。嫡妇,嫡长子之妻。按,因嫡长子有废疾,或早死,嫡妇未能为舅生下传重(继承宗庙主祭权)之孙者,则死后即比照庶妇之丧。故下文曰"姑为之小功"。这两句意思是,嫡长子之妻而没有为其公公生下后继人的,死后婆婆为她服小功之丧。

大传第十六

1. 礼,不王不禘。王者禘其祖之所自出,以其祖配之①。诸侯及其大祖②。大夫、士有大事,省于其君,干祫,及其高祖③。

[注释]①"礼"至"配之":这几句意思是,按照礼的规定,不是天子不得行禘祭礼。天子用禘祭祭祀自己的始祖所由诞生的天帝,用自己的始祖配祭(参见《丧服小记第十五》之第8节、第15节)。 ②大祖:谓始受封之君。如鲁国最高可以祭到周公,齐国可以祭及吕尚,等等。 ③"大夫"至"高祖":有大事,在此谓有大功勋。省,善。省於其君,谓为君所善,即被君认为干得好。干,请求。祫,谓合祭。这几句意思是,大夫、士有大功勋,国君认为干得好,向国君请求而后可以举行祫祭,而祭及高祖。

2. 牧之野①,武王之大事也。既事而退,柴于上帝②,祈于社③,设奠于牧室④,遂率天下诸侯执豆笾,逡奔走⑤。追王大王亶父,王季历,文王昌⑥,不以卑临尊⑦也。

[注释]①牧之野:即牧野,古代地名。在今河南省淇县南,周武王在此打败了商纣王,灭了商(参见《乐记第十九》第45节注①)。 ②既事而退,柴于上帝:既事,谓伐商战事完毕之后。退,谓收兵。柴:谓行燔柴祭天之礼

(参见《王制第五》第20节注③）。　③祈于社：谓祈祷地神。　④设奠于牧室：按，这是在牧室祭行主（参见《曾子问第七》第10节注③），也就是祭祖先。牧室，是指设在牧野的馆舍。　⑤遂率天下诸侯执豆笾，逡奔走：豆笾，指代祭品。逡，音 qūn，通"骏"，急速。这里意思是，武王于是率领天下诸侯拿着豆笾匆匆地奔走着忙于祭祀。　⑥"追王"至"文王昌"：追王，谓追尊之为王。按，亶父是武王的曾祖，季历是武王的祖父，昌是武王之父。　⑦不以卑临尊：临，给，加给。谓不能用诸侯的称号加给天子。按，自亶父至昌，原皆为殷的诸侯，诸侯的称号比之于天子则为卑。

3. 上治祖祢①，尊尊也；下治子孙②，亲亲也；旁治昆弟③；合族以食，序以昭缪④。别之以礼义，人道竭矣⑤。

[注释]①上治祖祢：谓向上整治好祭祀祖和父的次序。　②下治子孙：谓向下整治好子孙们的远近亲疏关系。　③旁治昆弟：谓从旁整治好同族兄弟的亲疏关系。　④合族以食，序以昭缪：缪，通"穆"。谓会合族人举行食礼，按照昭穆关系排列族人的次序。　⑤别之以礼义，人道竭矣：竭，尽，全都。谓依据礼义来区别上述各种关系，人伦的道理就都在这里了。

4. 圣人南面而听①天下，所且先者五，民不与焉②。一曰治亲，二曰报功，三曰举贤，四曰使能，五曰存爱③。五者一得于天下，民无不足，无不赡者④。五者一物纰缪，民莫得其死⑤。圣人南面而治天下，必自人道⑥始矣。立权、度、量⑦，考文章，改正朔，易服色，殊徽号，异器械，别衣服，此其所得与民变革者也⑧。其不可得变革者，则有矣：亲亲也，尊尊也，长长也，男女有别，此其不可得与民变革者也⑨。

[注释]①听：治理。　②所且先者五，民不与焉：且，将。意思是，首先

所要做的有五件事,而民众不得参与其间。 ③存爱:谓存爱民之心。 ④"五者"至"赡者":意思是,这五件事全都施行于天下,民众就没有不富足,没有不丰赡的。 ⑤五者一物纰缪,民莫得其死:纰缪,错误。意思是,这五件事有一件出了错误,民众就会死而不得其所。 ⑥人道:治人之道,即上文所谓治亲、报功、举贤、使能、存爱五者。 ⑦权、度、量:权,秤。度,丈尺。量,斗斛。 ⑧"考文章"至"变革者也":文章,指国家的礼法制度。正朔,即历法。正,指岁首,即一年从哪一个月开始,或者说把哪一个月作为一年的第一个月。古代历史上曾经颁行过几种不同岁首的历法,如夏历以正月为岁首,殷历以十二月为岁首,周历以十一月为岁首,而秦和汉初曾经行用过的颛顼历则以十月为岁首,等等。朔,指初一。易服色,改变车马、祭牲等的颜色。按,古代不同朝代所崇尚的颜色不同,如夏尚黑,殷尚白,周尚赤。徽号,旗帜的名号,包括旗的式样、图案、颜色等,古代作为新兴朝代或某一帝王新政的标志之一。如周之旗曰大赤,殷曰大白,夏曰大麾。衣服,指服装的样式,各朝代所尚不一样。这些都是统治者能够与民众一起进行变革的,故曰"此其所得与民变革者也"。 ⑨此其不可得与民变革也:这是说,上文所述亲亲、尊尊、长长,男女有别等原则,是宗法等级社会中永恒不变的原则,是不可与民众进行变革的。

5. 同姓从宗,合族属①。异姓主名治际会②,名著而男女有别③。

[注释]①同姓从宗,合族属:意思是,同姓的人服从宗子,以聚合族人。②异姓主名治际会:异姓,是指他姓女子来嫁为妻者。主,根据,依据。名,指对来嫁女子的称谓,如果夫为父辈,则以母名之;为子辈,则以妇名之,等等。治,正,确定。际会,在此是聚首、结合之义。这句意思是,异姓来嫁的女子主要根据她们的结合对象来确定其称谓。 ③名著而男女有别:著,明。名著,谓若母、妇之名明确,则男女尊卑关系理顺,能互相区别而不相淫乱。

6. 其夫属乎父道者,妻皆母道也①。其夫属乎子道者,妻皆妇道也。谓弟之妻妇者,是嫂亦可谓之母乎②?名者,人治之大者也,可无慎乎!

[注释]①其夫属乎父道者,妻皆母道也:道,犹辈,类。意思是,丈夫属于父辈的,妻都属于母辈。下句义仿此。 ②谓弟之妻妇者,是嫂亦可谓之母乎:这两句意思是,如果称呼弟的妻为妇,这样对嫂不也可以称为母了吗?按,这两句是对不遵称谓名分的乱伦行为的严厉谴责。所以下两句说"名者,人治之大者也,可无慎乎"!意思是,名分称谓,是端正人伦最重要的,可以不慎重吗!

7. 四世而缌,服之穷也①。五世袒免,杀同姓也②。六世亲属竭矣。其庶姓别于上而戚单于下,昏姻可以通乎③?系之以姓而弗别,缀之以食而弗殊,虽百世而昏姻不通者,周道然也④。

[注释]①四世而缌,服之穷也:四世,谓与死者同一高祖,而己与死者则为高祖下面的第五代人。下"五世"、"六世"义仿此。穷,尽。这两句意思是,与死者上同四代之祖,就为死者服缌麻之丧,丧服等级到此也就尽了。②五世袒免,杀同姓也:袒免,谓左袒(袒露左肩臂)而头着免。按,服袒免是无正服的表现。无正服,即不在五服之中,说明亲属关系已经疏远。这两句意思是,与死者上同五代之祖,只为死者袒左臂著免以致哀,说明同姓亲属关系已减轻了。 ③庶姓别于上而戚单于下,昏姻可以通乎:庶姓,指同姓的分支。庶姓各自立祖,故曰"(祖)别于上"。戚,亲。单,通"殚",尽,竭尽。这两句意思是,如果庶姓各不同祖而后世子孙亲属关系已尽,可以相互通婚吗?④"系之"至"周道然也":系之以姓,谓以同一个姓来联系各庶姓。缀之以食,缀,连缀。食,食礼。这几句意思是,各庶姓仍然以同一个姓相连系而无别,而且宗子用食礼来联合族人对各庶姓也没有什么不同,同姓的人即使相隔百代也不通婚姻,周的制度就是这样。

8. 服术有六①:一曰亲亲②,二曰尊尊③,三曰名④,四曰出入⑤,五曰长幼⑥,六曰从服⑦。

[注释]①服术有六:服,谓服丧。术,在此义为原则。谓服丧的原则有六条。 ②亲亲:意思是,因亲爱自己的亲属而服。 ③尊尊:意思是,因尊敬尊贵者而为之服。如臣民为君服,即体现尊尊之义。 ④名:是指异姓女子来嫁于己族,有母名(伯母、叔母),或妇名(子妇、弟妇等;参见第 6 节),因而为之服。 ⑤出入:女子出嫁为出,未嫁为入。按,女子因出入的不同,所当服丧的轻重亦不同。 ⑥长幼:长谓成人,幼谓殇者。为成人及殇者服不同。 ⑦从服:参见《丧服小记第十五》第 14 节注①及下节。

9. 从服有六①:有属从,有徒从②,有从有服而无服③,有从无服而有服④,有从重而轻⑤,有从轻而重⑥。

[注释]①从服有六:按,此节专论从服关系,谓从服遵循以下六条原则。 ②有属从,有徒从:属从,谓与死者本无亲属关系,不当为之服,但通过某人而与死者产生了间接的亲属关系,即使某人死了,亲属关系犹在,仍当为之服,即所谓属从。如子从母服母之党(母的娘家人),又如妻从夫服夫之党,或夫从妻服妻之党,皆属此类。徒从,谓与死者本无亲属关系,不当服丧,徒从某人而服,此人若死,也就不再服了。如子从母服母之君母(母之父的正妻),又如妾子从君母(父的正妻)服君母之党(君母娘家亲属),参见《丧服小记第十五》第 14 节注①、②。 ③有从有服而无服:按,如公子(国君之子),其妻之父母死,妻为父母服齐衰期,己亦当从妻而为之服,但为己父之尊所厌,而不得从服;又如兄死弟当为之服,嫂死弟则当从兄而服,但因叔嫂防嫌之故,不得为之服,是皆所谓"从有服而无服"之例。 ④有从无服而有服:按,如公子为其外兄弟(舅、姑、姨表兄弟)本有服,但为父尊所厌而不得服,然公子之妻却从夫而为夫之外兄弟有服,是即所谓"从无服而有服"之例。 ⑤有从重而轻:按,如妻为其父母服齐衰期之丧,夫从妻仅服缌麻三月,是"从重而轻"之例。 ⑥有从轻而重:如公子之妻为其皇姑服即其例。皇姑即姑,

亦即婆婆。依礼,公子为父尊所厌,仅为其母服练冠(经水煮得柔软洁白的布做的丧冠),系麻绖带,穿有浅绛色镶边的丧服,这种丧服不在五服之中,而是五服之外的变例,是服至轻。然其妻为姑则服齐衰期,即所谓"从轻而重"。

10. 自仁率亲等而上之,至于祖,名曰轻。自义率祖顺而下之,至于祢,名曰重①。一轻一重,其义然也②。

[注释]①"自仁"至"曰重":仁,爱,恩爱。率,循。按,父母对自己的恩情最重,愈往上的祖先则恩情愈轻,但从义理上说,没有祖先就没有后世子孙,所以愈是远祖就愈当受到尊重。这几句意思是,从恩爱的角度循着父母一代一代往上数,直到祖先们,恩爱的程度可谓渐轻。从义理的角度循着祖先们顺序往下数,直到已故的生父,愈近的先辈恩爱可谓愈重。 ②一轻一重,其义然也:这两句意思是,或恩重义轻,或义重恩轻,都出于情理之自然。

11. 君有合族之道①,族人不得以其戚戚君位也②。

[注释]①君有合族之道:道,即礼。按,君恩可以下施,故可通过食礼和燕饮之礼等,来聚合本宗族的人。 ②族人不得以其戚戚君位也:按,族人当严上下之分,君臣之分,而不可以亲戚的身份同国君排列班辈位次。

12. 庶子不祭,明其宗也①。庶子不得为长子三年,不继祖也②。别子为祖,继别为宗。继祢者为小宗③。有百世不迁之宗④,有五世则迁之宗⑤。百世不迁者,别子之后也。宗其继别子之所自出者,百世不迁者也⑥。宗其继高祖者,五世则迁者也⑦。尊祖,故敬宗。敬宗,尊祖之义也。

[注释]①庶子不祭,明其宗也:谓庶子不祭宗庙,是为了表明有宗子在

(参见《丧服小记第十五》第9节注⑦)。　②庶子不得为长子三年,不继祖也:意思是,庶子不得为自己的长子服三年之丧,是因为庶子不是继承祖先的正体。　③"别子"至"小宗":参见《丧服小记第十五》第9节注①、②、③。④有百世不迁之宗:指大宗,亦即别子的嫡长子。别子世世由嫡长子继承,为族人所宗,永不变迁,故称"百世不迁之宗"。　⑤有五世则迁之宗:指继祢的小宗(参见《丧服小记第十五》第9节注④)。　⑥宗其继别子之所自出者,百世不迁者也:"之所自出",此四字为衍文。这两句意思是,以继承别子的嫡长子为宗,这是世世代代都不迁毁的。　⑦宗其继高祖者,五世则迁者也:意思是,以承高祖的嫡玄孙为宗,这是超过五代就要迁毁的(参见《丧服小记第十五》第9节注④)。

13. 有小宗而无大宗者,有大宗而无小宗者,有无宗亦莫之宗者:公子是也①。

[注释]①"有小"至"是也":公子,这里是指先君之子而现任国君的兄弟。这些公子上不得以君为宗,因为君至尊,下尚未为后世所宗,但又必须有人来统领他们,这统领他们的人,就是此节所谓大宗、小宗。故此节的大宗、小宗,其义不同于上节的大宗、小宗,而是指统领诸公子、即现任国君的兄弟们的人。此人当从公子中产生。如果国君没有嫡弟,那就以庶兄弟中的年长者为宗,来统领诸公子,诸公子则以小宗之礼视之,此即所谓"有小宗而无大宗者"。如果国君有嫡弟,那就让嫡弟来统领诸公子,诸公子就以大宗之礼视之,而不再立庶兄弟为宗,此即所谓"有大宗而无小宗者"。如果公子仅一人,既无所宗,又不为人宗,此即所谓"有无宗亦莫之宗者"。这几句意思是,公子有有小宗而没有大宗的,有有大宗而没有小宗的,有既无人可宗也不被人宗的:作为公子有以上三种情况。

14. 公子有宗道①。公子之公,为其士、大夫之庶者,宗其士、大夫之適者②,公子之宗道也③。

[注释]①公子有宗道:道,在此谓制度。意思是,有为诸公子立宗的制度。 ②"公子之公"至"之適者":公子之公,下"公"字谓君。这几句的意思是,公子的君,封自己的庶兄弟为士、大夫,而以被封为士、大夫的嫡兄弟为宗。 ③公子之宗道也:宗,在此作动词,谓立宗。这句意思是,这就是为诸公子立宗的制度。

15. 绝族无移服,亲者属也①。

[注释]①"绝族"至"属也":移,有的本子作"施"。按,这两句都是《仪礼·丧服》齐衰章的《传》文,《传》文"移"即作"施"。这两句《传》文是解释上《传》"出妻之子为母期,则为外祖母无服"之义的。因为妻既已被出,则妻族与本族的恩义即已断绝,因此成为"绝族",故子不为出母娘家亲属服丧。亲者属,这是解释子何以为出母服期,这是因为,尽管子与其母族已成绝族,但母子关系无断绝之理,故仍当为之服。所以这两句意思是,为已经断绝恩义的被离弃之妻的族亲不服丧,但子与被父离弃之母的至亲之情仍然相连着。

16. 自仁率亲等而上之,至于祖;自义率祖顺而下之,至于祢①。是故人道亲亲也②。亲亲故尊祖,尊祖故敬宗,敬宗故收族③,收族故宗庙严④,宗庙严故重社稷,重社稷故爱百姓,爱百姓故刑罚中⑤,刑罚中故庶民安,庶民安故财用足,财用足故百志成⑥,百志成故礼俗刑⑦,礼俗刑然后乐。《诗》云:"不显不承,无斁于人斯⑧。"此之谓也。

[注释]①"自仁"至"至于祢":参见上第10节。 ②是故人道亲亲也:意思是,做人的道理必须亲爱自己的亲属。 ③收族:谓团结族人。 ④严:庄严,尊严。 ⑤刑罚中:谓刑罚的运用恰如其分,公平合理。 ⑥百志成:

谓各种愿望都可以实现。　⑦礼俗刑:刑,犹成。谓礼俗的教化成功。
⑧不显不承,无斁于人斯:这两句引自《诗·周颂·清庙》。不,通"丕",大。显,扬。承,继承。斁,音yì,厌倦。斯,语气词。意思是,发扬光大而继承文王的德行,对于人们来说是不会厌倦的。

少仪第十七

1.闻始见君子①者,辞曰:"某固愿闻名于将命者②。"不得阶主③。適者④曰:"某固愿见⑤。"罕见⑥,曰:"闻名⑦。"亟见⑧,曰:"朝夕⑨。"瞽曰:"闻名⑩。"

[注释]①始见君子:始见,谓初次去见。君子,在此指卿大夫或德行优异者。　②某固愿闻名于将命者:某,代客名。将命者,指传命人。这句意思是,某十分愿意把自己的名字告诉您的传命人。　③不得阶主:阶,进。按,这句是解释上文客词"愿闻名于将命者"之义,即客人当谦退,不得径进名于主人。意思是,而不得直接说进告主人。　④適者:適,通"敌"。谓来客与主人地位相等。　⑤某固愿见:这是"某固愿见于将命者"的略词,意思是,某十分愿意见到您的传命人。　⑥罕见:谓如果平日很少见面。　⑦闻名:这是"某愿闻名于将命者"的略辞,意思是:某愿把自己的名字告诉您的传命人。⑦闻名:按,瞽者无目,故不称见。　⑧亟见:亟,屡次,多次。谓多次见面。⑨朝夕:是"某愿朝夕闻名于将命者"的略词,意思是,某愿早晚把自己的名字告诉您的传命人。　⑩瞽曰"闻名":意思是,如果是盲人,就说:"某愿把自己的名字告诉您的传命人。"

2.适有丧者曰:"比①。"童子曰:"听事②。"适公卿之丧,则曰:"听役于司徒③。"

[注释]①适有丧者曰"比":适,往,到。比:这是比方于执事之人的略语。执事之人,即主人的供驱使的下人。这句意思是,到有丧事的人家去吊丧,应该说:"某愿像您的下人那样供驱使。"下文童子曰"听事"义仿此。 ②童子曰"听事":意思是,如果到丧家来的是儿童,就说:"某愿听从您的下属的吩咐为您做事。"　③听役于司徒:意思是,某愿听从司徒的差遣。按,司徒主国之大事,国有大丧,如公卿之丧,则皆由司徒率其属掌之,故曰"听役于司徒"。

3. 君将适他①,臣如致金玉货贝于君,则曰:"致马资②于有司。"敌者③曰:"赠从者。"

[注释]①适他:谓到别国去。　②马资:如今所谓路费。　③敌者:是说如果出国者不是国君而是与自己地位相等的人。

4. 臣致襚于君①,则曰:"致废衣于贾人②。"敌者曰:"襚③。"亲者兄弟,不,以襚进④。

[注释]①襚:赠送死者的衣衾(参见《檀弓下第四》第55节注④)。 ②致废衣于贾人:按,赠衣给新死者,意思是助丧家为死者入殓用,而曰"致废衣",是自谦之辞,意谓不敢必用于殓。贾,音 gǔ。贾人,官名,掌识物价贵贱及主君之衣物者。　③敌者曰"襚":意思是,如果是赠送衣被等给地位相等的丧家,就说:"赠送衣被。"　④亲者兄弟,不,以襚进:按,上文"致废衣于贾人"以及"敌者曰'襚'",都是前来赠襚者通过摈者向丧主人传言之辞。如果是亲近的兄弟,就不通过摈者传话而径直入内陈放襚,故曰"不,以襚进"。

5. 臣为君丧纳货贝①于君,则曰:"纳甸于有司②。"

[注释]①纳货贝:纳,贡献,缴纳。货贝,即赗。所谓赗,音 fù,赠送给丧家的助办丧事的财物。　②纳甸于有司:甸:田野的出产物。有司,此处指

主管的官吏。按,臣之田是君所授,故臣说"纳甸于有司"(即缴纳田野出产之物给主管官吏)。

6. 赗马入庙门①。赗马与其币、大白兵车,不入庙门②。赗者既致命,坐委之,摈者举之③。主人无亲受也。

[注释]①赗马入庙门:赗,音 fèng,赠送给丧家的助送葬之物,如车马等。意思是,赠给丧家助送葬的马要牵入庙门。按,因为此马主于送死者,故当入庙门。 ②赗马与其币、大白兵车,不入庙门:币,指帛。大白,即白色的旗。意思是,赠给丧家助办丧事的马和币帛,以及插有大白旗的兵车,不进入庙门。按,此所赠主于丧家之人,故不入庙门。 ③赗者既致命,坐委之,摈者举之:这是记赗的致送法。致命,即致辞。坐,即跪。委之,谓将所赠之物放在堂前庭中地上。摈者,主人家的接待宾客及传命者。这几句意思是,赠送助办丧事之物的人致辞之后,便跪下把所赠之物放在地上,由主人的摈者把赠物拿起来去收藏。

7. 受立,授立不坐①。性之直者,则有之矣②。

[注释]①受立,授立不坐:意思是,如果接受东西的人站着,授人东西的人也站而不跪。 ②性之直者,则有之:直,长,谓身材高者。性,通"生"。按,此"性之直者"是指授物者,如果授物者身材高大而受物的尊者身材短小,授物者就当跪授,而不敢以长(高)临之,故下文曰"则有之(跪)",即指此。

8. 始入而辞曰:"辞矣①。"即席,曰:"可矣②。"排阖说屦于户内者,一人而已矣③。有尊者在则否④。

[注释]①始入而辞曰"辞矣":辞曰,这是有来宾时,摈者为宾主相赞礼仪时说的话。下"辞",义谓谦让。意思是,主人迎宾将入门时摈者当告诉主人说:"要谦让。" ②即席,曰"可矣":即席,谓升堂后宾主各自将要就席,而

尚未就席。可矣,是摈者之辞,意思是可以就席了。 ③排闼说屦于户内者,一人而已矣:排闼,推开室门。说,音 tuō,通"脱"。屦,鞋。户内:指堂后之室内。一人,谓宾客中的最尊者。意思是,推开室门进入室内而能够把鞋脱在室内的,众来宾中只有最年长者一人可以这样。按,其他人都要把鞋脱在堂下。 ④有尊者在则否:这是说,如果先已有尊长者在堂上或在室中,就不得这样了,即使宾客也不得一人脱屦于户内。

9.问品味①曰:"子亟食于某乎②?"问道艺曰③:"子习于某乎?子善于某乎?④"

[注释]①问品味:品味,谓各种肴馔,在此泛指食物。意思是,问别人喜欢吃什么食物。 ②子亟食于某乎:子,对人的尊称。亟,屡次,经常。意思是要问,您经常吃某种食物吗? ③道艺:指学问和技能。 ④子习于某乎?子善于某乎:意思是要问,您研习某种学问吗?您擅长某种技艺吗?

10.不疑在躬①,不度民械②,不愿于大家③,不訾重器④。

[注释]①不疑在躬:在躬,犹言自身。意思是,自身的言行不可犹疑不定。 ②不度民械:度,音 duó,推测,考虑。意思是,不考虑别人家有多少器物。 ③不愿于大家:愿,希望。大家,谓大富贵之家。意思是,不希冀自己也成为大富贵之家。 ④不訾重器:訾,度。意思是,不考虑别人家有多少贵重器物。

11.泛埽曰埽①,埽席前曰拚②。拚席不以鬣③。执箕膺擖④。

[注释]①泛埽:埽,同"扫(扫)"。谓广泛地扫地。 ②拚:音 fèn,也是扫除的意思。 ③拚席不以鬣:鬣,谓帚。意思是,清除席上的污秽不得用

箵帚。 ④执箕膺揲:膺,音 yīng,胸,此指自身。揲:音 yè,箕舌,在此实谓畚箕口。意思是,拿畚箕应将畚箕口朝向自身。

12. 不贰问①。问卜筮曰:"义与？志与②？"义则可问,志则否③。

[注释]①不贰问:"不贰问"上脱"卜筮"二字。这里意思是,卜筮占问不可心怀二意。 ②问卜筮曰"义与？志与":卜筮,在此谓卜筮者,即前来卜筮的人。义,谓符合道理公义。志,谓私心私意。这里意思是,卜人问前来卜筮的人说:"是为公义的事还是私心的事？" ③义则可问,志则否:意思是,为公义的事就可以占问,为私心的事就不可占问。

13. 尊长于己逾等,不敢问其年①。燕见,不将命②。遇于道,见,则面,不请所之③。丧俟事,不犆吊④。侍坐,弗使,不执琴瑟,不画地,手无容,不翣也⑤。寝,则坐而将命⑥。侍射,则约矢⑦。侍投,则拥矢⑧。胜,则洗而以请⑨。客亦如之⑩。不角⑪。不擢马⑫。

[注释]①尊长于己逾等,不敢问其年:逾等,谓行辈高于己,如祖与父。不敢问年,嫌若与之序齿(按年龄排位次)。 ②燕见,不将命:谓闲暇时私下去见尊长者,无须通过摈者传话。 ③遇于道,见,则面,不请所之:遇于道,谓在路上遇见尊长者。见,谓尊长者看见了自己。面,谓上前见尊长者。不请,即不问。所之,所往,到哪里去。 ④丧俟事,不犆吊:丧,谓尊长者有丧事。事,在此谓朝夕哭。犆,音 tè,同特。不犆吊,谓不非时而独自前往吊唁,这是为了不烦劳尊长者。这两句意思是,尊长者有丧事,要等到朝夕哭的时候去吊唁,不要在不恰当的时候独自去吊唁。 ⑤"侍坐"至"不翣也":手无容,谓不以手修饰容貌,在尊长者面前修饰容貌则为不敬。翣,音 shà,在此指扇子。这几句意思是,在尊长者跟前陪坐,尊长者不指使自己,就不敢弹奏琴瑟,不用手画地,不用手修饰面容,天再热也不敢扇扇子。 ⑥寝,则坐而

将命:意思是,尊长者躺着的时候,有事要跪下向尊长者传话。 ⑦侍射,则约矢:按,古代的射礼,皆两人为耦而射:一为上耦,一为下耦。射前先要取矢(箭)。矢在庭中,倚放在名叫楅(音 bī)的架子上。上、下耦要到庭中一人一支交替取矢,待取足四支矢,然后升堂射箭。如果是卑者为下耦而陪侍尊长者射箭,就不敢与之一次一支地交替取矢,而当一次取足四支矢,即所谓"约取矢",以表示不敢与尊长者抗礼。约,束也。一次取四矢,是为一束。 ⑧侍投,则拥矢:投,谓投壶,既是一种礼仪,也是一种游戏。投壶也是两人一组而投,每人四支矢,比赛谁将矢投入壶中多。比赛时各将四矢放在自己跟前地上,两人一次取一矢交替而投(其礼详《投壶第四十》)。如果是卑者陪侍尊长者投壶,就不敢把矢放在地上,而当抱在胸前,即所谓"拥矢"。 ⑨胜,则洗而以请:按,比赛射箭或投壶,胜者当酌罚酒以饮不胜者。如果卑者胜,为对尊长者表示恭敬,就要先洗爵,而后酌酒请尊长者饮。 ⑩客亦如之:谓客若不胜,主人亦当如卑者为尊长者那样洗爵酌酒,以示对客人的恭敬。 ⑪角:即觥。按罚酒当用角。如果是卑者饮尊者,或主饮客,则不敢用角,而当用爵。 ⑫不擢马:马,是投壶之算,算即今所谓筹码。马的形制详《投壶第四十》第5节。擢,取。按,投壶比赛共进行三次,每次为胜方立一马。如果比赛结果是三比零就不用说了,如果是二比一,得二马的一方也算胜方,而且可以把不胜的一方所得的一马取来凑足已方三马之数。但如果以二比一获胜的一方是卑者,就不敢把尊长者所得的一马取过来,即所谓"不擢马"。

14. 执君之乘车则坐,仆者右带剑①,负良绥申之面,拖诸幦②。以散绥升,执辔,然后步③。

[注释]①执君之乘车则坐,仆者右带剑:执君之乘车,谓握着君车的缰绳。则坐,按,凡御者(驾车人)必立,今坐者,因君尚未升车而车尚未行。仆者,即驾车人。右带剑,按,剑一般带在左边,以便于右手握柄抽剑,但因仆者居中,君乘车居左,怕妨碍君,故右带剑。 ②负良绥申之面,拖诸幦:绥,是供乘车人执以登车的绳。良绥,即君绥,是君执以上车的绳。负良绥申之面,

谓仆者在车上面向前而立,取君绥由左肢下加于左肩上,再绕背后入右腋,再将绥之末端伸于前面。面,前。扡,音 tuō,同"拖"。幦,车轼上面的覆盖物(参见《曲礼下第二》第10节注⑥)。这两句意思是说,仆者把良绥从背后绕过来伸到前面,使绥的末端拖到覆盖车轼的幦上。　③以散绥升,执辔,然后步:按,这是补述仆者初升车时的事。散绥,又名副绥,是仆者执以上车的绳。步,行;但这只是驾车试行五步,而后停车以待君出,把良绥授给君握以上车。

15. 请见不请退①。朝廷曰退②。燕游曰归③。师役曰罢④。

[注释]①请见不请退:按,这是指卑者见尊者,既见,退必由尊者命之,故不敢自己请退。　②朝廷曰退:这是说,朝廷上散朝叫做退。　③燕游曰归:燕游,即闲游。闲游而回叫做归。　④师役曰罢:军队作战而归叫做罢。

16. 侍坐于君子,君子欠伸,运笏,泽剑首①,还屦②,问日之蚤莫③,虽请退可也。

[注释]①欠伸,运笏,泽剑首:欠伸,即俗所谓打哈欠伸懒腰。运笏,摇动笏版。泽剑首,即抚弄剑柄。按,剑首即剑柄,抚弄剑柄则剑柄光泽,故曰泽剑首。　②还屦:转动鞋子。按,古人脱屦而坐,屦在席侧,故可还屦。③蚤莫:蚤,通"早"。莫,是"暮"的古字。即早晚。

17. 事君者,量而后入,不入而后量①。凡乞假于人,为人从事者亦然②。然,故上无怨,而下远罪也③。

[注释]①事君者,量而后入,不入而后量:意思是,为国君办事的人,要先衡量自己能否完成某事再入朝请求,不可先入朝请求而后再衡量能否完成。　②凡乞假于人,为人从事者亦然:乞,求。假,借贷。为人从事,谓为别人办事。按,凡借贷于人则当先衡量自己有能力偿还与否,为别人办事当先

衡量自己有能力办成与否。　③然,故上无怨,而下远罪也:然,这样。上无怨,谓国君对己可以无怨恨。下远罪,谓臣下可以无罪过。

18. 不窥密,不旁狎①,不道旧故②,不戏色③。

[注释]①不旁狎:狎,音xiá,近,亲近。旁,不正。旁狎,谓与不正派的人亲近。　②不道故旧:道,说,谈论。故旧,即往事,旧事。按,旧事既非今日所急,而且可能扬人宿过而招人之憎,故不道之。　③戏色:嬉皮笑脸。

19. 为人臣下者,有谏而无讪①,有亡而无疾②,颂而无谄③,谏而无骄④,怠则张而相之⑤,废则埽而更之⑥,谓之社稷之役⑦。

[注释]①讪:音shàn,讥笑。　②有亡而无疾:亡,逃亡,离去。疾,厌恶,憎恶。这是说,如果臣对君劝谏而不听,可以离去而不可怨恨。　③谄:音chǎn,同"谄"。　④谏而无骄:谓可以劝谏国君而自己不可骄慢。　⑤怠则张而相之:怠,堕怠。张,谓振作之。相,助。意思是,国君堕怠要帮助他振作。　⑥废则埽而更之:意思是,废坏的朝政要扫除而更新。　⑦谓之社稷之役:役,为。社稷之役,即为社稷。意思是,这就叫做为了社稷(国家)。

20. 毋拔来,毋报往①,毋渎神,毋循枉②,毋测未至③。

[注释]①毋拔来,毋报往:报,音fù,通"赴疾"之"赴"。拔、赴,都是疾速的意思。这两句意思是说,不可很快喜欢上某事而来,也不可很快就对某事败兴而去。　②循枉:枉,邪曲。谓依循邪途。　③毋测未至:意思是,不可臆测未来。

21. 士依于德,游于艺①。工依于法,游于说②。

[注释]①士依于德,游于艺:游,犹研习。艺,谓礼、乐、射、御、书、数六艺。这两句意思是,士人依德行事,经常研习六艺。 ②工依于法,游于说:法,谓规矩尺寸之数。说,谓大小之所宜。这两句意思是,工匠依规矩尺度行事,研究所造器物的大小长短。

22. 毋訾衣服成器①,毋身质言语②。

[注释]①毋訾衣服成器:訾,非毁。这句意思是,不要挑剔别人的衣服器物。 ②毋身质言语:质,正。这句意思是,对有疑问的事不要挺身说肯定的话。按,《曲礼上第一》第3节所谓"疑事毋质",与此义同。

23. 言语之美,穆穆皇皇①。朝廷之美,济济翔翔②。祭祀之美,齐齐皇皇③。车马之美,匪匪翼翼④。鸾和之美⑤,肃肃雍雍⑥。

[注释]①穆穆皇皇:谓恭敬温和而符合正道。 ②济济翔翔:谓威仪厚重而宽舒。 ③齐齐皇皇:谓谨慎虔敬而诚惶诚恐。 ④匪匪翼翼:腾跃如飞而强健有力。 ⑤鸾和:皆车铃(参见《玉藻第十三》第31节注⑥)。 ⑥肃肃雍雍:声音肃穆而和悦。

24. 问国君之子长幼,长,则曰"能从社稷之事①矣";幼,则曰"能御","未能御"②。问大夫之子长幼,长,则曰"能从乐人之事矣③";幼,则曰"能正于乐人④","未能正于乐人"。问士之子长幼,长,则曰"能耕矣";幼,则曰"能负薪⑤","未能负薪"。

[注释]①社稷之事:谓祭祀社稷的事。 ②幼,则曰"能御","未能御":御,治,谓已能治事。这里意思是,如果还小,就回答说"已经能做些事情

了",或"还不能做什么事"。 ③能从乐人之事矣:按,乐人之事,包括有关音乐和舞蹈的知识、技能和德行等等。 ④能正于乐人:谓能听从乐人指正。按,下句义与此相反。 ⑤负薪:背柴火。

25. 执玉、执龟筴①不趋。堂上不趋。城上不趋。武车不式②。介者不拜③。

[注释]①龟筴:龟,龟甲,占卜所用。筴,同"策",蓍草。因蓍草的一根叫一策,故即以策(筴)名。 ②武车不式:武车,即兵车。不式,不行轼礼(参见《曲礼上第一》第51节注①)。 ③介者不拜:参见《曲礼上第一》第61节注⑥。

26. 妇人吉事,虽有君赐,肃拜①。为尸坐则不手拜②,肃拜。为丧主③则不手拜。

[注释]①肃拜:是一种妇人的拜礼。其拜法,跪而两手至地,低头而头不至地。按,妇人以肃拜为正拜。 ②为尸坐则不手拜:为尸,此谓为祖姑(丈夫的祖母)之尸。手拜,谓先以手至地,再以头至手。 ③为丧主:指为丈夫或长子的丧主(主持丧事者)。

27. 葛绖而麻带①。

[注释]①葛绖而麻带:这是指卒哭祭后妇人变服,即变麻首绖为葛首绖,而腰部仍系麻绖带,因为妇人轻首绖而重腰绖(参见《丧服小记第十五》第25节注②)。

28. 取俎,进俎①,不坐。

[注释]①取俎,进俎:取俎,谓从俎上取牲牺肉。进俎,把牲肉进放到

俎上。

29. 执虚如执盈①，入虚如有人②。

[注释]①执虚如执盈：拿空器皿要像拿盛满东西的器皿一样。　②入虚如有人：进空房间要像进有人的房间一样。按，这两句皆意在教人恭敬和谨慎。

30. 凡祭于室中、堂上无跣①。燕则有之②。

[注释]①跣：音 xiǎn，赤脚，光着脚。　②燕则有之：按，凡燕坐必脱屦，因为屦贱，不宜在堂，故屦当脱在堂下，因此室中或堂上行燕礼则当跣。

31. 未尝不食新①。

[注释]①未尝不食新：尝，秋祭名，其祭法，主要是荐新物于寝庙。这句意思是，未曾进献新物祭祀宗庙，就不吃新物。

32. 仆于君子①，君子升、下则授绥②。始乘则式③。君子下行，然后还立④。

[注释]①仆：在此作动词，谓为君子驾车。　②君子升、下则授绥：谓君子上车、下车，都要把绥递给君子。绥，参见第14节注②。　③始乘则式：这是说，君子准备乘车，但尚未来到车跟前时，驾车人要以手抚轼以待。④君子下行，然后还立：下行，谓君子下车开始步行。还立，谓还车（即调转车头）而立，以待君子离去。

33. 乘贰车则式，佐车则否①。贰车者，诸侯七乘，上大夫五乘，下大夫三乘。

[注释]①乘贰车则式,佐车则否:按,贰车和佐车都是副车,朝会或祭祀所乘的副车叫贰车,行军或打猎所乘的副车叫佐车;朝会、祭祀尚敬故轼,军事、打猎尚威武故否。

34. 有贰车之乘马,服车,不齿①。观君子之衣服,服剑,乘马,弗贾②。

[注释]①有贰车之乘马,服车,不齿:有贰车,谓下大夫以上,尊者。服车,即所乘之车。这里意思是,对于有贰车的人所乘的马,所乘的车,不敢议论马的年齿、车的新旧等。 ②观君子之衣服,服剑,乘马,弗贾:意思是,看见君子的衣服、佩剑和所乘的马,不敢议论价钱的贵贱。

35. 其以乘壶酒,束脩,一犬,赐人若献人①,则陈酒,执脩以将命,亦曰乘壶酒,束脩,一犬②。其以鼎肉,则执以将命③。其禽加于一双④,则执一双以将命,委其余。犬则执绁,守犬、田犬,则授摈者,既受乃问犬名⑤。牛则执纼⑥,马则执靮⑦,皆右之⑧。臣则左之⑨。车则说绥,执以将命⑩。甲若有以前之,则执以将命,无以前之,则袒櫜奉胄⑪。器则执盖⑫。弓则以左手屈韣执拊⑬。剑则启椟,盖袭之,加夫襓与剑焉⑭。笏、书、脩、苞苴、弓、茵、席、枕、几、颖、杖、琴、瑟、戈有刃者椟、笞、箪,其执之,皆尚左手⑮。刀郤刃授颖⑯。削授拊⑰。凡有刺刃者,以授人则辟刃。

[注释]①其以乘壶酒,束脩,一犬,赐人若献人:乘,音shèng。乘壶,四壶。束脩:十条脯(干肉)。意思是,用四壶酒,十条干肉,一只狗赐人或献人。按,与卑者则曰赐,奉尊者曰献。 ②"则陈酒"至"一犬":陈酒,把酒(还有

狗,此处略而未言)陈放在门外。将命,即致辞。这几句意思是,把酒和狗陈放在门外,拿着干肉进去致辞,致辞时也须说明有四壶酒,十条干肉,一只犬。 ③其以鼎肉,则执以将命:鼎肉,是指已解割成块,可以放入鼎中烹煮的肉。用鼎肉亦有酒,此处略而未言。这两句意思是,用鼎肉和酒送人,就拿着鼎肉进去致辞。 ④加于一双:即多于一双。 ⑤"犬则"至"问犬名":緤,音xiè,同"绁",牵牲畜的绳子。守犬,即看门犬。田犬,即猎犬。这几句意思是,用狗送人就牵着拴狗的绳子,看门狗、猎狗授给主人的摈者,摈者接受之后要问狗名。 ⑥纼:音zhèn,穿在牛鼻子上牵牛用的绳。 ⑦靮:音dí,马羁绳。 ⑧皆右之:谓牵牛或牵马,都用右手牵着。 ⑨臣则左之:臣,此谓囚俘。这句意思是,送囚俘予人就用左手牵着。 ⑩车则说绥,执以将命:说,通"脱"。意思是,如果送车予人,就把车上的绥解下来,拿着进去致辞。 ⑪"甲若"至"奉胄":櫜,音gāo,盛甲衣的套子。这几句意思是说,送人铠甲,如果同时还送有别的东西可以先拿着致辞的,就先拿别的东西致辞,如果没有别的东西可以先拿着致辞,就打开盛铠甲的套子而捧着头盔致辞。 ⑫器则执盖:意思是,送人器皿就拿着盖子致辞。 ⑬弓则以左手屈韣执拊:韣,音dú,弓袋子。拊,同"弣",弓把的中部。意思是,送弓就用左手把弓套子屈折起来和弓把一起握着致辞。 ⑭剑则启椟,盖袭之,加夫襓与剑焉:启,开。椟,盛剑的木函(即木匣)。袭,谓仰合,开函以盖仰合于函下底。襓,音ráo,剑衣,即剑套子。这几句意思是,送剑就打开剑函,把函盖仰置在函底下,把剑套子衬放在函中而将剑放在套子上面致辞。 ⑮"笏"至"左手":苞苴,用苇或茅编织成的包裹鱼肉之类食品的用具。茵,谓茵褥。颎,音jiǒng,即警枕,是一种用圆木做的小枕头,熟睡则枕转而使人警醒,故名。戈有刃者椟,谓套着木匣的有刃的戈。籥,古代的一种管乐器(参见《檀弓下第四》第57节注③)。这几句意思是,凡用笏板、书、干肉、装有鱼肉的芦苇苞、弓、席子、枕头、几、警枕、琴、瑟、套着木匣的有刃的戈、蓍草、籥等送人,拿的时候都是左手在上面。 ⑯刀郤刃授颖:颖,音yǐng,刀把末端的刀镮。这句意思是,送刀要将刀刃向后而把刀镮递给人。 ⑰削授拊:削,古代的一种刀。拊,器物的柄。意思是,送刀要把刀把递给人。

36.乘兵车,出先刃,入后刃①。军尚左,卒尚右②。

[注释]①出先刃,入后刃:意思是,出境要使武器的锋刃向前,入境要使锋刃向后。 ②军尚左,卒尚右:尚,通"上"。这里意思是,军中的将领以左为上,士卒行伍以右为上。

37.宾客主恭,祭祀主敬,丧事主哀,会同主诩①。

[注释]①"宾客"至"主诩":诩:谓敏而勇。这几句意思是,宾客以谦恭为主,祭祀以虔敬为主,丧事以哀伤为主,诸侯会盟以敏捷武勇为主。

38.军旅思险,隐情以虞①。

[注释]①军旅思险,隐情以虞:隐情,犹保密。虞,考虑,忖度。意思是,行军要考虑利用险阻出奇制胜,要善于保密而忖度敌情。

39.燕侍食于君子,则先饭而后已①。毋放饭,毋流歠②。小饭而亟之③。数噍④。毋为口容⑤。

[注释]①燕侍食于君子,则先饭而后已:这两句意思是,闲暇时陪侍君子吃饭,就要先为君子尝饭而在君子吃完之后再停止吃饭。 ②毋放饭,毋流歠:参见《曲礼上第一》第33节注②、③。 ③小饭而亟之:小饭,小口吃饭。亟,疾速,即快嚼。 ④数噍:噍,音jiào,嚼。意思是,要频频地咀嚼。 ⑤毋为口容:口容,谓弄口,亦即剔牙。按,此即《曲礼上第一》第33节所谓"毋刺齿"之义。这句意思是,不要在吃饭时剔牙。

40.客自彻,辞焉,则止①。

[注释]①客自彻,辞焉,则止:按,客人席前设有俎,俎上盛牲肉,食毕,主人家会有人为之把俎彻下去。但客人当先做出自彻其俎的姿态,待主人对

客人自彻俎加以推辞,而后停止。

41. 客爵居左①。其饮居右②。介爵、酢爵、僎爵③,皆居右。

[注释]①客爵居左:客爵,指主人酬宾之爵。按,主人以一献之礼待宾(参见《文王世子第八》第9节注⑤),主人与宾献、酢之后,主人再向宾进酬酒,宾则接过酬酒而不饮,以示礼成。这里说明宾所不饮的酬酒应当放的位置。居左,谓放在荐东。荐指脯醢。宾席面朝南,故以左为东。下"居右"义仿此。 ②其饮居右:这是指行旅酬礼时执事者向宾进的酒所当放的位置。按,旅酬礼从宾开始,故执事者当酌酒举而奠于宾席前,宾饮下此酒,然后酌酒以酬主人,表示旅酬礼开始,即所谓为旅酬发端(参见《曾子问第七》第7节注①、③)。 ③介爵、酢爵、僎爵:介,宾的副手。酢爵,主人向宾献酒后宾所回敬主人的酒。僎,音 zūn,通"遵",亦即"遵者",是此乡之人为卿大夫而来观礼者。按僎者此时的身份相当于主人之副,助主人以待宾客者。

42. 羞濡鱼者进尾①,冬右腴,夏右鳍②,祭朊③。

[注释]①羞濡鱼者进尾:羞,进。濡鱼,即湿鱼,即现烹煮的鲜鱼。进尾,这是为便于人从后向前逆向取食鱼肉。 ②冬右腴,夏右鳍:腴,音 yú,人或动物腹下的肥肉。右腴,这里是指使鱼腹朝向右侧。鳍,音 qí,这里指背鳍,指代鱼脊。右鳍,使鱼脊朝右。 ③祭朊:祭,谓行食前祭礼。朊,音 hū,指从鱼腹上取下的大块的鱼肉,这是供行食前祭礼所用。

43. 凡齐①,执之以右,居之以左②。

[注释]①齐:音 jì,后作"剂",谓调和食物的滋味。这是指用盐、梅等调味品撒在羹汤或酱中。 ②执之以右,居之以左:意思是,拿调味品用右手,而将需调味的食物放在左边。

44.赞币自左,诏辞自右①。

[注释]①赞币自左,诏辞自右:赞币、诏辞,皆谓为君相礼。赞币,谓帮助国君授人币帛。诏辞,谓为国君传达辞命。前者当在国君的左边,后者当在国君的右侧。

45.酳尸之仆,如君之仆①。其在车,则左执辔,右受爵,祭左右轨、范,乃饮②。

[注释]①酳尸之仆,如君之仆:按,这是因尊尸而尊及尸之仆,故视之如君之仆。 ②"其在车"至"乃饮":这里是记尸之仆在车饮酒之礼。其,代尸之仆。轨,即軹(音 zhǐ),车轴头。范,即軓,是车轼前的揜(掩)板,汉人呼之为"揜軓"。之所以祭之,是为祈其神助己,不使车倾危。其祭法不详。这几句意思是说,为尸驾车的人在车上,左手握着马缰绳,右手接受酒,先用酒祭车左右两轴头、祭车轼前的掩板,然后才饮酒。

46.凡羞有俎者,则于俎内祭①。

[注释]①凡羞有俎者,则于俎内祭:祭,谓食前祭。行食前祭礼之法,一般是取所当祭的食物少许,置于笾豆之间的地上以示祭(参见《曲礼上第一》第30节注⑨)。若取俎上的牲肉以祭,因为俎长而横于人前,故不置于地,即置于俎上(即所谓俎内)以示祭。这两句意思是,凡进有俎的,就取俎上的牲肉放在俎内行食前祭礼。

47.君子不食圂腴①。

[注释]①君子不食圂腴:圂,音 hùn,指猪狗。腴,猪狗的肠。猪狗之腴秽,故君子不食。

48. 小子走而不趋①,举爵则坐,立饮②。

[注释]①小子走而不趋:小子,谓弟子,其位卑,不得与宾介具备礼容。这句意思是,弟子奔走供役使而不得做出快步急走的容态。 ②举爵则坐,立饮:坐(跪),是为饮酒前先行祭礼,亦属食前祭礼。意思是,举杯饮酒就要先跪下用酒行祭礼,然后站起身来饮酒。

49. 凡洗必盥①。

[注释]①凡洗必盥:洗,谓洗爵。盥,谓盥手。凡洗爵必先盥手。

50. 牛羊之肺,离而不提心①。

[注释]①牛羊之肺,离而不提心:离,割,特指食肺的一种切割方式。提,至也。按,牛羊的肺,根据需要的不同,分为两种:一种是食肺,即专门用于食的肺;一种是祭肺,即专门用于祭的肺。这两种不同用途的肺切割方式也不同。食肺切割时要使被割的部分留少许使之与中央部分相系连而不断绝,这种切割方式就叫做离,即此处所谓"离而不提心"者,因此这种肺又叫做离肺。因为古人食前皆需祭,切割时留少许不与肺体绝离,正便于食前绝(掐取)而祭之。而祭肺则当割离肺体,因此又叫切肺或刌肺。这两句意思是,用于食的牛羊的肺,切割时不割到肺的中央。

51. 凡羞有湆者,不以齐①。

[注释]①凡羞有湆者,不以齐:湆,音 qì,一种不加菜和盐、梅等佐料的肉汁,又叫大羹,故礼文中每称"大羹湆"。齐,同"剂",调和,调剂。这两句意思是,凡进有大羹的,不加作料调和。

52. 为君子择葱薤,则绝其本末①。

[注释]①为君子择葱薤,则绝其本末:薤,音 xiè,菜名,叶中空似细葱而有棱,气味如葱,根如小蒜,味辛。这两句意思是,为君子选择葱薤,要把根部和叶的末端掐掉。

53. 羞首者,进喙,祭耳①。

[注释]①羞首者,进喙,祭耳:首,牲头。进,前。喙,音 huì,鸟兽等的嘴。意思是,进牲头的,要使口朝前向着尊者,行食前祭礼用牲耳。

54. 尊者,以酌者之左为上尊①。尊壶者面其鼻②。

[注释]①尊者,以酌者之左为上尊:尊者,谓设尊的人。按,设尊有二:一尊盛玄酒,一尊盛酒,以盛玄酒的尊为上尊。尊设于堂上房户之间(堂后中间为室,东西两侧分别为东房和西房。房户之间,是指室门与东房门之间的位置),玄酒尊设在西边而酒尊在其东,酌酒的人面向尊,即面朝北而酌,以西为左,玄酒正在酌酒人的左边,即所谓"以酌者之左为上尊"。 ②尊壶者面其鼻:尊壶者,谓设尊、设壶的人。按,尊与壶皆有鼻,当使鼻向前,即向着尊者。故曰"面其鼻"。壶亦盛酒器。

55. 饮酒者、祈者、醮者①,有折俎不坐②。

[注释]①饮酒者、祈者、醮者:饮酒者,谓凡参与饮酒的人。祈者,谓沐(洗头)而饮酒者(参见《玉藻第十三》第 7 节注⑤)。醮者,谓冠而饮酒者。按,行冠礼的正礼是向加冠者授醴,叫做醴冠者。如果不用醴而用酒,就叫做醮(参见《曾子问第七》第 6 节注⑨)。 ②有折俎不坐:折俎,谓盛有按骨节拆解成块的牲肉的俎。按,折俎于肴馔为尊,凡席前设有折俎的,饮酒者皆不得坐,撤俎而后才敢坐饮。

56. 未步爵①,不尝羞。

[注释]①步爵:步,行。行爵,即饮酒。

57. 牛与羊、鱼之腥①,聂而切之为脍②。麋、鹿为菹,野豕为轩,皆聂而不切③。麕为辟鸡,兔为宛脾④,皆聂而切之。切葱若薤实之,醯以柔之。

[注释]①腥:生肉。 ②聂而切之为脍:聂而切,谓先切成薄片,再细切之。脍,音kuài,细切的肉。 ③麋、鹿为菹,野豕为轩,皆聂而不切:菹、轩,皆谓切成大片(参见《内则第十二》第29节及其注①、②)。这里意思是,麋、鹿肉切成大片状,野猪肉也切成大片状,都是切成片状而不再细切。④麕为辟鸡,兔为宛脾:辟鸡、宛脾,皆谓细切(参见同上)。

58. 其有折俎者,取祭肺,反之,不坐①。燔亦如之②。尸则坐。

[注释]①"其有"至"不坐":折俎,参见上第55节注①。祭肺,专门用于祭的肺(参见上第50节注①)。反之,谓祭毕再将肺放回俎上。这几句意思是,席前设有折俎的,取俎上的祭肺行食前祭礼以及祭毕再把肺放回俎上,都立而不坐。 ②燔亦如之:燔,烤肉。意思是,取俎上的烤肉行食前祭礼也这样立而不坐。

59. 衣服在躬而不知其名为罔①。

[注释]①衣服在躬而不知其名为罔:躬,身。罔,犹罔罔,无知貌。意思是,衣服穿在身上而不知所穿衣服的名义,就是无知。

60. 其未有烛而后至者,则以在者告①。道瞽亦然②。

[注释]①其未有烛而后至者,则以在者告:意思是,天已黑尚未点火把

而有后到来的客人,主人就要把在座的客人一一告诉后来者。 ②道瞽亦然:道,同"导"。瞽,盲人。意思是,引导盲人也是这样。

61. 凡饮酒为献主者①,执烛抱燋,客作而辞,然后以授人②。执烛不让,不辞,不歌③。

[注释]①献主:指主人,因主人当向宾客献酒,故称。 ②执烛抱燋,客作而辞,然后以授人:烛,火把。燋,音jiāo,引火的火炬,俗称引火。作,起。意思是,到天黑时主人就要拿着点燃的火把,并抱着未点燃的火把来劝酒,客人起身告辞,然后把火把交给手下的人。 ③执烛不让,不辞,不歌:意思是,当主人拿着火把的时候,就不同客人行辞让之礼,也不赋诗唱和。

62. 洗盥、执食饮者,勿气①。有问焉,则辟、咡而对②。

[注释]①洗盥、执食饮者,勿气:气,谓口中之气。意思是,为尊长者奉进洗盥的水,以及拿饮食,不可使口气直冲尊长者。 ②辟、咡而对:意思是,要侧转头、面朝尊长者口耳之间的地方回答(参见《曲礼上第一》第15节注③)。

63. 为人祭曰"致福"①。为己祭而致膳于君子曰"膳"②。祔、练曰"告"③。

[注释]①为人祭曰"致福":为人祭,谓为人代理做祭主,其归胙(即将所余的祭肉送人)时致辞曰"致福"(致祭祀之福)。 ②为己祭而致膳于君子曰"膳":曰"膳",对君子不敢言福,而言"致膳"。膳,善,也就是美味。意思是,为自己祭祀而把所余的祭肉送给君子就说"送美味"。 ③祔、练曰"告":告,意思是报告君子,使知己举行了祔、练之祭。这句意思是,举行祔祭或小祥祭而把所余的祭肉送给君子时就说"向君子报告"。

64. 凡膳、告于君子①,主人展之,以授使者于阼阶之南,南面再拜稽首送②。反命,主人又再拜稽首③。其礼,大牢则以牛左肩、臂、臑折九箇④;少牢则以羊左肩七箇⑤;特豕则以豕左肩五箇⑥。

[注释]①凡膳、告于君子:膳,谓自祭而后致膳于君子;告,谓祔、练祭后告于君子,实际都是说的祭后致胙于君子(参见上节注②、③)。这句意思是,凡自祭或祔祭、练祭之后送所余的祭肉给君子。　②"主人"至"稽首送":主人,送余肉者的主人。展,省视。因主人敬君子,故送肉前必亲视之。这几句是说,主人要亲自察看祭肉,然后在阼阶南边授给使者,并且要面朝南行再拜稽首礼为使者送行。　③反命,主人又再拜稽首:意思是,使者送罢回来向主人报告,主人又要行再拜稽首礼。　④大牢则以牛左肩、臂、臑折九箇:太牢,谓主人祭祀用的是太牢。肩、臂、臑,按,牲的前肢叫前胫骨,前胫骨分三部分:上端叫做肩,肩下叫做臂,臂下叫做臑(音 nào)。周人牲体尚右,以牲的右边用于祭神,故以牲体的左边献给君子。九箇,箇,同"个",谓从肩上到蹄,折分为九段。　⑤少牢则以羊左肩七箇:羊左肩,这里不言臂、臑,乃省文。按,下"豕左肩"义仿此。　⑥特豕则以豕左肩五箇:特,同"特"。特豕,谓一头猪。左肩五箇,亦略而未言臂、臑。

65. 国家靡敝①,则车不雕幾,甲不组縢,食器不刻镂,君子不履丝屦,马不常秣②。

[注释]①国家靡敝:谓国家因奢靡而凋敝。　②"则车"至"不常秣":雕,谓画。幾,音 qí,即沂鄂,器物上凹凸的刻纹,沂为凹纹,鄂为凸纹。甲,指军人的甲衣。组,丝带。縢,音 téng,约束,缠绕。秣,以谷物喂养马。这几句意思是,国家因侈靡而导致财物凋敝,那就车不漆饰、不雕刻凹凸的花纹,甲衣不用丝绳做系带,食器上不刻镂花纹,君子不穿丝制的鞋,马不常喂谷物。

学记第十八

1. 发虑宪①,求善良②,足以谀闻③,不足以动众④。就贤体远⑤,足以动众,未足以化⑥民。君子如欲化民成俗⑦,其必由学乎⑧。

[注释]①发虑宪:虑,思考,考虑。宪,法,在此用作动词,谓符合法度。意思是思考问题符合法度。 ②善良:这里指贤能的人。 ③谀闻:谀,音义皆同"小"。闻,音wèn,声誉,名声。谀闻谓取得小的名声。 ④动众:感动众人。 ⑤就贤体远:就,近,在此谓亲访。体,体察,体恤。远,在这里指关系疏远的臣民。意思是,亲访贤人,并体察关系疏远的臣民之心。 ⑥化:教化。 ⑦成俗:形成良好的风俗。 ⑧其必由学乎:其,在此是表推拟的语气词,意犹大概。学,指办学,兴办教育。

2. 玉不琢,不成器①。人不学,不知道②。是故古之王者,建国君民③,教学为先④。《兑命》曰"念终始典于学⑤"。其此之谓乎⑥。

[注释]①玉不琢,不成器:琢,雕刻加工玉石。器,谓器物。 ②道:道理,真理。 ③君:在此义为治理。 ④教学为先:教学,谓兴教办学。先,放在首位。 ⑤《兑命》曰"念终始典于学":《兑命》即《说命》,《尚书》佚篇名。

念终始典于学,谓要始终想着经常学习(参见《文王世子第八》第22节注⑥)。 ⑥其此之谓乎:就是说的这个意思吧。

3. 虽有嘉肴,弗食,不知其旨也①。虽有至道②,弗学,不知其善也。是故学然后知不足,教然后知困③,知不足,然后能自反④也。知困,然后能自强⑤也。故曰:教学相长⑥也。《兑命》曰:"学学半⑦。"其此之谓乎。

[注释]①虽有嘉肴,弗食,不知其旨也:嘉肴,美味的菜肴。弗,不。旨,美味。 ②至道:最好的道理。 ③教然后知困:教:指教别人。困,困惑,不足。意思是,教别人然后发现自己的不足。 ④自反:反省自己。 ⑤自强:加强自己。 ⑥相长:长,长进。互相促进。 ⑦学学半:上"学",音xiào,教。意思是,教别人,一半也是增长自己的知识。

4. 古之教者,家有塾①,党有庠,术有序②,国有学③。比年入学,中年考校④。一年视离经辨志⑤,三年视敬业乐群⑥,五年视博习⑦亲师,七年视论学取友⑧,谓之小成⑨。九年知类通达⑩,强立而不反⑪,谓之大成⑫。夫然后足以化民易俗,近者说服,而远者怀之,此大学之道也⑬。《记》曰:"蛾子时术⑭之。"其此之谓乎。

[注释]①家有塾:据《周礼》,百里之内,二十五家为闾,同共一巷,巷首有门,门边有塾,民在家时,朝夕出入巷门,常受教于塾。按,塾与下"庠"、"序"、"学",都是学校名。 ②党有庠,术有序:据《周礼》,五百家为党。术,是"遂"字之误。据《周礼》,一万二千五百家为遂。党属于乡,遂则在远郊之外。党的学校叫庠,遂的学校叫序。 ③国有学:国指国都。国都的学校就叫学。 ④比年入学,中年考校:比年:每年。中,间隔。中年即隔一年。考校,即考试。 ⑤一年视离经辨志:视,考察。离经,即断句。辨志,辨别学习

的志趣。 ⑥敬业乐群:敬业:专心于学业。乐群,与同学和乐相处。 ⑦博习:广泛地学习。 ⑧论学取友:论学,谈论学问。取友,结交什么朋友。 ⑨谓之小成:此承上文,意思是,通过七年的学习,可以算得上是学业小成。 ⑩知类通达:即触类旁通。 ⑪强立而不反:强立,谓有独立的见解。不反,这里指不违反师教。 ⑫谓之大成:意思是,通过九年的学习可以叫做学业大成。 ⑬"夫然后"至"道也":说,音 yuè,通"悦"。悦服,谓心悦诚服。怀之,向往归附。这几句意思是,学业大成然后可以教化民众,改变风俗,使近处的人心悦诚服,而远方的人前来归附,这就是大学教育的宗旨。 ⑭蛾子时术:蛾,音 yǐ,"蚁"的古字,即蚂蚁。术(繁体作"術"),是"衒"字形近之误。意思是,蚂蚁之子时时衒土也能造成土堆。

5. 大学始教,皮弁祭菜,示敬道也①。《宵雅》肄三,官其始也②。入学,鼓,箧,孙其业也③。夏、楚二物,收其威也④。未卜禘不视学,游其志也⑤。时观而弗语,存其心也⑥。幼者听而弗问,学不躐等也⑦。此七者,教之大伦⑧也。《记》曰:"凡学,官先事,士先志⑨。"其此之谓乎。

[注释]①大学始教,皮弁祭菜,示敬道也:始教,谓开学时。皮弁,此谓皮弁服(参见《郊特牲第十一》第24节注⑥)。祭菜,谓用释菜礼祭祀先师、先圣。示敬道,谓这样来表示敬重道术。 ②《宵雅》肄三,官其始也:《宵雅》,即《诗经》中的《小雅》。肄,音 yì,学习。学习《小雅》中的《鹿鸣》、《四牡》、《皇皇者华》三首诗,故曰"《宵雅》肄三"。按这三首诗的意思都是君与其臣燕乐以慰劳臣之劳苦的,这是用居官受任之美,来诱导学生树立读书做官的志向,故曰"官其始也",也就是开始树立做官的志向的意思。 ③入学,鼓,箧,孙其业也:鼓,谓学官击鼓招集学生。箧,谓打开书箱发给书籍(按古代的书籍皆简牍)。孙,音 xùn,通"逊",恭顺。这几句意思是,学生入学,学官击鼓招集学生,打开书箱发给书籍,以使学生用恭顺的态度对待自己的学业。 ④夏、楚二物,收其威也:夏,音 jiǎ,木名,亦作"榎"。这里是指用榎木做的教鞭。楚,木名,荆属,这里是指用荆条做的教鞭。收其威也,意思是,收

到整肃校风的效果。　⑤未卜禘不视学,游其志也:禘,夏季宗庙祭名(参见《王制第五》第29节注①)。未卜禘,是指在还没有占卜举行禘祭之前。视学,谓考察学生的学习情况。游,优游,从容。志,谓学习的志向。这两句意思是,天子、诸侯没有通过占卜举行禘祭之前,不到学校考察学生的学业,使学生能够从容地做好应考的准备。　⑥时观而弗语,存其心也:语,音yù,告诉。这两句意思是,老师时时观察学生的学习而不轻易开口解说,使学生存疑问于心而激励独立钻研的精神。　⑦幼者听而弗问,学不躐等也:躐,音liè,超越等级。这两句意思是,年幼的学生只听年长的学生向老师请教问题而自己不发问,这是因为学习应当循序渐进而不逾越等级。　⑧大伦:犹大端,大原则。　⑨凡学,官先事,士先志:官,指学官,负责教学管理者。士,指学士,即学生。这几句意思是,凡教学,学官要先安排好有关学校管理的事项,学生要先树立学习的志向。

6. 大学之教也时①,教必有正业②,退息必有居③。学,不学操缦,不能安弦④;不学博依⑤,不能安诗;不学杂服⑥,不能安礼;不兴其艺,不能乐学⑦。故君子之于学也,藏焉,脩焉,息焉,游焉⑧,夫然故,安其学而亲其师,乐其友而信其道,是以虽离师辅而不反⑨。《兑命》曰:"敬,孙,务,时,敏,厥脩乃来⑩。"其此之谓乎。

[注释]①时:在此作动词,谓按季节安排教学内容。　②正业:指学习先王的经典。　③退息必有居:退息,课后休息。有居,指有一定的处所。　④学,不学操缦,不能安弦:操,弹奏。缦,琴弦。操缦,是一种指法练习,不先学操缦,就不能安弦。安,在此谓符合要求地做好某件事,故安弦即谓按照琴瑟的弹奏要求演奏好乐曲。下"安诗"、"安礼"义仿此。　⑤博依:博,谓博通鸟兽草木天时人事之情状。依,音yī,犹譬,即比喻。博依,谓广泛地利用各种比喻。按,做诗必须会运用赋、比、兴的手法,其中比兴手法的运用,就必须拥有广博的知识,因此说"不学博依,不能安诗"。　⑥杂服:服,事。杂服,

谓洒扫、应对、投壶、沃盥等琐细的事。按,一套完整的礼,是由许多琐细而具体的仪节组成的,不先学会做这些琐细的事,也就不能学好礼,故下文说"不能安礼"。 ⑦不兴其艺,不能乐学:兴,音xìng,喜欢。意思是,不喜欢所学的技艺,就不能好学。 ⑧藏焉,修焉,息焉,游焉:藏,谓怀抱之,此谓心怀学习之志。脩,通"修",谓不断进修学业。息,谓休息时也不忘学习。游,谓游观时也不忘学业。 ⑨"夫然故"至"不反":这几句意思是,能够这样,才能学习得好而又亲爱老师,喜欢学友而笃信所学的道理,因此即使离开师友也不违反师道。 ⑩敬,孙,务,时,敏,厥修乃来:敬,谓敬重道术。孙,谓恭顺地对待学业。务,致力于学习,努力学习。时,谓时刻不忘学习。敏,疾,迅速,谓学过的道理就迅速去实行。厥,音jué,代词,其。脩(修),进修,学习。厥脩(修)乃来,谓其所学习之业才能取得成功。

7. 今之教者,呻其佔毕①,多其讯②,言及于数③,进而不顾其安④,使人不由其诚⑤,教人不尽其材⑥,其施之也悖,其求之也佛⑦。夫然故,隐其学而疾其师,苦其难而不知其益⑧也。虽终其业,其去之必速⑨。教之不刑,其此之由乎⑩。

[注释]①呻其佔毕:呻,吟诵。佔,视。毕,古代用以写字的简,犹今所谓教科书、教材。呻其佔毕,犹今言照本宣科。 ②多其讯:讯,问难。既自不晓义理,却故意多问难,作出很有见解的样子。 ③言及于数:数,谓多种说法。这是说自己对问题没有定见,对同一问题一会这样说,一会又那样说。 ④进而不顾其安:安,这里指通晓,理解。意思是,只顾赶进度而不考虑学生是否理解。 ⑤使人不由其诚:使人,及下文"教人",都是教书、教育学生的意思。这里是说教育学生不是出于诚心。 ⑥教人不尽其材:尽其材,谓竭尽己之材。这句意思是,不能把自己的知识毫无保留地传授给学生。 ⑦其施之也悖,其求之也佛:悖,谬误,荒谬。佛,通"拂",违背。这两句意思是,教授学生的内容本身就错误百出,向学生提问学生自然答非其解。 ⑧隐其学而疾其师,苦其难而不知其益:隐,不明。疾,怨恨。这两句意思是,学生学得

不明不白而怨恨自己的老师,又苦于所学的课程太难而不知道学了有什么好处。 ⑨虽终其业,其去之必速:终其业,犹今言毕业。去之,谓忘记。这两句意思是,虽然毕业了,但忘记得一定很快。 ⑩教之不刑,其此之由乎:刑,犹成,成功。这两句意思是,教育的不成功,就是由此造成的吧。

8. 大学之法①,禁于未发之谓"豫"②,当其可之谓"时"③,不陵节而施之谓"孙"④,相观而善之谓"摩"⑤。此四者,教之所由兴也。

[注释]①法:教育方法。 ②禁于未发之谓"豫":禁于未发,是说在学生的邪念尚未萌生时加以防禁。豫,预防。 ③当其可之谓"时":可,谓可以教育的时候。时,谓适时。意思是,当学生可以教育的时候及时进行教育叫做"适时"。 ④不陵节而施之谓"孙":陵,超越;越过。节,谓学习的阶段。孙,顺,依循。这句意思是,不超越阶段而循序渐进地施行教育叫做"顺序"。 ⑤相观而善之谓"摩":善之,谓使之善;善,谓获益,提高;之,代互相观摩的双方。摩,谓相切磋;两物相切磋,则互相都得光洁,以喻相互促进、提高。这句意思是,相互观察学习而提高叫做"观摩"。

9. 发然后禁,则扞格而不胜①。时过然后学,则勤苦而难成。杂施而不孙,则坏乱而不修②。独学而无友,则孤陋而寡闻。燕朋逆其师③。燕辟废其学④。此六者,教之所由废也。

[注释]①发然后禁,则扞格而不胜:扞,音hàn;扞格,抵触。不胜,难以奏效。这两句意思是,坏事发生了然后加以禁止,就抵触而难以奏效。 ②杂施而不孙,则坏乱而不修:意思是,杂乱地进行教学而不循序渐进,就会搞坏、搞乱教学秩序而不可整饬。 ③燕朋逆其师:燕,犹亵,不尊敬。逆,违背。意思是,不尊敬朋友就违背师教。 ④燕辟废其学:燕,在此义为安逸,安闲。辟,邪僻。这句意思是,贪图安逸而不走正路就荒废学业。

10. 君子既知教之所由兴,又知教之所由废,然后可以为人师也。故君子之教喻①也,道而弗牵②,强而弗抑③,开而弗达④。道而弗牵则和⑤,强而弗抑则易⑥,开而弗达则思⑦。和、易以思,可谓善喻矣⑧。

[注释]①教喻:教育学生。 ②道而弗牵:道,音dǎo,引导。意思是,引导而不强牵着学生走。 ③强而弗抑:强,音qiǎng,劝勉,鼓励。意思是,加以鼓励而不制抑学生的进取精神。 ④开而弗达:开,开导。达,通,把话说透。意思是,加以开导而不把话说透。 ⑤和:谓无抵触情绪。 ⑥易:易于接受。 ⑦思:启发学生思索。 ⑧和、易以思,可谓善喻矣:意思是,能使学生无抵触情绪,易于接受而又勤于思索,可以称得上善于教育了。

11. 学者有四失,教者必知之。人之学也,或失则多①,或失则寡②。或失则易③,或失则止④。此四者,心之莫同⑤也。知其心,然后能救其失也。教也者,长善而救其失⑥者也。

[注释]①或失则多:有的失于贪多。 ②寡:所学过于狭窄。 ③易:见异思迁。 ④止:浅尝辄止。 ⑤心之莫同:谓心理各不相同。 ⑥长善而救其失:长善,发扬人的长处。救其失,挽救人的过失。

12. 善歌者,使人继其声①。善教者,使人继其志②。其言也约而达③,微而臧④,罕譬而喻⑤,可谓继志矣⑥。

[注释]①继其声:跟着他唱。 ②继其志:继承他的治学志向。 ③其言也约而达:其,指老师,善教者。约而达,简约而明达。 ④微而臧:微:隐微、含蓄。臧,音zāng,善,精妙,谓其语言含蓄而精妙。 ⑤罕譬而喻:谓少用比喻而明白易晓。 ⑥可谓继志矣:可以称得上能使人继承他的

志向了。

13. 君子知至学①之难易,而知其美恶②,然后能博喻③。能博喻然后能为师,能为师然后能为长④,能为长然后能为君⑤。故师也者,所以学为君也⑥。是故择师不可不慎也。《记》曰:"三王四代唯其师⑦。"此之谓乎。

[注释]①至学:进入学问之途。 ②美恶:指学生资质的高低差异。③博喻:因学生的资质而广泛地因材施教。 ④长:官吏。 ⑤君:国君。⑥故师也者,所以学为君也:按,这里是说,师有君德,师与君二者有相通之处,能够具备师德,也就具备了为君之道。因此从师学习,就是学习做君长。⑦三王四代:三王,谓夏、商、周三代之圣王。四代,夏、商、周再加上虞。唯其师,意思是三王四代时的君王之所以圣明,就因为他们能慎重地选择老师。

14. 凡学之道,严师为难①。师严然后道尊②,道尊然后民知敬学③。是故君之所不臣于其臣者二:当其为尸则弗臣也,当其为师则弗臣也④。大学之礼,虽诏于天子,无北面,所以尊师也⑤。

[注释]①凡学之道,严师为难:道,原则。严师,尊敬老师。意思是,凡从师学习的原则,尊敬老师是最难做到的。 ②道尊:谓道术被尊重。③敬学:敬,肃。谓严肃认真地对待学业。 ④"是故"至"弗臣也":尸,指宗庙祭祀时被祭祀对象的充当者。这几句意思是,因此国君不敢把臣当作是自己的臣来对待的情况有两种:当臣充当尸的时候不敢把他看作是臣;当臣做自己老师的时候不敢把他看作是臣。 ⑤"大学"至"尊师也":按,在一般情况下,君当南面(面朝南),臣当北面。但是君如果面对的是为自己上课的老师,情况就不是这样了:老师当南面讲授,君作为学生则当北面而听。这几句的意思是,按照大学的礼,即使向天子讲授,老师也不面朝北,这样来体现尊

敬老师。

15. 善学者,师逸而功倍,又从而庸之①。不善学者,师勤而功半,又从而怨之②。善问者如攻坚木,先其易者,后其节目,及其久也,相说以解③。不善问者反此④。善待问者如撞钟,叩之以小者则小鸣,叩之以大者则大鸣,待其从容然后尽其声⑤。不善答问者反此⑥。此皆进学之道⑦也。

[注释]①"善学"至"庸之":善学者,指善于学习的学生。逸,省力。庸,功。庸之,谓归功于老师。这几句意思是,善于学习的学生,老师省力而事半功倍,又从而归功于老师。 ②"不善"至"怨之":这几句意思是,不善于学习的学生,老师辛苦而事倍功半,又从而怨恨老师。 ③"善问"至"以解":攻,劈解木材。说,通"脱"。这几句意思是,善于提问的老师,如同劈解坚硬的木材,先从较容易的部位开始,然后再解树节坚硬之处,时间久了,各部分就相互脱离分解开了。说明老师提问,当有层次,先易而后难。 ④反此:谓与上面所说的情况相反,一开始就出难题,上来就把学生搞懵了。 ⑤"善待问"至"尽其声":善待问者,指老师。撞钟者,比喻提问的学生。大、小,喻所提问题的大小难易。这几句意思是,善于回答问题的老师如同撞钟,用小槌叩击就发出小的鸣声,用大槌叩击就发出大的鸣声,待钟声从容鸣响而散尽,问题也就迎刃而解了。 ⑥不善答问者反此:意思是,对学生所提的小问题,却长篇大论地解说,反而把学生搞糊涂了。对学生所提的较大较难的问题,则又轻描淡写,使学生听不明白。 ⑦进学之道:进学,谓增进知识,增进学识。道,即道理。

16. 记问之学①,不足以为人师。必也其听语乎②,力不能问,然后语之③;语之而不知,虽舍之可也④。

[注释]①记问之学:意思是,预先记诵书中的内容以备学生提问这样的所谓学问。 ②必也其听语乎:意思是,必须待学生问而后加以解说。③力不能问,然后语之:语,音 yù,告诉,解说。下"语"字义同。这两句意思是,学生的才力不能应对老师的提问,然后再加以解说。 ④语之而不知,虽舍之可也:舍之,谓先放一放。这两句意思是,解说了而仍然不理解,即使先放一放等以后再说也是可以的。

17. 良冶之子必学为裘①。良弓之子必学为箕②。始驾马者反之,车在马前③。君子察④于此三者,可以有志于学矣。

[注释]①良冶之子必学为裘:冶,冶铸工。意思是,优秀的冶铸工家族中的子弟,见父兄冶铸和修补金属器物而从中受到启发,因此一定能学会补缀皮袍。这是因为,金属器物的修补,与皮袍(即裘)的修补,虽用材不同,基本道理是相通的。 ②良弓之子必学为箕:意思是,优秀的制作弓的家族,其子弟见父兄怎样弯曲木材以制作弓,从中受到启发,因此一定能学会用柳条等编制畚箕。这是因为,弓与畚箕,虽用材不同,但制作的基本道理是相通的。按,以上两则比喻,都在于强调学习贵在善悟,善于举一反三,触类旁通。③始驾马者反之,车在马前:始驾马,谓开始让马驹学习驾车。反之,谓用大马驾车在前,而将马驹系在车后。这两句说明,学习贵在实践。 ④察:明白。

18. 古之学者比物丑类①。鼓无当于五声,五声弗得不和②。水无当于五色,五色弗得不章③。学无当于五官,五官弗得不治④。师无当于五服,五服弗得不亲⑤。

[注释]①古之学者比物丑类:比,比拟,比方。丑,犹比。意思是,古代的学者善于比拟各种事物,以从中体会学习的道理。 ②鼓无当于五声,五声弗得不和:当,音 dàng。无当,不相关。五声,指宫、商、角、徵、羽,是中国

古代音乐的基本音阶,大致分别相当于西洋乐谱中的 do、re、mi、sol、la。按,鼓是敲击节奏的,五声如果没有节奏,就不能构成和谐的音乐旋律,因此说"五声弗得(鼓)不和"。　③水无当于五色,五色弗得不章:五色,指青、赤、黄、白、黑。章,明显、显著。按,水是无色的,因此说与五色"无当"。水虽无色,但五色却需水来调和,不得水调和,颜色就不会彰显。　④学无当于五官,五官弗得不治:五官:原指司徒、司马、司空、司士、司寇(参见《曲礼下第二》第20节),这里泛指政府的各级官吏。这两句意思是,学习与各级官吏的职事并不相关,但各级官吏不通过学习就不能掌管好自己的职事。　⑤师无当于五服,五服弗得不亲:五服,指斩衰、齐衰、大功、小功、缌麻五个等级的丧服,五服之内皆死者之亲属。这两句意思是,老师与五服之亲并不相关,但五服亲属不通过老师的教育就不知道怎样相亲和。

19. 君子①:"大德不官②,大道不器③,大信不约④,大时不齐⑤。察于此四者,可以有志于学矣。"

[注释]①君子:下脱"曰"字。　②大德不官:意思是,具有大德行的人不拘于一官之任。　③大道不器:意思是,掌握大道理的人不偏于一器之用。④大信不约:意思是,讲求大信用的人无须订立盟约。　⑤大时不齐:意思是,把握大时机的人不要求一切行动都整齐划一。

20. 三王之祭川①也,皆先河而后海,或源也,或委也,此之谓务本②。

[注释]①川:河流。　②"或源"至"务本":或,有。源,指河。委,水流汇聚处,此处指海。这几句意思是,三王都是先祭河而后祭海,河是海的水源,海是河的汇聚,这就叫做致力于根本。

乐记第十九

一

1. 音①之起,由人心生也。人心之动,物使之然②也。感于物而动,故形于声③。声相应,故生变。变成方④,谓之音。比音而乐之,及干戚羽旄谓之乐⑤。

[注释]①音:谓今之歌曲,包括有词的歌和无词的曲。 ②人心之动,物使之然:谓人心的感动,是事物影响的结果。 ③声:犹今声音。按,《乐记》中"音"和"声"是两个概念:宫、商、角、徵、羽五声相杂而按一定的节奏和规律排列叫做音;单出叫做声。但这两个概念的区别在《乐记》中并不十分严格,其内涵每每相混,如第二节的"音"就当理解为"声",此类例子不少,细心的读者自能辨析。 ④成方:犹言成曲调。 ⑤比音而乐之,及干戚羽旄谓之乐:比,比照,按照。上"乐",谓演唱。干戚羽旄,都是古代的舞具,即舞蹈时手里拿的东西。干,盾牌。戚,斧头。羽,野鸡毛。旄,牦牛尾。拿干戚的舞蹈叫做武舞,拿羽旄的舞蹈叫做文舞。下"乐",是音乐和舞蹈(有时还包括诗歌)相结合的总称,《乐记》中大多情况"乐"的含义都是这样。这两句意思是,按照歌曲进行演唱,并拿着干戚羽旄进行舞蹈就叫做乐。

2. 乐者,音之所由生也,其本在人心之感于物也①。

是故,其哀心感者,其声噍以杀②;其乐心感者,其声啴以缓③;其喜心感者,其声发以散④;其怒心感者,其声粗以厉⑤;其敬心感者,其声直以廉⑥;其爱心感者,其声和以柔⑦。六者非性也⑧,感于物而后动。是故先王慎所以感之者⑨。故礼以道其志,乐以和其声⑩,政以一其行,刑以防其奸。礼、乐、刑、政,其极一也⑪,所以同民心而出治道也⑫。

[注释]①"乐者"至"物也":意思是,乐是由声音产生的,它的根源在于人心对事物的感受。 ②噍以杀:噍,音 jiào,急促。杀,音 shài,衰微。形容声音急促而低沉。 ③啴以缓:啴,音 chǎn,宽。形容声音宽舒而徐缓。 ④发以散:发:扬。形容声音昂扬而爽朗。 ⑤声粗以厉:形容声音粗犷而严厉。 ⑥直以廉:形容声音亢直而廉正。 ⑦和以柔:形容声音和悦而温柔。 ⑧非性:谓并非出于人的本性。 ⑨先王慎所以感之者:意思是,先王十分注意能对人心产生影响的事物。 ⑩乐以和其声:声,是"性"字之误。意思是,用乐来调和人们的性情。 ⑪极:谓最终目标。 ⑫所以同民心而出治道也:意思是,都是用来统一民心而把社会治理好。

3.凡音者,生人心者也。情动于中,故形于声①。声成文②,谓之音。是故治世之音安,以乐其政和。乱世之音怨,以怒其政乖。亡国之音哀,以思其民困③。声音之道与政通矣。

[注释]①情动于中,故形于声:意思是,感情激动于心中,所以表现为音声。 ②成文:义同"成方",参见第 1 节注④。 ③"是故"至"民困":这几句意思是,所以太平时代的歌曲显得安详,用以表示对平和政治的欢乐。动乱时代的歌曲显得怨恨,用以表示对混乱政治的愤怒。亡国时候的歌曲显得悲哀,用以表示对人民困苦的忧思。按,这几句话有三种读法:第一种是普

通的读法,读为"治世之音安以乐:其政和;乱世之音怨以怒:其政乖;亡国之音哀以思:其民困"。第二种是在安字、怨字、哀字下断读,在乐字、怒字、思字下再断读。第三种便是我们现在的读法。我们认为,当以第三种读法较为合理。

4.宫为君①,商为臣,角为民,徵为事,羽为物,五者不乱,则无怗懘②之音矣。宫乱则荒,其君骄③。商乱则陂,其官坏④。角乱则忧,其民怨⑤。徵乱则哀,其事勤⑥。羽乱则危,其财匮⑦。五者皆乱,迭相陵,谓之"慢"⑧,如此,则国之灭亡无日矣。

[注释]①宫为君:及下文的"商为臣,角为民,徵为事,羽为物",是古人对五声音阶的比附。 ②怗懘:音zhān chì,谓音调不和谐。 ③宫乱则荒,其君骄:意思是,宫声乱了就显得荒散,象征着国君的骄横。 ④商乱则陂,其官坏:陂,音bì,倾。意思是,商声乱了就显得倾颇,象征着臣的堕落。 ⑤角乱则忧,其民怨:角声乱了就显得忧愁,象征着人民的怨恨。 ⑥徵乱则哀,其事勤:意思是,徵声乱了就显得哀苦,象征着事役繁重。 ⑦羽乱则危,其财匮:意思是,羽声乱了就显得危困,象征着财物匮乏。 ⑧五者皆乱,迭相陵,谓之"慢":意思是,五声都发生混乱,互相陵越,就叫做"慢音"。

5.郑卫之音①,乱世之音也,比于慢②矣。桑间濮上之音③,亡国之音也,其政散,其民流,诬上行私而不可止也④。

[注释]①郑卫之音:是指春秋时期郑、卫两国的民间音乐。孔子曾指斥"郑声淫"(靡曼淫秽),并提出要"放(舍弃)郑声"。实际主要因为郑卫的音乐表现爱情的较多,且旋律比较活泼。 ②比于慢:谓类似于慢音(参见上节)。 ③桑间濮上之音:桑间,地名,在濮阳(今属河南省)。濮上,濮水之

上,传说亡国之音于此水出。传说殷纣王曾命一个名叫延的乐师作长夜靡靡之乐,殷纣亡国的时候,乐师延带着乐器投濮水而死。到春秋时候,晋国的乐师涓夜过此水,闻水中作此乐,便记录下来,后来便把这首乐曲演奏给晋平公听。晋平公的乐师旷没等他演奏完,就按住他的乐器说:"此亡国之音也,得此必于桑间濮上乎?纣之所由亡也。" ④"其政"至"止也":意思是,有这种音乐的国家一定政治荒散,民众流离,欺上行私成风而不可遏止。

6.凡音者,生于人心者也。乐者,通伦理者也。是故知声而不知音者,禽兽是也。知音而不知乐者,众庶是也。唯君子为能知乐,是故审声以知音,审音以知乐,审乐以知政,而治道备矣①。是故不知声者,不可与言音,不知音者,不可与言乐。知乐,则几于礼矣②。礼乐皆得,谓之有德。德者,得也。是故乐之隆,非极音也③。食飨之礼,非致味也④。《清庙》之瑟,朱弦而疏越⑤,壹倡而三叹,有遗音者矣⑥。大飨之礼尚玄酒而俎腥鱼⑦。大羹不和,有遗味者矣⑧。是故先王之制礼乐也,非以极口腹耳目之欲也,将以教民平好恶,而反人道之正也⑨。

[注释]①"是故"至"备矣":审,仔细辨别。意思是,因此能够辨别声音进而懂得歌曲,辨别歌曲进而懂得乐,辨别乐进而懂得政教,从而具有完备的治国之道。 ②知乐,则几于礼:意思是,懂得了乐,也就差不多懂得礼了。 ③乐之隆,非极音也:意思是,音乐的隆重,不是为了极尽对音声的享受。 ④食飨之礼,非致味也:食飨之礼,谓食礼和飨礼,此二礼常用于宗庙祭祀或招待宾客。食礼和飨礼所用牲皆太牢(牛羊豕三牲具备),二者的区别在于,食礼以饭为主,有牲而无酒;飨礼则有牲又有酒。《仪礼》有《公食大夫礼》一篇,还保存着古代食礼的礼仪。飨礼久亡,今已不知其详。这两句意思是,举行食礼和飨礼,不是为了极尽对食物的享受。 ⑤《清庙》之瑟,朱弦而疏越:《清庙》,是《诗经·周颂》中的一篇,是周人祭祀文王演奏的乐章。越,指瑟

底面上的小孔,是为扩散音而用的。孔疏则发出的声音迟缓。这几句意思是,演凑《清庙》所用的瑟,安有朱红色的弦而底部有着疏朗的孔眼。 ⑥壹倡而三叹,有遗音者矣:叹,唱和。这两句意思是,一人领唱而三人和,演唱完毕还有余音值得回味。 ⑦大飨之礼尚玄酒而俎腥鱼:大飨之礼,这是指诸侯王在宗庙里祭祀祖先所用的礼,又叫祫祭。祫祭,谓合祭诸父祖之神(参见《王制第五》第30节注②)。腥鱼,即生鱼。这句意思是,举行大飨礼的时候把玄酒放在上位而俎上盛着生鱼。 ⑧大羹不和,有遗味矣:大羹,是一种不用盐菜等佐料调和的肉湆(肉汁。参见《少仪第十七》第51节注①)。意思是,大羹不加放佐料调和,吃过之后还留有余味。 ⑨将以教民平好恶,而反人道之正也:这两句意思是,将用礼乐来教导人们懂得爱好什么、憎恶什么,从而返回到做人的正道上来。

7. 人生而静①,天之性也。感于物而动,性之欲也②。物至知知,然后好恶形焉③。好恶无节于内,知诱于外,不能反躬,天理灭矣④。夫物之感人无穷,而人之好恶无节,则是物至而人化物⑤也。人化物也者,灭天理而穷人欲者也⑥。于是有悖逆诈伪之心,有淫泆⑦作乱之事。是故强者胁弱,众者暴寡,知者诈愚,勇者苦怯,疾病不养,老幼孤独不得其所,此大乱之道也。

[注释]①静:谓人初生未有情欲,故静。按,下文"动"字义与此相反,谓人产生了情欲。 ②感于物而动,性之欲也:意思是,受到事物的影响而产生情欲,这是本性中的欲望所致。 ③物至知知,然后好恶形焉:知知:谓知而又知,即不断地去了解、认识,不断地接受外界事物的影响。这两句意思是,事物不断地来影响人而人对事物的知识不断地增多,然后产生好恶。 ④"好恶"至"灭矣":天理,犹天性。这几句意思是,好恶之情在内心得不到节制,事物又不断从外界来诱惑人,使人不能反回自身的本性,人所禀赋的天性就灭绝了。 ⑤人化物:谓人化于物,即人被事物所改变。 ⑥灭天理而

穷人欲:谓灭绝人的天性而穷极个人的欲望。 ⑦淫泆:亦作"淫佚",淫荡,淫乱。

8. 是故先王之制礼乐,人为之节①。衰麻哭泣,所以节丧纪②也。钟鼓干戚,所以和安乐也③。昏姻冠笄,所以别男女④也。射乡食飨,所以正交接⑤也。礼节民心,乐和民声,政以行之,刑以防之。礼、乐、刑、政四达而不悖,则王道备矣⑥。

[注释]①人为之节:谓使人们用礼乐来节制自己的情欲。 ②衰麻哭泣,所以节丧纪:衰麻,在此指代丧服制度。哭泣,指活人哭死者,何时该哭,何时不该哭,以及用何种哭法,都有规定。丧纪,即丧事。这两句意思是,制定丧服制度和有关哭泣的礼仪,用来节制人们的丧事活动。 ③钟鼓干戚,所以和安乐也:和安乐,使安乐和谐而有节制。意思是,设置钟鼓干戚等乐器和舞具,用来调节人们对安乐的享受。 ④昏姻冠笄,所以别男女:昏姻,指婚礼。冠,指男子冠礼。笄,指女子的加笄礼。冠、笄皆成人礼。这些礼,都是为了区别男女。 ⑤射乡食飨,所以正交接:射,谓射礼。乡,谓乡饮酒礼。食,谓食礼。飨,谓飨礼。这些礼都是用来使人们的社交活动正常化。 ⑥礼、乐、刑、政四达而不悖,则王道备矣:王道,儒家主张以仁义治天下,称为王道,这是儒家理想的治国之道。这两句意思是,礼制、乐制、刑罚、政令,都畅通四方而不违背,王道政治的要求就具备了。

二

9. 乐者为同,礼者为异①。同则相亲,异则相敬。乐胜则流,礼胜则离②。合情饰貌者③,礼乐之事也。礼义立,则贵贱等矣。乐文同④,则上下和矣。好恶著⑤,则贤不肖别矣。刑禁暴,爵举贤,则政均⑥矣。仁以爱之,义以正之,如此则民治行⑦矣。

[注释]①乐者为同,礼者为异:同,谓协调好恶。异,谓互相区别,如男女、贵贱、长幼、亲疏等等,皆当相互区别。这两句意思是,乐起和同的作用,礼起区别的作用。 ②乐胜则流,礼胜则离:流,谓流慢而无尊卑之敬。离,谓分离而不知亲爱。这两句意思是,乐强调得过分会使人们过于随便而不知敬,礼强调得过分会造成人与人之间的距离而不相亲。 ③合情饰貌:合情,谓感情和合融洽,这是乐的作用。饰,当作"饬"。饬貌,谓人知检点,重仪表,这是礼的作用。按,乐和内,是合情;礼检迹,是饰(饬)貌。 ④乐文同:文,在此指外表,形式。谓乐的形式统一。 ⑤好恶著:著,明。谓好坏的标准明确。 ⑥政均:均,平。谓政治公平合理。 ⑦民治行:谓民无不治,也就是民众都治理得很好。

10.乐由中出,礼自外作①。乐由中出故静,礼自外作故文②。大乐必易,大礼必简③。乐至则无怨,礼至则不争。揖让而治天下④者,礼乐之谓也。暴民不作,诸侯宾服⑤,兵革不试,五刑不用⑥,百姓无患,天子不怒,如此则乐达⑦矣。合父子之亲,明长幼之序,以敬四海之内⑧,天子如此,则礼行矣⑨。

[注释]①乐由中出,礼自外作:中,谓发自内心。外,谓表现于外貌。②乐由中出故静,礼自外作故文:静,内心欣喜而安和故静。文,外表威仪交错故文。 ③大乐必易,大礼必简:意思是,大乐一定是平易的,大礼一定是简朴的。 ④揖让而治天下:揖让,本指宾主相见的礼仪,这里指人与人相互尊敬谦让。意思是,使人们互相尊敬谦让而天下得到治理。 ⑤宾服:归顺,服从。 ⑥五刑:五种轻重不同的刑罚,不同时代,也不完全相同。《周礼》所记载的五刑是:墨(在面上刺字)、劓(音yì,割鼻)、宫(阉割男子生殖器;破坏妇女生殖机能,一说将妇女禁闭宫中为奴)、刖(音yuè,断足)、杀。 ⑦乐达:谓乐教的目的就达到了。 ⑧以敬四海之内:四海之内,犹言全天下。谓

使天下的人都互相尊敬。 ⑨天子如此,则礼行矣:意思是,天子能做到这样,礼教就得到推行了。

11. 大乐与天地同和,大礼与天地同节①。和故百物不失,节故祀天祭地,明则有礼乐,幽则有鬼神,如此则四海之内合敬同爱矣②。礼者殊事,合敬者也。乐者异文,合爱者也③。礼乐之情同④,故明王以相沿⑤也,故事与时并,名与功偕⑥。

[注释]①大乐与天地同和,大礼与天地同节:大乐:儒家理想中最完美的乐。下"大礼"义仿此。和,谓和谐。节,谓秩序。这两句意思是,大乐与天地自然地和谐,大礼与天地具有自然的秩序。 ②"和故"至"爱矣":这几句意思是,大乐能与天地自然地和谐因此可以保持万物的本性而不丧失,大礼能与天地具有自然的秩序因此可以运用来祭祀天地,明处有礼乐对人进行教化,暗中有鬼神助人成事,这样就能使全天下的人都互相尊敬、互相亲爱了。 ③"礼者"至"爱者也":文,在此指乐的不同表现形式,如各种不同的乐曲、歌舞等等。这几句意思是,礼用来区别事物,是使人们互相尊敬的。乐具有不同的歌舞,是使人们互相亲爱的。 ④礼乐之情同:谓礼事异,而敬之情则同;乐文殊,而爱之情则同。礼乐之文与事是其末,而爱敬之情是其本。 ⑤沿:同"沿"。 ⑥事与时并,名与功偕:事、名,在此分指礼、乐。谓礼有质文损益,当据时宜而定;乐有各种不同的歌舞,当随事功而立名。这两句意思是,礼能因时制宜,乐能因功而作。

12. 故钟鼓管磬①,羽籥②干戚,乐之器也。屈伸俯仰,缀兆③舒疾,乐之文也。簠簋④俎豆,制度文章,礼之器也。升降上下,周还裼袭⑤,礼之文也。故知礼乐之情者能作⑥,识礼乐之文者能述⑦。作者之谓"圣",述者之谓"明"⑧。"明圣"者,述作之谓也。

[注释]①管:竹制乐器名(参见《月令第六》第43节注③)。 ②羽籥:羽,野鸡毛(参见本篇第1节注⑤)。籥,古代的一种管乐器(参见《檀弓第四》第57节注③)。 ③缀兆:缀,指舞蹈者的位置。兆,指舞蹈活动的范围。 ④簠簋:都是食器(参见《曾子问第七》第13节注⑥)。 ⑤升降上下,周还裼袭:升降与上下义同,皆谓上堂、下堂。裼袭,谓袒露裼衣或掩好裼衣(参见《曲礼下第二》第1节注⑰)。 ⑥能作:谓能制作礼乐。 ⑦能述:谓能传授礼乐。 ⑧作者之谓"圣",述者之谓"明":意思是,制作礼乐的人称作"圣",传授礼乐的人称作"明"。

13. 乐者,天地之和也;礼者,天地之序也。和,故百物皆化①;序,故群物皆别。乐由天作,礼以地制②。过制则乱,过作则暴③。明于天地④,然后能兴礼乐也。

[注释]①化:犹生。 ②乐由天作,礼以地制:谓礼乐效法天地。 ③过制则乱,过作则暴:过犹误。暴,谓失文武之意,即文乐与武乐相杂乱。这两句意思是,礼制定得有错误就会引起各种秩序的混乱,乐制作得有错误就会导致文乐和武乐不分。 ④明于天地:谓懂得天地的道理。

14. 论伦无患,乐之情也①;欣喜欢爱,乐之官②也。中正无邪,礼之质也;庄敬恭顺,礼之制③也。若夫礼乐之施于金石,越于声音④,用于宗庙社稷,事乎山川鬼神⑤,则此所与民同⑥也。

[注释]①论伦无患,乐之情也:论伦无患,谓玲珑而不溰漫。"论伦"是双声联语,与下"中正"相对为文,故当读为"玲珑"。玲珑而不溰漫,就是"和而不流"的意思(参见第9节)。乐之情,"情"在此义为精神。这两句意思是,和谐而又不丧失原则,是乐的精神。 ②官:犹事。按,事在此是功用的意思。 ③礼之制:是礼对人的节制。 ④礼乐之施于金石,越于声音:金

石,指钟磬等乐器。谓礼乐通过钟磬等乐器表现出来。越,在此义为传播。越于声音,谓通过声音传播出来。 ⑤用于宗庙社稷,事乎山川鬼神:用、事,在此都是祭祀的意思。 ⑥与民同:谓天子与庶民都是一样的。

三

15. 王者功成作乐,治定制礼。其功大者其乐备,其治辩①者其礼具。干戚之舞,非备乐也;孰亨而祀,非达礼也②。五帝殊时,不相沿乐。三王异世,不相袭礼。乐极则忧,礼粗则偏③矣。及夫敦④乐而无忧,礼备而不偏者,其唯大圣乎。

[注释]①辩:通"徧"(遍)。 ②孰亨而祀,非达礼也:孰亨,同"熟烹"。达:具,完备。意思是,用煮熟的牲肉来祭祀,不算完备的礼。 ③乐极则忧,礼粗则偏:这两句意思是,乐过分了就会生忧,礼制定得粗略不周就会发生偏差。 ④敦:注重,重视。

16. 天高地下,万物散殊,而礼制行①矣。流而不息,合同而化,而乐兴焉②。春作夏长,仁也;秋敛冬藏,义也。仁近于乐,义近于礼。乐者敦和,率神而从天;礼者别宜,居鬼而从地③。故圣人作乐以应天,制礼以配地。礼乐明备,天地官矣④。

[注释]①万物散殊,而礼制行:殊,异,不同。意思是,万物散布在天地间而又千差万别,因此用礼制来表示它们的区别。 ②流而不息,合同而化,而乐兴焉:意思是,天地二气流动不息,互相融合而化生万物,因此有体现这种融合的乐兴起。 ③"乐者"至"从地":率,循,遵循。居,犹言依循,依照。鬼,这里指先贤。这几句意思是,乐促万物亲和,遵循神的意旨而顺从天的道

理;礼辨别万物所宜,依照鬼的意旨而顺从地的道理。 ④礼乐明备,天地官矣:官,官位、位置。礼乐制定得明确而完备,天地间万物就各得其所了。

17.天地尊卑,君臣定矣①。卑高②已陈,贵贱位矣。动静有常,小大殊矣③。方以类聚,物以群分④,则性命不同⑤矣。在天成象,在地成形,如此,则礼者天地之别也⑥。

[注释]①天地尊卑,君臣定矣:意思是,天尊而地卑,君臣之间的关系也就由此而确定了。下句义仿此。 ②卑高:谓山泽,山高而泽卑。 ③动静有常,小大殊矣:动静,谓阴阳二气的变化。小大,这里指万物。这两句意思是,阴阳的动静有一定的规律,万物之间的差别也就由此而确定了。 ④方以类聚,物以群分:方、物,泛指万物。群,也是类的意思。 ⑤性命不同:性,谓各有不同的特性。命,谓生命的长短寿夭。意思是,万物显出各自的特性和长短不同的生命。 ⑥"在天"至"别也":万物在天的有在天的现象,在地的有在地的形体,这样,就有必要用礼来体现天地万物的差别了。

18.地气上齐①,天气下降,阴阳相摩,天地相荡,鼓之以雷霆,奋之以风雨,动之以四时,暖之以日月,而百化兴②焉。如此,则乐者天地之和也③。

[注释]①齐:通"跻",升。 ②百化兴:谓万物变化而兴起。 ③如此,则乐者天地之和也:意思是,这样,就有必要用乐来体现天地万物化生的和谐。

19.化不时则不生①,男女无辨则乱升②:天地之情③也。

[注释]①不时:不能适时。 ②升:成。 ③情:谓情理。

20. 及夫礼乐之极乎天而蟠乎地①,行乎阴阳而通乎鬼神,穷高极远而测深厚②。乐著大始,而礼居成物③。著④不息者,天也。著不动者,地也。一动一静者,天地之间也。故圣人曰"礼乐云"⑤。

[注释]①礼乐极乎天而蟠乎地:极,至。蟠,犹委,托。意思是,礼乐上达于天而下托于地。 ②穷高极远而测深厚:是"测深厚而穷高极远"的倒文。意思是,要测度它道理的深厚真是极高深而又幽远。 ③乐著大始,而礼居其成物:著,处。大始,即太始,指天。成物,指地。这两句意思是,乐与天为一体,礼与地为一体。 ④著:显著。 ⑤故圣人曰"礼乐云":意思是,所以圣人谈论天地间的人和事动不动就说"礼怎么说,乐怎么说"。

四

21. 昔者舜作五弦之琴①,以歌《南风》②。夔始制乐③,以赏诸侯。故天子之为乐也,以赏诸侯之有德者也。德盛而教尊④,五谷时熟,然后赏之以乐。故其治民劳者,其舞行缀远⑤;其治民逸者,其舞行缀短。故观其舞知其德,闻其谥⑥知其行也。

[注释]①五弦之琴:传说琴原是神农所作,而舜在琴上去掉文、武二弦,留下宫商角徵羽五根弦,成为五弦琴。 ②《南风》:古佚诗名,据说是一首孝子诗。 ③夔:音 kuí,人名,据说是舜时掌乐官。 ④教尊:谓尊崇教化。 ⑤故其治民劳者,其舞行缀远:行缀:舞蹈的行列位置(参见第12节注③)。远,谓舞蹈者相互间隔远,这是因为舞蹈者人数较少,间隔自然就拉开了。这两句意思是,因此诸侯治民而使民劳苦的,所赏赐的舞蹈人数就少而行列的间隔疏远。 ⑥谥:谓谥号(参见《曲礼下第二》第6节注③)。

22.《大章》,章之也①。《咸池》,备矣②。《韶》,继也③。《夏》,大也④。殷周之乐尽矣⑤。

[注释]①《大章》:及下《咸池》、《韶》、《夏》,皆古佚乐名,据说分别是尧、黄帝、舜、禹时代的乐曲。章,表彰、显扬。这里意思是,《大章》,是用来表彰尧的德行的。 ②《咸池》,备矣:意思是,《咸池》,是用来歌颂黄帝的德行完备的。 ③《韶》,继也:意思是,《韶》,是用来颂扬舜能继承尧的德政的。 ④《夏》,大也:意思是,《夏》,是用来赞美禹能把尧舜的德政发扬光大的。 ⑤殷周之乐尽矣:据说殷乐就是《周礼》中所说的《大濩》,周乐就是《周礼》中所说的《大武》。尽,谓尽人事。这两句意思是,殷周两代的乐都是赞扬能够尽到人为的努力。

23.天地之道①:寒暑不时则疾,风雨不节则饥。教者,民之寒暑也,教不时则伤世;事者,民之风雨也,事不节则无功②。然则先王之为乐也,以法治也③,善则行象德矣④。

[注释]①道:此谓规律。 ②事不节则无功:事,谓动用民力完成的事功,用民力而不加节制,就会劳而无功。 ③然则先王之为乐也,以法治也:以法治,谓以乐为治之法。这两句意思是,然而先王制乐,正是为了提供一种治理人民的方法。 ④善则行象德矣:善,谓乐教施行得好。行,指人的行为表现。象,谓符合要求。意思是,乐教施行得好就能使人民的行为符合德行的要求了。

24.夫豢豕为酒,非以为祸①也,而狱讼益繁,则酒之流②生祸也。是故先王③因为酒礼。壹献之礼,宾主百拜④,终日饮酒而不得醉焉,此先王之所以备酒祸也。故酒食者,所以合欢⑤也。乐者,所以象德也。礼者,所以缀淫⑥也。是故先王有大事，必有礼以哀之⑦；有大福，必有礼以乐之：哀乐之分，皆以礼终⑧。乐也者，圣人之所乐⑨也，而可以善民心，其感人深，其移风易俗⑩，故先王著⑪其教焉。

[注释]①豢豕为酒，非以为祸：豢，音 huàn，饲养牲畜。为酒，酿造酒。为祸，制造祸害。　②流：谓放纵，无节制。　③先王：王，原误作"生"。　④壹献之礼，宾主百拜：壹献之礼，参见《文王世子第八》第 9 节注⑤。按，在一献之礼的献、酢、酬的每一个仪节进行当中，主人和宾还要进行取爵、下堂洗爵、辞降、辞洗、奠爵、执爵、或坐或兴等许多具体细小的仪节，每一个细小的仪节宾主都须互行拜礼，所以一献之礼的进行过程中宾主要行许许多多的拜礼，故曰"宾主百拜"。详可参看《仪礼·乡饮酒礼》。　⑤合欢：谓使人们融合感情而相欢乐。　⑥缀淫：缀，犹止。谓制止人们的越轨行为。　⑦是故先王有大事，必有礼以哀之：大事：谓丧亡等事。有礼以哀之，谓有相应的礼来表示哀悼。下句义仿此。　⑧哀乐之分，皆以礼终：分，音 fèn，合适的界限。意思是，悲哀和欢乐的程度，最终都要符合礼。　⑨乐也者，圣人之所乐：上"乐"，音 yuè，是名词。下"乐"，音 lè，是动词。　⑩其移风易俗：按，"俗"下脱"易"字，意思是，用它改变社会风俗很容易。　⑪著：犹立，谓立司乐等乐官使教国子（贵族子弟）。

五

25. 夫民有血气心知①之性，而无哀乐喜怒之常，应感起物而动，然后心术形②焉。是故志微、噍杀之音作③，而民思忧；啴谐、慢易、繁文、简节之音作④，而民康乐；粗厉、猛起、奋末、广贲之音作⑤，而民刚毅；廉直、劲正、庄诚之音作⑥，而民肃敬；宽裕、肉好、顺成、和动之音作⑦，而民慈爱。流辟、邪散、狄成、涤滥之音作⑧，而民淫乱。

[注释]①心知:谓用心感知事物。 ②心术:指心所产生的各种感情,即上文所谓哀乐喜怒之情。 ③是故志微、噍杀之音作:志微,谓音细,志亦微。噍杀,声音急促而低沉(参见第2节②)。这两句意思是,所以有细小、急促而又衰微的乐曲产生。 ④啴谐、慢易、繁文、简节之音作:啴谐,啴谓宽,谐谓和,谓宽舒而和谐。慢易,缓慢平易。繁文,谓形式繁缛。简节,谓节奏宽简。意思是,有宽舒和谐、缓慢平易、形式虽繁而节奏宽简的乐曲产生。 ⑤粗厉、猛起、奋末、广贲之音作:贲,通"愤",怒气充实的样子。意思是,有粗犷、开头刚猛、结尾亢奋、广大而愤怒的乐曲产生。 ⑥廉直、劲正、庄诚之音作:意思是,廉洁直率、刚劲正直、庄重真诚的乐曲产生。 ⑦宽裕、肉好、顺成、和动之音作:肉,玉璧的边。好,玉璧中间的圆孔。这里是用璧之肉好喻音之圆转而润泽。意思是,有宽畅、圆润、流利、和顺的乐曲产生。 ⑧流辟、邪散、狄成、涤滥之音作:狄,通"逖",远。成,谓乐之一终,即一首乐曲演奏完。狄成,谓一终甚长,在此是淫泆之意。涤滥,谓如水之涤荡放滥,往而不返。意思是,有流于怪辟、邪恶散乱、曲段滥长而又浪荡放纵的乐曲产生。

26.是故先王本之情性,稽之度数,制之礼义①。合生气②之和,道五常之行,使之阳而不散,阴而不密③,刚气不怒,柔气不慑④。四畅交于中而发作于外⑤,皆安其位而不相夺也。然后立之学等,广其节奏,省其文采,以绳德厚⑥。律小大之称,比终始之序,以象事行⑦,使亲疏、贵贱、长幼、男女之理,皆形见于乐,故曰"乐观其深矣⑧"。

[注释]①稽之度数,制之礼义:度数,指十二律的度数。按律本是用来确定音高的竹管,古人用十二根长度不同的竹管(即律管),吹出十二个高低不同的标准音,用以确定乐音的高低,这十二个标准音就叫做十二律。据说古人律管的长度,是以黄钟律(相当于现代西乐的C音)为标准的,先确定黄钟管的长度,然后按"三分损益法",来定其余各律管的长度。如黄钟管据说长九寸,减三分之一得六寸,为林钟(相当于西乐的G音),林钟管长加三分

之一得八寸,则为太簇(相当于西乐的 D 音),等等,这就是所谓度数(参见《礼运第九》第 14 节注⑦)。制之礼义,谓用礼义来加以节制。　②生气:谓阴阳之气。按,古人认为天地间的万物都是阴阳二气相互作用变化而生成的,故称之为"生气"。　③阳而不散,阴而不密:按,古人的观念,以为阳主动,阴主静,故阳喻乐作,阴喻乐止。密,在此谓密集而郁结。这两句意思是,使得乐作声扬而不散漫,乐终音止而不郁结。　④刚气不怒,柔气不慑:慑,恐惧,畏缩。意思是,体现阳刚之气而不粗暴,含有阴柔之气而不畏缩。　⑤四畅交于中而发作于外:四,谓上述阴、阳、刚、柔四者。畅,通。意思是,以上四种精神贯通交融在乐中而演奏出来。　⑥"然后"至"厚德":立之学等,谓分等级设立学校。省,犹审。文采,此谓乐的各种表现形式。绳,准绳,标准。意思是,然后分级设立学校,广泛地学习乐的节奏,研究乐的表现形式,并以乐的精神作为德行修养的准绳而使德逐渐深厚。　⑦律小大之称,比终始之序,以象事行:律,谓调整、整齐之。意思是,调整声调的高低使之相称,排比好乐章开头结尾的次序,使之能够很好地表现人的事功和德行。　⑧乐观其深矣:谓通过乐可以深刻地观察社会。

27. 土敝①则草木不长,水烦②则鱼鳖不大,气衰则生物不遂③,世乱则礼慝④而乐淫。是故其声哀而不庄,乐而不安,慢易以犯节,流湎⑤以忘本,广则容奸,狭则思欲⑥,感条畅之气,而灭平和之德⑦,是以君子贱之也。

[注释]①敝:谓地力衰竭。　②水烦:谓不按时节而频繁地入水捕捞。③气衰则生物不遂:气,谓生气,即阴阳之气(参见上节注②)。遂,音 suì,生长,繁育。　④礼慝:犹言礼废而不行。　⑤流湎:放纵无度。　⑥广则容奸,狭则思欲:广,谓声缓。狭,谓声急。意思是,宽缓而包含着邪恶,急促而挑动情欲。　⑦感条畅之气,而灭平和之德:条畅,读为"涤荡"。涤荡之气,谓逆气。这里的"逆"谓逆乱,"气"指人的思想、情绪。这两句意思是,感发起人们逆乱的情绪,灭绝人们平和的德性。

六

28. 凡奸声感人，而逆气应之①。逆气成象②，而淫乐兴焉。正声感人，而顺气应之。顺气成象，而和乐兴焉。倡和有应，回邪曲直各归其分③，而万物之理，各以类相动也。是故君子反情以和其志，比类以成其行④，奸声乱色不留聪明，淫乐慝礼不接心术⑤，惰慢邪辟之气不设于身体，使耳目鼻口心知百体⑥，皆由顺正，以行其义。

[注释]①凡奸声感人，而逆气应之：奸声，谓邪恶之声。感人，谓影响人。逆气，谓逆乱的情绪。 ②成象：谓形成逆乱的事实。 ③倡和有应，回邪曲直各归其分：意思是，就像唱的与和的互相呼应，邪曲和正直各归其类一样。 ④是故君子反情以和其志，比类以成其行：意思是，所以君子复返人的本性来安和人的心志，比从善类来成就人的行为。 ⑤奸声乱色不留聪明，淫乐慝礼不接心术：聪，谓耳。明，谓眼。慝，音 tè。慝礼，违礼。心术，即内心。意思是，使耳朵和眼睛不接触奸邪的声音和秽乱的形色，使淫乱的音乐和违礼的言行不侵入内心。 ⑥百体：谓身体的各部分。

29. 然后发以声音，而文以琴瑟，动以干戚，饰以羽旄，从以箫管，奋至德之光，动四气之和，以著万物之理①。是故清明象天，广大象地，终始象四时，周还象风雨②，五色成文③而不乱，八风从律而不奸④，百度得数而有常⑤，小大相成，终始相生，倡和清浊，迭相为经⑥。故乐行而伦清⑦，耳目聪明，血气和平，移风易俗，天下皆宁。故曰"乐者，乐也⑧"。君子乐得其道⑨，小人乐得其欲。以道制欲，则乐而不乱；以欲忘道，则惑而不乐。是故君子反情以和其志,广乐以成其教。乐行而民乡方,可以观德矣⑩。

[注释]①奋至德之光,动四气之和,以著万物之理:奋,犹言发扬。意思是,这样来发扬最美好德行的光辉,调动四季的和谐之气,以显示支配万物的规律。 ②"是故"至"风雨":清明,谓人声。广大,谓钟鼓。周还(音义皆同"旋"),谓舞。这几句意思是,因此歌声清明像天,钟鼓声宏大像地,乐章周而复始像四时,舞姿往复回旋像风雨。 ③五色成文:五色,在此实谓五声,因五声配于五行之色,故可以五色代五声。按,古人的观念,以为颜色和声音都分别是和五行相应的,即土为黄色,宫声;金为白色,商声;木为青色,角声;火为赤色,徵声;水为黑色,羽声。成文,谓由五声组成旋律。 ④八风从律而不奸:八风,实谓八音。所谓八音,指上古的八类器材所制作的乐器发出的声音,即金石土革丝木匏竹。金指钟镈,石指磬,土指埙,革指鼓鼗,丝指琴瑟,木指柷敔,匏指笙,竹指箫。奸,音 gān,犯。这句意思是,八音都合乎音律而不相凌犯。 ⑤百度得数而有常:百度在此谓乐之节奏。乐之节奏非一,故曰百度。意思是,所有节奏都合乎应有的度数而不失常规。 ⑥小大相成,终始相生,倡和清浊,迭相为经:小大,谓低音和高音。经,在此指规律。这几句意思是,低音和高音相辅相成,前歌后曲相继起落,唱的与和的、清音和浊音,都能交替错综而形成一定的规律。 ⑦乐行而伦清:谓乐得到推广人伦关系就清楚了。 ⑧乐者,乐也:意思是,乐这种东西,是使人快乐的。 ⑨道:此谓仁义。 ⑩乐行而民乡方,可以观德矣:方,犹道。谓乐得到推广人心就会向道,这样人们就会有可观的德行了。

30. 德者,性之端也①。乐者,德之华也②。金石丝竹,乐之器也。诗言其志也,歌咏其声也,舞动其容也,三者本于心,然后乐器从之③。是故情深而文明,气盛而化神④。和顺积中,而英华发外,唯乐不可以为伪⑤。

[注释]①德者,性之端:谓德行是性的端绪。 ②乐者,德之华:华,本指草木之美者,在此形容乐之美。意思是,乐是德行的花朵。 ③三者本于

心,然后乐器从之:谓诗、歌、舞三者都出于内心,然后乐器跟着配合演奏。④情深而文明,气盛而化神:谓乐的感情深切而形象明白,气氛浓厚而变化神妙。　⑤"和顺"至"为伪":意思是,有和顺的感情蓄积在心中,才会产生出美妙的乐作为它的外在表现,只有乐是来不得虚伪的。

31. 乐者,心之动也。声者,乐之象也。文采①节奏,声之饰也。君子动其本,乐其象,然后治其饰②。是故先鼓以警戒,三步以见方,再始以著往,复乱以饬归③。奋疾而不拔,极幽而不隐④。独乐其志,不厌其道,备举其道,不私其欲⑤。是故情见而义立,乐终而德尊,君子以好善,小人以听过⑥,故曰"生民之道,乐为大焉⑦"。

[注释]①文采:指音乐的组织结构及其变化。　②君子动其本,乐其象,然后治其饰:意思是,君子内心有所感动,而又高兴用乐来表现,然后加上文采节奏制作出乐来。　③"是故"至"饬归":按,这以下是举《武》乐为例(参见第44节)。再始,是指第一段舞蹈表演完毕、第二段开始时。乱,指舞蹈的结尾。这几句意思是,因此演奏《武》乐先要击鼓引起大家的注意,舞蹈开始时要先前进三步以表示舞蹈行进的方向,第二段舞蹈开始时也要先前进三步以表明舞列所往,舞蹈结束时又要整饬舞列回到开始时的位置。　④奋疾而不拔,极幽而不隐:不拔,谓不至于太疾(过快)。极幽:谓歌唱的内容含蓄深刻。这两句意思是,舞蹈的动作迅速而不过快,歌唱的含义深刻而不隐晦。　⑤"独乐"至"其欲":独乐,谓观众各自欣赏。志,此谓乐所表现的内容。举其道,谓举其道而用之于教化。这几句意思是,观众各自都欣赏它的内容,不厌弃它所表现的道义,并能充分利用乐所表现的道义来进行教化,而不会只为满足个人享受的欲望。　⑥君子以好善,小人以听过:听过,谓听之而知过。这两句意思是,君子因此更乐行善道,小人因此发现自己的过失。⑦生民之道,乐为大焉:生民,即养民,即以德教养民。谓抚育人民的方法,没有比乐教更重要的了。

32. 乐也者,施也;礼也者,报也①。乐,乐其所自生;而礼反其所自始②。乐章德,礼报情反始也③。

[注释]①乐也者,施也;礼也者,报也:意思是,乐的作用,在施予;礼的作用,在报答施予。 ②乐,乐其所由生;而礼反其所自始:反,犹报。谓王者之乐,欢乐其王业之所由生。如武王,民众赞颂他的武德,武王由武功而生王业,因此以《武》为乐名(参见上节注③)。又,王者制礼,必追反其始祖。如周以后稷为始祖,即追祭后稷,以报其王业之所由兴。 ③乐章德,礼报情反始也:意思是,乐表彰德行,礼报答恩情而追溯到始祖。

33. 所谓大辂者,天子之车也;龙旂九旒①,天子之旌也;青黑缘②者,天子之宝龟也;从之以牛羊之群:则所以赠诸侯③也。

[注释]①龙旂九旒:旂,旗的一种。龙旂,即绘有龙的旂。旒,旗之饰(参见《郊特牲第十一》第24节注⑬)。 ②青黑缘:这是指龟。据说千年之龟其甲边缘作青黑色,这样的龟甲用于占卜非常灵验。 ③赠诸侯:谓诸侯来朝将去,赠之以礼,这是说明礼报之事。按,诸侯守土,奉其土地所出来朝见天子,故天子以此等之物报之。

七

34. 乐也者,情之不可变者也①;礼也者,理之不可易者也②。乐统同,礼辨异,礼乐之说,管乎人情矣③。

[注释]①乐也者,情之不可变者也:谓乐是表达一种确定不变的感情。②礼也者,理之不可易者也:谓礼是表达一种不可变易的道理。 ③乐统同,礼辨异,礼乐之说,管乎人情矣:管:通"贯"。意思是,乐和同人心,礼区别尊卑,礼乐的道理,贯通着人情。

35. 穷本知变,乐之情也①;著诚去伪,礼之经②也。礼乐偩天地之情,达神明之德③,降兴上下之神,而凝是精粗之体④,领父子君臣之节⑤。

[注释]①穷本知变,乐之情也:情,犹功能。谓乐本出于人心,心哀则哀,心乐则乐,是乐可以原穷极本。也就是说,通过乐的变化,可以探究人的内心感情的变化。所以这两句意思是,探究人的本心而了其解感情的变化,是乐的功能。 ②经:在此义为作用。 ③偩天地之情,达神明之德:偩,音 fù,犹依象,依照。按,天尊地卑,天主和同,地主别异,是所谓天地之情(参见第11、13节)。这两句意思是,礼乐依照天地的情性,通达神明的德性。 ④降兴上下之神,而凝是精粗之体:降,下。兴,犹出。凝,成。精粗,谓万物大小。是,谓正。这两句意思是,礼乐用于祭祀可以使天神降而地神出,用于万物可使其大小精粗等各种不同的形体都得成就而端正。 ⑤领父子君臣之节:领,犹治理。节,犹关系。意思是,礼乐可理顺父子君臣的关系。

36. 是故大人举礼乐,则天地将为昭焉①。天地䜣合②,阴阳相得,煦妪覆育③万物,然后草木茂,区萌达④,羽翼奋,角觡⑤生,蛰虫昭苏⑥,羽者妪伏⑦,毛者孕鬻⑧,胎生者不殰⑨,而卵生者不殈⑩,则乐之道归焉耳⑪。

[注释]①大人举礼乐,则天地将为昭焉:大人,此指圣人。意思是,圣人实行礼乐,天地都将跟着光明。 ②䜣合:䜣,音 xīn;融合。 ③煦妪覆育:煦,音 xù。妪,音 yǔ。煦妪,抚育,养育。覆育,与此义同。 ④区萌达:区,音 gōu,曲也。达,犹出。曲出曰区,如菽豆之属;直出曰萌,如稻稷之属。 ⑤角觡:觡,音 gé。角有内骨的,如牛羊之角,叫做角;角无内骨的,如麋鹿之角,叫做觡。按,角觡在此泛指兽类。 ⑥蛰虫昭苏:蛰虫,冬天蛰伏的虫。昭苏,亦作"昭甦"、"昭稣",苏醒,恢复生机。 ⑦羽者妪伏:羽者,谓禽类。妪伏,谓鸟孵卵。 ⑧毛者孕鬻:毛者,谓兽类。鬻,通"育",生育。 ⑨胎生者不殰:胎生,谓胎生的兽类。殰,音 dú,谓动物未出生而死。 ⑩殈:音 xù,

裂:谓鸟卵未孵化出雏鸟即破裂。 ⑪则乐之道归焉耳:道,在此谓功效。意思是,这些都要归于乐的功效。

37. 乐者,非谓黄钟、大吕①、弦歌、干扬②也,乐之末节也,故童者舞之③。铺筵席,陈尊俎,列笾豆,以升降为礼者④,礼之末节也,故有司掌之⑤。乐师辨乎声诗,故北面而弦⑥。宗、祝辨乎宗庙之礼,故后尸⑦。商祝辨乎丧礼,故后主人⑧。是故德成而上,艺成而下⑨;行成而先,事成而后⑩。是故先王有上有下有先有后,然后可以有制于天下⑪也。

[注释]①黄钟、大吕:皆乐律名,在此指代十二律。 ②干扬:干,盾牌;扬,一名钺,即大斧;都是舞具。 ③乐之末节也,故童者舞之:末节,在此意思是次要的。这两句意思是,这些对于乐来说都是次要的,所以让儿童来表演舞蹈。 ④铺筵席,陈尊俎,列笾豆,以升降为礼者:升降,上堂和下堂,在此泛指宾主之间升降跪拜等礼仪。意思是,铺设筵席,陈设酒器和牲俎,摆列笾豆,升降跪拜等礼仪。 ⑤有司掌之:谓由有关官吏来掌管。 ⑥北面而弦:按,古代乐工的席位,是设在堂上堂的前廉处(即堂的前边),乐工面朝北而坐,弹瑟歌唱,以乐堂上宾主,故曰"北面而弦"。 ⑦宗、祝辨乎宗庙之礼,故后尸:宗,谓宗人,是为主人(诸侯以下至士)掌礼事的官。祝,是为主人掌接神(即宗庙祭祀)的官。天子的祝官则曰大祝。后尸,谓站在尸的身后相赞祭礼。 ⑧商祝辨乎丧礼,故后主人:商祝,周代祝官名。按,周代有夏祝,有商祝,都是主丧礼的官。商祝是熟悉商礼的祝官,夏祝是熟悉夏礼的祝官。后主人,谓跟在主人后边助主人行丧礼。 ⑨德成而上,艺成而下:上、下,谓主要、次要。意思是,成就德行是主要的,懂得技艺是次要的。 ⑩行成而先,事成而后:先,谓位在上。后,谓位在下。意思是,成就德行的在上位,成就事功的在下位。 ⑪有制于天下:谓制定礼乐颁行天下。

八

38. 魏文侯问于子夏曰①:"吾端冕而听古乐,则唯恐卧②。听郑卫之音③,则不知倦。敢问古乐之如彼何也?新乐之如此何也?"子夏对曰:"今夫古乐,进旅退旅,和正以广④,弦匏笙簧,会守拊鼓⑤,始奏以文,复乱以武⑥,治乱以相,讯疾以雅⑦,君子于是语⑧,于是道古,修身及家,平均⑨天下,此古乐之发也⑩。今夫新乐,进俯退俯,奸声以滥,溺而不止⑪,及优、侏儒,獶杂子女⑫,不知父子,乐终不可以语,不可以道古,此新乐之发也⑬。今君之所问者乐也,所好者音也。夫乐者与音相近而不同⑭。"

[注释]①魏文侯问于子夏:魏文侯,名都(一说名斯),战国初期魏国的创始者,公元前446~前396年在位。子夏,孔子的学生(参见《檀弓上第三》第41节注①),魏文侯曾尊以为师。 ②端冕而听古乐,唯恐卧:端,指玄端服(参见《文王世子第八》第23节注④)。古乐,谓先王之正乐。唯恐卧:谓生怕打瞌睡,这是因为听着打不起精神。 ③郑卫之音:参见第5节注①。 ④进旅退旅,和正以广:旅,犹俱,一块。俱进俱退,言动作齐一。这两句意思是,舞蹈者同进同退动作整齐,乐的气象中和平正而又宽广。 ⑤弦匏笙簧,会守拊鼓:弦,指琴瑟。匏,同笙一样,也是一种利用簧管发声的乐器,比笙大,据说有六十四支簧管,而笙一般只有十三至十九支簧管。簧,本指安在管端用以振动发声的小薄片,在此泛指利用簧管发声的乐器。会,合。守,待。拊,即拊搏,一种打击节奏的乐器(参见《明堂位第十四》第17节注①)。如果想让堂上奏乐就击拊,想让堂下奏乐就击鼓,弦匏笙簧的演奏都听从拊鼓指挥。 ⑥始奏以文,复乱以武:文,谓鼓。武,谓金,即铙。按,铙,音náo,是一种打击乐器,青铜制,体短而阔,似钟而小,有中空的短柄,插入木柄后可执,以槌击之而鸣,三个或五个一组。这两句意思是,舞蹈开始时击鼓,结束

时击铙。　⑦治乱以相,讯疾以雅:相,即拊,因拊中填以糠,糠一名相,故拊亦名相。雅,亦乐器名,其形制,如漆桶而口小,大二围,长五尺六寸,以熟羊皮绷在口上,有两纽以便系带,器体上画有稀疏的花纹。讯,通"迅"。乱,谓乐终。这两句意思是,舞蹈结尾时击相以整齐行列,舞蹈动作快速时击雅以为节奏。　⑧语:谓乐终合语,即大家在一起议论。下文记言论的内容。　⑨平均:平,谓无上下之偏。均,谓无远近之异。按,所谓无上下之偏,谓上下各安其分;无远近之异,谓统治者对华夏与四夷皆一视同仁。这是古人理想的政治局面。　⑩此古乐之发也:发,犹演奏。意思是,这就是演奏古乐的意义。　⑪进俯退俯,奸声以滥,溺而不止:俯,谓弯腰屈体。奸声,奸邪不正的音乐。滥,放纵。这几句意思是,舞蹈者进退都弯腰屈体参差不齐,歌和曲的声音淫邪放纵,引诱人们沉溺其中而不可禁止。　⑫优、侏儒,獶杂子女:优,即俳优,指古代以乐舞谐戏为业的艺人。侏儒,儒,同"儒",即侏儒,身材矮小的人。獶,猕猴。子女,在此指男子和妇女,言舞者如猕猴相戏,男女相杂而乱尊卑。这里意思是,又有俳优和侏儒,表演者像猕猴一样男女混杂,　⑬此新乐之发也:意思是,这就是演奏新乐的结果。　⑭"今君"至"不同":这几句意思是,现在君所问的是有关乐的道理,而所喜欢的实际是音的享受。要知道乐和音相近而并不相同。按,这几句在于否定新乐为"乐",认为它只能算作是"音"而已。

39. 文侯曰:"敢问何如①?"子夏对曰:"夫古者天地顺而四时当,民有德而五谷昌,疾疢不作,而无妖祥②,此之谓'大当'③,然后圣人作,为父子君臣,以为纪纲④。纪纲既正,天下大定。天下大定,然后正六律⑤,和五声,弦歌诗颂,此之谓德音,德音之谓乐。诗云⑥:'莫其德音,其德克明。克明克类,克长克君。王此大邦,克顺克俾。俾于文王,其德靡悔。既受帝祉,施于孙子。'⑦此之谓也。今君之所好者,其溺音⑧乎?"

[注释]①敢问何如:意思是,请问这是怎么一回事?按,这是魏文侯对子夏所说的道理还不能理解,故问之。 ②疾疢不作,而无妖祥:疢,音chèn,病。疾疢,即疾病。妖祥,指显示灾异的凶兆。 ③大当:谓天地之间无不得其当。 ④为父子君臣,以为纪纲:规定了父子君臣的关系,作为大家遵守的纲纪。 ⑤六律:按,十二律按从低音到高的顺序排列,排在奇数位的六个音律叫六律,排在偶数位的叫六吕,合称律吕。但此处的六律实指十二律,也就是泛指音律(参见第26节注①)。 ⑥《诗》云:按,以下所引诗出自《大雅·皇矣》。所引的部分是赞美周文王的父亲王季之德的。 ⑦"莫其"至"孙子":莫,无不,没有不。克顺克俾,"俾"是"比"字之误。顺,谓慈和而天下皆服。比,谓上下相亲。俾于文王,比于,犹言至于。这几句诗的意思是:他的德音天下无不和应,他的美德在于是非能明。能明是非又能区别善类恶类,因此能做师长、能做人君。他领导着这个大国,能使人们都慈和顺从而又上下相亲。他的德行影响到他的儿子文王,他的德行没有可悔恨的地方。他已经受到上帝所降的福祉,又把福祉延续到子孙身上。 ⑧溺音:指下节所说郑、宋、卫、齐四国之音。

40. 文侯曰:"敢问溺音何从出也?"子夏对曰①:"郑音好滥淫志②,宋音燕女溺志③,卫音趋数烦志④,齐音敖辟乔志⑤。此四者,皆淫于色而害于德,是以祭祀弗用也。《诗》云⑥:'肃雍和鸣,先祖是听⑦。'夫肃,肃敬也。雍,雍和也。夫敬以和,何事不行?为人君者,谨其所好恶⑧而已矣。君好之,则臣为之。上行之,则民从之。《诗》云⑨:'诱民孔易⑩。'此之谓也。

[注释]①子夏对曰:按,自此以下至第42节,都是子夏回答魏文侯的话。 ②好滥淫志:谓好淫滥而使人意志放纵。 ③燕女溺志:燕,安。溺,没。谓宋音所安唯女子(唯图女子所好),所以使人意志消沉。 ④趋数烦志:趋数,是"促速"之误。意思是,太急促而使人意志烦劳。 ⑤敖辟乔志:

敖,傲慢,骄傲,后通作"傲"。乔,通"骄"。谓傲狠而怪僻使人意志骄逸。
⑥《诗》云:按,以下所引诗句出自《周颂·有瞽》。 ⑦肃雍和鸣,先祖是听:意思是,肃敬雍和地合奏共鸣,先祖的神灵于是来听。 ⑧谨其所好恶:谨慎地对待自己的好恶。 ⑨《诗》云:按,以下所引诗句出自《大雅·板》。 ⑩诱民孔易:孔,甚,很。诱导人民很容易。

41."然后圣人作为鞉鼓椌楬壎篪①,此六者,德音之音也。然后钟磬竽②瑟以和之,干戚旄狄③以舞之,此所以祭先王之庙也,所以献酬酳酢④也,所以官序贵贱⑤、各得其宜也,所以示后世有尊卑长幼之序也。

[注释]①鞉鼓椌楬壎篪:鞉,音 táo,同"鼗",一种鼓名(参见《王制第五》第22节注④)。椌楬,音 qiāng qià,即柷敔(参见《王制第五》第22节注③及《月令第六》第43节注⑥)。壎,即埙,古代的吹奏乐器,陶制,大如鹅卵,形似秤锤,上尖下平中空,顶上一孔为吹口,另外前有四孔,后有两孔,吹奏时可按孔变音。篪,音池 chí,乐器名,竹制,形似横笛,有一吹孔,另有六个音孔。 ②竽:音 yú,古代的簧管类乐器,形似笙而大,据说竽长四尺二寸,由三十六支簧管组合而成。1972年长沙马王堆汉墓出土的竽有二十二管,分为前后两排。 ③干戚旄狄:参见第1节注④。"狄"通"翟",即野鸡毛,也就是第1节所说的羽。 ④献酬酳酢:献酬酢,参见第24节注④。酳,参见《曲礼上第一》第30节注⑬)。 ⑤官序贵贱:官序,犹言序官,即序列官位的高低贵贱。高低贵贱不同,乐器的列数亦有差。

42."钟声铿,铿以立号,号以立横①,横以立武,君子听钟声,则思武臣②。石声磬,磬以立辨,辨以致死③,君子听磬声,则思死封疆之臣。丝声哀,哀以立廉,廉以立志,君子听琴瑟之声,则思志义之臣④。竹声滥,滥以立会,会以聚众⑤,君子听竽笙箫管之声,则思畜聚之臣⑥。

鼓鼙之声讙,讙以立动,动以进众⑦,君子听鼓鼙之声,则思将帅之臣。君子之听音,非听其铿鎗⑧而已也,彼亦有所合之⑨也。"

[注释]①钟声铿,铿以立号,号以立横:横,充,谓气充满。这几句意思是,钟声铿铿,铿铿的声音好像发出号令,号令表示气势充沛。 ②横以立武,君子听钟声,则思武臣:这几句意思是,气势充沛表示威武,君子听到钟声,就会想到武臣。 ③石声磬,磬以立辨,辨以致死:石,谓磬。磬,在此作象声词,形容磬发出"磬磬"的声音。辨,谓分明节义。这几句意思是,磬发出磬磬的声音,磬磬的声音表示节义分明,节义分明表示人忠心耿耿视死如归。 ④志义之臣:立志守义之臣。 ⑤竹声滥,滥以立会,会以聚众:滥、会,都是聚集的意思,这里是指聚诸音。这几句意思是,竹制乐器发出的声音如同融会了各种乐器的声音,融会之声使人团结,能团结就能聚集民众。 ⑥畜聚之臣:谓善于聚集民众之臣。 ⑦鼓鼙之声讙,讙以立动,动以进众:鼙:一种小鼓(参见《月令第六》第43节注①)。讙,音 huān,通"欢"。进众,谓使众前进。这几句意思是,鼓和鼙发出的声音听起来很欢快,欢快的声音使人好动,好动就能促使人前进。 ⑧鎗:象声词,也作"锵"。 ⑨彼亦有所合之:彼,谓众声,即各种乐器发出的声音。合之,谓契合于心。意思是,各种乐器的声音都是和人心相契合的。

九

43.宾牟贾侍坐于孔子①。孔子与之言及乐,曰:"夫《武》之备,戒之已久,何也②?"对曰:"病不得其众③也。""咏叹之,淫液之④,何也?"对曰:"恐不逮事⑤也。""发扬蹈厉之已蚤⑥,何也?"对曰:"及时事也⑦。""《武》坐致右宪左⑧,何也?"对曰:"非《武》坐也⑨。""声淫及商⑩,何也?"对曰:"非《武》音也⑪。"子曰:"若非《武》音,则何音也?"对曰:"有司失其传⑫也。若非有司失其传,则武王之志荒⑬矣。"子曰:"唯。丘之闻诸苌弘⑭,亦若吾子之言是也。"

[注释]①宾牟贾:姓宾牟,名贾(音假 jiǎ)。 ②夫《武》之备,戒之已久,何也:戒,亦备。按,《武》乐开始之前,当先击鼓为备。这里意思是问,《武》乐开始前要击鼓很久,以做准备,是为什么呢? ③病不得其众:病,忧。谓这是象征武王伐纣之时,忧虑不得士众之心,故长时间击鼓以征召之。 ④咏叹之,淫液之:咏叹,谓慢声长歌。淫液:谓声音连延不绝。这两句意思是,舞蹈开始之前先要慢声长歌,歌声连延不绝。 ⑤不逮事:逮,及。事,戎事,即伐纣之战。意思是,这是象征武王担心伐纣的事不能取得成功。 ⑥发扬蹈厉之已蚤:蹈,以足顿地。厉,猛。蚤,通"早"。意思是,舞蹈开始后一早就猛力地扬手顿脚。按,这里是说舞乐的演进太早、太快。 ⑦及时事也:谓这是象征武王及时行伐纣之事。 ⑧《武》坐致右宪左:坐,谓以膝至地,实即今之跪。宪,通"轩"。意思是,《武》舞中舞蹈者做出右膝跪地而左腿伸开的动作。 ⑨非《武》坐也:谓《武》舞是没有跪的动作的。 ⑩声淫及商:淫,过多。谓《武》乐中杂有很多商声。 ⑪非《武》音也:这不是《武》乐中应有的声音。 ⑫有司失其传:有司,指乐官。意思是,这种说法是乐官们的传授有错误。 ⑬武王之志荒:谓武王之志荒乱,有意于黩武。按,古人的观念,以为商声主杀伐,故谓武王贪商声是有意于黩武。 ⑭苌弘:周大夫。

44.宾牟贾起,免席①而请曰:"夫《武》之备戒之已久,则既闻命②矣。敢问迟之,迟而又久③,何也?"子曰④:"居,吾语汝⑤。夫乐者,象成⑥者也。揔干而山立,武王之事也⑦。发扬蹈厉,大公之志也⑧。《武》乱皆坐,周、召之治也⑨。且夫《武》始而北出;再成而灭商⑩;三成而南;四成而南国是疆⑪;五成而分,周公左,召公右⑫;六成复缀以崇⑬。天子夹，振之而驷伐，盛威于中国也⑭。分夹而进，事蚤济也⑮。久立于缀，以待诸侯之至也⑯。

[注释]①免席：谓避席，即离席起立以示敬意。 ②既闻命：按，上节孔子问宾牟贾关于"《武》之备戒之已久"之义，宾牟贾回答后，孔子说苌弘也是这样说的，这等于是肯定了宾牟贾的说法，所以宾牟贾说"既闻命矣"。③迟之，迟而又久：按，《武》舞六成（舞乐一段叫做一成），每成皆久而后终，也就是说，时间拉得很长，因此说"迟"。 ④子曰：按，自此以下直至第46节，都是孔子说的话。 ⑤居，吾语汝：居，坐。语，音yù，告诉。 ⑥象成：象征事业成功。 ⑦总干而山立，武王之事也：总同"总"，持。干，盾牌。意思是，将要开始舞蹈时舞者拿着盾牌像山一样屹立不动，这是象征武王等待诸侯的到来。 ⑧发扬蹈厉，大公之志也：意思是，舞者奋力扬手顿足，这是象征太公的威武鹰扬之志。 ⑨《武》乱皆坐，周、召之治也：意思是，《武》舞终了时舞者都跪下，这是象征周公和召公将用文德治理天下。 ⑩《武》始而北出；再成而灭商：按，这以下是说《武》舞的内容结构。始，谓第一段（成）。这两句意思是，第一段舞队向北进象征武王开始出兵伐纣；第二段象征灭商。⑪三成而南；四成而南国是疆：这两句意思是，第三段象征武王灭商后又向南用兵；第四段象征南方各国都收入版图。 ⑫五成而分，周公左，召公右：分，谓周公与召公分陕而治。陕，今河南陕县，确切地理位置不详。自陕而东（左）由周公主管，自陕而西（右）由召公主管。召，音shào。 ⑬六成复缀以崇：复缀，谓返位而止。崇，充满，完备。意思是，第六段舞者又都回到开始时的位置上以象征《武》乐已经完备。 ⑭天子夹，振之而驷伐，盛威于中国也：夹，谓参加。振之，谓振铎，即摇响铎。伐，一刺一击为一伐。驷，是"四"字之误。这几句意思是，如果天子也来夹在舞队中参加舞蹈，就摇响铎而以每四伐为一个节奏，用以向中原国家显示周的强大和威武。 ⑮分夹而进，事蚤济也：谓舞者分成两队前进，以表示伐商的事业早获成功。 ⑯久立于缀，以待诸侯之至也：缀，武蹈者的位置。这两句意思是，至于舞蹈开始前舞者长久地站在规定的位置上，这也是象征武王等待着诸侯的到来。

45."且女独未闻牧野之语①乎?武王克殷,反商②,未及下车,而封黄帝之后于蓟③,封帝尧之后于祝④,封帝舜之后于陈⑤;下车而封夏后氏之后于杞⑥,投殷之后于宋⑦,封王子比干之墓⑧,释箕子之囚⑨,使之行商容而复其位⑩,庶民弛政,庶士倍禄⑪;济河而西⑫,马散之华山之阳⑬而弗复乘,牛散之桃林之野而弗复服⑭,车甲衅⑮而藏之府库而弗复用,倒载干戈⑯包之以虎皮,将帅之士使为诸侯,名之曰'建櫜'⑰。然后天下知武王之不复用兵也。

[注释]①牧野之语:牧野,地名,在商都朝歌(今河南淇县)城南七十里,是武王伐纣大败纣军之地。语,在此义为故事。 ②反:是"及"字之误。 ③蓟:古地名,在今北京城西南。 ④祝:古地名,今地不详。 ⑤陈:古地名,今河南淮阳。 ⑥杞:古地名,今河南杞县。 ⑦投殷之后于宋:投:谓迁徙之。被迁的实际是微子启,商纣的庶兄,当时的贤臣。宋,在今河南商丘南。 ⑧封王子比干之墓:积土为封。封比干墓,以示崇贤。按,比干是商纣王的叔父,商的贤臣,相传因多次劝谏纣,被纣剖心而死。 ⑨箕子:商纣王的叔父,商的贤臣,因劝谏纣而被纣所囚禁。 ⑩使之行商容而复其位:行,犹视。商容,商的贤臣,据说因劝谏纣而被废为庶人。这句意思是,派人去看望商容并恢复他的官位。 ⑪庶民弛政,庶士倍禄:弛,音 chí,放松,减轻。弛政,谓除去苛政。庶士,此指商的下级官吏们。 ⑫济河:济,渡。河,黄河。 ⑬华山之阳:华山的南边。 ⑭牛散之桃林之野而弗复服:桃林,古地名,约在今河南灵宝以西。服,用。 ⑮衅:用牲血涂之。 ⑯倒载干戈:按,凡载兵器,出则刃向前,入则刃向后,今战还镐京而刃向前,有似于倒,故云倒载。这是显示不再对外用兵。 ⑰建櫜:建,通"鞬",是藏弓之器;櫜,音 gāo,是收藏弓箭的袋子。这里是借"建櫜"以喻从此息武不用。

46."散军而郊射①,左射《狸首》,右射《驺虞》②,而贯革之射③息也;裨冕搢笏,而虎贲之士说剑④也;祀乎明堂⑤,而民知孝;朝觐⑥,然后诸侯知所以臣;耕藉⑦,然后诸侯知所以敬。五者,天下之大教也⑧。食三老、五更于大学⑨,天子袒而割牲,执酱而馈,执爵而酳,冕而揔干⑩,所以教诸侯之弟⑪也。若此,则周道四达,礼乐交通。则夫《武》之迟久,不亦宜乎⑫。"

[注释]①散军而郊射:郊射,古礼名,是天子或诸侯国君所举行的一种射箭比赛之礼,其详今已不可知。该礼因在国都郊外的射宫举行,故名郊射。所谓射宫,即大学,因射于此,故名。这句意思是,解散军队而举行郊射礼。②左射《狸首》,右射《驺虞》:左,谓东学,在东郊。右,谓西学,在西郊。《狸首》,古逸诗名。《驺虞》,《国风·召南》中的一篇。演唱诗歌的目的,在于用作射箭时的节奏。③贯革之射:贯,穿。革,即皮侯(用皮革做的射箭的靶子)。贯革之射,即习武之射。按,古代的射箭比赛有两种:一为习礼之射,如此处所谓郊射,以及《仪礼》所记之乡射礼、大射礼等皆是;一为习武之射。习礼之射所张的射侯是布侯或兽侯(布做的靶子上画有兽头),习武之射则以皮革为射侯;习礼之射重在习礼而不以射中为优,习武之射则以射中而且矢贯皮革为优。④裨冕搢笏,而虎贲之士说剑:裨冕,参见《曾子问第七》第1节注③。搢笏,把笏插在腰间。虎贲之士,原指勇士,在此泛指军士。说,通"脱"。按,这些都是修文息武的表现。⑤祀乎明堂:明堂,参见《月令第六》第3节注①。此谓在明堂祭上帝,而以文王配祭。⑥朝觐:按,古代诸侯去朝见天子,不同的季节名称也不相同:春天叫做朝,夏天叫做宗,秋天叫做觐,冬天叫做遇。这里"朝觐"连文,泛指朝见天子之礼。⑦耕藉:即耕种藉田。按,藉,通"籍",是古代天子、诸侯征用民力耕种的田。每逢春耕前,天子、诸侯要躬耕藉田,以示对农业的重视。藉田的收获物主要用于祭祀天帝和鬼神(参见《月令第六》第7节注④)。⑧五者,天下之大教也:谓上文所说的郊射、裨冕、祀乎明堂、朝觐、耕藉,这五方面是教化天下的重大措施。⑨食三老、五更于大学:食,谓食礼(参见第6节注④)。食三老、五更于大学,谓以食礼招待三老、五更于大学。三老、五更,参见《文王世子第八》第21节注⑥。⑩"天子"至"揔干":意思是,天子亲自袒露左臂为三老、五更们切

割牲肉,拿肉酱送给他们吃,端杯向他们进酢酒,还亲自戴着冕拿着盾牌为老人们舞蹈。 ⑪弟:音 tì,通"悌",顺从和敬爱兄长。 ⑫《武》之迟久,不亦宜乎:意思是,表现武王功业的《武》乐表演起来时间比较长,不也是很自然的事吗?

十

47. 君子曰:"礼乐不可斯须①去身。"致乐以治心②,则易、直、子、谅③之心,油然生矣。易、直、子、谅之心生则乐,乐则安,安则久,久则天,天则神④。天则不言而信,神则不怒而威:致乐以治心者也。

[注释]①斯须:须臾,片刻。 ②致乐以治心:致,犹深审,研究。意思是,研究乐而用它来提高内心修养。 ③易、直、子、谅:易,谓和易。直,谓正直。子,谓慈爱。谅,谓诚信。 ④乐则安,安则久,久则天,天则神:意思是,心情愉快就能使内心安定,内心安定就能长久地自我修养不息,长久地修养不息就能体达天理,体达天理进而就可与神明相通。

48. 致礼以治躬①则庄敬,庄敬则严威。心中斯须不和不乐,而鄙诈之心入之矣;外貌斯须不庄不敬,而易慢②之心入之矣。故乐也者动于内者也,礼也者动于外者也。乐极和,礼极顺,内和而外顺,则民瞻其颜色而弗与争也,望其容貌而民不生易慢焉。故德煇动于内③,而民莫不承听④;理⑤发诸外,而民莫不承顺⑥。故曰致礼乐之道,举而错之天下,无难矣⑦。

[注释]①致礼以治躬:治躬,谓治理(修养)自身。谓研究礼而用它来修养自身。 ②易慢:轻率怠慢。 ③煇:"辉"的异体字,犹润泽。 ④承

听:接受,听从。 ⑤理:在此指符合于礼的仪表举止。 ⑥承顺:遵奉顺从。 ⑦致礼乐之道,举而错之天下,无难矣:错,音cù,通"措",施行,推行。这几句意思是,研究礼乐的道理,拿来施行于天下,天下的治理也就不难了。

49. 乐也者,动①于内者也。礼也者,动于外者也。故礼主其减②,乐主其盈③。礼减而进,以进为文④。乐盈而反,以反为文⑤。礼减而不进则销⑥,乐盈而不反则放⑦。故礼有报,而乐有反⑧。礼得其报则乐,乐得其反则安。礼之报,乐之反,其义一也⑨。

[注释]①动:犹影响。下同。 ②减:简。按,礼繁则人易倦,故当主简易。 ③盈:在此义犹丰富。 ④礼减而进,以进为文:进,谓努力按礼的要求去做。文,犹美、善。这两句意思是,礼简单了人们就会努力遵循,努力遵循礼人就会变得美善。 ⑤乐盈而反,以反为文:反,谓反于本。这两句意思是,乐丰富了人们就会受陶冶而反回本性,反回本性人就会变得美善。 ⑥销:义犹消亡。 ⑦放:放纵。 ⑧故礼有报,而乐有反:因此礼要求有回报,而乐要求反本。 ⑨礼之报,乐之反,其义一也:意思是,礼的回报,乐的反本,二者的意义都是一样的。

50. 夫乐者,乐也①,人情之所不能免也。乐必发于声音,形于动静,人之道也②。声音动静,性术之变③尽于此矣。故人不耐④无乐,乐不耐无形,形而不为道不耐无乱。先王耻其乱,故制《雅》《颂》之声以道之⑤,使其声足乐而不流⑥,使其文足论而不息⑦,使其曲直、繁瘠廉肉⑧、节奏,足以感动人之善心而已矣,不使放心邪气得接⑨焉,是先王立乐之方也⑩。

[注释]①夫乐者,乐也:意思是,乐,是使人快乐的。 ②形于动静,人

之道也:形,犹表现。动静,犹动作。人之道:是指人的自然之常道。 ③性术之变:术,指表达方式或手段。意思是,人表达情性的方式的变化。 ④耐:古"能"字。下同。 ⑤《雅》《颂》之声以道之:《雅》《颂》之声,此指配合《诗经》中的《雅》诗和《颂》诗演唱的乐歌。道,同"导"。 ⑥流:谓放纵、淫泆。 ⑦文足论而不息:文,歌词。论,谓议论、回味。息,犹穷尽。谓乐德深远,其义理足以使人回味无穷而不可销尽。 ⑧曲直、繁瘠廉肉:曲直,谓乐曲的高低抑扬。繁瘠廉肉,喻声音的洪大细小。 ⑨接:谓浸染人,影响人。 ⑩方:犹道,亦即宗旨,原则。

51. 是故乐在宗庙之中,君臣上下同听之,则莫不和敬;在族长①乡里之中,长幼同听之,则莫不和顺;在闺门②之内,父子兄弟同听之,则莫不和亲。故乐者,审一以定和③,比物以饰节④,节奏合以成文⑤,所以合和父子、君臣,附亲万民也:是先王立乐之方也。

[注释]①族长:周代地方基层官名,掌族人之亲疏。在此借指基层组织,故与乡里并言。 ②闺门:指宫苑、内室的门,借指宫廷、家庭。 ③审一以定和:审,细察。一,谓人声。按,人声有高低和所表达感情的不同,故须审而辨之。和,谓和谐,相适应。这句意思是,先审定人声然后确定适当的乐调。 ④比物以饰节:比、饰,在这里都是配合的意思。物,谓乐器。节,谓节奏。意思是,用各种乐器来配合节奏。 ⑤节奏合以成文:合,谓使声音和合。文,谓使五声组合而成文,即乐曲。意思是,按照一定的节奏和合五声构成乐曲。

52. 故听其《雅》《颂》之声,志意得广①焉;执其干戚,习其俯仰诎伸,容貌得庄焉;行其缀兆,要其节奏,行列得正焉,进退得齐焉②。故乐者,天地之命,中和之纪③,人情之所不能免也。

[注释]①志意得广:谓人的心境就能宽广。 ②"行其缀兆"至"齐焉":缀兆,舞者的行列位置和活动范围(参见12节注③)。要:和,合,符合。这几句意思是,按照舞蹈的行列位置行进,符合音乐的节奏,就能使人们的行列整齐,进退一致了。 ③天地之命,中和之纪:命:犹教。中和:谓不邪辟。意思是,乐体现了天地对人的教化,是使人性保持中和的纲纪。

53. 乐者,先王之所以饰①喜也。军旅铁钺者②,先王之所以饰怒也。故先王之喜怒,皆得其侪焉③。喜,则天下和之;怒,则暴乱者畏之。先王之道,礼乐可谓盛矣④。

[注释]①饰:犹表现。 ②铁钺:铁,通"斧"。古代军法行刑用的斧子,在此指代武器。 ③侪:音chái,辈,类,相应的。 ④先王之道,礼乐可谓盛矣:意思是,先王治理天下的办法,礼乐可以说是最重要的了。

十一

54. 子赣见师乙①而问焉曰:"赐闻声歌,各有宜②也。如赐者,宜何歌也?"师乙曰:"乙,贱工也,何足以问所宜?请诵其所闻,而吾子自执③焉。爱者宜歌《商》,温良而能断者宜歌《齐》。夫歌者,直己而陈德也。动己而天地应焉,四时和焉,星辰理焉,万物育焉。故《商》者,五帝之遗声也。宽而静,柔而正者,宜歌《颂》;广大而静,疏达而信者,宜歌《大雅》;恭俭而好礼者,宜歌《小雅》;正直而静,廉而谦者,宜歌《风》。肆直而慈爱,商之遗声也,商人识之,故谓之《商》。《齐》者,三代之遗声也,齐人识之,故谓之《齐》④。明乎《商》之音者,临事而屡断;明乎《齐》之音者,见利而让。临事而屡断,勇也;见利而让,义也。有勇有义,非歌,孰能保此?故歌者,上如抗,下如队,曲如折,止如槁木,倨中矩,句中鉤,累累乎端如贯珠⑤。

[注释]①子赣见师乙:子赣,赣,音gòng,即子贡,孔子的学生,姓端木,名赐。师乙,乐师,名乙。 ②声歌,各有宜:谓人各有自己适宜唱的歌。③自执:犹言自己斟酌。 ④"爱者宜歌《商》"至"故谓之《齐》":按这一部分多处错简。据学者校订这一部分文字当如下:

宽而静,柔而正直者宜歌《颂》;广大而静,疏达而信者宜歌《大雅》;恭俭而好礼者宜歌《小雅》;正直而静,廉而谦者宜歌《风》;肆直而慈爱者宜歌《商》;温良而能断者宜歌《齐》。夫歌者,直己而陈德也,动己而天地应焉,四时和焉,星辰理焉,万物育焉。故《商》者,五帝之遗声也,商人识之,故谓之《商》。《齐》者,三代之遗声也,齐人识之,故谓之《齐》。

这一段的意思如下:

宽厚而沉静,温柔而正直的人适宜歌唱《颂》;心胸宽广而沉静,通达而诚信的人适宜歌唱《大雅》;恭顺节俭而注重礼仪的人适宜歌唱《小雅》,正直而沉静,廉洁而谦虚的人适宜歌唱《国风》;率直而慈爱的人适宜歌唱《商》;温良而善于决断的人适宜歌唱《齐》。唱歌,是用来直抒胸臆和陈述功德的,歌唱者内心激动而与天地相应,能使四时调和,星辰的运行都有规律,并促使万物生长发育。《商》,是五帝流传下来的,商人还能熟悉它,所以叫做《商》。《齐》,是三代时期流传下来的,齐人还能熟悉它,所以叫做《齐》。

又所谓《商》《齐》,都是古逸歌名,其词、曲今皆不可考。 ⑤"故歌者"至"端如贯珠":抗,举。队,音zhuì,坠落,后作"坠"。槁木,谓枯木。倨:音jù,在此谓声音直转。句,同"勾"。鉤,同"钩"。端,直。累累,连续不断貌。这几句意思是,所以歌唱,歌声高昂如抗举,歌声低沉如坠落,歌声回曲如折断,歌声停止如枯木,歌声直转合曲尺,歌声曲转如弯钩,歌声连续不断好像用线贯穿的一串珍珠。

55."故歌之为言也,长言之也①。说之,故言之②;言之不足,故长言之;长言之不足,故嗟叹之;嗟叹之不足,故不知手之舞之,足之蹈之也③。"《子贡问乐》④。

[注释]①歌之为言也,长言之:意思是,用歌唱来表达思想感情,就是把说话的声音拉长些。 ②说之,故言之:意思是,心中有了高兴的事,因此就想说出来。 ③手之舞之,足之蹈之:即手舞足蹈,谓用舞蹈来表现。 ④《子贡问乐》:谓以上是《子贡问乐》篇。

杂记上第二十

1.诸侯行而死于馆,则其复如于其国①。如于道,则升其乘车之左毂②,以其绥复。其輤有裧,輤布裳帷,素锦以为屋而行③。至于庙门,不毁墙遂入,适所殡④,唯輤为说于庙门外⑤。

[注释]①诸侯行而死于馆,则其复如于其国:死于馆,谓死于别国的宾馆。复,谓行招魂礼。如其国,谓如死在本国一样。按,如果诸侯死于本国,就拿着他的褒衣、冕服、爵弁服登上屋脊挥动着为他招魂(参见第10节)。②毂:车轮的中心部位,周围与车辐的一端相接,中有圆孔,用以插轴。③"其輤"至"而行":輤,音 qiàn。裧,音 chān。輤、裧、裳帷、屋,都是丧车的车饰;若分而言之,则盖于上者为輤,连缀于輤而四垂者为裧,围于四旁者为裳帷,在輤之内而周于尸者为屋。这几句意思是,诸侯丧车上面的顶盖周围有垂饰,丧车四周围有用輤布做的裳帷,而在紧挨着棺柩的周围还有用白色的锦做的如屋状的帷罩。 ④至于庙门,不毁墙遂入,适所殡:庙,此谓殡宫。墙,此即指丧车的裳帷。适所殡:即适殡所,殡所在两楹(即堂上两柱)之间,亦即堂上正中间的位置。这几句意思是,丧车来到殡宫门前,不撤去裳帷就进去,将棺柩运到堂上两楹间将殡棺的地方。 ⑤唯輤为说于庙门外:说,通"脱"。按,丧车饰輤以象宫室,现在既已入殡宫,则不必再饰輤,故脱之庙门外。

2. 大夫、士死于道，则升其乘车之左毂，以其绥复。如于馆死，则其复如于家①。大夫以布为輤而行，至于家而说輤，载以辁车②，入自门，至于阼阶下而说车，举自阼阶，升适所殡③。士輤，苇席以为屋，蒲席以为裳帷④。

[注释]①其复如于家：按，大夫死于家用玄冕招魂，士则用爵弁服招魂。爵弁服是配合戴爵弁穿的服装。士的爵弁服为纁（浅绛色）裳，纯（丝）衣，缁带，韎韐（赤黄色的蔽膝）。又士的招魂礼《仪礼·士丧礼》有较详细的记载，可参看。 ②辁车：辁，音chuán。辁车是一种迫地而行的四轮车，轮以木制而无辐，又名辁（音quán）。这里是说丧车到家时，即换用辁车，载以入殡宫门。 ③至于阼阶下而说车，举自阼阶，升适所殡：这是说辁车将棺柩运到堂阶下时，就将棺柩从辁车上搬下，再抬着从阼阶上堂，放置在殡处。④士輤，苇席以为屋，蒲席以为裳帷：这是说，士的柩车也有顶盖，在棺柩周围用苇席围成屋状，而丧车四周用蒲席做裳帷。

3. 凡讣于其君，曰："君之臣某①死。"父、母、妻、长子，曰："君之臣某之某②死。"君讣于他国之君，曰："寡君不禄，敢告于执事③。"夫人，曰："寡小君不禄。"大子之丧，曰："寡君之適子某④死。"大夫讣于同国適者⑤曰："某不禄⑥。"讣于士亦曰："某不禄。"讣于他国之君，曰："君之外臣、寡大夫某死。"讣于適者，曰："吾子之外私⑦、寡大夫某不禄，使某实⑧。"讣于士亦曰："吾子之外私、寡大夫某不禄，使某实。"士讣于同国大夫，曰："某死。"讣于士亦曰："某死。"讣于他国之君，曰："君之外臣某死。"讣于大夫，曰："吾子之外私某死。"讣于士亦曰："吾子之外私某死。"

[注释]①某:代臣名。 ②某之某:上"某"代臣名;下"某"代父、母、妻、长子,如"某之父"、"某之母"等等。 ③寡君不禄,敢告于执事:寡君,向别国国君自称其君的谦词,犹言"寡(少)德之君"。下"寡大夫"义仿此。按,《曲礼下》曰"诸侯死曰薨","士死曰不禄"(第38节)。此处诸侯死而曰"不禄",是向他国讣告的谦辞。又,不说"敢告于君"而说"敢告于执事",则是表示尊敬他国之君而不敢直接向他报告的意思。 ④某:代適(嫡)子,即太子名。 ⑤適者:適,通"敌",谓爵位相同者。 ⑥某不禄:"某"代大夫名。按,《曲礼下》曰"大夫死曰卒",而此处曰"不禄",同于士死之称,亦报丧之谦辞。下"某不禄"之义仿此。 ⑦吾子之外私:吾子,对人的尊称。外私,别国而私有恩好(即私交),故称。 ⑧实:是"至"字之误,谓至于此报丧。下同。

4. 大夫次于公馆以终丧①,士练而归②。士次于公馆③。大夫居庐,士居垩室④。

[注释]①大夫次于公馆:按,这是指君丧而大夫守丧之处。次,舍。公馆,谓宫中之舍。这句意思是,大夫住在国君的宫中为君守丧一直到丧期结束。 ②士练而归:按,此士是指大夫的邑宰,非朝廷之士。意思是,大夫的邑宰到小祥祭之后就回去了。 ③士次于公馆:士,此谓朝廷之士。意思是,士也住在国君的宫中为君守丧。 ④大夫居庐,士居垩室:垩室,是用砖垒的小草屋,屋草上不涂泥,不加任何修饰,仅用白垩土涂墙,故名。这两句意思是,大夫住在宫中搭起的草庐中,士住在宫中垒起的垩室中。

5. 大夫为其父母兄弟之未为大夫者之丧,服如士服。士为其父母兄弟之为大夫者之丧,服如士服。大夫之適子,服大夫之服①。大夫之庶子为大夫,则为其父母服大夫服,其位与未为大夫者齿②。

[注释]①大夫之適子,服大夫之服:这是说大夫的嫡长子死,大夫为该子就以大夫的身份服丧。 ②"大夫"至"者齿":这几句意思是,大夫的庶子

做了大夫，就以大夫的身份为他的父母服丧，他的哭位却按年龄长幼同他的未做大夫的家人一起来排列。

6. 士之子为大夫，则其父母弗能主也，使其子主之，无子则为之置后①。

［注释］①"士之子"至"置后"：这几句意思是，士的儿子做了大夫，他的父母就不能为他主丧，而使他的儿子主丧，如果没有儿子就为他安置一个后继人。

7. 大夫卜宅与葬日，有司麻衣，布衰，布带，因丧屦，缁布冠不蕤①。占者皮弁②。如筮，则史练冠、长衣以筮③。占者④朝服。

［注释］①"有司"至"不蕤"：有司，此指卜人。麻衣，是一种白布做的深衣。按，深衣，是上衣与下裳连为一体的一种衣（参见《檀弓上第三》第61节注②）。布衰，此衰是指一片缀于胸前的长六寸、宽四寸的粗麻布。与之相对，在后背上还有一块长一尺六寸、宽四寸的粗麻布，叫做负版。布带，这是系于腰间的带。丧屦，此指麻绳编的丧鞋。蕤，音ruí，通"緌"，谓冠缨下的缨饰（参见《檀弓上第三》第11节注②）。这几句意思是，占卜的官吏身穿白布深衣，胸前缀着粗布衰，腰系布带，脚穿丧鞋，头戴缁布冠而不加缨饰。②占者皮弁：占者，这是"公有司"，即国君派来助办丧事之吏，而具体负责占卜的有司则是大夫的私臣。皮弁，谓皮弁服（参见《郊特牲第十一》第24节注⑥）。③如筮，则史练冠、长衣以筮：筮，谓用蓍草进行占筮，这是指筮宅，即筮墓地。史，谓史官。练冠，参见《檀弓上第三》第19节注④。长衣，即深衣。这几句意思是，如果占筮墓地，负责占筮的史官就头戴练冠、身穿深衣而筮。④占者：即卜人。

8. 大夫之丧，既荐马①，荐马者哭踊出②，乃包奠③，而读书④。

[注释]①荐马:荐,进。此所荐之马,是为死者驾柩车所用。按,启殡后、出葬前,要行三次荐马礼(即将马牵入庙中陈列),这里是指最后一次。②哭踊:按,此二字当在"既荐马"之下。故此文当为:"既荐马,哭踊,荐马者出。"意思是,马牵入庙中之后,人们当哭踊,牵马的人又将马牵出庙门。③包奠:即"苞牲",也就是用苞包取为奠祭死者所陈的牲肉,所包取的是牲的下体,包奠的目的是将用以随葬。 ④读书:这是主人的史官宣读赗书(参见《檀弓上第三》第95节注①)。

9. 大夫之丧,大宗人相,小宗人命龟①,卜人作龟②。

[注释]①大宗人相,小宗人命龟:大宗人、小宗人,按凡相礼事者皆曰宗人,此处二宗人皆大夫之私臣而助主人行礼事者。宗人有尊卑之异,故分大小。命龟,即告龟以所当卜问之事项。 ②作龟:谓以火灼龟而出兆象。按,这是为卜葬地及葬日而作龟。

10. 内子以鞠衣褒衣,素沙①,下大夫以襢衣②,其余如士③。复,诸侯以褒衣,冕服,爵弁服④。夫人税衣,揄狄⑤,狄、税素沙。复西上⑥。

[注释]①内子以鞠衣褒衣,素沙:内子,谓卿之嫡妻。褒,音 bāo,是"襃"的异体字。褒衣,谓始命为内子时所褒赐之衣,而所褒赐之衣正是鞠衣,故称鞠衣为褒衣。鞠衣,是一种颜色像初生的桑叶那样嫩黄色的礼服(参见《月令第六》第25节注①)。素沙,是以素沙(白纱布)为里子。按,这是指为内子招魂所用衣。 ②下大夫以襢衣:下大夫,此谓下大夫之妻。襢衣,一种洁白而无文采的衣(参见《玉藻第十三》第26节注③)。 ③其余如士:谓士之妻复用褖衣(褖衣,参见同上),内子与下大夫之妻亦兼用褖衣。又,自"内子以鞠衣"至此,当在"夫人税衣、揄狄,狄、税素沙"之下,而错简于此。

④褒衣,冕服,爵弁服:褒衣,这是始命为诸侯上朝觐见所加赐的衣。冕服,即戴冕而穿裨服。按,裨服有衮服、鷩服、毳服、缔服、玄服五种(参见《曾子问第七》第1节注③),而诸侯分公、侯、伯、子、男五等,公招魂五种裨服都可以用,侯伯可用鷩服以下的四种,子男可用毳服以下的三种。爵弁服,参见第2节注①。按,诸侯既用褒衣,又用冕服、爵弁服而复。　⑤税衣,揄狄:税,音tuì,通"褖"。税衣,即褖衣(参见《玉藻第十三》第26节注④)。揄狄,即摇翟,是一种青底而绘有五彩野鸡图案的衣服(参见同上第24节注②)。⑥复西上:复,谓招魂。按,招魂皆登上屋脊面朝北而招之,西谓屋脊的西端。意思是,凡招魂都以屋脊的西端为上位。

11. 大夫不揄绞属于池下①。

[注释]①揄绞属于池下:揄,音yáo,谓翟雉,即野鸡。绞,青黄色的缯。揄绞,谓画雉于绞。池,柩车上的车饰,以象征死者生前宫室檐下的承霤(参见《檀弓上第三》第104节注①)。诸侯的柩车,其池下缀有揄绞,即画有野鸡图案的青黄色的缯,大夫以下则无。

12. 大夫附于士,士不附于大夫①,附于大夫之昆弟②。无昆弟,则从其昭穆③,虽王父母在亦然④。妇附于其夫之所附之妃,无妃,则亦从其昭穆之妃⑤。妾附于妾祖姑⑥,无妾祖姑,则亦从其昭穆之妾。男子附于王父则配,女子附于王母则不配⑦。公子附于公子⑧。

[注释]①大夫附于士,士不附于大夫:附,通"祔",即祔祭。大夫祔于士,因不敢以己尊自殊于其祖。士不祔于大夫,因自卑下而别于尊者。祔祭,参见《檀弓下第四》第33节注②。　②附于大夫之昆弟:谓附于做大夫之祖的兄弟中为士者。　③无昆弟,则从其昭穆:谓祖为大夫,无昆弟为士,则从其昭穆,谓祔于高祖之为士者。若高祖为大夫,则祔于高祖昆弟之为士者。④虽王父母在亦然:王父母,即祖父母。这句意思是,祖父母还活着,也依昭

穆的次序上附于高祖进行祔祭。　⑤妇附于其夫所附之妃,无妃,则亦从其昭穆之妃:其夫所附,谓祖父。其夫所附之妃,即祖父之妃,于夫为祖母辈,于妇则为祖姑。无妃,是说祖姑还活着,因此死者中无妃。这几句意思是,妇附于她的丈夫所附的祖父的配偶进行祔祭,如果祖父的配偶还活着,就也依照昭穆的次序上附于高祖的配偶进行祔祭。　⑥妾祖姑:谓夫的祖父的妾。 ⑦男子附于王父则配,女子附于王母则不配:意思是,男子附于祖父进行祔祭就用祖母配祭,女子附于祖母进行祔祭就不用祖父配祭。　⑧公子附于公子:这是说身为公子而非国君,就不敢上附于做国君的祖父,而只能附于祖父辈的公子,即所谓祖之兄弟中为公子者。

13. 君薨,大子号称"子"①,待犹君②也。

[注释]①大子号称"子":这是指君死尚未满一年,如满一年,则称君。 ②待犹君:这是说虽称"子",但仍按国君一样对待。

14. 有三年之练冠,则以大功之麻易之①,唯杖屦不易②。

[注释]①有三年之练冠,则以大功之麻易之:这是说,有三年之丧在身,行过了小祥祭,已经除去了三年丧的丧冠和麻首绖,而戴练冠了,即所谓"有三年之练冠",这时如遇大功之丧,就要用大功丧的麻首绖来替换练冠,即所谓"以大功之麻易之"。　②唯杖屦不易:这是因为无可易,亦无须易。按,大功丧本无杖,故三年之丧所拄之杖无可易;三年之丧小祥后与大功初丧时的丧屦都是绳屦,亦无须易。故曰"唯杖屦不易"。

15. 有父母之丧,尚功衰①,而附兄弟之殇,则练冠附于殇②,称"阳童某甫"③,不名,神也④。

[注释]①功衰:功,谓大功。衰,在此指为父母所服的丧服。按,父母

之丧,小祥之后当变服而服大功初丧之服,故谓之"功衰"。 ②而附兄弟之殇,则练冠附于殇:练冠:是指为父母丧小祥后所戴练冠,已见上节。这里是说,在这时如果有未成年而死的兄弟须要附庙而举行祔祭,就戴着练冠参加殇者的祔祭。 ③阳童某甫:这是对殇者的称呼。阳童,谓男童。某,殇者的字。按,男子本当行冠礼而后取字,此殇者而有字,是临时为他造的。甫,对男子的美称,与"某"一起构成字。 ④不名,神也:这是说不称殇者的名,是表示把殇者当作神来尊重。

16. 凡异居①,始闻兄弟之丧,唯以哭对可也②,其始麻散带绖③。未服麻而奔丧,及主人之未成绖④也,疏者与主人皆成之,亲者终其麻带绖之日数⑤。

[注释]①异居:谓与兄弟分居。 ②唯以哭对可也:按,初闻丧,则怛恻之情重,不暇问其余的事,故唯哭对使者。 ③散带绖:谓散垂其腰绖。这是指大功亲以上的兄弟,如果亲在小功以下,则"纠垂不散",即将腰绖多余的部分纠缠于腰间而不散垂。 ④未服麻而奔丧,及主人之未成绖:这两句意思是,如果听说了丧讯还没有服麻绖带就前往奔丧,赶在主人也还没有服麻绖带的时候来到丧家。按,这是指与丧家路较近,闻丧即来,故来到后主人尚未成绖。 ⑤疏者与主人皆成之,亲者终其麻带绖之日数:疏者,谓服小功以下者。成,谓成服(即按照亲疏关系服所当服的丧服),成服在大敛殡棺之后。亲者,谓服大功以上者。绖带之日数,小敛后始绖,至大敛成服,是服绖带依礼当满三日。这两句意思是,关系疏远的就与主人同时成服,关系亲近的必须先服满麻绖带的日数而后成服。

17. 主妾之丧①,则自祔至于练祥,皆使其子主之②,其殡、祭不于正室③。

[注释]①主妾之丧:这是指君为妾主丧。按,妾的地位卑贱,君本不得为之主丧,而之所以主之者,是因为女君(国君的嫡妻)死,而由该妾代理女君

的地位。　②自袝至于练祥,皆使其子主之:这是说,从袝祭一直到小祥、大祥之祭,都使该妾所生之子主持。　③其殡、祭不于正室:按,该妾虽代理女君,地位仍低于女君,故殡与祭皆不得在正室。正室,谓夫之正寝,即路寝。

18. 君不抚仆、妾①。

[注释]①君不抚仆、妾:抚,谓抚摸死者尸体的当心处,表示与死者告别。按,若大夫或女君死,殡前君有为之哭而抚尸之礼,然仆、妾贱,故君不抚之。

19. 女君死,则妾为女君之党服①。摄女君,则不为先女君之党服②。

[注释]①女君死,则妾为女君之党服:女君,丈夫的嫡妻。女君之党,谓女君娘家亲属。　②摄女君,则不为先女君之党服:意思是,如果由妾代理女君,就不为已死的女君娘家亲属服丧了。

20. 闻兄弟之丧,大功以上,见丧者之乡而哭①。适兄弟之送葬者弗及,遇主人于道,则遂之于墓②。凡主兄弟之丧,虽疏亦虞之③。

[注释]①"闻兄"至"而哭":意思是,听到兄弟的丧讯,如果亲属关系在大功以上,前往奔丧时看见兄弟所住的乡就开始哭。　②"适兄弟"至"于墓":适,去,往。主人,死者之孝子。意思是,前往为兄弟送葬而未能及时赶到,与葬毕而归的丧主人在途中相遇,也要独自前往墓地。　③虽疏亦虞之:这是说,凡为兄弟主持丧事,即使关系疏远,也要主持到进行完虞祭和袝祭。按,因为丧事进行到虞祭、袝祭后始毕,此处未言袝祭,乃省文。

21. 凡丧服未毕①,有吊者,则为位而哭,拜,踊②。

[**注释**]①丧服未毕:谓服丧期尚未满。 ②为位而哭,拜,踊:为位,谓排列哭位。拜,谓拜谢来吊者。踊,谓行三踊之礼以表极哀之情。

22. 大夫之哭大夫弁绖①,大夫与殡亦弁绖②。大夫有私丧之葛③,则于其兄弟之轻丧则弁绖④。

[**注释**]①弁绖:谓头戴皮弁而加麻首绖。 ②大夫与殡:谓大夫参加大夫的入殡之礼。 ③私丧之葛:私丧,谓妻子之丧。葛,谓妻子之丧至卒哭祭而以葛代麻之后,即以葛腰绖代替原来的麻腰绖(参见《丧服小记第十五》第25节注②)。 ④于其兄弟之轻丧则弁绖:轻丧,谓缌麻。但大夫又降一等,仅服吊服而往,即去其私丧之服而著弁绖往吊之。

23. 为长子杖,则其子不以杖即位①。为妻,父母在不杖,不稽颡②。母在,不稽颡③;稽颡者,其赠也拜④。

[**注释**]①为长子杖,则其子不以杖即位:意思是,为嫡长子服丧挂杖,嫡长子的儿子就不挂杖即哭位。 ②为妻,父母在不杖,不稽颡:稽颡:以头触地以表极哀(参见《檀弓上第三》第5节)。这是说,为妻服丧,如果父母都健在就不挂杖,只向来吊的宾客行拜礼而不稽颡。 ③母在,不稽颡:这是说,如果父死而母在,则可以挂杖,但不稽颡。 ④稽颡者,其赠也拜:赠,谓馈赠衣衾钱财之属,以助办丧事。这里意思是说,父死而母在,只对有所馈赠的宾客才行拜礼而又稽颡。

24. 违诸侯之大夫不反服①,违大夫之诸侯不反服。

[**注释**]①违诸侯之大夫不反服:违:犹去。之,往,到。意思是,离开诸侯而到大夫手下任职的,如果诸侯死了不返回来为诸侯服丧。下句义仿此。

25. 丧冠条属,以别吉凶①。三年之练冠,亦条属,右缝②。小功以下左③。缌冠缲缨④。

[注释]①丧冠条属,以别吉凶:这是说丧冠与吉冠的区别。所谓条属,就是用一根绳或一条布带子,屈绕成一圈算作丧冠的武,两端多余的部分就任其垂下以作冠缨,也就是说,丧冠的冠缨与武是连属为一体的,而吉冠的武和冠缨则各用不同的材料做成,故郑注曰"吉冠则缨、武异材焉"。按,冠形制和各部分的名称可参看《檀弓上第三》第35节注①。 ②右缝:缝,指冠梁上前后纵向排列的折皱(参见同上)。折皱一律向右倒而缝之,即所谓右缝。 ③小功以下左:按,吉冠左缝,小功以下丧冠之缝同吉冠。小功以下服轻,故缝同吉冠而向左。 ④缲缨:缲,是"澡"字之误。澡缨,是说用作缨的布是加灰捶洗过的,即所谓澡治过的。

26. 大功以上散带①。

[注释]①大功以上散带:这是指初丧小敛之后、成服之前所服绖带。大功以上亲,故散带。小功以下则不散,而绞缠于腰间,大功以上待成服之后才绞之。

27. 朝服十五升①,去其半而缌②,加灰锡③也。

[注释]①朝服十五升:这是指朝服所用布的细密程度。按,布八十缕为升(参见《丧服小记第十五》第1节注④),十五升,则一千二百缕,是一种较细密的布。 ②去其半而缌:谓去十五升之半,为七升半,即六百缕,是为缌服所用布。是缌服所用纱缕的粗细与朝服同,而升数则减半,因此是一种细而疏的布。 ③加灰锡:加灰,谓加灰捶洗。加灰捶洗则布变得柔软光滑,即所谓锡。此处之锡谓锡衰,是一种吊服,此吊服用加灰捶洗过的缌布做成,故名为锡衰。

28. 诸侯相襚①,以后路与冕服②,先路与褒衣不以禭③。

[注释]①禭:在此泛指助丧送葬之物。 ②后路与冕服:后路,即贰车,亦即副车,贰车行在后,故曰后路。冕服,参见第10节注④。 ③先路与褒衣不以禭:先路,亦作"先辂",是天子或诸侯使用的一种用象牙装饰的车。褒衣,参见第10节注①。按,先路是诸侯的正车,褒衣是诸侯的正服,相禭不可用正车、正服。

29.遣车视牢具①。疏布輤②,四面有章③。置于四隅,载粻④,有子曰⑤:"非礼也。丧奠,脯醢而已⑥。"

[注释]①遣车视牢具:遣车,送葬载牲体之车。视,比照。按,所谓牲体,是指出葬前设遣奠(为打发亲人上路而设之奠)的奠祭物,出葬时要用苞包取牲体载于遣车而行。牢具,谓所包牲体的个数。按,遣奠,天子太牢包九个(一包曰一个,九个即九包,下仿此),诸侯太牢包七个,大夫太牢包五个,士少牢包三个。大夫以上有遣车。这句意思是,送葬所用遣车数,比照包装遣奠牲体的个数。 ②輤:参见第1节注③。 ③四面有章:章,通"障"。谓四周设有障蔽灰尘的帷帐。 ④置于四隅,载粻:粻,米粮。谓载粻于车之四隅。 ⑤有子:孔子的学生。 ⑥丧奠,脯醢而已:谓丧奠除牲牢而外,只有脯醢而无黍稷,不当载粻。

30.祭称孝子、孝孙,丧①称哀子、哀孙。

[注释]①丧:谓丧祭,有别于上之吉祭。按,丧礼自虞祭以前之祭皆为丧祭。

31.端衰、丧车皆无等①。

[注释]①端衰、丧车皆无等:端衰,指丧服的上衣。端,正。丧服的上衣身长与袖长相等,都是二尺二寸,故曰端。衰,本指缀于上衣胸前的布衰

（参见第7节注①），故丧服的上衣即以衰名。丧车，又名恶车，是孝子乘以送葬之车。无等，谓不分贵贱等级。

32. 大白冠，缁布之冠，皆不蕤①。委武玄、缟而后蕤②。

[注释]①不蕤：参见第7节注①。按，这是意在说明上古之人尚质。②委武玄、缟而后蕤：委、武，皆指冠的武（即冠圈）。按，古人因方言不同，秦人称之为委，齐人称之为武，故委、武实指一物。玄，谓玄冠。缟，谓缟冠（白布冠）。丧冠的武和缨本连为一体，即所谓"丧冠条属"（参见第25节注①），故不加蕤（绥）饰。而这里是说玄、缟二冠的武、缨为二物，即不连为一体，冠缨下就可以加蕤（绥）饰了。

33. 大夫冕而祭于公，弁而祭于己。士弁而祭于公，冠而祭于己①。士弁而亲迎②，然则士弁而祭于己可也。

[注释]①"大夫"至"于己"：公，谓国君。按，大夫以冕为尊，以弁（谓爵弁）为卑；士以弁为尊，以冠（谓玄冠）为卑，故祭于公与祭于己，尊卑不同，所服亦异。这几句意思是，大夫戴冕而参加国君的祭祀，戴爵弁而祭祀自己的宗庙。士戴爵弁而参加国君的祭祀，戴玄冠而祭祀自己的宗庙。 ②亲迎：这是古代婚礼的最后一道程序（参见《昏义第四十四》第1节）。

34. 畅臼以椈，杵以梧①。枇以桑②，长三尺，或曰五尺。毕用桑③，长三尺，刊其柄与末。

[注释]①畅臼以椈，杵以梧：畅，通"鬯"，谓郁鬯。椈，音jú，即柏树。梧，即桐。按，郁鬯本是用黑黍酿造，再捣煮郁金香草掺和而成的一种祭祀用的香酒，故须用臼杵。这两句意思是，捣烂酿造郁鬯的郁金香草所用的臼是柏木做的，杵是桐木做的。 ②枇以桑：枇，同"朼"，是古代的一种从镬中或

鼎中捞取牲肉的器具,曲柄浅斗,类今羹匙而长大。此是丧祭所用枇,故以桑木做成,若吉祭则当用棘木(下"毕用桑"义仿此)。　③毕:也是一种取牲肉的器具,状如叉,因其形似毕星,故名。

35. 率带①,诸侯、大夫皆五采,士二采②。

[注释]①率带:本是死者生前著于衣外的大带,死后敛毕,则用以著于衣外。　②五采,士二采:五采,指青、黄、赤、白、黑五种颜色。二采,不详,或疑为朱、白二色。

36. 醴者,稻醴也①。瓮、瓯、筲衡②,实见间③,而后折④入。

[注释]①稻醴:用稻米酿造的醴。　②瓮、瓯、筲衡:瓮,音 wèng。瓯,音 wǔ。瓮、瓯都是瓦器,筲是竹器。瓮盛醴醴,瓯盛醴酒,筲盛黍稷。衡,是"桁"字之误,是支撑瓮、瓯、筲的木架子,其形制若今之几,狭而长。　③实见间:见,谓棺外之饰。意思是说,实此瓮、瓯、筲等于见、椁二者之间(见之外、椁之内)。按,棺入墓穴后,即将运载棺柩时柩车上的棺饰加之于墓穴中的棺柩上,使人只见棺饰而不见棺柩,故名之为见。见即原用以饰柩车之物。④折:是用一块长方形而大如床的厚木板,在上面凿方格做就,纵三道、横五道,共为八个方格。这是下棺后封圹口用的,折置于棺椁之上,折上设席,然后填土。

37. 重既虞而埋之①。

[注释]①重既虞而埋之:重,木制,是人始死时所制,用以依死者之神(参见《檀弓下第四》第 21 节注①)。埋之,按,棺柩朝祖庙之后出葬时,重不用以随葬,而是将它依放在祖庙门的东边,虞祭后即就此处而埋之。

38. 凡妇人,从其夫之爵位①。

[注释]①凡妇人,从其夫之爵位:这是指凡妇人的丧事,依照她的丈夫的爵位来办。

39. 小敛、大敛、启,皆辩拜①。

[注释]①小敛、大敛、启,皆辩拜:辩,通"徧(遍)"。按,丧主人在进行小敛、大敛、启殡诸礼时,除非国君到来,当停止丧礼而出拜,其他宾客到来皆不停,须待事毕而后就堂下之位遍拜之。

40. 朝夕哭不帷①。无柩者不帷②。

[注释]①朝夕哭不帷:朝夕哭,谓殡棺期间,早晚入殡宫哭死者。不帷,不设帷帐(参见《檀弓下第四》第15节注①)。 ②无柩者不帷:无柩,谓葬后。按,葬后堂上没有棺柩了,就不设帷帐。

41. 君若载而后吊之,则主人东面而拜①,门右②北面而踊,出待③。反,而后奠④。

[注释]①君若载而后吊之,则主人东面拜:载,谓丧家已将棺柩装上柩车。东面拜,谓在柩车的西边而拜。按,柩车在祖庙堂下庭中,柩车的东边阼阶前是主位,因国君来吊,主人便让出主位而来到柩车西边西阶前宾位。这两句意思是,国君如果在臣的棺柩已经装载到柩车上而后前来吊唁,主人就在柩车西边面朝东向国君行拜礼。 ②门右:谓庙门之西,因主人是由内向外,故以西为右。 ③出待:按,君来则出门拜迎,君去则出门拜送。今君入临,吊事毕,当离去,故孝子(丧主人)先出门以待君出。 ④反,而后奠:这是国君命丧主人(孝子)返回庙中来行奠祭礼。按,上文说主人"出待",是主人不敢让君久留。但君并没有立即就出庙,而是命主人进庙行奠祭礼,以申达主人对死者的孝敬之意,故命主人"反(返)"。按,此奠谓设祖奠(参见《檀弓

上第三》第57节注②)。这句意思是,国君命主人返回庙中行设奠礼,而后主人入庙设祖奠。

42.子羔之袭①也:茧衣裳②,与税衣纁袡为一③,素端一④,皮弁一⑤,爵弁一,玄冕一⑥。曾子曰:"不袭妇服⑦。"

[注释]①子羔之袭:子羔,亦作子皋,孔子的学生。袭,谓以衣敛尸。这里是指子羔入殓时所穿的衣服。 ②茧衣裳:茧,即纩,也就是新丝绵。衣裳,在此谓上衣与下裳相连,故茧衣裳犹今丝绵袍。 ③与税衣纁袡为一:税,音 tuàn。税衣,是一种黑色的衣裳,似玄端服而衣裳相连,是用来罩在茧衣裳外边的。纁,浅绛色。袡,音然 rán,裳的下缘。为一,即为一称,衣裳的一套为一称。意思是,与镶有浅绛色下缘的税衣为一套。 ④素端:又称素服,是以素(白色生丝)为衣裳,故其裳、衣皆白。素端之制如玄端(参见《文王世子第八》第 23 节注④)。 ⑤皮弁:谓皮弁服。按,礼服以其冠为名,下仿此。 ⑥玄冕:按玄冕之服亦玄衣、纁裳,衣无文饰,而裳刺黼,为大夫以上之服。 ⑦不袭妇服:妇服,指税衣纁袡。只有妇人之服才饰以纁缘。这是曾子讥子羔所袭非礼。

43.为君使而死,公馆复,私馆不复①。公馆者,公宫与公所为也②。私馆者,自卿大夫以下之家也③。

[注释]①为君使而死,公馆复,私馆不复:复,招魂。意思是,为国君出使别国而死,死在公馆中就为他招魂,死在私馆就不为他招魂。 ②公馆者,公宫与公所为也:意思是,公馆,是指国君的宫室以及国君所建的离宫别馆。 ③私馆者,自卿大夫以下之家也:意思是,私馆,是指卿大夫以下的私人之家。

44.公七踊,大夫五踊,妇人居间。士三踊,妇人皆居间①。

[注释]①"公七"至"皆居间":按,诸侯死五日而殡,五日为五踊,加上小敛、大敛各一踊,凡七踊;大夫三日而殡,三日三踊,加上小敛、大敛各一踊,凡五踊;士亦三日而殡,始死踊,小敛、大敛各一踊,凡三踊。妇人居间,谓主人(丈夫)、妇人、宾客交替而踊,而妇人踊的先后次序居宾主之间,即主人踊毕妇人踊,妇人踊毕宾踊。

45. 公袭①:卷衣②一,玄端一,朝服一,素积③一,纁裳一④,爵弁二⑤,玄冕⑥一,褒衣一,朱绿带申加大带于上⑦。

[注释]①公袭:谓国君死入殓所穿的衣服。 ②卷衣:即衮服(参见《王制第五》第15节注①)。 ③素积:即皮弁服,因皮弁服下穿素积(一种腰间有折皱的白色的裙),故即以指代皮弁服。 ④纁裳:是冕服之裳,亦即裨服之裳,此处之裨服,可以是鷩服或毳服,任取其一。 ⑤爵弁二:这是始命为诸侯时所穿之服,为表示重本,故用两套。 ⑥玄冕:参见第42节注⑥。 ⑦朱绿带申加大带于上:这是白色的带而饰以朱绿二色。意思是,衣外系朱绿带而又加著大带。

46. 小敛环绖①,公、大夫、士一也②。

[注释]①环绖:麻做的环形首绖。 ②一也:谓小敛后头上加环绖都是一样的。

47. 公视大敛①,公升,商祝铺席乃敛②。

[注释]①公视大敛:谓国君来参加臣的大敛。 ②公升,商祝铺席乃敛:商祝,主敛事的祝官(参见《乐记第十九》第37节注⑧)。按,主人本已做

好了大敛的准备,听说国君临视,故又撤去原已铺设好的席和敛衣,待君升堂后,再重新铺设而后敛,这是因为以君之来为荣,而为之一新。这里意思是,等到国君上堂后,商祝重新铺好陈放敛衣的席,才开始大敛。

48.鲁人之赠①也,三玄,二纁,广尺,长终幅②。

[注释]①鲁人之赠:这是记鲁人赠送死者的随葬物。 ②三玄,二纁,广尺,长终幅:三玄,谓三块玄色的帛。二纁,谓两块纁色的帛。幅,谓布帛的幅宽。这里是讥鲁人之赠失礼。按,《仪礼·既夕礼》曰:"赠用制币玄纁束。"丈八尺曰制。束,十制,即十八丈。制币玄纁束,即玄纁二色的帛一束。是依礼赠当用十八丈玄纁二色的帛。今鲁人仅用广尺、长终幅的帛赠之,虽三玄、二纁,然而太短、太窄,故以为失礼。

49.吊者即位于门西,东面①。其介在其东南,北面,西上,西于门②。主孤西面③。相者受命④曰:"孤某使某请事⑤。"客曰:"寡君使某,如何不淑⑥。"相者入告,出曰:"孤某须矣⑦。"吊者入。主人升堂,西面。吊者升自西阶,东面致命⑧曰:"寡君闻君之丧,寡君使某,如何不淑。"子拜稽颡。吊者降,反位⑨。

[注释]①吊者即位于门西,东面:这是指来吊之宾在庙门外西边就位,面朝东而立。 ②其介在其东南,北面,西上,西于门:介,是宾的副手。西上,按,因介不止一人,故从西向东排列,而以西边为上位。西于门,谓介的位置都应在门的西边,而不敢当门之中。 ③主孤西面:孤,已死诸侯的嗣子,为丧主,故称。西面,这是在阼阶下,面朝西而立。 ④相者受命:相者,这是相(助)主人传命者。受命,谓受主孤之命。 ⑤孤某使某请事:上"某",代孤名。下"某",相者名。请事,请问使者来何事。明知来吊而请,礼贵慎。 ⑥寡君使某,如何不淑:寡君,这是宾对别国之人谦称其君。淑,善。如何不善,言痛之甚。这两句意思是,寡君使某前来吊唁,表达对主君所遭如此不幸

的痛悼之情。 ⑦孤某须矣:某,代主孤名。须,等候。意思是,孤某恭候。 ⑧致命:犹言致辞。 ⑨吊者降,反位:谓吊者下堂,返回门外之位。按,此节记诸侯所命使者吊唁异国亡君之礼。

50. 含者执璧①将命曰:"寡君使某②含。"相者入告,出曰:"孤某须矣。"含者入,升堂致命。再拜稽颡。含者坐,委于殡东南,有苇席③。既葬,蒲席④。降,出反位⑤。宰夫朝服,即丧屦⑥,升自西阶,西面坐,取璧,降,自西阶以东⑦。

[注释]①含者执璧:含,音hàn。含者,谓诸侯派来为死者行含礼的人。按,此行含礼者是吊者之介(副手)。含礼,参见《檀弓下第四》第62节注②。璧,其分寸大小不详。 ②某:含者(即介)名。 ③含者坐,委于殡东南,有苇席:意思是,含者坐下,将璧放在殡的东南边,那儿铺有苇席。 ④既葬,蒲席:谓葬后,以蒲席承接含币。按,邻国有远近,故有葬后来致含者。 ⑤降,出反位:谓赠送含璧之后,介从西阶下堂,出庙门返回到初来时立于门外之位。 ⑥宰夫朝服,即丧屦:宰夫,宰为上卿,"夫"是衍字。即,就,在此是穿鞋的意思。即丧屦,即穿上丧鞋。 ⑦自西阶以东:这是宰拿取璧后从西阶下堂到东边去收藏。具体藏于何处不详。按,此节记诸侯使人为异国亡君行含礼。

51. 襚者①曰:"寡君使某襚。"相者入告,出曰:"孤某须矣。"襚者执冕服②,左执领,右执要③,入,升堂致命曰:"寡君使某襚。"子拜稽颡。委衣于殡东。襚者降,受爵弁服而门内霤,将命④。子拜稽颡如初。受皮弁服于中庭,自西阶受朝服,自堂受玄端⑤,将命。子拜稽颡,皆如初。襚者降,出,反位。宰夫五人举以东⑥,降自西阶,其举亦西面⑦。

[注释]①襚者:诸侯派来向死者赠衣衾者。 ②冕服:本指冕与裨服,此处特指配合戴冕穿的裨服,即仅指服而言。这是第一次所赠之服。 ③左执领,右执要:要,"腰"的古字。这是记襚衣的拿法,左手拿着衣领,右手拿着衣腰处。 ④受爵弁服而门内霤,将命:受,谓受之于随从者之手。爵弁服,是第二次所要赠之服。门内霤,谓在门内屋檐下。将命,即致辞。 ⑤受皮弁服于中庭,自西阶受朝服,自堂受玄端:皮弁、朝服、玄端,是第三次所要赠的三种服,但所受之地不同。可见,诸侯之襚礼,所赠凡五服,其赠仪即如此节所记。 ⑥宰夫五人举以东:宰夫,是宰的属吏。因所赠有五服,故宰夫亦五人举而到东边收藏之。 ⑦举亦西面:这是指宰夫拿取衣服的时候是面朝西,也同赠衣者放衣服的时候一样。按,此节记诸侯使人向异国亡君致襚之礼。

52.上介赗①,执圭将命曰:"寡君使某赗。"相者入告,反命曰:"孤某须矣。"陈乘黄、大路于中庭,北輈②。执圭将命。客使自下由路西③。子拜稽颡。坐委于殡东南隅④。宰举以东。

[注释]①上介赗:上介,来吊使者的第一副手。赗,谓赠送车马助丧家送葬。 ②陈乘黄、大路于中庭,北輈:乘,音 shèng,用以计算马的量词,四匹马为一乘。乘黄,即四匹黄马。大路,谓车。輈,车辕。这两句意思是,上介命人将四匹黄马和车陈列在庭中央,使车辕朝北。 ③客使自下由路西:客使,谓跟随上介的随从人员,为客(上介)所使,故曰客使。自,犹牵。下,谓马。由,在,谓马站立在。路,即大路。这句意思是,客的随从者牵马立在车的西边。按,车马以车为上,故凡陈车马皆以马居下位,故以"下"指代马。 ④坐委于殡东南隅:坐,即跪。所跪处有席,此处略而未言。委,放置。这句意思是,上介跪下把圭放置在殡的东南角。按,此节记诸侯使人向异国亡君致赗之礼。

53. 凡将命,乡殡将命①。子拜稽颡。西面而坐委之②。宰举璧与圭,宰夫举襚③,升自西阶,西面坐取之,降自西阶。

[注释]①凡将命,乡殡将命:意思是,凡来宾致辞,都向殡致辞。②西面而坐委之:谓凡来宾放置赠送之物都面朝西跪下来放置。 ③宰举璧与圭,宰夫举襚:这是主国收藏来宾所赠物的分工。按,此节总述诸侯使人向异国亡君致吊、含、襚、赗诸礼。

54. 赗者出,反位于门外。上客临①曰:"寡君有宗庙之事,不得承事,使一介老某相执绋②。"相者反命曰:"孤某须矣。"临者入门右③,介者皆从之,立于其左,东上。宗人纳宾④,升,受命于君,降曰:"孤敢辞吾子之辱,请吾子之复位⑤。"客对曰:"寡君命某:'毋敢视宾客。'敢辞。"宗人反命曰:"孤敢固辞吾子之辱,请吾子之复位。"客对曰:"寡君命某:'毋敢视宾客⑥。'敢固辞⑦。"宗人反命曰:"孤敢固辞吾子之辱,请吾子之复位。"客对曰:"寡君命使臣某:'毋敢视宾客。'是以敢固辞。固辞不获命,敢不敬从!"客立于门西⑧,介立于其左,东上。孤降自阼阶,拜之。升哭,与客拾踊三⑨。客出,送于门外,拜稽颡。

[注释]①上客临:上客,谓邻国来吊的正使。临,谓入哭。这里是指上客想要入临。 ②寡君有宗庙之事,不得承事,使一介老某相执绋:宗庙之事,谓宗庙祭祀之事。承事,谓治事,受事。一介,犹一个。某,代上客之名。绋,音 fú,拉柩车的大绳。执绋,犹言拉柩车,这是吊丧的谦辞。 ③入门右:这里包括两层意思:一是从门阒的右(东)侧进门,二是进门后向右走并立于门内的右边。按,这是客谦从臣位,而不敢以宾客自居。如果是以宾客身份

入门,就当入门左。　④宗人纳宾:宗人,主国掌礼事者。纳宾,谓接纳宾客。　⑤辞吾子之辱,请吾子之复位:这是辞上客之谦从臣位,想让他从门左而入,对他以宾客之礼相待。所以这两句意思是,主孤谨辞谢您屈尊自处臣位,请您回到原来的位置上。　⑥毋敢视宾客:意思是,不敢以宾客自居。　⑦敢固辞:敢,谦词,犹言冒昧,不敢。这里意思是,不敢不推辞主君之命。　⑧客立于门西:这是上客从嗣君之命,从门右(东)退出来,然后重新以宾客的身份从门西而入,立于门内西边。其介亦随之,此处文略。　⑨升哭,与客拾踊三:拾,音 jiē,轮流,交替。这里意思是,主孤与客上堂而哭,并交替行三踊之礼。

55. 其国有君丧,不敢受吊①。

[注释]①其国有君丧,不敢受吊:按,这是指本国有君丧,而本国之臣自己又有亲(父母)丧,则此臣不敢接受别国来宾的吊唁,这是由于尊君的缘故。

56. 外宗房中南面①。小臣铺席②。商祝铺绞、纷、衾③。士盥于盘北④,举迁尸于敛上⑤。卒敛,宰告⑥。子冯之踊⑦。夫人东面坐冯之,兴踊⑧。

[注释]①外宗房中南面:外宗:谓姑、姊妹之女,舅之女,及从母(姨)等。意思是,外宗妇女们在房中面朝南而立。　②小臣铺席:这里是记大敛之礼,故席当铺在阼阶上。　③绞、纷、衾:绞,束敛衣的带子。纷,单被。衾,敛衾,即被子。绞、纷、衾都是用布做的。　④士盥于盘北:士,同商祝一样,在此皆属丧祝之类的官。盘,承盥水器,青铜制,其形似今面盆而浅,下有圈足。小敛的盥器设在东堂下(即东边堂下),大敛则设在西堂下(即西边堂下)。按,士盥手,是为举(抬)迁尸做准备。　⑤举迁尸于敛上:按,小敛后尸体抬放在堂上两楹之间,故现在是从两楹之间再举迁于阼阶上。敛上,即敛处,也就是布有绞、纷、衾等的敛席上。　⑥卒敛,宰告:卒,终,毕。谓大敛

毕,宰向孝子(丧主人)报告。　⑦子冯之踊:子,孝子。冯,是"凭"的古字,依着,靠着;此谓凭尸。　⑧兴踊:起身而踊。

57. 士丧有与天子同者三①:其终夜燎,及乘人,专道而行②。

[注释]①士丧有与天子同者三:谓士的丧礼有三事与天子相同。②其终夜燎,及乘人,专道而行:夜,谓迁柩之夜,即出葬前将棺柩从殡宫运往祖庙行朝庙礼(参见《檀弓下第四》第3节注④)之夜。按,朝庙礼是在晚上进行的。终夜,即彻夜。燎,谓点燃火把。乘,音 shèng,车子。乘人,谓使人拉柩车而不用马。专道而行:谓柩车行于路,人皆避之。这几句是说明与天子相同的三事,即棺柩迁到祖庙的当晚彻夜点着火把,用人拉柩车,柩车专道而行。

杂记下第二十一

1. 有父之丧,如未没丧而母死①,其除父之丧也,服其除服②,卒事,反丧服③。虽诸父、昆弟之丧,如当父母之丧,其除诸父、昆弟之丧也,皆服其除丧之服④,卒事,反丧服。如三年之丧⑤,则既颎⑥,其练、祥皆行⑦。

[注释]①未没丧而母死:未没丧,指父丧小祥之后大祥除服之前又遭母丧,则当改父小祥之服而为母服重服。 ②其除父之丧也,服其除服:其除父之丧,这是指当为父行除丧之祭,即当行大祥祭礼。按,这是指母死既葬之后,而值父当行大祥除服之祭;如果母死尚未葬,则不得为父行祥祭而服祥服,所以然者,是因为祥祭为吉祭,母未葬尚处于凶礼中,不忍凶时行吉礼。除服,在此指祥祭之服。这两句意思是,母亲葬后逢除父丧的大祥祭,就服大祥祭之服。 ③卒事,反丧服:这是说,等为父除服的大祥祭完毕,再反过来服为母的丧服。 ④"虽诸父"至"之服":诸父,诸伯父、叔父。这几句意思是,即使是诸父、兄弟的丧事,如果丧期正当父母的丧期内,父母葬后而逢除诸父、兄弟之丧的大祥祭,也都服大祥祭之服。 ⑤如三年之丧:谓先后俱遭三年之丧,如先有父母之丧,又遭嫡长子之丧;反之亦然。 ⑥既颎:颎,音jiǒng,草名,枲麻之类的植物,似苎,可织布制衣。这是指不生长葛草之乡去麻则用颎。既颎,犹既葛,谓卒哭祭之后,当变麻经带为葛经带(参见《丧服小记第十五》第25节注②),而不产葛草的地方,就用颎草代之。这是指后丧者

而言。　⑦其练、祥皆行:这是指前丧者而言。逢到当为先丧者举行小祥或大祥祭的时候,都照样举行。

2. 王父①死,未练、祥而孙又死,犹是附于王父也②。

[注释]①王父:即祖父。　②犹是附于王父:谓孙仍然附于祖父进行祔祭。

3. 有殡①,闻外丧②,哭之他室③。入奠④,卒奠出,改服即位,如始即位之礼⑤。

[注释]①有殡:谓有父母之丧殡而未葬。　②外丧:谓兄弟丧在远方者。　③哭之他室:按,不哭于殡宫而哭于他室,是为避哭父母丧之嫌。又,他室中当设远兄弟之神位,然后依尊卑排列哭位而哭,故下文有"即位"之说。④入奠:谓次日早晨入殡宫行朝奠之礼(参见《檀弓上第三》第110节注①)。⑤改服即位,如始即位之礼:始即位,谓昨天始闻丧于他室即位而哭之礼。这两句意思是,改为父母穿的丧服而穿为兄弟的丧服,到别室即哭位而哭,如同昨天在别室即位而哭的礼仪。

4. 大夫、士将与祭于公①,既视濯②而父母死,则犹③是与祭也,次于异宫④,既祭,释服出公门外,哭而归。其它如奔丧之礼。如未视濯,则使人告,告者反而后哭。如诸父、昆弟、姑、姊妹之丧,则既宿则与祭⑤,卒事,出公门,释服而后归⑥。其它如奔丧之礼。如同宫,则次于异宫⑦。

[注释]①与祭于公:与,参与、参加。谓参加国君的祭礼。　②视濯:谓祭之前夕,察看洗涤祭器。按,祭事始于视濯,既视濯,则不可以中途停止,

故虽闻父母之丧,犹当祭之,故下文说"则犹是与祭也"。 ③犹:当作"由"。 ④次于异宫:次,住宿。按,祭属吉礼,丧属凶礼,不可吉礼与凶礼同处,故当住宿在另外的宫室中。 ⑤既宿则与祭:宿,此谓祭前三日斋戒。这句意思是,如果已经斋戒过了就参加国君的祭祀。 ⑥释服而后归:谓脱去祭服而后回家。 ⑦如同宫,则次于异宫:意思是,如果是同住在一起的诸父、兄弟、姑、姊妹死了,那么斋戒后就住在别的宫室中。

5.曾子问曰:"卿大夫将为尸于公,受宿矣,而有齐衰内丧,则如之何①?"孔子曰:"出舍乎公宫以待事②,礼也。"孔子曰:"尸弁冕而出③,卿、大夫、士皆下之④。尸必式,必有前驱⑤。"

[注释]①"卿大夫"至"如之何":内丧,大门内之丧,即自家人之丧(参见《曾子问第七》第6节注③)。这几句是问,卿大夫中有人将为国君的祭祀充当尸,已经接受了君命独宿而斋戒了,而家中有齐衰之丧发生,该怎么办? ②出舍乎公宫以待事:意思是,那就出去住在国君的宫中,以等待祭事。 ③尸弁冕而出:尸,指充当尸的人。谓尸或戴皮弁,或戴冕而出。 ④下之:谓为之下车。 ⑤尸必式,必有前驱:式,谓行轼礼。前驱,谓有车马在前开路。

6.父母之丧,将祭①,而昆弟死,既殡而祭②。如同宫③,则虽臣妾,葬而后祭④。祭,主人之升降散等⑤,执事者亦散等,虽虞附⑥亦然。

[注释]①将祭:谓练、祥之祭。 ②既殡而祭:谓将兄弟殡后再为父母行祭礼。 ③同宫:同住在一起的人。 ④葬而后祭:按,之所以如此,因练、祥已属吉祭,而新丧为凶事,吉凶不可相干。 ⑤散等:散,栗。等,阶。散等即栗阶,亦作历阶,即一脚登一级台阶。这是丧祭的升降法,若吉祭,则当"拾级聚足,连步以上"(参见《曲礼上第一》第19节注⑨)。 ⑥虞附:谓虞祭和

祔祭。

7. 自诸侯达诸士,小祥之祭,主人之酢也,哜之①。众宾、兄弟则皆啐之②。大祥,主人啐之,众宾、兄弟皆饮之③可也。

[注释]①主人之酢也,哜之:主人之酢,谓正祭(即在室中进行的尸祭之礼,参见《礼器第十》第35节注⑤)之后,主人向宾长(即宾客中的尊长者)献酒,而后主人接受宾长所回敬的酒,是为酢酒。哜,音剂 jì,与下文"啐",皆谓尝酒,但有轻重程度的不同:啐之尝多于哜,而于礼则轻于哜。这几句意思是,主人接受宾长的酢酒,只是沾一沾牙。 ②众宾、兄弟则皆啐之:这是说,众宾和兄弟接受献酒就都只尝一口。 ③饮之:把酒饮干。

8. 凡侍祭丧者①,告宾祭荐而不食②。

[注释]①侍祭丧者:谓助行丧祭之礼者。按,此祭亦谓练、祥之祭。②告宾祭荐而不食:荐,谓脯醢。祭荐,谓以脯醢行食前祭礼。不食,谓若行吉祭礼,行食前祭后则可食,而丧祭不主于饮食,故但祭而不食。按,这也是指正祭之后,主人款待宾客,向宾客献酒食之礼。

9. 子贡问丧,子曰:"敬为上,哀次之,瘠为下①。颜色称其情,戚容称其服②。"请问兄弟之丧③,子曰:"兄弟之丧,则存乎书策矣④。"

[注释]①敬为上,哀次之,瘠为下:意思是,以敬意为最重要,其次是哀伤,而以只有瘦瘠憔悴的外貌为最下。 ②颜色称其情,戚容称其服:意思是,面色要和内心的哀情相称,悲容要和所穿的丧服相称。 ③请问兄弟之丧:请问有关兄弟的丧礼。 ④则存乎书策矣:意思是,都记载在礼书中了。

10.君子不夺人之丧,亦不可夺丧也①。

[注释]①君子不夺人之丧,亦不可夺丧也:意思是,君子不可剥夺别人守丧的哀情,也不可被人剥夺守丧的哀情。

11.孔子曰:"少连、大连善居丧①,三日不怠,三月不解②,期③悲哀,三年忧,东夷之子④也。"

[注释]①少连、大连:按,《论语·微子篇》孔子所举逸民中有少连,并将他和柳下惠归为一类。大连其人不可考。 ②解:通"懈"。 ③期:音jī,一年。 ④东夷之子:犹言东夷人。东夷,古代对我国中原以东各族的统称。

12.三年之丧,言而不语①,对而不问,庐、垩室之中②,不与人坐③焉。在垩室之中,非时见乎母也,不入门④。疏衰皆居垩室⑤,不庐⑥。庐,严者也。

[注释]①言而不语:言,谓言己事。语,谓为人说事。 ②庐、垩室:庐,谓倚庐,是初丧时服斩衰三年的孝子所居处,其形制详《丧大记第二十二》第45节注⑤。垩,谓垩室(参见上篇第4节注④),是小祥后所居处。 ③坐:在此是居的意思,谓不别同人住在一起。 ④非时见乎母也,不入门:意思是,不是按时去看望母亲,就不入寝门。 ⑤疏衰:即齐衰,因服齐衰者穿疏(粗)衰裳,故名。 ⑥不庐:不住倚庐。按,因倚庐是服斩衰丧者,即丧情最严重者所居,故下文说"庐,严者也"。

13.妻视叔父母①,姑、姊妹视兄弟,长、中、下殇视成人②。

[注释]①妻视叔父母:意思是,丧妻的哀戚之情比照丧叔父母。下文义仿此。 ②长、中、下殇视成人:长、中、下殇,参见《檀弓上第三》第12节注

⑤。按对于殇者,丧服虽降等,然哀戚之情则如同丧成人一样,故曰"视成人"。

14. 亲丧外除,兄弟之丧内除①。

[注释]①亲丧外除,兄弟之丧内除:亲丧,谓父母之丧。兄弟之丧,指齐衰期以下至缌麻之丧。这两句意思是,父母之丧虽外面穿的丧服到期除去了而内心的哀戚之情未除,兄弟之丧虽丧期未满而内心的哀戚之情却渐渐消除了。

15. 视君之母与妻,比之兄弟①,发诸颜色者②,亦不饮食也。

[注释]①视君之母与妻,比之兄弟:意思是,对于国君的母和妻之丧,哀戚之情比照兄弟。 ②发诸颜色者:是指醴、美酒等,饮食之可使人面红耳热,甚至大醉。

16. 免丧之外,行于道路,见似目瞿,闻名心瞿①,吊死而问疾,颜色戚容,必有以异于人也,如此而后可以服三年之丧②,其余则直道而行之是也③。

[注释]①"免丧"至"心瞿":免丧,谓服满丧期而除服之后。之外,谓外出。见似,谓看见长得像自己父亲的人。瞿,音jù,惊惧貌。闻名,谓听人说起自己父亲的名字。 ②如此而后可以服三年之丧:意思是,这样的人,其哀戚之心才是真诚的,而不是虚伪的,做样子的。 ③其余则直道而行之是也:其余,谓齐衰以下。意思是,对齐衰以下的其余的丧事,可以直依丧礼而行事,自得其所就是了。

17. 祥,主人之除也①。于夕为期,朝服②,祥因其故

服③。

[注释]①祥,主人之除也:谓大祥祭,是主人除去丧服的时候。 ②于夕为期,朝服:夕,谓举行大祥祭的头一天黄昏。为期,谓把行大祥祭的日期告诉亲友。朝服:参见《曲礼上第一》第42节注④。 ③祥因其故服:故服,谓朝服。意思是,到第二天举行大祥祭时就穿着头天黄昏穿的朝服。

18.子游曰:"既祥,虽不当缟者,必缟,然后反服①。"

[注释]①"既祥"至"反服":按,从大祥释服过渡到穿纯吉服(即正常人的服装),还要经过六个阶段的变化,即大祥祭时穿朝服戴缟冠一也,大祥祭之后因哀情未忘又戴缟冠而穿起镶白边的麻衣(麻布做的衣服)二也,禫祭时戴玄冠穿黄裳三也,禫祭后改穿朝服而戴綅(音 xiān,黑白二色相间曰綅)冠四也,再过一个月举行吉祭戴玄冠而穿朝服五也,祭后著玄端而居六也。这里是说大祥祭之后,已经脱去朝服而著缟冠麻衣了,有人前来赠赙,虽不当祥祭之时,主人犹当变服而服祥祭之服以受之,表示重其礼,然后再反回原服。

19.当袒,大夫至①,虽当踊,绝踊而拜之②,反改成踊,乃袭③。于士,既事成踊,袭而后拜之,不改成踊④。

[注释]①当袒,大夫至:这是指大敛毕,当敛棺加盖时,主人袒,这时有大夫来吊唁。 ②虽当踊,绝踊而拜之:当踊,是说正当踊的时候。绝,停止。意思是,即使主人正在哭踊,也停止哭踊而向大夫行拜礼。 ③反改成踊,乃袭:袭,承上文"当袒"而言。这句意思是,拜大夫后,再返回原位重新成三踊之礼,然后穿好衣服。 ④"于士"至"成踊":意思是,如果对于前来吊唁的士,就在大敛之事完毕并成三踊之礼后,穿好衣服再向士行拜礼,不为士而改变成三踊之礼的过程。

20.上大夫之虞也少牢①,卒哭成事,附,皆大牢②。下大夫之虞也犆牲③,卒哭成事,附,皆少牢。

[注释]①少牢:是说行虞祭之礼,牲用少牢。 ②卒哭成事,附,皆大牢:成事,即卒哭。按,卒哭与成事在此为同义语,因卒哭祭标志着朝夕哭(即所谓"哭寝")礼的结束,故又谓之成事。附,谓行祔庙祭。这里是说,行卒哭祭和祔祭,牲都用大牢。 ③犆牲:犆,同"特",一(参见《王制第五》第30节注①)。犆牲,谓一豕(一头猪)。

21.祝称卜葬、虞,子、孙曰"哀",夫曰"乃",兄弟曰"某"①。卜葬其兄,弟曰"伯子某"②。

[注释]①"祝称"至"曰'某'":祝称,是指祝在致祝辞时所用的对一些人物的称呼。夫曰"乃",这是丈夫为其妻占卜。这几句意思是,祝致辞时称呼占卜葬事或虞祭之事的主人,是儿子就称"哀子某",是孙子就称"哀孙某",是丈夫就称"乃某",是兄弟就直称其名"某"。乃,语助词。 ②卜葬其兄,弟曰"伯子某":伯子,犹言长子。某,代兄之字,下省"甫"字。意思是,如果是弟为兄卜葬,弟就称兄为"伯子某"。

22.古者贵贱皆杖①。叔孙武叔朝,见轮人以其杖关毂而輠轮者②,于是有爵而后杖也③。

[注释]①皆杖:谓皆执丧杖。 ②"叔孙武叔"至"輠轮者":叔孙武叔,鲁大夫,即《春秋》经所载之叔孙州仇。轮人,制造车轮的工匠。輠,音 huà,或音 huì,回,转动。关,穿。这两句意思是,叔孙武叔去上朝时,看见轮人用他的丧杖穿进车毂中转动车轮。按,以丧杖关毂而輠轮,这是大亵礼的行为。 ③于是有爵而后杖也:谓于是就规定了有爵位的人才能执丧杖。

23.凿巾以饭,公羊贾为之①也。

[注释]①凿巾以饭,公羊贾为之:巾,谓覆盖尸体面部的布巾。饭,谓为尸行饭含礼,即向尸体口中填米。凿巾,谓于布巾当死者口处凿开一孔,由此孔向死者口中填米。公羊贾,其人已不可考。依礼,士不得凿巾饭含,而当由孝子掀开死者的面巾亲自为死者饭含。只有大夫以上的人,因为不亲自为死者饭含,而由其宾含之,为怕宾见死者之面而憎秽之,故不掀开布巾,只是在当口处凿孔而含之。公羊贾身为士而亦凿巾以饭,是违礼的行为。

24. 冒①者何也?所以掩形也。自袭以至小敛,不设冒则形②,是以袭而后设冒③也。

[注释]①冒:包裹尸体的布套子,即下文所谓"所以掩形也"。冒按照尸身的上下体分为两截,上体叫做质,下体叫做杀(音 shài)。 ②自袭以至小敛,不设冒则形:袭,为死者穿衣。按,经过小敛,虽然为尸穿了敛衣,但仍然是人体的形状,人见而将恶之,故须冒之。这两句意思是,自开始为尸体穿衣到小敛完毕,不加设冒就仍然显现着人的形体。 ③是以袭而后设冒:意思是,因此丧礼规定为尸穿衣以后还要加设冒。

25. 或问于曾子曰:"夫既遣而包其余,犹既食而裹其余与①?君子既食则裹其余乎②?"曾子曰:"吾子不见大飨乎③?夫大飨既飨④,卷三牲之俎归于宾馆。父母而宾客之,所以为哀也⑤。子不见大飨乎?"

[注释]①既遣而包其余,犹既食而裹其余与:既遣而包其余,参见上篇第29节注①。既食而裹其余,按,古代祭祀或款待宾客,待礼毕,如果宾客位在大夫以上,要由主人派人将宾客席前俎上所剩的牲肉送到宾客家中,叫做归俎。如果宾客是士,就由士自己将俎上所余的牲肉裹带而去(参见《曲礼上第一》第55节注③),即此所谓"食而裹其余"之义。这两句是问,出葬前已经设遣奠祭奠过死者了,而又包裹遣奠所余的牲体送葬,这不是如同宾客被招待酒食之后还要把剩余的牲肉裹带走吗? ②君子既食则裹其余乎:这是

因为对上面所说的礼仪不理解而发出的反问,意思是,作为君子吃了别人的酒食还应该把剩余的牲肉裹带走吗? ③大飨:谓大飨礼,其礼亡,今已不详。 ④既飨:谓以酒肉等款待过宾客之后。 ⑤父母而宾客之,所以为哀也:意思是,己之父母今日既去,已疏同宾客,是以孝子心中悲哀,因此才包遣奠而去。

26. 非为人丧,问与?赐与①?

[注释]①"非为"至"赐与":按,此上有缺文。姑据此处文字解之,大意是,不是因为别人有丧事,去慰问他吗?或去赐物给他吗?

27. 三年之丧,以其丧拜①;非三年之丧,以吉拜。

[注释]①三年之丧,以其丧拜:丧拜,先稽颡而后拜曰丧拜;下文吉拜则谓先拜而后稽颡。这两句意思是,服三年之丧而受人吊唁或赠赐,就向人行丧拜礼。

28. 三年之丧,如或遗①之酒肉,则受之必三辞,主人衰绖而受之。如君命,则不敢辞,受而荐之②。丧者不遗人③。人遗之,虽酒肉受也。从父昆弟以下,既卒哭,遗人可也④。

[注释]①或遗:或,有人。遗,音 wèi,给予;馈赠。 ②荐:进,谓进献给死者。 ③丧者不遗人:谓服丧的人不向人赠送东西。 ④从父昆弟以下,既卒哭,遗人可也:从父昆弟,谓服大功之服者。既如此,则服期(音 jī,一年)丧以上者,卒哭不可遗人可知。

29. 县子①曰:"三年之丧如斩②,期之丧如剡③。"

[注释]①县子:鲁大夫,以知礼闻名(参见《檀弓上第三》第79节注②)。　②如斩:谓如用刀斩一般痛苦。　③刻:音yǎn,用刀削,这里也是用以比喻丧痛之甚。

30. 期之丧,十一月而练,十三月而祥,十五月而禫①。三年之丧,虽功衰②不吊。自诸侯达诸士,如有服而将往哭之,则服其服而往③。练则吊④。既葬,大功吊,哭而退,不听事焉⑤。期之丧⑥未葬,吊于乡人,哭而退,不听事焉;功衰⑦吊,待事不执事⑧。小功、缌执事,不与于礼⑨。相趋也,出宫而退⑩。相揖也,哀次而退⑪。相问也,既封而退⑫。相见也,反哭而退⑬。朋友,虞附而退。吊非从主人也,四十者执绋⑭。乡人,五十者从反哭,四十者待盈坎⑮。

[注释]①"期之"至"而禫":这是指父在为母服丧。父在为母服丧,十一个月行小祥祭(即练祭)十三个月行大祥祭,又隔两个月而行禫祭,便可彻底除服了。按,父在为母本当服齐衰三年丧,因为父尊所厌,故服齐衰期。由此文看,齐衰期的实际丧连头带尾是十五个月。又按,这几句当在下文"则服其服而往"之下,"练则吊"之上,错简于此。　②功衰:指代小祥祭。按,服三年之丧者小祥祭后丧服减轻,与大功之服同,故曰"功衰"。　③自诸侯达诸士,如有服而将往哭之,则服其服而往:自诸侯达诸士,是指服三年丧者。如有服,谓死者与己有服,也就是在五服之内。服其服,谓服为死者所当服之服。这几句意思是,从诸侯以下到士服三年之丧的,如果有五服内的亲属丧亡,小祥祭后就将前往哭吊,去时应该改服所应服的丧服。　④练则吊:这是指父在而为母服齐衰期之丧者,如果听说了五服之内的丧,行过练祭的就可前往吊唁。　⑤既葬,大功吊,哭而退,不听事焉:听,犹待。事,谓袭敛、拉枢车之类的事。这几句意思是,死者葬后,服大功丧的人外出吊唁别人,哭过之后就退去,不等待进行某一丧事礼节。　⑥期之丧:这是指为无人主丧的姑、

姊妹服齐衰期之丧。按，对于已出嫁的姑、姊妹，既丧夫，又无子，死后无人主丧者，为之服齐衰不杖期，即此所谓"期之丧"。　⑦功衰：在此指代葬后。按，为无主之姑、姊妹服齐衰期者，死者葬后即改服大功之服，故即以功衰代既葬。　⑧待事不执事：谓要等待某一丧事礼节进行完毕再退去，但不参加这一礼节中的具体事。　⑨小功、缌执事，不与于礼：执事，谓担任摈相（即相赞丧礼者）。与，参与，参加。礼，此谓馈奠之礼（参见《曾子问第七》第8节注①）。因为小功、缌麻服轻，故未葬即可出吊。这几句意思是，服小功、缌麻之丧的人，外出吊唁可以为丧家担任摈相，但不参加奠祭礼。　⑩相趋也，出宫而退：谓与丧主本不相识，但相闻名，而来会趋丧。按，这是情最轻者，等到棺柩出了庙门就可以退去，故曰"出宫而退"。以下相揖、相问、相见、朋友，则是情渐重者。　⑪相揖也，哀次而退：这是说，与丧主人曾在某处互行揖礼见过面的人前来吊唁，等到棺柩出庙门到达设有哀次的地方就可以退去了。按，哀次，是设于丧家大门外的次舍，即用布或苇席圈起的临时休息处。　⑫相问也，既封而退：相问：谓曾互相送礼慰问者。按，此所谓相问非亲登其门，而是指使人饷馈之，有别于下之"相见"。封，音biǎn，是"窆"的古字，谓下棺于墓穴。这两句意思是，与丧主人曾相互馈送过礼物的人前来吊唁，等到棺柩葬入墓穴就可以退去了。　⑬相见也，反哭而退：反哭：参见《檀纪下第四》第27节注①。这两句意思是，与丧主人互相拿着见面礼登门拜见过的人前来吊唁，就等到葬后反哭的时候退去。　⑭吊非从主人也，四十者执绋：非从主人，是指吊唁者是为给丧礼帮忙而来，而不只是为了出葬时空着手跟随着丧主人而来的。这种人如果年龄在四十以下，要帮助拉柩车。　⑮盈坎：谓将墓坑填满土。

31. 丧食虽恶，必充饥①。饥而废事，非礼也。饱而忘哀，亦非礼也。视不明，听不聪，行不正，不知哀，君子病②之。故有疾饮酒食肉，五十不致毁，六十不毁，七十饮酒食肉，皆为疑死③。有服，人召之食，不往。大功以下，既葬适人④，人食之，其党⑤也食之，非其党弗食也。功衰⑥食菜果,饮水浆,无盐、酪⑦。不能食食⑧,盐、酪可也。孔子曰:"身有疡⑨则浴,首有创⑩则沐,病则饮酒食肉。毁瘠为病⑪,君子弗为也。毁而死,君子谓之无子⑫。"

[注释]①丧食虽恶,必充饥:恶,谓食物质量很差。必充饥,是说必须能够吃饱。 ②病:谓担忧,忧虑。 ③"故有"至"疑死":毁,谓毁坏身体。疑,犹恐,恐怕。这几句意思是,因此有了下面这样一些有关饮食的规定,即服丧期间生病可以饮酒吃肉,五十岁服丧不可因悲痛过分而毁坏身体,六十岁服丧不可毁坏身体,七十岁服丧可以饮酒吃肉,都是恐怕因哀痛过分而丧命。 ④适人:到别人家去。 ⑤党:谓族人与亲戚。 ⑥功衰:谓过了小祥祭(参见上节注②)。 ⑦酪:此谓乳浆。 ⑧不能食食:谓因哀病而不能进食。 ⑨疡:音 yáng,痈疮。 ⑩创:音 chuāng,通"疮"。 ⑪毁瘠为病:谓因哀伤瘦瘠而生病。 ⑫毁而死,君子谓之无子:谓毁坏身体而死,君子称这是使父母绝后无子。

32.非从柩与反哭,无免于堩①。

[注释]①非从柩与反哭,无免于堩:堩,音 gèng,道路。意思是,如果不是跟从柩车送葬与葬后反哭,不可去冠著免行走在道路上。

33.凡丧,小功以上①,非虞、附、练、祥,无沐浴。

[注释]①小功以上:谓服小功丧以上的亲属。

34.疏衰①之丧,既葬,人请见之则见,不请见人。小功请见人可也。大功不以执挚②。唯父母之丧,不辟涕泣而见人③。

[注释]①疏衰:即齐衰(参见第12节注⑤)。 ②大功不以执挚:挚,

谓见面礼。意思是,服大功丧的在死者葬后不可拿着见面礼去请求相见。③不辟涕泣而见人:哭泣流泪也不回避接见来吊的人。

35. 三年之丧,祥而从政①。期之丧,卒哭而从政。九月之丧,既葬而从政。小功、缌之丧,既殡而从政。

[注释]①祥而从政:大祥祭后就可参与政事了。下文义仿此。

36. 曾申①问于曾子曰:"哭父母有常声②乎?"曰:"中路婴儿失其母焉③,何常声之有!"

[注释]①曾申:曾子之子。 ②常声:谓一定的声调。 ③中路婴儿失其母焉:这是比喻人丧父母,就像半路上婴儿不见了父母那样伤痛而啼哭,意在说明没有常声,故下文说"何常声之有"。

37. 卒哭而讳①。王父母、兄弟、世父、叔父、姑、姊妹,子与父同讳②。母之讳,宫中讳③。妻之讳,不举诸其侧④。与从祖昆弟同名则讳⑤。

[注释]①卒哭而讳:讳,谓避讳说死者的名字(参见《曲礼上第一》第56节注①)。按,因卒哭祭之前,仍以生人之礼事死者,卒哭祭之后,则以死者为鬼神,故讳而不言其名。 ②"王父"至"同讳":按,自王父母至姑、姊妹,都是父亲的亲属。对于上述亲属子与父都要避讳说他们的名字。 ③母之讳,宫中讳:宫中,即家中。意思是,母为她双亲避讳,子女们在家中不言。④妻之讳,不举诸其侧:意思是,妻为她父母避讳,丈夫在她身边就讳而不说。⑤从祖昆弟同名则讳:从祖昆弟,是指同曾祖的兄弟。这句意思是说,如果母和妻所为之避讳的亲人与自己的从祖兄弟同名,那就不管是在宫中还是在其身边,即使在别处也当为之避讳。

38.以丧冠者,虽三年之丧可也①。既冠于次,入哭踊三者三②,乃出。

[注释]①以丧冠者,虽三年之丧可也:这是说,到了当行冠礼的年龄而遭遇五服内亲人之丧,可以冠礼与丧礼同时进行,但当在大敛殡而成服之时,就丧次而行加冠之礼。即使所服是三年丧,也可行冠礼。 ②入哭踊三者三:入,谓行毕冠礼从丧次进入殡宫之中。踊三者三,即成三踊之礼(参见《曾子问第七》第1节注㉑)。

39.大功之末①,可以冠子,可以嫁子②。父小功之末,可以冠子,可以嫁子,可以取妇。己虽小功,既卒哭,可以冠、取妻。下殇之小功则不可③。

[注释]①大功之末:谓服大功丧行过卒哭祭之后。下"小功之末"义仿此。 ②可以冠子,可以嫁子:谓可以为子行冠礼,亦可嫁女。 ③下殇之小功则不可:这是指本当服齐衰的亲属,因下殇降服二等而在小功,因其亲情关系密切,本当重服,故不可行冠礼和嫁娶之礼。

40.凡弁绖,其衰侈袂①。

[注释]①弁绖,其衰侈袂:弁绖,谓头戴弁而上加环绖,此处指代配合弁绖穿的吊服,即下文所谓"衰"。侈,大。按,弁绖是大夫以上所穿的吊服。士的吊服,袂用宽二尺二寸的布,围而缝之为一尺二寸宽,而大夫以上的吊服,其袂不围缝,散披在胳膊上,故曰"侈袂"。

41.父有服,宫中子不与于乐①。母有服,声闻焉,不举乐②。妻有服,不举乐于其侧。大功将至辟琴瑟③,小功至不绝乐④。

[注释]①父有服,宫中子不与于乐:不与于乐,是说出外不得观赏音乐,在家当然更不可以。这两句意思是,父服丧,家中子弟不可观赏音乐。②声闻焉,不举乐:意思是,可以听乐歌之声,不可演奏音乐。　③大功将至辟琴瑟:这是说,如果有服大功衰的人将到来,就要把乐器都收拾起来。④不绝乐:不停止音乐。

42. 姑、姊妹,其夫死,而夫党无兄弟,使夫之族人主丧。妻之党虽亲弗主。夫若无族矣,则前后家,东西家①。无有,则里尹②主之。或曰主之而祔于夫之党③。

[注释]①夫若无族矣,则前后家,东西家:意思是,如果丈夫已经没有同族的人了,就由前后邻居或东西邻居来主丧。　②里尹:古代里中主事的人,如,闾胥、里宰之属。　③或曰主之而祔于夫之党:或曰,这是作记者记其所闻以备参考。主之,此处主之者是妻的亲属。这句意思是,有人说妻的亲属可以主丧,而祔祭时仍附于夫的亲属之庙。

43. 麻者不绅①。执玉不麻②。麻不加于采③。

[注释]①麻者不绅:谓系麻绖带的人不系绅带(士大夫束于腰间的大带)。按此节所记,皆因吉、凶不可相干。　②执玉不麻:拿玉的人不系麻绖带。　③采:指玄纁二色之服。

44. 国禁哭①则止,朝夕之奠、即位,自因也②。

[注释]①国禁哭:按,国有大祭祀则禁哭。　②朝夕之奠、即位,自因也:因,仍然。意思是,为死者设朝奠和夕奠以及就哭位,仍照样进行。

45. 童子哭不偯①,不踊,不杖,不菲,不庐②。

[注释]①童子哭不偯:偯,音yǐ,哭声委曲而长。谓童子服丧哭声不拐弯。 ②不踊,不杖,不菲,不庐:谓童子服丧,不踊,不拄丧杖,不穿丧鞋,不住倚庐。

46. 孔子曰:"伯母、叔母疏衰,踊不绝地;姑、姊妹之大功,踊绝于地①。如知此者,由文矣哉②!由文矣哉!"

[注释]①"伯母"至"绝于地":绝,离也。按,为伯母、叔母之服重而情轻,故服疏衰而踊不绝地;为姑、姊妹之服轻而情重,故虽服大功而踊绝于地。 ②如知此者,由文矣哉:由文,谓能用礼文。这两句是夸赞善行丧礼,意思是,如果知道这样做,就真是能行礼了!

47. 世柳①之母死,相者由左②。世柳死,其徒由右相。由右相,世柳之徒为之也③。

[注释]①世柳:鲁穆公时的贤人。 ②相者由左:谓治丧时相者由主人的左边相赞丧礼。 ③由右相,世柳之徒为之也:这是说,由主人的右边相赞丧礼,是从世柳的子弟开始的。按,相礼当由左,由右则非礼,而这种非礼的做法,是由世柳的弟子开始的。此节也记失礼之所由始。

48. 天子饭九贝①,诸侯七,大夫五,士三。

[注释]①九贝:贝,即贝壳,人始死为死者扱米行饭含礼所用。为天子行饭含礼用九只贝壳。

49. 士三月而葬,是月也卒哭①。大夫三月而葬,五月而卒哭。诸侯五月而葬,七月而卒哭。士三虞②,大夫五,诸侯七。

[注释]①是月也卒哭:谓葬的当月行卒哭祭。 ②士三虞:三虞,谓行三次虞祭之礼。葬日当天中午回来行虞祭之礼,这是始虞。始虞后隔一天,到第三天再虞。再虞的第二天又虞,是为三虞。三虞后隔一天,即行卒哭祭。按此即《仪礼·既夕礼》所谓"三虞卒哭"。大夫则五虞而卒哭,诸侯七虞而卒哭,见下文。

50. 诸侯使人吊,其次含、襚、赗、临,皆同日而毕事者也,其次如此也①。

[注释]①"诸侯"至"如此也":这几句意思是说,诸侯派人吊唁别国之君,接下来赠送含璧、衣服、车马,使者亲临哭吊,这些都是在同一天进行完毕的,这几件事进行的先后次序如上所述。

51. 卿大夫疾,君问之无筭①。士壹问之。君于卿大夫,比葬②不食肉,比卒哭不举乐。为士③,比殡不举乐。

[注释]①无筭:没有定数。 ②比葬:比,及。谓到葬的时候。 ③为士:谓国君为士之丧。

52. 升、正柩①,诸侯执绋五百人,四绋,皆衔枚②。司马执铎③,左八人,右八人。匠人执羽葆,御柩④。大夫之丧,其升、正柩也,执引⑤者三百人,执铎者左右各四人,御柩以茅⑥。

[注释]①升、正柩:这是说葬前启殡后迁柩到祖庙行朝庙礼时,将棺柩搬运到堂上,放正在堂上两楹之间的地方,也就是堂的正中位。 ②衔枚:枚形似箸(筷子),两端有小绳,衔于口而系于颈后,则不能言,这样可止喧哗。 ③司马执铎:司马,是主武事之官,故手执金铎,以号令众人。 ④匠人执羽

葆,御柩:羽葆,按,葆似盖,以羽毛做成,故名。御柩,谓在柩车前为柩车引路。 ⑤执引:引,指牵引柩车的绳索。执引,犹执绋,皆谓拉柩车。 ⑥茅:谓编成束的白茅,用以在前引导柩车出行。

53. 孔子曰:"管仲镂簋而朱纮,旅树而反坫,山节而藻棁①。贤大夫也,而难为上也②。晏平仲祀其先人,豚肩不揜豆③。贤大夫也,而难为下也④。君子上不僭上,下不偪下⑤。"

[注释]①"管仲"至"藻棁":参见《礼器第十》第16节注④,及《郊特牲第十一》第10节注⑦、⑧。意思是,管仲雕饰簋,而冕、弁系红色丝带,在门道上设门屏,而在堂上设反坫,庙堂的柱头刻作斗拱形,而梁上的短柱都用彩色绘饰。按,这些都是僭上的行为。 ②贤大夫也,而难为上也:意思是,管仲是贤大夫,而这些僭上的行为却使位居其上的人感到为难。 ③晏平仲祀其先人,豚肩不揜豆:参见《礼器第十》第16节注⑥。这两句意思是,晏平仲祭祀祖先,仅用还没有豆大的豚肩。 ④难为下:谓使地位比他低下的人感到为难。因为晏平仲过俭,而地位高,地位比他低的人就会觉得不知道用什么来祭祖了。 ⑤君子上不僭上,下不偪下:意思是,作为君子,既不可僭上,也不可逼下。

54. 妇人非三年之丧,不逾封而吊①。如三年之丧,则君夫人归②。夫人其归也,以诸侯之吊礼③。其待之也,若待诸侯然④。夫人至,入自闱门⑤,升自侧阶⑥。君在阼⑦。其他如奔丧礼然⑧。

[注释]①妇人非三年之丧,不逾封而吊:三年之丧:谓父母之丧。逾封,封,封疆,即国界,谓越过国界。 ②君夫人归:谓国君夫人回国奔丧。 ③夫人其归也,以诸侯之吊礼:这是说,夫人回国奔丧,对死者用诸侯吊礼。

④其待之也,若待诸侯然:谓主国接待国君夫人,如同接待诸侯那样。 ⑤入自闱门:闱门,宫中往来之侧门。这是说进大门后,从闱门进入殡宫。 ⑥侧阶:谓北阶。侧,特,一。按,堂的南边东西皆有阶,堂的北边只是东边有阶(即北阶),故曰"侧阶"。侧阶在东房后,故升自侧阶,自东房而出于堂(参见《宫寝图》)。 ⑦君在阼:谓主国之君待于阼阶之上,不降阶而迎。 ⑧其他如奔丧礼然:谓如哭踊、髽麻(去缅而用麻束发为髻以吊,参见《檀弓上第三》第20节注③)。

55. 嫂不抚①叔,叔不抚嫂。

[注释]①抚:谓行抚尸礼(参见上篇第18节注①)。

56. 君子有三患:未之闻,患弗得闻也①;既闻之,患弗得学也②;既学之,患弗能行也③。君子有五耻:居其位无其言④,君子耻之;有其言无其行,君子耻之;既得之而又失之⑤,君子耻之;地有余而民不足,君子耻之;众寡均而倍焉⑥,君子耻之。

[注释]①未之闻,患弗得闻也:意思是,没有听说过的知识,担忧没法听说它。 ②既闻之,患弗得学也:意思是,既听说了,担忧没法学会它。 ③既学之,患弗能行也:意思是,学会了,担忧不能实行它。 ④无其言:不能发表与自己的地位相称的言论、见解。 ⑤既得之而又失之:得,谓取得禄位。此谓既得禄位,而才德不足以保其禄位而又丧失之。 ⑥众寡均而倍焉:众寡,谓所拥有的民众的多少。均,等,相等。这里意思是,与别人拥有同样多的民众,而别人所取得的功绩加倍于己。

57. 孔子曰:"凶年则乘驽马①,祀以下牲②。"

[注释]①驽马:即劣马。 ②下牲:谓用牲的等级下降一等,原该用太

牢的改用少牢,用少牢的改用特豕,用特豕的改用特豚(一头小猪)。

58.恤由①之丧,哀公使孺悲②之孔子学士丧礼,士丧礼于是乎书③。

[注释]①恤由:鲁国的士。 ②孺悲:鲁人,大概也是士。 ③士丧礼于是乎书:谓有关士的丧礼于是被记载下来。按,《仪礼》中有《丧服》、《士丧礼》、《既夕礼》、《士虞礼》等四篇有关士的丧礼的记载,此处孺悲所书,应该包括这四篇的内容。

59.子贡观于蜡①。孔子曰:"赐②也,乐乎?"对曰:"一国之人皆若狂③,赐未知其乐也。"子曰:"百日之蜡,一日之泽,非尔所知也④。"

[注释]①蜡:祭名,每年的十二月举行(参见《礼运第九》第1节注①)。②赐:子贡之名。 ③若狂:饮酒酣醉貌。按,蜡祭当聚民饮酒,故得醉酒若狂。 ④百日之蜡,一日之泽,非尔所知也:百日,实指一年到头。这里意思是,农民劳苦一年,今天才得此蜡祭饮酒之欢,这是人君所赐一日的恩泽,不是你所能理解的。

60.张而不弛,文、武弗能也①。弛而不张,文、武弗为也。一张一弛,文、武之道也②。

[注释]①张而不弛,文、武弗能也:意思是,只知紧张地工作而不知道放松,文王、武王也不能做到。 ②一张一弛,文、武之道也:意思是,既有紧张的时候又有放松的时候,这就是文王、武王的工作方法。

61.孟献子①曰:"正月日至,可以有事于上帝②。七月日至③,可以有事于祖。"七月而禘,献子为之④也。

[注释]①孟献子:鲁大夫(参见《檀弓上第三》第94节注①)。　②正月日至,可以有事于上帝:正月,指周历正月,当夏历的十一月(周历以十一月为岁首)。日至,谓冬至。有事于上帝,即举行祭天礼,也就是郊天礼,或简称郊礼。　③七月日至:七月,亦谓周历七月,当夏历五月。日至,谓夏至。④七月而禘,献子为之:禘,谓将诸庙之祖合祭于始祖庙(即太庙,参见《礼运第九》第6节注③)。这两句意思是,七月而举行禘祭,是孟献子提出来的。

62.夫人之不命于天子,自鲁昭公始也①。

[注释]①夫人之不命于天子,自鲁昭公始也:按,周制,同姓百世不婚。鲁、吴都是周的同姓国,而鲁昭公娶夫人于吴,名曰吴孟子,却又不报告周天子,天子亦不向吴孟子颁授诸侯夫人的爵命,从此以为常。因此这两句意思是,诸侯夫人不由天子颁授爵命,是从鲁昭公开始的。

63.外宗为君夫人,犹内宗也①。

[注释]①外宗为君夫人,犹内宗也:外宗,谓姑、姊妹之女、舅之女,及从母(姨)等(参见上篇第56节注①)。内宗,谓五服内的亲属之女。按内宗为国君服斩衰,为国君夫人服齐衰。这两句意思是说,外宗为国君夫人服丧,如同内宗一样都服齐衰。

64.厩焚①,孔子拜乡人为火来者。拜之,士壹,大夫再,亦相吊之道②也。

[注释]①厩焚:厩,谓马厩。焚,失火。　②士壹,大夫再,亦相吊之道:意思是,对士一拜,对大夫两拜,这也是相吊之礼。按,古代国与国、人与人,有死丧灾患之事,都有相互帮助和慰问之礼,即所谓相吊之礼。

65. 孔子曰:"管仲遇盗,取二人焉,上以为公臣①,曰:'其所与游辟也,可人也②。'管仲死,桓公使为之服③。宦于大夫者之为之服也,自管仲始也,有君命焉尔也④。"

[注释]①"管仲"至"公臣":上,谓向上推荐。意思是,管仲曾遭遇盗贼,将盗贼捕获后,从中选用了两个人推荐给齐桓公做臣。 ②其所与游辟也,可人也:其,代所推荐的二人。所与游,谓所交往的人。辟,邪僻。意思是,他俩因所交往的是不走正道的人因此做了盗贼,其实本是可以任用的人。 ③为之服:谓为管仲服丧。 ④"宦于"至"焉尔也":宦,原文误作"官"。按,依礼,先在大夫手下做臣,而后升为国君之臣,就不再为大夫服丧了。今此二人先是做大夫(即管仲)之臣,而升为国君之臣,却又为大夫服丧,这是非礼的。这种非礼的行为,就是从这二人为管仲服丧开始的,但他俩又是听从君命才这样做的。

66. 过而举君之讳则起①。与君之讳同则称字②。

[注释]①过而举君之讳则起:过,失误。举,犹言。意思是,无意中说出了国君的名讳就要起立表示改过。 ②与君之讳同则称字:意思是,如果别人有与国君的名讳相同的就称他的字。

67. 内乱不与焉①,外患弗辟也②。

[注释]①内乱不与焉:这是说,对于内乱,如果无力阻止,可以不参与。 ②外患弗辟也:意思是,对于国家的外患,外来的侵略,则不可避难,而必须拼死抵抗。

68.《赞大行》①曰:"圭,公九寸,侯、伯七寸,子、男五寸。博三寸,厚半寸,剡上左右各寸半,玉也②。藻,三采六等③。"

[注释]①《赞大行》:古佚篇名。按,《周礼·秋官》有《大行人》篇,《赞大行》当是论说有关《大行人》所记之礼。　②剡上左右各寸半,玉也:剡,音yǎn,削,削尖。意思是,圭的上端左右两边各削一寸半作尖角状,是用玉制作的。　③藻,三采六等:藻,是用以衬垫圭的,用木板做成,外裹皮套,皮套外绘以彩饰。三采六等,谓以朱、白、苍三色相间周匝而画之,重复画两次,即朱、白、苍、朱、白、苍,凡六匝,故曰"三采六等"。

69. 哀公问子羔曰:"子之食奚当①?"对曰:"文公之下执事也②。"

[注释]①子之食奚当:食,谓做官食俸禄。当,谓当何君时。意思是,您祖上在哪位国君时开始做官食俸禄的?　②文公之下执事也:文公,是比哀公早六世的国君,自文公而下依次是宣公、成公、襄公、昭公、定公,然后才是哀公。下执事,谓士。意思是,我祖上从文公时开始当差。

70. 成庙则衅之①。其礼:祝、宗人、宰夫、雍人皆爵弁、纯衣②。雍人拭羊,宗人视之③。宰夫北面于碑南,东上④。雍人举羊升屋自中,中屋南面,刲羊,血流于前,乃降⑤。门、夹室皆用鸡⑥,先门而后夹室,其衈皆于屋下⑦。割鸡,门当门,夹室中室⑧。有司皆乡室而立,门则有司当门,北面⑨。既事,宗人告事毕⑩,乃皆退。反命于君曰:"衅某庙事毕⑪。"反命于寝,君南乡于门内,朝服,既反命乃退⑫。路寝成,则考之而不衅⑬。衅屋者,交神明之道⑭也。凡宗庙之器,其名者,成则衅之以豭豚⑮。

[注释]①衅:祭名,谓以牲血祭庙,其礼详下文。　②雍人皆爵弁、纯衣:雍人,是厨宰之官。爵弁、纯衣,是士服,纯衣谓丝衣,玄色,下裳则为纁色。按,此即所谓爵弁服(参见上篇第2节注①)。　③雍人拭羊,宗人视之:

拭羊,即把羊擦拭干净。雍人拭羊在庙门外,则宗人亦当于门外视之。 ④宰夫北面于碑南,东上:碑,谓庙内堂下庭中之碑,其位置当庭东西之中,将庭南北三分,则当庭北三分之二处(参见《宫寝图》)。宰夫现处于代理主人的地位,故居于"东上"之位。按,雍人拭羊后,与宗人回到庙中,与宰夫和祝一起面朝北立于碑南,而位在宰夫的西边,此处皆略而未言。 ⑤"雍人"至"乃降":刲,音 kuī,刺,割。这几句意思是,雍人举着羊从庙屋的正中上到屋顶,在屋顶的正中面朝南,割杀羊,羊血流到屋前,然后下来。 ⑥门、夹室用鸡:门,谓庙门。夹室,指堂的东序与东墙之间的后半部分、西序与西墙之间的后半部分,分别为东、西夹室(参见《宫寝图》及《内则第十二》第30节注④)。这里是说,衅祭庙门和夹室则用鸡血。 ⑦先门而后夹室,其衈皆于屋下:衈,音 ěr,将刲割牲以衅,先拔取耳旁毛荐神,叫做衈。耳主听,告神欲其听之。屋,指所当衅之门屋和夹室之屋。这两句意思是,先祭庙门而后祭夹室,割杀鸡之前先要拔取鸡耳边的毛以祭神,而衅庙门和衅夹室,都分别在门屋和夹室之屋下进行。 ⑧割鸡,门当门,夹室中室:这是记杀鸡的地方,衅祭庙门就在当门处,衅祭夹室就在夹室的正中。 ⑨有司皆向室而立,门则有司当门,北面:这是记杀鸡时属吏们的位置,意思是,衅祭夹室时属吏们都在堂下面向夹室而立,衅祭庙门时属吏们就在庙门外当门处,面朝北而立。 ⑩告事毕:这是向宰夫报告衅礼的事完毕。 ⑪反命于君曰:"衅某庙事毕":反,同"返"。这是记宰夫回来向国君报告之辞。 ⑫"反命"至"乃退":这是记宰夫向国君报告时的地点、方位。寝,指路寝。国君面朝南站在寝门之内,身穿朝服,宰夫报告后才退去。 ⑬路寝成,则考之而不衅:考,成,谓建筑落成。意思是,路寝建成,就设盛宴以庆祝落成,而不用衅祭礼。 ⑭交神明之道:即接交神明的办法。 ⑮"凡宗"至"豭豚":名,大。名者,谓器物之大者。豭,音 jiā。豭豚,即公猪。这几句意思是,凡宗庙中的器物,是大的器物,制造成后就杀公猪进行衅祭。

71. 诸侯出夫人①,夫人比至于其国,以夫人之礼行②。至,以夫人入③。使者将命④曰:"寡君不敏,不能从而事社稷、宗庙,使使臣某敢告于执事⑤。"主人对曰⑥:"寡君固前辞不教⑦矣。寡君敢不敬须以俟命!"有司官陈器皿⑧,主人有司亦官受之。

[注释]①诸侯出夫人:盖因夫人触犯了所谓"七出"而被遣出(参见《丧服小记第十五》第6节注①)。 ②夫人比至于其国,以夫人之礼行:比,将近,快要。这两句意思是,夫人快回到母国的时候,仍要按照诸侯夫人的礼节行走。按,因为弃妻之礼,要等到妻的娘家致辞以后才算关系断绝。③至,以夫人入:这是说到了母国,要按照诸侯夫人的礼节入境。 ④使者将命:使者,送夫人归者。将命,致辞。 ⑤"寡君"至"执事":这几句意思是,寡君愚钝,不能使夫人随从自己主持社稷和宗庙祭祀的事,派使臣某前来谨向君的手下人报告。 ⑥主人对曰:主人,主国之君。来使在门外,主人是使摈者传达回话。 ⑦前辞不教:前,谓纳采之时。按,古代两姓婚姻关系的确立有所谓"六礼",纳采即其第一礼,即男家欲择此女为婚,而使媒人前往女家行纳采礼。纳采时女之父有辞曰:"某之子惷(蠢)愚,又弗能教。"即此所谓"前辞不教"。 ⑧有司官陈器皿:有司,使者的属吏。官陈,犹言依礼法而陈官。下文"官受"义仿此。器皿,这是夫人出嫁时娘家所送的嫁妆。这句意思是,使者的属吏依照礼法把夫人陪嫁的器皿陈列出来奉还。

72. 妻出①,夫使人致之曰:"某不敏,不能从而共粢盛,使某也敢告于侍者②。"主人对曰:"某之子不肖,不敢辟诛③,敢不敬须以俟命!"使者退。主人拜送之。如舅在则称舅④,舅没则称兄,无兄则称夫。主人之辞曰⑤:"某之子不肖。"如姑、姊妹亦皆称之⑥。

[注释]①妻出:也是说妻被夫弃出,也就是被离弃。 ②某不敏,不能从而共粢盛,使某也敢告于侍者:上"某",代夫名。下"某",代使者名。粢盛,指代祭祀(参见《郊特牲第十一》第20节注⑭)。意思是,某很愚钝,不能使妻随从自己供奉祭祀,使某前来,谨向您的侍从报告。 ③某之子不肖,不

敢辞诛:不肖,谓无德无才。诛,惩罚,责罚。意思是,某的女儿没有德才,不敢逃避责罚。　④如舅在则称舅:按,凡遣妻必称尊者之命。舅,是夫之父,妻的公公。称舅,即使者以舅的名义致辞。　⑤主人:此谓女家主人,即女父。　⑥如姑、姊妹亦皆称之:意思是,如果被弃出的是女家主人的姑或姊妹,就说"某的姑"或"某的姊妹没有德才"。

73. 孔子曰:"吾食于少施氏而饱①。少施氏食我以礼。吾祭,作而辞曰'疏食不足祭也'。②吾飧③,作而辞曰'疏食也,不敢以伤吾子④'。"

[注释]①吾食于少施氏而饱:少施氏:是鲁惠公的儿子施父的后人。这句意思是,我在少施氏家里吃饭而吃得很饱。　②吾祭,作而辞曰"疏食不足祭也":吾祭,是孔子自言其行食前祭礼。作,起身。辞,谓辞孔子之行食前祭礼。疏,粗疏。这几句意思是,我行食前祭礼,他站起来推辞说:"饭菜很粗疏,不值得您行祭礼。"　③飧:水泡饭(参见《玉藻第十三》第33节注④)。④不敢以伤吾子:吾子,对人的敬称。意思是,不敢用来伤害您的胃口。

74. 纳币一束,束五两,两五寻①。

[注释]①纳币一束,束五两,两五寻:纳币,即婚礼之纳徵(参见《曾子问第七》第9节注①)。按,帛长四丈,从两端相向卷而合之,为一两,即今之一匹,八尺曰寻,故一两合五寻。五匹、二十丈则为一束。按,这是婚礼所用币,若祭礼或宾礼,则一束为十八丈(参见上篇第48节注②)。

75. 妇见舅姑①,兄弟、姑、姊妹皆立于堂下,西面,北上,是见已②。见诸父,各就其寝③。

[注释]①妇见舅姑:谓亲迎成婚后的第二天清早,新妇到公婆的住所去行拜见礼。　②"兄弟"至"见已":按,妇见舅姑之礼是在堂上进行的,自

兄弟以下都在堂下阼阶的东边,面朝西由北向南站成一排,也就算是见过了,即所谓"是见已"。 ③见诸父,各就其寝:谓妇拜见各位伯父、叔父,就到他们的住所去。

76. 女虽未许嫁,年二十而笄,礼之①。妇人执其礼②。燕则鬈首③。

[注释]①年二十而笄,礼之:笄,谓行加笄礼,这是女子的成人礼,犹男子之冠礼。女子本当年十五即许嫁而笄,若未许嫁,则待年二十而笄(参见《曲礼上第一》第29节注④)。礼之,谓以成人礼视之。 ②妇人执其礼:按,男子冠礼由父兄主持而由男宾为之加冠,此加笄礼则由主妇主持而由女宾为之著笄,即所谓"妇人执其礼"。 ③燕则鬈首:燕,谓闲暇无事时。鬈,音quán。鬈首,谓分头发向两边而结为鬌紒。按鬌紒的具体样式今已不可详。这句意思是,没事时就不著笄而把头发分两边梳结。

77. 韠长三尺,下广二尺,上广一尺,会①去上五寸,纰以爵韦六寸②,不至下五寸,纯以素③,紃以五采④。

[注释]①会:按,韠在离上端五寸处的两边相对称地各向内开了一个长、宽五寸的缺口,这个缺口就叫做会。 ②纰以爵韦六寸:纰,指韠两侧的包边。爵,赤而微黑色。六寸,指包边展开后的宽度,实际六寸是对折起来做包边的,包边实宽三寸。 ③纯以素:纯,音zhǔn,指韠下的镶边。镶边是用生丝织成的素帛做的,宽五寸。 ④紃:音xún,细丝带,施于缝中。这里是说,韠上的接缝处都镶嵌有五彩丝带。

丧大记第二十二

1.疾病,外内皆埽①。君、大夫彻县,士去琴瑟②。寝东首于北墉下③,废床,彻亵衣,加新衣,体一人④。男女改服⑤。属纩以俟绝气⑥。男子不死于妇人之手,妇人不死于男子之手。

[注释]①疾病,外内皆埽:病,谓疾之甚,也就是病得很厉害了,已预感到将不久于人世了。埽,同"扫"。因将有宾客来问候,故扫洁所居之内外。②君、大夫彻县,士去琴瑟:县,通"悬",谓平日所悬挂的钟磬等。按,因人已病得厉害,将要死了,用不着乐器了,故将钟磬琴瑟等皆撤去,也因为这些乐器将会妨碍丧事。 ③寝东首于北墉下:"墉"是"墉"字之误。北墉,北墙。东首,头朝东。按,这是指寝(卧)于正寝室中的北墉下,详下节。 ④废床,彻亵衣,加新衣,体一人:废床,去掉床。亵衣,脏衣。体一人,体,谓四肢,四人持之,每体一人,因为病人的四肢已不能自屈伸。 ⑤男女改服:谓家中男子和妇女都换上新衣。这同"内外埽"一样,皆为将有宾客来看望病人。⑥属纩以俟绝气:按,人将死,气息微弱,难确知何时绝气,故用纩(新丝绵絮)放在病人的口鼻处,以观察其绝气。

2.君、夫人卒于路寝①。大夫、世妇②卒于适寝。内子未命则死于下室,迁尸于寝③。士之妻皆死于寝④。

[注释]①卒于路寝:路寝,即正寝。古代的贵族死必于正寝,国君谓之路寝,大夫谓之適寝,士或谓之適室(参见《檀弓上第三》第39节注③)。②世妇:即大夫的受有正式爵命的夫人。按,大夫之妻曰命妇,而世妇本指诸侯的次妇(地位次于夫人),此处之所以称大夫之命妇为世妇,意在说明其尊卑与诸侯世妇相同。 ③内子未命则死于下室,迁尸于寝:内子,卿之妻。下室,即燕寝。迁尸于寝,因初死在下室,至小敛后迁尸,乃复还其正寝。按,卿为上大夫,是其正寝亦当为適寝。 ④士之妻皆死于寝:"士"上脱一"士"字,即此句当作"士、士之妻皆死于寝"。此寝,谓適室。

3. 复,有林麓则虞人设阶①,无林麓则狄人②设阶。

[注释]①复,有林麓则虞人设阶:复,招魂。林麓,犹山林。虞人:主林麓之官。这句意思是,为死者招魂,如果死者的封邑中有山林的就由虞人设置上屋的梯子。 ②狄人:"狄"通"翟",下级乐官。

4. 小臣复,复者朝服①。君以卷②,夫人以屈狄③。大夫以玄赪④,世妇以襢衣⑤。士以爵弁,士妻以税衣⑥。皆升自东荣,中屋履危⑦,北面三号,卷衣投于前⑧。司服受之⑨。降自西北荣⑩。其为宾,则公馆复,私馆不复⑪。其在野,则升其乘车之左毂而复⑫。复衣不以衣尸,不以敛⑬。妇人复不以袡⑭。凡复,男子称名,妇人称字。唯哭先复⑮,复而后行死事⑯。

[注释]①小臣复,复者朝服:小臣,君的近臣。复,为国君招魂。招魂的小臣穿朝服。 ②卷:即衮服。此谓用衮服招魂。下文义皆仿此。按,此国君之位同上公,故用衮服招魂(参见《王制第五》第15节注①)。 ③屈狄:是子男之妻的祭服(参见《玉藻第十三》第26节注①)。 ④玄赪:服名。赪,音chēng,赤色。这种服装因其衣黑而裳赤,故名。 ⑤襢衣:贵族妇女

所穿的一种白色的礼服(参见《玉藻第十三》第26节③)。 ⑥稅衣:一种衣与裳相连的黑色的服装(参见《杂记上第二十》第42节注③)。 ⑦皆升自东荣,中屋履危:这是记招魂在何处。升,谓上到屋顶上。荣,屋檐两端向上翘起的部分,又叫屋翼,谓如鸟之张其两翼。这里是说从屋的东荣升屋。中屋,指屋脊的正当中处。危,指屋的高峻之处,也就是屋脊上。 ⑧北面三号,卷衣投于前:谓在屋脊上面朝北呼号死者之名(男子)或字(妇女)三声,然后把招魂所用的衣服卷起来投掷在屋前庭中。 ⑨司服受之:司服,掌吉凶衣服的官。司服在庭中接受了屋上招魂者投下的衣服。 ⑩降自西北荣:指招魂者从屋顶的西北角屋翼处下来。 ⑪公馆复,私馆不复:参见《杂记上第二十》第43节注①。 ⑫其在野,则升其乘车之左毂而复:参见同上第1节注②。 ⑬复衣不以衣尸,不以敛:这是说,招魂衣不用来给死者穿上,也不用于敛尸。按,此与《仪礼·士丧礼》所记不同,《士丧礼》说有司接受招魂衣后"以衣尸"。 ⑭袡:音rán,是出嫁时穿的衣服,非事鬼神之衣。按,依礼,女子出嫁时所穿衣为丝衣纁袡,即带有纁色镶边的黑色丝衣,盖即此所谓袡衣。 ⑮唯哭先复:意思是,哭先于复,病危者绝气则哭,哭而后复。 ⑯行死事:即办丧事。

5. 始卒,主人啼,兄弟哭,妇人哭踊①。

[注释]①"始卒"至"哭踊":主人,死者的嫡长子,为丧主,故称。但此处"主人"还包括其他嫡子和众庶子。啼,因哀痛之甚,呜咽而不能哭,如婴儿失母。兄弟,谓服齐衰期以下的同宗诸兄弟,非主人的同父兄弟。兄弟之情稍轻,故哭而有声。妇人之踊,似雀之跳,足不离地,即《问丧第三十五》第2节所云"爵(雀)踊"。

6. 既正尸①,子坐于东方,卿大夫、父兄、子姓②立于东方,有司、庶士③哭于堂下,北面。夫人坐于西方④,内命妇⑤、姑、姊妹、子姓立于西方。外命妇率外宗⑥哭于堂上,北面。

[注释]①正尸:按,人死前寝于室中北墙下(见第1节),死后将尸迁于南墙的窗下,头朝南放置,谓之正尸。 ②子姓:谓众子孙。 ③庶士:庶,众。庶士即众士。但此处的众士,都是尚未得正式爵命之士,实即所谓庶人在官者,也就是庶民而在官府供职事者。 ④夫人坐于西方:是在尸的西边,与坐于尸东的主人相对。 ⑤内命妇:谓世妇,即国君之妻而次于夫人者(参见第2节注②)。 ⑥外命妇率外宗:外命妇,谓卿大夫之妻。外宗,谓姑、姊妹之女,舅之女,及从母(姨)等(参见《杂记上第二十》第56节注①)。按,既言"外命妇",又言"外宗",是因为外宗不都是外命妇。

7.大夫之丧,主人坐于东方,主妇坐于西方①。其有命夫、命妇②则坐,无则皆立。士之丧,主人、父兄、子姓③皆坐于东方,主妇、姑、姊妹、子姓,皆坐于西方。凡哭尸于室者,主人二手承衾而哭④。

[注释]①"大夫"至"西方":按,这也是丧主人与主妇在尸的东西两边夹尸而坐。 ②命夫、命妇:谓来哭者之同宗父兄、子孙,姑、姊妹等。 ③子姓:谓众男性子孙。下"子姓"则谓女性子孙。 ④承衾而哭:衾,是覆盖尸体的被子。谓两手抓着覆尸的被子而哭。

8.君之丧未小敛,为寄公、国宾出①。大夫之丧未小敛,为君命出②。士之丧于大夫,不当敛则出③。凡主人之出也,徒跣,扱衽,拊心④,降自西阶。君拜寄公、国宾于位⑤。大夫于君命,迎于寝门外,使者升堂致命,主人拜于下。士于大夫亲吊,则与之哭,不逆于门外⑥。夫人为寄公夫人出⑦。命妇为夫人之命出⑧。士妻不当敛,则为命妇出⑨。

[注释]①"君之"至"宾出":这句的主语是太子。寄公,谓诸侯失国而寄居于他国者。国宾,谓他国来聘的卿大夫。出,谓出迎。按,为寄公、国宾出迎,则为其他来吊者不出迎可知。之所以如此,是因为父母始死,哀痛甚,故非所尊不为之出。这句意思是说,国君死,还没有小敛,太子只为寄居本国的诸侯或他国来聘问的卿大夫前来吊唁才出迎。 ②大夫之丧未小敛,为君命出:意思是,大夫死,还没有小敛,主人只为受君命前来吊唁的使者才出迎。 ③士之丧于大夫,不当敛则出:意思是,士死,主人对于前来吊唁的大夫,如果不是正当敛(小敛或大敛)的时候,就出迎。 ④徒跣,扱衽,拊心:跣,音xiǎn。徒跣,谓赤足。扱,音chā,插。衽,衣襟。扱衽,谓插衣襟于带。拊心,以手拍胸。表示哀痛。 ⑤君拜寄公、国宾于位:君,谓嗣君,按,此时寄公位在路寝门西,国宾位在门东,皆北面,君在庭中向其位而拜。 ⑥与之哭,不逆于门外:与之哭,按,这是在向大夫行过拜礼之后,即位于西阶上,面朝东而哭,大夫则面朝北而哭。逆,迎。 ⑦出:按,妇人不下堂,只出室而拜于堂上。 ⑧命妇为夫人之命出:谓大夫的命妇为受国君夫人之命前来吊唁的使者而出迎。 ⑨士妻不当敛,则为命妇出:谓士妻如果不是正当敛的时候,就要为前来吊唁的大夫的命妇而出迎。

9. 小敛,主人即位于户内①。主妇东面。乃敛。卒敛,主人冯之踊②,主妇亦如之。主人袒,说髦③,括发以麻。妇人髽、带麻于房中④。

[注释]①主人即位于户内:按,小敛在室门内当门处进行,这时主人位在室门内稍东,面朝西。 ②冯之踊:谓依尸而踊。 ③髦:参见《内则第十二》第2节注④。 ④妇人髽、带麻于房中:髽,以麻束发髻(参见《檀弓上第三》20节注③)。带麻,即麻带,谓腰绖。房,此谓西房。按室两头有房,分别叫做东房、西房(参见《宫寝图》)。

10. 彻帷①,男女奉尸夷于堂,降拜②。君拜寄公、国宾。大夫、士拜卿大夫于位,于士旁三拜③。夫人亦拜寄公夫人于堂上④。大夫内子、士妻,特拜命妇,泛拜众宾于堂上⑤。主人即位,袭,带绖踊⑥。母之丧,即位而免⑦。乃奠⑧。吊者袭裘⑨,加武带绖⑩,与主人拾踊⑪。

[注释]①彻帷:按,小敛前要搭帷堂,因鬼神尚幽暗;小敛后则彻帷。又按,堂上之帷略似剧场的序幕,彻帷即将帷撩起来而已。 ②夷于堂,降拜:夷,陈。按,这是为大敛做准备,小敛在室,大敛在堂。"夷于堂"主要是由众士进行的,即由众士在尸的两边抬着尸,而众孝子和妇人们则当分别捧着尸的头和脚。降拜,谓主人下堂拜谢来吊的宾客。 ③大夫、士拜卿大夫于位,于士旁三拜:大夫、士,谓丧主人是大夫、士。卿大夫,谓来吊的宾客。对于卿大夫要到其所立之位前拜之。旁,犹面。士卑,对于来吊之士,只向他们所在的方向统行三拜之礼。 ④夫人亦拜寄公夫人于堂上:句首"夫人"二字原误作"大夫"。之所以拜寄公夫人于堂上,因妇人无堂下之位。 ⑤大夫内子、士妻,特拜命妇,泛拜众宾于堂上:大夫内子,按,卿之妻曰内子,大夫之妻曰命妇,这里未提命妇,明卿妻与命妇同样受拜。特,一。特拜,谓一一拜之。泛拜,即统而拜之。这几句意思是,卿的内子和大夫的命妇、士妻,对于内子和命妇要一一拜谢,对于众士妻则在堂上统行拜谢之礼。 ⑥主人即位,袭,带绖踊:即位,即阼阶下之位。袭,按,小敛毕主人袒(见第9节),至此时拜宾毕而袭。这几句意思是,拜宾之后主人就位,穿好衣服,系上首绖和腰绖,然后哭踊。 ⑦母之丧,即位而免:这是记者插记异闻。按,为父丧,主人拜宾毕而犹"括发以麻"(见第9节),为母丧则拜宾即位时则不再括发,而代之以著免(免形制,参见《檀弓上第三》第1节注①)。 ⑧乃奠:按,此时之奠,因小敛后而设,名为小敛奠。所设的奠祭物,有牲肉、醴酒和脯醢等。小敛后尸陈于堂上两楹之间,即堂正中的位置,小敛奠设在尸的东边。 ⑨吊者袭裘:这是指小敛后来吊者。如果小敛前来吊,吊者皮裘上有裼衣,裼衣外有朝服,当开朝服前襟而露出里面的裼衣,即《檀弓上》所谓"子游裼裘而吊"(见彼第58节)。如果小敛后来吊,就不可开朝服前襟而当掩好里面的裼衣,即《檀弓上》所说"主人既小敛……子游趋出,袭裘"(参见同上)之义。 ⑩加武带

绖:武,冠圈。按,此所谓加,是加绖而非加武。意思是,在冠圈上加首绖。
⑪与主人拾踊:拾,音jié,交替,轮流。意思是,吊者与主人交替而踊。

11. 君丧,虞人出木、角,狄人出壶,雍人出鼎,司马县之①,乃官代哭②。大夫官代哭不县壶③。士代哭不以官④。

[注释]①"君丧"至"县之":虞人,狄人,皆参见第3节。雍人、司马,参见《杂记下第二十一》第52节注③及第70节注②。木,谓木柴。角,是舀水用的小斗。壶,即漏壶,上有刻度,可通过滴漏来计时。鼎,供烧热水用,因冬天怕水结冰,故烧热水以供漏壶用。县(悬),谓悬挂漏壶。按,此节记代哭之礼(详下注),为掌握代哭的时间,故须设漏壶计时。这几句意思是,国君的丧事,由虞人供给木柴和舀水用的角,狄人准备好计时用的漏壶,雍人准备好烧热水用的鼎,司马负责悬挂好漏壶。　②代哭:按,死者未殡之前当哭不绝声,为防孝子悲哀太甚而伤身,因此制定出代哭之礼。所谓代哭,就是由人按时轮替代孝子(嗣君)而哭,故需为代哭者计时。　③大夫官代哭不县壶:意思是,大夫由官吏代哭而不悬挂漏壶。按,这是表示卑于君,不敢与君一样。④不以官:不用官代哭。按,士以其亲属代哭。

12. 君堂上二烛①,下二烛。大夫堂上一烛,下二烛。士堂上一烛,下一烛。

[注释]①烛:为照馔而设,馔即为死者所设的奠祭物。按,古代未有蜡烛,此烛实为火把。古代的烛或庭燎,是在一束易燃的枝条(如干芦苇、艾蒿、麻茎)等材料中,灌入耐燃而光焰明亮的油类,点着后,竖起来照明,实即今所谓火把或火炬。

13. 宾出彻帷①。

[注释]①宾出彻帷:这是指国君和大夫的丧礼,若士之丧则小敛毕而彻帷。按,第10节所谓小敛毕而"彻帷",实际是统国君以下至士之丧而言,而此处又云"宾出彻帷",则是记异闻。或疑此上有脱文,亦可备一说。

14. 哭尸于堂上,主人在东方,由外来者①在西方,诸妇南乡②。

[注释]①由外来者:谓奔丧者。 ②诸妇南向:诸妇,谓自主妇以下者。南乡,则在尸的北边,面朝南。按,如无奔丧者,妇人的哭位仍然在尸的西边,面朝东。

15. 妇人迎客、送客不下堂;下堂不哭①。男子出寝门见人不哭②。其无女主,则男主拜女宾于寝门内③。其无男主,则女主拜男宾于阼阶下④。子幼则以衰抱之,人为之拜⑤。为后者不在,则有爵者辞;无爵者,人为之拜⑥。在竟内则俟之,在竟外则殡葬可也⑦。

[注释]①下堂不哭:按,妇人对于与己地位相等的女宾就不下堂拜送;如果有尊者,如国君夫人来吊,主妇就要下堂至庭稽颡,但不哭。 ②男子出寝门见人不哭:按,男子所事(指丧事)之处,自堂及门;非其所事之处(指门外)则不哭,如哭则叫做"野哭"。出门见人,谓迎宾客。 ③男主拜女宾于寝门内:按,女宾位在堂上,男主拜之于寝门内,是于庭前面朝北而拜。 ④女主拜男宾于阼阶下:按,上文云妇人"下堂不哭",此亦妇人下堂之一例。又按,男宾在阼阶下,因无男主,故女主当下堂而拜之。 ⑤子幼则以衰抱之,人为之拜:子,谓嫡长子。衰,谓丧服。人为之拜,谓由别人代幼子拜宾。 ⑥"为后"至"为之拜":为后者不在,谓丧主人有事外出。有爵者辞,谓不在家之主人有官爵,而其代理丧主者无官爵,则仅以言辞谢宾,说:"己无爵而不敢拜宾。"无爵,是说丧主人无官爵,那么代理主就为主人拜宾。 ⑦在竟

内则俟之,在竟外则殡葬可也:这两句意思是,主人不在家而在国内,就等他回来再行殡葬;主人在国外,就可以不等主人回来而按时殡葬。

16. 丧有无后,无无主①。

[注释]①无后,无无主:无后,谓死者无后继人。主,谓主丧者。按,即使死者绝后,也可由别人代主丧事,所以凡丧事没有无主的。

17. 君之丧,三日,子①、夫人杖。五日既殡,授大夫、世妇杖。子、大夫寝门之外杖,寝门之内辑之②。夫人、世妇在其次则杖,即位则使人执之③。子有王命则去杖,国君之命则辑杖,听卜有事于尸则去杖④。大夫于君⑤所则辑杖,于大夫所则杖。

[注释]①子:此处兼嫡子、庶子及世子而言。 ②辑之:辑,敛,这里是指举杖而不以拄地。 ③夫人、世妇在其次则杖,即位则使人执之:这两句是说,夫人和世妇在她们守丧的房舍中就拄杖,在殡宫内堂上就哭位就让人替她们拿着杖。 ④"子有王命"至"去杖":有王命,是指有王(即天子)所命前来吊丧的使者。按,下文"有命"或"命"义皆仿此。这几句意思是,太子当有天子所命的使者前来吊唁时就去掉丧杖,有别国之君所命的使者前来吊唁就举杖而不拄地,听候占卜以决定为尸行丧礼事的时候就去掉丧杖。 ⑤君:在此指太子,即嗣君。

18. 大夫之丧,三日之朝既殡①,主人、主妇、室老②皆杖。大夫有君命则去杖,大夫之命则辑杖。内子为夫人之命去杖③,为世妇之命授人杖④。

[注释]①三日之朝既殡:谓人死的第三天早晨殡后。 ②室老:家臣

头子。　③内子为夫人之命去杖：内子，卿大夫的嫡妻。夫人，谓国君夫人。意思是，内子为奉国君夫人之命前来吊唁的使者要去掉丧杖。　④为世妇之命授人杖：世妇，国君的世妇，地位仅次于夫人。授人杖，把杖交给别人拿着。

19.士之丧，二日而殡，三日之朝主人杖，妇人皆杖。于君命、夫人之命，如大夫①。于大夫、世妇之命，如大夫②。子皆杖，不以即位③。大夫、士哭殡则杖，哭柩④则辑杖。

[注释]①于君命、夫人之命，如大夫：按，上节说"大夫有君命则去杖"，"内子为夫人之命去杖"，此士亦如之。　②于大夫、世妇之命，如大夫：按上节说大夫有"大夫之命则辑杖"，"为世妇之命授人杖"，此士亦如之。　③子皆杖，不以即位：子，此谓诸庶子。这里意思是说，凡庶子都挂丧杖，但不拿着丧杖就哭位。　④哭柩：这是指出葬之前，启殡之后。

20.弃杖者，断而弃之于隐者①。

[注释]①弃杖者，断而弃之于隐者：弃杖：谓大祥后弃杖。按，大祥祭后即可不再挂杖，而当弃之。弃之则当折断之，使不可再作他用，且当弃于隐避之处，不使人亵贱之。

21.君设大盘造冰①焉。大夫设夷盘造冰焉。士并瓦盘，无冰②。设床，襢第③，有枕。含一床，袭一床，迁尸于堂又一床④，皆有枕、席，君、大夫、士一也⑤。

[注释]①大盘造冰：造，犹内（纳）。造冰，即盛冰。大盘，及下"夷盘"，皆为盛冰。其目的，是因为仲春以后天暖，如遭丧，则可盛冰置于尸床下，为尸降温。如果是秋凉以后遭丧，就不用冰了。按，大盘宽八尺，长丈二，深三尺。夷盘则小。　②士并瓦盘，无冰：按，士卑，瓦盘小，并而用之，故曰并盘。

并盘用以盛水。又按,如果君赐给士冰,就可用夷盘盛冰。 ③禮第:即袒簀。禮,同"袒"。第,音zǐ,即簀,是一种用竹片做的床垫,上面须再铺席。而此处所记,是为尸沐浴之后、小敛之前的事,故设禮第而不设席。至沐浴后为死者饭含、小敛、迁尸之床,则皆当设席,如下文所述。 ④含一床,袭一床,迁尸于堂又一床:含,谓饭含,饭含之床在窗下。袭,谓浴尸后为死者穿衣,浴尸在室的当中,而袭尸之床则设在饭含之床的东边。实际是先浴尸、袭尸,而后饭含。小敛后"男女奉尸夷于堂"(第10节),即此所谓"迁尸于堂",而在堂的两楹之间又设一床。 ⑤君、大夫、士一也:谓以上所说三床,及床上都设有枕、席,这些国君和大夫、士都是一样的。

22. 始死,迁尸于床①,帾用敛衾②,去死衣③。小臣楔齿用角柶④,缀足用燕几⑤,君、大夫、士一也。

[注释]①迁尸于床:谓自室中北墙下迁至南墙下当牖处(参见第6节)。 ②帾用敛衾:帾,音hū,覆,此谓覆尸体。衾,是覆盖尸体的被子。③去死衣:死衣,谓病时(即临死前)所加新衣,现在人已死,则当脱去。④楔齿用角柶:谓用角质的柶楔入死者口中,以防死者牙关紧闭,这是为饭含做准备(参见《檀弓上第三》第106节注①)。 ⑤缀足用燕几:这是为防死者的足变形、弯曲,而缀住死者的双脚。这是为穿屦做准备(参见同上)。

23. 管人汲,不说繘,屈之①,尽阶不升堂,授御者②。御者入浴③。小臣四人抗衾④,御者二人浴。浴水用盆,沃水用枓⑤,浴用绵巾,挋⑥用浴衣,如它日⑦。小臣爪足⑧。浴余水弃于坎⑨。其母之丧,则内御者抗衾而浴。

[注释]①管人汲,不说繘,屈之:管人,是主人的属吏中掌馆舍者。汲,从井里取水。说,通"脱"。繘,音yù,井绳。按,因初丧匆遽,故不暇脱去井索,只是将井绳萦屈执之于手中。按,这是为将浴尸而汲水。 ②御者:此指外御,皆男性,是对内御而言。若母丧则由内御抗巾侍浴(见下文),内御由女

子充任。　③浴：谓浴尸。　④小臣四人抗衾：抗衾，谓举巾以蔽尸。四人举衾，是四隅各一人。　⑤沃水用枓：沃，浇水。枓，音zhǔ，勺子一类的舀水用具。浴尸是用枓舀水浇尸而浴。　⑥挋：音zhèn，擦拭。　⑦它日：谓生前平日。　⑧爪足：谓修剪手足指甲。　⑨坎：即坑，甸人所掘，在东西两阶之间而稍西处。

24. 管人汲，授御者。御者差沐①于堂上。君沐粱②，大夫沐稷，士沐粱。甸人为垼③于西墙下。陶人出重鬲④。管人受沐，乃煮之⑤。甸人取所彻庙之西北厞⑥，薪用爨之。管人授御者沐⑦，乃沐。沐用瓦盘，挋用巾，如它日，小臣爪手、翦须⑧。濡濯⑨弃于坎。

[注释]①差沐：差，音cuō，淘洗，此处指淘米。淘米水谓之潘汁，是供洗头用的，故曰差沐。沐，洗头发。又此处所谓米，指粱、稷等。　②君沐粱：谓为国君之尸洗头用淘洗粱的潘汁。下文义仿此。　③甸人为垼：甸人，掌供薪柴者。垼，音yì，是用土块垒的灶。垒灶的目的，是为煮潘汁。　④陶人出重鬲：陶人，制作瓦器者之官。重，用木砍削而成，其形制，是用一长三尺的粗木棍，经砍削后，在其首端凿孔，孔中贯以竹篾，竹篾两端悬鬲。鬲，音lì，是瓦瓶，可容三升，因悬于重的两侧，故曰重鬲。这句意思是，陶人负责提供悬系在重上的鬲。　⑤管人受沐，乃煮之：意思是，管人从堂上御者手中接过淘米水，盛到鬲中放在垼（灶）上加温。　⑥所彻庙之西北厞：庙，即正寝，亦即殡宫。厞，音fěi，隐。按，这里是指正寝西北的屋檐，因其处较隐蔽，故名为厞。此屋檐是招魂者所撤，目的在于示主人已死，此堂无复用。这里是说取所拆西北厞之木用作薪柴以煮潘水，故下文说"薪用爨之"。　⑦沐：此指加温后的淘米水。　⑧翦须：谓修剪胡须。　⑨濡濯：给死者洗过头的脏水。

25. 君之丧，子、大夫、公子、众士皆三日不食。子、大夫、公子食粥，纳财①，朝一溢②米，莫③一溢米，食之无筭④。士疏食⑤,水饮,食之无筭。夫人、世妇、诸妻皆疏食,水饮,食之无算。大夫之丧,主人、室老、子姓皆食粥。众士疏食,水饮。妻妾疏食,水饮。士亦如之。既葬,主人疏食、水饮,不食菜果,妇人亦如之,君、大夫、士一也。练而食菜果,祥而食肉⑥。食粥于盛不盥,食于篹者盥⑦。食菜以醯酱⑧。始食肉者,先食干肉。始饮酒者,先饮醴酒。

[注释]①纳财:纳,犹食;财谓谷。谓所食之米。 ②溢:二十两曰溢,即一又二十四分之一升。按,古时升小,只相当后世的一合五勺二撮有奇,与一满把相近。如秦汉时的一升,只等于今二百毫升,即相当今升的五分之一,是其证。 ③莫:"暮"的古字。 ④食之无筭:按,因居丧困病,不能像平日那样按顿吃饭,只能随需而食,故曰无算,即吃饭的次数无定数。 ⑤疏食:疏,粗。疏食,犹言吃粗食。 ⑥练而食菜果,祥而食肉:练,小祥祭;祥,大祥祭。 ⑦食粥于盛不盥,食于篹者盥:盛、杯、杆之类。盥,谓盥手。篹,音suǎn,竹笪,即一种圆形的竹筐。这两句意思是,吃盛在器皿中的粥无须盥手,吃盛在篹中的食物要盥手。 ⑧食菜以醯酱:意思是,吃菜可就醋酱。

26. 期之丧,三不食①,食疏食②,水饮,不食菜果,三月既葬,食肉饮酒。期,终丧不食肉,不饮酒,父在为母,为妻③。九月之丧,食饮犹期之丧也,食肉饮酒,不与人乐之④。五月、三月之丧,壹不食、再不食可也,比葬食肉饮酒⑤,不与人乐之。叔母、世母、故主⑥、宗子,食肉饮酒。不能食粥,羹之以菜可也⑦。有疾食肉饮酒可也⑧。

[注释]①期之丧,三不食:三,谓三顿。意思是,服一年之丧,人始死时三顿不吃饭。 ②食疏食:吃粗食。按,自这句以下是指"三不食"之后、三月之内所当进用的饮食。 ③"期"至"为妻":按,上文说服一年丧(即"期之

丧")"三月既葬,食肉饮酒",这里又说"终丧不食肉,不饮酒",是因为有下面这种情况,即父在为母,或为妻而服期之丧。这几句意思是,服一年之丧,一直到服满丧期都不吃肉,不饮酒,这是指父在为母或为妻服丧。　④不与人乐之:谓不同别人一起吃喝欢乐。　⑤壹不食,再不食可也,比葬食肉饮酒:谓一顿或两顿不吃饭就可以了,将近葬期就可以吃肉饮酒。　⑥世母、故主:世母,即伯母。故主,过去的主子。　⑦不能食粥,羹之以菜可也:意思是,在应该吃粥的期间而因身体不好不能吃粥的,可在粥中加放点菜煮成羹来吃。⑧有疾食肉饮酒可也:这是说在服丧期间生病的,可以吃肉饮酒。

27. 五十不成丧①。七十唯衰麻在身②。

[注释]①五十不成丧:谓年五十就可不遵循成套的丧礼。　②七十唯衰麻在身:衰,谓丧服。麻,谓绖带(包括首绖和腰绖)。意思是,年七十只须穿丧服系麻绖带而生活起居一如平时。

28. 既葬,若君食之则食之①,大夫、父之友食之则食之矣,不辟粱肉②,若有酒醴则辞。

[注释]①若君食之则食之:上"食",音 sì。意思是,如果国君赐给食物就吃。下句义仿此。　②不辟粱肉:辟,通"避"。粱,谓细粮、精粮。意思是,即使是细粮和肉食也不回避,也可以吃。

29. 小敛于户内,大敛于阼。君以簟席,大夫以蒲席,士以苇席①。

[注释]①"君以"至"苇席":按,这里是记君、大夫、士敛时所用席的不同。

30. 小敛布绞,缩者一,横者三①。君锦衾,大夫缟衾,士缁衾皆一②。衣十有九称③。君陈衣于序东④,大夫、士陈衣于房中⑤,皆西领,北上⑥。绞、紟不在列⑦。

[注释]①小敛布绞,缩者一,横者三:绞,绞带,这里是布带。缩,纵。按,敛时需先在地上布席,席上布绞带,以便敛后将包裹尸的衾被衣服等捆束起来。这几句意思是,小敛时束衣被用布带,纵的一条,横的三条。 ②"君锦"至"皆一":衾,被。按,这里是记君、大夫、士敛时所用衾的不同。 ③衣十有九称:称,即套。按,这是记小敛所用衣数。 ④陈于东序:谓预先陈放在堂上东序的东边,即东夹室中。 ⑤房中:谓东房中。 ⑥皆西领,北上:谓敛衣陈放时皆领朝西,这是因为神以西为上。又,敛衣有贵贱之分,贵者陈放在北边上位,即所谓北上。 ⑦绞、紟不在列:紟,音jìn,敛尸用的单被。这里意思是,束敛衣的布带和覆尸的单被不在陈列之数。按,小敛本无紟,这里是因记"不在列"者而顺便提及之。

31. 大敛布绞,缩者三,横者五,布紟,二衾,君、大夫、士一也①。君陈衣于庭,百称,北领,西上。大夫陈衣于序东,五十称,西领,南上。士陈衣于序东,三十称,西领,南上。绞、紟如朝服②。绞一幅为三,不辟③。紟五幅,无紞④。

[注释]①"大敛"至"一也":布紟,谓一条单被。二衾,谓二条被。按,小敛只用一衾,大敛则一紟而二衾。又按,这里是记大敛所用绞带和衣被数,所用之数自君、大夫至士,都是一样的,故曰"一也"。 ②绞、紟如朝服:这是指绞、紟所用布的精粗如朝服。朝服用十五升布,此亦然。 ③绞一幅为三,不辟:谓一幅布析为三条用之,布的幅宽二尺二寸,则每条宽七寸多。不辟,谓绞的末端不撕裂开。按,小敛之绞用布宽同布幅,绞的末端撕裂为三,以便系扎敛衣。大敛之绞因用布较窄,便于系扎坚牢,故其末端"不辟"。 ④紟五幅,无紞:谓紟用五幅布拼合做成。紞,音dǎn,是缝缀在被端以识别首尾上下的丝带。无紞,这是表示不同于活着时。

32. 小敛之衣,祭服不倒①。

[注释]①祭服不倒:按,小敛之衣十九称(套),不可能都给尸体穿上,不穿上的衣服就散放在尸体上用以裹尸,放时为了使衣裳平整,有些衣服就要颠倒头放置,而祭服则不可倒放。

33. 君无襚①。大夫、士毕主人之祭服②。亲戚之衣受之,不以即陈③。小敛,君、大夫、士皆用复衣、复衾④。大敛,君、大夫、士祭服无算⑤,君褶衣、褶衾⑥,大夫、士犹小敛也⑦。

[注释]①君无襚:这是说,国君入殓时不用襚衣,即宾客赠送的衣服。②大夫、士毕主人之祭服:毕,尽,全部。这句意思是,大夫、士把自己的祭衣全部用上,然后再用别人所赠送的衣服。 ③亲戚之衣受之,不以即陈:亲戚,谓大功以上亲。这是说,亲戚所赠送的衣服虽接受,不拿来陈列。 ④复衣、复衾:这是指衣被的表里之间填有绵纩(即丝绵)者。复衣,即丝绵袍。⑤祭服无算:算,通"算"。谓所用祭服无定数,随所有而皆用之。 ⑥褶衣、褶衾:褶,音dié,衣被之有表里而中间不填丝绵者,犹今夹衣、夹被。 ⑦大夫、士犹小敛也:谓仍用复衣、复衾。

34. 袍必有表①,不禅。衣必有裳,谓之一称②。

[注释]①袍必有表:按,亦必有里,此处文略。 ②衣必有裳,谓之一称:谓敛衣的上衣一定配有下裳,才构成一套。

35. 凡陈衣者实之箧①,取衣②者亦以箧,升降者自西阶。凡陈衣不诎③,非列采不入④,絺綌纻不入⑤。

[注释]①凡陈衣者实之箧:箧,音qiè,盛物的竹箱。意思是,凡敛前将

要陈放的敛衣都盛在竹箱中。 ②取衣:谓收取襚者所赠之衣。 ③凡陈衣不诎:诎,音qū,卷曲。谓凡陈放敛衣都要让衣服舒展开而不卷屈。 ④非列采不入:列采,谓青、赤、黄、白、黑五色。不在这五色之内,即为非正色。非正色之服则不入。不入,谓不入陈,即不拿出来陈列,当然也就不用。 ⑤绤绤纻不入:绤,是细葛布衣。绤,是粗葛布衣。纻,音zhù,是指纻麻布衣。此三者皆单衣,是夏天穿的,因皆轻而单薄,易显露尸的形体,故不用。

36.凡敛者袒,迁尸者袭。君之丧,大胥是敛①,众胥佐之。大夫之丧,大胥侍之,众胥是敛②。士之丧,胥为侍,士是敛③。

[注释]①大胥:大,读为"太"。"胥"是"祝"字之误。按,大胥是乐官,不掌丧事,此节中凡"胥"字皆当为"祝"。 ②大胥侍之,众胥是敛:侍:犹临,谓临视。这两句意思是,大夫的丧事,太祝临视,由众祝穿敛衣。下文义仿此。 ③士是敛:按,此士是死者生前的同事(参见第38节)。

37.小敛、大敛,祭服不倒①,皆左衽结绞不纽②。

[注释]①祭服不倒:参见第32节。 ②左衽结绞不纽:衽,衣襟。左衽,与活人相反,活人皆右衽。结绞不纽,这也是不同于活人,活人系襟的带结成活纽,便于抽开,人死不复解,故结绞不纽,也就是打死结。

38.敛者既敛必哭。士与其执事则敛①,敛焉则为之一不食②。凡敛者六人。

[注释]①士与其执事则敛:其,是"共"字之误。谓士曾与死者生前共事的就为死者入殓。 ②敛焉则为之一不食:动手入殓的士要为死者饿一顿不吃饭。

39.君锦冒黼杀①,缀旁七②。大夫玄冒黼杀,缀旁五。士缁冒赪杀,缀旁三。凡冒,质长与手齐,杀三尺。自小敛以往用夷衾③,夷衾质杀之,裁犹冒也④。

[注释]①锦冒黼杀:冒,包裹尸体的套子,分上下两节,上节曰质,下节曰杀(参见《杂记下第二十一》第24节注①)。锦,彩色。锦冒,谓君冒的质是彩色的。黼,黑白二色相间。黼杀,谓君冒的下节黑白二色相间。　②缀旁七:按,冒形如囊,然其一侧不缝合,并有七处缀有小带子,即所谓"缀旁七",套尸后再将小带子打结系牢。　③自小敛以往用夷衾:夷衾,覆尸之衾。谓自小敛以后用夷衾覆盖尸体。　④夷衾质杀之,裁犹冒也:裁:犹制。这两句意思是,夷衾也分为上质、下杀两截,两截的长度和颜色都和冒相同。

40.君将大敛,子弁绖即位于序端①。卿大夫即位于堂廉楹西②,北面,东上。父兄堂下,北面。夫人、命妇尸西,东面。外宗③房中,南面。小臣铺席,商祝铺绞、纷、衾、衣。士盥于盘上④,士举迁尸于敛上⑤。卒敛,宰告⑥。子冯之踊。夫人东面亦如之。

[注释]①子弁绖即位于序端:弁绖,皮弁上加麻首绖(参见《杂记上第二十》第22节注①)。序端,谓东序南端。　②堂廉楹西:廉,谓堂的侧边,此指南侧边。楹,堂柱,此指东楹。　③外宗:谓姑、姊妹之女、舅之女,及从母(姨)等(参见《杂记上第二十》第56节注①)。　④士盥于盘上:即《杂记上第二十》所谓"士盥于盘北"(参见彼第56节)。　⑤敛上:即小臣和商祝已布好的席和绞、纷、衾、衣等之上。　⑥宰告:太宰向嗣君报告。

41.大夫之丧,将大敛,既铺绞、纷、衾、衣,君至,主人迎,先入门右①。巫止于门外②。君释菜③。祝先入,升堂。君即位于序端④。卿大夫即位于堂廉楹西,北面,东上。主人房外南面⑤。主妇尸西,东面。迁尸,卒敛,宰告⑥。主人降,北面于堂下⑦。君抚之⑧。主人拜稽颡。君降,升主人冯之⑨,命主妇冯之⑩。

[注释]①先入门右:"门"是字衍。下文第55节"先入门右"之"门"字亦衍。谓主人先入门再向右转而后面朝北而立。 ②巫止于门外:按,君吊臣丧,有巫,有祝,手执桃、茢以随君行,以为君驱除凶邪之气(参见《檀弓下第四》第34节注①)。到达臣家,巫止于门外,而祝在前为君开路,故下文曰"祝先入",亦即第55节所谓"祝代之先"。按,若天子来吊,则巫、祝并在前;诸侯下天子一等,故巫止于门外。 ③君释菜:这是行祭门神之礼。按,这是将菜放置于门内(参见下第55节)。 ④序端:谓堂上东序南端。 ⑤主人房外南面:谓主人在东房门外面朝南而立。 ⑥迁尸,卒敛,宰告:意思是,把尸抬到敛席上进行大敛,大敛完毕后,宰向主人报告。 ⑦主人降,北面于堂下:谓主人下堂,在阼阶下面朝北站立。 ⑧君抚之:谓行抚尸礼(参见《杂记上第二十》第18节注①)。 ⑨升主人冯之:这是君命在堂下的主人升堂行凭尸哭踊之礼。 ⑩命主妇冯之:君又命主妇行凭尸哭踊之礼。按,命主妇不曰"升",因主妇在堂上尸的西边,故无须升。

42. 士之丧,将大敛,君不在,其余礼犹大夫也①。

[注释]①君不在,其余礼犹大夫也:君不在,是说如果没有国君来吊,君不在场。其余礼:谓铺席、布衣衾、列位、男女之仪事等,悉如大夫之礼。

43. 铺绞、纷踊①,铺衾踊,铺衣踊,迁尸踊,敛衣踊,敛衾踊,敛绞、纷踊。

[注释]①铺绞、纷踊:谓铺设绞带和单被的时候孝子要踊。下仿此。按,此节是记敛时孝子当踊的仪节。

44.君抚大夫,抚内命妇①。大夫抚室老,抚侄娣②。君、大夫冯父母、妻、长子,不冯庶子③。士冯父母、妻、长子、庶子。庶子有子,则父母不冯其尸。凡冯尸者,父母先,妻子后。君于臣抚之,父母于子执之,子于父母冯之,妇于舅姑奉之,舅姑于妇抚之,妻于夫拘之,夫于妻、于昆弟执之④。冯尸不当君所⑤。凡冯尸,兴必踊。

[注释]①君抚大夫,抚内命妇:内命妇:谓君之世妇。这两句意思是,国君要为大夫行抚尸礼,为自己的世妇行抚尸礼。 ②侄娣:大夫妻的侄女和女弟(即妹)随嫁来为大夫之妾者。按,侄娣是大夫的贵妾,故死而为之服,且为之行抚尸礼。 ③冯:是"凭"的古字,这里指凭尸礼(详下注)。 ④"君于臣"至"昆弟执之":这几句是说冯尸之礼随尊卑的不同,以及与死者恩义的深浅,其仪亦有轻重之别。总言之,皆谓之冯尸;分言之,则有冯、奉、抚、拘、执五者之异。冯,谓身俯而依于尸;奉,谓捧持其衣;抚,谓当尸之心胸处抚按之;拘,谓微牵引其衣;执,谓执持其衣。凡冯、奉、抚、拘、执皆于心胸之处。这几句意思是,国君对臣行凭尸礼只是抚按一下尸的当心处,父母对儿子行凭尸礼要抓住尸体的衣服而哭,儿子对父母行凭尸礼要伏在尸体上哭,妇对公婆行凭尸礼要捧着尸体的衣服哭,公婆对妇行凭尸礼只是抚按一下尸的当心处,妻对丈夫行凭尸礼要轻轻地扯着尸体的衣服哭,丈夫对妻、对兄弟行凭尸礼要抓着尸体的衣服哭。 ⑤冯尸不当君所:君所,谓君抚摸过的地方。意思是,行凭尸礼不敢正当国君抚摸过的地方。

45.父母之丧居倚庐①,不涂,寝苫枕凷②,非丧事不言。君为庐宫之③。大夫、士襢之④。既葬,柱楣,涂庐,不于显者⑤。君、大夫、士皆宫之⑥。凡非適子者,自未葬,以于隐者为庐⑦。

[注释]①倚庐:谓于中门之外东墙下倚木为庐。按,中门即寝门,外面

还有大门。倚木为庐,即以木斜倚庭院之东墙而搭庐(参见下注⑤)。　②不涂,寝苫枕凷:凷,同"块"。这句意思是,倚庐上的草苫不用泥涂抹,睡草苫,枕土块。　③君为庐宫之:谓庐的周围设帷障如宫墙。　④大夫、士襢之:谓大夫、士的倚庐袒露着周围不圈帷帐。　⑤柱楣,涂庐,不于显者:按,倚庐的形制,是先以一木横于墙下,去墙五尺,此木就叫做楣。楣上立五根木椽,斜倚东墙。木椽上盖草苫,南北两头也用草苫遮蔽,而向北开一门,此即所谓倚庐。葬后,丧礼渐轻,庐的形制也改变了:将原先横置于地的楣两头用柱顶起来,即成一小方屋形,这就叫做柱楣。柱楣后草苫也可以用泥涂抹,但只涂抹庐的里面而不涂外面显露处,即所谓"涂庐,不于显者"。　⑥君、大夫、士皆宫之:这是说葬后君、大夫、士的草庐周围都可以设帷帐。　⑦凡非適子者,自未葬,以于隐者为庐:这是说,只要不是嫡子,从未葬开始直到葬后,要在隐蔽的地方搭庐守丧。隐蔽的地方,谓东南角。

46. 既葬,与人立,君言王事,不言国事;大夫、士言公事,不言家事。

47. 君既葬,王政入于国,既卒哭而服王事①。大夫、士既葬,公政入于家②,既卒哭,弁绖带,金革之事无辟也③。

[注释]①"君既"至"王事":这几句意思是,国君葬后,天子有政令传达到诸侯国中,过了卒哭祭就去执行王的政令。　②公政入于家:谓国君有政令传达到家中。　③"既卒"至"无辟也":这几句意思是,过了卒哭祭,头戴弁加首绖和腰绖而去执行国君的政令,即使从军作战也不回避。

48. 既练,居垩室①,不与人居,君谋国政②,大夫、士谋家事。既祥,黝、垩③。祥而外无哭者,禫而内无哭者,乐作矣故也④。禫而从御⑤,吉祭⑥而复寝。

[注释]①垩室:参见《杂记上第二十》第4节注④。 ②不与人居,君谋国政:意思是,不同别人住在一起,国君可以考虑国家的政事。 ③黝、垩:按,涂地使黑谓之黝,涂墙使白谓之垩。 ④"祥而外"至"故也":这几句意思是,大祥祭后在家门外不哭,禫祭之后在家门内也不哭了,这是因为已经可以演奏音乐的缘故。 ⑤从御:御,谓与妇人同房。从御,谓妇从御于燕寝。按,主人现在还住在殡宫,只是御时至燕寝,而妇人从之。到行吉祭之后,主人方回到燕寝居住,故下文说"吉祭而复寝"。 ⑥吉祭:吉祭,这里是指禫祭之后,当月或逾月所行四时宗庙之祭。

49. 期,居庐①,终丧不御于内者,父在为母、为妻②。齐衰期者,大功布衰九月③者,皆三月不御于内。

[注释]①期,居庐:谓服一年丧,初丧居住在倚庐中。 ②"终丧"至"为妻":这几句意思是,直到服满丧期也不与妇人同房的,是指的父在为母或为妻服丧而言。 ③大功布衰九月:即大功九月之丧。按,大功布,是一种经人工粗略锻冶(即捶洗)的布。大,在此是大略、粗略的意思。用这种布做丧服,故曰"大功布衰"。

50. 妇人不居庐,不寝苫,丧父母,既练而归①;期九月者②,既葬而归。

[注释]①丧父母,既练而归:意思是,如果是为父母服丧,小祥祭后就回夫家。 ②期九月者:这是指本当服齐衰期之丧而降服大功者。按,女子未出嫁,当为祖父母或兄弟之为父继承人者服齐衰期,出嫁后则降服大功。

51. 公之丧,大夫俟练,士卒哭而归①。

[注释]①公之丧,大夫俟练,士卒哭而归:这几句意思是,为国君服丧,大夫等到过了小祥祭,士等到过了卒哭祭,就可以回家了。《杂记上》曰:"大

夫次于公馆以终丧,士练而归。"(见彼第4节)与此不同者,是因记者各记其所闻。

52. 大夫、士父母之丧,既练而归①。朔月,忌日,则归哭于宗室②。诸父③、兄弟之丧,既卒哭而归。

[注释]①大夫、士父母之丧,既练而归:这是指庶子为其做大夫的父母服丧,因为命士以上,父子异宫而居,故既练(小祥祭后)而得各归其宫。②朔月,忌日,则归哭于宗室:朔月,指旧历每月初一。忌日,指父母及其他亲属逝世的日子,因禁忌饮酒、作乐等事,故称。归哭于宗室,谓回到宗子家中去哭父母。 ③诸父:伯父、叔父。

53. 父不次于子①,兄不次于弟。

[注释]①父不次于子:次,舍,这里是指为守丧而建的庐舍。这句意思是,父亲不在儿子家搭庐舍守丧。下句义仿此。

54. 君于大夫、世妇,大敛焉;为之赐,则小敛焉①。于外命妇,既加盖而君至②。于士,既殡而往;为之赐,大敛焉。夫人于世妇,大敛焉;为之赐,小敛焉。于诸妻,为之赐,大敛焉。于大夫外命妇③,既殡而往。

[注释]①"君于"至"小敛焉":按,君临大夫、世妇之大敛为常礼,如特加恩赐则小敛亦往。这几句意思是,国君对于大夫和自己的世妇的丧事,要亲临大敛礼;如果特加恩赐,就亲临他们的小敛礼。 ②于外命妇,既加盖而君至:外命妇,卿大夫之妻(参见第6节注⑥)。加盖,谓大敛后加棺盖。 ③大夫外命妇:即大夫之妻。

55. 大夫、士既殡,而君往焉,使人戒之①。主人具殷奠②之礼，俟于门外，见马首，先入门右。巫止于门外，祝代之先③。君释菜于门内④。祝先升自阼阶，负墉南面⑤。君即位于阼。小臣二人执戈立于前，二人立于后⑥。主人拜稽颡。君称言⑦，视祝而踊⑧。主人踊。大夫则奠可也⑨。士则出俟于门外⑩，命之反奠，乃反奠⑪。卒奠，主人先俟于门外。君退，主人送于门外，拜稽颡。

[注释]①使人戒之：戒，犹告。意思是，要先派人前去通告丧家主人。②殷奠：殷，猶大。平日朝夕奠为小奠，至月朔（初一）则大奠，如果是大夫，十五亦大奠（参见《曾子问第七》第8节注⑦）。按，因君将来，故具殷奠之礼以待之，以荣君之来。 ③巫止于门外，祝代之先：参见第41节注②。 ④君释菜于门内：参见同上注③。 ⑤负墉南面：谓祝从阼阶上堂后，背靠堂后东房的墙面朝南而立。 ⑥小臣二人执戈立于前，二人立于后：按，小臣执戈，亦为驱除凶邪之气。小臣凡四人，君的前后各立二人。 ⑦称言：谓致吊辞。⑧视祝而踊：按，祝为君相礼，故君视祝踊则踊。 ⑨大夫则奠可也：意思是，主人如果是大夫，这时就可以为死者设殷奠了。 ⑩士则出俟于门外：按，士卑，不敢留君待奠，故先出门而在门外等待君出门离去。 ⑪命之反奠，乃反奠：意思是，国君命他回来设奠，才回到殡宫中来设殷奠。

56. 君于大夫，疾三问之，在殡三往焉①；士，疾壹问之，在殡壹往焉。

[注释]①"君于"至"往焉"：意思是，国君对于大夫，有病要去慰问三次，死后殡棺期间要去吊唁三次。下文义仿此。

57. 君吊，则复殡服①。

[注释]①君吊，则复殡服：按，殡后，主人已成服，而君始来吊，主人则当还著殡时未成服之服，即苴麻绖，著免，布深衣。这是因为一则不敢让人觉

得国君之吊来得晚了,二则表示为君来而新其礼,是尊君的表现。

58.夫人①吊于大夫、士,主人出迎于门外,见马首,先入门右。夫人入,升堂即位②。主妇降自西阶,拜稽颡于下③。夫人视世子而踊④。奠如君至之礼⑤。夫人退,主妇送于门内,拜稽颡。主人送于大门之外,不拜⑥。

[注释]①夫人:谓国君夫人。 ②升堂即位:升自阼阶,其位在东序南端,面朝西,如君。 ③拜稽颡于下:这是主妇在堂下行拜礼而后稽颡。 ④夫人视世子而踊:按,夫人视世子之踊以为节,犹君吊视祝踊而踊(参见第55节)。 ⑤奠如君至之礼:谓主人为死者设殷奠之礼也同国君前来吊唁时一样。 ⑥不拜:按,丧无二主,现在接待国君夫人是主妇为丧主,主妇已拜,故主人不拜。

59.大夫君,不迎于门外①。入即位于堂下②。主人北面,众主人南面③,妇人即位于房中。若有君命,命夫、命妇之命,四邻宾客,其君后主人而拜④。

[注释]①大夫君,不迎于门外:大夫君,这是大夫的家臣称其大夫为君。这两句意思是,大夫君前往吊唁家臣,主人(该家臣的嫡长子)不到门外迎接。 ②即位于堂下:谓立于阼阶之下,面朝西。 ③主人北面,众主人南面:按,主人的位置在大夫君的南边,庭之中,面朝北。众主人,是指死者的庶兄弟们。南面,这是站在堂下、堂东南角的地方,面朝南而立,这是为避大夫君。 ④"若有"至"而拜":君命,是说有国君所命前来吊唁者,下"命夫、命妇之命"义仿此。四邻宾客,谓四方邻国之来吊者。其君后主人而拜,这是说由大夫君代主人向上述来吊宾客行拜礼,而使主人陪在自己的身后。之所以这样,是因为丧礼当由尊者拜宾。大夫君虽代主人拜宾,仍不敢像国君那样可以专代丧主以拜宾,所以又使主人陪在自己身后而拜。

60.君吊,见尸柩①而踊。

[注释]①见尸柩:这是指已殡而未涂封之前,君来吊。若已涂封,则不得见尸柩。涂封,参见《檀弓上第三》第116节注①。

61.大夫、士,若君不戒而往,不具殷奠,君退必奠①。

[注释]①君退必奠:这是设殷奠以告殡,以荣君之来。

62.君大棺八寸,属六寸,椑四寸①。上大夫大棺八寸,属六寸。下大夫大棺六寸,属四寸。士棺六寸。君里棺用朱,绿用杂金鐕②。大夫里棺用玄,绿用牛骨鐕。士不绿。君盖用漆③,三衽,三束④。大夫盖用漆,二衽,二束。士盖不用漆,二衽,二束。

[注释]①大棺八寸,属六寸,椑四寸:按,国君之棺三重:大棺在最外,属在大棺之内,椑又在属之内。寸数是据厚薄而言。属,音 zhǔ。椑,又称杝棺(参见《檀弓上第三》第105节注①)。 ②君里棺用朱,绿用杂金鐕:里,在此用作动词,谓以缯衬贴棺里。绿,当作"椓"。下"绿"字同此。椓,谓鐕琢(即用钉钉住)贴着于棺里的朱缯。鐕,音 zān,即钉子。杂金,不知确指何物。有两说,一说以为用金(铜)钉而又以象牙钉杂之;一说以为杂用黄、白、青三色的铜钉。总之,杂金就是杂钉。这两句意思是,国君的棺用朱缯衬里,用杂钉把缯钉住。 ③君盖用漆:谓棺既加盖,而用漆涂合其缝际。 ④三衽,三束:衽、束,皆为固定棺盖所用(参见《檀弓上第三》第114节注⑤、⑥)。按,束用牛皮带,当衽处,每处一束。

63.君、大夫鬊、爪实于绿中①,士则埋之。

[注释]①君、大夫鬊、爪实于绿中:鬊,音 shùn,是梳头梳下的乱发。

绿:是"角"字之误,谓棺内之角。这两句意思是,国君、大夫头上梳下来的乱发和剪下来的手脚指甲填放在棺内四角。

64.君殡用辀,欑置于上,毕涂屋①。大夫殡以帱,欑至于西序,涂不暨于棺②。士殡见衽,涂上,帷之③。熬,君四种八筐④,大夫三种六筐,士二种四筐。加鱼腊⑤焉。

[注释]①君殡用辀,欑置于上,毕涂屋:辀,载柩车(参见《檀弓上第三》第116节注①)。欑,音cuán,丛聚,积聚(参见同上)。置,原误作"至"。毕,统统,全部。这几句意思是,国君的殡法是用辀车载棺柩,用树枝丛集在棺柩上面,然后全部涂封起来如屋形。 ②"大夫"至"于棺":帱,音到dào,覆。所用以覆者,亦"加斧于椁上"之类(参见同上)。暨,音jì,至,到。按,大夫之殡不用辀,一面贴西序之壁,而欑其三面,故曰"欑置于西序"。又天子、诸侯之欑宽大而去棺远,大夫欑狭薄而去棺近,所涂封者仅仅不及于棺而已,故曰"涂不暨于棺"。这几句意思是,大夫的殡法用绣有黼纹的幕布覆盖在棺柩上,用树枝丛集在上面而贴着西序放置,涂封时不涂到棺柩。 ③士殡见衽,涂上,帷之:衽,音rèn,是连结棺盖与棺木的木榫,两头宽,中间窄,形似衽(衣襟),故名。汉人则名之为"小腰"。帷之:谓帷堂,即放下堂上的帷帐。按,士的殡法是在堂的西序前掘坑,坑的深度以不埋住棺上的衽为度,然后置棺于坑中,即此处所谓"士殡见衽"之意。棺柩露出地面的部分再丛木其上,然后用泥涂封起来。这几句意思是,士的殡法要使棺衽以上的部分露出地面,然后用树枝丛集在上面涂封起来,再设帷帐把殡遮掩起来。 ④熬,君四种八筐:熬,这里指经过焙炒的谷物,其作用,是在棺柩涂封前放置在棺柩的四周,利用其香气引开蚂蚁,使不侵食棺尸。四种,指黍、稷、粱、稻四种谷物。下文大夫三种,则无稻;士二种则唯有黍、稷。 ⑤加鱼腊:鱼腊,谓干鱼。这是说在筐中所盛谷物上面再加放干鱼。

65.饰棺,君龙帷①,三池②,振容③,黼荒④,火三列,黻三列⑤，素锦褚⑥，加伪荒，纁纽六⑦，齐五采、五贝⑧，黼翣⑨二，黻翣二，画翣二，皆戴圭⑩，鱼跃拂池⑪。君纁戴六，纁披六⑫。大夫画帷，二池⑬，不振容，画荒火三列，黻三列，素锦褚，纁纽二，玄纽二，齐三采，三贝，黻翣二，画翣二，皆戴绥⑭，鱼跃拂池。大夫戴，前纁后玄⑮，披亦如之。士布帷，布荒，一池，揄绞⑯，纁纽二，缁纽二，齐三采，一贝，画翣二，皆戴绥。士戴，前纁后缁，二披用纁。

　　[注释]①龙帷：是国君出葬时柩车上的棺饰。帷，指柳衣四周的部分（参见《檀弓上第三》第12节注④）。国君的帷上画有龙，故称龙帷。　②三池：池，是设在柳衣前檐处（即帷的上沿）的棺饰，以象征死者生前所居宫寝屋檐下的承霤（参见同上第104节注①）。按，天子、诸侯生前所居宫寝的屋顶有四面，每面下皆有承霤。如果是天子的棺饰，则帷的四边皆设池，以象征生前之四面承霤。诸侯下天子一等，故只在前帷和左右帷上设池，缺后池，故为三池。　③振容：振，动。容，饰。按，国君的棺饰在池下还设有青黄色的缯，上面画有雉（野鸡）的图案，长丈余如幡，车行则幡动，以为容饰，故名振容（参见《杂记上第二十》第11节注①）。　④黼荒：荒，指柳衣的顶部，如帐篷顶者（参见《檀弓上第三》第12节注④）。荒是用白布做的，荒下边饰以黑白相间的黼纹，故曰黼荒。　⑤火三列，黻三列：火，指如火的图案，其形如半环相连续而成，共三行，环绕于荒。黻，原误作"黼"。这是指如两个"巳"字相背的图案，相连续为三行。　⑥素锦褚：素锦，白锦。褚，音 zhǔ，是大夫以上所用的形如屋而紧贴棺身的棺罩。于荒下又用白锦以为屋。按，此即《杂记上第二十》所谓"素锦以为屋"之意（参见彼第1节）。　⑦加伪荒，纁纽六："伪"是"帷"字之误。帷荒，即柳衣。帷是边墙，荒是上盖。纁纽六，谓荒与帷相连结处的纽，是用纁帛做的，两旁各三，共六纽。　⑧齐五采，五贝：齐，是荒的尖顶上的装饰物，其形圆如华盖，高三尺，直径二尺余，是用五彩缯做成的。贝，即贝壳，用做齐上的装饰。五贝，是连贝为五行，交络于齐上。　⑨翣：形似扇，有障车和障柩的作用。按，翣是用木做方框，宽三尺，高二尺四

寸,框下有长五尺的柄,框上蒙以白布,出葬时由人举着在柩车两旁以为饰,即所谓障车;棺柩入葬后,则将翣放入椁内棺柩周围,即所谓障柩。 ⑩皆戴圭:谓翣扇的两角都饰戴着玉圭。 ⑪鱼跃拂池:鱼,是铜制的,悬在池下,柩车行时鱼受振动就会跃起而上拂于池。上文说池下悬有振容,鱼则悬于池和振容之间。 ⑫纁戴六,纁披六:纁戴,是用纁帛做的带子,可以将柳拴系在棺束上。按,支撑荒帷的木框架叫做柳,系固棺盖的皮带叫做束,每条棺束两边结有纽,君棺三束则六纽,柳置于柩车上,就是用纁戴将柳拴系在这六个纽上,故曰"纁戴六"。披,是系棺柩的帛带,披的一端也系在棺束的纽上,另一端出于帷外由人拉着(参见《檀弓上第三》第51节注③)。 ⑬二池:有两说:一说帷的两边各设一池,另一说帷的前后各一池,未知孰是。 ⑭绥:是用五彩羽毛缀合而成,饰于翣扇的两角。 ⑮大夫戴,前纁后玄:谓大夫的柩车将柳拴系在棺束的纽上所用的帛带子,前两根是纁色的,后两根是玄色的(参见注⑫)。 ⑯揄绞:揄,即雉。绞,青黄色的缯(参见《杂记上第二十》第11节注①)。按,此处揄绞非指振容,而是池上的装饰,谓池上蒙着画有野鸡图案的青黄色的缯。

66.君葬用辁①,四綍②,二碑③,御棺用羽葆④。大夫葬用辁,二綍,二碑,御棺用茅⑤。士葬用国车⑥,二綍,无碑,比出宫,御棺用功布⑦。

[注释]①辁:及下"辁"字,和"士葬用国车"的"国"字,皆当作"辁"。按,辁车即辁车,是一种低而没有辐条的木轮载柩车(参见《杂记上第二十》第2节注②)。又按,天子、诸侯以下载柩车同,皆用辁,其尊卑之差异,在于棺饰。此节所记辁、碑以及御棺用物的差别,亦体现其尊卑之差。 ②綍:音fú,拉柩车的大绳,又叫做引。按,在椁曰綍,行道曰引,至圹将窆(下棺于墓穴)又曰綍,是其因所用而异名。此节所记是柩车在道之时,未记及窆时,当云"引",而之所以云"綍",是因在途而连言及窆时,故以"綍"名。 ③碑:用大木斫制而成,上面安有辘轳,以便系绳下棺用,天子叫做丰碑,诸侯叫做桓楹,其形制和用法,详《檀弓下第四》第58节注⑦。 ④羽葆:羽毛做的盖状物(参见《杂记下

第二十一》第 52 节注④)。 ⑤茅:谓编成束的白茅(参见同上注⑥)。 ⑥国车:国,是"团"字之误。"团"是"辁"的通假字。 ⑦比出宫,御棺用功布:功布,即大功布(参见第 49 节),缀于竿上如旗,用以指挥柩车。这两句意思是,等到柩车出了宫门,就用缀在竿上的大功布指挥柩车前进。

67. 凡封①,用绋,去碑负引②。君封以衡③,大夫、士以咸④。君命毋譁⑤,以鼓封⑥。大夫命毋哭。士哭者相止也。

[注释]①凡封:凡,谓凡君和大夫,不包括士,因下文曰"负碑去引",士无碑(见上节),故知。封,通"窆",下棺于墓圹。下两"封"字义同。 ②用绋,去碑负引:其法详《檀弓下第四》第 58 节注⑦。 ③君封以衡:按,诸侯下棺,为保持棺柩的平衡,以木贯于棺束(束棺的皮带)间,而以绋系之,下棺时视此木横而平,如同称之衡,则棺不倾斜,故名此木为衡。 ④大夫、士以咸:咸,通"缄",即棺束。按,大夫、士不得用衡,而直以绋系于棺缄悬而下之。 ⑤譁:同"哗(哗)",喧哗。 ⑥以鼓封:谓用击鼓来指挥众人下棺,以便统一用力的节奏。

68. 君松椁,大夫柏椁,士杂木椁。棺椁之间,君容祝①,大夫容壶②,士容甒③。君里椁、虞筐,大夫不里椁,士不虞筐④。

[注释]①祝:木制的敲击乐器(参见《王制第五》第 22 节注③)。 ②壶:谓漏壶,计时所用(参见第 11 节注①)。 ③甒:陶制盛酒器,可容五斗(参见《礼器第十》第 8 节注②)。 ④"君里"至"不虞筐":里椁,虞筐,义未详。有学者认为君"里椁"的意思就是有东西放在椁里边,而又有虞筐;大夫虽不里椁,而犹有虞筐;士则并虞筐亦无。然亦未明里郭、虞筐究系何物。这几句意思是,国君的椁里边放有随葬物和虞筐,大夫的椁里边不放随葬物而只放虞筐,士的椁里边连虞筐也不放。

祭法第二十三

1.祭法:有虞氏禘黄帝而郊嚳,祖颛顼而宗尧;夏后氏亦禘黄帝而郊鲧,祖颛顼而宗禹;殷人禘嚳而郊冥,祖契而宗汤;周人禘嚳而郊稷,祖文王而宗武王①。

[注释]①"有虞氏"至"武王":此节所记禘、郊、祖、宗,皆祭名。其中郊是祭天礼名;郊某,即祭天而以某配祭之义。禘、祖、宗则皆宗庙祭名。所以,"有虞氏禘黄帝而郊嚳,祖颛顼而宗尧",意思就是,有虞氏用禘祭祭黄帝而在郊祭天时用嚳配祭,用祖祭祭颛顼而用宗祭祭尧。下文义皆仿此。按,对于这四种祭名,其具体的祭法和祭祀对象,以及祭祀者与祭祀对象间的关系,自来众说纷纭,迄无定论,且又杂以纬说,愈不可信,皆可姑置不论。又《国语·鲁语上》记展禽论祭祀制度,亦有此文,可参看。

2.燔柴于泰坛①,祭天也。瘗埋于泰折②,祭地也。用骍犊③。埋少牢于泰昭,祭时也④。相近于坎坛,祭寒暑也⑤。王宫⑥,祭日也。夜明,祭月也。幽宗,祭星也。雩宗,祭水旱也。四坎坛,祭四方⑦也。山林川谷丘陵能出云,为风雨,见怪物,皆曰神⑧。有天下者祭百神。诸侯在其地则祭之⑨,亡其地则不祭。

[注释]①燔柴于泰坛:燔柴,周代祭天的一种祭法(参见《王制第五》第20节注③)。泰坛,是为祭天而设的坛,用人工筑成。 ②瘗埋于泰折:瘗,音yì。瘗埋,也是一种祭法,瘗亦埋,谓以祭物埋地以示祭(参见《礼运第九》第17节注②)。泰折,是为祭地而设的坛名。 ③用骍犊:骍,音xīng,赤色的牲。骍犊,即赤色的牛犊。按,这是指祭天地所用牲。 ④埋少牢于泰昭,祭时也:泰昭,也是坛名,是为祭四时所筑。这两句意思是,在泰昭上埋羊和猪,这是祭四时。 ⑤相近于坎坛,祭寒暑也:相近,当作"祖迎"。祖,犹饯,是送往之礼;迎,是迎来之礼。坎,即坑。坎、坛皆祭祀之处,坎以祭寒,坛以祭暑。这两句意思是,在坑中或坛上举行祖礼或迎礼,这是祭寒暑。 ⑥王宫:及下"夜明"、"幽宗"、"雩宗",都是祭坛名。 ⑦四坎坛,祭四方:谓四方各为一坎一坛,坛以祭山林丘陵,坎以祭川谷泉泽。 ⑧皆曰神:都被称之为神。 ⑨诸侯在其地则祭之:在其地,谓在其封地内的神。意思是,做诸侯的,神在他的封地内的就祭。但如果诸侯丧国失地,也就不得祭了,故下文说"亡其地则不祭"。

3. 大凡生于天地之间者皆曰命,其万物死皆曰折,人死曰鬼,此五代①之所不变也。七代之所更立者②,禘、郊、宗、祖,其余③不变也。

[注释]①五代:指唐、虞、夏、商、周。 ②七代之所更立者:七代,五代之上再加颛顼和帝喾。更立,谓重新确立,即不同代,所禘、郊、祖、宗的对象也就有所变更(参见第1节)。 ③其余:当指上节所记对于天地、日月、四时、寒暑、山川、丘谷等的祭祀,这是代代都一样的。

4. 天下有王,分地建国,置都立邑①,设庙、祧、坛、墠②而祭之,乃为亲疏多少之数。是故王立七庙,一坛,一墠③。曰考庙,曰王考庙,曰皇考庙,曰显考庙,曰祖考庙④,皆月祭之。远庙为祧,有二祧,享尝乃止⑤。去祧为坛,去坛为墠⑥。坛、墠有祷焉祭之⑦,无祷乃止。去墠曰鬼⑧。诸侯立五庙,一坛,一墠。曰考庙,曰王考庙,曰皇考庙,皆月祭之。显考庙、祖考庙,享尝乃止。去祖为坛,去坛为墠。坛、墠有祷焉祭之,无祷乃止。去墠为鬼。大夫立三庙,二坛。曰考庙,曰王考庙,曰皇考庙,享尝乃止。显考、祖考无庙,有祷焉为坛祭之。去坛为鬼。適士二⑨庙,一坛。曰考庙,曰王考庙,享尝乃止。显考⑩无庙,有祷焉为坛祭之。去坛为鬼。官师⑪一庙,曰考庙,王考无庙而祭之⑫。去王考为鬼。庶士⑬、庶人无庙,死曰鬼⑭。

[注释]①置都立邑:这是指卿大夫的采地及对有功者所赐之地。按,都邑皆城,城大者谓之都,小者谓之邑。 ②庙、祧、坛、墠:都是为先人所设的祭祀场所,其中庙所祭先人最近,亦最亲,其次为祧,再其次为坛,为墠。祧,音 tiāo,远祖之庙,故下文曰"远庙为祧"。墠,音 shàn,经过整治的郊野平地,用作祭祀场所。这样区别祭祀场所的目的,在于区别亲疏关系和立庙与祭祀次数的多少,故下文说"乃为亲疏多少之数"。 ③王立七庙,一坛,一墠:七庙,按自考庙以上至祖考庙,凡五庙,再加二祧庙为七庙,详下文。此外再立一坛,一墠。 ④"曰考庙"至"祖考庙":考庙即父庙,王考庙即祖庙,皇考庙为曾祖之庙,显考庙为高祖之庙,祖考庙则为高祖之父庙。是为五庙。这五庙每月一祭祀,故下文说"皆月祭之"。 ⑤有二祧,享尝乃止:二祧:实指祖考之父和祖考之祖的庙,亦即五庙所祭再往上数二代之祖的庙。享,即享祀,也就是祭祀。尝是秋祭名(参见《王制第五》第29节)。享尝,在此泛指四时之祭。享尝乃止,意思是,按季祭祀就行了。 ⑥去祧为坛,去坛为墠:按坛、墠的祭祀对象,是二祧庙所祭之祖再往上数二代之祖。这两句意思是,去祧庙所祭的祖先再往上数一代之祖祭祀时设坛,去设坛所祭的祖先再往上数一代之祖祭祀时设墠。 ⑦坛、墠有祷焉祭之:这句说明对坛、墠之祖的祭祀,时间没有一定,有所祈祷就祭祀,无所祈祷就不祭祀,故下文说"无祷乃止"。 ⑧去墠曰鬼:去墠,谓墠所祭之祖再往上数之祖,这些祖先就统称

之为鬼了。按,对于称作鬼的远祖们,即使有所祈祷也不祭祀了,只有在合祭群祖的时候才祭祀。 ⑨適士:即上士。 ⑩显考:是"皇考"之误。 ⑪官师:指中士和下士。 ⑫王考无庙而祭之:王考即祖。按,中士和下士之庙虽名考庙(即祢庙),实际是祖、祢共庙,祭祢时亦当祭祖。 ⑬庶士:即庶人在官者(参见《王制第五》第3节注④)。 ⑭庶人无庙,死曰鬼:按,庶人既无庙,故死曰鬼。鬼亦得祭之于寝,故《王制》说"庶人祭于寝"(见彼第28节)。又按,庶人在寝中祭先人四季所荐之物,参见《王制》第31节。

5. 王为群姓立社,曰大社①;王自为立社,曰王社。诸侯为百姓立社,曰国社;诸侯自为立社,曰侯社。大夫以下成群立社②,曰置社。

[注释]①王为群姓立社,曰大社:社,是祭祀土地神之处。意思是,天子为天下各种族姓的人立社,叫做大(太)社。 ②大夫以下成群立社,曰置社:大夫以下,谓下至庶人。大夫不得特立社,与民聚族而居,百家以上则共立一社,即所谓"成群立社"。这样所立的社,叫做置社。

6. 王为群姓立七祀①,曰司命,曰中霤,曰国门,曰国行,曰泰厉,曰户,曰灶②。王自为立七祀③。诸侯为国立五祀,曰司命,曰中霤,曰国门,曰国行,曰公厉④。诸侯自为立五祀。大夫立三祀,曰族厉⑤,曰门,曰行。適士立二祀,曰门,曰行。庶士、庶人立一祀,或立户,或立灶。

[注释]①王为群姓立七祀:七祀,即下文所说的对于司命、中霤、国门、国行、泰厉、户、灶等七种神的祭祀。这些都是居于人间的小神,能司察人的过失,并对人发出谴告。这句意思是,天子为天下各族姓的人设立对七种神的祭祀。 ②"曰司命"至"曰灶":司命为宫中小神;中霤为主堂室之神;国门为主城门之神;国行为主行路之神,其神位在国门外的西边;泰厉是指古代

帝王死而无后者,其鬼无所依归,常为民作祸,故祀之。按,此所谓七祀比《月令》的五祀(见彼第107节)多出司命和泰厉二祀,而国门和国行则与《月令》的门、行二祀相近,唯户、灶二祀与《月令》同,亦当为记者各记所闻。　③王自为立七祀:为王自祷祭而立,然不知其与上所言七祀为同一神,还是更别立七祀。下文"诸侯自为立五祀",意亦不明。　④公厉:谓古诸侯无后者。按,诸侯称公,其鬼为厉,故曰公厉。　⑤族厉:谓古大夫无后者之鬼。族,众。大夫众多,其鬼无后者亦众,故言族厉。

7. 王下祭殇五①,適子,適孙,適曾孙,適玄孙,適来孙。诸侯下祭三。大夫下祭二。適士及庶人祭子而止②。

[注释]①王下祭殇五:谓天子下祭五代未成年而死的子孙,即下文所说嫡子,嫡孙,嫡曾孙,嫡玄孙,嫡来孙。　②祭子而止:谓下祭只祭未成年而死的嫡子。

8. 夫圣王之制祭祀也①:法施于民则祀之②,以死勤事③则祀之,以劳定国④则祀之,能御大灾⑤则祀之,能捍大患⑥则祀之。是故厉山氏⑦之有天下也,其子曰农,能殖百谷,夏之衰也,周弃继之,故祀以为稷⑧。共工氏之霸九州⑨也,其子曰后土,能平九州⑩,故祀以为社。帝喾能序星辰以著众⑪,尧能赏均刑法以义终⑫,舜勤众事而野死⑬,鲧鄣鸿水而殛死⑭,禹能修鲧之功,黄帝正名百物以明民共财⑮,颛顼能修之,契为司徒而民成⑯,冥勤其官而水死⑰,汤以宽治民而除其虐,文王以文治,武王以武功去民之灾,此皆有功烈于民者也。及夫日月星辰,民所瞻仰也;山林川谷丘陵,民所取财用也:非此族也,不在祀典⑱。

[注释]①夫圣王之制祭祀也:谓圣王制定的祭祀制度规定。按,规定

的具体内容,是以下这些人可以享受祭祀,详下。 ②法施于民则祀之:意思是,能把有益于民的好办法推行到民众中去的人就祭祀他。 ③以死勤事:意思是,能为勤劳国事而死。 ④以劳定国:能平定国家而立功劳。 ⑤能御大灾:谓能为国为民抵御大灾害。 ⑥能捍大患:能在有大患难的时候捍卫国家和民众。 ⑦厉山氏:传说中的古代帝王,即炎帝,因起于厉山,故称,或称烈山氏。 ⑧夏之衰也,周弃继之,故祀以为稷:弃,是后稷之名。意思是,到夏朝末年,周族的弃继续农的事业,因此把农和弃配稷神来祭祀。按,稷神是五谷之神,与作为周民族祖先的后稷非一。 ⑨共工氏之霸九州:共工氏,传说中的古代帝王,据说在太皞之后,炎帝之前,曾称霸天下。九州,泛指天下。 ⑩能平九州:谓能平治天下的水土。 ⑪帝喾能序星辰以著众:序,谓时序。著,显示。这是说,帝喾能测定星辰运行的时序而制定出历法颁示给民众。 ⑫尧能赏均刑法以义终:以义终,传说尧禅位于舜,能让贤,是以义终。这句意思是,尧能赏赐公平、行刑有法而又守义禅位。 ⑬舜勤众事而野死:野死,传说舜死于苍梧之野。这句意思是,舜为民众的事勤劳奔波而死在野外。 ⑭鲧鄣鸿水而殛死:鄣,堵塞。殛,音jí,诛戮。传说鲧治洪水,一味用堵塞的方法,结果治水不成,而被舜殛死于羽山,但也有微功于民。后来他的儿子大禹继承他的事业,而改用疏导的方法治水,结果治成功了,故下文说"禹能修鲧之功"。 ⑮黄帝正名百物以明民共财:这句意思是,黄帝给各种事物确定了名称,使民众不迷惑而共同享用天下的财物。 ⑯契为司徒而民成:契,音xiè,传说是商的始祖,曾做尧的司徒,掌管教化。这句意思是,契做司徒而教化民众形成好的风俗。 ⑰冥勤其官而水死:按,冥是契的六世孙,曾做玄冥(官名)之官,掌管水利的事。这句意思是,冥做水官勤劳而死。 ⑱非此族也,不在祀典:族,种类。这两句意思是,日月星辰,山林川谷丘陵等等,这些都不属于上面所说的那一类,不包括在祀典中。祀典,谓记载祭祀之礼的典籍。

祭义第二十四

1.祭不欲数①,数则烦,烦则不敬。祭不欲疏,疏则怠,怠则忘。是故君子合诸天道②,春禘,秋尝。霜露既降,君子履之,必有悽怆之心,非其寒之谓也③。春雨露既濡,君子履之,必有怵惕之心,如将见之④。乐以迎来,哀以送往⑤,故禘有乐而尝无乐⑥。

[注释]①祭不欲数:数,音 shuò,屡次,频繁。意思是,祭祀的次数不要太多。下文"祭不欲疏"则与此相反,祭祀的次数也不要太少。 ②合诸天道:谓配合天道的运行来进行祭祀,即如下文所说。 ③"霜露"至"谓也":按,霜露既降,万物将凋零,感时念亲,由此自然会联想起已故的双亲,故君子履之而有"悽怆之心",而不是因为天寒之故。 ④"春雨"至"见之":怵惕,惊惧,此处谓内心惊动。按,春雨滋润万物生长,由此联想起生养自己的双亲,就如同即将见到已故的亲人,由此而产生惊动的心情。 ⑤乐以迎来,哀以送往:谓人们用欣喜的心情迎接亲人神灵到来,用悲哀的心情送亲人神灵逝去。 ⑥禘有乐而尝无乐:按,迎来而乐,乐亲之将到来;送去而哀,哀不知亲人之神灵享用祭品与否。按,禘祭意在迎亲人之来,尝祭意送亲人之往。

2.致齐于内,散齐于外①。齐之日,思其居处②,思其笑语,思其志意,思其所乐,思其所嗜。齐三日,乃见其所为齐者③。

[注释]①致齐于内,散齐于外:齐,同"斋"。这两句意思是,致斋戒的诚意在内心,而表现斋戒的诚意在生活起居上(即所谓外)。　②思其居处:其,代父母。意思是,思念亲人生前居处的地方。下文义仿此。　③齐三日,乃见其所为齐者:意思是,斋戒三天,就可以看到所为斋戒的亲人出现。按,人如过于集中地思念已故的某人,某人的形象就会在幻觉中出现,古人则以为是鬼神显灵了。

3.祭之日,入室僾然必有见乎其位①,周还出户肃然必有闻乎其容声②,出户而听,忾然必有闻乎其叹息之声③。

[注释]①入室僾然必有见乎其位:僾,音 ài,隐约,仿佛。意思是,进入庙室就仿佛看见亲人在被祭祀的神位上。　②周还出户肃然必有闻乎其容声:意思是,转身出室门时心中肃然地就像听见亲人的举动容止之声。③出户而听,忾然必有闻乎其叹息之声:忾,叹息声。意思是,出室门静听就像听见亲人的忾然叹息之声。

4.是故先王之孝也,色不忘乎目①,声不绝乎耳,心志嗜欲不忘乎心。致爱则存②,致悫则著③,著存不忘乎心,夫安得不敬乎④!

[注释]①色不忘乎目:谓亲人的形象始终在眼前而不忘。　②致爱则存:意思是,对亲人致极爱之心亲人就在心中永存。　③致悫则著:悫,音 què,诚实而恭敬。著,明显,显示。这句意思是,致诚敬之心亲人就显现在眼前。　④著存不忘乎心,夫安得不敬乎:安得,怎能,岂能。这两句意思是,这样亲人就会在心中永存不忘,还怎么会对亲人不虔敬呢!

5. 君子生则敬养①,死则敬享②,思终身弗辱③也。君子有终身之丧,忌日之谓也④。忌日不用,非不祥也⑤,言夫日志有所至,而不敢尽其私也⑥。

[注释]①敬养:恭敬地赡养。 ②敬享:恭敬地祭祀。 ③思终身弗辱:意思是,要想着终生都不可使双亲的名声受辱。 ④君子有终生之丧,忌日之谓也:君子有终生的丧事,是说不忘双亲的死日。 ⑤忌日不用,非不祥也:意思是,双亲的死日不用来做别的事情,并非因为这天不吉祥。 ⑥言夫日志有所至,而不敢尽其私也:这是说明为什么"忌日不用",是因为这天孝子的心志集中在对亲人的悼念上,而不敢尽个人的私意做别的事情。

6. 唯圣人为能飨帝①,孝子为能飨亲②。飨者,乡也③。乡之然后能飨焉④,是故孝子临尸而不怍⑤。君牵牲,夫人奠盎⑥,君献尸,夫人荐豆⑦。卿大夫相君,命妇相夫人。齐齐乎其敬也⑧,愉愉乎其忠也⑨,勿勿诸其欲其飨之也⑩!

[注释]①飨帝:飨,通"享"。帝,谓天帝。飨帝,谓祭祀天帝。 ②孝子为能飨亲:孝子,此谓嫡长子。飨亲,实际是说对双亲的主祭权。 ③乡:通"向"。 ④乡之然后能飨:意思是,心向往神,然后才能使神飨用祭祀。 ⑤临尸而不怍:尸,谓祭祀所立之尸。怍,音 zuò,容色不和。意思是,脸上没有一点不和悦的颜色。 ⑥奠盎:谓奠设盎齐。盎齐,酒名,即《礼运》所谓醴酒(参见《礼运第九》第 5 节注⑮)。 ⑦豆:谓醢,即肉酱,盛于豆中,故以豆代称。 ⑧齐齐乎其敬也:齐齐乎,整齐而庄重的样子。意思是,整齐而庄重显得多么恭敬啊。 ⑨愉愉乎其忠也:愉愉乎,愉悦而和谐的样子。意思是,愉悦而和谐显得多么虔诚啊。 ⑩勿勿诸其欲其飨之也:勿勿,犹勉勉。意思是,他们是那样努力地想要让神飨用祭祀啊!

7. 文王之祭也,事死者如事生,思死者如不欲生。忌日必哀,称讳如见亲①。祀之忠也,如见亲之所爱,如欲色然,其文王与②。《诗》云:"明发不寐,有怀二人③。"文王之诗④也。祭之明日,明发不寐,飨而致之,又从而思之⑤。祭之日,乐与哀半:飨之必乐,已至必哀⑥。

[注释]①称讳如见亲:讳,谓亲人的名讳。意思是,提起亲人的名字就如同见到了亲人。 ②"祀之"至"文王与":忠,犹虔诚。欲色,谓亲人想要得到这些东西的神色。其,表推拟,大概,恐怕。这几句意思是,祭祀奉献祭品时的虔诚,就像见到了亲人生平所喜爱的东西,就像看到了亲人想要得到这些东西的神色,大概只有文王能做到这样吧。 ③明发不寐,有怀二人:这两句诗引自《诗经·小雅·小宛》。明发,天亮。二人,指父母。意思是,通宵睡不着,思念父母亲。 ④诗:是"谓"字之误。 ⑤"祭之"至"思之":这几句是解释上面两句诗的,意思是,文王在祭祀父母的第二天,通宵睡不着,举行祭祀迎父母来享用,又从而思念父母。 ⑥飨之必乐,已至必哀:意思是,想像着父母来享用祭祀心中必乐,想到父母来后还得逝去心中必哀。

8. 仲尼尝①,奉荐②而进,其亲也悫,其行也趋趋以数③。已祭,子赣④问曰:"子之言祭,济济漆漆然⑤。今子之祭,无济济漆漆,何也?"子曰:"济济者,容也,远也⑥。漆漆者,容也,自反也⑦。容以远,若容以自反也,夫何神明之及交,夫何济济漆漆之有乎⑧?反馈,乐成⑨,荐其荐俎⑩,序其礼乐,备其百官⑪,君子致其济济漆漆,夫何慌惚之有乎⑫?夫言,岂一端而已?夫各有所当也⑬。"

[注释]①尝:谓秋季祭祀父母。 ②荐:指代祭品。 ③其亲也悫,其行也趋趋以数:悫与趋趋,都是形容孔子祭祀时质朴而少威仪。趋,通"促"。

数,音shuò,通"速"。这两句意思是,他亲自劳作显得那么虔诚朴实,他行走时脚步急促而快速。 ④子赣:即子贡(参见《乐记第十九》第54节注①)。 ⑤济济漆漆然:讲究威仪而又修饰整饬的样子。 ⑥济济者,容也,远也:意思是,讲究威仪,是容貌,是表示关系疏远。 ⑦漆漆者,容也,自反也:意思是,修饰整饬,也是容貌,是自我修饬。 ⑧"容以远"至"之有乎":这几句意思是,讲究容貌而表示疏远,或讲究容貌而自我修饬,还怎么和神明结交呢?我为什么要做出讲究威仪和修饰整饬的样子呢? ⑨反馈,乐成:按,天子、诸侯之祭,或从荐血腥(牲血和生的牲肉)始,至于反馈;反馈谓进熟的祭品。乐成,谓祭礼所演奏之乐至合舞而成。 ⑩荐其荐俎:上"荐",进。下"荐",在此指盛食物的笾豆,笾以盛脯,豆以盛醢。俎,牲俎。意思是。进上笾豆和牲俎。 ⑪序其礼乐,备其百官:这两句意思是,人们按照礼的规定和音乐的节奏有条不紊地进退周旋,百官都来助祭而齐备。 ⑫君子致其济济漆漆,夫何慌惚之有乎:慌惚:谓思念益深之时。这两句意思是,这时助祭的君子们都显出讲究威仪和自我修饬的样子,哪里还有什么深挚思亲而与神交往可言呢? ⑬"夫言"至"所当也":言,是孔子自称他说过的话。一端,犹言一概如此。这几句意思是,我曾说过的关于祭祀的话,难道可以一概而论吗?对孝子和宾客应当各有各的要求。

9.孝子将祭,虑事不可以不豫①,比时具物不可以不备,虚中以治之②。宫室既修,墙屋既设③,百物既备,夫妇齐戒,沐浴,盛服,奉承而进之④,洞洞乎,属属乎⑤,如弗胜,如将失之⑥,其孝敬之心至也与。荐其荐俎,序其礼乐,备其百官,奉承而进之。于是谕其志意⑦,以其慌惚以与神明交。"庶或飨之,庶或飨之⑧",孝子之志也。孝子之祭也,尽其悫而悫焉⑨,尽其信而信焉,尽其敬而敬焉,尽其礼而不过失焉,进退必敬,如亲听命,则或使之也。孝子之祭可知也:其立之也敬以诎⑩,其进之也敬以愉⑪,其荐之也敬以欲⑫,退而立如将受命⑬,已彻⑭而退敬齐之色不绝于面。孝子之祭也,立而不诎固⑮也,进而不愉疏⑯也,荐而不欲不爱也,退立而不如受命敖⑰也,已彻而退无敬齐之色而忘本⑱也。如是而祭,失之矣⑲。孝子之有深爱者必有和气,有和气者必有愉色,有愉色者必有婉容⑳。孝子如执玉,如奉盈,洞洞属属然,如弗胜,如将失之。严威、俨恪㉑,非所以事亲也,成人之道也㉒。

[注释]①豫:谓预先考虑。 ②比时具物不可以不备,虚中以治之:比时,义同"因时"。虚中,谓使心中无杂念。这两句意思是,依照时令具备祭物不可不齐全,要排除心中一切杂念专心准备祭祀。 ③墙屋既设:设,犹布置。谓墙壁和房屋都布置好。 ④奉承而进之:谓恭敬地捧着进上。 ⑤洞洞乎,属属乎:洞洞,敬貌。属属,忠貌。 ⑥如弗胜,如将失之:这是形容进献祭品时的容态。意思是,就像捧着捧不动的重物,而又生怕失落的样子。⑦谕其志意:谕,告知。这是使祝官向神报告。志意,即孝子的心意。谓使祝官把孝子的心意报告给鬼神。 ⑧庶或飨之,庶或飨之:庶或,或许,也许。这两句意思是,父母或许在享用祭品了吧,父母或许在享用祭品了吧。这是表达一种虔诚而殷切的心情。 ⑨尽其悫而悫焉:悫,诚实,质朴。意思是,尽孝子的诚质之心而表现出对神的诚质。下三句义仿此。 ⑩敬以诎:诎,弯曲。意思是,恭敬而身体微屈。 ⑪敬以愉:恭敬而愉悦。 ⑫敬以欲:欲,宛顺、柔顺貌。恭敬而柔顺。 ⑬退而立如将受命:意思是,孝子后退站立的时候如同即将接受亲人的命令。说明孝子对父母之神极其恭顺。⑭彻:谓祭毕彻下祭品。 ⑮固:谓固陋而不知礼。 ⑯疏:谓与亲人疏远。⑰敖:同"傲"。 ⑱而忘本:"而"是衍字。 ⑲如是而祭,失之矣:意思是,像这样进行祭祀,那就失去祭祀的意义了。 ⑳宛容:柔顺的容貌。 ㉑严威、俨恪:犹言威严、庄敬。 ㉒非所以事亲也,成人之道也:这两句意思是,只知注意威严、庄敬,不是侍奉亲人的态度,而只是成人相交往的态度;也就是说,可与人交,而不可与神交。

10.先王之所以治天下者五:贵有德①,贵贵②,贵老,敬长,慈幼。此五者,先王之所以定天下也。贵有德何为也?为其近于道也;贵贵,为其近于君也;贵老,为其近于亲③也;敬长,为其近于兄也;慈幼,为其近于子也。是故至孝近乎王,至弟近乎霸④。至孝近乎王,虽天子必有父⑤。至弟近乎霸,虽诸侯必有兄⑥。先王之教,因而弗改⑦,所以领天下国家也。

[注释]①贵:尊重。 ②贵贵:下"贵",谓地位尊贵的人。 ③近于亲:谓近似自己的双亲。 ④至孝近乎王,至弟近乎霸:弟,通"悌"。霸,是诸侯之长。这两句意思是,达到孝的最高标准就接近于天子了,达到悌的最高标准就接近于霸者了。 ⑤至孝近乎王,虽天子必有父:按,这是解释为什么说"至孝近乎王",是因为"虽天子必有父"。天子至孝,则天下兴孝,至孝之德,正是天子之德。 ⑥至弟近乎霸,虽诸侯必有兄:按,这是解释为什么说"至弟近乎霸",是因为"虽诸侯必有兄"。诸侯至悌,尊敬长上,则一国兴悌,因此至悌之德,正是诸侯所应有之德。 ⑦因而弗改:因,沿袭。谓对于上述先王的教导沿袭而不改。

11.子曰:"立爱自亲始,教民睦也①;立教自长始,教民顺也②。教以慈睦,而民贵有亲③;教以敬长,而民贵用命④。孝以事亲,顺以听命,错⑤诸天下,无所不行⑥。"

[注释]①立爱自亲始,教民睦也:意思是,建立爱心从爱自己的双亲开始,这样就可以教民和睦。 ②立教自长始,教民顺也:意思是,确立教化从敬顺自己的长辈开始,这样就可以教民顺从。 ③教以慈睦,而民贵有亲:意思是,用慈爱和睦进行教化,民众就会以有亲爱之心为贵。 ④贵用命:以服从命令为贵。 ⑤错:通"措",施行,运用。 ⑥无所不行:谓没有行不通的事。

12. 郊之祭也,丧者不敢哭,凶服者不敢入国门①,敬之至也。

[注释]①国门:国都的城门。

13. 祭之日,君牵牲,穆答君①,卿大夫序从。既入庙门,丽于碑②。卿大夫袒,而毛牛尚耳,鸾刀③以刲,取膟膋④,乃退。爓祭⑤,祭腥而退⑥。敬之至也。

[注释]①穆答君:穆,谓主祭者(国君)之嗣子。父为昭,子为穆,故以穆代嗣子。答,对。按,君牵上牲,嗣子牵次牲,与君相对而牵之,故云"答君"。 ②丽于碑:丽,犹系,谓将牲拴系于庭中之碑。 ③鸾刀:刀环上有铃的刀(参见《礼器第十》第24节注⑤)。 ④膟膋:音 lǜ liáo,牲血及肠部的脂肪(参见《郊特牲第十一》第32节注㉚)。 ⑤爓祭:爓,是用热水烫过的半熟的牲肉(参见《礼器第十》第22节)。这里是指用沉在汤下面的半生不熟的肉祭神。 ⑥祭腥:腥,生牲肉。谓用生牲肉祭神。

14. 郊之祭,大报天而主日,配以月①。夏后氏祭其闇②,殷人祭其阳③,周人祭日以朝及闇④。

[注释]①大报天而主日,配以月:大报,即重重地报答。意思是,重重地报答天上的众神而以日为祭祀的主要对象,用月来配祭。 ②夏后氏祭其闇:夏后氏,即夏王朝。闇,通"暗",此谓在黄昏时举行郊祭天之礼。 ③阳:指中午。 ④以朝及闇:谓从早晨一直祭到黄昏。

15. 祭日于坛,祭月于坎,以别幽明,以制上下①。祭日于东,祭月于西,以别外内,以端其位②。日出于东,月生于西③,阴阳长短④,终始相巡,以致天下之和⑤。

[注释]①以别幽明,以制上下:幽,暗。谓这样来区别明和暗,来确定上和下。 ②以端其位:端,正。谓这样来端正方位。 ③月生于西:详《礼器第十》第27节注⑤。 ④阴阳长短:阴,谓夜。阳,谓昼。夏则阳长而阴短,冬则阳短而阴长,是所谓阴阳长短。 ⑤终始相巡,以致天下之和:意思是,终而复始相循环,这样便导致天下万物的和谐。

16. 天下之礼,致反始也,致鬼神也,致和用也,致义也,致让也①。致反始,以厚其本②也;致鬼神,以尊上③也;致物用,以立民纪也④;致义,则上下不悖逆矣;致让,以去争⑤也。合此五者,以治天下之礼也,虽有奇邪而不治者,则微矣⑥。

[注释]①"致反始"至"致让也":致反始,谓郊祭以报答天。致鬼神,谓宗庙祭祀之类。致和用,和谓和睦,用谓财用丰足。这几句意思是,使人报答天,使人报答鬼神,使人和睦而财用丰足,使人遵守道义,使人讲究谦让。 ②厚其本:谓厚报人的根本。按,人的根本在天。 ③尊上:谓使人尊敬长上。按,宗庙祭祀,就是为祭父祖之神灵。 ④致物用,以立民纪也:谓使人财用丰足,这样来使民众遵守礼仪纲纪。按,这就是管子所谓"衣食足而后知礼节,仓廪足而后知荣辱"之义。 ⑤争:谓争夺,争纷。 ⑥"合此"至"微矣":这几句意思是,综合这五个方面,用来治理天下的礼,即使有奇异邪恶的现象而不被治理的,也是极少的。

17. 宰我曰①:"吾闻鬼神之名,不知其所谓②。"子曰:"气也者,神之盛也。魄也者,鬼之盛也③。合鬼与神,教之至也④。众生必死,死必归土,此之谓鬼。骨肉毙于下,阴为野土⑤,其气发扬于上,为昭明,焄蒿,悽怆,此百物之精也,神之著也⑥。因物之精制为之极,明命鬼神,以为黔首则,则百众以畏,万民以服⑦。圣人以是为未足也,筑为宫室,设为宗祧⑧,以别亲疏远迩,教民反古复始,不忘其所由生也。众之服自此,故听且速也⑨。二端既立,报以二礼⑩。建设朝事⑪,燔燎羶芗,见以萧光,以报气也⑫,此教众反始也。荐黍稷,羞肝、肺、首、心,见间以侠甒,加以郁鬯⑬,以报魄也,教民相爱,上下用情,礼之至也⑭。君子反古复始,不忘其所由生也。是以致其敬,发其情,竭力从事以报其亲,不敢弗尽也。是故昔者天子为藉⑮千亩,冕而朱纮,躬秉耒。诸侯为藉百亩,冕而青纮,躬秉耒。以事天、地、山、川、社、稷、先古⑯,以为醴酪齐盛⑰,于是乎取之,敬之至也。古者天子、诸侯必有养兽之官,及岁时⑱,齐戒、沐浴,而躬朝之⑲。牺、牷祭牲⑳,必于是取之,敬之至也。君召牛,纳而视之,择其毛而卜之㉑,吉,然后养之。君皮弁,素积㉒,朔月、月半,君巡牲,所以致力㉓,孝之至也。古者天子、诸侯,必有公桑、蚕室㉔,近川而为之,筑宫仞有三尺㉕,棘墙而外闭之㉖。及大昕之朝㉗,君皮弁素积,卜三宫之夫人、世妇之吉者,使入蚕于蚕室。奉种浴于川,桑于公桑,风戾以食之㉘。岁既单矣,世妇卒蚕㉙,奉茧以示于君,遂献茧于夫人。夫人曰:'此所以为君服与。'遂副、袆㉚而受之,因少牢以礼之㉛。古之献茧者,其率用此与㉜。及良日,夫人缫,三盆手㉝,遂布于三宫夫人、世妇之吉者㉞,使缫,遂朱、绿之,玄、黄之,以为黼黻文章㉟,服既成,君服以祀先王、先公,敬之至也。"

[注释]①宰我:即宰予,孔子的学生。 ②不知其所谓:即不知是什么意思。 ③"气也"至"鬼之盛也":盛,谓充盈。这几句意思是,人的气息,就

是神在人体内的充盈。人的魄,就是鬼在人体内的充盈。 ④合鬼与神,教之至也:这两句意思是,人死后合死者的鬼与神加以祭祀,就是圣人设教的最高原则。 ⑤阴为野土:阴,犹掩。意思是,掩在地下而成为野地的土壤。 ⑥"其气"至"神之著也":昭明,即所谓光影,这是想像其如此。焄,音 xūn,同"熏"。蒿,气蒸发貌。焄蒿,谓气腾升而上。悽怆,是能令人凛然感动的模样。这几句意思是,它们的气息飞扬向上,显现出光影,升腾而上,令人凛然感动,这就是各种生物的精气,是看得见的神。 ⑦"因物"至"万民以服":命,犹尊名。黔首,即百姓。百物,与下"万民"义同。这几句意思是,就生物的精气制定至高无上的名称,尊名为鬼神,作为民众信奉的准则,众人就会畏惧,万民就会慑服。 ⑧宗祧:宗,原误作"宫"。谓宗庙和祧庙。 ⑨众之服自此,故听且速也:意思是,民众服从长上之心便由此产生,因此能听信教令且迅速服从。 ⑩二端既立,报以二礼:二端,指气与魄,尊其名则为神鬼。二礼,即朝事之礼和荐黍稷之礼(详下文)。这两句意思是,气与魄二者的尊名既立,又用二种礼来进行报祭。 ⑪朝事:按,祭礼正式开始之前,王要酌郁鬯献尸,以供尸行祼祭礼。然后王还要亲自迎牲、杀牲,并向尸荐血腥,再酌醴献尸。王后也要向尸荐笾豆,并献醴。这个礼仪过程,叫做朝事,又叫朝践。因为以上礼仪是在清早进行的,故以"朝"名。 ⑫燔燎膻芗,见以萧光,以报气也:燔燎,谓取膟膋燎于炉炭。膻,是"馨"字之误。见,是"覒"字之误,义为混杂、夹杂。萧,萧蒿。光,谓气。这几句意思是,燔烧牲体肠部的脂肪以产生馨香,又兼燃烧萧蒿产生气味,用以报祭气。 ⑬见间以侠甒,加以郁鬯:见间,亦当为"覒",是一字误分为二字。侠,音 jiā,通"夹"。侠甒,谓杂之两甒醴酒。郁鬯:祭祀用的一种香酒(参见《礼器第十》第6节注③)。这两句意思是,兼用两甒醴酒,加上郁鬯。 ⑭教民相爱,上下用情,礼之至也:这两句意思是,教育民众相互亲爱,上下交流感情,这是礼的最高表现。按,报祭魄之时,参加祭祀的人上下皆交遍饮酒,以体现上以恩赐待下,下爱上之恩赐,上下皆以真情相待。 ⑮藉:即藉田(参见《月令第六》第7节注④)。 ⑯先古:即祖先。 ⑰醴酪齐盛:醴酪,即酒浆。齐,音 zī,通"粢",即粢盛,祭祀用粮。 ⑱岁时:此指每月的初一、十五,即下文所谓"朔月、月半"。 ⑲躬朝之:朝,谓巡视牲,言"朝",因是祭神所用,是表敬的说法,实即下文

"君巡牲"之谓。 ⑳牺、牷祭牲：牺谓纯色，牷为完好，即用毛色纯而又牲体完好者来祭祀。 ㉑择其毛而卜之：谓择取牲毛加以占卜，看用此牛是否吉利。 ㉒皮弁，素积：皮弁，是白鹿皮制的冠。素积，是腰间有折皱的白色的裙裳。按，此处只说裳，而未说衣，因衣与裳同色，故略之。 ㉓致力：谓尽力为祭祀做准备。 ㉔公桑、蚕室：谓公桑园和养蚕室。 ㉕仞：周制八尺为仞。 ㉖棘墙而外闭之：谓墙上布置棘刺而门扇由外向内关闭。 ㉗大昕之朝：大昕，即黎明。此谓季春朔日之朝。 ㉘奉种浴于川，桑于公桑，风戾以食之：浴，谓浸浴蚕种。上"桑"作动词，谓采摘桑叶。戾，干。风戾，谓风吹干。这几句意思是，捧着蚕种在河里浸一浸，又到公桑园采桑叶，就风翻动桑叶使上面的水干了而后喂蚕。 ㉙岁既单矣，世妇卒蚕：单，通"殚"，尽。此句犹言"春既尽"。卒，尽，完毕。这两句意思是，春天过完之后，世妇养蚕完毕。 ㉚副、袆：副，妇人的首饰，副的形制今已不详。袆，音 huī，衣名，是一种画有五彩野鸡图案的礼服。 ㉛因少牢以礼之：谓接着用少牢之礼款待养蚕的世妇。 ㉜古之献茧者，其率用此与：率，大概，一般。意思是，古代献蚕茧的，大概都是用的上面说的这种礼吧。 ㉝妇人缫，三盆手：缫，谓缫丝。三盆手，是一种缫丝法。置茧于盆中，而以手三次淹之，每淹则以手振出其绪，即所谓"三盆手"。按，夫人之缫，止于三盆。这两句意思是，夫人亲自缫丝，将手三次浸入盆中抽出丝绪。 ㉞布于三宫夫人、世妇之吉者：按，若就诸侯而言，夫人只有一人，当言布于世妇之吉者，而此处言"夫人、世妇之吉者"，是杂互天子而言之，天子有三夫人，就其中取吉者。布之者，谓分配给她们去继续缫丝。 ㉟遂朱、绿之，玄、黄之，以为黼黻文章：这是记丝绸的染织工作，谓再把丝染成红、绿、黑、黄等颜色，织成有黼纹或黻文图案的丝绸。

18. 君子曰："礼乐不可斯须去身。"致乐以治心，则易、直、子、谅之心，油然生矣。易、直、子、谅之心生则乐，乐则安，安则久，久则天，天则神。天则不言而信，神则不怒而威：致乐以治心者也。致礼以治躬则庄敬，庄敬则严威。心中斯须不和不乐，而鄙诈之心入之矣；外貌斯须不庄不敬，而慢易之心入之矣。故乐也者动于内者也，礼也者动于外者也。乐极和，礼极顺，内和而外顺，则民瞻其颜色而不与争也，望其容貌而众不生慢易焉。故德煇动乎内，而民莫不承听；理发乎外，而众莫不承顺。故曰致礼乐之道，而天下塞焉，举而措之无难矣。乐也者，动于内者也。礼也者，动于外者也。故礼主其减，乐主其盈。礼减而进，以进为文。乐盈而反，以反为文。礼减而不进则销，乐盈而不反则放。故礼有报而乐有反。礼得其报则乐，乐得其反则安。礼之报，乐之反，其义一也。

[注释] 此段文字，与《乐记第十九》第47、48、49节同，可参看。

19. 曾子曰："孝有三：大孝尊亲①，其次弗辱，其下能养。"公明仪问于曾子曰②："夫子③可以为孝乎？"曾子曰："是何言与④！是何言与！君子之所为孝者，先意承志，谕父母于道⑤。参直⑥养者也，安能为孝乎？"曾子曰："身也者，父母之遗体也，行父母之遗体，敢不敬乎。居处不庄⑦，非孝也。事君不忠，非孝也。涖官不敬⑧，非孝也。朋友不信，非孝也。战阵无勇，非孝也。五者不遂，灾及于亲⑨，敢不敬乎。亨孰膻芗⑩，尝而荐之，非孝也，养也。君子之所谓孝也者，国人称愿然⑪，曰：'幸哉⑫，有子如此！'所谓孝也已⑬。众之本教曰孝，其行曰养⑭。养可能也，敬为难。敬可能也，安⑮为难。安可能也，卒⑯为难。父母既没，慎行其身⑰，不遗父母恶名，可谓能终矣。仁者，仁此者也⑱。礼者，履此者也⑲。义者，宜此⑳者也。

信者,信此㉑者也。强者,强此㉒者也。乐自顺此生,刑自反此作㉓。"曾子曰:"夫孝,置之而塞乎天地,溥之而横乎四海,施诸后世而无朝夕㉔,推而放诸东海而准㉕,推而放诸西海而准,推而放诸南海而准,推而放诸北海而准。《诗》云㉖:'自西自东,自南自北,无思不服㉗。'此之谓也。"曾子曰:"树木以时伐焉,禽兽以时杀焉。夫子曰:'断一树,杀一兽,不以其时,非孝也㉘。'孝有三:小孝用力,中孝用劳,大孝不匮。思慈爱忘劳,可谓用力矣㉙。尊仁安义,可谓用劳矣㉚。博施备物,可谓不匮矣㉛。父母爱之,嘉而弗忘。父母恶之,惧而无怨㉜。父母有过,谏而不逆㉝。父母既没,必求仁者之粟以祀之,此之谓礼终㉞。"

[注释]①尊亲:使双亲受到人们的尊敬。下文"弗辱"亦使动用法。②公明仪:曾子的学生。 ③夫子:这是对曾子的尊称,犹言先生您。 ④是何言与:犹今言这说的是什么话!表否定。 ⑤先意承志,谕父母于道:这两句意思是,在父母还没有指使自己之前就能预先体达父母的意思而去做父母将想让自己做的事,并使父母知道做事的正理。 ⑥直:只不过。 ⑦居处不庄:谓生活起居不庄重。 ⑧涖官不敬:涖,同"莅"。莅官,居官,做官。敬,严肃。不敬,不严肃认真。 ⑨五者不遂,菑及于亲:五者,指上文所说不庄、不忠、不安、不敬、不信、无勇五者。遂,如愿,做到。菑,同"灾"。 ⑩亨孰膻芗:亨,"烹"的古字。膻,通"馨"。芗,通"香"。谓煮熟的馨香的食物。⑪称愿然:称愿,称许羡慕。然,犹"焉"。 ⑫幸哉:犹今言多么值得庆幸啊。⑬所谓孝也已:意思是,这才是所谓孝呢。 ⑭众之本教曰孝,其行曰养:这两句意思是,教育众人的根本就是孝,孝的基本行为就是赡养。 ⑮安:谓使父母安乐。 ⑯卒:谓终生行孝。 ⑰慎行其身:谓谨慎自身的行事。⑱仁者,仁此者也:此,指孝。意思是,所谓仁,就是以孝为仁。 ⑲礼者,履此者也:意思是,所谓礼,就是履行孝道。 ⑳宜此:宜,适宜,适合于。谓符

合孝道。　㉑信此:谓在孝上表现出诚信。　㉒强此:谓在孝的方面强于人。
㉓乐自顺此生,刑自反此作:这两句意思是,快乐由顺行孝道而生,惩罚由违背孝道而降临。　㉔"置之"至"无朝夕":这几句意思是,拿它来充满天地之间,普及而遍于四海之内,施行到后世而没有一刻停止。　㉕推而放诸东海而准:意思是,推广到东海而为准则。下三句义仿此。　㉖《诗》云:按,下面的诗句引自《诗经·大雅·文王有声》。　㉗无思不服:意思是,没有想不服从的。　㉘断一树,杀一兽,不以其时,非孝也:按,上文说"仁者,仁此者也",既以孝为仁,而伐树、杀兽不按时节,就是不仁的表现,因此也就是不孝。
㉙思慈爱忘劳,可谓用力矣:这两句意思是,一心想对父母慈爱努力耕种而忘记劳苦,可以称得上用力了。　㉚尊仁安义,可谓用劳矣:这两句意思是,尊崇并安心实行仁义而为国建立功劳,使父母荣耀,可以称得上功劳了。
㉛博施备物,可谓不匮矣:这两句意思是,广施孝心而遍及万物,可以称得上无处不在了。按,上言伐树、杀兽皆当以时,就是行孝道而博施备物的表现。
㉜"父母"至"无怨":嘉,乐,喜欢。这几句意思是,父母喜欢我,就高兴而不忘记。父母讨厌我,就戒惧而不怨恨。　㉝不逆:谓对父母不违逆。　㉞必求仁者之粟以祀之,此之谓礼终:粟,此指俸禄。父母死后,必仕于诸侯之仁者或贤大夫之朝,立身行道,以终祭祀,以免有辱先人。这两句意思是,父母死后,必须从仁君那里取得俸禄来祭祀,这就叫做能依礼把孝道实行到底。

20. 乐正子春①下堂而伤其足,数月不出,犹有忧色。门弟子曰:"夫子之足瘳矣②,数月不出,犹有忧色,何也?"乐正子春曰:"善如尔之问也!善如尔之问也!吾闻诸曾子,曾子闻诸夫子③曰:'天之所生,地之所养,无人为大。父母全而生之,子全而归之④,可谓孝矣。不亏其体,不辱其身,可谓全矣。故君子顷⑤步而弗敢忘孝也。'今予忘孝之道,予是以有忧色也。壹举足而不敢忘父母,壹出言而不敢忘父母。壹举足而不敢忘父母,是故道而不径,舟而不游⑥,不敢以先父母之遗体行殆⑦。壹出言而不敢忘父母,是故恶言不出于口,忿言不反于身⑧,不辱其身,不羞其亲,可谓孝矣。"

[注释]①乐正子春:曾子的学生。 ②瘳:音chōu,病愈。 ③夫子:对孔子的尊称。 ④母全而生之,子全而归之:这两句意思是,父母完整地生下了儿子的身体,儿子死后也完整地把身体归还父母。 ⑤顷:是"跬"字之误。跬,音kuǐ,半步。 ⑥道而不径,舟而不游:道,作动词,谓走路。径,此指斜路小径。舟,亦作动词,谓乘船。这两句意思是,走路不走斜僻的小路,过河要乘船而不游泳。 ⑦行殆:殆,危险。谓做冒险的事。 ⑧忿言不反于身:忿,愤怒,怨恨。谓别人不会用愤恨的话回击自己。

21. 昔者有虞氏贵德而尚齿①,夏后氏贵爵而尚齿,殷人贵富而尚齿,周人贵亲而尚齿。虞、夏、殷、周,天下之盛王②也,未有遗年③者。年之贵乎天下④久矣,次乎事亲也。是故朝廷同爵则尚齿。七十杖于朝,君问则席⑤。八十不俟朝,君问则就之⑥。而弟达乎朝廷矣⑦。行肩而不并,不错则随⑧。见老者则车、徒辟⑨。斑白者不以其任行乎道路⑩,而弟达乎道路矣。居乡以齿⑪,而老穷不遗,强不犯弱,众不暴寡,而弟达乎州巷⑫矣。古之道,五十不为甸徒⑬,颁禽隆诸长者⑭,而弟达乎搜狩矣⑮。军旅什伍⑯,同爵则尚齿,而弟达乎军旅矣。孝弟发诸朝廷,行乎道路,至乎州巷,放乎搜狩,修乎军旅⑰,众以义死之,而弗敢犯也⑱。

[注释]①尚齿:齿,谓年齿,此处指年长的人。谓尊敬年长的人。 ②盛王:谓盛朝之王。 ③遗年:谓遗弃老年人。 ④年之贵乎天下:年,在

此谓年长、年老。谓老年人被天下人所尊贵。 ⑤七十杖于朝,君问则席:这两句意思是,年七十可以拄杖上朝,国君有所询问就要为他设席请他安坐。按,古代君臣皆站立而朝。按,《王制》曰"七十不俟朝"(参见彼第46节)。 ⑥八十不俟朝君问则就之:不俟朝,谓不在朝廷上俟立以待罢朝,朝见国君后即可退去。君问则就之,谓国君有所询问就亲自到他家去。 ⑦弟达乎朝廷:弟,通"悌"。谓尊敬长上的德行就通行于朝廷上了。 ⑧行肩而不并,不错则随:错,谓如雁行之稍偏而后。这两句意思是,与年长者不并肩而行,不是雁行就是相随在后。 ⑨见老者则车、徒辟:车、徒,谓年少者乘车或步行。这句意思是,在路上遇见年长者,年少者不论是乘车还是步行,都要避让。 ⑩斑白者不以其任行乎道路:斑白者,指头发斑白的人。以其任,谓背着行李重物。这句意思是,头发斑白的人不携带重物在路上行走,因为年少者看见了就会为他代劳。 ⑪居乡以齿:谓居住在乡里的人按年龄论尊卑。 ⑫州巷:按,一乡五州。巷,犹间。州巷在此泛指乡里。 ⑬不为甸徒:按,古代四井为邑,四邑为丘,四丘为甸,甸方八里,按照军法,方八里出车一乘,甲士三人,步卒七十二人,这就是所谓甸徒,或甸役,以供军赋和田猎之事。 ⑭颁禽隆诸长者:隆,在此谓多。意思是,打猎后分配猎物时给年长者多分。 ⑮獀狩:獀,同"蒐"。春猎为蒐,冬猎为狩。蒐狩在此泛指狩猎。 ⑯军旅什伍:军旅,即军队。什伍,古代军队编制,五人为伍,十人为什,称为什伍。此句泛指在军队中。 ⑰修:实行。 ⑱众以义死之,而弗敢犯也:民众都能为道义而死,而没有人敢违反道义了。

22. 祀乎明堂①,所以教诸侯之孝也;食三老、五更于大学②,所以教诸侯之弟也;祀先贤于西学③,所以教诸侯之德也;耕藉,所以教诸侯之养也④;朝觐,所以教诸侯之臣也⑤:五者,天下之大教也。

[注释]①明堂:是古代天子宣明政教、举行祭祀和重大典礼的地方(参见《月令第六》第3节注①)。 ②食三老、五更于大学:谓行养老礼(参见《乐记第十九》第46节注⑨)。 ③西学:是周代的小学,盖即《王制》所谓

"虞庠在国之西郊"(见彼第47节)之虞庠。 ④耕藉,所以教诸侯之养也:耕藉,是为宗庙祭祀而耕种,为事神奉养之道,故曰教诸侯之养。 ⑤教诸侯之臣也:臣,作动词,为做臣、为臣。意思是,教育诸侯怎样做臣。

23. 食三老、五更于大学,天子袒而割牲,执酱而馈,执爵而酳,冕而摁干,所以教诸侯之弟也①。是故乡里有齿,而老穷不遗,强不犯弱,众不暴寡,此由大学来者也②。

[注释]①"食三老"至"弟也":这几句与《乐记第十九》第46节所记同,可参看。酳,谓饮酒漱口(参见《曲礼上第一》第30节注⑬)。 ②此由大学来者也:意思是,这是从大学传播下来的风尚。

24. 天子设四学①,当入学而大子齿②。

[注释]①四学:谓周(代)的四郊之学。 ②当入学而大子齿:谓到入学的年龄太子与同学们按年龄序尊卑。

25. 天子巡守,诸侯待于竟①。天子先见百年者②。八十、九十者,东行,西行者,弗敢过③;西行,东行者,弗敢过。欲言政者④,君就之可也。

[注释]①天子巡守,诸侯待于竟:守,音 shòu,同"狩"。竟,通"境"。谓在边境上等待。 ②百年者:谓百岁老人。 ③"八十"至"弗敢过":意思是,本欲东行,而有老者住在西边,则必迂道向西而谒见之,不得背其居而径去。这几句意思是,对于八十岁、九十岁的老人,本想东行而老人住在西边,就绕道西行谒见老人,不敢背道而过。下文义仿此。 ④欲言政者:谓老人有想对政事发表意见的。

26. 壹命齿于乡里①,再命齿于族②,三命不齿,族有七十者弗敢先③。七十者,不有大故④不入朝,若有大故而入,君必与之揖让⑤,而后及爵者。

[注释]①壹命:及下再命,三命,参见《王制第五》第15节注①。齿于乡里,谓与乡里民众按年龄序尊卑。 ②齿于族:谓与族人按年龄序尊卑。 ③三命不齿,族有七十者弗敢先:意思是,三命之官就不与族人按年龄序尊卑了,但不敢在族中年高七十者之先。 ④大故:谓大事。 ⑤君必与之揖让,而后及爵者:让,犹辞,辞其来朝,让他回去休息。者,在此用作表停顿的语气词。这两句意思是,国君必先向他行揖礼并请他回去休息,而后再按爵位高低同朝臣们行揖礼。

27.天子有善,让德于天①;诸侯有善,归诸天子;卿大夫有善,荐于诸侯;士、庶人有善,本诸父母,存诸长老②;禄爵、庆赏,成诸宗庙,所以示顺也③。

[注释]①让德于天:犹言归功于天。 ②本诸父母,存诸长老:本,根据。存,是"荐"字之误。荐,进。这两句意思是,士、庶人做了好事,要说是根据父母的教导,归功于长辈。 ③成诸宗庙,所以示顺也:谓在宗庙里完成,以表示敬顺长上。

28.昔者圣人建阴阳天地之情①,立以为《易》②。易③抱龟南面,天子卷冕北面④。虽有明知之心⑤,必进断其志焉,示不敢专,以尊天也⑥。善则称人,过则称己,教不伐⑦,以尊贤也。

[注释]①建:是"达"字之误,谓通达。 ②立以为《易》:谓据以撰著了《易》。 ③易:在此是官名,即大卜。 ④卷冕:卷,同"衮"。衮冕,穿衮服而戴冕。 ⑤知:"智"的古字。 ⑥"必进"至"天也":这几句意思是,遇事也必须进问鬼神以帮他做决断,表示不敢自专,而尊重天意。 ⑦伐:自我夸耀。

29.孝子将祭祀,必有齐庄①之心以虑事,以具服物,以修宫室,以治百事。及祭之日,颜色必温,行必恐,如惧不及爱然②。其奠之也,容貌必温,身必诎,如语焉而未之然③。宿者皆出④,其立卑静以正,如将弗见然⑤。及祭之后,陶陶遂遂,如将复入然⑥。是故悫善不违身⑦,耳目不违心,思虑不违亲,结诸心,形诸色,而术省之⑧,孝子之志⑨也。

[注释]①齐庄:齐,音 zhāi,同"斋"。严肃诚敬。 ②行必恐,如惧不及爱然:恐,在此义为谨慎。不及,谓见不到。爱,指所爱的人,在此指父母。这两句意思是,行动必须谨慎,如同生怕不能见到亲人的样子。 ③如语焉而未之然:语焉,是指与亲人语。未之然,谓未得答复。这句意思是,如同跟亲人说话而尚未得到答复的样子。 ④宿者皆出:宿者,谓来助祭的宾客,现在祭毕而皆退出。 ⑤其立卑静以正,如将弗见然:这是说孝子祭毕的情态。孝子卑恭而默然地正立着,如同亲人就要离去了,再也见不到了的样子。 ⑥及祭之后,陶陶遂遂,如将复入然:陶,音 yáo。陶陶,思亲之情结于胸中。遂遂,思亲之情达之于外。这几句意思是,祭祀之后,孝子显出深深思念的神情,如同亲人将再次进入庙中的样子。 ⑦悫善不违身:悫善,朴实善良。违,离。谓祭祀时那种朴实善良的态度不离身。 ⑧术省之:术,是"述"字之误。述,循,谓反复,循环往复。省,省视,在此犹言回忆。谓反复地回忆着亲人。 ⑨志:谓心志。

30.建国之神位,右社稷而左宗庙①。

[注释]①右社稷而左宗庙:左、右,谓路寝之左右。路寝即朝廷的正殿。按,路寝坐北朝南,是左为东,右为西。

祭统第二十五

1.凡治人之道,莫急①于礼。礼有五经,莫重于祭②。夫祭者,非物自外至者也③,自中出生于心也;心怵④而奉之以礼,是故唯贤者能尽祭之义⑤。

[注释]①急:紧要。 ②礼有五经,莫重于祭:五经,指吉、凶、宾、军、嘉五大类礼。祭:属吉礼。 ③非物自外至:意思是,不是借外物从表面上做出来的。 ④心怵:心中感念亲人的样子。 ⑤尽祭之义:谓通过祭祀礼仪而充分体现祭祀的意义。

2.贤者之祭也,必受其福,非世所谓福①也。福者,备也。备者,百顺②之名也,无所不顺者谓之备。言内尽于己,而外顺于道③也。忠臣以事其君,孝子以事其亲,其本一也④。上则顺于鬼神,外则顺于君长,内则以孝于亲,如此之谓备。唯贤者能备,能备然后能祭。是故贤者之祭也,致其诚信与其忠敬,奉之以物,道之以礼,安之以乐⑤,参之以时⑥,明荐之⑦而已矣,不求其为⑧,此孝子之心也。

[注释]①非世所谓福:谓不是社会上一般人所说的那种福。而一般人

所谓福,主要是指能得鬼神佑助,寿考吉祥之类。　②百顺:犹言万事皆顺,也就是下文所说"无所不顺"的意思。　③言内尽于己,而外顺于道:言,犹今所谓"说的是",或"是说"。这句是解释"无所不顺"之义。是说内能尽自己的心意,而外能符合道理。　④其本一也:谓二者根本上是一致的。　⑤道之以礼,安之以乐:谓用礼来做指导,用乐来慰藉神。　⑥参之以时:谓参照时节。　⑦明荐之:明,谓明洁之物,也就是极洁净的祭品。荐,进上。　⑧不求其为:意思是,不为求得神的赐予。按,如为求神的赐予而祭祀,就不是出于诚意了。

3. 祭者,所以追养继孝①也。孝者,畜也②。顺于道,不逆于伦,是之谓畜。是故孝子之事亲也,有三道③焉:生则养,没则丧,丧毕则祭。养则观其顺也④,丧则观其哀也,祭则观其敬而时也。尽此三道者,孝子之行也。

[注释]①追养继孝:谓追养双亲而继续尽孝。按,父母活着要赡养父母,死后又继续奉祀之,就是追养。追养就是继续尽孝心的表现。　②孝者,畜也:畜,在此是顺于德教的意思,也就是下文所谓"顺于道,不逆于伦,是之谓畜"。　③道:犹原则。　④养则观其顺:意思是,赡养双亲看他是否有敬顺之心。下两句义仿此。

4. 既内自尽,又外求助,昏礼是也①。故国君取夫人之辞曰:"请君之玉女②,与寡人共有敝邑③,事宗庙、社稷。"此求助之本④也。

[注释]①既内自尽,又外求助,昏礼是也:意思是,既内能尽自己的心意,又外求助于异姓,婚礼就是这样。　②玉女:对别人之女的美称,犹言貌美而贤德之女。　③共有敝邑:犹言共有封国。　④此求助之本:谓这就是求助于异姓的根本出发点。按上文言"事宗庙、社稷",这就是所谓根本。

5. 夫祭也者，必夫妇亲之，所以备外内之官①也。官备则具备②。水草之菹，陆产之醢，小物备矣③。三牲之俎，八簋④之实，美物备矣。昆虫之异，草木之实⑤，阴阳之物备⑥矣。凡天之所生，地之所长，苟可以荐者，莫不咸在，示尽物也。外则尽物，内则尽志，此祭之心⑦也。

[注释]①官：犹职。 ②官备则具备：具，谓祭祀之物。这句意思是，内外职分具备了，祭物也就具备了。 ③水草之菹，陆产之醢，小物备矣：菹：用醋腌渍的菜。这几句意思是，有用水草类做的菹菜，用陆产物做的酱类，小祭物就具备了。 ④八簋：按，簋盛黍、稷做的饭，古人以黍、稷为饭中之美者。天子祭用八簋。 ⑤昆虫之异，草木之实：昆虫，谓如《内则》所说的蜩（蝉）、范（蜂）等。草木，谓如《周礼·笾人》所说的菱、芡、榛、栗之属。 ⑥阴阳之物备：按，这是总上而言，凡祭礼之物皆阴阳之气所生，非仅指昆虫草木。 ⑦外则尽物，内则尽志，此祭之心：意思是，外用尽一切物品，内竭尽一切诚意，这就是祭祀所应有的心理。

6. 是故天子亲耕于南郊，以共齐盛。王后蚕于北郊，以共纯服①。诸侯耕于东郊，亦以共齐盛。夫人蚕于北郊，以共冕服。天子、诸侯非莫耕也，王后、夫人非莫蚕也，身致其诚信。诚信之谓尽，尽之谓敬，敬尽然后可以事神明，此祭之道也。

[注释]①纯服：纯，音 zī，同"缁"，黑色丝织物。此纯服即指下文之冕服，纯是就其颜色而言。冕服，即头戴冕而身穿祭服。

7. 及时将祭①，君子乃齐。齐之为言齐也②，齐不齐，以致齐者也③。是以君子非有大事也，非有恭敬也，则不齐。不齐则于物无防也，嗜欲无止也。及其将齐也，防其邪物,讫其嗜欲④,耳不听乐,故《记》曰:"齐者不乐⑤。"言不敢散其志也。心不苟虑,必依于道⑥。手足不苟动,必依于礼。是故君子之齐也,专致其精明之德⑦也。故散齐七日以定之⑧,致齐三日以齐之。定之之谓齐。齐者,精明之至也,然后可以交于神明也。是故先期旬有一日,宫宰宿夫人⑨。夫人亦散齐七日,致齐三日。君致齐于外⑩,夫人致齐于内,然后会于大庙⑪。

[注释]①及时:谓到了将要举行祭祀的时候。 ②齐之为言齐也:上"齐",通"斋"。这是说,斋,就是齐的意思。 ③齐不齐,以致齐者也:致齐,此"齐"亦同"斋"。谓致诚敬之心于斋戒。上文所谓齐,亦谓齐之于诚敬之心。这两句意思是,使不齐一的身心都齐一,以致诚敬之心于斋戒。 ④防其邪物,讫其嗜欲:物,犹事。讫,止。谓斋戒时应当防止邪僻的事物,停止嗜欲。 ⑤齐者不乐:谓斋戒的人不听音乐。 ⑥心不苟虑,必依于道:苟,谓苟且,随便,不讲原则。这两句意思是,心中不乱想,思想必须依据道理。 ⑦精明之德:谓精诚纯洁的德性。 ⑧散齐七日以定之:散斋,及下文"致斋",参见《祭义第二十四》第2节注①。这句意思是,在生活起居方面要斋戒七天以稳定自己的心志。 ⑨先期旬有一日,宫宰宿夫人:期,谓祭祀的日期。旬有一日,谓十一日。宫宰,守宫之官。宿,通"肃"。肃,犹戒。谓宫宰告诫夫人进行斋戒。 ⑩外:指国君的路寝。下文"内"则指夫人的正寝。 ⑪然后会于大庙:谓斋戒之后国君和夫人相会在太庙进行祭祀。

8.君纯冕①立于阼。夫人副袆②立于东房。君执圭瓒祼尸③,大宗执璋瓒亚祼④。及迎牲,君执纼⑤,卿大夫从,士执刍⑥。宗妇执盎从⑦,夫人荐涚水⑧。君执鸾刀羞嚌⑨。夫人执荐豆。此之谓夫妇亲之。

[注释]①纯冕:纯衣(丝衣)而冕服(头带冕而身穿祭服)。 ②副袆:

副,首饰。袆,礼服名(参见《祭义第二十四》第17节注㉚)。 ③圭瓒祼尸:圭瓒,以圭为柄的玉杓。下文璋瓒仿此(参见《郊特牲第十一》第32节注⑧)。祼,音 guàn,谓祼祭。以圭瓒酌郁鬯之酒以献尸,尸受祭而灌于地,因奠而不饮,即所谓祼祭。 ④大宗执璋瓒亚祼:大宗,主宗庙礼者。亚祼,因继主人而祼尸,主人在前,大宗在后,故曰亚祼。 ⑤绋:音 zhèn,牵引牲口的绳索。 ⑥苴:谓槀,即稻、麦等的秆,杀牲后用以藉牲。 ⑦宗妇执盎从:宗妇,族人之妇。盎:谓盎齐,酒名(参见《祭义第二十四》第6节注⑥)。 ⑧夫人荐涗水:此处涗水即指盎齐,因盎齐浊,以涗水掺和其中而荐尸。按,涗水即经过过滤的明洁的水,亦即玄酒(参见《郊特牲第十一》第32节注㉛)。 ⑨君执鸾刀羞哜:鸾刀,刀环上有铃的刀(参见《礼器第十》第24节注⑤)。羞,进献食物。哜,尝。这句意思是,国君拿鸾刀割取牲肉进献给尸尝。

9. 及入舞①,君执干戚就舞位。君为东上,冕而揔干,率其群臣,以乐皇尸②。是故天子之祭也,与天下乐之。诸侯之祭也,与竟内乐之,冕而揔干,率其群臣,以乐皇尸,此与竟内乐之之义也。

[注释]①入舞:谓舞队进入庙中。 ②"君为"至"皇尸":揔,同"总",持。皇尸,即扮作被祭祀的先君的尸,言皇,是表示尊敬之意。这几句意思是,国君站在舞队东边上位,头戴冕而手持盾牌,率领群臣舞蹈,以使皇尸快乐。

10. 夫祭有三重①焉:献之属莫重于祼②,声莫重于升歌③,舞莫重于《武宿夜》④。此周道也⑤。凡三道者,所以假于外,而以增君子之志也⑥。故与志进退⑦:志轻则亦轻,志重则亦重;轻其志而求外之重也,虽圣人弗能得也。是故君子之祭也,必身自尽也,所以明重也⑧。道之以礼,以奉三重,而荐诸皇尸,此圣人之道也⑨。

[注释]①三重:三件重要的事。　②献之属莫重于祼:献,谓向尸献酒。祼,这是为降神而祼,故重于献。按,祼是献酒于尸以行祼祭(参见第8节),故亦为"献之属"。　③声莫重于升歌:声,在此泛指音乐。升歌,谓歌者升堂歌唱。升歌之所以重,是因为"贵人声"。　④《武宿夜》:舞名。武王伐纣,至于商郊,停止而宿,当夜士卒皆欢乐歌舞以待旦,因以为名。《武宿夜》舞与乐皆久佚。　⑤此周道也:谓以上所说都是周人的祭祀方法。　⑥"凡三"至"之志也":这几句意思是,以上三件事,都是借助外物,来加强表现君子敬神的心意。　⑦与志进退:志,心志,心意。谓这三件事表现的轻重直接取决于敬神心意的轻重。　⑧必身自尽也,所以明重也:身自尽,谓全身心投入。明重,谓表明敬神心意之重。　⑨"道之"至"道也":这几句意思是,用礼做指导,来奉行那三件事,而把它们进献给皇尸,这就是圣人祭祀的原则。

11. 夫祭有馂①。馂者,祭之末也②,不可不知也。是故古之人有言曰:"善终者如始③。"馂其是已。是故古之君子曰:"尸亦馂鬼神之余④也。"惠术也,可以观政矣⑤。是故尸谡,君与卿四人馂⑥;君起,大夫六人馂,臣馂君之余也;大夫起,士八人馂,贱馂贵之余也;士起,各执其具以出,陈于堂下,百官进,彻之⑦,下馂上之余也。凡馂之道,每变以众⑧,所以别贵贱之等,而兴施惠之象⑨也。是故以四簋黍,见其修于庙中也⑩,庙中者,竟内之象也。祭者,泽之大者也。是故上有大泽,则惠必及下,顾上先下后耳⑪,非上积重而下有冻馁之民也⑫。是故上有大泽,则民夫人待于下流,知惠之必将至也,由馂见之矣,故曰"可以观政矣"。

[注释]①夫祭有馂：馂，吃剩余的饭食（参见《曲礼上第一》第36节注①）。这句是说，祭祀有吃剩余饭食的礼仪。　②馂者，祭之末也：意思是，吃剩余饭食的礼仪都是在祭祀的最后进行的。　③善终者如始：谓好好地结束，就像好好地开始一样。　④尸亦馂鬼神之余：按，凡祭祀，都先行阴厌之礼以飨鬼神（参见《曾子问第七》第23节注①），然后再行尸祭礼以飨尸，即所谓尸馂鬼神之余。　⑤惠术也，可以观政：这两句意思是，这是一种施恩惠的方法，可以通过吃剩余饭食的礼仪观察一个国家的政教。　⑥尸谡，君与卿四人馂：谡，音 sù，起立。这句意思是，祭毕而尸起身之后，国君和卿四人吃尸剩余的饭食。　⑦"士起"至"彻之"：百官，谓众小吏，这是指那些在祭祀中没有承担具体职事的众士。进，是"馂"字之误。这几句意思是，士吃罢起身，各自端着饭食出室，陈放在堂下，由众小吏们吃，吃罢把食器撤去。⑧每变以众：意思是，每变换一次馂者，吃的人数就增多一次。　⑨兴施惠之象：按，馂余之礼，初馂者尊贵而少，后馂者卑贱而多，皆先上而后下，施惠之道亦当然，故云"施惠之象"。象，谓象征。这句意思是，这是象征从上到下依次普施恩惠。　⑩见其脩于庙中也：脩，是"徧（遍）"字之误。这句意思是，体现鬼神的恩惠遍施于庙中的人。而庙中是国中的象征，也就意味着遍施恩惠于国中，故下文曰"庙中者，竟内之象也"。　⑪顾上先下后耳：顾，但是，只不过。意思是，只不过先施于上，后施于下罢了。　⑫非上积重而下有冻馁之民也：意思是，不是让在上位的人积财以致重富，下面的民众却有受冻挨饿的。

12.夫祭之为物大矣，其兴物备矣①。顺以备者也，其教之本与②。是故君子之教也，外则教之以尊其君长，内则教之以孝于其亲。是故明君在上，则诸臣服从；崇事③宗庙、社稷则子孙顺孝。尽其道，端其义，而教生焉④。是故君子之事君也，必身行之，所不安于上，则不以使下；所恶于下，则不以事上。非诸人，行诸己，非教之道也⑤。是故君子之教也，必由其本，顺之至也，祭其是与⑥。故曰：

"祭者,教之本也已。"

[注释]①夫祭之为物大矣,其兴物备矣:这两句意思是:祭祀作为礼真是重要啊,祭祀所进献的祭品真是完备啊。 ②顺以备者也,其教之本与:意思是,顺礼进行祭祀而又兼备众物,就是教化的根本吧。 ③崇事:崇,敬。尊敬地祭祀。 ④尽其道,端其义,而教生焉:意思是,君主能尽孝道,而又端正君臣关系的大义,政教就由此产生了。 ⑤非诸人,行诸己,非教之道也:意思是,责备别人做得不对,自己却照样做,不是教育人的办法。 ⑥"是故"至"是与":这几句意思是,因此君子对人的教育,必须从本身做起,这才是最顺乎情理的,祭祀就是这样的方法吧。

13. 夫祭有十伦①焉:见事鬼神之道②焉,见君臣之义焉,见父子之伦③焉,见贵贱之等焉,见亲疏之杀④焉,见爵赏之施⑤焉,见夫妇之别焉,见政事之均⑥焉,见长幼之序焉,见上下之际⑦焉。此之谓十伦。

[注释]①祭有十伦:谓祭祀有十个方面的意义。 ②见事鬼神之道:意思是,可以体现与鬼神交通的方法。 ③父子之伦:谓父子关系的道理。 ④杀:音 shài,等差。 ⑤爵赏之施:谓颁爵和赏赐的施行。 ⑥均:谓公平合理。 ⑦际:关系。

14. 铺筵设同几,为依神①也。诏祝于室,而出于祊,此交神明之道也②。

[注释]①铺筵设同几,为依神:筵,即席。意思是,为父母的神灵同铺一席,同设一几,为使神有所凭依。按,几设于席的一端,是供人凭依用的。为人所布之席,几设于东,为鬼神则设于西。又按,之所以父母同设一席一几,一种解释认为人生则异形,死则精气无间,故设一席一几即可。又一种解释认为,这是体现祭父,而以母配祭,故无须另为母设几席。 ②"诏祝"至

"道也":诏,告,这是祝告神。祊,谓祭之明日又祭。祊祭在庙门外,故曰"出而祊"(参见《礼器第十》第29节注⑭)。这两句意思是,祝官在室中向神祝告,祭祀的第二天又出庙门进行祊祭,这就是与神交通的方法。

15. 君迎牲而不迎尸,别嫌也。尸在庙门外则疑于臣,在庙中则全于君①。君在庙门外则疑于君,入庙门则全于臣,全于子。是故不出者,明君臣之义也。

[注释]①"君迎"至"全于君":按,尸以象神,当尊之如君父,而君为其子臣。但尸未入庙之前则仍是臣,君如出门迎之,则有君迎臣之嫌,故君不迎尸,以别嫌疑。尸进入庙中后,则尊之为君父了。故这几句意思是,国君要出庙门迎接祭祀所用的牲,而不出去迎接尸,这是为了避嫌疑。因为尸在庙门外而国君出迎就有以君迎臣的嫌疑,只有尸在庙中才完全成为君父的象征。按,下节又进一步申释此义。

16. 夫祭之道,孙为王父尸①,所使为尸者,于祭者子行也②,父北面而事之,所以明子事父之道也③。此父子之伦也。

[注释]①孙为王父尸:按,依昭穆制度,孙与其祖同列,故以孙为其祖父之尸(参见《曲礼上第一》第44节注①)。 ②所使为尸者,于祭者子行也:"子"上脱"为"字。意思是,充当尸的人对于祭祀的人来说属于儿子辈。③父北面而事之,所以明子事父之道也:做父亲的却要面朝北侍奉充当尸的儿子,这样来表明儿子侍奉父亲的道理。按,子为祖之尸,即象征祖,也就是祭祀者(父)之父,所以祭祀者当"北面事之",以此体现父子关系的道理,故下文说"此父子之伦也"。

17. 尸饮五①,君洗玉爵献卿②;尸饮七,以瑶爵③献大夫;尸饮九,以散爵④献士及群有司:皆以齿⑤,明尊卑之等也。

[注释]①尸饮五:以及下文所说"尸饮七"、"饮九",这是就死者为上公,向尸行九献之礼而言(若为侯伯则行七献之礼,子男则行五献之礼)。最初两次献酒,供尸行祼祭礼,祼毕奠而不饮(参见第8节注③);行朝践之礼(参见《祭义第二十四》第17节注⑪)时献酒两次,行馈食之礼(即《祭义》第17节所谓"荐黍稷,羞肝、肺、首、心"等)时献酒两次,待尸食毕,主人又献酒以酳尸,是自朝践以下,主人凡五献,而尸五饮,即所谓"尸饮五"。接着主妇向尸献酳酒,继而宾长(宾中之最尊者)向尸献酒,尸又饮二,是所谓"尸饮七"。此后长宾(指宾长以下之宾中的最长者)和长兄弟(兄弟中之最长者)亦分别向尸献酒,尸又饮二,并前所饮七,是所谓"尸饮九"。 ②君洗玉爵献卿:玉爵,是饰有玉的爵。意思是,在君献尸而尸五饮之后,国君要洗玉爵酌酒献给卿。下文义仿此。 ③瑶爵:是饰有瑶的爵。瑶是一种似玉的美石,一说也是一种美玉。 ④散爵:爵容五升曰散,以璧饰之。 ⑤皆以齿:这是说,君向以上诸类人献酒,其每一类人,都按年龄长少为序。

18. 夫祭有昭穆①。昭穆者,所以别父子、远近、长幼、亲疏之序,而无乱也。是故有事于大庙,则群昭、群穆咸在,而不失其伦,此之谓亲疏之杀②也。

[注释]①昭穆:参见《曲礼上第一》第44节注①。 ②杀:等差。

19. 古者明君,爵有德而禄有功,必赐爵禄于大庙①,示不敢专也。故祭之日,一献②,君降立于阼阶之南,南向。所命③北面。史由君右,执策命之。再拜稽首,受书以归④,而舍奠⑤于其庙。此爵赏之施也。

[注释]①必赐爵禄于大庙:谓在太庙中颁赐爵禄给有功德的人。

②一献:指国君第一次献酒酢尸。因为酢尸之前,忙于侍奉尸,无暇顾及颁爵禄之事,故知此所谓一献当指祼祭、朝践和馈食之后,尸食毕而向尸献酢酒。 ③所命:所当受赐的人。 ④受书以归:谓受赐者接受策命之书而归。 ⑤奠:非时而祭曰奠。按,这是特因受赐而设奠告祭祖先。

20. 君卷冕立于阼。夫人副、袆立于东房①。夫人荐豆执校②,执醴授之执镫③。尸酢夫人执柄④,夫人授尸执足⑤。夫妇相授受,不相袭处⑥,酢必易爵⑦,明夫妇之别也。

[注释]①"君卷"至"东房",参见第8节注①、②。 ②校:按,豆形似高脚盘,校即盘下的高脚,或曰盘腿,今考古学上名之为豆柄,可握以执之。 ③执醴授之执镫:执醴,谓执醴的人,因夫人向尸献醴时此人酌醴以授夫人,故称;当夫人向尸荐豆时,此人又把豆授给夫人。镫,豆下之跗,即豆足,豆柄下有圈足。这句意思是,执醴人把豆授给夫人时握着豆的镫。 ④尸酢夫人执柄:尸酢夫人,谓尸接受夫人献酒后又回敬夫人酒。柄,按,爵似雀形,以尾为柄。意思是,尸回敬夫人酒时握着爵的柄。 ⑤夫人授尸执足:谓夫人向尸献酒时握着爵的足部。 ⑥夫妇相授受,不相袭处:意思是,夫妇互相敬酒时,不握着爵上对方握过的地方。 ⑦酢必易爵:谓夫妇回敬对方酒时必须另换一只爵,不能用对方向自己献酒时用的那只爵。

21. 凡为俎者,以骨为主。骨有贵贱:殷人贵髀①;周人贵肩②,凡前贵于后。俎者,所以明祭之必有惠也③,是故贵者取贵骨,贱者取贱骨④,贵者不重,贱者不虚,示均也⑤。惠均则政行,政行则事成,事成则功立。功之所以立者⑥,不可不知也。俎者,所以明惠之必均也。善为政者如此,故曰"见政事之均焉"。

[注释]①髀：音 bì，大腿骨。　②肩：前胫骨的上部（参见《少仪第十七》第64节注④）。　③俎者，所以明祭之必有惠也：意思是，设俎，用以表明凡祭祀必有恩惠赐给助祭者。　④贵者取贵骨，贱者取贱骨：按，此即所谓归宾俎，即祭毕宾客取牲肉而归（参见《曾子问第七》第21节注⑨及《玉藻第十三》第10节注⑪）。助祭之宾地位尊贵的就拿取贵骨，地位低贱的就拿取贱骨。　⑤贵者不重，贱者不虚，示均也：意思是，尊贵者不重复拿取，低贱者也不空手而回，以表示施惠的公平。　⑥功之所以立者：谓功业之所以能够建立的原因。

22. 凡赐爵①，昭为一，穆为一，昭与昭齿，穆与穆齿②，凡群有司皆以齿③，此之谓长幼有序。

[注释]①赐爵：即赐酒，谓祭祀至行旅酬礼时赐酒（参见《曾子问第七》第7节注①、③）。　②"昭为"至"穆齿"：这几句意思是，参加祭祀的兄弟子孙们属昭列的为一排，属穆列的为一排，昭列与昭列的按长幼递相赐酒，穆列与穆列的按长幼递相赐酒。　③凡群有司皆以齿：凡参加祭祀的群吏都依年龄长幼递相赐酒。

23. 夫祭有畀煇、胞、翟、阍者①，惠下之道也。唯有德之君为能行此，明足以见之，仁足以与之②。畀之为言与也，能以其余畀其下者也。煇者，甲吏之贱者③也。胞者，肉吏之贱者④也。翟者，乐吏之贱者⑤也。阍者，守门之贱者⑥也。古者不使刑人守门。此四守⑦者，吏之至贱者也，尸又至尊，以至尊既祭之末而不忘至贱，而以其余畀之，是故明君在上，则竟内之民无冻馁者矣，此之谓上下之际。

[注释]①夫祭有畀煇、胞、翟、阍者：畀，音 bì，给予，此处指行馂礼，即

祭之末将剩余的饭食给下面的人吃(参见第11节),煇、胞、翟、阍,都是最低级的小吏名,详下文。这句意思是,祭祀有把剩余饭食给煇者、胞者、翟者、阍者等小吏吃的。 ②明足以见之,仁足以与之:意思是,他们的明哲足以光顾到下人,他的仁爱足以赐予下人。 ③甲吏之贱者:谓掌制皮革的官吏中最低贱的。 ④肉吏之贱者:谓掌屠宰的官吏中最低贱的。 ⑤乐吏之贱者:乐官中最低贱的。 ⑥守门之贱者:守门人中最低贱的。 ⑦四守:守,谓职守。谓煇、胞、翟、阍四者,这四者都是官吏中地位最低贱的。

24. 凡祭有四时:春祭曰礿,夏祭曰禘,秋祭曰尝,冬祭曰烝。礿、禘,阳义也①。尝、烝,阴义也。禘者阳之盛也,尝者阴之盛也,故曰"莫重于禘、尝"。古者于禘也,发爵赐服,顺阳义也②。于尝也,出田邑,发秋政③,顺阴义也。故《记》曰:"尝之日,发公室④。"示赏也。草艾则墨⑤。未发秋政,则民弗敢草也。故曰禘尝之义大矣,治国之本也,不可不知也。明其义者,君也;能其事者,臣也。不明其义,君人不全⑥;不能其事,为臣不全。夫义者,所以济志也,诸德之发也⑦。是故其德盛者,其志厚;其志厚者,其义章;其义章者,其祭也敬;祭敬,则竟内之子孙莫敢不敬矣。是故君子之祭也,必身亲涖之,有故则使人可也。虽使人也,君不失其义者⑧,君明其义故也。其德薄者,其志轻,疑于其义而求祭,使之必敬也,弗可得已⑨。祭而不敬,何以为民父母矣?

[注释]①礿、禘,阳义也:按,依照古人的观念,认为礿祭和禘祭,体现了依顺阳气的意义。下文义仿此。 ②古者于禘也,发爵赐服,顺阳义也:这几句意思是,古时候在禘祭的时候,颁授爵位,赐给车服,就是依顺阳气的意思。下文义仿此。 ③出田邑,发秋政:谓颁授田邑,发布秋季所当施行的政

令。　④发公室:谓拿出公家的财物来分发。　⑤草艾则墨:艾,通"刈",割取。墨,本指古代五刑之一,谓以刀刺面、染黑为记,在此泛指小的刑罚。这句意思是,到收割草的时候,就可以施行小的刑罚了。　⑥君人不全:谓是做君主有缺陷。下文义仿此。　⑦夫义者,所以济志也,诸德之发也:意思是,所谓义,是说可以通过禘祭和尝祭成就国君的心志,是国君各种德行的表现。⑧虽使人也,君不失其义者:按,君虽因故不能亲自临祭,然祭礼无缺,亦于君德无损。　⑨"疑于"至"得已":这几句意思是,对祭祀的意义抱怀疑态度,而要求他祭祀时必须虔敬,是不可能的。

25. 夫鼎有铭①。铭者,自名也,自名以称扬其先祖之美,而明著之后世者也②。为先祖者,莫不有美焉,莫不有恶焉,铭之义,称美而不称恶,此孝子、孝孙之心也,唯贤者能之。铭者,论譔③其先祖之有德善、功烈、勋劳、庆赏、声名,列于天下,而酌之祭器,自成其名焉④,以祀其先祖者也。显扬先祖,所以崇孝也。身比焉,顺也⑤。明示后世,教也⑥。夫铭者,壹称而上下皆得⑦焉耳矣。是故君子之观于铭也,既美其所称,又美其所为。为之者,明足以见之,仁足以与之,知足以利之⑧,可谓贤矣。贤而勿伐⑨,可谓恭⑩矣。

[注释]①铭:铭文。　②"铭者"至"者也"。这几句意思是,铭文,是自标其名,通过自标其名而称扬他的祖先的美德,而使祖先名扬后世。　③譔:同"撰"。　④而酌之祭器,自成其名焉:酌,谓斟酌。之,代指先祖的功业。祭器,谓刻于祭器。这两句意思是,斟酌其中突出的业绩刻在祭器上,而把自己的名字刻在下边。　⑤身比焉,顺也:比,次,谓己名次于先祖之下。这句意思是,把自己的名字附在下边,表明对祖先的孝顺。　⑥明示后世,教也:意思是,把这些明白地传布给后世,就是用孝道教育子孙。　⑦壹称而上下皆得:意思是,通过一次称扬祖先,而上使祖先得以光耀,下使自己的孝心得

以表达。 ⑧"明足"至"利之":见之,见,音 xiàn,谓显现其先祖之功德。与之,谓使君上赐予己铭。利之,是以己得次名于先祖之下为利。这几句意思是,他的明哲足以显扬祖先的功德,他的仁恩足以使国君赐予他铭文,他的智谋又足以使自己得到附名在铭文之下的好处。 ⑨伐:自夸。 ⑩恭:谦恭。

26. 故卫孔悝之鼎铭曰①:"六月丁亥②,公假于大庙③。公曰:'叔舅④,乃祖庄叔,左右成公⑤,成公乃命庄叔随难于汉阳⑥,即宫于宗周⑦,奔走无射⑧。启右献公⑨,献公乃命成叔纂乃祖服⑩。乃考文叔⑪,兴旧耆欲,作率庆士⑫,躬恤卫国,其勤公家⑬,夙夜不解。民咸曰休哉⑭。'公曰:'叔舅,予女铭,若纂乃考服。'悝拜稽首,曰:'对扬以辟之⑮,勤大命,施于烝彝鼎⑯。'"此卫孔悝之鼎铭也。古之君子,论譔其先祖之美,而明著之后世者也,以比其身,以重其国家如此。子孙之守宗庙、社稷者,其先祖无美而称之,是诬也;有善而弗知,不明也;知而弗传,不仁也。此三者,君子之所耻也。

[注释]①孔悝:春秋后期卫国大夫。 ②六月丁亥:是指鲁哀公十六年(前479年)的六月丁亥。按,鲁用周历,以十一月为岁首,是六月当夏历四月,这天是卫国于初夏举行禘祭的日子(参见第24节)。 ③公假于大庙:公,指卫庄公蒯聩,鲁哀公十五年(前480年)为孔悝所立。假,音gé,到,至。按,卫庄公因孔悝之立己,故于翌年禘祭之日,至太庙褒奖之,而赐予下面的铭文。 ④叔舅:国君对异姓之臣的尊称。按,孔悝是其父孔圉娶蒯聩的姐姐所生,本是蒯聩的外甥,而称之为"叔舅",盖仿周礼,同姓之臣称伯父、叔父,异姓之臣称伯舅、叔舅。 ⑤乃祖庄叔,左右成公:庄叔,是孔悝的七世祖,名孔达。左右,辅佐。成公,名郑,前634年至前600年在位。成公之后,尚有穆公、定公、献公、襄公、灵公、出公,然后才是庄公。 ⑥成公乃命庄叔随难于汉阳:按,卫成公三年(当鲁僖公二十八年,前643年),晋伐卫,卫成公

奔楚。汉阳,楚地,在汉水之北。这句意思是,成公命庄叔随同逃难到汉阳。⑦即宫于宗周:宫,谓宫室。成公后来得返国,又坐杀弟叔武,被晋执之归于京师,置于深宫之中,是所谓"即宫"。⑧奔走无射:射,音 yì,厌倦。谓庄叔一直为成公奔走而无厌倦。⑨启右献公:启,开导。右,助。献公,名衎(音 kàn),成公的曾孙,前 576 年立为君,前 560 年因内乱而出奔齐,卫人立其叔(名秋)为君,是为殇公。前 546 年献公在晋国的帮助下,驱逐了殇公,复入为君,至前 544 年卒。这句意思是,你的五世祖成叔开导和辅助献公。⑩献公乃命成叔纂乃祖服:纂,音 zuǎn,继承。服,事。这句意思是,献公于是命成叔继承你的七世祖庄叔的事业。⑪文叔:即孔悝之父孔圉。⑫兴旧耆欲,作率庆士:耆,音 shì,后作"嗜"。嗜欲,谓心志之所存。旧,代指先祖。率,循。庆,善。士,事。这两句意思是,能重振你祖先的心志,起来遵循你祖先的德行做善事。⑬躬恤卫国,其勤公家:这两句意思是,亲身忧虑卫国的事,为公家辛勤操劳。⑭民咸曰休哉:休,美、善。民众都称赞他的德行真是美好啊。⑮对扬以辟之:对扬,古代常语,屡见于金文,凡臣受君赐时多用之,兼有答谢、颂扬之意。辟,明。意思是,感谢并颂扬君命而显明我祖先的美德。⑯勤大命,施于烝彝鼎:彝:古代青铜礼器的通称。烝,谓烝祭。意思是,辛勤地奉行君王的大命,把君王所赐予的铭文刻铸在烝祭的彝鼎上。

27. 昔者周公旦有勋劳于天下。周公既没,成王、康王追念周公之所以勋劳者,而欲尊鲁,故赐之以重祭:外祭则郊、社是也,内祭则大尝、禘是也①。夫大尝、禘,升歌《清庙》②,下而管《象》③,朱干玉戚以舞《大武》④,八佾以舞《大夏》⑤,此天子之乐也。康⑥周公,故以赐鲁也。子孙纂之,至于今不废,所以明周公之德,而又以重其国也。

[注释]①"外祭"至"是也":大尝,就是大祫,亦即祫祭(参见《王制第五》第 30 节注②)。诸侯祭祀之常礼,外可以祭社,内可举行大祫祭,但外不得郊,内不得大禘,今鲁皆得特许而用之。②《清庙》:颂文王之诗。③下

而管《象》:古代的一种似笛的竹制管乐器(参见《文王世子第八》第 21 节注⑬)。 ④朱干玉戚以《大武》:《大武》,表现武王伐纣的舞蹈(参见同上注⑭)。这句意思是,舞蹈者手拿红色的盾牌和玉饰的大斧表演《大武》舞。 ⑤八佾以舞《大夏》:八佾,是天子的舞乐规模。按,古代舞蹈或演奏音乐,以八人为一行,叫做一佾。天子八佾,则六十四人。诸侯则六佾,四十八人。《大夏》本是一种文武兼备的舞蹈,盖执干戚舞之则为武舞,执羽籥舞之则为文舞,此处为文舞。 ⑥康:褒扬,赞美。

经解第二十六

1.孔子曰:"入其国,其教①可知也。其为人也,温柔敦厚,《诗》教也②;疏通知远③,《书》教也;广博易良④,《乐》教也;絜静精微⑤,《易》教也;恭俭庄敬⑥,《礼》教也;属辞比事⑦,《春秋》教也。故《诗》之失,愚⑧;《书》之失,诬⑨;《乐》之失,奢;《易》之失,贼⑩;《礼》之失,烦;《春秋》之失,乱⑪。其为人也,温柔敦厚而不愚,则深于《诗》⑫者也;疏通知远而不诬,则深于《书》者也;广博易良而不奢,则深于《乐》者也;絜静精微而不贼,则深于《易》者也;恭俭庄敬而不烦,则深于《礼》者也;属辞比事而不乱,则深于《春秋》者也。"

[注释]①其教:谓这个国家对民众的教化情况。 ②温柔敦厚,《诗》教也:意思是,温柔而厚道,是得力于《诗》的教化。下文义仿此。 ③疏通知远:远,谓历史。意思是,通达政事而又了解历史。 ④广博易良:谓胸怀博大、平易而又善良。 ⑤絜静精微:絜,通"潔(洁)"。谓纯洁、文静而又细心。 ⑥恭俭庄敬:谓恭谦、节俭、庄重而又恭敬。 ⑦属辞比事:谓连缀文辞,排比史事。后泛指撰文记事。 ⑧《诗》之失,愚:失,谓失于节制而强调得过分。下文"失"字义皆仿此。这句意思是,《诗》的教化强调得过分,就会

使人变得愚钝。　⑨《书》之失，诬：意思是，《书》的教化强调得过分，就会使人的知识失实。按，《书》广知久远，若不节制，则失在于诬。　⑩《易》之失，贼：贼，害，伤害。按，《易》道精微，爱恶相攻，近于伤害，故曰"贼"。意思是，《易》的教化强调得过分，就会使人相互伤害。　⑪《春秋》之失，乱：按，《春秋》属辞比事，意在褒贬是非，且为后世作法。若过于强调法，凡事以法断是非，则将导致不分上下尊卑长幼，易陷于犯上之乱，这在等级社会中是不允许的。这句意思是，《春秋》的教化强调得过分，就会使人乱伦犯上。　⑫深于《诗》：谓这是深刻领会《诗》教的结果。下文义仿此。

2. 天子者与天地参①，故德配天地，兼利万物，与日月并明，明照四海而不遗微小。其在朝廷，则道仁、圣、礼、义之序②；燕处，则听《雅》、《颂》之音；行步，则有环佩之声；升车，则有鸾和之音③。居处有礼，进退有度，百官得其宜，万事得其序。《诗》云："淑人君子，其仪不忒。其仪不忒，正是四国。"④此之谓也。

[注释]①与天地参：参，通"三"。谓与天地并列为三。　②道仁、圣、礼、义之序：谓用仁爱、圣明和礼、义的秩序来引导臣下。　③鸾和：车铃（参见《玉藻第十三》第31节注⑥）。　④淑人君子，其仪不忒。其仪不忒，正是四国：淑，善，善良。忒，音tè，差错。这几句诗引自《诗经·曹风·鸤鸠》，意思是，那位善人君子，礼仪从无差错。礼仪从无差错，端正四方国家。

3. 发号出令而民说①谓之和，上下相亲谓之仁，民不求其所欲而得之②谓之信，除去天地之害谓之义。义与信，和与仁，霸王之器③也。有治民之意而无其器，则不成。

[注释]①说：喜悦，高兴。后作"悦"。　②民不求其所欲而得之：谓民

众不提出要求便能得到所希望的东西。　③霸王之器：意思是，做霸者、王者的工具。

4.礼之于正国①也，犹衡之于轻重也，绳墨之于曲直也，规矩之于方圜也。故衡诚县②，不可欺以轻重；绳墨诚陈，不可欺以曲直；规矩诚设，不可欺以方圜；君子审礼，不可诬以奸诈③。是故隆礼、由礼，谓之有方之士④；不隆礼、不由礼，谓之无方之民。敬让之道也⑤。故以奉宗庙则敬，以入朝廷则贵贱有位，以处室家则父子亲、兄弟和，以处乡里则长幼有序。孔子曰："安上治民，莫善于礼。"此之谓也。故朝觐之礼，所以明君臣之义也；聘问之礼，所以使诸侯相尊敬也；丧祭以礼，所以明臣、子之恩也；乡饮酒之礼，所以明长幼之序也；昏姻之礼，所以明男女之别也。夫礼，禁乱之所由生，犹坊⑥止水之所自来也。故以旧坊为无所用而坏之者，必有水败；以旧礼为无所用而去之者，必有乱患。故昏姻之礼废，则夫妇之道苦⑦，而淫辟之罪多矣；乡饮酒之礼废，则长幼之序失，而争斗之狱繁矣；丧祭之礼废，则臣、子之恩薄，而倍死忘生者众矣；聘、觐之礼废，则君臣之位失，诸侯之行恶，而倍畔侵陵之败⑧起矣。故礼之教化也微，其止邪也于未形⑨，使人日徙善远罪而不自知也，是以先王隆之也。《易》曰："君子慎始。差若豪氂，缪以千里⑩。"此之谓也。

[注释]①正国：犹言治理国家。　②衡诚县：诚，如果，假如。谓称如果悬挂起来。　③君子审礼，不可诬以奸诈：诬，欺骗。这两句意思是，君子审慎地运用礼，就不可用奸诈来欺瞒。　④隆礼、由礼，谓之有方之士：隆，尊

崇,尊重。由,行,实行。方,犹道。意思是,尊奉礼、实行礼,就叫做有道的人。 ⑤敬让之道也:这句是解释上面所说的"方(道)"是指的什么道,意思是,所谓道就是指的恭敬谦让之道。 ⑥坊:同"防",堤防。 ⑦夫妇之道苦:苦,音gǔ,止,息;在此犹言破坏。意思是,夫妇关系就会破坏。 ⑧倍畔侵陵之败起矣:败,祸害,祸乱。意思是,背叛和相互侵略的祸乱就会产生。 ⑨故礼之教化也微,其止邪也于未形:意思是,因此礼对人的教化作用很隐微,它防止邪恶于未然。 ⑩差若豪氂,缪以千里:豪,通"毫"。氂,通"釐(厘)"。缪,误,乖误。

哀公问第二十七

1. 哀公问于孔子曰:"大礼①何如?君子之言礼,何其尊也?"孔子曰:"丘也,小人,不足以知礼。"君曰:"否。吾子言之也。"孔子曰:"丘闻之,民之所由生,礼为大②。非礼无以节事③天地之神也,非礼无以辨君臣、上下、长幼之位也,非礼无以别男女、父子、兄弟之亲,昏姻、疏数④之交也。君子以此之为尊敬然,然后以其所能教百姓,不废其会节⑤。有成事,然后治其雕镂、文章黼黻以嗣⑥。其顺之,然后言其丧筭⑦,备其鼎俎,设其豕腊,脩其宗庙⑧,岁时以敬祭祀,以序宗族,即安其居,节丑其衣服⑨,卑其宫室,车不雕幾⑩,器不刻镂,食不贰味⑪,以与民同利。昔之君子之行礼者如此。"公曰:"今之君子胡莫行之也?"孔子曰:"今之君子,好实无厌,淫德不倦⑫,荒怠敖慢,固民是尽⑬,午⑭其众以伐有道,求得当欲,不以其所⑮。昔之用民者由前,今之用民者由后,今之君子莫为礼也。"

[注释]①大礼:即礼。按,礼之所用,其事广大,包含处广,故云大礼。②民之所由生,礼为大:意思是,人所赖以生存的,礼最重要。 ③节事:节,

节制。事,谓祭祀。按,天地之神,尊卑不同,人之尊卑亦异,何种尊卑的人祭何种尊卑的神,是有一定的。如天子祭天地,诸侯祭社稷而不得祭天地之类。这些都要靠礼来节制。　④疏数:稀疏和密集,在此指亲疏。　⑤会节:会,犹期。会节,谓行礼的期节,亦即时节。如葬祭有丧祭的时节,冠昏有冠昏的时节等。　⑥"有成"至"以嗣":成事,犹言成绩。嗣,继承,接续。这几句意思是,对民众的教育有了成绩,然后进行雕饰镂刻、设制黼黻文采,以使各种礼仪继续保持下去。　⑦其顺之,然后言其丧筭:丧筭,谓五服岁月之数,殡葬久近之期等。这两句意思是,百姓都顺从了,然后告诉人们丧礼的礼数。⑧设其豕腊,脩其宗庙:设其豕腊,谓丧中之奠有豕有腊(风干的兽肉);脩,通"修"。脩其宗庙,谓除服之后又修缮庙以祭祀鬼神。　⑨即安其居,节丑其衣服:即,就。丑,类。这两句意思是,就其居而安处而不要追求豪华的宫室,节制衣服而使归于其类(也就是使衣服符合自己的身份)。按,自此以下几句都是教人节俭。　⑩幾:谓凹凸的刻纹(参见《郊特牲第十一》第 28 节注⑱)。　⑪贰味:谓吃饭不同时吃两样菜。　⑫好实无厌,淫德不倦:实,犹富。淫,放纵。谓好财富而无厌,行为放纵而不倦。　⑬固民是尽:固,谓专固,致力于。意思是,务求把民财搜刮尽。　⑭午:通"忤"。　⑮求得当欲,不以其所:所,代理由,道理。谓不问其理之所在,犹今言不择手段。这两句意思是,只求满足自己的私欲,不择手段。

2.孔子侍坐于哀公。哀公曰:"敢问人道谁为大①?"孔子愀然作色而对曰②:"君之及此言也,百姓之德③也,固臣敢无辞而对④?人道政为大⑤。"公曰:"敢问何谓为政?"孔子对曰:"政者,正也。君为正,则百姓从政矣⑥。君之所为,百姓之所从也。君所不为,百姓何从⑦?"公曰:"敢问为政如之何?"孔子对曰:"夫妇别,父子亲,君臣严,三者正,则庶物从之矣⑧。"公曰:"寡人虽无似⑨也,愿闻所以行三言之道,可得闻乎?"孔子对曰:"古之为政,爱人为大。所以治爱人⑩,礼为大。所以治礼,敬为大。敬之至矣,大昏为大,大昏至矣⑪。大昏既至,冕而亲迎,亲之也⑫。亲之也者,亲之也⑬。是故君子兴敬为亲,舍敬是遗亲也⑭。弗爱不亲,弗敬不正。爱与敬,其政之本与。"公曰:"寡人愿有言⑮。然冕而亲迎,不已重乎⑯?"孔子愀然作色而对曰:"合二姓之好,以继先圣之后,以为天地、宗庙、社稷之主,君何谓已重乎?"公曰:"寡人固⑰。不固,焉得闻此言也? 寡人欲问,不得其辞,请少进⑱。"孔子曰:"天地不合,万物不生。大昏,万世之嗣⑲也,君何谓已重焉?"孔子遂言曰:"内以治宗庙之礼,足以配天地之神明⑳;出以治直言之礼㉑,足以立上下之敬。物耻足以振之㉒,国耻足以兴之。为政先礼,礼其政之本与。"孔子遂言曰:"昔三代明王之政,必敬其妻、子也,有道㉓。妻也者,亲之主㉔也,敢不敬与? 子也者,亲之后也,敢不敬与? 君子无不敬也。敬,身为大㉕。身也者,亲之枝也,敢不敬与? 不能敬其身,是伤其亲。伤其亲,是伤其本;伤其本,枝从而亡。三者,百姓之象也㉖。身以及身㉗,子以及子,妃以及妃:君行此三者,则忾㉘乎天下矣,大王㉙之道也。如此,则国家顺矣㉚。"

[注释]①人道谁为大:意思是,治理人的办法最重要的是什么。②愀然作色:愀,音qiǎo。愀然,容色改变貌。 ③百姓之德:犹言百姓的福气。 ④固臣敢无辞而对:固,通"故"。无辞而对,犹言不回答。这句意思是,因此臣怎敢不回答。 ⑤政:谓行政。 ⑥君为正,则百姓从政矣:意思是,国君实行正道,百姓就服从政教了。 ⑦"君之"至"何从":这几句意思是,国君所做的,就是百姓遵从的榜样。国君不做,百姓遵从什么? ⑧庶物

从之矣:谓各种事情都从而上正道了。　⑨无似:犹言不肖。　⑩所以治爱人:谓治民而用以做到爱人的。　⑪敬之至矣,大昏为大,大昏至矣:大昏,指国君的婚礼。这几句意思是,敬意的最高标准,在于重视国君的婚礼,重视国君的婚礼就是敬意的最高表现。　⑫冕而亲迎,亲之也:冕,谓冕服(参见《杂记上第二十》第10节注④)。谓国君娶妻的时候就要身穿冕服前往迎亲,这是表示亲自迎娶妻。　⑬亲之也:谓表示对妻的亲爱之情。　⑭君子兴敬为亲,舍敬是遗亲也:意思是,君子以彼此相敬为亲,舍弃了敬也就失去了亲。　⑮寡人愿有言:犹今言我想插句话。　⑯已重:已,太,过分。谓礼太重。　⑰固:谓固陋,即闭塞、浅陋。　⑱寡人欲问,不得其辞,请少进:少,是表委婉之词。进,谓继续讲下去。这几句意思是,我想提问,还没有找到恰当的言辞,请您继续讲下去吧。　⑲万世之嗣:万世,犹言永远。嗣,继续。意思是,是为了永续后嗣。　⑳足以配天地之神明:天地,谓日月,夫妇有日月之象,夫配日,妇配月。意思是,足以和天地神明相配。　㉑出以治直言之礼:出,谓在外。直,犹正。正言,谓出政教。意思是,在外主持发布政教之礼。　㉒物耻足以振之:振,通"抵",拭刷。谓事有耻辱足以刷清。　㉓有道:谓这是有道理的。　㉔亲之主:谓妻,是祭祀双亲的主祭人之一。按,古代宗庙祭祀,必夫妇共行之,主人与其嫡妻皆是祭祀的主持者。　㉕敬,身为大:意思是,敬,尤以敬重自身为最重要。　㉖三者,百姓之象也:谓妻、子、自身三者,是百姓的象征。　㉗身以及身:意思是,能敬重自身以推广到百姓之身。下文义仿此。　㉘忾:音kài,满。　㉙大王:犹皇王,是对王的尊称,在此承上"昔三代明王"之文,泛指先王。　㉚顺:谓理顺,也就是上了正确的轨道。

3. 公曰:"敢问何谓敬身?"孔子对曰:"君子过言则民作辞①,过动则民作则。君子言不过辞,动不过则②,百姓不命而敬恭,如是则能敬其身。能敬其身,则能成其亲③矣。"

[注释]①君子过言则民作辞:辞,言之成文曰辞,即说话既符合语法,又符合逻辑,也就是说得对。这句意思是,君子说错了话民众仍然当作说得

对。下句义仿此。　②言不过辞,动不过则:谓不说错话,不做错事。　③成其亲:成就双亲的名声。

4.公曰:"敢问何谓成亲?"孔子对曰:"君子也者,人之成名也①。百姓归之名,谓之'君子之子'②,是使其亲为君子也③,是为成其亲之名也已。"

[注释]①人之成名:意思是,是成名的人。　②百姓归之名,谓之"君子之子":意思是,对于能敬重自身的人百姓加给他名声,称他为"君子的儿子"。　③是使其亲为君子也:意思是,这样就使他的双亲成为君子了。

5.孔子遂言曰:"古之为政,爱人为大。不能爱人,不能有其身①。不能有其身,不能安土②。不能安土,不能乐天③。不能乐天,不能成其身④。"公曰:"敢问何谓成身?"孔子对曰:"不过乎物⑤。"

[注释]①不能有其身:言人将害之。　②不能安土:因人将害之,为避祸害,故流移失业,是不能安其土。　③不能乐天:谓不知己过而怨天。按,不能乐天,即不能以天赐的命运为乐,则必生怨天之心。　④不能成其身:谓不能成就自身。　⑤不过乎物:物,事,此谓事理。意思是,凡事不逾越事理。

6.公曰:"敢问君子何贵乎天道也①?"孔子对曰:"贵其不已②。如日月东西相从而不已也,是天道也;不闭其久③,是天道也;无为而物成④,是天道也;已成而明⑤,是天道也。"

[注释]①贵乎天道:贵,尊重。道,法则。　②贵其不已:意思是,尊重它使万物运行而不停息。　③不闭其久:谓不闭塞而永恒地生育万物。

④无为而物成:意思是,看起来不做什么而成就万物。 ⑤已成而明:谓已成就的万物都清楚而分明。

7.公曰:"寡人憃愚冥烦①,子志之心也②。"孔子蹴然辟席而对曰③:"仁人不过乎物④,孝子不过乎物,是故仁人之事亲也如事天,事天如事亲,是故孝子成身。"

[注释]①冥烦:言不能明理。 ②子志之心也:志,识、知。意思是,您心里是知道的。 ③蹴然:蹴,音 zú。蹴然,恭敬貌。 ④不过乎物:参见第5节注⑤。

8.公曰:"寡人既闻此言也,无如后罪何①?"孔子对曰:"君之及此言也,是臣之福也②。"

[注释]①无如后罪何:意思是,恐怕今后还会有过错,怎么办呢? ②君之及此言也,是臣之福也:意思是,君说到这样的话,是臣下的福气啊。按,鲁哀公说这样的话,说明他主观上是不想犯错误,或减少犯错误,所以孔子对他加以鼓励。

仲尼燕居第二十八

1. 仲尼燕居①,子张、子贡、言游侍②,纵言至于礼③。子曰:"居④,女三人者,吾语女礼⑤,使女以礼周流,无不徧也⑥。"子贡越席而对曰⑦:"敢问何如?"子曰:"敬而不中礼谓之野⑧,恭而不中礼谓之给⑨,勇而不中礼谓之逆⑩。"子曰:"给夺慈仁⑪。"

[注释]①燕居:退朝无事而闲处。 ②言游:即孔子的学生子游。③纵言:犹今言漫谈。 ④居:坐。 ⑤吾语女礼:语,音 yù,告诉。女,音 rǔ,通作"汝",第二人称代词。 ⑥以礼周流,无不徧也:谓礼随遇而施,无不中节。也就是处处依礼行事,没有不符合礼的地方。 ⑦越席:谓越过自己的坐席。 ⑧野:鄙野无文貌。 ⑨给:讨好逢迎貌。 ⑩勇而不中礼谓之逆:谓勇而不用礼加以节制,便会无所忌惮以至陷于逆乱。 ⑪给夺慈仁:按野与乱,犹属直情任性之行,纠之以礼,则可免其弊;给则务求取悦于人,貌似慈仁,本心之德已丧,故孔子对于给之弊又特加批评。意思是,巴结丧失仁慈。

2. 子曰:"师,尔过①,而商也不及②。子产犹众人之母也,能食之,不能教也③。"子贡越席而对曰:"敢问将何以为此中者也④?"子曰:"礼乎礼,夫礼所以制中也⑤。"子贡退。

[注释]①师,尔过:师,即孔子的学生子张,姓颛孙,名师。尔过,谓你有点过分。 ②商也不及:商,即孔子的学生子夏。不及,谓商又嫌不足。③"子产"至"教也":子产,春秋时期郑国大夫。按,子产仁慈过多,而不矜庄,然教人须依礼矜庄严肃。子产过于仁慈,故不能教。这里是拿子产的不足来比况子夏的"不及"于礼。意思是,子产就像众人的母亲,仁慈过多,能哺育人而不能教育人。 ④中:谓适中,恰到好处,既不过,又不至不足。⑤制中:谓用礼来节制人的言行。

3.言游进曰:"敢问礼也者,领恶而好全者与①?"子曰:"然。""然则何如?"子曰:"郊、社之义,所以仁鬼神②也;尝、禘之礼,所以仁昭穆③也;馈奠之礼④,所以仁死丧⑤也;射、乡之礼,所以仁乡党也;食、飨之礼,所以仁宾客也。"子曰:"明乎郊、社之义,尝、禘之礼,治国其如指诸掌而已乎⑥。是故以之居处有礼,故长幼辨也;以之闺门之内⑦有礼,故三族和也;以之朝廷有礼,故官爵序也;以之田猎有礼,故戎事闲⑧也;以之军旅有礼,故武功成也。是故宫室得其度,量鼎得其象⑨,味得其时⑩,乐得其节,车得其式,鬼神得其飨,丧纪⑪得其哀,辨说得其党⑫,官得其体,政事得其施,加于身而错于前,凡众之动得其宜。⑬"

[注释]①领恶而好全:领,治。领恶,谓治去其恶。好全,使好事保全。②仁鬼神:意思是,对鬼神表示仁爱。 ③仁昭穆:昭穆,指代祖先。意思是,对祖先表示仁爱。 ④馈奠之礼:谓人初死殡后,在殡棺期间所行朝夕奠礼

(参见《曾子问第七》第 1 节注⑬)。 ⑤仁死丧:谓对死丧的人表示仁爱。下文义皆仿此。 ⑥治国其如指诸掌而已乎:比喻把国家治理好就像把手掌上的东西指给人看一样容易。 ⑦闺门之内:即家庭之内(参见《乐记第十九》第 51 节注②)。 ⑧田猎有礼,故戎事闲:闲,通"娴",熟练。按,古代的田猎非仅为获取猎物,其主要目的还在于通过打猎来进行军事训练,熟悉军礼。 ⑨量鼎得其象:谓量器和鼎的大小形状符合式样。 ⑩味得其时:谓烹调的滋味如春酸、夏苦之类,都符合时令(参见《月令第六》)。 ⑪丧纪:谓丧礼。 ⑫辨说得其党:谓说话符合身份场合。如在官言官,在府言府,在库言库,在朝言朝之类。 ⑬加于身而错于前,凡众之动得其宜:意思是,把礼施加于自身而放在面前,各种举动都能恰到好处。

4. 子曰:"礼者何也? 即事之治也①。君子有其事,必有其治②。治国而无礼,譬犹瞽之无相③与,伥伥④乎其何之? 譬犹终夜有求于幽室之中,非烛何见? 若无礼,则手足无所错⑤,耳目无所加,进退揖让无所制⑥。是故以之居处⑦,长幼失其别,闺门三族失其和,朝廷官爵失其序,田猎戎事失其策,军旅武功失其制,宫室失其度,量鼎失其象,味失其时,乐失其节,车失其式,鬼神失其飨,丧纪失其哀,辨说失其党⑧,官失其体⑨,政事失其施,加于身而错于前,凡众之动失其宜,如此则无以祖洽于众⑩也。"

[注释]①即事之治:即,就。谓礼是就事所加的治理。 ②必有其治:谓必然有治事的礼。 ③相:谓相者,搀扶盲人走路的人。 ④伥伥:伥,音 chāng。伥伥,无所适从貌。 ⑤手足无所错:错,音 cù,通"措",放置,安置。即无所措手足。 ⑥进退揖让无所制:意思是,与宾客进退行揖礼相互谦让也没了分寸。 ⑦是故以之居处:之,代无礼、不依礼的状况。意思是,因此这样来处理日常生活,就会造成以下各种情况(详下)。 ⑧辨说失其党:党,类。失其党,即不类。意思是,说话不合身份场合。 ⑨官失其体:体,容体。

按,官吏尊卑不同,容体亦异,皆有礼的规定。若不遵礼,则将失其尊卑之容体。 ⑩无以祖洽于众:祖,始,倡始。洽,合。意思是,无法先做表率而协和天下的民众。

5. 子曰:"慎听之,女三人者,吾语女礼。犹有九焉,大飨有四焉①。苟知此矣,虽在畎亩之中,事之圣人已。两君相见,揖让而入门,入门而县兴②。揖让而升堂,升堂而乐阕③。下管《象》《武》④,《夏》《籥》序兴⑤,陈其荐俎⑥,序其礼乐,备其百官⑦,如此而后君子知仁焉⑧。行中规,还中矩⑨,和鸾中《采齐》⑩,客出以《雍》⑪,彻⑫以《振羽》,是故君子无物而不在礼矣。入门而金作,示情也⑬。升歌《清庙》,示德也⑭;下而管《象》,示事也⑮。是故古之君子,不必亲相与言⑯也,以礼乐相示而已。"

[注释]①犹有九焉,大飨有四焉:大飨,礼名。按,飨礼有多种,而以两君相飨之礼为大,故名大飨。又此处所谓"有九"、"有四",历来众说纷纭,向无确解,因此这里也不强为之解,仅就字面意思解之。这两句意思是,礼还有九项,大飨礼有四项。 ②县兴:县,谓悬挂的钟磬。兴,作,此谓演奏。 ③乐阕:谓钟磬停止演奏。 ④下管《象》《武》:《象》《武》皆武舞。谓堂下的管乐开始演奏《象》《武》的乐曲。 ⑤《夏》《籥》序兴:《夏》《籥》皆文舞。《夏》即《大夏》。《籥》,参见《檀弓下第四》第57节注③。谓接着又跳《大夏》舞和《籥》舞。 ⑥荐俎:荐,谓笾豆,笾以盛脯醢,豆以盛酱类。俎,谓牲俎。 ⑦序其礼乐,备其百官:意思是,礼仪和舞乐都依次进行,官吏们都齐备。 ⑧如此而后君子知仁焉:按,此即第3节所谓"食、飨之礼所以仁宾客"之义。这句意思是,这样而后君子明白怎样对宾客表示仁爱。 ⑨行中规,还中矩:行,谓曲行。还,谓方行。意思是,转圈而行圆如规,直行拐弯方如矩。 ⑩和鸾中《采齐》:和鸾,皆铃。中,符合。《采齐》,乐章名。谓出车迎宾时鸾和的鸣声与《采齐》乐曲相协调。 ⑪客出以《雍》:《雍》,及下文《振

羽》,皆《诗经·周颂》篇名,《振羽》即《振鹭》。谓宾客退出时奏《雍》。 ⑫彻:谓飨宾客毕而彻馔。 ⑬入门而金作,示情也:金,谓钟磬,钟磬以钟为主,故云"金作"。这两句意思是,宾客入门而演奏钟磬,是向宾客显示仁爱之情。 ⑭升歌《清庙》,示德也:意思是,乐人上堂歌唱《清庙》,是向宾客显示德行。 ⑮下而管《象》,示事也:按,《象》下省略了"《武》"。《象》《武》都是歌颂武王伐纣的舞乐,是向宾客显示王业之事。 ⑯相与言:谓亲口交谈。

6. 子曰:"礼也者,理也。乐也者,节①也。君子无理不动,无节不作。不能《诗》,于礼缪②。不能乐,于礼素③。薄于德,于礼虚④。"子曰:"制度在礼,文为在礼⑤,行之其在人乎⑥。"

[注释]①节:谓节制。 ②不能《诗》,于礼缪:按,古人往往赋《诗》言志,借《诗》表意,外交场合犹多用之,《左传》中颇多其例。不懂《诗》,则往往贻笑于人,或有辱使命,即孔子所谓"不学《诗》无以言","不学《诗》,无以立",即所谓"于礼缪"。缪,音 miù,通"谬",错误。意思是,不懂《诗》,行礼就会发生错谬。 ③不能乐,于礼素:素,单调。意思是,不懂乐,行礼就过于单调。 ④于礼虚:谓行礼就变得虚伪。 ⑤文为:即文饰,泛指礼的一切外在表现。 ⑥行之其在人乎:意思是,实行礼还在于人啊。

7. 子贡越席而对曰:"敢问夔其穷与①?"子曰:"古之人与?古之人也②。达于礼而不达于乐谓之素,达于乐而不达于礼谓之偏。夫夔达于乐而不达于礼,是以传于此名③也,古之人也。"

[注释]①夔其穷与:夔,传说是舜时的乐官,精通音乐(参见《乐记第十九》第 21 节)。穷,谓穷于礼,也就是不懂得礼。按,子贡认为夔只懂得乐,而可能不懂得礼,故而问之。意思是问,夔对于礼不通吗? ②古之人与?古

之人也:这是孔子自问自答。意思是,你问的是那个古代的人吧?是古代的人啊。 ③是以传于此名:按,夔本是古代传说中的一种奇异的动物,一足而似龙。孔子这里的意思是说,夔这个人之所以名夔,就因为他达于乐而不达于礼,偏于一个方面,如同只有一足的夔一样,所以就给他取了夔这个名字。

8.子张问政①。子曰:"师乎,前,吾语女乎。君子明于礼乐,举而措之而已②。"子张复问。子曰:"师,尔以为必铺几筵、升、降、酌献、酬、酢,然后谓之礼乎?尔以为必行缀兆③,兴羽、籥,作钟鼓,然后谓之乐乎?言而履之,礼也④。行而乐之,乐也⑤。君子力此二者,以南面而立,夫是以天下大平也。诸侯朝,万物服体⑥,而百官莫敢不承事⑦矣。礼之所兴,众之所治也。礼之所废,众之所乱也。目巧之室则有奥阼⑧,席则有上下⑨,车则有左右,行则有随⑩,立则有序⑪,古之义也。室而无奥阼,则乱于堂室也;席而无上下,则乱于席上也;车而无左右,则乱于车也;行而无随,则乱于涂也;立而无序,则乱于位也。昔圣帝明王、诸侯,辨贵贱、长幼、远近、男女、外内,莫敢相逾越,皆由此涂出也。"三子者既得闻此言也于夫子,昭然若发矇⑫矣。

[注释]①问政:这是问怎样行政。 ②君子明于礼乐,举而措之而已:这两句意思是,君子明白了礼乐是怎么回事,把它运用到行政上就是了。③缀兆:指舞蹈的位置和范围(参见《乐记第十九》第12节注③),此处指代舞蹈。 ④言而履之,礼也:说了就去实行,这就是礼。 ⑤行而乐之,乐也:意思是,实行而使天下人喜欢,这就是乐。 ⑥服体:体,通"礼",而"礼"可用同"理"。故服体,犹言顺从其理。 ⑦承事:治事,尽职。 ⑧目巧之室则有阼奥:目巧之室,谓但用巧目善意作室,不由法度。阼,是主人所立处。奥,

室中的西南角,是室中的最尊处。意思是,只凭目测巧思建造的宫室也有阼阶和室奥。 ⑨席则有上下:按,古代的席,由其花纹可以分出上、下端。行礼布席时,何种情况下,上端当朝向何方,都是有规定的。 ⑩行则有随:随,谓前后相随有序。意思是,走路有前后顺序。 ⑪序:谓尊卑之序。 ⑫矇:音 méng,盲,失明。

孔子闲居第二十九

1.孔子闲居,子夏侍。子夏曰:"敢问《诗》云'凯弟君子,民之父母'①,何如斯可谓民之父母矣?"孔子曰:"夫民之父母乎,必达于礼乐之原②,以致五至而行三无③,以横④于天下,四方有败⑤,必先知之,此之谓民之父母矣。"

[注释]①凯弟君子,民之父母:这两句诗引自《诗经·大雅·泂酌》,今传本《毛诗》"凯"作"岂"。凯弟,乐易。意思是,和乐平易的君子,他是民众的父母。 ②礼乐之原:谓有关礼乐的原理。 ③五致而行三无:详下两节。 ④横:充满,覆盖。在此作动词,犹言遍施。 ⑤败:此谓灾祸。

2.子夏曰:"民之父母既得而闻之矣,敢问何谓'五至'?"孔子曰:"志之所至,诗亦至焉①;诗之所至,礼亦至焉;礼之所至,乐亦至焉;乐之所至,哀亦至焉,哀乐相生②。是故正明目而视之,不可得而见也;倾耳而听之,不可得而闻也,志气塞乎天地③。此之谓'五至'。"

[注释]①志之所至,诗亦至焉:至,谓至于民。按,在心为志,发言为诗,既有忧民之心存于内,则必有忧民之言形于外,故云"诗亦至焉"。 ②乐之所至,哀亦至焉,哀乐相生:乐(音 yuè)至则乐(音 lè)民之所生而哀民之

死,故曰"乐之所至,哀亦至焉"。这两句意思是说,乐能表现到的,哀情也能表达到,哀和乐是相依而生的。 ③"是故"至"天地":按,上述五者(谓从"志之所至"至"哀乐相生"),君与民上下同有感之在于心,而外无形声,故目不得见,耳不得闻,只是一种志气充满天地之间。

3. 子夏曰:"'五至'既得而闻之矣,敢问何谓'三无'?"孔子曰:"无声之乐,无体之礼,无服之丧,此之谓'三无'①。"子夏曰:"'三无'既得略而闻之矣,敢问何诗近之?"孔子曰:"'夙夜其命宥密',无声之乐也②。'威仪逮逮,不可选也',无体之礼也③。'凡民有丧,匍匐救之',无服之丧也④。"

[注释]①此之谓"三无":按,这是说,内心和悦而无待于乐,即所谓无声之乐;内心怀敬而无待于礼,即所谓无体之礼;内心悲痛而无待于丧服,即所谓无服之丧。这所谓"三无"意在强调内心的真诚,是"礼乐之原"(第1节)。 ②"夙夜其命宥密",无声之乐也:此诗引自《诗经·周颂·昊天有成命》。夙,早。夙夜,犹言日夜。其,通"基",谋。命,教令,政令。宥,宽;密,安宁。这两句意思是,"日夜谋划出政令以宽民安民",体现了无声之乐。 ③"威仪逮逮,不可选也",无体之礼也:这两句引自《诗经·邶风·柏舟》。逮逮,安和之貌。选,挑选,挑剔。这两句意思是,'威仪安和,无可挑剔',体现了无仪节的礼。 ④"凡民有丧,匍匐救之",无服之丧也:这两句诗引自《诗经·邶风·谷风》。匍匐,尽力。意思是,"凡是别人有死丧的事,我便尽力去救助",体现了无服饰的丧。

4. 子夏曰:"言则大矣,美矣,盛矣! 言尽于此而已①乎?"孔子曰:"何为其然也②? 君子之服之也,犹有五起焉③。"子夏曰:"何如?"孔子曰:"无声之乐,气志不违④;无体之礼,威仪迟迟⑤;无服之丧,内恕孔悲⑥。无声之乐,气志既得⑦;无体之礼,威仪翼翼⑧;无服之丧,施及四国⑨。无声之乐,气志既从;无体之礼,上下和同;无服之丧,以畜万邦⑩。无声之乐,日闻四方;无体之礼,日就月将⑪;无服之丧,纯德孔明⑫。无声之乐,气志既起;无体之礼,施及四海;无服之丧,施于孙子。"

[注释]①言尽于此:谓话说到这里已经说彻底了。　②何为其然也:意思是,怎么能这样说呢？　③君子之服之也,犹有五起焉:服,犹行,谓行此"三无"。五起,犹言五层意思。　④气志不违:气志,精神、意志。意思是,说明意志不违民心。　⑤威仪迟迟:迟迟,徐缓从容貌。意思是,说明仪态从容。　⑥内恕孔悲:恕,推己及人,体谅、同情。说明内心十分同情而又悲伤。⑦无声之乐,气志既得:这两句意思是,没有声音的乐,说明意志得到实现。⑧无体之礼,威仪翼翼:翼翼,恭敬谨慎貌。这两句意思是,没有仪节的礼,说明仪态恭敬。　⑨无服之丧,施及四国:意思是,没有服饰的丧,说明把仁爱施行到四方。　⑩无服之丧,以畜万邦:畜,养,抚育。邦,即国。这两句意思是,没有服饰的丧,说明用仁爱抚育各国。　⑪无体之礼,日就月将:日就,谓学之使每日有成就。将,进。这两句意思是,没有仪节的礼,使人天天、月月进步,日益完善。　⑫纯德孔明:孔,很,十分。意思是,说明纯粹的德行十分明显。

5. 子夏曰:"三王之德,参于天地①。敢问何如斯可谓参于天地矣？"孔子曰:"奉'三无私'以劳天下。"子夏曰:"敢问何谓'三无私'？"孔子曰:"天无私覆,地无私载,日月无私照。奉斯三者以劳②天下,此之谓三无私。其在《诗》曰:'帝命不违,至于汤齐。汤降不迟,圣敬日齐。昭假迟迟,上帝是祇。帝命式于九围。'③是汤之德也。天有四时,春秋冬夏,风雨霜露,无非教也④。地载神气⑤,神气风霆,风霆流行,庶物露生,无非教也。清明在躬,气志如神⑥。嗜欲将至,有开必先⑦,天降时雨,山川出云。其在《诗》曰:'嵩高惟岳,峻极于天。惟岳降神,生甫及申。惟申及甫,惟周之翰。四国于蕃,四方于宣。'⑧此文、武之德也。三代之王也,必先令闻⑨。《诗》云'明明天子,令闻不已⑩。',三代之德也。'弛其文德,协此四国⑪。'大王⑫之德也。"子夏蹶然而起⑬,负墙而立⑭,曰:"弟子敢不承乎⑮!"

[注释]①参于天地:谓参配天地。 ②劳:音lào,慰劳,抚慰。③"其在"至"九围":此诗引自《诗经·商颂·长发》。汤,商汤。汤齐,谓汤之心与天心齐一。圣敬日齐,此"齐"通"跻",升,增加。昭,明,此谓德行之光明。假:至。迟迟,长远。祗,音zhī,敬。九围,即九州。这节诗意思是:不违背上帝的命令,到商汤与天心齐一。汤的降生适时不迟,圣明恭谨德行日增。德行光明至于永远,只把上帝加以崇敬。上帝命汤治理九州。 ④无非教也:谓这些无不是天对人的教化。 ⑤神气:谓神妙之气。 ⑥清明在躬,气志如神:意思是,圣人有清明的德行在身,有如神的意志。 ⑦嗜欲将至,有开必先:嗜欲,此处指圣人统治天下的愿望。将至,是说其愿望将要实现。开必先,谓天为之先降下辅佐的贤人以开导之。这两句意思是,圣人统治天下的愿望将实现,定会有神开导而先降生贤佐。 ⑧"其在"至"于宣":这节诗引自《诗经·大雅·嵩高》。嵩,高貌。岳,四岳,即东岳岱,南岳衡,西岳华,北岳恒。甫,通"吕",国名,故城在今河南南阳县西三十里,国君为姜姓。申,国名,故城在今河南南阳县北二十里,国君也是姜姓。翰,音hàn,干。四国于蕃,谓四国有难,则前往扞御之,为之蕃屏。四方于宣,谓四方恩泽不至,则前往宣畅之。这节诗意思是:高大的山是四岳,高峻已到了天空。四岳降下神灵,生下甫侯和申侯。甫侯和申侯,是周的骨干。四国靠他们去保卫,四方要他们去宣抚。 ⑨令闻:美好的声誉。 ⑩明明天子,令闻不已:这两句诗引自《诗经·大雅·江汉》。明明,通"勉勉",力行不倦貌。这两句诗的意

思是,勤勉不倦的天子,美名传播不止。 ⑪弛其文德,协此四国:这两句诗亦引自《诗经·大雅·江汉》。意思是,宽施他的文德,协和四方各国。 ⑫大王:即太王,指文王的祖父古公亶父,武王灭商后追尊之为太王。 ⑬蹶然:喜跃貌。 ⑭负墙而立:古时与尊者言谈毕,退至于墙,肃立,以示避让和尊敬之意。 ⑮弟子敢不承乎:承,谓承教。意思是,学生敢不接受教导吗!

坊记第三十

1. 子言之："君子之道，辟则坊与，坊民之所不足者也①。大为之坊，民犹逾之②。故君子礼以坊德，刑以坊淫，命以坊欲③。"

[注释]①"君子"至"者也"：道，此谓治人之道。辟，通"譬"。坊，同"防"。这几句意思是，君子治理人的办法，就像防水的堤防吧，是用来防止人们德行不足的。　②大为之坊，民犹逾之：这两句意思是，严加防范，人们还有越轨的。　③"故君子"至"坊欲"：这几句意思是，因此君子用礼教来防止人们失德，用刑罚来防止人们淫乱，用政令来防止人们的贪欲。

2. 子云："小人贫斯约①，富斯骄。约斯盗，骄斯乱。礼者，因人之情而为之节文②，以为民坊者也。故圣人之制富贵也，使民富不足以骄，贫不至于约，贵不慊于上③，故乱益亡④。"

[注释]①贫斯约：斯，连词，犹则，就。约，犹穷。意思是，贫了就穷困。下文句式仿此。　②礼者，因人之情而为之节文：节文，犹节制，使富不致骄，贫不致穷。如礼规定富家拥有的车不过百乘，贫者受田百亩之类。这句意思是，礼，是因人之常情而对人加以节制。　③贵不慊于上：慊，音qiǎn，恨，满

之貌。意思是,贵不恨比上不足。　④乱益亡:亡,音 wú,无,没有。意思是,违法作乱的事愈益减少。

3. 子云:"贫而好乐,富而好礼,众而以宁①者,天下其几②矣。《诗》云:'民之贪乱,宁为荼毒。'③故制国不过千乘④,都成不过百雉⑤,家富不过百乘⑥。以此坊民,诸侯犹有畔⑦者。"

[注释]①众而以宁:谓家族大,人众多,易生争纷以致祸乱,而能安宁,是很难得的。　②几:微,少。此谓很少见。　③民之贪乱,宁为荼毒:这两句诗引自《诗经·大雅·桑柔》。贪,欲,好。意思是,人们好乱,宁愿为灾祸。④制国不过千乘:千乘,属兵赋。据古代兵赋之制,千乘之赋,地方三百一十六里。而据《周礼》,公之国方五百里,侯国方四百里,皆过于千乘之国。然地虽过,兵赋则"不过千乘"。　⑤都成不过百雉:成,是"城"字之误。雉,城高一丈,长三丈为雉。百雉,则三百丈。　⑥家富不过百乘:家,谓卿大夫之家。这句意思是,卿大夫之家富足的军赋不得超过百辆兵车。　⑦畔:音 pàn,通"叛"。

4. 子云:"夫礼者,所以章疑别微①,以为民坊者也。故贵贱有等,衣服有别,朝廷有位,则民有所让。"子云:"天无二日,土无二王,家无二主,尊无二上,示民有君臣之别也。《春秋》不称楚、越之王丧②。礼,君不称天③,大夫不称君,恐民之惑也。《诗》云:'相彼盍旦,尚犹患之④。'"子云:"君不与同姓同车⑤,与异姓同车不同服⑥,示民不嫌也。以此坊民,民犹得同姓以弒其君。"

[注释]①章疑别微:章,明。意思是,辨明嫌疑而区别细微。　②《春秋》不称楚、越之王丧:谓《春秋》不记载楚、越二国之王的丧葬。按,楚、越之

君僭号称王,不称其丧,谓不书(记载)其葬,以避其僭号。 ③君不称天:谓对诸侯国君不得称天。按,称天子为"天王",称诸侯则不言"天公",这是为避周天子之称。 ④相彼盍旦,尚犹患之:这两句是逸《诗》。盍旦,鸟名,是一种夜鸣求旦(天亮)之鸟。夜而求旦,想把昼夜颠倒过来,是求其所不可得,故人恶之,以喻臣下僭上者之可恶。这两句诗意思是,看那盍旦鸟,尚且被厌恶。 ⑤君不与同姓同车:按,这是为远害,篡弑之害,常起于同姓。故可与异姓同车而不与同姓同车。 ⑥与异姓同车不同服:这是为避嫌,以使人易于分清君臣。

5. 子云:"君子辞贵不辞贱,辞富不辞贫①,则乱益亡。故君子与其使食浮于人也,宁使人浮于食②。"

[注释]①君子辞贵不辞贱,辞富不辞贫:谓君子推辞尊贵而不推辞低贱,推辞富裕而不推辞贫穷。按,君子这样做,就可使人们不争富贵而安处贫贱,这样就可以减少或避免祸乱,故下文说"乱益亡"。 ②君子与其使食浮于人,宁使人浮于食:食,谓禄。浮,犹过。人,指自己的德才。这两句意思是,因此君子与其使俸禄高于自己的德才,不如使自己的德才高于所受的俸禄。按,这样就可使人避免为俸禄而争夺。

6. 子云:"觞酒,豆肉,让而受恶,民犹犯齿①。衽席之上,让而坐下②,民犹犯贵。朝廷之位,让而就贱③,民犹犯君。《诗》云:'民之无良,相怨一方。受爵不让,至于己斯亡。'④"

[注释]①觞酒,豆肉,让而受恶,民犹犯齿:觞:音 shāng,古代盛酒器。按,酒有厚薄,肉有美恶,人当谦让而受其恶者,即所谓"让而受恶"。这几句意思是,哪怕一杯酒,一豆肉,都要教育人们相推让而接受较差的一份,即使这样人们还有侵犯年长者的。 ②衽席之上,让而坐下:衽席:宴席,坐席。下,谓下位。这两句意思是,宴席之上,教育人们相谦让而就下座。 ③贱:

谓下位。 ④《诗》云:下面几句诗引自《诗经·小雅·角弓》,意思是:人们有的不善良,相互抱怨在一方。接受杯酒不相让,以至自己身丧亡。

7.子云:"君子贵人而贱己,先人而后己,则民作①让。故称人之君曰君,自称其君曰寡君。"

[注释]①作:举起。

8.子云:"利禄先死者而后生者,则民不偝①;先亡者而后存者,则民可以托②。《诗》云:'先君之思,以畜寡人③。'以此坊民,民犹偝死而号无告④。"

[注释]①利禄先死者而后生者,则民不偝:偝,音 bèi,背弃。意思是,利禄当先颁赐给为国事而死去的人,而后颁赐给活着的人,这样人们就不会背弃死者。 ②先亡者而后存者,则民可以托:亡,谓身为国事而流亡在外,如晋国的狐偃、赵衰、先轸等随晋公子重耳出亡在外者。这两句意思是,先颁赐给曾为国事流亡在外的人,而后颁赐给国内的人,这样人们就会变得仁厚而可以托付大事。 ③先君之思,以畜寡人:这两句诗引自《诗经·邶风·燕燕》。畜,亦作"勖",勉励。意思是,对先君的思念,勉励着寡人。按,引此诗意在说明"不偝死"之义。 ④偝死而号无告:谓背弃死者,致使死者的家人呼号而无处控告。

9.子云:"有国家者,贵人而贱禄,则民兴让①;尚技而贱车,则民兴艺②。故君子约言,小人先言③。"

[注释]①民兴让:谓人知爵禄之不可无德而受,故皆兴起礼让。②民兴艺:谓人知车之不可无能而得,故兴起重视技艺之风。 ③君子约言,小人先言:谓君子少说多做,小人没做就先夸口。

10. 子云:"上酌民言,则下天上施①。上不酌民言,则犯也;下不天上施,则乱也。故君子信让以涖百姓②,则民之报礼重。《诗》云:'先民有言:询于刍荛。'③"

[注释]①上酌民言,则下天上施:酌,选取,择善而行。天上施,谓以上施为天的命令。意思是,君上采纳民众的意见,民众就会把君上施行的政令当作天的命令一样来尊重。　②信让以涖百姓:涖,同"莅",谓管理,治理。用诚信谦让的态度来管理百姓。　③先民有言,询于刍荛:这两句诗引自《诗经·大雅·板》。荛,音 ráo。刍荛,砍柴人,喻基层百姓。这两句诗意思是,古人有句话:请教砍柴人。

11. 子云:"善则称人,过则称己,则民不争。善则称人,过则称己,则怨益亡。《诗》云:'尔卜尔筮,履无咎言①。'"子云:"善则称人,过则称己,则民让善②。《诗》云:'考卜惟王,度是镐京。惟龟正之,武王成之。'③"子云:"善则称君,过则称己,则民作忠。《君陈》④曰:'尔有嘉谋嘉猷,入告尔君于内,女乃顺之于外,曰:此谋此猷,惟我君之德。於乎,是惟良显哉!'⑤"子云:"善则称亲,过则称己,则民作孝。《大誓》⑥曰:'予克纣,非予武,惟朕文考无罪。纣克予,非朕文考有罪,惟予小子无良。'⑦"

[注释]①尔卜尔筮,履无咎言:这两句诗引自《诗经·卫风·氓》。引此诗者,欲以明无咎而不争不怨之意。诗的意思是,你又占卜来又占筮,卦兆都无不吉利。　②让善:谓推让功劳名誉。　③"考卜"至"成之":这几句诗引自《诗经·大雅·文王有声》,意在说明臣下归美于君。诗的意思是,求卜的是武王,定居这镐京。龟卜定方案,武王建成它。　④《君陈》:《尚书》篇名,已逸,伪孔传本《古文尚书》有此篇,不可据信。君陈,是周公之子、伯禽之弟。　⑤"尔有"至"显哉":猷,音 yóu,道,法则。於,音 wū。这几句意思是,

你有好主意好办法,进去告诉你的国君,你再在外边顺从国君的命令去做,说:这主意这办法,体现了我君的德才。啊,只有良臣才使国君显扬于世。　⑥《大誓》:《尚书》篇名,已逸。其内容是记"武王誓众以伐纣之辞"。今伪《古文尚书》有《泰誓》上、中、下三篇,不可据信。　⑦"予克"至"无良":这几句意思是,我战胜纣,并非我的武功,是因为我的先父无罪而有德。纣打败我,并非我的先父有罪而无德,只是我这做儿子的无能。

12. 子云:"君子弛①其亲之过而敬其美。"《论语》曰②:"三年无改于父之道,可谓孝矣。"高宗云③:"三年其惟不言,言乃讙④。"子云:"从命不忿,微谏不倦,劳而不怨,可谓孝矣。《诗》云⑤:'孝子不匮。'⑥"子云:"睦于父母之党,可谓孝矣。故君子因睦以合族。《诗》云:'此令兄弟,绰绰有裕。不令兄弟,交相为瘉⑦。'"子云:"于父之执,可以乘其车,不可以衣其衣,君子以广孝也⑧。"子云:"小人皆能养其亲,君子不敬,何以辨⑨?"子云:"父子不同位,以厚敬也。《书》云:'厥辟不辟,忝厥祖⑩。'"子云:"父母在,不称老,言孝不言慈⑪。闺门之内,戏而不叹⑫。君子以此坊民,民犹薄于孝而厚于慈⑬。"子云:"长民者⑭,朝廷敬老则民作孝。"子云:"祭祀之有尸也,宗庙之有主⑮也,示民有事⑯也。修宗庙,敬祀事,教民追孝也。以此坊民,民犹忘其亲。"

[注释]①弛:犹抛弃、忘记。　②《论语》曰:上文既有"子云",此又引《论语》曰,不应孔子自言,因知皆出自后人之手笔,是此篇之作者记礼而杂引孔子之言。　③高宗云:高宗,即殷王武丁,其父是盘庚之子、殷王小乙。"云"下面的话引自《尚书·无逸》。按,《无逸》所记是周公告诫成王的话,话中言及高宗的事。　④三年其惟不言,言乃讙:这是指高宗之父小乙丧之时。

言,指谈国事。讙,通"欢",谓臣民都很喜欢(参见《檀弓下第四》第48节注①)。 ⑤《诗》云:按,下面的诗句引自《诗经·大雅·既醉》。 ⑥孝子不匮:意思是,孝子的孝心永不匮乏。 ⑦"此令"至"为愈":这几句诗引自《诗·小雅·角弓》。令,善,美好。绰绰,宽裕貌。瘉,音yù,病,危害。这几句诗意思是,这对要好的兄弟,丰足而宽裕。那对不好的兄弟,相互坑害呢。 ⑧"于父"至"广孝也":执,谓与父志同道合者。就与人身体的关系而言,衣贴身而车稍远,因此儿子为孝敬其父,虽可乘父的车而不可穿父的衣,对于父之执亦然,这是把孝敬父亲之心推及父之执,故曰"广孝"。 ⑨小人皆能养其亲,君子不敬,何以辨:辨,别,区别。这几句意思是,小人都能赡养他的双亲,君子如果也只能赡养而不能尊敬,用什么同小人相区别呢? ⑩厥辟不辟,忝厥祖:这两句引自《尚书·太甲》篇,已逸,伪《古文尚书》有《太甲》上、中、下三篇,不可据信。辟,君。忝,辱。这两句意思是,身为君而不像君,辱及祖先。按,这两句在于说明处君位不可与臣相亵,亦犹父子不可同位。

⑪不言慈:按,慈是上辈施于下辈,若身为子而言慈,有怨双亲对己不慈之嫌。 ⑫闺门之内,戏而不叹:意思是,在家门之内,可以游戏而不可叹息。按,叹息是忧戚之声,将会使父母随之而忧虑。 ⑬薄于孝而厚于慈:意思是,人们还是孝敬父母的少而父母慈爱子女的多。 ⑭长民者:即为民之长者,也就是治理人民的人。 ⑮主:谓神主,即祖先的牌位。 ⑯示民有事:意思是,向人们表示有敬事的对象。

13. 子云:"敬则用祭器①。故君子不以菲废礼,不以美没礼②。故食礼,主人亲馈则客祭,主人不亲馈则客不祭③。故君子苟无礼④,虽美不食焉。《易》曰:'东邻杀牛,不如西邻之禴祭寔受其福⑤。'《诗》云:'既醉以酒,既饱以德。'⑥以此示民,民犹争利而忘义。"

[注释]①祭器:谓如笾、豆、簠、铏之属。 ②不以菲废礼,不以美没礼:意思是,不因为物品菲薄达不到礼的要求而废弃礼,也不因物品丰美而超过礼的规定。 ③"故食礼"至"不祭":这几句意思是,用食礼款待客人,主

人亲自向客人进食客人就行食前祭礼,主人不亲自向客人进食客人就不行食前祭礼。 ④君子苟无礼:谓君子如果受到不符合礼的接待。 ⑤"东邻"至"其福":这几句引自《周易·既济》九五爻辞。禴,音yuè,同"礿",祭名,据《明堂位》为夏祭(见彼第5节),据《王制》则为春祭(见彼第29节),是一种薄祭。这两句意思是,东边邻国杀牛祭祀,还不如西边邻国举行禴祭更能切实地受到神赐的福泽。 ⑥既醉以酒,既饱以德:这两句诗引自《诗经·大雅·既醉》,意思是,酒已酣饮,德已饱享。按,引此诗的用意,在于说明君子飨燕,并非专为酒肴,亦在借以观威仪,讲德美。

14. 子云:"七日戒,三日齐①,承一人焉以为尸,过之者趋走②,以教敬也。醴酒在室,醍酒在堂,澄酒在下③,示不淫也④。尸饮三,众宾饮一⑤,示民有上下也。因其酒肉,聚其宗族,以教民睦也。故堂上观乎室,堂下观乎上⑥。《诗》云:'礼仪卒度,笑语卒获⑦。'。"

[注释]①七日戒,三日齐:戒,此谓散齐(参见《祭义第二十四》第2节注①及《祭统第二十五》第7节注⑦)。齐,此谓致斋。这两句意思是,生活起居方面斋戒七天,内心斋戒三天。 ②承一人焉以为尸,过之者趋走:这两句意思是,侍奉一个被立为尸的人,经过尸的面前要小步快走。 ③"醴酒"至"在下":按,醴酒薄于醍酒,醍酒薄于澄酒,以薄者为尊。又《礼运》曰"醴、盏在户,粢醍在堂,澄酒在下",与此文义同(参见彼第5节注⑮、⑯)。 ④示不淫也:"示"下脱"民"字。 ⑤尸饮三,众宾饮一:按,依礼,尸九饭(吃了九口饭)之后,主人、主妇和宾长要依次向尸各一献酒,是所谓"尸三饮";接着主人向众宾各一献酒,是所谓"宾饮一"。 ⑥堂上观乎室,堂下观乎上:按,祭祀时最尊者在室中,其次在堂上,卑者在堂下,卑者观尊者行礼以决定自己该行何礼。 ⑦礼仪卒度,笑语卒获:这两句诗引自《诗经·小雅·楚茨》。卒,尽。获,得。这两句意思是,礼仪尽合制度,笑语尽得分寸。按,这是说在庙中者不失其礼仪,皆欢喜而得其节度。

15. 子云:"宾礼每进以让①。丧礼每加以远②:浴于中霤③,饭于牖下,小敛于户内④,大敛于阼,殡于客位⑤,祖⑥于庭,葬于墓,所以示远也。殷人吊于圹,周人吊于家,示民不偝也⑦。"子云:"死,民之卒事也,吾从周⑧。以此坊民,诸侯犹有薨而不葬⑨者。"

[注释]①宾礼每进以让:按,主人迎宾,每行至拐弯处,宾主都要互行揖礼并让由对方先行。进入庙门后,宾主还要三揖三让然后登阶上堂,是所谓"宾礼每进以让"。 ②丧礼每加以远:谓行丧礼每进行一个阶段死者都离家更远(详下文)。 ③中霤:犹言室中。 ④小敛于户内:谓室门内。按,小敛是在室门内之地下当门处进行的。 ⑤大敛于阼,殡于客位:按,大敛是在阼阶之上、东序前进行的。大敛后殡在西阶上,即所谓客位。主人迎宾上堂,宾就西阶上之位,因谓西阶上为客位。 ⑥祖:谓设祖奠(参见《檀弓上第三》第57节注⑬)。 ⑦偝:背弃(参见第8节注①)。 ⑧死,民之卒事,吾从周:意思是,死是人终结的事,我遵从周的丧礼。 ⑨薨而不葬:谓死而不得安葬。

16. 子云:"升自客阶,受吊于宾位①,教民追孝也。未没丧②,不称君,示民不争也。故《鲁春秋》记晋丧曰:'杀其君之子奚齐,及其君卓③。'以此坊民,子犹有弑其父者。"

[注释]①升自客阶,受吊于宾位:谓死者葬后,孝子仍不由阼阶升堂,而由客阶(即西阶)升,为不忍登其父位。按,父死之后子为主人,本当由阼阶上堂以就主人之位,但因父新葬,心犹不忍。故升堂自客阶,受吊亦在宾位,即西阶上之位。 ②没丧:谓服满丧期。 ③杀其君之子奚齐,及其君卓:按,鲁僖公九年(前651年)九月,晋献公死,其子奚齐立为君,十月奚齐即被大夫里克所杀。因献公之死尚未逾年,故《鲁春秋》记奚齐之死不称君。奚齐

被杀后,其弟卓子(《史记》作"悼子")被立为君,第二年十一月,里克又杀了卓子。这时献公死已逾年,故《鲁春秋》记卓子之死称君。按,由《鲁春秋》所记,学者颇疑上文"未没丧,不称君"之记有误,而当云"未逾年,不称君"。

17. 子云:"孝以事君,弟以事长,示民不贰①也。故君子有君不谋仕②,唯卜之日称二君③。丧父三年,丧君三年,示民不疑④也。父母在,不敢有其身⑤,不敢私其财,示民有上下也。故天子四海之内无客礼,莫敢为主焉⑥。故君适其臣,升自阼阶,即位于堂,示民不敢有其室⑦也。父母在,馈献不及车马⑧,示民不敢专也。以此坊民,民犹忘其亲而贰其君⑨。"

[注释]①示民不贰:谓向民显示没有二心。 ②君子有君不谋仕:君子,在此指国君的太子。仕,谓做官从政。不谋仕,是为了避免急于从政掌权之嫌。 ③唯卜之日称二君:二:当为"贰",副手,副君。这句意思是,太子只有在占卜的时候才自称君的副手。 ④示民不疑:谓向民显示父、君的至尊是无可置疑的。 ⑤不敢有其身:意思是,不敢把身体看作属于自己的,而不加爱惜,使之受到伤害。 ⑥天子四海之内无客礼,莫敢为主焉:四海之内,谓全天下。无客礼,谓天子不行客礼。因为天子就是天下之主,因此没有人敢做天子的主人,所以天子也就无客礼。 ⑦示民不敢有其室:意思是,以向民众表示不敢把家庭看作个人私有的,因为全天下都是天子的。 ⑧馈献不及车马:因为车马是家物之重者,因此有父母在,自己就不敢把家中最重的财物送人。 ⑨贰其君:谓对君有二心,不忠于君。

18. 子云:"礼之先币帛①也,欲民之先事而后禄②也。先财而后礼则民利③,无辞而行情则民争④。故君子于有馈者,弗能见,则不视其馈⑤。《易》曰:'不耕获,不菑畲,凶。'⑥以此坊民,民犹贵禄而贱行⑦。"

[注释]①礼之先币帛:礼,此指相见礼。币帛,即束帛(参见《曲礼下第二》第1节注⑨),此指拜访别人所拿的挚(即见面礼)。先币帛,谓行相见礼先于赠送币帛。 ②先事而后禄:谓以国事为先而利禄为后。 ③先财而后礼则民利:意思是,先赠送财物而后行礼人们就会贪利。 ④无辞而行情则民争:意思是,不辞让而任情以行人们就会争夺。 ⑤弗能见,则不视其馈:不视:犹不纳。意思是,如因故(如有病在身)不能亲自相见行礼,就不接受馈赠。 ⑥不耕获,不菑畬,凶:此引文出自《周易·无妄》六二爻辞,原文无"凶"字,有学者疑"凶"字为《坊记》作者所增。菑,音 zī,才耕种一年的田,亦谓垦荒。畬,音 yú,耕种了三年的熟田。意思是,不耕种而收获,不开垦土地而得熟田,不吉利。 ⑦贵禄而贱行:行,做事,干事。谓重视利禄而轻视做事,也就是希望不劳而获。

19. 子云:"君子不尽利以遗民①。《诗》云:'彼有遗秉,此有不敛穧,伊寡妇之利②。'故君子仕则不稼,田则不渔,食时不力珍③,大夫不坐羊,士不坐犬④。《诗》云:'采葑采菲,无以下体。德音莫违,及尔同死。'⑤以此坊民,民犹忘义而争利,以亡其身。"

[注释]①不尽利以遗民:意思是,不把利益占尽而要遗留一部分给民众。 ②"彼有"至"之利":这几句引自《诗经·小雅·大田》。秉,禾一把。穧,音 jì,谓割倒在地而未捆束的禾。伊,犹是。意思是,那儿有遗留的禾把,这儿有割而未捆束的禾,这是遗留给寡妇的利益。 ③食时不力珍:时,谓四季。意思是,四季吃饭不务求珍肴。 ④大夫不坐羊,士不坐犬:按,古时杀牲食其肉,坐其皮。不坐犬羊,是不无故杀之。这两句实际意思是,大夫不无故杀羊,士不无故杀狗。 ⑤"采葑"至"同死":这几句诗引自《诗经·邶风·谷风》。葑,音 fēng,即芜菁,亦即俗所谓大头菜。菲,音 fěi,萝卜。下体,谓根茎。德音,此指说过的好话。这几句诗的意思是,采大头菜采萝卜只

采叶子,不要连根茎都采。说过的好话不违背,就愿与你同生死。按,引此诗意在用比喻说明不可尽利的道理。谓采荇、菲之菜,只采其叶子就可以了,不要因为它们的根茎很美而一并取之,一并取之就是"尽利"。

20. 子云:"夫礼坊民所淫①,章民之别,使民无嫌②,以为民纪者也。故男女无媒不交③,无币不相见④,恐男女之无别也。以此坊民,民犹有自献其身⑤。《诗》云:'伐柯如之何?匪斧不克。取妻如之何?匪媒不得。'⑥'蓺麻如之何?横从其亩。取妻如之何?必告父母。'⑦"

[注释]①淫:谓淫乱。 ②章民之别,使民无嫌:意思是,向人们表明男女有别,使人们男女之间不生嫌疑。 ③无媒不交:交,谓交相知名。意思是,不经过媒人就不相互通名。 ④无币不相见:币,指纳徵之币(参见《曾子问第七》第9节注①)。意思是,男女双方不先行聘礼不得相见。 ⑤自献其身:谓不经过媒人而自由恋爱。 ⑥"伐柯"至"不得":这几句诗引自《诗·豳风·伐柯》。伐,砍伐。柯,斧柄。克,能够。意思是,砍个斧柄怎么办?没有斧头就不能。讨个老婆怎么办?没有媒人就不成。 ⑦"蓺麻"至"父母":这几句诗引自《齐风·南山》。蓺,音 yì,同"藝(艺)",种植。从,"纵"的古字。意思是:"种麻怎么办?横的直的开田亩。讨个老婆怎么办?必须先告诉父母。"

21. 子云:"取妻不取同姓,以厚别①也。故买妾不知其姓,则卜之②。以此坊民,《鲁春秋》犹去夫人之姓曰'吴'③,其死曰'孟子卒'④。"

[注释]①厚别:加强血缘的区别。 ②买妾不知其姓,则卜之:买妾而不知其姓,则不知其血缘,故通过占卜来决定吉利否。 ③《鲁春秋》犹去夫人之姓曰"吴":按,鲁、吴皆姬姓之国,鲁娶吴女,依《春秋》之例当曰"夫人姬

氏至自吴",为避讳娶同姓,故去夫人之姓,而只记载说"夫人至自吴"。引此例意在于承上文以说明人们犹有同姓相婚的。 ④其死曰"孟子卒":按,孟子是夫人的字,若不讳同姓,当记载曰"夫人姬氏薨",为避讳娶同姓,故不称夫人及其姓而仅称其字,且不书"薨"而曰"卒"。

22. 子云:"礼,非祭,男女不交爵①。以此坊民,阳侯犹杀缪侯,而窃其夫人②。故大飨废夫人之礼③。"

[注释]①交爵:此谓相互酬酢。按,依礼,主人向尸献酒之后,主妇要向尸献酒,并与尸相酬酢,是祭时男女交爵之例。但除此之外,则男女不得相互酬酢。 ②阳侯犹杀缪侯,而窃其夫人:其事不详。所可知者,阳、缪都是谥号,二者为同姓诸侯,然其国亦不详。又按,古时候接待贵宾,必皆夫妇亲之,故天子飨诸侯,以及诸侯相飨,王后、诸侯夫人都要向宾献酒。此处所记,盖缪侯飨阳侯,夫人出为阳侯献酒,阳侯悦夫人之色,于是灭其国而夺其夫人。 ③故大飨废夫人之礼:意思是,因此后来诸侯行大飨礼就不让夫人参加了。

23. 子云:"寡妇之子,不有见焉,则弗友也,君子以辟远也①。故朋友之交,主人不在,不有大故,则不入其门。以此坊民,民犹以色厚于德②。"子云:"好德如好色③。诸侯不下渔色④。故君子远色以为民纪。故男女授受不亲⑤。御妇人则进左手⑥。姑、姊妹、女子子已嫁而反⑦,男子不与同席而坐。寡妇不夜哭⑧。妇人疾,问之,不问其疾⑨。以此坊民,民犹淫泆而乱于族⑩。"

[注释]①"寡妇"至"远也":参见《曲礼上第一》第26节。 ②以色厚于德:意思是,好女色甚于好美德的。 ③好德如好色:按,此句似有脱文,《论语》曰"未见好德如好色",疾时人好色而不好德。此句盖亦如之,而脱

"未见"二字。　④不下渔色:谓不内取于国中。内取于国中卿大夫之女,就叫"下渔色"。婚礼始于纳采之礼,意思是采择其可为妻者。国君而内取,就像渔人捕鱼,入网则取之,是无所选择,因此是不符合礼的。　⑤男女授受不亲:谓男女之间不亲手传递东西。一方授物于另一方,另一方必须用筐篚等承接,而不可亲手接过来。　⑥御妇人进左手:御,驾车。进,前,在前。按,妇人乘车在左,御者在右,御者左手进在前则身体微侧背妇人,这是一种避嫌的表示。　⑦反:谓回娘家。　⑧寡妇不夜哭:这是为避思男人之嫌。⑨妇人疾,问之,不问其疾:意思是,妇人有病,去慰问她,但不问她的具体病情。按,如问得过细,过于具体,则嫌似媚。　⑩乱于族:即乱伦。

24.子云:"昏礼,壻亲迎①,见于舅姑②。舅姑承子③以授壻,恐事之违也④。以此坊民,妇犹有不至者⑤"

[注释]①壻:同"婿"。　②舅姑:谓女方父母。按,中国古代妇称公婆为舅姑,婿称岳父母亦为舅姑。　③承子:承,引。子,女儿。　④恐事之违也:按,《士昏礼·记》记父送女时命之曰:"戒之敬之,夙夜毋违命。"母亦命之曰:"勉之敬之,夙夜毋违宫事。"是即所谓"恐事之违也"。这句意思是,生怕女儿违背妇道。　⑤不至:犹云做不到,不守妇道。

中庸第三十一

1.天命之谓性①,率性之谓道②,脩道之谓教③。道也者,不可须臾离也,可离非道也。是故君子戒慎乎其所不睹④,恐惧乎其所不闻⑤,莫见乎隐,莫显乎微⑥,故君子慎其独⑦也。喜怒哀乐之未发谓之中,发而皆中节⑧谓之和。中也者,天下之大本也⑨;和也者,天下之达道也⑩。致中和,天地位焉,万物育焉⑪。

[注释]①命:犹赋,赋予。 ②率:循。 ③脩道:脩,通"修"。谓使人修养道德。 ④戒慎乎其所不睹:戒慎,警惕,谨慎。不睹,是指没有人看见。 ⑤不闻:是指没有人知道。 ⑥莫见乎隐,莫显乎微:意思是,即使在隐避之处,或在细微的事情上,也没有离道的表现。 ⑦慎其独:谓在一人独处而没有人知道的时候,也要十分谨慎,严格要求自己。 ⑧中节:谓符合礼的节度。 ⑨中也者,天下之大本也:谓中是天下各种感情和道理的本源。 ⑩达道:犹言通理。 ⑪致中和,天地位焉,万物育焉:意思是,达到中和的境界,天地间一切事物的位置就摆正了,万物都能生长繁育了。

2.仲尼曰:"君子中庸①,小人反中庸。君子之中庸也,君子而时中②。小人之中庸也③,小人而无忌惮④

也。"

[注释]①中庸:中,谓适中,不偏不倚,无过无不及。庸,常,谓以中为常道。 ②时中:谓随时随地恪守中道。 ③小人之中庸也:"中"上脱一"反"字。 ④无忌惮:谓无所畏忌。

3.子曰:"中庸其至矣乎①,民鲜能久矣。"子曰:"道之不行也,我知之矣:知者过之②,愚者不及③也。道之不明也,我知之矣:贤者过之,不肖者不及也。人莫不饮食也,鲜能知味也。"子曰:"道其不行矣夫!"

[注释]①中庸其至矣乎:谓常守中道的德行大概是最完美的吧。②过之:过分,做过了头。 ③不及:达不到要求。

4.子曰:"舜其大知①也与。舜好问而好察迩言②,隐恶而扬善,执其两端,用其中于民③,其斯以为舜乎④。"

[注释]①大知:知,同"智",大智慧。 ②察迩言:察,分辨。迩,近。迩言,身边人的言论。 ③执其两端,用其中于民:意思是,拿着过激和不足两方面的意见,加以折中而施行到民众中。 ④其斯以为舜乎:意思是,这就是舜之所以成为舜的原因吧。

5.子曰:"人皆曰予知①,驱而纳诸罟、攫②、陷阱之中,而莫之知辟也。人皆曰予知,择乎中庸,而不能期月守也③。"

[注释]①予知:自己聪明。 ②罟、攫:罟,音 gǔ,是网的总名。攫,音 huò,装有机关的捕兽的木笼。 ③择乎中庸,而不能期月守也:期,音 jī,时间的一个周期。这两句意思是,选择了常守中道,却不能坚持一个月。

6. 子曰:"回①之为人也,择乎中庸,得一善,则拳拳服膺②而弗失之矣。"子曰:"天下国家可均③也,爵禄可辞也,白刃可蹈也,中庸不可能也。"

[注释]①回:孔子的学生颜回。 ②拳拳服膺:拳拳,奉持之貌。服,犹着。膺,胸。犹今言牢记心中。 ③均:平,谓治平,即把天下治理太平。

7. 子路问强①。子曰:"南方之强与?北方之强与?抑而②强与?宽柔以教,不报无道,南方之强也,君子居之③。衽金革④,死而不厌,北方之强也,而强者居之。故君子和而不流⑤,强哉矫⑥!中立而不倚,强哉矫!国有道,不变塞焉⑦,强哉矫!国无道,至死不变,强哉矫!"

[注释]①子路问强:按,子路好勇,故问强。这里实际是问强中是否兼有守中的德行。 ②抑而强与:抑,或,或者。而,代词,你,你的。 ③"宽柔"至"居之":按,南方的风气柔弱,故以含忍之力胜人为强。居,持守,坚守。这几句意思是,教育人们宽缓柔和,不报复不讲道义的人,这是南方所崇尚的强,君子就持守这种强。 ④衽金革:衽,卧席。金,指武器。革,指铠甲。意思是,以武器铠甲为席而卧。 ⑤和而不流:谓柔和而不丧失原则。 ⑥强哉矫:矫,强貌。意思是,这才是真正的强啊。 ⑦国有道,不变塞焉:塞,充也。谓国家治理得好,处清平之世,不因安荣而改变其充实之德。

8. 子曰:"素隐行怪①,后世有述焉②,吾弗为之矣。君子遵道而行,半涂而废,吾弗能已矣。君子依乎中庸,遯世不见知而不悔③,唯圣者能之。"

[注释]①素隐行怪:素,一向。意思是,一向隐居而行为怪僻。 ②后世有述:谓后世有所称述。 ③君子依乎中庸,遯世不见知而不悔:遯世,隐

居。这两句意思是,君子靠常守中道,隐居而不被人所知也不后悔。

9. 君子之道,费而隐①。夫妇之愚,可以与知焉,及其至也,虽圣人亦有所不知焉②;夫妇之不肖,可以能行焉,及其至也,虽圣人亦有所不能焉③。天地之大也,人犹有所憾④。故君子语大,天下莫能载焉⑤;语小,天下莫能破焉⑥。《诗》云:"鸢飞戾天,鱼跃于渊。"⑦言其上下察也⑧。君子之道,造端乎夫妇,及其至也,察乎天地⑨。

[注释]①费而隐:费,广博。意思是,广博而隐微。 ②"夫妇"至"不知焉":这几句意思是,愚蠢的夫妇,也有一些知识,至于他们的全部知识,即使圣人也有不知道的。 ③"夫妇"至"不能焉":这几句意思是,低能的夫妇,也有他们所能做的事,至于他们的全部技能,即使圣人也有不能的。 ④天地之大,人犹有所憾:按,如风雨之不时,每有灾异,皆人之所憾。这两句以天地尚有所憾,说明对圣人不可求全责备。 ⑤君子语大,天下莫能载焉:语大,所说的大事。载,承担。这两句意思是,君子说起大事来,天下没有人能承担其任。 ⑥语小,天下莫能破焉:语小,所说小事。天下莫能破,说明极细微,不可再分割。这两句意思是,说起小事来,天下没有人能再加剖分。 ⑦鸢飞戾天,鱼跃于渊:这两句诗引自《诗经·大雅·旱麓》。鸢,音 yuān,鸟名,鸷鸟,属猛禽类,俗称鹞鹰、老鹰。意思是,鹞鹰飞到天空,鱼儿跃在水中。 ⑧言其上下察也:察,明。这里是解释上面两句引诗的含义,谓这是比喻君子的道理昭著于天上地下。 ⑨"君子"至"天地":造端,发端,开始。这几句意思是,君子的道理,发端于夫妇的见闻,至于他的全部道理,昭明于天地万物。

10. 子曰:"道不远人①,人之为道而远人,不可以为道②。《诗》云:'伐柯伐柯,其则不远。'③执柯以伐柯,睨而视之,犹以为远④。故君子以人治人,改而止⑤。忠恕违道不远,施诸己而不愿,亦勿施于人⑥。君子之道四,丘未能一焉⑦:所求乎子以事父,未能也⑧;所求乎臣以事君,未能也;所求乎弟以事兄,未能也;所求乎朋友先施之⑨,未能也。庸德之行,庸言之谨⑩,有所不足不敢不勉,有余不敢尽⑪,言顾行,行顾言,君子胡不慥慥尔⑫!君子素其位而行,不顾乎其外⑬。素富贵行乎富贵⑭,素贫贱行乎贫贱,素夷狄行乎夷狄,素患难行乎患难:君子无入而不自得焉。在上位不陵⑮下,在下位不援⑯上,正己而不求于人,则无怨:上不怨天,下不尤⑰人。故君子居易以俟命,小人行险以徼幸⑱。"

[注释]①道不远人:谓道是人的性情的体现,本就是众人所能知能行的,故不远于人。 ②人之为道而远人,不可以为道:这两句意思是,如果人遵循道而远离人,那就不可以成为道了。 ③伐柯伐柯,其则不远:这两句诗句引自《诗经·豳风·伐柯》。则,楷模,样式。意思是,砍斧柄啊砍斧柄,斧柄的样式并不远。 ④执柯以伐柯,睨而视之,犹以为远:睨,音 nì,斜着眼看,斜视。这几句意思是,拿着斧柄砍斧柄,只用斜眼看一下手中斧柄的样式,就这人们还嫌远呢。 ⑤故君子以人治人,改而止:意思是,因此君子用人来治理人,有过错的人改了就行。 ⑥忠恕违道不远,施诸己而不愿,亦勿施于人:违,离。忠恕,儒家的一种道德规范,忠谓尽心为人,恕谓推己及人。这几句意思是,忠恕离道不远,不愿意施加在自己身上的事情,也不要施加在别人身上。 ⑦丘未能一焉:意思是,我一条也做不到。 ⑧所求乎子以事父,未能也:意思是,自己不行孝道而要求儿子孝事自己,我做不到。下文义仿此。 ⑨所求乎朋友先施之:意思是,自己不先施恩惠而要求朋友先施恩惠于己。 ⑩庸德之行,庸言之谨:庸,常。谓常依德而行,常说话谨慎。 ⑪有余不敢尽:有余,谓自己的才能与人相比绰绰有余,但应常持谦退的态度,不敢尽显其才以过于人。 ⑫"言顾"至"慥尔":顾,虑,考虑。胡,犹何。慥,音 zào。慥慥,犹汲汲,勉而不敢缓之意。这几句意思是,说话要考虑到

是否能实行,做事要考虑到是否与自己的言论相副,君子什么事不努力自勉呢! ⑬君子素其位而行,不顾乎其外:素:现在。这两句意思是,君子在现在的位置上做他应该做的事,不羡慕本位以外的事情。 ⑭素富贵行乎富贵:意思是,现在富贵就做富贵者应做的事。下文义仿此。 ⑮陵:侵犯,欺凌。 ⑯援:犹巴结,谓依附权势向上爬。 ⑰尤:责备,怪罪。 ⑱君子居易以俟命,小人行险以徼幸:徼幸,今通作"侥幸"。意思是,君子居处平易以等待机遇,小人冒险以图侥幸。

11. 子曰:"射有似乎君子:失诸正鹄,反求诸其身①。君子之道,辟如行远必自迩,辟如登高必自卑。《诗》曰:'妻子好合,如鼓瑟琴。兄弟既翕,和乐且耽。宜尔室家,乐尔妻帑。'②。"子曰:"父母其顺矣乎③!"

[注释]①失诸正鹄,反求诸其身:正鹄:箭靶的中心。这两句意思是,没有射中靶心,应该反过来检查自身。 ②"妻子"至"妻帑":这几句诗引自《诗经·小雅·常棣》。翕,音 xī,聚合,合作。耽,乐。帑,音 nú,通"孥",儿女的通称。这几句诗意思是,同妻子相爱相合,就好像弹奏琴瑟。兄弟们既然合作,和睦乐而又乐。搞好你的家庭,喜爱你的妻儿。 ③父母其顺矣乎:意思是,能够做到上面说的这样,父母大概能顺心了吧。

12. 子曰:"鬼神之为德,其盛矣乎! 视之而弗见,听之而弗闻,体物而不可遗①,使天下之人齐明盛服②,以承祭祀,洋洋乎如在其上③,如在其左右。《诗》曰:'神之格思,不可度思,矧可射思!'④'夫微之显,诚之不可掩⑤,如此夫!"

[注释]①体物而不可遗:意思是,万物都体现着它而无可遗漏。 ②齐明盛服:谓穿上整齐洁净的盛装。 ③洋洋乎如在其上:洋洋:仿佛貌。

意思是,仿佛鬼神如在人的上面。 ④神之格思,不可度思,矧可射思:这几句诗引自《诗经·大雅·抑》。格,至,来。度,音duó,推测,估计。矧,音shěn,况且,何况。射,音yì,"斁"的古字,厌弃。这几句诗意思是,神的来到哟,不可测度哟,况可厌恶哟。 ⑤夫微之显,诚之不可揜:诚,实。揜,同"掩"。这两句意思是,鬼神幽微而又显著,真实而不可掩没。

13. 子曰:"舜其大孝也与。德为圣人,尊为天子,富有四海之内,宗庙飨之,子孙保之①。故大德必得其位②,必得其禄,必得其名,必得其寿。故天之生物,必因其材而笃焉③。故栽者培之,倾者覆之。《诗》曰:'嘉乐君子,宪宪令德。宜民宜人,受禄于天。保佑命之,自天申之。'④故大德者必受命⑤。"

[注释]①子孙保之:谓子孙后代永葆对他的祭祀。按,周时的陈国即是舜之后裔。 ②大德必得其位:意思是,有大德的人必能获得相应的地位。下文义仿此。 ③天之生物,必因其材而笃焉:意思是,天生育万物,必因万物材质的善恶而厚加回报。按,这里意在说明,善者天厚其福,恶者天厚其毒。 ④"嘉乐"至"申之":这几句诗引自《诗经·大雅·假乐》。宪宪,盛明貌。令德,美德。民,庶民。人,在位之官。申,重。这几句诗意思是,美好快乐的君子,显耀美善的德行。适于民又适于官,受取福禄于天神。保佑他而授命他,从天神那里看重他。 ⑤受命:谓受天命。

14. 子曰:"无忧者,其唯文王乎。以王季为父,以武王为子,父作之,子述之①。武王缵大王、王季、文王之绪,壹戎衣而有天下②,身不失天下之显名,尊为天子,富有四海之内,宗庙飨之,子孙保之③。武王末受命,周公成文、武之德,追王大王、王季,上祀先公以天子之礼④。斯礼也,达乎诸侯、大夫,及士、庶人:父为大夫,子为士,葬以大夫,祭以士;父为士,子为大夫,葬以士,祭以大夫;期之丧达乎大夫⑤,三年之丧达乎天子,父母之丧无贵贱一也⑥。"

[注释]①父作之,子述之:作,起,兴起。述,继承。意思是,父亲兴起的事业,儿子加以继承。　②壹戎衣而有天下:戎衣,军装,谓穿上军装。这句意思是,一穿上军装伐纣就据有天下。　③保之:谓永葆王业。　④"周公"至"之礼":先公,指太王以上周族的历代祖先。意思是,周公成就文王、武王的德行,追尊太王、王季以王号,用天子之礼上祭先公。　⑤期之丧达乎大夫:这是就为旁亲服齐衰期而言。所谓旁亲,亦即旁尊,指伯父、叔父。依礼,为伯父、伯母和叔父、叔母当服齐衰不杖期,是所谓"期之丧达乎大夫"。只不过因大夫位尊,故降一等而服大功。如果是天子、诸侯,就不为这样的旁亲服齐衰期之丧了。至于正尊(自己的亲父母、亲祖父母等)而当服齐衰期的,则自天子、诸侯以至大夫,皆服之而不降。这句意思是,为旁亲服齐衰期之丧通行到大夫。　⑥父母之丧无贵贱一也:这是说,为父母服三年之丧不分贵贱都是一样的。

15. 子曰:"武王、周公其达孝①矣乎。夫孝者,善继人之志,善述人之事者也。春秋修其祖庙②,陈其宗器,设其裳衣③,荐其时食④。宗庙之礼,所以序昭穆也;序爵,所以辨贵贱也;序事,所以辨贤也⑤;旅酬下为上⑥,所以逮贱也;燕毛⑦,所以序齿也。践其位,行其礼,奏其乐,敬其所尊,爱其所亲,事死如事生⑧,事亡如事存,孝之至也。郊社之礼,所以事上帝也。宗庙之礼,所以祀乎其先也。明乎郊社之礼,禘尝之义,治国其如示诸掌乎。"

[注释]①达孝:达,通。言天下之人通谓之孝。　②春秋修其祖庙:谓

春秋时节修缮祖庙。　③设其裳衣:谓陈设祖先穿过的衣裳。按,祭祖当立尸,为尸者当穿其所扮装的祖先之衣以受祭,故当先陈设衣裳。　④荐其时食:时食,谓四时之祭。意思是,按季节进上四季的祭品。　⑤序事,所以辨贤也:事,谓进献祭品。以辨贤,谓据其所承担的进献祭品之事,以辨其能力的高下。　⑥旅酬下为上:旅酬,谓祭祀之末众人从上到下依次递相劝酒。按凡旅酬都是由卑者先饮一杯酒,然后向尊者进酒,尊者饮后,旅酬便正式开始(参见《曾子问第七》第7节注①)。因旅酬开始之前,是卑者先饮酒,故云"下为上"。　⑦燕毛:燕,谓祭毕宴饮,以款待参加祭祀的人。毛,头发,谓据头发的颜色(也就是按年龄的高低)来排列座次,故下文说"所以序齿"。⑧事死如事生:侍奉死者如同活着时一样。

16. 哀公问政。子曰:"文、武之政,布在方策①。其人存则其政举,其人亡则其政息②。人道敏政,地道敏树③。夫政也者,蒲卢也,故为政在人④。取人以身,修身以道,修道以仁。仁者,人也,亲亲为大;义者,宜也,尊贤为大。亲亲之杀,尊贤之等,礼所生也⑤。在下位不获乎上,民不可得而治矣⑥。故君子不可以不修身,思修身不可以不事亲,思事亲不可以不知人,思知人不可以不知天⑦。天下之达道⑧五,所以行之者三,曰:君臣也,父子也,夫妇也,昆弟也,朋友之交也,五者天下之达道也;知、仁、勇三者,天下之达德也,所以行之者一也⑨。或生而知之,或学而知之,或困而知之:及其知之一也。或安而行之,或利而行之,或勉强而行之⑩,及其成功一也。"

[注释]①布在方策:谓记载在方版和简策上。按,古代以木板和竹简书写,木板曰方,竹简曰册。　②其人存则其政举,其人亡则其政息:人,谓贤人。这两句意思是,有贤人在,这些政教就能施行;没有贤人,这些政教就废

弃了。意思是,没有贤人,就不能继续文王、武王的政教。 ③人道敏政,地道敏树:敏,勤勉。树,种植。这两句意思是,治理人的办法是努力行政,就像治理土地的办法是努力种植。 ④夫政者,蒲卢也,故为政在人:蒲卢即蜾蠃,也就是土蜂(亦称细腰蜂),自己不能生子,必取桑虫之子去而变化之以为己子(这是古人缺乏科学知识的说法)。按,孔子以蒲卢喻政,是以文王、武王之政不能自举,而必待其人,犹蒲卢不能自生,而必待桑虫之子。这两句意思是,政事,就像土蜂必借桑虫之子来变化生成一样,因此行政在于得人才。 ⑤亲亲之杀,尊贤之等,礼所生也:杀,等差。这几句意思是,亲爱亲人而区分远近亲疏,尊敬贤人而区分贵贱等级,礼就由此而产生。 ⑥在下位不获乎上,民不可得而治矣:这两句意思是,臣在下位而不能得到君上的信任,民众就不可能治理好。按,下节亦有此二句,是误而重出在此。 ⑦天:谓天理。 ⑧达道:通理。 ⑨所以行之者一也:"一"字是衍文。这句承上文,意思是,智、仁、勇这三项通德,是用来实行五理的。 ⑩"或安"至"行之":这几句意思是,对于这五理三德,有的人心安理得地去实行,有的人为贪慕荣利去实行,有的人勉强地去实行。

17. 子曰:"好学近乎知,力行近乎仁,知耻近乎勇。知斯三者则知所以修身,知所以修身则知所以治人,知所以治人则知所以治天下国家矣。凡为天下国家有九经①,曰修身也,尊贤也,亲亲也,敬大臣也,体群臣也,子②庶民也,来③百工也,柔④远人也,怀⑤诸侯也。修身则道立,尊贤则不惑,亲亲则诸父、昆弟不怨,敬大臣则不眩,体群臣则士之报礼重,子庶民则百姓劝,来百工则财用足,柔远人则四方归之,怀诸侯则天下畏之。齐明盛服,非礼不动,所以修身也;去谗远色,贱货而贵德,所以劝贤也;尊其位,重其禄,同其好恶,所以劝亲亲也;官盛任使⑥,所以劝大臣也;忠信重禄,所以劝士也;时使⑦薄敛,所以劝百姓也;日省月试,既廪称事⑧,所以劝百工也;送往迎来,嘉善而矜不能⑨,所以柔远人也;继绝世,举废国,治乱持危⑩,朝聘以时,厚往而薄来,所以怀诸侯也。凡为天下国家有九经,所以行之者一也⑪:凡事豫则立,不豫则废。言前定则不跲⑫,事前定则不困,行前定则不疚⑬,道前定则不穷⑭。在下位不获乎上⑮,民不可得而治矣;获乎上有道,不信乎朋友,不获乎上矣⑯;信乎朋友有道,不顺乎亲,不信乎朋友矣;顺乎亲有道,反诸身不诚,不顺乎亲矣⑰;诚身有道,不明乎善⑱,不诚乎身矣。诚者,天之道也;诚之者,人之道也⑲。诚者不勉而中⑳,不思而得,从容中道,圣人也㉑。诚之者,择善而固执之者也。博学之,审问之,慎思之,明辨之,笃行之。有弗学,学之弗能,弗措也㉒;有弗问,问之弗知,弗措也;有弗思,思之弗得,弗措也;有弗辨,辨之弗明,弗措也;有弗行,行之弗笃,弗措也。人一能之,己百之;人十能之,己千之。果能此道矣,虽愚必明,虽柔必强。"

[注释]①经:在此义为原则。 ②子:爱。 ③来:音 lài,劝勉。 ④柔:安抚。 ⑤怀:义同"柔",亦安抚。 ⑥官盛任使:谓属官盛众,足令任使。 ⑦时使:谓使用民力不违农时。 ⑧日省月试,既廪称事:省,音 xǐng,视察,察看。既,通"饩",音 xì。廪,音 lǐn。饩廪,谓俸粮。这两句意思是,天天察看而月月检查,使授予的俸粮同事工相称。 ⑨嘉善而矜不能:矜,怜惜。谓嘉奖长处而怜惜短处。 ⑩治乱持危:意思是,有混乱就帮助治理,有危险就加以扶持。 ⑪所以行之者一也:一,一致,一样,谓皆当豫(预)。详下文。 ⑫言前定则不跲:跲,音 jiá,窒碍。意思是,说话先考虑好就不会发生窒碍。 ⑬行前定则不疚:疚,病。谓行动先考虑好就不会出差错。 ⑭道前定则不穷:道路预先确定好就不会走投无路。 ⑮在下位不获乎上:

谓臣在下位而不能获得君上的信任。 ⑯获乎上有道,不信乎朋友,不获乎上矣:这几句意思是,臣获得君上的信任有途径,不能获得朋友的信任,就不能真正获得君上的信任。 ⑰顺乎亲有道,反诸身不诚,不顺乎亲矣:这几句意思是,孝顺双亲有途径,反顾自身不真诚,就不可能真正孝顺双亲。 ⑱不明乎善:谓不明确善道。 ⑲诚者,天之道也;诚之者,人之道也:这几句意思是,真诚,是天的德性;使自身真诚,是人的德性。 ⑳诚者不勉而中:意思是,真诚的人不用费劲就能符合善道。 ㉑从容中道,圣人也:意思是,从容悠闲之间都能符合善道,这就是圣人了。 ㉒弗措:措,放置,放在一边。意思是,不要放弃。下文义仿此。

18. 自诚明,谓之性①;自明诚,谓之教②。诚则明矣,明则诚矣③。

[注释]①自诚明,谓之性:意思是,由真诚而明道理,叫做天性。 ②自明诚,谓之教:意思是,由明道理而真诚,叫做教化。 ③诚则明矣,明则诚矣:意思是,真诚就会明道理,明道理就会变得真诚。

19. 唯天下至诚,为能尽其性①;能尽其性,则能尽人之性②;能尽人之性,则能尽物之性;能尽物之性,则可以赞天地之化育;可以赞天地之化育,则可以与天地参③矣。

[注释]①唯天下至诚,为能尽其性:这两句意思是,只有天下最真诚的人,才能彻底发挥自己的天性。按,所谓天性,即本篇开头所谓"天命之谓性"。 ②尽人之性:谓彻底发挥他人的天性。 ③与天地参:谓与天地相参配。

20. 其次致曲①。曲能有诚,诚则形②,形则著,著则明,明则动③,动则变,变则化④。唯天下至诚为能化⑤。

[注释]①其次致曲:致,通"至"。曲,犹细小的事。这句意思是,其次是将真诚推至细小的事情上。　②曲能有诚,诚则形:形,谓表现出来。意思是,在细小的事情上都能够真诚,真诚就会表现出来。　③动:谓感动众人。④动则变,变则化:意思是,感动众人就会改变人,改变人就会化恶为善。⑤唯天下至诚为能化:谓只有天下最真诚的人才能化恶为善。

21. 至诚之道,可以前知①。国家将兴,必有祯祥;国家将亡,必有妖孽。见乎蓍龟②,动乎四体③,祸福将至,善必先知之,不善必先知之。故至诚如神。

[注释]①前知:预知未来。　②见乎蓍龟:蓍,谓蓍草,在此指代占筮。龟,指代占卜。谓国家的兴亡会表现在占筮和占卜的结果上。　③动乎四体:谓国家的兴亡还会表现在身体的动作仪态上。

22. 诚者自成也,而道自道也①。诚者物之终始,不诚无物②。是故君子诚之为贵。诚者非自成己而已也,所以成物也③。成己,仁也;成物,知也。性之德也,合外内之道也,故时措之宜也④。故至诚无息,不息则久,久则征,征则悠远,悠远则博厚,博厚则高明⑤。博厚所以载物也,高明所以覆物也,悠久所以成物也。博厚配地,高明配天,悠久无疆。如此者,不见而章,不动而变,无为而成⑥。天地之道可壹言而尽也:其为物不贰,则其生物不测⑦。天地之道博也,厚也,高也,明也,悠也,久也。

[注释]①诚者自成也,道自道也:道,即"率性之道"的"道"(见第1节)。这两句意思是,真诚是人的自我完善,而道是人自己所遵循的道。②诚者物之终始,不诚无物:此处之诚,又广其义而指贯穿于一切事物的实

理,也就是事物的本性或规律。意思是,诚贯穿于一切事物的始终,没有诚就没有事物。 ③所以成物也:谓使万物皆合于实理而无虚妄,是使万物皆得以成就。 ④性之德也,合外内之道也,故时措之宜也:这几句意思是,出于天性的真诚的德性,是一种内外结合的德性,因此时时运用而无不适宜。
⑤"故至诚"至"高明":两"征"字皆"彻"字之误。彻,达。这几句意思是,因此最真诚的德性永不止息,不止息就会长久,长久就会通达,通达就会悠久,悠久就会广博深厚,广博深厚就会高大光明。 ⑥不见而章,不动而变,无为而成:意思是,不用表现就会彰明,不用行动就会变化万物,不需做什么就能成就万物。 ⑦其为物不贰,则其生物不测:测,度量,测算。意思是,真诚不二,就生出数不清的事物。

23. 今夫天,斯昭昭之多①,及其无穷也,日月星辰系焉,万物覆焉。今夫地,一撮土之多,及其广厚,载华岳而不重,振②河海而不洩,万物载焉。今夫山,一卷石之多③,及其广大,草木生之,禽兽居之,宝藏兴焉。今夫水,一勺之多,及其不测,鼋、鼍、鲛④、龙、鱼、鳖生焉,货财殖焉。《诗》曰:"惟天之命,於穆不已。"⑤盖曰天之所以为天也。"於乎不显,文王之德之纯。"⑥盖曰文王之所以为"文"也,纯亦不已⑦。

[注释]①今夫天,斯昭昭之多:昭昭,犹耿耿,小明。之多,犹言就那么一点。意思是,现在这个天,它当初也只有狭小的一点光明。下文义仿此。 ②振:犹收。 ③卷:犹区,小。 ④鼋、鼍、鲛:鼋、鼍,参见《月令第六》第54节注③。鲛,即鲨鱼。 ⑤惟天之命,於穆不已:这两句以及下面两句诗,皆引自《诗经·周颂·维天之命》。天命,即天道。於,音乌wū。穆,深远。这两句意思是,想起天的道理,啊,真是深远无穷。 ⑥於乎不显,文王之德之纯:於乎,音wū hū。不,通"丕",大。这两句意思是,啊啊,多么光明伟大啊,文王那纯粹的德行。 ⑦纯亦不已:已,止。意思说,这是由于文王修养自己

纯粹的德行而不停止。

24. 大哉，圣人之道！洋洋①乎，发育万物，峻②极于天。优优③大哉！礼仪三百，威仪三千，待其人然后行④。故曰"苟不至德，至道不凝焉⑤"。故君子尊德性而道问学⑥，致广大而尽精微，极高明而道中庸⑦，温故而知新，敦厚以崇礼。是故居上不骄，为下不倍⑧，国有道其言足以兴国，无道其默足以容⑨。《诗》曰："既明且哲，以保其身⑩。"其此之谓与。

[注释]①洋洋：充满之貌。 ②峻：高。 ③优优：宽裕之貌。 ④待其人然后行：谓有待于贤人然后实行。 ⑤苟不至德，至道不凝焉：至，最好的，最完美的。凝：犹成。意思是，如果没有完美的德行，完美的道理就不能实行成功。 ⑥尊德性而道问学：道，谓途径。意思是，君子尊崇德性，而通过勤问好学，以达到下文所述的境界。 ⑦致广大而尽精微，极高明而道中庸：这两句描述君子通过尊德性而道问学所达到的境界，即使自己的知识达到广大而深入精微，使自己的德行极高尚光明而常守中道。 ⑧倍：通"背"，违背，谓违背君命。 ⑨其默足以容：谓静默自守足以容身自保。 ⑩既明且哲，以保其身：这两句诗引自《诗经·大雅·烝民》，意思是，既高明又智慧，足以保全他自身。

25. 子曰："愚而好自用，贱而好自专①，生乎今之世反古之道②，如此者，栽③及其身者也。"非天子不议礼，不制度，不考文④。今天下车同轨，书同文，行同伦⑤。虽有其位，苟无其德，不敢作礼乐焉。虽有其德，苟无其位，亦不敢作礼乐焉。

[注释]①自专：自作主张。 ②反古之道：复返古代的治国办法。

③烖:同"灾"。 ④考文:考正文字。 ⑤行同伦:伦,道。谓同一道德标准。

26. 子曰:"吾说夏礼,杞不足征①也。吾学殷礼,有宋存焉②。吾学周礼,今用之,吾从周。"王天下有三重③焉,其寡过矣乎④。上焉者⑤,虽善无征,无征不信,不信民弗从;下焉者⑥,虽善不尊,不尊不信,不信民弗从。故君子之道,本诸身,征诸庶民⑦,考诸三王而不缪,建诸天地而不悖,质诸鬼神而无疑,百世以俟圣人而不惑⑧。质诸鬼神而无疑,知天也;百世以俟圣人而不惑,知人也。是故君子动而世为天下道⑨,行而世为天下法,言而世为天下则,远之则有望⑩,近之则不厌⑪。《诗》曰:"在彼无恶,在此无射,庶几夙夜,以永终誉。"⑫君子未有不如此而蚤有誉于天下者也。

[注释]①杞不足征:杞,古国名,周初所封,其君相传为夏禹的后裔,初封时国都在雍丘(今河南杞县)。征,证明。谓杞国的文献不足以证明。②宋存焉:宋,古国名,周初所封,其君为商汤的后裔,建都于商丘(今河南商丘县南)。谓宋国还保存有殷礼。 ③三重:谓三代之礼。 ④其寡过矣乎:意思是,大概可以少犯错误吧。 ⑤上焉者:谓时王(即周代)以前,如夏商之礼。 ⑥下焉者:谓圣人在下,如孔子虽善于礼,而不在尊位。 ⑦本诸身,征诸庶民:谓先从自身做起,证明给民众看。 ⑧"考诸"至"不惑":建,立。质,验证。质诸鬼神:谓通过占卜、占筮而验之以鬼神之意。这几句意思是,拿三代圣王的教诲来考校而没有错误,立于天地之间与天地之理相合而不违背,在鬼神面前验证也无可怀疑,百世之后待圣人出来检验也无疑惑。 ⑨君子动而世为天下道:道,犹榜样,楷模。谓君子的举动世世代代成为天下的楷模。 ⑩有望:谓企慕向往。 ⑪不厌:谓接近君子而不厌倦。 ⑫"在彼"至"终誉":这几句诗引自《诗经·周颂·振鹭》。意思是,在那里没有怨恨,在这里没有厌恶。几乎早晚都谨慎,以永葆美好的名声。

27.仲尼祖述①尧、舜,宪章文、武,上律天时②,下袭水土③。辟如天地之无不持载、无不覆帱④,辟如四时之错行⑤,如日月之代明。万物并育而不相害,道并行而不相悖,小德川流,大德敦化⑥,此天地之所以为大也。

[注释]①祖述:效法。下文"宪章"义同。 ②上律天时:律,遵循,取法。谓上遵天时的运行规律。 ③下袭水土:袭,犹循。谓下循水土的自然之理。 ④辟如天地之无不持载、无不覆帱:帱,音dào,覆。这句意思是,如同天地的无所不负载、无所不覆盖。 ⑤错行:交错运行。 ⑥小德川流,大德敦化:这两句意思是,小德如河水流浸,大德敦厚而化育万物。

28.唯天下至圣①,为能聪明睿知足以有临②也,宽裕温柔足以有容③也,发强刚毅足以有执也④,齐庄中正足以有敬也⑤,文理密察足以有别也⑥。溥博渊泉,而时出之⑦。溥博如天,渊泉如渊,见而民莫不敬,言而民莫不信,行而民莫不说。是以声名洋溢乎中国,施及蛮貊,舟车所至,人力所通,天之所覆,地之所载,日月所照,霜露所队⑧,凡有血气者⑨,莫不尊亲,故曰配天⑩。

[注释]①至圣:最圣明的人。 ②有临:谓临察万物。 ③有容:谓包容万物。 ④发强刚毅足以有执也:有执,犹言有所决断。这句意思是,发挥坚强刚毅足以决断事物。 ⑤齐庄中正足以有敬也:齐,音zhāi。齐庄,严肃诚敬。这句意思是,严肃诚敬而公正足以使人敬佩。 ⑥文理密察足以有别也:意思是,思虑周密细致足以鉴别事物。 ⑦溥博渊泉,而时出之:渊泉,喻深沉。意思是,博大深沉,而能适时表现出来。 ⑧队:坠落,后作"坠(坠)"。 ⑨有血气者:谓有血脉气息的人。 ⑩故曰配天:意思是,因此说圣人的德行可与天相配。

29.唯天下至诚,为能经纶天下之大经①,立天下之大本,知天地之化育②。夫焉有所倚? 肫肫其仁③! 渊渊其渊,浩浩其天④。苟不固聪明圣知达天德者,其孰能知之⑤?

[注释]①经纶天下之大经:经纶,犹言制定。大经,犹言纲纪。 ②立天下之大本,知天地之化育:这两句意思是,确立天下的根本,通晓天地的化育之功。 ③夫焉有所倚? 肫肫其仁:肫,音 zhūn。肫肫:诚恳貌。这两句意思是,他哪里有什么偏倚? 多么诚恳啊他的仁爱之心。 ④渊渊其渊,浩浩其天:这两句意思是,多么深厚啊他的如渊的智慧,多么广大啊他的如天的德行。 ⑤"苟不"至"知之":这两句意思是,假如不是本来就聪明圣智通达天的德行的人,谁能理解他呢? 按,这里意在说明只有圣人才能了解圣人。

30.《诗》曰:"衣锦尚䌹。"①恶其文之著也。故君子之道闇然而日章②,小人之道的然③而日亡。君子之道淡而不厌,简而文,温而理,知远之近,知风之自,知微之显,可与入德矣④。《诗》云:"潜虽伏矣,亦孔之昭。"⑤故君子内省不疚,无恶于志⑥。君子所不可及者,其唯人之所不见乎⑦。《诗》云:"相在尔室,尚不愧于屋漏。"⑧故君子不动而敬,不言而信。《诗》曰:"奏假无言,时靡有争。"⑨是故君子不赏而民劝,不怒而民威于铁钺。《诗》曰:"不显惟德,百辟其刑之。"⑩是故君子笃恭⑪而天下平。《诗》曰:"予怀明德,不大声以色。"⑫子曰:"声色之于以化民,末也。"⑬《诗》曰:"德辑如毛⑭。"毛犹有伦⑮,"上天之载,无声无臭"⑯,至矣⑰。

[注释]①衣锦尚䌹:这句诗引自《诗经·卫风·硕人》。尚,通"上"。

绚,单衣,罩在锦衣之上。意思是,穿锦衣上再加单罩衣。 ②闇然而日章:喻君子之道深远莫测似闇(暗)而日益彰明。 ③的然:显著貌,喻小人之道浅近易知。 ④"君子"至"入德矣":知风之自,喻君子能睹末察本,探知端绪。这几句意思是,君子的道德恬淡而令人不厌,简质而有文采,温和而达理,由近而知远,由末而知本,由显而知微,可以进入圣人的道德境界了。 ⑤潜虽伏矣,亦孔之昭:这两句诗引自《诗经·小雅·正月》。意思是,虽然潜伏,也很明显。 ⑥君子内省不疚,无恶于志:意思是,君子自我反省而无愧疚,没有什么可以损害心志。 ⑦君子所不可及者,其唯人之所不见乎:君子对于一般人来说所不可企及的,大概就是在没有人看见的时候也能严格要求自己吧。 ⑧相在尔室,尚不愧于屋漏:这两句诗引自《诗经·大雅·抑》。屋漏,室的西北隅谓之屋漏。按,此处屋漏实指司掌屋漏之神。这两句诗意思是,瞧你独自在室中,还无愧于屋漏神。 ⑨奏假无言,时靡有争:这两句诗引自《诗经·商颂·烈祖》。假,通"嘏",大。奏假,谓在宗庙中奏大乐。这两句诗意思是,奏大乐时不说话,此时没有争喧声。 ⑩不显惟德,百辟其刑之:这两句诗引自《诗经·周颂·列文》。不,同"丕",大。百辟,谓诸侯。刑,效法。这两句诗意思是,大显耀的是有德的人,诸侯们都要效法他。 ⑪笃恭:笃实谦恭。 ⑫予怀明德,不大声以色:这两句诗引自《诗经·大雅·皇矣》。怀,归向。意思是,我归向那有明德行的人,他从不疾声厉色威吓人。 ⑬声色之于以化民,末也:意思是,用疾声厉色教化民众,是最下策。 ⑭德輶如毛:这句诗引自《诗经·大雅·烝民》。輶,音 yóu,轻。意思是,用德教民轻易得如同举毫毛。 ⑮毛犹有伦:伦,比。这句意思是,至德本无体,而犹可比之于毛,是尚非至德,故下文又引诗以形容至德。 ⑯上天之载,无声无臭:这两句诗引自《诗·大雅·文王》。载,通"栽",栽种则物生,故用以比生物。这两句意思是,上天之生育万物,无声又无臭。 ⑰至矣:谓这才是德的最高境界呀。

表记第三十二

1.子言之:"归乎①!君子隐而显②,不矜而庄③,不厉而威,不言而信。"子曰:"君子不失足于人④,不失色⑤于人,不失口⑥于人。是故君子貌足畏也,色足惮也,言足信也。《甫刑》⑦曰:'敬忌而罔有择言在躬⑧。'"

[**注释**]①归乎:按,这是孔子应聘诸侯,而又不能被用,于是所发出的内心厌倦之辞。　②隐而显:谓隐退而德行昭著。　③不矜而庄:谓不骄矜而庄重。　④不失足于人:谓不在人前丧失进退的节度。　⑤失色:谓丧失矜庄的容色。　⑥失口:谓丧失说话的分寸。　⑦《甫刑》:即《吕刑》,《尚书》篇名。　⑧敬忌而罔有择言在躬:罔,无,不要。择,选择,挑剔。意思是,心怀敬戒而不要有可挑剔的言论在你身上。

2.子曰:"裼、袭之不相因①也,欲民之毋相渎②也。"

[**注释**]①裼、袭之不相因:因为在行礼过程中,或以裼为敬,或以袭为敬,礼盛时以袭为敬,礼不盛时则以裼为敬(参见《曲礼下第二》第1节注⑰)。这句意思是,行礼时或袒露裼衣、或掩好正服前襟,不以一种服式因循到底。　②欲使民之毋相渎:意思说,这是教育人们不要相互亵渎。按,第4节说"欲民之毋相亵也",正与此义同。又按,礼以变为敬,如果一味因袭而不

变则渎,渎则不敬。

3.子曰:"祭极敬不继之以乐①,朝极辨不继之以倦②。"

[注释]①祭极敬不继之以乐:意思是,祭祀要竭尽虔敬之心而不要在终了时寻乐。 ②朝极辨不继之以倦:辨,治。意思是,朝政要竭尽努力治理而不可在最后表现出倦怠。

4.子曰:"君子慎以辟祸,笃以不揜①,恭以远耻②。"子曰:"君子庄敬日强,安肆日偷③。君子不以一日使其躬儳焉,如不终日④。"子曰:"齐戒以事鬼神,择日月以见君,恐民之不敬也。"子曰:"狎侮死焉而不畏也⑤。"子曰:"无辞不相接也⑥,无礼不相见也⑦,欲民之毋相亵也。《易》曰:'初筮告,再三渎,渎则不告。⑧'"

[注释]①笃以不揜:揜,犹困迫。谓君子用笃行善道来使自己不困迫。 ②恭以远耻:谓用谦恭来远避耻辱。 ③安肆日偷:偷,薄。意思是,安乐放肆德业就日益浅薄。 ④"君子"至"终日":儳,音chàn,可轻贱之貌。这两句意思是,君子一天也不可使自己表现出轻浮不庄的样子,就像遑遑不可终日那样。 ⑤狎侮死焉而不畏也:意思是,小人轻狎侮慢以至死到临头也不知畏惧。 ⑥无辞不相接也:谓朝聘时不通过言辞就不相交接。 ⑦无礼不相见也:礼,谓挚,即见面礼。这句意思是,不拿见面礼就不相见。 ⑧初筮告,再三渎,渎则不告:这里所引是《周易·蒙卦》的卦辞。意思是,初次占筮神会以吉凶相告,一而再、再而三地占筮就是亵渎神灵,亵渎神灵,神灵就不相告。

5.子言之:"仁者天下之表①也,义者天下之制②也,报者天下之利也③。"

[注释]①表:谓仪表,表率。 ②制:犹度,尺度,标准。 ③报者天下之利也:报,谓礼。礼尚往来,故当相报。利,好处。这句意思是,相互报施就是天下行礼的好处。

6. 子曰:"以德报德则民有所劝①,以怨报怨则民有所惩②。《诗》曰:'无言不雠,无德不报③。'《大甲》④曰:'民非后无能胥以宁,后非民无以辟四方⑤。'"子曰:"以德报怨则宽身之仁也⑥,以怨报德则刑戮之民也⑦。"

[注释]①劝:勤勉,努力。此处谓努力做好事。 ②惩:鉴戒。 ③无言不雠,无德不报:这两句诗引自《诗经·大雅·抑》。雠,应答,反应。意思是,没有言语无应答,没有恩德无回报。 ④《大甲》:《尚书》佚篇名,今伪《古文尚书》有《太甲》上、中、下三篇,不可据信。下所引《太甲》的话,在于说明君民相报之义。 ⑤民非后无能胥以宁,后非民无以辟四方:后,君。胥,相互。辟,亦君,此处作动词,统治。这两句意思是,民众没有国君就不能相安宁,国君没有民众就不能统治四方。 ⑥以德报怨则宽身之仁也:仁,通"人"。这句意思是,用恩惠来报答仇怨是求宽身息祸的人。 ⑦以怨报德则刑戮之民也:刑戮,犹言处罚。这句意思是,用仇怨来报答恩惠是该受惩罚的人。

7. 子曰:"无欲而好仁者,无畏而恶不仁者,天下一人而已①矣。是故君子议道自己,而置法以民②。"子曰:"仁有三,与仁同功而异情③。与仁同功,其仁未可知也④;与仁同过,然后其仁可知也⑤。仁者安仁,知者利仁,畏罪者强仁⑥。仁者右也,道者左也⑦;仁者人也,道者义也⑧。厚于仁者薄于义,亲而不尊;厚于义者薄于仁,尊而不亲。

道有至，义，有考⑨。至道以王，义道以霸，考道以为无失⑩。"

[注释]①一人而已：意思是这种人很少。 ②君子议道自己，而置法以民：以，依。意思是，君子议论道理要自己先实行，设施法度要依据民情。 ③与仁同功而异情：情，犹言动机。同样收到仁爱的效果而动机各异。 ④与仁同功，其仁未可知也：意思是，从同样收到仁爱的效果上，实行仁爱的动机还看不出来。 ⑤与仁同过，然后其仁可知也：过：在此谓利害。这两句意思是，在实行仁爱中当同样遇到利害抉择时，然后他们实行仁爱的动机就可以看出来了。 ⑥"仁者"至"强仁"：这几句意思是，仁爱的人安心行仁，聪明的人为求利而行仁，害怕犯罪的人勉强行仁。 ⑦仁者右也，道者左也：意思是，仁如同人的右手，道如同人的左手。 ⑧仁者人也，道者义也：意思是，仁出于人的天性，道就是义理。 ⑨道有至，义，有考：按"义"上脱"有"字。考，稽考。这句意思是，道有兼备仁义而最完美的，有偏重于义理的，有善于考稽而谨慎行事的。 ⑩考道以为无失：谓实行考稽之道可以避免过失。

8. 子言之："仁有数①，义有长短小大。中心憯怛，爱人之仁也②。率法而强之，资仁者也③。《诗》云：'丰水有芑，武王岂不仕？诒厥孙谋，以燕翼子。武王烝哉④！'数世之仁⑤也。《国风》曰：'我今不阅，皇恤我后⑥。'终身之仁也⑦。"

[注释]①仁有数：意思是，施行仁爱的度数有多少。 ②中心憯怛，爱人之仁也：憯，同"惨"。惨怛，忧伤，痛悼。这两句说的是出于天性的仁。意思是，对于别人的不幸内心伤悼，这是出于天性爱人的仁。 ③率法而强之，资仁者也：率，循。资，取。资仁，是说并非出于天性，而是直取仁道而行之。这两句意思是，循法而努力行仁，这是拿取仁道来加以实行。 ④丰水有芑，武王岂不仕？诒厥孙谋，以燕翼子。武王烝哉：这几句诗引自《诗经·大雅·

文王有声》。芑,音qǐ,菜名,似苦菜。仕,通"事"。诒,遗留。厥,其,他的。燕,安。翼,辅助。烝,君。这几句诗意思是,丰水里还有芑菜,武王难道就没事?他留给子孙好谋策,用来安保辅助后嗣。武王真是位好君啊。 ⑤仁:原误作"人"。 ⑥我今不阅,皇恤我后:这两句诗引自《诗经·邶风·谷风》。阅,犹容。皇,通"遑",闲暇,空闲。意思是,我自身还不能见容,何暇忧虑到我以后。 ⑦终身之仁也:意思是,这是只能终止于一身的仁爱。

9. 子曰:"仁之为器重,其为道远,举者莫能胜也,行者莫能致也①。取数多者,仁也②。夫勉于仁者,不亦难乎③?是故君子以义度人则难为人④,以人望人则贤者可知已矣⑤。"

[注释]①莫能致:致,通"至",尽,极。谓没有人能走到尽头。 ②取数多者,仁也:意思是,在有益于物的各种各样的善事中,最有益于物的,或者按数量说,有益于物数量最多的,就是仁。 ③夫勉于仁者,不亦难乎:意思是,由此看来那些努力实行仁的人,不也是很难得的吗? ④以义度人则难为人:意思是,用义理衡量人,就很难做人。 ⑤以人望人则贤者可知已矣:望,犹比。意思是,用人比人,就可以知道谁贤能了。

10. 子曰:"中心安仁,天下一人而已矣。《大雅》曰,'德輶如毛,民鲜克举之。我仪图之,惟仲山甫举之,爱莫助之。'①《小雅》曰:'高山仰止,景行行止。'②"子曰:"《诗》之好仁如此。乡道而行,中道而废,忘身之老也,不知年数之不足也,俛焉日有孳孳,毙而后已③。"

[注释]①"大雅"至"助之":这几句诗引自《诗经·大雅·烝民》。輶,轻。鲜,少。仪图,揣想忖度。仲山甫:周宣王的大臣,封樊侯,故又称樊仲山甫,或樊穆仲。爱,惜,可惜。这几句诗意思是,德行看似轻如毛,很少有人举

动它。我揣想着这种事,只有仲山甫举起它,可惜无人帮助他。 ②高山仰止,景行行止:这两句诗引自《诗经·小雅·车舝》。止:当作"之",下同。景,大。意思是,高山人们仰望它,大路人们顺它行。 ③"乡道"至"后已":乡,通"向"。俛:通"勉"。孳孳,同"孜孜",勤勉,努力不懈。这几句诗意思是,向着仁道而行,中途精疲力竭才停下,忘记自身已衰老,不考虑自己能活的年数已不多,努力而每日孜孜不倦地行仁,死而后止。

11. 子曰:"仁之难成久矣!人人失其所好①。故仁者之过,易辞②也。"

[注释]①人人失其所好:意思是,人们都丧失了所当爱好的仁。②仁者之过,易辞:辞:犹解说。意思是,行仁的人有过失,也容易解释。

12. 子曰:"恭近礼,俭近仁,信近情①。敬让以行,此虽有过,其不甚②矣。夫恭寡过,情可信,俭易容③也,以此失之者④,不亦鲜乎?《诗》曰:'温温恭人,惟德之基⑤。'"

[注释]①情:谓真情。 ②甚:严重。 ③俭易容:容,谓容纳,接纳。意思是,节俭易为人接纳。 ④失:谓犯过失。 ⑤温温恭人,惟德之基:这两句诗引自《诗经·大雅·抑》。意思是,温和恭敬的人,是德的根基。

13. 子曰:"仁之难成久矣,惟君子能之。是故君子不以其所能者病①人,不以人之所不能者愧人。是故圣人之制行也,不制以己②,使民有所劝勉、愧耻,以行其言③。礼以节之,信以结之,容貌以文之,衣服以移之,朋友以极之,欲民之有壹也。《小雅》曰:'不愧于人,不畏于天④。'是故君子服其服,则文以君子之容⑤;有其容,则文以君子之辞;遂其辞,则实以君子之德⑥。是故君子耻服其服而无其容,耻有其容而无其辞,耻有其辞而无其德,耻有其德而无其行。是故君子衰、绖则有哀色,端、冕则有敬色⑦,甲、胄则有不可辱之色。《诗》云:'惟鹈在梁,不濡其翼。彼记之子,不称其服⑧。'"

[注释]①病:批评,指责。 ②不制以己:谓圣人不以自己为标准来要求人,而当以中人(一般人)为标准,这样大部分人就都能接受并实行。③以行其言:其,代圣人。谓实行圣人的教诲。 ④不愧于人,不畏于天:这两句诗引自《诗经·小雅·何人斯》,意思是,对人能够不惭愧,对天也就不惧畏。 ⑤是故君子服其服,则文以君子之容:这两句意思是,因此君子穿君子的衣服,就文饰以君子的仪容。 ⑥遂其辞,则实以君子之德:遂,完成,成就。这两句意思是,成就君子的言辞,就充实以君子的德行。 ⑦端、冕则有敬色:端:谓穿上玄端服(参见《文王世子第八》第23节注④)。这句意思是,穿玄端服、戴冕就有庄敬的容色。 ⑧"惟鹈"至"其服":这几句诗引自《诗经·曹风·候人》。鹈,音 tí,即鹈鹕,一种水鸟,形如鸭而大,喙长尺余,颔下胡大如数升之囊,是一种食鱼之鸟。梁,渔梁,即水中拦鱼的堰。濡,浸渍,沾湿。记,今传本《毛诗》作"其"。这几句诗意思是,鹈鹕在渔梁上,不沾湿它的双翼。他们那样的人,不称他们的衣服。按,引此诗意在说明,人之德必与其服相称。

14. 子言之:"君子之所谓义者,贵贱皆有事于天下①。天子亲耕,粢盛秬鬯②,以事上帝,故诸侯勤以辅事于天子。"

[注释]①贵贱皆有事于天下:有事,谓有所尊事。意思是,天下的人不论贵贱都有所当恭敬而行的事。 ②天子亲耕,粢盛秬鬯:耕,谓耕藉田。粢盛,指祭祀用粮。秬,音 jù,黑黍。秬鬯,用黑黍酿造的香酒,即郁鬯(参见《礼器第十》第6节注③)。

15. 子曰:"下之事上也,虽有庇民之大德,不敢有君民之心,仁之厚也①。是故君子恭俭以求役仁②,信让以求役礼,不自尚其事,不自尊其身,俭于位而寡于欲,让于贤,卑己而尊人,小心而畏义,求以事君③,得之自是,不得自是④,以听天命。《诗》云:'莫莫葛藟,施于条枚。凯弟君子,求福不回⑤。'其舜、禹、文王、周公之谓与⑥。有君民之大德,有事君之小心。《诗》云:'惟此文王,小心翼翼。昭事上帝,聿怀多福。厥德不回,以受方国⑦。'"

[注释]①"下之"至"厚也":这几句意思是,臣下侍奉君上,即使有庇护民众的大功德,也不敢有君临民众的想法,这是仁爱之心深厚的表现。②役:犹为。 ③求以事君:谓欲求以忠诚事君。 ④得之自是,不得自是:意思是,得到君上信任这样做,得不到君上信任也这样做。 ⑤"莫莫"至"不回":这几句诗引自《诗经·大雅·旱麓》。莫莫,茂密貌。葛,一种蔓生植物。藟,葛藤。施,音yì,延。条枚,枝干。凯弟,和乐貌。回,邪,邪僻。这几句诗意思是,繁盛茂密的葛藤,蔓延到树的枝条。和乐平易的君子,求福不用邪道。按,引此诗,意在说明君子听天命,虽求福禄,不为邪僻之行。⑥其舜、禹、文王、周公之谓与:按,传说舜、禹在做君主之前,皆竭尽忠勤以事其君。如文王则三分天下有其二而犹服事殷,周公辅成王以安天下,是皆"虽有庇民之大德,而不敢有君民之心"。 ⑦"惟此"至"方国":这几句诗引自《诗经·大雅·大明》。昭,明,明白。聿,音yù,助词,用于句首或句中。怀,至。这几句诗意思是,这个文王,小心翼翼。明白怎样侍奉上帝,于是招来许多福气。他的德行不邪僻,因此受到方国归附。

16. 子曰:"先王谥以尊名,节以壹惠①,耻名之浮于行也②。是故君子不自大其事,不自尚其功,以求处情③;过行弗率,以求处厚④;彰人之善而美人之功,以求下贤⑤。

是故君子虽自卑而民敬尊之。"子曰:"后稷天下之为烈也⑥,岂一手一足⑦哉?唯欲行之浮于名也,故自谓'便人'⑧。"

[注释]①先王谥以尊名,节以壹惠:节,谓节取。惠:犹善。意思是,先王通过赐给谥号以尊崇死者的名声,是节取死者生前最突出的一项善行来赐谥。 ②耻名之浮于行也:浮,超过。谓以名过其实为耻。 ③情:谓实情。 ④过行弗率,以求处厚:率,循。意思是,有过错就改而不再遵循,以求处于仁厚之道。 ⑤下贤:屈己以尊贤。 ⑥后稷天下之为烈也:后稷:周的始祖,教民稼穑,有功于天下。烈,功业,业绩。意思是,后稷为天下立有大功业。 ⑦一手一足:喻个别人,极少数人。这是说受福于后稷的不是个别人。 ⑧唯欲行之浮于名也,故自谓"便人":便人,熟悉其事的人。按,这是为了表示谦虚,而避免圣人之名,故自称为便人。这两句意思是,只是后稷想使自己的行为超过自己的名声,因此他自称为"便人"。

17. 子言之:"君子之所谓仁者,其难乎。《诗》云:'凯弟君子,民之父母①。'凯以强教之,弟以说安之②。乐而毋荒,有礼而亲,威庄而安③,孝慈而敬,使民有父之尊,有母之亲,如此,而后可以为民父母矣。非至德,其孰能如此乎?今父之亲子也,亲贤而下无能④;母之亲子也,贤则亲之,无能则怜之。母亲而不尊,父尊而不亲。水之于民也,亲而不尊,火尊而不亲;土之于民也,亲而不尊,天尊而不亲;命之于民也,亲而不尊,鬼尊而不亲。"

[注释]①凯弟君子,民之父母:这两句诗引自《诗经·大雅·酌》。意思是,和乐平易的君子,他是民的父母。 ②凯以强教之,弟以说安之:这两句意思是说,和乐,是用乐于自强的精神教育民众;平易,是使民众高兴安守本分。 ③威庄而安:意思是,威严庄重而又安和。 ④亲贤而下无能:下,

在此意为轻视。谓亲爱能干的而轻视无能的。

18.子曰:"夏道尊命①,事鬼敬神而远之,近人而忠焉②,先禄而后威,先赏而后罚,亲而不尊。其民之敝,惷而愚,乔而野③,朴而不文。殷人尊神,率民以事神,先鬼而后礼,先罚而后赏,尊而不亲。其民之敝,荡而不静,胜而无耻④。周人尊礼尚施,事鬼敬神而远之,近人而忠焉,其赏罚用爵列⑤,亲而不尊。其民之敝,利而巧,文而不惭,贼而蔽⑥。"子曰:"夏道未渎辞⑦,不求备,不大望于民⑧,民未厌其亲。殷人未渎礼,而求备于民。周人强民⑨,未渎神,而赏、爵、刑罚穷矣⑩。"

[注释]①尊命:谓尊上之政教。 ②近人而忠焉:谓亲近人而待人忠厚。 ③乔而野:乔,通"骄"。谓骄傲而粗野。 ④荡而不静,胜而无耻:谓放荡而不安分,好胜而无廉耻。 ⑤其赏罚用爵列:列,谓等级高低的排列。意思是,用爵位等级的升降来对人进行赏罚。 ⑥文而不惭,贼而蔽:蔽,谓不明。这两句意思是,重文饰而不知羞惭,相残害而不明事理。 ⑦未渎辞:渎,多而滥。意思是,不繁饰文辞。下文"殷人未渎礼"、周人"未渎神"义仿此。 ⑧不求备,不大望于民:望,期待,责求。这两句意思是,对民征税不求充备,不多责求于民。这是说夏代之政宽,贡税轻。 ⑨强民:谓强行对民施行教化。 ⑩赏、爵、刑罚穷矣:意思是,奖赏、爵禄和刑罚等手段已经用尽了。

19.子曰:"虞、夏之道寡怨于民①,殷、周之道不胜其敝②。"子曰:"虞、夏之质,殷、周之文,至矣③。虞、夏之文不胜其质,殷、周之质不胜其文。"子言之曰:"后世虽有作者④,虞帝弗可及也已矣。君天下,生无私,死不厚其子⑤,子民如父母,有憯怛之爱⑥,有忠利之教,亲而尊,安而敬,威而爱,富而有礼,惠而能散。其君子尊仁畏义,耻费轻实⑦,忠而不犯,义而顺,文而静,宽而有辨⑧。《甫刑》曰⑨:'德威惟威,德明惟明⑩。'非虞帝,其孰能如此乎?"

[注释]①寡怨于民:谓民众很少怨恨。 ②不胜其敝:谓弊病使民众受不了。 ③虞、夏之质,殷、周之文,至矣:质,朴实,简质。文,文饰,特指礼乐制度。至矣,是说都达到极点了。 ④作:在此指兴起善政。 ⑤君天下,生无私,死不厚其子:意思是,虞帝统治天下,活着的时候无私,死了也不厚待他的儿子。按,虞帝舜之子名商均,据说舜死后既不传位给他,又没有给他留下丰厚的财产,故云"死不厚其子"。 ⑥憯怛之爱:参见第8节注②。 ⑦耻费轻实:实,谓财货。意思是,以靡费为耻而又不看重财物。 ⑧宽而有辨:辨,谓明辨是非,即有原则。意思是,宽厚而有原则。 ⑨《甫刑》:参见第1节注⑦。 ⑩德威惟威,德明惟明:下"威"字,义为畏,敬畏。下"明"字,义为尊。这两句意思是,道德的威严使人敬畏,道德的光辉使人尊重。

20. 子言之:"事君先资其言①,拜自献其身,以成其信②。是故君有责于其臣③,臣有死于其言④。故其受禄不诬⑤,其受罪益寡。"子曰:"事君大言⑥入则望大利,小言入则望小利。故君子不以小言受大禄,不以大言受小禄。《易》曰:'不家食,吉⑦。'"

[注释]①事君先资其言:资,凭借,依靠。意思是,想侍奉国君先凭借自己的主张以取得国君的赏识。 ②拜自献其身,以成其信:拜,授予官职。意思是,授予官职就献身于朝廷,以成就自己的主张而证明其可信。 ③责:求,要求。 ④死于其言:谓为自己的主张献身。 ⑤不诬:谓与其能力和贡献相称。 ⑥大言:大的主张。 ⑦不家食,吉:这句话引自《周易·大畜》之

《彖》辞,意思是,国君有大积蓄不与家人享受而用以畜养贤人,这样就吉利。

21. 子曰:"事君不下达,不尚辞,非其人弗自①。《小雅》曰:'靖共尔位,正直是与。神之听之,式穀以女②。'"

[注释]①"事君"至"弗自":下,谓私下的事。达,上达于君。尚,通"上"。上辞,谓言过其实。弗自,谓不身与之相亲。这几句意思是,侍奉国君不把私下的事自通于国君,不说浮夸的话,不是正直的人就不和他亲近。②"靖共"至"以女":这几句诗引自《诗经·小雅·小明》。靖,犹敬。共,奉。位,犹职。与,谓交往,相处。式,犹乃。穀,善。这几句诗意思是,恭敬地奉行你的职责,正直的人就和他相处。神听到你的所作所为,就会把好处降赐给你。

22. 子曰:"事君,远而谏,则谄①也;近而不谏,则尸利②也。"子曰:"迩臣守和,宰正百官,大臣虑四方③。"子曰:"事君欲谏不欲陈④。《诗》云:'心乎爱矣,瑕不谓矣?中心藏之,何日忘之⑤?'"

[注释]①远而谏,则谄:谄,本亦作"谄",是"陷"的假借字。陷,谓"陷谏",也就是为义、为君,不避丧生之祸,不怕陷于罪之谏。按,与君疏远,越级犯分而谏,弄不好是要遭杀身之祸的,故名之为"陷谏"。 ②尸利:尸,谓祭祀时所立之尸。按,尸不言而受享祭祀,臣食利禄而不谏则似之,故曰"尸利"。 ③"迩臣"至"四方":守,谓职守,职责。和,谓和协,协调。宰,即冢宰,又称太宰,天子之下的最高行政长官。正,治理。这几句意思是,近臣的职守是助君协调国事,冢宰治理百官,大臣谋虑天下四方的事。 ④欲谏不欲陈:陈,谓数君之过。谏,则出于爱君之心。因此事君要劝谏君而不要列举君的过失而陈诉之。 ⑤心乎爱矣,瑕不谓矣?中心藏之,何日忘之:这几句诗引自《诗经·小雅·隰桑》。瑕,疑问代词,犹胡,何故。谓,在此义为劝告。这几句诗意思是,心中喜爱他,怎不相劝告?心中想着他,哪天忘过他?按,

引此诗意在说明劝谏出于爱君。

23. 子曰："事君难进而易退,则位有序①;易进而难退,则乱②也。故君子三揖而进,一辞而退,以远乱也③。"

[注释]①难进而易退,则位有序:按,国君当衡量、考察人臣的才能和政绩而后决定任用或提升,是难进;不称职者则罢退之,是易退。位有序,谓贤愚有别。 ②易进而难退,则乱:按,国君不辨贤愚,使小人以谗佞而得进,是易进;小人进而恃君宠以固其位,是难退。乱,谓贤愚不别。 ③三揖而进,一辞而退,以远乱也:按,宾客到来而主人迎接,从进大门,直到进入庙门之前,要先后三次互行揖礼,并相互谦让,而后进入庙门,即所谓"三揖而进"。而当客人告辞时,仅一辞而已,主人拜送,客则去而不顾,即所谓"一辞而退"。举此礼例,以明国君用人亦当"难进而易退",则可"远乱",否则就将乱朝廷之位。

24. 子曰："事君三违而不出竟,则利禄也①。人虽曰不要②,吾弗信也。"

[注释]①事君三违而不出竟,则利禄也:三,谓多次。违,谓政见不合。意思是,侍奉国君多次与君政见不合而不出境离去,就是贪恋利禄了。 ②人虽曰不要:人,谓有人。要,犹贪。意思是,即使有人说他并非贪求什么。

25. 子曰："事君慎始而敬①终。"子曰："事君可贵可贱,可富可贫,可生可杀,而不可使为乱②。"

[注释]①敬:亦慎。 ②而不可使为乱:按,凡违背义理者,皆为乱。意思是,就是不可以使他违背义理。

26. 子曰："事君,军旅不辟难,朝廷不辞贱。处其位而不履其事,则乱也。故君使其臣,得志则慎虑而从之,否则孰虑而从之,终事而退,臣之厚也①。《易》曰:'不事王侯,高尚其事②。'"

[注释]①"故君"至"厚也":这几句意思是,因此国君使用臣下,臣下能发挥自己的才智就谨慎思虑而遵君命行事,但如果君所使之事非己本才,而君命又不可选择,那就当经过深思熟虑而后遵命行事,完成了使命而后退下,这是做臣的忠厚态度。 ②不事王侯,高尚其事:这两句话引自《周易·蛊卦》上九爻辞。不事王侯,是说与王侯政见不合,则不苟从,辞职而去。这样,犹可使其在任时所做的事保持高尚,故曰"高尚其事"。

27. 子曰:"唯天子受命于天,士受命于君。故君命顺则臣有顺命①,君命逆则臣有逆命②。《诗》曰:'鹊之姜姜,鹑之贲贲。人之无良,我以为君③。'"

[注释]①君命顺则臣有顺命:谓国君的命令合乎义理臣就顺从其命。②君命逆则臣有逆命:谓国君的命令违背义理臣就可以违命。 ③鹊之姜姜,鹑之贲贲。人之无良,我以为君:这几句诗引自《诗经·鄘风·鹑之奔奔》。姜姜,与下"贲贲",皆争斗貌。意思是,喜鹊争斗怒姜姜,鹑鹑争斗怒贲贲。那个人啊不善良,我却以他为君上。

28. 子曰:"君子不以辞尽人①。故天下有道,则行有枝叶②;天下无道,则辞有枝叶。是故君子于有丧者之侧,不能赙焉③,则不问其所费;于有病者之侧,不能馈焉,则不问其所欲;有客不能馆④,则不问其所舍。故君子之接如水,小人之接如醴;君子淡以成,小人甘以坏⑤。《小雅》曰:'盗言孔甘,乱用是餤⑥。'"

[注释]①不以辞尽人:意思是,不根据一个人的言论判断一个人的贤否。 ②行有枝叶:谓做的比说的多。按,下"辞有枝叶"则相反。 ③不能赗:赗,谓送给丧家布帛、钱财等。意思是,不能赠送丧家财物。 ④不能馆:谓不能安排客人住宿。 ⑤"故君子"至"以坏":这几句意思是,君子之交淡如水,小人之交甘如醴;君子的交情虽淡而能相辅以成事,小人之交虽甘而久必败坏。按,谓君子相交不用虚言,不说好听话,如两水相交,相合而已;小人则以虚辞相饰,如两醴相合,必致败坏。 ⑥盗言孔甘,乱用是饻:这两句诗引自《诗经·小雅·巧言》。饻:音tán,增多,增加。意思是,骗子的话语好甜蜜,乱子因此而增加。

29. 子曰:"君子不以口誉人,则民作忠。故君子问人之寒则衣之,问人之饥则食之,称人之美则爵之。《国风》曰:'心之忧矣,于我归说①。'"子曰:"口惠而实不至,怨菑及其身。是故君子与其有诺责也,宁有己怨②。《国风》曰:'言笑晏晏,信誓旦旦。不思其反,反是不思,亦已焉哉③!'"

[注释]①心之忧矣,于我归说:这两句诗引自《诗经·曹风·蜉蝣》,意思是,浮华的人令人心忧啊,归向我所喜欢的人。 ②与其有诺责也,宁有己怨:意思是,与其遭受诺言不能兑现的责难,宁可遭受不轻许诺的埋怨。 ③"言笑"至"焉哉":这几句诗引自《诗经·卫风·氓》。晏晏,和悦貌。旦旦,诚恳貌。已,算了,罢了。这几句诗意思是,又说又笑多快乐,信誓旦旦多诚恳。没想到说话不算话,不算话就不想他,还是跟他拉倒吧。

30. 子曰:"君子不以色亲人①。情疏而貌亲,在小人则穿窬之盗也与②。"子曰:"情欲信,辞欲巧③。"

[注释]①以色亲人:色,谓表面的容色。意思是,不表面对人亲近。

②"情疏"至"也与":窬:通"逾"。穿窬,挖墙洞和翻墙头,指偷窃行为。意思是,感情疏远而外貌亲近,在小人方面就如同打洞翻墙的小偷吧。 ③情欲信,辞欲巧:感情要真实,言辞要美好。

31. 子言之:"昔三代明王,皆事天地之神明,无非卜、筮之用,不敢以其私亵事上帝,是故不犯日月①,不违卜、筮。卜、筮不相袭②也。大事有时日,小事无时日,有筮③。外事用刚日,内事用柔日④,不违龟、筮⑤。"子曰:"牲牷⑥,礼乐齐盛,是以无害乎鬼神,无怨乎百姓⑦。"

[注释]①不犯日月:谓不冲犯日期。 ②卜、筮不相袭:谓占卜和占筮不重复使用。如占卜不吉,又用占筮,是重复使用。 ③大事有时日,小事无时日,有筮:意思是,大祭祀有固定的日期,小祭祀没有固定的日期,有占筮来决定。 ④外事用刚日,内事用柔日:刚日,谓单数日,如甲日、丙日、戊日等;柔日,谓双数日,如乙日、丁日、己日等(参见《曲礼上第一》第57节注①、②)。 ⑤不违龟、筮:龟,谓占卜。筮,谓占筮。这两句犹言不违背占卜、占筮的结果。 ⑥牷:毛色纯一而又完好的牲。 ⑦无害乎鬼神,无怨乎百姓:这两句意思是,对鬼神没有不适宜的,百姓也没有怨言。

32. 子曰:"后稷之祀易富①也,其辞恭,其欲俭②,其禄及子孙。《诗》曰:'后稷兆祀,庶无罪悔,以迄于今③。'"

[注释]①易富:富,犹备。简易而完备。 ②其辞恭,其欲俭:谓祝祷的言辞恭敬,欲望俭薄。 ③后稷兆祀,庶无罪悔,以迄于今:这几句诗引自《诗经·大雅·生民》。兆:通"肇",始。意思是,后稷开始祭祀,希望无罪无悔,一直受福到今。

33. 子曰:"大人之器威敬①。天子无筮②。诸侯有守筮③。天子道以筮④。诸侯非其国不以筮⑤,卜宅寝室⑥。天子不卜处大庙⑦。"

[注释]①大人之器威敬:大人:谓天子。意思是,天子用的占卜的器具威重而庄敬。 ②天子无筮:按,卜用龟甲,筮用蓍草,卜尊于筮,而天子至尊,故天子罕用筮。 ③诸侯有守筮:谓诸侯在国中居守有事就占筮。 ④天子道以筮:道,路,此作动词,谓行走在路。意思是,天子出行在道路上临时有事就占筮。 ⑤诸侯非其国不以筮:非其国,谓非自己的封国。意思是,诸侯入他国则不筮。这是因为不敢问吉凶于别人之国。 ⑥卜宅寝室:按,诸侯出行,则必卜其所宿之地,虑有不虞。 ⑦天子不卜处大庙:谓天子不占卜太庙建在何处。按,天子建造都城时已通过占卜选定了吉利之地,则太庙自吉,无须再卜。

34. 子曰:"君子敬则用祭器①。是以不废日月,不违龟筮②,以敬事其君长。是以上不渎于民,下不亵于上③。"

[注释]①君子敬则用祭器:意思是,君子对宾客表示恭敬接待时就用祭祀器皿。 ②不废日月,不违龟筮:意思是,朝聘君长遵守规定的日期,不违背占卜、占筮的结果。 ③上不渎于民,下不亵于上:意思是,在上位的人对于民众有尊严,在下位的人对于长上不轻慢。

缁衣第三十三

1.子言之曰:"为上易事也①,为下易知②也,则刑不烦③矣。"

[注释]①为上易事:谓做君主的容易侍奉。 ②为下易知:谓做臣下的容易被君上了解。 ③刑不烦:谓刑罚不会多用。

2.子曰:"好贤如《缁衣》①,恶恶如《巷伯》②,则爵不渎而民作愿③,刑不试④而民咸服。《大雅》曰:'仪刑文王,万国作孚⑤。'"

[注释]①好贤如《缁衣》:《缁衣》,《诗经·郑风》篇名,这首诗的内容,是歌颂郑武公好贤的。诗中说贤者的官服缁衣破了,武公就为他改制新的,还亲自到馆舍去看他,回来后又给他送去饮食,说明武公好贤之诚,故曰"好贤如《缁衣》",也就是好贤如同《缁衣》诗所赞扬的郑武公那样。 ②恶恶如《巷伯》:《巷伯》,《诗·小雅》篇名,是写周朝一个名叫孟子的宦官,遭人馋毁,因此他是如何地痛恨那些馋毁人的恶人,要把他们"投畀豺虎","投畀有北","投畀有昊",因此说"恶恶如《巷伯》",也就是憎恶坏人如同《巷伯》诗所描述的那样。 ③爵不渎而民作愿:愿,质朴,诚实。这句意思是,官爵就不会渎滥,民众就会兴起诚实的风气。 ④试:使用,运用。 ⑤仪刑文王,

万国作孚:这两句诗引自《诗经·大雅·文王》。仪刑,效法。作孚,信服、信从。这两句意思是,效法周文王,万国都信服。

3. 子曰:"夫民教之以德,齐之以礼①,则民有格②心。教之以政,齐之以刑,则民有遯③心。故君民者,子以爱之④,则民亲之;信以结之,则民不倍⑤;恭以涖之,则民有孙⑥心。《甫刑》曰:'苗民匪用命,制以刑,惟作五虐之刑,曰法⑦。'是以民有恶德,而遂绝其世⑧也。"

[注释]①齐之以礼:谓用礼义来整顿民众。 ②格:来,谓前来归附。 ③遯:逃,逃避。 ④子以爱之:谓像对待儿子一样地爱护民众。 ⑤倍:通"背"。 ⑥孙:音xùn,通"逊",谦顺,恭顺。 ⑦苗民匪用命,制以刑,惟作五虐之刑,曰法:苗民:即三苗,亦称有苗,古部族名。据《史记·五帝本纪》记载,其地在江、淮、荆州(今河南南部至湖南洞庭、江西鄱阳一带),传说舜时被迁到三危(今甘肃敦煌一带)。这几句意思是,苗民的君主不用政令来教化民众,用刑罚来统治,制定了五种酷虐的刑罚,叫做法。 ⑧民有恶德,而遂绝其世:民众德行很坏,于是后世就灭绝了。

4. 子曰:"下之事上也,不从其所令,从其所行。上好是物,下必有甚者矣。故上之所好恶,不可不慎也,是民之表也①。"子曰:"禹立三年,百姓以仁遂焉,岂必尽仁②?《诗》云:'赫赫师尹,民具尔瞻③。'《甫刑》曰:'一人有庆,兆民赖之④。'《大雅》曰:'成王之孚,下土之式⑤。'"子曰:"上好仁,则下之为仁争先人⑥。故长民者章志,贞教,尊仁⑦,以子爱百姓,民致行已,以说其上⑧矣。《诗》云:'有梏德行,四国顺之⑨。'"

[注释]①表:表率。 ②百姓以仁遂焉,岂必尽仁:遂,犹达,通。这两

句意思是,百姓都通行仁道,难道百姓都喜欢仁道吗?按,这里实际意思是说,百姓不可能都喜欢仁道,而是由于禹教化的结果。　③赫赫师尹,民具尔瞻:这两句诗引自《诗经·小雅·节南山》,意思是,赫的太师尹氏,民众都在瞧着你。　④一人有庆,兆民赖之:庆,善,美德。意思是,天子一人有美德,千千万万的民众都赖以受福。　⑤成王之孚,下土之式:这两句诗引自《诗经·大雅·下武》。孚,信。式,法,准则。意思是,成王的诚信,是天下的准则。　⑥争先人:谓争先恐后地做仁道的事。　⑦章志,贞教,尊仁:意思是,要表明志向,正确地教育民众,尊重仁道。　⑧民致行已,以说其上:谓人们都致力于行仁道,以取得统治者的欢心。　⑨有梏德行,四国顺之:这两句诗引自《诗经·大雅·抑》。梏,音jué,通"觉",大,直。意思是,有伟大正直的德行,四方诸侯都顺从。

5.子曰:"王言如丝,其出如纶①;王言如纶,其出如绋。故大人不倡游言②。可言也不可行,君子弗言也;可行也不可言,君子弗行也。则民言不危行③,而行不危言矣。《诗》云:'淑慎尔止,不愆于仪④。'"

[注释]①王言如丝,其出如纶:纶,佩印用的丝制的绶带。意思是,天子说话细如丝,传播出去粗如绶带。下文义仿此。　②不倡游言:谓不提倡说浮而不实的话。　③民言不危行:危,通"诡",违反,违背。谓民众就会说的不违背做的。下句义仿此。　④淑慎尔止,不愆于仪:这两句诗引自《诗经·大雅·抑》。淑,善,好。愆:音qiān,同"愆",过失。这两句诗意思是,好自谨慎你的举止,不要有失于礼仪。

6.子曰:"君子道人以言,而禁人以行①。故言必虑其所终,而行必稽其所敝②,则民谨于言而慎于行。《诗》云:'慎尔出话,敬尔威仪③。'《大雅》曰:'穆穆文王,於,缉熙敬止④。'"

[注释]①君子道人以言,而禁人以行:意思是,君子用言语引导人向善,而用行动谨防人学坏。 ②言必虑其所终,而行必稽其所敝:这两句意思是,说话必须考虑后果,而行动必须考察是否有弊端。 ③慎尔出话,敬尔威仪:这两句诗引自《诗经·大雅·文王》。意思是,谨慎你的说话,警惕你的威仪。 ④穆穆文王,於,缉熙敬止:这两句诗引自《诗经·大雅·文王》。穆穆,美好貌。缉熙,光明貌。意思是,多么美好的文王,啊,光明而又举止恭敬。

7. 子曰:"长民者衣服不贰①,从容有常②,以齐其民③,则民德壹。《诗》云:'彼都人士,狐裘黄黄。其容不改,出言有章。行归于周,万民所望④。'"

[注释]①衣服不贰:谓服装要有一定。 ②有常:谓有规律。 ③齐:犹言统一。 ④"彼都"至"所望":这几句诗引自《诗经·小雅·都人士》。黄黄,形容美好。意思是,那些京都的人士,狐皮袍子多美好。他们的容止不改变,谈吐出口就成章。行将回到周都去,那是万民所瞻望。

8. 子曰:"为上可望而知①也,为下可述而志也,则君不疑于其臣,而臣不惑于其君矣。《尹吉》②曰:'惟尹躬及汤,咸有壹德③。'《诗》云:'淑人君子,其仪不忒④。'"

[注释]①望而可知:按,为人光明磊落,表里如一,真诚不伪者,则其内心从其仪容即望而可知。 ②《尹吉》:吉,是"告"字之误。告,又是古文"诰"字之误。《尹告》,即《伊尹之诰》,《尚书》佚篇。 ③惟尹躬及汤,咸有壹德:这两句意思是,伊尹自身和汤,都有纯一不变的德行。 ④淑人君子,其仪不忒:这两句诗引自《诗经·曹风·鸤鸠》,意思是,那位善人君子,仪容没有差错。

9. 子曰:"有国者,章善瘅恶①,以示民厚,则民情不贰②。《诗》云:'靖共尔位,好是正直③。'"

[注释]①章善瘅恶:瘅,音 dǎn,病,憎恶。意思是,表彰善良而憎恨罪恶。 ②民情不贰:谓民皆表里如一,不阴一套阳一套。 ③靖共尔位,好是正直:这两句诗引自《诗经·小雅·小明》。靖,犹敬。共,奉。位,职位,职守。意思是,恭敬地奉行你的职责,爱好这正直的德行。

10. 子曰:"上人疑,则百姓惑①;下难知②,则君长劳。故君民者,章好以示民俗,慎恶以御民之淫③,则民不惑矣。臣仪行,不重辞④,不援其所不及,不烦其所不知⑤,则君不劳矣。《诗》云:'上帝板板,下民卒瘅⑥。'《小雅》曰:'匪其止共,惟王之邛⑦。'"

[注释]①上人疑,则百姓惑:意思是,在上位的人多疑,下面的百姓就迷惑而不知所从。 ②下难知:谓在下位的人居心难测。 ③章好以示民俗,慎恶以御民之淫:意思是,表明自己的爱好以指示民众风俗的趋向,谨慎地不做人们所厌恶的事以控制民众的贪欲和奢望。 ④臣仪行,不重辞:仪,是"义"字之误。谓臣遵奉道义行事,不重言辞。 ⑤不援其所不及,不烦其所不知:意思是,不援引国君做不到的事去要求国君,不烦扰国君做他所不了解的事。 ⑥上帝板板,下民卒瘅:这两句诗句引自《诗经·大雅·板》。上帝,喻君。板板,谓邪僻。瘅,病害。这两句诗意思是,国君邪僻不正,下民尽受其害。 ⑦匪其止共,惟王之邛:这两句诗引自《诗经·小雅·巧言》。止,通"职"。止共,犹言供职。邛,劳。这两句诗意思是,不是他们奉行职责,只是造成王的辛劳。按,引这两句诗,意在说明臣使君劳。

11. 子曰:"政之不行也,教之不成也,爵禄不足劝也,刑罚不足耻也,故上不可以亵刑而轻爵①。《康诰》②曰:

'敬明乃罚③。'《甫刑》曰:'播刑之不迪④。'"

[注释]①亵刑:谓轻率用刑、滥用刑。 ②《康诰》:《尚书》篇名。③敬明乃罚:意思是,你要谨慎严明地运用刑罚。 ④播刑之不迪:播,犹施。"不"是衍字。迪,道,言施刑之道。按,《尚书·吕(甫)刑》此句原文作"今尔何监,非时伯夷播刑之迪","迪"上无"不"字。监,通"鉴",谓借鉴。伯夷,相传是尧时制定礼法者。时,通"是",指示代词,此,这。原文意思是,周穆王告诫群臣,说现在你们执法要借鉴什么呢? 难道不是伯夷制定的施刑之道吗? 所以"播刑之迪"应理解为,要借鉴伯夷的施刑之道。

12. 子曰:"大臣不亲,百姓不宁,则忠敬不足,而富贵已过也①。大臣不治,而迩臣比矣②。故大臣不可不敬也,是民之表也。迩臣不可不慎也,是民之道③也。君毋以小谋大,毋以远言近,毋以内图外④,则大臣不怨,迩臣不疾⑤,而远臣不蔽矣。叶公之顾命⑥曰:'毋以小谋败大作,毋以嬖御人疾庄后⑦,毋以嬖御士疾庄士、大夫、卿士⑧。'"

[注释]①"大臣"至"过也":这几句意思是,大臣与国君不相亲,致使百姓不得安宁,这是君臣之间忠诚和恭敬之心不足,而富贵过分造成的。②大臣不治,而迩臣比矣:比,谓私相亲。这两句意思是,大臣不理政事,近臣就会结党营私。 ③道:同"导",向导。 ④"君毋"至"图外":这几句意思是,国君不与小臣谋大事,不与远臣谋近事,不与内臣谋外事。 ⑤疾:犹非,谓非议。 ⑥叶公之顾命:叶公,即春秋时期楚国的叶公子高。顾命,临死时的遗书。 ⑦毋以嬖御人疾庄后:嬖御人,谓爱妾。庄后,嫡夫人。意思是,不要听信爱妾非毁庄重的嫡夫人。 ⑧毋以嬖御士疾庄士、大夫、卿士:嬖御士,谓所宠爱的士。卿士,此"士"字义为事,谓士、大夫、卿等掌事者。这句意思是,不要听信自己所宠爱的士非毁庄重的掌事之士、大夫、卿。

13. 子曰："大人不亲其所贤,而信其所贱①,民是以亲失②,而教是以烦③。《诗》云:'彼求我则,如不我得。执我仇仇,亦不我力。'④《君陈》⑤曰:'未见圣,若己弗克见。既见圣,亦不克由圣。'⑥"

[注释]①贱:在此指无才无德的人。 ②亲失:谓亲失其当,也就是亲所不当亲。 ③教是以烦:谓政教因此烦扰起来。 ④"彼求"至"我力":这几句诗引自《诗经·小雅·正月》。则,句末语助词。仇,音 qíu。仇仇,不坚固貌。不我力,不以为我有能力。这几句诗意思是,当他要求得到我,如同生怕得不到我。得到我又搁一边,并不真正信用我。 ⑤《君陈》:《尚书》佚篇名(参见《坊记第三十》第11节注④)。 ⑥未见圣,若己弗克见。既见圣,亦不克由圣:这几句意思是,没有见到圣人,就像自己不能见到圣人。已经见到圣人,也不能用圣人。

14. 子曰："小人溺于水,君子溺于口,大人溺于民,皆在其所亵①也。夫水近于人而溺人;德易狎而难亲也,易以溺人②;口费而烦,易出难悔,易以溺人③;夫民闭于人而有鄙心,可敬不可慢,易以溺人④。故君子不可以不慎也。《太甲》曰:'毋越厥命,以自覆也⑤。''若虞机张,往省括于厥度则释⑥。'《兑命》⑦曰:'惟口起羞,惟甲胄起兵,惟衣裳在笥,惟干戈省厥躬。'⑧《太甲》曰:'天作孽可违也,自作孽不可以逭⑨。'《尹吉》⑩曰:'惟尹躬天见于西邑夏,自周有终,相亦惟终。'⑪"

[注释]①亵:轻慢不慎。 ②德易亵而难亲也,易以溺人:这两句意思是,有道德的人容易熟习而难以亲近,容易熟习而忘了恭敬就会淹没人。 ③"口费"至"溺人":费:通"悖"。这几句意思是,说话悖理而絮烦,出口容易后悔难,出口容易就会淹没人。 ④"夫民"至"溺人":这几句意思是,民众

蔽塞不通人情而有鄙诈之心,只可用恭敬的态度对待他们而不可轻慢,否则就容易淹没不人。 ⑤毋越厥命,以自覆也:越:谓轻易。这两句意思是,不要轻易发布政令,以自取失败。按,这两句和下面两句皆引自《太甲》。 ⑥若虞机张,往省括于厥度则释:虞,即虞人,主管田猎之地的官吏。机,指弓弩。省,音 xǐng,视察,察看。括,箭的末端,在此指代箭。这两句意思是,如同虞人张开了弓弩,往前察看使箭对准了目标再发射。 ⑦《兑命》:即《说命》(参见《学记第十八》第 2 节注⑤)。 ⑧"惟口"至"厥躬":这几句意思是,口引起羞辱,甲衣头盔引起战争,衣裳放在箱子里,用兵动武要先审察一下自身。 ⑨天作孽可违也,自作孽不可以逭:天作孽:指水、旱等自然灾害。逭:音 huàn,逃避。这两句意思是,天造成的灾害还可以避开,自己造成的灾害不可以逃避。 ⑩《尹吉》:当作《尹诰》(参见第 8 节注②)。 ⑪惟尹躬天见于西邑夏,自周有终,相亦惟终:尹,谓尹伊。天,是"先"字之误,谓先人。按,夏都于安邑,在亳之西,故曰"西邑夏"。周,谓忠信。相,辅助,此处指辅臣。这几句意思是,伊尹我的先人在亳西安邑见夏的先君,能自守忠信而得善终,他的辅臣也都能善终。

15. 子曰:"民以君为心,君以民为体。心庄①则体舒,心肃则容敬。心好之,身必安之②;君好之,民必欲之。心以体全,亦以体伤;君以民存,亦以民亡。《诗》云:'昔吾有先正,其言明且清。国家以宁,都邑以成,庶民以生。'③'谁能秉国成,不自为正,卒劳百姓?'④《君雅》⑤曰:'夏日暑雨,小民惟曰怨。资冬祁寒,小民亦惟曰怨。'⑥"

[注释]①庄:通"壮"。 ②心好之,身必安之:意思是,心里喜欢什么,身体就安于什么。 ③"昔吾"至"以生":这几句是逸诗。先正,前代的君长。这几句诗意思是,从前我们有先君,政教分明又廉清。国家因此得安宁,都城因此得建成,民众因此得生存。 ④谁能秉国成,不自为正,卒劳百姓:这几句诗引自《诗经·小雅·节南山》。秉,掌握。国成,犹言国政。劳,音

lào,慰劳,抚慰。这几句诗意思是,谁能掌国政,不自以为是,最终抚慰老百姓? ⑤《君雅》:据《书序》当作《君牙》,是周穆王命其司徒君牙所作。按,《君牙》已逸,今伪《古文尚书》有《君牙》篇,不可据信。 ⑥"夏日"至"曰怨":资,是"至"字之误。祁,是。这几句意思是,夏季暑天下雨,小民埋怨天;到冬季天气寒冷,小民也埋怨天。

16. 子曰:"下之事上也,身不正,言不信,则义不壹,行无类①也。"

[注释]①义不壹,行无类:类,相似,像。意思是,守义不专一,行为不像人臣。

17. 子曰:"言有物而行有格①也,是以生则不可夺志,死则不可夺名。故君子多闻,质而守之;多志,质而亲之;精知,略而行之②。《君陈》曰:'出入自尔师虞,庶言同。'③《诗》云:'淑人君子,其仪一也。'④"

[注释]①言有物而行有格:物,事,在此指事实。格,法则。意思是,说话有事实根据,行为有一定法则。 ②"故君子"至"行之":志,谓见而识之。质,正确。亲之,谓学而不厌。略,约,谓求其至约而精要者行之。这几句意思是,因此君子多听取意见,正确的就取来坚持;多学习知识,正确的就学而不厌;精思所学的知识,取其中最精要的加以实行。 ③出入自尔师虞,庶言同:出入,指代内外,出为外,入为内。师、庶,义皆为众。虞,谋度。这两句意思是,内外政令要出自你们众人的考虑,众人的意见都一致。 ④淑人君子,其仪一也:这两句诗引自《诗经·曹风·鸤鸠》。意思是,那位善人君子,威仪始终如一。引此诗,在于说明为政之道必须前后一致。

18. 子曰:"唯君子能好其正①,小人毒其正。故君子之朋友有乡,其恶有方②。是故迩者不惑③,而远者不疑也。《诗》云:'君子好仇。'④"

[注释]①正:谓批评指正自己的人。 ②朋友有乡,其恶有方:乡,亦方。谓君子交友和厌恶人皆有方,也就是有原则。 ③迩者不惑:谓与他接近的人他不会被迷惑。下句义仿此。 ④君子好仇:这句诗引自《诗经·周南·关雎》。仇,匹。意思是,君子的好配偶。

19. 子曰:"轻绝贫贱而重绝富贵①,则好贤不坚而恶恶不著也,人虽曰不利②,吾不信也。《诗》云:'朋友攸摄,摄以威仪。'③"

[注释]①轻绝贫贱而重绝富贵:意思是,容易同贫贱的朋友绝交而难同富贵的人绝交。 ②人虽曰不利:意思是,即使有人说他不贪利。 ③朋友攸摄,摄以威仪:这两句诗引自《诗经·大雅·既醉》。攸,助词,所。这两句诗意思是,朋友所辅正,辅正用礼义。

20. 子曰:"私惠不归德,君子不自留焉①。《诗》云:'人之好我,示我周行。'②"

[注释]①私惠不归德,君子不自留焉:归,犹依。意思是,私下施恩惠而不依德义,君子不把这样的人留在自己身边。 ②人之好我,示我周行:这两句诗引自《诗经·小雅·鹿鸣》。周,至;至,犹善。行,道。意思是,人如喜欢我,指示我善道。

21. 子曰:"苟有车必见其轼①,苟有衣必见其敝②,人苟或言之必闻其声,苟或行之必见其成③。《葛覃》④曰:'服之无射⑤。'"

[注释]①苟有车必见其轼:轼,在此指代车。意思是,假如有车必然会看见他的车轼。下句义仿此。 ②敝:通"蔽",谓遮蔽身体,也就是穿在身上。 ③成:结果。 ④《葛覃》:《诗经·国风·周南》篇名。 ⑤服之无射:射,音yì,厌弃。意思是,衣服穿也穿不厌。

22. 子曰:"言从而行之,则言不可饰也①;行从而言之,则行不可饰也。故君子寡言而行以成其信,则民不得大其美而小其恶。《诗》云:'白圭之玷,尚可磨也。斯言之玷,不可为也。'②《小雅》曰:'允也君子,展也大成。'③《君奭》④曰:'昔在上帝,周田观文王之德⑤,其集大命于厥躬⑥。'"

[注释]①言从而行之,则言不可饰也:意思是,说了随着就去做,说的话就不可掩饰。下句义仿此。 ②"白圭"至"为也":这几句诗引自《诗经·大雅·抑》。玷,音diàn,玉的斑点,瑕疵。这几句意思是,白圭上有疵点,还可把它磨去。话要是说错了,就不可挽回了。 ③允也君子,展也大成:这两句诗引自《诗经·小雅·车攻》。允,确实;果真。展,实在,真正。这两句诗意思是,真是君子啊,确实大成功! ④《君奭》:《尚书》篇名。 ⑤周田观:当据古文作"割申劝"。割之言盖,言文王有诚信之德,天盖申劝之,即对文王加以鼓励。 ⑥其集大命于厥躬:厥躬,其身,谓文王之身。意思是,把统治天下的大命授予他。

23. 子曰:"南人有言①,曰:'人而无恒,不可以为卜筮。'②古之遗言与。龟、筮犹不能知也,而况于人乎③?《诗》云:'我龟既厌,不我告犹④。'《兑命》曰:'爵无及恶德,民立而正事。'⑤'纯而祭祀,是为不敬,事烦则乱,事神则难。'⑥《易》曰:'不恒其德,或承之羞。'⑦'恒其德侦,妇人吉,夫子凶⑧。'"

[注释]①南人:南方人。 ②人而无恒,不可以为卜筮:意思是,人而反复无常,不可以为他占卜、占筮。 ③龟、筮犹不能知也,而况于人乎:意思是,占卜、占筮还不能知道这种无恒之人的吉凶,何况人呢? ④我龟既厌,不我告犹:这两句诗引自《诗经·小雅·小旻》。犹,道,此言吉凶之道。意思是,我占卜的龟灵已经厌倦,不告诉我做法的吉凶。 ⑤爵无及恶德,民立而正事:正,长官。意思是,爵位不赐给德行不好的人,人受爵位为官而后是要掌管事的。 ⑥"纯而"至"则难":这几句意思是,专一为求神而祭祀,这是对神的不敬。事情过烦就会搞乱,祭祀神也难得福。 ⑦不恒其德,或承之羞:这两句引自《周易·恒卦》九三爻辞,意思是,不能恒久保持德行,有时就要蒙受羞辱。 ⑧恒其德侦,妇人吉,夫子凶:这两句引自《周易·恒卦》六五爻辞。侦,问。这几句意思是,占问保持恒久的德行,如果对于妇人就吉利,对于男子就有凶险。

奔丧第三十四

1.奔丧之礼:始闻亲丧,以哭答使者,尽哀,问故,又哭,尽哀。遂行,日行百里,不以夜行①。唯父母之丧,见星而行,见星而舍②。若未得行,则成服而后行③。过国,至竟哭,尽哀而止,哭辟市朝④。望其国竟哭⑤。至于家,入门左,升自西阶,殡东西面坐哭,尽哀,括发,袒。降堂东即位,西乡哭,成踊⑥。袭,绖于序东⑦,绞带⑧,反位,拜宾,成踊,送宾反位。有宾后至者,则拜之成踊,送宾皆如初。众主人、兄弟皆出门⑨,出门哭止,阖门。相者告,就次⑩。于又哭⑪,括发,袒,成踊。于三哭,犹括发,袒,成踊。三日成服,拜宾,送宾,皆如初。

[注释]①不以夜行:因为夜行易遭不测,虽有哀情,犹当避害。 ②见星而行,见星而舍:谓黎明星星未没就启程,傍晚星星出来才歇息。 ③若未得行,则成服而后行:未得行,谓有君命在身尚未完成,不可以私丧废公事。成服,即按亲疏关系正式穿上所当服的丧服,成服在大敛殡棺之后(参见《杂记上第二十》第16节注⑤)。这两句意思是,如果当时未能奔丧,就到正式穿丧服之后再启程。 ④哭辟市朝:这是为免惊众。市朝,参见《檀弓上第三》第53节注④。 ⑤望其国竟哭:竟,通"境"。意思是,望见祖国国境的时候

哭着回家。按，这是指服斩衰丧者。第10节说"齐衰望乡而哭,大功望门而哭,小功至门而哭,缌麻者即位而哭",是丧之亲疏而哭远近有别。　⑥成踊:双脚跳起为踊,这是一种极哀痛的表示。按照与死者亲疏关系以及死者等级尊卑的不同,跳跃的次数也不一样,按规定的次数跳够,就叫成踊(参见《檀弓下第四》第23节注①②)。　⑦序东:这是指堂下而当堂上东序东边的地方,非指堂上序东。　⑧绞带:谓绳带。按,腰间孝带有二:一为经带,以麻束腰间,即所谓腰经;一为绞带,以麻绳系于腰间;腰经象生前之大带,绞带则象革带。　⑨众主人、兄弟皆出门:众主人,指死者的庶兄弟们,即主人(死者的嫡长子)的伯父、叔父们。兄弟,指主人的兄弟们。此处未言主人出门,是已经包括在众主人中了。按,守丧期间男子皆须出殡宫而寝于庐次,妇人则留在殡宫内。　⑩相者告,就次:相者,丧礼中的司仪。次,谓倚庐(参见《丧大记第二十二》第45节注①)。　⑪又哭:按,这是在第二天早晨。下"三哭"则在第三天早晨。

2.奔丧者非主人,则主人为之拜宾、送宾。奔丧者自齐衰以下①,入门左,中庭北面哭,尽哀,免②、麻于序东,即位③,袒,与主人哭,成踊。于又哭,三哭,皆免,袒。有宾,则主人拜宾,送宾。丈夫、妇人之待之④也,皆如朝夕哭位⑤,无变也。

[注释]①奔丧者自齐衰以下:按,若奔丧者为主人则当服斩衰。②免:参见《檀弓上第三》第1节。　③即位:按,位在东阶下、主人的南边。④丈夫、妇人之待之:丈夫,指男子,非指夫妻之丈夫。妇人,指妇女,非指夫妻之妻。待之,谓陪同奔丧者。　⑤朝夕哭位:朝夕哭的哭位,是依与死者的远近亲疏关系来排列的。其位,总的来说,是男子在阼阶下,妇人在阼阶上。

3.奔母之丧,西面哭,尽哀。括发,袒,降堂,东即位①,西乡哭,成踊。袭、免、经于序东,拜宾,送宾,皆如奔父之礼。于又哭不括发②。

[注释]①降堂,东即位:这是下堂,到东阶下就主人之位。 ②于又哭不括发:谓又哭时不再用麻束发。

4.妇人奔丧,升自东阶,殡东西面坐哭,尽哀。东髽①,即位②,与主人拾踊③。

[注释]①东髽:东,谓堂上东序前。髽,束发髻(参见《檀弓上第三》第20节注③)。 ②即位:妇人位在东阶上。 ③拾踊:拾,音 jié,轮流,交替。按,主人一踊,妇人一踊,主人又一踊,妇人亦又一踊,如是者三,是谓拾踊。

5.奔丧者不及殡①,先之墓,北面坐哭,尽哀。主人之待之也,即位于墓左②。妇人墓右。成踊,尽哀,括发,东即主人位,绖,绞带,哭成踊,拜宾,反位,成踊。相者告事毕③。遂冠,归,入门左,北面哭,尽哀,括发,袒,成踊,东即位,拜宾,成踊。宾出,主人拜送。有宾后至者,则拜之,成踊,送宾,如初。众主人、兄弟皆出门,出门哭止。相者告,就次。于又哭,括发,成踊。于三哭,犹括发,成踊。三日成服。于五哭④,相者告事毕⑤。为母所以异于父者,壹括发⑥,其余免以终事,他如奔父丧之礼。

[注释]①不及殡:谓奔丧的人没有来得及在殡棺期间赶到。 ②主人之待之也,即位于墓左:主人,此谓先在家者,非谓嫡子,此奔丧者则是嫡子。这两句意思是,主人陪同奔丧者,在墓的左边就位。 ③相者告事毕:谓相者宣告哭墓的礼仪完毕。 ④五哭:按,成服的那天早晨为四哭,成服第二天又哭为五哭。 ⑤相者告事毕:相者宣告奔丧的礼仪完毕。 ⑥壹括发:这是指哭墓毕回家入门而哭时一括发(用麻束发),其余哭时都著免,直到奔丧礼

毕,如下文所说。

6. 齐衰以下,不及殡,先之墓,西面哭,尽哀。免、麻于东方,即位①,与主人哭,成踊,袭②。有宾,则主人拜宾,送宾。宾有后至者,拜之如初。相者告事毕③。遂冠,归,入门左,北面哭,尽哀,免,袒,成踊,东即位。拜宾④,成踊。宾出,主人拜送。于又哭,免,袒,成踊。于三哭,犹免,袒,成踊。三日成服。于五哭,相者告事毕⑤。

[注释]①即位:位在主人的南边。 ②袭:按,不言袒而言袭,因齐衰亲或有袒者。 ③这是宣告哭墓之礼毕。 ④拜宾:亦主人代拜,因省文而未言。又,前在墓时已拜宾、送宾,此又言拜宾,是归后又有来吊之宾,故又当拜送之。 ⑤于五哭,相者告事毕:意思是,到五哭之后,相者宣告奔丧的礼仪完毕。

7. 闻丧不得奔丧,哭尽哀,问故,又哭,尽哀。乃为位①,括发,袒,成踊,袭,绖,绞带,即位。拜宾,反位,成踊。宾出,主人拜送于门外,反位。若有宾后至者,拜之,成踊,送宾,如初。于又哭,括发,袒,成踊。于三哭,犹括发,袒,成踊。三日成服。于五哭,拜宾、送宾如初。

[注释]①为位:按,此位如朝夕哭之位。

8. 若除丧而后归①,则之墓,哭成踊,东括发,袒,绖。拜宾,成踊,送宾,反位,又哭尽哀,遂除②。于家不哭。主人待之也,无变于服③,与之哭,不踊。自齐衰以下,所以异者免、麻④。

[注释]①若除丧而后归:谓如果到服满丧期除丧服以后才回国奔丧。②反位,又哭尽哀,遂除:这是指拜送宾之后,又返回到墓东主人之位,又哭尽哀,接着便在墓地除去丧服。 ③主人之待之也,无变于服:主人,亦谓在家者,非指嫡长子。无变于服,按,因为已经除服,在家者现皆服吉服,待奔丧之嫡子到家,也不再改服了。 ④自齐衰以下,所以异者免、麻:这是说,自服齐衰以下的亲属除服以后奔丧,所不同于嫡长子的,就是去冠著免,系麻绖,而不用麻束发。

9. 凡为位①,非亲丧,齐衰以下皆即位哭,尽哀,而东免②,绖,即位,袒,成踊。袭,拜宾,反位,哭,成踊,送宾,反位。相者告,就次③。三日五哭卒④。主人出送宾⑤,众主人、兄弟皆出门,哭止。相者告事毕,成服,拜宾。若所为位家远,则成服而往⑥。

[注释]①凡为位:这是指因私事不得奔丧者在闻丧之地设置哭位,而为位者必为齐衰以下者。如果是嫡子服斩衰丧者,因私事不得奔丧就不得设置哭位,只有因公事不得奔丧者才可为位,如第7节所述,故下文特明"非亲丧,齐衰以下皆即位哭"。 ②东免:谓到东序东边去冠著免。 ③相者告,就次:次,此谓于寝门外临时搭起的守丧庐舍,非嫡子所居之倚庐。这句意思是,相者发出号令,大家到门外就守丧的庐舍。 ④三日五哭卒:按,此所谓五哭,不同于前所谓三日成服之后的五哭,谓初闻丧一哭,明日朝、夕二哭,又明日朝、夕二哭,总为五哭。卒,谓五哭毕。 ⑤主人出送宾:这是指齐衰以下者奔丧回家之后,丧家的主人为之出送宾。 ⑥若所为位家远,则成服而往:意思是,如果所排列哭位的服齐衰丧以下的亲属离家遥远,就等到正式穿丧服而后回家奔丧。

10. 齐衰望乡而哭①,大功望门而哭,小功至门而哭,缌麻即位而哭。

[**注释**]①望乡而哭:这是记开始哭的时间。下文义仿此。按,关系愈亲者开始哭的时间愈早。

11. 哭父之党于庙①,母妻之党于寝②,师于庙门外,朋友于寝门外,所识③于野张帷。

[**注释**]①党:谓同族而无服者,即不在五服之内者。 ②于寝:谓于家门内。 ③所识:即所认识的人。

12. 凡为位不奠①。

[**注释**]①为位不奠:这是因为古人认为死者精神不在于此。

13. 哭天子九①,诸侯七,卿大夫五,士三。

[**注释**]①哭天子九:九,谓九日。按,这是记臣闻君丧而未奔丧,为位而哭的日数。下文义仿此。

14. 大夫哭诸侯,不敢拜宾①。诸臣②在他国,为位而哭,不敢拜宾。与诸侯为兄弟,亦为位而哭③。凡为位者壹袒。

[**注释**]①大夫哭诸侯,不敢拜宾:这是指已退休的大夫哭其旧君。不敢拜宾,避为主。按,大夫已退休,称其所侍奉过的诸侯为旧君。此大夫是在家中为位哭其旧君而有宾客来吊者。凡丧事,只有丧主人能拜宾,故此大夫不敢拜宾。诸侯的丧主是其嗣君。 ②诸臣:指出使在别国之臣。 ③亦为位而哭:按,此处未言"不敢拜宾",乃省文。

15. 所识者①吊,先哭于家,而后之墓,皆为之成踊,从主人北面而踊②。

[注释]①所识者:谓与死者生前相识的人。 ②从主人北面而踊:此踊谓拾踊,即与主人交替而踊。之所以北面踊,因所识者自外来,面朝北行礼较方便。主人则在墓左,西面。又主人先踊,宾从之,故云"从主人北面而踊"。

16. 凡丧,父在,父为主①;父没,兄弟同居,各主其丧②。亲同,长者主之③;不同,亲者主之。

[注释]①父在,父为主:这是说,儿子如果有妻、子之丧,则其父为之主丧。 ②各主其丧:谓兄弟各为其妻、子主丧。 ③亲同,长者主之:这是说,与死者亲疏关系相同,就由年长者主丧。

17. 闻远兄弟之丧①,既除丧而后闻丧②,免,袒,成踊,拜宾则尚左手③。

[注释]①远兄弟之丧:谓小功以下之丧,虽远而尚在五服中。 ②既除丧而后闻丧:这是说闻丧甚晚,是已经过了丧期除服以后才听说的。 ③拜宾则尚左手:尚左手,这是吉拜之礼。按,吉礼相拜左手在右手上,凶礼则反之。这是因为已经过了服丧期,故不当再据丧礼,而当据吉时之拜礼以相拜。

18. 无服而为位者,唯嫂叔①,及妇人降而无服者②,麻③。

[注释]①无服而为位者,唯嫂叔:按,依礼,妻为夫之兄弟无服,是嫂叔之间本不相服。《檀弓上》曰:"嫂、叔之无服也,盖推而远之也。"(见彼第74节)即为远嫌。 ②妇人降而无服者:这是指族姑姊妹及其女儿(女子子),

本服缌麻,出嫁以后降一等,则无服。　③麻:即在吊服上加麻绖。按,凡吊服本加葛绖,为对嫂叔及妇人降而无服者的丧情表示加重,故加麻绖。所谓吊服,实即平日之吉服,加绖则为吊服。

19. 凡奔丧,有大夫至①,袒,拜之,成踊,而后袭。于士,袭而后拜之②。

[注释]①凡奔丧,有大夫至:这是指回家奔丧时遇有大夫来吊,奔丧者所当行之礼(见下)。　②于士,袭而后拜之:这是说来吊唁的不是大夫而是士,那就穿好衣服而后再拜谢,不袒而拜。

问丧第三十五

1.亲始死,鸡,斯①,徒跣,扱上衽②,交手哭③,恻怛④之心,痛疾之意,伤肾,干肝⑤,焦肺,水浆不入口,三日不举火,故邻里为之糜粥⑥以饮食之。夫悲哀在中,故形变于外也;痛疾在心,故口不甘味,身不安美也。

[注释]①鸡,斯:是"笄,缌"二字之误。缌是缠发髻的黑缯。这里意思是,去掉冠而只留下笄和缠发髻的缯。 ②徒跣,扱上衽:徒跣,赤脚。扱,音 chā,插。上衽,深衣的前裳。这是说把上衽插入腰带间。 ③交手哭:谓两手交替搥胸而哭。 ④恻怛:音 cè dá,哀伤。 ⑤干肝:谓使肝干枯。 ⑥糜粥:糜,稠粥;粥,薄粥,所谓"糜厚而粥薄"。在此泛指粥。

2.三日而敛,在床曰尸,在棺曰柩,动尸举柩,哭踊无数。恻怛之心,痛疾之意,悲哀志懑气盛,故袒而踊之,所以动体、安心、下气①也。妇人不宜袒,故发胸②,击心,爵踊,殷殷田田③,如坏墙然,悲哀痛疾之至也。故曰:"辟踊哭泣,哀以送之④。"送形而往,迎精而反也。

[注释]①动体、安心、下气:谓活动身体,安定心情,宣泄气血。 ②发胸:谓解开胸前外衣襟。 ③爵踊,殷殷田田:爵,通"雀"。爵踊,谓其踊如雀

之跳跃。殷殷田田,墙崩倒之声,比喻妇人击胸踊跳之声。 ④辟踊哭泣,哀以送之:这两句话引自《孝经·丧亲章》。辟,《孝经》原文作"擗",谓拊心,即拍击当心处。

3. 其往送也,望望然,汲汲然,如有追而弗及也①。其反哭②也,皇皇然③,若有求而弗得也。故其往送也如慕④,其反也如疑⑤。

[注释]①望望然,汲汲然,如有追而弗及也:望望然,瞻望貌。汲汲然,促急貌。意思是,向前瞻望又瞻望,心情急切又焦虑,就像追赶什么而又追不上的样子。 ②反哭:按,亲人葬后要先返回祖庙哭,再返回殡宫哭,是谓反哭。反哭时各人的位置与朝夕哭同。 ③皇皇然:谓心神惶恐不安。 ④如慕:谓如孺子啼慕其母。 ⑤其反也如疑:疑,谓不知亲之来否。意思是,返回来时又疑虑亲人的神灵是否会回来。

4. 求而无所得之也:入门而弗见也,上堂又弗见也,入室又弗见也。亡矣,丧矣,不可复见已矣!故哭泣辟踊,尽哀而止矣。心怅焉,怆焉,惚焉,忾焉①,心绝志悲而已矣。祭之宗庙,以鬼飨之②,徼幸复反也。

[注释]①怅焉,怆焉,惚焉,忾焉:忾,音 xì,叹息。谓惆怅啊,凄怆啊,恍惚啊,慨叹啊。 ②以鬼飨之:谓当作鬼神来供奉。

5. 成圹①而归,不敢入处室,居于倚庐,哀亲之在外也。寝苫枕块②,哀亲之在土也。故哭泣无时,服勤③三年,思慕之心,孝子之志也,人情之实也。

[注释]①成圹:谓将棺柩下入墓穴埋葬好。 ②寝苫枕块:谓卧草苫、

枕土块。　③服勤:谓服丧勤苦忧劳。

6.或问曰:"死三日而后敛者,何也?"曰:"孝子亲死,悲哀志懑,故匍匐①而哭之,若将复生然,安可得夺而敛之也? 故曰三日而后敛者,以俟其生也。三日而不生,亦不生矣,孝子之心亦益衰矣。家室之计,衣服之具亦可以成矣,亲戚之远者亦可以至矣,是故圣人为之断决,以三日为之礼制也。"

[注释]①匍匐:趴伏。

7.或问曰:"冠者不肉袒,何也?"曰:"冠,至尊也,不居肉袒之体也,故为之免以代之①也。然则秃者不免,伛者②不袒,跛者不踊,非不悲也,身有锢疾,不可以备礼也。故曰丧礼唯哀为主矣。女子哭泣悲哀,击胸伤心;男子哭泣悲哀,稽颡触地无容③,哀之至也。"

[注释]①故为之免以代之:意思是,因此为袒臂的人制作了免以代替冠。　②伛者:伛,音 yǔ,驼背。　③无容:谓不见面容。

8.或问曰:"免者以何为也?"曰:"不冠者之所服也。《礼》曰:'童子不缌,唯当室缌。'①缌者其免也②,当室则免而杖③矣。"

[注释]①童子不缌,唯当室缌:当室:谓无父兄,而由此童子主家事。这两句意思是,童子不服缌麻之丧,只有主持家事的童子才服缌麻之丧。②缌者其免也:谓服缌麻之丧的人就著免。　③当室则免而杖:按,童子参加丧礼本不求备礼,因此不仅可以不为族人服缌麻之丧,即为双亲服丧也不扶

杖。因其幼小不懂事,对于亲人之死尚不能哀痛致病,也就无须拄杖。但是当室的童子就不一样了,不仅要为族人服缌,虽未加冠也应像成人一样著免,而且既当室,则为丧主,那就应像成人一样拄杖以拜宾行礼,所以说"当室则免而杖"。

9. 或问曰:"杖者何也①?"曰:"竹、桐一也②。故为父苴杖③,苴杖,竹也;为母削杖④,削杖,桐也。"

[注释]①杖者何也:按,因孝子为父母服丧所拄的杖不一样(详下),作此记者怕人们怀疑其意义也不同,故设此问。意思是,拄杖的意义是什么? ②竹、桐一也:这是说杖虽不同而皆所以辅病,皆所以担主,其义则一。按,辅病,即下节所谓"扶病"(扶持病体)。担主,即担任丧主(指嫡长子),当拄杖以拜宾行礼。 ③苴杖:即竹杖。下文曰"苴杖,竹也"。 ④削杖:即桐杖。下文曰"削杖,桐也"。

10. 或问曰:"杖者以何为也?"曰:"孝子丧亲,哭泣无数,服勤三年,身病体羸,以杖扶病也。则父在不敢杖矣,尊者在故也。堂上不杖,辟尊者之处也①;堂上不趋,示不遽也②。此孝子之志也,人情之实也。礼义之经③也,非从天降也,非从地出也,人情而已矣。"

[注释]①堂上不杖,辟尊者之处也:这是说为母丧堂上不敢杖,因为堂上是父亲即尊者所在的地方,为了不使父亲见杖而悲伤忧戚,故避之。 ②堂上不趋,示不遽也:按,这是为示父以闲暇,不匆遽。若堂上而趋,则感动父情,使父忧戚。 ③经:此谓原则。

服问第三十六

1.《传》曰"有从轻而重"①,公子之妻为其皇姑②;"有从重而轻",为妻之父母;"有从无服而有服",公子之妻为公子之外兄弟;"有从有服而无服",公子为其妻之父母。

[注释]①《传》曰"有从轻而重":按,此处所引,及下文所引,皆见《大传第十六》第9节。 ②公子之妻为其皇姑:这是举例说明"从轻而重"之义。公子,指诸侯的庶子,即诸侯的妾所生子。皇,君。皇姑,即君姑,也就是公子之母,诸侯之妾,公子之妻的婆婆,而尊称之为皇姑。按,公子为其母不得服五服中之服,其服仅为五服之外的变例,是其所服至轻。其妻从公子而服,却得为其婆婆(皇姑)伸其本服,服齐衰期,是"从轻而重"之例。

2.《传》曰①:"母出,则为继母之党服。母死,则为其母之党服②。"为其母之党服,则不为继母之党服③。

[注释]①《传》曰:按,以下引文则不出于《大传》,乃旧《传》之辞。篇末所引《传》曰亦然。 ②母死,则为其母之党服:这是说如果继母死了,就为已被弃出的生母娘家亲属服丧。 ③为其母之党服,则不为继母之党服:这两句意思是,为生母的娘家亲属服丧,就不为已死的继母娘家亲属服丧了。

按,这两句实际是重复上句的意思。

3. 三年之丧既练矣,有期之丧既葬矣①,则带其故葛带②,绖期之绖③,服其功衰④。有大功之丧亦如之⑤。小功无变也⑥。

[注释]①三年之丧既练矣,有期之丧既葬矣:这里是说先遭父丧,为之服斩衰三年,而在为父练祭(即小祥祭)之前又遭齐衰一年之丧,父丧到练祭结束之后,一年丧也已入葬了。那么,丧服该如何变化呢?下面即答案。 ②带其故葛带:带,在此指男子的腰绖。故葛带,指为父服三年之丧自卒哭之后所系的葛腰绖。按,服斩衰三年之丧本系麻腰绖,到行过卒哭之后易服为葛腰绖(参见《丧服小记第十五》第 25 节注①、②),但小祥祭之前又遭齐衰一年之丧,故又改葛腰绖为齐衰之麻腰绖。齐衰一年之丧到葬后即当变麻腰绖为葛腰绖,其葛腰绖与三年丧卒哭变服后的葛腰绖粗细一样,但因"父葛为重",所以这时就仍系原来为父所系的葛腰绖,即所谓"带其故葛带"。 ③绖期之绖:绖,指男子的首绖。按,男子服三年之丧到练祭之后就除去首绖了(参见同上),而一年丧既葬犹着葛首绖,因此首绖就从一年丧,即所谓"绖期之绖"。 ④服其功衰:功,谓大功。衰,本指丧服的上衣,在此指代丧服。按,丧服在服丧的不同阶段,随着哀情的减杀,也逐渐由重变轻。丧服愈重,所用布愈粗恶,愈轻则愈细密。斩衰三年之丧,初丧时丧服用三升布制成(布八十缕为升,参见《丧服小记第十五》第 1 节注④),葬后改服六升布的丧服,小祥祭后则服七升;齐衰则初丧用四升布,葬后则改服七升;大功则初丧用七升布。是三年丧小祥祭后,与一年丧葬后的丧服都正好与大功初丧的丧服相同,故曰"服其功衰"。 ⑤有大功之丧亦如之:这是说三年之丧既练而有大功之丧既葬,其服亦如有期之丧既葬。此处大功丧未言"既葬",是蒙上而省文。 ⑥小功无变也:谓重服不受小功轻丧的影响而发生变化。重服,谓大功以上。

4. 麻之有本者①,变三年之葛②。既练,遇麻断本者③,于免绖之④,既免去绖。每可以绖必绖,既绖则去之⑤。

[注释]①麻之有本者:麻,指麻首绖和腰绖。本,麻的根部。有本,谓大功以上。按,大功以上之丧,其首绖和腰绖皆用带根的麻纠缠而成。②变三年之葛:按,三年之丧自卒哭以后即已变麻腰绖为葛腰绖(参见上节注②),这里是说三年之丧练祭以后若遇大功以上之丧,就当从新丧之服而把葛腰绖改变为麻腰绖。 ③麻断本者:按,小功以下服轻,故其首绖和腰绖所用的麻都用水搓洗过,并去掉根部,即所谓"麻断本"。这里用"麻断本者"指代小功以下之丧。 ④于免绖之:免,在这里是指小功以下之丧在成服之前遇到当着免的时候,如小敛,大敛,皆当袒、免而哭踊,在这种时候,服三年之丧而已经举行过练祭的,本来已经除去首绖了(参见上节注③),要特为小功以下之丧加小功以下的麻首绖。 ⑤每可以绖必绖,既绖则去之:这两句意思是,类似上面这样每当可以加首绖的时候就一定为之加首绖,加首绖的事情过去之后就去掉它。

5. 小功不易丧之练冠①。如免,则绖其缌、小功之绖,因其初葛带②。缌之麻,不变小功之葛;小功之麻,不变大功之葛③。以有本为税④。

[注释]①小功不易丧之练冠:小功,亦包括缌麻,由下文可知。丧之练冠,谓三年之丧练祭之后,便除其麻首服(丧冠加麻首绖)而著练冠(参见《檀弓上第三》第19节注④),这时如遇小功、缌麻之丧,则其练冠不为之改变。②初葛带:指三年丧自卒哭之后即改服的葛腰绖。 ③"缌之"至"之葛":谓以轻丧之麻,本服既轻,虽初丧之麻,不变前重丧之葛。故这几句意思是,缌麻初丧虽服麻腰绖,但不改变小功丧已经改系的葛腰绖;小功初丧虽系麻腰绖,但不改变大功丧已经改系的葛腰绖。 ④以有本为税:有本,谓大功以上之丧,其首绖和腰绖所用麻皆带有根部,故曰"有本"。税,音 tuì,变易,改变。按,若大功以上之丧则变其前重丧之葛,即前之重丧者虽已变服葛绖,亦当从

新丧再改服麻,如第3、4两节所述。这句意思是,因为只有大功以上之丧才能使前面的重丧在改服葛腰绖之后又变服麻腰绖。

6. 殇长、中,变三年之葛,终殇之月筭,而反三年之葛①。是非重麻,为其无卒哭之税②。下殇③则否。

[注释]①"殇长"至"之葛":殇长、中:即长殇、中殇(参见《檀弓上第三》第12节注⑤)。按,这里是指本当为之服大功之丧的亲属,未成年而死,若男子,为长殇则降服小功,中殇从长殇,亦降服小功;若女子,为长丧则降服小功,中丧则降服缌麻。筭,数。小功则五月,缌麻则三月。这几句意思是,因长殇、中殇而降在小功、缌麻之丧的,要使服三年丧已经改系葛腰绖的再变系麻腰绖,等服满殇者所当服丧的月数,而后再反过来系三年丧所当系的葛腰绖。 ②是非重麻,为其无卒哭之税:按,成人而死者,卒哭祭后即当易重服为轻服,但殇者之服简略,无变易之礼,故以始服之麻终其丧,服三年丧者也就只有待殇者终丧之后,再返服其葛。税,参见上节注④。这两句意思是,这并不是特别重视长殇、中殇者的麻绖,是因为他们没有卒哭祭后变更丧服之礼。 ③下殇:这里也是指大功亲而遭下殇,则男、女俱为之服缌麻,其情既轻,则不得变三年之葛。

7. 君为天子三年①。夫人如外宗之为君②也。世子不为天子服③。

[注释]①君为天子三年:此君谓诸侯国君。 ②夫人如外宗之为君:外宗,参见《杂记上第二十》第56节注①。按,外宗妇人之夫与诸侯国君为异姓兄弟之亲,如果诸侯死,诸异姓兄弟当为之服斩衰三年;外宗妇人从其夫服,而降一等服齐衰期;诸侯为天子服斩衰三年,其夫人亦从服齐衰期,即所谓"如外宗之为君"。故这句意思是,国君夫人为天子服丧,如同外宗妇人为诸侯国君那样服齐衰一年丧。 ③世子不为天子服:世子,诸侯的太子。不为天子服,为远嫌,即为避天子所立太子之嫌。

8. 君所主夫人妻、大子、適妇①。

[注释]①君所主夫人妻、大子、適妇：君所主，谓君为之主丧者，即下文所述。夫人妻，即国君夫人。之所以称之为"夫人妻"，嫌为天子之三夫人，故正称之为妻以明之。適（嫡）妇，即太子之妻。太子为嫡子，其妻即为嫡妇。

9. 大夫之適子为君、夫人、大子，如士服①。

[注释]①"大夫"至"士服"：士为国君服斩衰三年，为小君（国君夫人）服齐衰一年，为太子亦服齐衰一年。这里是说，大夫的嫡长子为国君、国君夫人、太子服丧，如同士所服一样。

10. 君之母非夫人①，则群臣无服②，唯近臣及仆、骖乘③从服，唯君所服服也。

[注释]①君之母非夫人：这是说君之母原为君父之妾，而君则是庶子而做了后继人者。　②群臣无服：按，若君之母原为嫡夫人，群臣为之服齐衰期；非夫人，君为之服缌麻，群臣则降而无服。　③近臣及仆、骖乘：近臣，谓阍（守门人）、寺（宦者）之属。仆，御车者。骖乘，即车右。此诸臣贱者皆随君服，国君为母服什么样的丧服他们就服什么样的丧服，故下文说"唯君所服服也"。

11. 公为卿大夫锡衰以居①，出亦如之，当事则弁绖②。大夫相为亦然③。为其妻，往则服之，出则否④。

[注释]①公为卿大夫锡衰以居：锡衰，参见《杂记上第二十》第27节注③。这句意思是，国君为卿大夫的丧事居处宫内时服锡衰。　②当事则弁绖：意思是，当有前往卿大夫家行吊丧之事的时候，就头戴皮弁而加麻首绖。　③大夫相为亦然：谓大夫相互服丧也是这样。　④为其妻，往则服之，出则

否:国君为卿大夫之妻以及大夫相互为对方之妻前往吊丧时就服锡衰,外出时就不服了。按,这里实际意思是,不论外出与否,只要不是前往吊丧就都不服。

12.凡见人无免绖①,虽朝于君无免绖,唯公门有税齐衰②。《传》曰③:"君子不夺人之丧,亦不可夺丧也④。"

[注释]①凡见人无免绖:意思是,服三年丧者凡有事求见人不免去首绖。按,绖于丧至重,故不可释免,即使朝见国君也不可免之,故下文说"虽朝于君无免绖"。 ②唯公门有税齐衰:税,音 tuō,通"脱",解,脱下。这句意思是,只有服齐衰丧的到了国君的门前要免去首绖。 ③《传》曰:以下所引乃《杂记下》之文(见彼第10节)。 ④君子不夺人之丧,亦不可夺丧也:意思是:君子不可剥夺别人守丧的哀情,也不可被人剥夺守丧的哀情。

13.《传》曰①:"罪多而刑五②,丧多而服五。上附,下附,列也③。"

[注释]①《传》曰:按,以下所引亦旧《传》之文。 ②刑五:指墨、劓、剕、宫、大辟(参见《王制第五》第40节注⑤)。 ③上附,下附,列也:谓罪重者附于上刑,罪轻者附于下刑,这是五刑的上附、下附;大功以上附于亲,小功以下附于疏,这是五服的上附、下附。这句意思是:"有的上附于重刑或重服,有的下附于轻刑或轻服,这就是等差。"

间传第三十七

1.斩衰何以服苴？苴,恶貌也①,所以首其内而见诸外②也。斩衰貌若苴,齐衰貌若枲③,大功貌若止④,小功、缌麻容貌可也⑤。此哀之发于容体者也。

[注释]①苴,恶貌也:苴是黎黑色,故为恶貌。按,苴为麻之有蕡者,蕡即麻子。这种带子的苴麻呈黎黑色,有大忧者,面色深黑,而苴麻之色似之,故曰"恶貌"。 ②首其内而见诸外:首,标明,显示。意思是,所以显示内心的哀伤而用它(苴麻)来做外在的表现。 ③齐衰貌若枲:枲,谓枲麻,是一种不结子的雄性的麻。这句是说,服齐衰丧的人外貌似枲麻的颜色。 ④止:谓不为喜乐之事所动。 ⑤容貌可也:谓貌如平常之容貌。

2.斩衰之哭若往而不反①,齐衰之哭若往而反②,大功之哭三曲而偯③,小功、缌麻哀容可也④,此哀之发于声音者也。

[注释]①哭若往而不反:谓哭起来就像气绝而回不过气来。 ②哭若往而反:谓哭起来就像气绝而还能回过气来。 ③哭三曲而偯:三曲,一举声而三折。偯,音yǐ,谓有余声。意思是,哭起来声多曲折而有余声。 ④哀容可也:谓哭起来从容地发出哀声就可以了。

3.斩衰唯而不对①,齐衰对而不言②,大功言而不议③,小功、缌麻议而不及乐,此哀之发于言语者也。

[注释]①唯而不对:唯,应答之声。意思是,只发出应答声而不回答别人的话。 ②对而不言:意思是,只回答别人的话而不主动说话。 ③议:在此指说与丧事无关的话。

4.斩衰三日不食,齐衰二日不食,大功三不食①,小功、缌麻再不食,士与敛焉②则壹不食。故父母之丧,既殡食粥,朝一溢③米,莫一溢米。齐衰之丧疏食④,水饮,不食菜果。大功之丧不食醯酱。小功、缌麻不饮醴酒。此哀之发于饮食者也。

[注释]①三不食:谓三顿不吃饭。下"再不食"、"壹不食"义仿此。②士与敛焉:谓士而参加为死者入殓的。 ③溢:一又二十四分之一升为一溢(参见《丧大记第二十二》第25节注②)。 ④疏食:吃粗粝的饭食。

5.父母之丧,既虞、卒哭,疏食,水饮,不食菜果;期而小祥,食菜果;又期而大祥,有醯酱;中月而禫①,禫而饮醴酒。始饮酒者先饮醴酒,始食肉者先食干肉。

[注释]①中月而禫:中,间隔。中月,谓大祥祭后间隔一月。禫,除服之祭名(参见《檀弓上第三》第16节注③)。

6.父母之丧,居倚庐①,寝苫枕块,不说绖带。齐衰之丧,居垩室②,苄翦不纳③。大功之丧,寝有席。小功、缌麻,床可也。此哀之发于居处者也。

[注释]①倚庐：参见《丧大记第二十二》第45节注⑤。　②垩室：参见《杂记上第二十》第4节注④。　③苄翦不纳：苄，音 xià，即蒲席。纳，谓收边。谓所卧的蒲席四周只剪齐而不收边。

7. 父母之丧，既虞、卒哭，柱楣①，翦屏②，苄翦不纳；期而小祥，居垩室，寝有席；又期而大祥，居复寝③；中月而禫，禫而床。

[注释]①柱楣：参见《丧大记第二十二》第45节注⑤。　②屏：指搭在倚庐上用以遮蔽风雨的草苫（参见同上）。　③居复寝：谓回到原来的寝室中去住。

8. 斩衰三升①。齐衰四升、五升、六升②。大功七升、八升、九升。小功十升、十一升、十二升。缌麻十五升去其半③，有事其缕，无事其布④，曰缌。此哀之发于衣服者也。

[注释]①斩衰三升：三升，是一种最粗疏的布，故为最重的丧服所用。意思是，斩衰的丧服用三升布做成。　②齐衰四升、五升、六升：按，自齐衰以下至小功，各皆有三等之服，并将这三等分别取名为降服、正服、义服。三等中降服最重。所谓降服，是指由于某种原因（如为尊者所厌），不能服其本服，即当降服一等，降一等后所当之服，即为下一等中最重之服，因此即以"降服"为此等服名。如父母对于儿子来说，恩爱本同，但子为父服斩衰三升，为母却为父尊所厌而降在齐衰，服齐衰四升，即服齐衰中的降服。第二等是正服，正服即本服，也就是按亲疏关系本所当服的丧服。第三等是义服，所谓义服，即义理之服，是本无亲属关系，但由某种义理而为之服，这是三等中最轻的一等。如卿大夫之家臣为其君（即卿大夫）服丧，即为义服。由上可知，齐衰之所以有三等丧服，即因有降服、正服、义服之分的缘故。下文义仿此。

③十五升去其半：按，十五升本为朝服所用布，抽去其一半，是为七升半，是缌麻之布其缕之细如朝服，而疏密程度仅为朝服的一半，可谓细而疏，服之最轻者。　④有事其缕，无事其布：事，谓加灰捶洗，使之洁白光滑。有事其缕，谓织布前先将纱缕加灰捶洗。无事其布，谓织成的布则不再加灰捶洗。

9.斩衰三升，既虞、卒哭，受以成布六升，冠七升①。为母疏衰四升，受以成布七升，冠八升。去麻，去麻服葛，葛带三重②。期而小祥，练冠，縓缘③，要绖不除。男子除乎首，妇人除乎带。男子何为除乎首也？妇人何为除乎带也？男子重首，妇人重带，除服者先重者，易服者易轻者④。又期而大祥，素缟，麻衣⑤。中月而禫，禫而纤⑥，无所不佩⑦。

[注释]①受以成布六升，冠七升：受，谓受衰（即受服）。在服丧的不同阶段，随着哀情的减轻，都要重新受一次服，而重新所受的服，都比原来的丧服用布要细密一些。故初服所用布粗恶，至葬后，练后，大祥后，则渐细而加饰。渐细的标准，则以冠布的粗细为度。例如斩衰初用三升布，冠用六升布，葬后，就依照冠布受衰，改穿六升布的丧服，而冠则加一升为七升。到小祥后，又受七升布的丧服，而冠则八升，等等。齐衰和大功也是这样，齐衰初服四升，冠七升，既葬依冠受衰，则衰为七升，而冠为八升；大功初服七升，冠十升，既葬，则衰十升，而冠为十一升。此处所谓"受以成布六升，冠七升"，以及下文所谓"为母疏衰四升，受以成布七升，冠八升"，都是说的这个意思。所谓成布，是指六升以上的布。因为六升以下的布太粗恶，不适于做衣成服，而六升以上的布渐细，已可用于做衣服了，因此叫做成布。　②去麻，去麻服葛，葛带三重：这几句意思是，卒哭祭后去掉麻腰绖而换成葛腰绖，葛腰绖系三重。　③縓缘：谓浅绛（红）色的镶边（参见《檀弓上第三》第111节注②）。④"男子"至"轻者"：参见《丧服小记第十五》第25节注①、②。　⑤素缟，麻衣：此素缟，即《玉藻》所云"缟冠，素纰"，见彼第14节。按麻衣，是十五升布

做的深衣,此衣纯用布,无采饰,故谓之麻衣。 ⑥纤:是用黑经白纬的布做的冠。 ⑦无所不佩:谓身上平日的佩戴物没有不可以佩带的了。

10.易服者何为易轻者①**也?斩衰之丧,既虞、卒哭,遭齐衰之丧,轻者包**②**,重者特**③**。**

[注释]①易服者何以易轻者:按,这里所问的意思,是指重服(如斩衰)者既虞、卒哭后,已经将原来的丧服(如男子的腰绖,妇人的首绖)变换成轻服(即葛绖)了,而又遭新丧(如齐衰丧),为什么要将变换后的轻服又加变换而从新丧的重服? ②轻者包:按,服斩衰者既虞、卒哭之后,即易麻腰绖为葛绖,而此时又遭齐衰之丧,所以又当把葛腰绖变换成齐衰的麻绖,因为葛绖轻,可以被包括在齐衰的麻绖之中。这是就男子言。若妇人,既虞、卒哭后,将麻首绖变成葛首绖,若又遭齐衰之丧,则将葛首绖变换成齐衰的麻首绖,亦因葛绖轻,可被包括在齐衰的麻绖中。 ③重者特:按,男子重首,特留斩衰之绖;妇人重腰,特留斩衰腰带。这就是所谓重者特。

11.既练,遭大功之丧,麻、葛重①**。**

[注释]①"既练"至"葛重":重,是双重、不单的意思。按,斩衰既练之后,男子首服已除,只有腰间还系有葛绖,这是单葛。妇人于既练之后,腰绖已除,只系着葛首绖,也是单葛。可是这时又遭遇了大功之丧,于是男子要依大功初丧,加麻首绖,原来的葛腰绖也要换成麻腰绖,首、腰皆著麻绖,这就是所谓重麻。妇人亦然。大功丧过了虞祭和卒哭祭之后,要将麻首绖改换成葛首绖,此时服斩衰丧者又当变换丧服,将麻首绖改换成大功的葛首绖,腰绖则恢复原来的葛绖,是首、腰皆葛绖,这就是所谓重葛。妇人亦然。此即所谓"麻、葛重"之义。这几句意思是,服斩衰丧举行过小祥祭之后,又遭逢大功丧,先服重麻,后又改服重葛。

12.齐衰之丧,既虞、卒哭,遭大功之丧,麻、葛兼服

之①。

[注释]①"齐衰"至"服之":这是说服齐衰丧的男子,首服葛绖,腰服麻绖,既虞、卒哭之后,则将腰绖换为葛绖,而这时又遭大功之丧,于是将葛腰绖换成大功的麻绖,而首绖不变,仍服葛绖,这样就一身而兼服麻、葛两种绖,是所谓"麻、葛兼服之"。这几句意思是,服齐衰丧,举行过虞祭和卒哭祭,又遭逢大功之丧,就兼系麻、葛两种绖。

13. 斩衰之葛,与齐衰之麻同①;齐衰之葛,与大功之麻同;大功之葛,与小功之麻同;小功之葛,与缌之麻同。麻同则兼服之。兼服之服重者,则易轻者也②。

[注释]①斩衰之葛,与齐衰之麻同:这是指斩衰既虞、卒哭后,将麻腰绖换成葛腰绖,而此葛腰绖的粗细,与又遭逢的齐衰丧的麻腰绖的粗细正好相同。下文义皆仿此。 ②兼服之服重者,则易轻者也:按,麻绖重于葛绖,故以上所记兼服皆用后丧之麻腰绖易前丧之葛腰绖。

三年问第三十八

1.三年之丧何也①？曰：称情而立文，因以饰群别、亲疏、贵贱之节，而弗可损益也②，故曰"无易之道"③也。创钜者其日久，痛甚者其愈迟④。三年者，称情而立文⑤，所以为至痛极也。斩衰，苴杖，居倚庐，食粥，寝苦，枕块，所以为至痛饰⑥也。三年之丧，二十五月而毕⑦，哀痛未尽，思慕未忘，然而服以是断之者，岂不送死有已，复生有节也哉⑧？

[注释]①三年之丧何也：服三年丧是为什么呢？　②"称情"至"损益也"：饰，表明，显示。群，谓亲属，在五服之内者。别，指外人。节，区别。意思是，这是适应人情而制定的礼，借此来表明亲属与外人、亲近与疏远、尊贵与低贱的区别，而不可以增减。　③无易之道：意思是，不可改变的制度。④创钜者其日久，痛甚者其愈迟：钜，同"巨"。意思是，创伤严重的恢复的天数长久，痛苦厉害的痊愈得迟。　⑤文：犹礼。　⑥至痛饰：谓极哀痛的表现。　⑦二十五月而毕：这是就大祥祭除服而言（参见《丧服小记第十五》第19节注①）。　⑧"然而"至"也哉"：这几句意思是，然而服期以此为限，这不是表示送死者有终止的时候，恢复正常生活的时间有限度吗？

2. 凡生天地之间者,有血气之属必有知①,有知之属莫不知爱其类。今是大鸟兽则失丧其群匹②,越月逾时焉,则必反巡③,过其故乡翔回④焉,鸣号焉,蹢躅⑤焉,踟蹰焉,然后乃能去之。小者至于燕雀,犹有啁噍之顷⑥焉,然后乃能去之。故有血气之属者,莫知于人⑦,故人于其亲也,至死不穷⑧。

[注释]①知:谓知觉。 ②群匹:同伴。 ③反巡:谓返回来巡视。 ④翔回:飞翔盘旋。 ⑤蹢躅:音 zhí zhú,同"踯躅",徘徊不前貌。下"踟蹰"(音 chí chú)义与此同。 ⑥啁噍之顷:啁噍,犹啁啾,鸟的鸣声。意思是,对死去的同伴鸣叫一阵。 ⑦莫知于人:没有比人更有知觉的了。 ⑧至死不穷:谓思念之情到死也没有穷尽。

3. 将由夫患邪淫之人与①,则彼朝死而夕忘之②,然而从之,则是曾鸟兽之不若也,夫焉能相与群居而不乱乎③?将由夫修饰之君子与④?则三年之丧,二十五月而毕,若驷之过隙⑤,然而遂之,则是无穷也⑥。故先王焉,为之立中制节,壹使足以成文理,则释之矣⑦。

[注释]①将由夫患邪淫之人与:患:是"愚"字之误。这句是反问句,意思是,将由着那些愚陋而邪僻淫乱的人吗? ②朝死而夕忘之:这是指对他们的亲人。 ③夫焉能相与群居而不乱乎:谓这种人怎能相互居住在一起而不淫乱呢。 ④将由夫修饰之君子与:这也是反问句,意思是,将由着那些讲究自我修养的君子吗? ⑤"则三年"至"过隙":这几句意思是,那么服三年之丧,服够二十五个月而结束,还觉着时间快得就像马驰过缝隙。 ⑥然而遂之,则是无穷也:意思是,然而由着他们的心情,就要无限期地为亲人服丧了。 ⑦"故先王"至"释之矣":意思是,因此先王为人们确立折中的标准作为节制,使人们一到足够符合礼义,就除去丧服了。

4.然则何以至期也①？曰：至亲以期断②。是何也？曰：天地则已易矣，四时则已变矣，其在天地之中者，莫不更始焉，以是象之也③。然则何以三年也？曰：加隆焉尔也，焉使倍之故再期也④。

[注释]①然则何以至期也：意思是，服三年之丧意义如此，为什么还有降至于期的呢？期，谓为人后者，即过继给别人做后继人的人，父在而为母所服。这种为人后者为其亲生父母则服齐衰不杖期。 ②至亲以期断：意思是，父母至亲，而以服丧一年为限。 ③"天地"至"象之也"：这几句是解释为什么丧期以一年为限，意思是，一年之中天地已经改变了，四季已经变化一轮了，那在天地中的万物，没有不重新开始的，因此用服一年丧来象征这种变化。 ④加隆焉尔也，焉使倍之故再期也：焉使倍之，此"焉"犹"然"，意为如是。这两句是回答为什么又有三年之丧。意思是，这是为了更加隆重，这样就加一倍，服过两周年。

5.由九月以下，何也①？曰：焉使弗及也②。故三年以为隆，缌、小功以为杀，期、九月以为间③。上取象于天，下取法于地，中取则于人，人之所以群居和壹之理，尽矣④。故三年之丧，人道之至文者也，夫是之谓至隆⑤，是百王之所同，古今之所壹也，未有知其所由来者也。孔子曰："子生三年，然后免于父母之怀。夫三年之丧，天下之达丧也。"⑥

[注释]①九月以下，何也：指大功以下。大功服丧九个月，小功五个月，缌麻三个月。这是问，服九个月以下的丧，是为什么呢？ ②焉使弗及也：弗及，比不上。意思是，这样的丧期是为了使它们比不上父母之丧。 ③"故三年"至"为间"：这几句意思是，因此服三年是表示更加隆重，服缌麻、小功是表示恩义的减轻，服一年和九个月是取其中。 ④"上取"至"尽矣"：

这几句意思是,五服丧期的规定上效法天,下效法地,中效法人,人之所以能大家居住在一起而保持和谐一致的道理,尽在其中了。 ⑤"故三"至"至隆":这几句意思是,因此三年之丧,是人情在丧礼上的最完美的表现,这就叫做最隆重。 ⑥"子生"至"达丧也":这几句话引自《论语·阳货》。达丧,谓通行的丧礼。

深衣第三十九

1. 古者深衣,盖有制度,以应规、矩、绳、权、衡①。短毋见肤,长毋被土。

[注释]①以应规、矩、绳、权、衡:详第3节。

2. 续衽,钩边①。要缝半下②。袼之高下,可以运肘③。袂之长短,反诎之及肘④。带,下毋厌髀,上毋厌胁,当无骨者。

[注释]①续衽,钩边:续,犹属。衽,谓在裳旁者,与裳属连而不殊。按,深衣自腰以下裳的部分,是用十二幅布拼合缝制而成,前六幅,后六幅,而前后裳中间的四幅皆为正幅,两边的两幅则是斜裁而成,似直角三角形(详注②),这斜裁的部分就是所谓衽。右边的前后衽是分开的,而左边的前后衽是缝合在一起的。钩边,这是指在深衣的右后衽上另加一钩边。钩边的形制,是另用一幅布做的,上狭下阔,缀于右后内衽,使其钩曲而前,以遮掩裳际。若无钩边,则行步时就会露出后衽之里,故需钩边来遮掩。 ②要缝半下:按,深衣的裳,前裳中间的四正幅和后裳中间的四正幅,凡八幅,每幅都是幅宽二尺二寸的布从中间对裁而成,即每幅宽一尺一寸,每幅两边各留一寸为缝边,是每幅缝合后实宽九寸,前后八幅则总为七尺二寸,这就是深衣腰围的

周长。裳两边的衽,是用幅宽二尺二寸的布两幅斜裁成四幅,每幅的狭头宽二寸,上缝于腰间;宽头为二尺,两旁除去边缝各一寸,则为一尺八寸,四幅共为七尺二寸,加上八幅正幅的七尺二寸,是深衣之裳的下沿周长为一丈四尺四寸,正好为腰围的两倍,是即所谓"要缝半下"。腰狭而下阔,这样才便于举步行走。 ③袼之高下,可以运肘:袼,音 gē,是指衣袖当腋下与衣身的缝合处。按,袂宽二尺二寸,而人之肘长一尺二寸,是可运肘。 ④袂之长短,反诎之及肘:诎,通"屈"。按,人之臂骨上下各长尺二寸,则袂之肘以前的部分长尺二寸。然则肘以后亦长二寸可知。可见,臂之上下骨长总为二尺四寸,袂长亦然,而肘当臂之中,故将袂从袖口反折至腋,正好与腋至肘的长度相等,即所谓"反诎及肘"。

3. 制十有二幅①,以应十有二月。袂圜以应规。曲袷如矩以应方②。负绳③及踝以应直。下齐如权、衡以应平④。故规者,行举手以为容⑤。负绳抱方者,以直其政,方其义也⑥。故《易》曰:"坤六二之动,直以方也⑦。"下齐如权、衡者,以安志而平心也。五法已施,故圣人服之⑧。故规、矩取其无私,绳取其直,权、衡取其平,故先王贵之。故可以为文⑨,可以为武,可以摈、相⑩,可以治军旅,完且弗费⑪,善衣之次⑫也。

[注释]①制十有二幅:谓深衣自腰以下裳的部分,是用十二幅布拼合缝制而成(参见上节注②)。 ②曲袷如矩以应方:袷,音 jié。曲袷,深衣的领名,形方,故曰"如矩以应方"。 ③负绳:谓衣裳背部的中缝。 ④下齐如权、衡以应平:按,秤垂和秤杆尚平衡,故用以喻深衣的下边齐平。 ⑤故规者,行举手以为容:行举手,谓揖让。这句意思是,因此袖似圆规,象征举手行揖让礼的容姿。 ⑥负绳抱方者,以直其政,方其义也:这几句意思是,背缝垂直而领子正方,用以象征政教不偏,义理公正。 ⑦坤六二之动,直以方也:这两句引自《周易·坤卦》六二《象》辞。意思是,六二爻象的变动,正直

而端方。 ⑧五法已施,故圣人服之:五法,谓上面所述规、矩、绳、权、衡。这两句意思是,五种法度都施用到深衣上,因此圣人穿它。 ⑨文:谓文服。下文"武"则谓武服。 ⑩可以摈、相:谓可以在担任摈者、相者时穿。 ⑪完且弗费:完,谓所依据的法度完备,即上文所谓"五法已施"。弗费,是说深衣所用材料不费,用的是布,而色素白,是谓"弗费"。 ⑫善衣之次:善衣,谓朝服、祭服。意思是,深衣是仅次于朝服和祭服的好衣服。

4.具父母、大父母,衣纯以缋①。具父母,衣纯以青②。如孤子,衣纯以素③。纯袂、缘,纯边,广各寸半④。

[注释]①具父母、大父母,衣纯以缋:具,备,谓父母和祖父母具在。纯,音 zhǔn,镶边。缋,文饰。意思是,如果父母和祖父母具在,所穿深衣就镶带花纹的边。 ②衣纯以青:意思是,深衣就镶青边。 ③如孤子,衣纯以素:孤子,二十九岁以下而丧父者。意思是,如果是孤子,深衣就镶白边。 ④纯袂、缘,纯边,广各寸半:袂,袖口。缘,深衣的下半部分。边,深衣的下边。这三处皆纯,即都镶边。所镶之边,各宽半寸。

投壶第四十

1.投壶之礼①。主人奉矢,司射奉中②,使人执壶。主人请曰:"某有枉矢、哨壶③,请以乐宾。"宾曰:"子有旨酒嘉肴,某既赐④矣,又重以乐,敢辞。"主人曰:"枉矢、哨壶,不足辞也,敢固⑤以请。"宾曰:"某既赐矣,又重以乐,敢固辞。"主人曰:"枉矢、哨壶,不足辞也,敢固以请。"宾曰:"某固辞不得命,敢不敬从!"

[注释]①投壶之礼:投壶,是一种游戏,也是一种礼。以矢投壶,投中多者为胜方,而饮负方以罚酒,类似于射礼。行燕饮礼有射箭比赛以乐宾,但如果庭的长宽不足以张射侯,宾客的人数亦不足以排比射耦,就改用投壶礼。②司射奉中:司射,为主人掌射事者,由主人的属吏充任。奉,捧着。中,是盛筹器;筹是用来计算投中次数的筹码。中的形制与射箭比赛所用盛筹的中同,刻木而成,形如伏兕,或伏鹿,背上立有圆筒以盛筹。按,本篇所记投壶礼是士礼,用鹿中,即刻作伏鹿形的中。又按,司射捧中是在西阶上,面朝北。③某有枉矢、哨壶:某,代主人名。枉,谓不直。哨,谓不正。按,这都是主人的谦辞。 ④某既赐:某,代宾名。既赐,谓已经受赐了。 ⑤固:如故,再次。

2. 宾再拜受。主人般还①,曰:"辟②。"主人阼阶上拜送③。宾盘还,曰:"辟。"

[注释]①般还:同"盘旋"。这里是主人转动身体避让宾的拜礼。②辟:谓辟(避)而不敢受,也就是今人所说"不敢当"的意思。 ③拜送:授物而后再行拜礼,叫做拜送。因授物时手中有物不便拜,故先授而后拜。

3. 已拜,受矢①,进即两楹间②,退反位,揖宾就筵③。

[注释]①已拜,受矢:按,授矢者是赞者(即相赞投壶礼者,是主人的属吏)。此句接上文,谓主人行过拜送礼之后,从赞者手中接受矢。 ②进即两楹间:楹,堂上的立柱(参见《檀弓上第三》第49节注⑪)。按,因为投壶将在两楹间进行,当设筵(席)于此,故主人先进于此以示其位。 ③筵:是在两楹间为投壶而设之筵。

4. 司射进度壶①,间以二矢半②,反位,设中,东面,执八算③,兴。

[注释]①司射进度壶:按,这是司射在西阶上从执壶者手中接过壶,而后进前量度设壶之处。壶设在两楹之间宾、主之筵的南边。 ②二矢半:按,本篇是记在堂上投壶,所用矢长七扶(参见第11节),四指为扶,一扶为四寸,七扶则二尺八寸;二矢半,是为七尺。 ③执八算:这是从中里拿出八支算。

5. 请①宾曰:"顺投②为入,比投不释③,胜饮不胜者④。正爵既行⑤,请为胜者立马⑥,一马从二马⑦,三马既立,请庆多马⑧。"请主人亦如之。

[注释]①请:犹告。 ②顺投:谓箭头先入壶。 ③比投不释:按,投壶是宾主交替而投,不得一人比投,即连续而投。释,谓释算以计投中之数,

即下文所谓"立马"。　④胜饮不胜者:饮,音 yìn。谓胜者酌酒让不胜的一方饮。　⑤正爵:这是胜者所饮庆酒(表示庆贺投壶胜利之酒),这是正礼,故谓之正爵(参见第10节注②)。　⑥马:是为表胜者所胜次数用的(用法详第10节注①),其形制,是用木刻作马形而植(插)于地。又之所以刻作马形且名之为马,是因为投壶和射礼一样,都属习武之事,而马为将帅所乘,为表胜者之威武,故名之为马。　⑦一马从二马:此五字是衍文。　⑧三马既立,请庆多马:参见第10节。

6. 命弦者①曰:"请奏《狸首》②,间若一③。"大师④曰:"诺。"

[注释]①弦者:谓鼓瑟者。　②《狸首》:古逸诗乐名。　③间若一:谓诗乐的演奏,每奏一遍所间隔的时间要均平如一也。　④大师:乐工之长。

7. 左、右告矢具,请拾投①。有入者,则司射坐而释一筭焉②:宾党于右,主党于左③。

[注释]①左、右告矢具,请拾投:告者为司射,被告者为主人(左)和宾(右)。拾投,谓宾主交替而投。意思是,司射向主人和宾报告矢已经备齐,请他们轮流投壶。　②有入者,则司射坐而释一筭焉:入,谓投中。意思是,有投中的,司射就坐下为他放置一支筭在地上。　③宾党于右,主党于左:按,司射在西阶上面朝东坐地以释筭,是于右者,即在其前而稍南;于左者,在其前而稍北。

8. 卒投,司射执筭曰:"左、右卒投,请数①。二筭为纯,一纯以取②,一筭为奇③。"遂以奇筭告④曰:"某贤于某若干纯⑤。"奇则曰奇,均则曰左、右钧⑥。

[注释]①左、右卒投,请数:意思是,宾、主投壶完毕,请求数筭。

②二算为纯,一纯以取:意思是,两支算为一纯,一纯一纯地取来数。 ③一算为奇:谓数到最后剩下一算,不够一纯,就叫做奇。 ④遂以奇算告:按此"奇"与上"奇"字义不同,上"奇"谓不够一纯的单数,此"奇"谓胜方比负方多出的纯数。意思是,就拿着胜方多出的纯数宣告。 ⑤某贤于某:上"某"代胜方,下"某"代负方。宾胜则曰"宾贤于主",主胜则曰"主贤于宾"。 ⑥奇则曰奇,均则曰左、右钧:这两句意思是,如果所多的算有奇数就把奇数说出来,如果双方得算相同就说宾、主均等。

9.命酌①曰:"请行觞②。"酌者曰:"诺。"当饮者皆跪奉觞,曰:"赐灌③。"胜者跪曰:"敬养④。"

[注释]①命酌:谓命酌者酌酒。按,酌者为胜方之弟子。 ②请行觞:意思是,请为负方酌酒。觞,盛满酒的酒杯。 ③赐灌:灌,犹饮。意思是,承蒙赐饮。 ④敬养:意思是,请敬养贵体。

10.正爵既行①,请立马②,马各直其算,一马从二马,以庆③。庆礼曰④:"三马既备,请庆多马⑤。"宾主皆曰:"诺。"正爵既行⑥,请彻马⑦。

[注释]①正爵既行:谓庆酒饮过之后。 ②请立马:这是吩咐为胜者立马。 ③马各直其算,一马从二马,以庆:按,投壶也和射箭比赛一样,要进行三次,以决胜负。如果一方连胜三局,就不用说了,那就为胜方立三马。如果是二比一,那就要把为负方所立的一马拿过来立于胜方这边,即所谓以少益于多,以助胜者为荣,这就叫做"一马从二马"。又按,投壶每一局是投四矢(参见下节注①),故虽投三局,而有"左、右钧(均)"的情况出现。这两句意思是,马所设的地方本当双方所得的算前,只设一马的就拿过来并设在二马这边,以表示对胜方的庆贺。 ④庆礼曰:意思是,行庆礼时司射说。 ⑤三马既备,请庆多马:意思是,三马已设置完备,请酌酒庆贺马多的一方。 ⑥正爵:此指庆酒。按,庆酒是胜方所当饮以为荣的,故为正爵。 ⑦请彻

马:谓司射吩咐撤去所立的马。

11. 筹多少视其坐①。筹②,室中五扶,堂上七扶,庭中九扶③。筹长尺二寸。壶颈修七寸,腹修五寸,口径二寸半,容斗五升,壶中实小豆焉,为其矢之跃而出也。壶去席二矢半④。矢以柘若棘⑤,毋去其皮。

[注释]①筹多少视其坐:按,所用筹数当视在座投壶者的多少为数。投壶者每人四矢,亦每人四筹。如投壶者宾、主各四人,则当用三十二筹。 ②筹:谓矢。 ③"室中"至"九扶":按,投壶礼可以在室中、堂上及庭中进行。室中狭小,故所用矢较短;堂上较广,故所用矢较长;庭中地最广,故所用矢亦最长。一扶为四寸(参见第4节注②),则室中所用矢长二尺,堂上所用矢长二尺八寸,庭中所用矢长三尺六寸。 ④壶去席二矢半:按,因室中、堂上、庭中所用矢的长度各不同,故所设壶虽皆去席二矢半,而实际距离则各不同。 ⑤矢以柘若棘:谓投壶用的矢是用柘木或棘木制成的。

12. 鲁令弟子①辞曰:"毋帍②,毋敖③,毋偝立④,毋逾言⑤。偝立、逾言有常爵⑥。"薛令弟子辞曰:"毋帍,毋敖,毋偝立,毋逾言,若是者浮⑦。"

[注释]①鲁令弟子:弟子,是指宾党和主党中的年少者,皆立于堂下。这里是指鲁国举行投壶礼时司射告诫弟子。下"薛令弟子"义仿此。 ②帍:音 hū,大,此谓大声说话。 ③敖:傲慢,后作"傲"。 ④偝立:谓不正面向前而立,也就是侧身而立。 ⑤逾言:谓与距离较远的人说话。因为与距离远的人说话必大声。 ⑥常爵:谓常设而用以罚人之爵。 ⑦浮:也是饮罚爵的意思。

13. 鼓①:○□○○□○□○○□②,半○□○○

○○○□○□○：鲁鼛。○□○○○□○○□□□○○□□○，半○□○○○□○：薛鼛。取半以下为投壶礼，尽用之为射礼③。司射、庭长，及冠士立者，皆属宾党；乐人，及使者、童子，皆属主党④。鲁鼛⑤：○□○○□□○○；半：○□○○□○○○○□○○。薛鼛：○□○○□○□○□○□○○□○；半：○□□○○○□○。

[注释]①鼛："鼓"的异体字。 ②○□：是记录击鼓节奏的符号，"○"表示击鼙（一种小鼓）一下，"□"表示击鼓一下。 ③"取半"至"射礼"：按，投壶礼只用鼓的节奏的一半，因为投壶礼与射礼相比是小礼。射，谓燕射之礼。 ④"司射"至"主党"：庭长，即司正，因其职是立于庭中以察饮酒时违礼者，故名庭长。冠士，指行过加冠礼的已成年的士。按，冠士、童子，都是主人之弟子而来观礼者。乐人，即乐工，投壶礼上负责奏乐。这几句意思是，司射、庭长以及站着的行过加冠礼的士，都附属于宾客一边；乐人，以及供使唤的人和童子，都附属于主人一边。按，这几句与上下文义不类，当是错简于此。 ⑤鲁鼛：按，这以下至文末，所记鼓谱与前不同，是记两家鼓谱之异，然未知孰是，故兼列之。

儒行第四十一

1.鲁哀公问于孔子曰:"夫子之服,其儒服与①?"孔子对曰:"丘少居鲁,衣逢掖之衣②;长居宋,冠章甫之冠③。丘闻之也,君子之学也博,其服也乡④,丘不知儒服⑤。"

[注释]①夫子之服,其儒服与:按,鲁哀公见孔子之服与士大夫异,又与庶人不同,故疑为儒服而问之。 ②逢掖之衣:逢,犹大,谓衣的肘、掖(腋)宽大。 ③章甫之冠:章甫,是殷人之冠。孔子之祖为宋人,而宋为殷之后裔,故孔子之宋而冠章甫之冠。章甫的形制如缁布冠,而殷世名之为章甫。 ④其服也乡:谓衣服要随俗。 ⑤丘不知儒服:意思是,我不知道什么是儒服。

2.哀公曰:"敢问儒行①。"孔子对曰:"遽数之不能终其物,悉数之乃留②,更仆未可终也③。"

[注释]①儒行:谓儒者的德行。 ②遽数之不能终其物,悉数之乃留:留,长久。意思是,仓卒地叙说不能把事情说完,详尽地叙说时间很长。 ③更仆未可终也:更仆,谓仆人在旁侍立,久了就会疲倦,须更换。这句是补充说明如何"悉数之乃留",意思是,到仆人换班的时候也讲不完。

3. 哀公命席①。孔子侍,曰:"儒有席上之珍以待聘②,夙夜强学以待问,怀忠信以待举,力行以待取:其自立有如此者。

[注释]①哀公命席:这是命人为孔子设坐席。 ②儒有席上之珍以待聘:席,犹铺陈,陈述。席上之珍,谓陈述往古尧、舜之善道。这句意思是,儒者能陈述上古的善道以待聘用。

4. "儒有衣冠中,动作慎①;其大让如慢,小让如伪②;大则如威,小则如愧③;其难进而易退也,粥粥若无能也④:其容貌有如此者。

[注释]①儒有衣冠中,动作慎:中,符合,谓符合礼。这两句意思是,儒者衣冠符合礼,动作谨慎。 ②大让如慢,小让如伪:按,如让国、让位,是大让。大让则如不屑有之,连君位都不放在眼里,故曰"如慢",即傲慢。至于像饮食或交往方面的谦让,则为小让。小让其实是礼仪之需,要表示一下谦让,未必真让,故曰"如伪"。这两句意思是,他们的大谦让如同傲慢,小谦让如同伪饰。 ③大则如威,小则如愧:威,通"畏"。如威,如愧,都是说儒者十分慎重而自谦。这两句意思是,行大事就像有所畏惧,行小事就像有所惭愧。 ④难进而易退也,粥粥若无能也:三揖而后进,故曰难进;一辞而遂退,故曰易退。粥,音 yù。粥粥,柔弱无能貌。按,三揖而进,一辞而退,参见《表记第三十二》第 23 节注③。

5. "儒有居处齐难①,其坐起恭敬,言必先信,行必中正②,道涂不争险易之利③,冬夏不争阴阳之和④,爱其死以有待也⑤,养其身以有为也⑥:其备豫⑦有如此者。

[注释]①儒有居处齐难:居处,谓日常起居。齐,同"斋",庄重。难,通"戁(音 nǎn)",敬;敬之义为肃。这句意思是,儒者日常起居庄重严肃。

②言必先信,行必中正:意思是,说话必先有诚信的态度,行动必须无偏差。
③道涂不争险易之利:意思是,走路面临险途或易走的路时不与人争路以利己。　④冬夏不争阴阳之和:意思是,冬季或夏季不与人争温暖或凉快的地方。　⑤爱其死以有待也:意思是,爱惜生命以等待时机。　⑥养其身以有为也:谓保养身体以准备有所作为。　⑦备豫:即预备。谓儒者做任何事,事先都有所准备,而决不盲目行动。

6."儒有不宝金玉,而忠信以为宝;不祈土地,立义以为土地;不祈多积,多文以为富①;难得而易禄也,易禄而难畜也②。非时不见③,不亦难得乎?非义不合④,不亦难畜乎?先劳而后禄,不亦易禄乎?其近人⑤有如此者。

[注释]①不祈多积,多文以为富:祈,求。谓不祈求多积财物,把多学问才艺作为富有。　②难得而易禄也,易禄而难畜也:禄,犹供养。畜,犹驯服。这两句意思是,儒者不容易得到而容易供养,容易供养而难以驯服。③非时不见:谓不遇政治清明的时候就隐居不出。　④非义不合:谓不遵道义的就不同他合作。　⑤近人:谓接近人的原则。

7."儒有委之以货财,淹之以乐好,见利不亏其义①;劫之以众,沮之以兵,见死不更其守②;鸷虫攫搏不程勇者,引重鼎不程其力③;往者不悔,来者不豫④;过言不再,流言不极⑤,不断其威,不习其谋⑥:其特立⑦有如此者。

[注释]①"儒有"至"其义":委,犹付予。淹,犹包围。这几句意思是,儒者有付给他钱财,并用玩乐爱好之物来包围他,他却见利而不做有损于道义的事。　②劫之以众,沮之以兵,见死不更其守:劫,威逼、胁迫。沮,恐吓。这几句意思是,用人多势重来胁迫他,用兵器来恐吓他,他却面对死亡而不改变操守。　③鸷虫攫搏不程勇者,引重鼎不程其力:鸷虫,谓猛禽、猛兽。程,

衡量。不程勇,"勇"上盖脱"其"字,以与下"不程其力"为对文;"勇"下则盖衍一"者"字。这两句意思是,遭遇凶猛的禽兽即上前搏斗而不衡量自己的武勇是否能对付,需要重鼎的时候即上前扛举而不衡量自己的力量够不够。 ④往者不悔,来者不豫:意思是,对自己做过的事不后悔,对将来会遇到什么事也不预先考虑。 ⑤过言不再,流言不极:意思是,说错的话不再说,听到流言不追究。 ⑥不断其威,不习其谋:习,重,谓谋定则行,不重新谋划。意思是,始终保持威严的容止,遇事不改变既定的主意而重新谋划。 ⑦特立:谓不同于一般的独特之处。

8."儒有可亲而不可劫也,可近而不可迫也,可杀而不可辱也。其居处不淫,其饮食不溽①,其过失可微辨而不可面数②也:其刚毅有如此者。

[注释]①其居处不淫,其饮食不溽:淫,在此义为奢侈。溽,音rù,丰厚。 ②可微辨而不可面数:谓可以委婉示意而不可当面指责。

9."儒有忠信以为甲胄,礼义以为干橹①,戴仁而行,抱义而处,虽有暴政,不更其所②:其自立有如此者。

[注释]①干橹:干为小盾,橹为大盾。 ②不更其所:谓不改变他的志操。

10.儒有一亩之宫①,环堵之室②,筚门,圭窬③,蓬户④,瓮牖⑤,易衣而出⑥,并日而食⑦。上答之,不敢以疑⑧;上不答,不敢以谄⑨:其仕⑩有如此者。

[注释]①宫:谓院墙。 ②环堵之室:堵,按筑墙,一丈为版,版宽二尺;五版为堵,一堵之墙,长一丈、宽一丈。这句意思是,有四周墙壁长、高各一丈的房屋。 ③筚门,圭窬:筚,音bì。筚门,荆条竹木编的门,又称柴门。

窬,音yú,门旁像圭形的小洞,此指状如圭形的小门。 ④蓬户:用蓬草编成的门户。 ⑤瓮牖:谓窗子只有瓮口那么大。 ⑥易衣而出:谓合家只有一件可以穿得出门的衣服,故谁出门就换给谁穿。 ⑦并日而食:谓两天只吃一天的饭。 ⑧上答之,不敢以疑:上,谓君主。答之,谓答应任用他。不敢以疑,谓将为君竭忠尽智而不敢有所疑。 ⑨诣:谓用谄媚来博取欢心。 ⑩其仕:谓对于做官的态度。

11."儒有今人与居,古人与稽①;今世行之,后世以为楷②;适弗逢世,上弗援,下弗推③,谗谄之民有比党而危之者④,身可危也,而志不可夺也;虽危,起居竟信其志⑤,犹将不忘百姓之病⑥也:其忧思有如此者。

[注释]①儒有今人与居,古人与稽:古人,谓古之君子。稽,考。这两句意思是,儒者虽同今人生活在一起,却能上考古代君子的言行。 ②今世行之,后世以为楷:意思是,在今世的行为,能成为后世的楷模。 ③适弗逢世,上弗援,下弗推:适,正好,恰巧。援,提拔。意思是,正巧生不逢时,上面的人不提拔他,下面的人不推举他。 ④谗谄之民有比党而危之者:谗佞谄媚的人结伙陷害他。 ⑤起居竟信其志:起居,犹举事、动作。信,通"伸"。意思是,举动行事终究要伸展自己的志向。 ⑥病:谓疾苦。

12."儒有博学而不穷①,笃行而不倦,幽居而不淫②,上通而不困③,礼之以和为贵,忠信之美,优游之法④,慕贤而容众⑤,毁方而瓦合⑥:其宽裕⑦有如此者。

[注释]①不穷:谓无止境。 ②幽居而不淫:幽居,谓隐居。不淫,谓不做邪僻的事。 ③上通而不困:上通,谓身得通达于君,有道德可被用。不困,谓儒者德才充备,既被任用,就能胜其任而不致被困。 ④优游之法:这里意思是,有优游从容的风度。 ⑤慕贤:原误作"举贤"。 ⑥毁方而瓦合:方,指圭。按,圭角方而瓦器圆,此处是以圭方喻君子,而以瓦器喻众人,毁方

而就圆,亦君子爱众、容众之意。这句意思是,犹如磨毁自己玉圭般的方角而与如瓦器的众人相融合。　⑦宽裕:谓宽厚容众。

13."儒有内称①不辟亲,外举不辟怨,程功积事,推贤而进达之②。不望其报,君得其志③;苟利国家,不求富贵:其举贤援能有如此者。

[注释]①称:举,谓举贤。　②程功积事,推贤而进达之:意思是,衡量功劳和积累的事迹,推荐贤才而进达朝廷。　③君得其志:志,愿,愿望。谓但求国君如愿。

14."儒有闻善以相告也,见善以相示①也,爵位相先②也,患难相死③也,久相待也,远相致也④:其任举有如此者。

[注释]①见善以相示:看到有益的事就指示给朋友。　②爵位相先:谓见爵位先让给朋友。　③患难相死:遇患难可为朋友而死。　④久相待也,远相致也:意思是,朋友在下位不得提拔就长久地等待他一齐晋升,朋友在别国不得志就远相招致以共事明君。

15."儒有澡身而浴德①,陈言而伏,静而正之②。上弗知也,麤而翘之③,又不急为也。不临深而为高,不加少而为多④。世治不轻,世乱不沮⑤。同弗与,异弗非也⑥:其特立独行有如此者。

[注释]①澡身而浴德:谓用德洗澡洁身。　②陈言而伏,静而正之:"之"字是衍文。这两句意思是,陈述自己的见解而恭听君命,静处而坚守正道以待君用。　③上弗知也,麤而翘之:麤,同"粗",犹疏,略微。翘,起发。

这两句意思是,君上不了解自己时,就微言启发他了解。 ④不临深而为高,不加少而为多:意思是,不站在深壑面前而自以为高,不凌驾功少的人之上而自以为功多。 ⑤世治不轻,世乱不沮:不轻,谓自重。这两句意思是,社会治理得好知道自重,社会混乱也不沮丧。 ⑥同弗与,异弗非也:对意见相同的人不结成一伙,对意见不同的人不加非毁。

16."儒有上不臣天子,下不事诸侯,慎静而尚宽,强毅以与人①,博学以知服②,近文章,砥厉廉隅③,虽分国,如锱铢④,不臣不仕⑤:其规⑥为有如此者。

[注释]①慎静而尚宽,强毅以与人:强毅,谓不苟诡随于人。这两句意思是,谨慎静处而贵尚宽和,与人相处而坚持原则。 ②知服:谓知所服膺。 ③近文章,砥厉廉隅:近,习近,接近。意思是,学习文章,磨砺节操。 ④虽分国,如锱铢:锱铢,二十四铢为两,八两为锱,在此喻轻微。意思是,即使分封国土给他,他也看得轻如锱铢。 ⑤不臣不仕:谓不在无道之君手下做官。 ⑥规:犹要求,谓对自己的要求。

17."儒有合志同方①,营道同术②,并立则乐,相下不厌③,久不相见,闻流言不信。其行本方立义④,同而进⑤,不同而退:其交友有如此者。

[注释]①合志同方:犹今言志同道合。 ②营道同术:谓所学道艺相同。 ③并立则乐,相下不厌:意思是,在一起就感到快乐,相互谦下而不厌。 ④其行本方立义:谓儒者的行为本于方正而立于道义。 ⑤同而进:谓志趣相同就一起进取。

18."温良者,仁之本也;敬慎者,仁之地①也;宽裕者,仁之作也②;孙接者,仁之能也③;礼节者,仁之貌也;言谈者,仁之文也;歌乐者,仁之和也;分散者,仁之施也。儒皆兼此而有之,犹且不敢言仁也:其尊让有如此者。

[注释]①地:犹践履,实践。 ②宽裕者,仁之作也:谓宽缓充裕,是仁的动作。 ③孙接者,仁之能也:意思是,谦逊接物,是仁的技能。

19."儒有不陨获于贫贱①,不充诎于富贵②,不慁君王,不累长上③,不闵有司④,故曰'儒'。今众人之命'儒'也妄,常以'儒'相诟病⑤。"

[注释]①儒有不陨获于贫贱:陨获,困迫失志之貌。意思是,儒者不因贫困而丧失志向。 ②不充诎於富贵:充诎,喜而失节貌。意思是,不因富贵而丧失节操。 ③不慁君王,不累长上:慁,音hùn,犹辱。累,音léi,犹系。这两句意思是,不受君王的困辱,不受长上的束缚。 ④不闵有司:闵,犹病,谓困迫。意思是,不受官吏的困迫而违背道义。 ⑤今众人之命"儒"也妄,常以"儒"相诟病:妄,胡乱。诟病,侮辱。意思是,现在的众人胡乱地称人为"儒",常拿"儒"这个名称来相互羞辱。

按:这节文字,清代学者俞樾疑有错简,虽未为定论,然可备一说,兹录其说以备参。俞樾说:

《礼记·儒行》篇:"儒有不陨获于贫贱,不充诎于富贵,不慁君王,不累长上,不闵有司,故曰'儒'。"按:上文所陈十五儒,皆以"儒有"起,"有如此者"结。此文亦以"儒有"起,而以"故曰儒"结之,既不一律,且义亦未足。岂所谓儒者,止以其"不慁君王,不累长上,不闵有司"乎?疑"儒有不陨获"至"不闵有司"二十六字,当在上文"其尊让有如此者"之前,与前所列十五儒一律。孔子说儒者之行,盖十有六也。上文"温良者仁之本也"至"犹且不敢言仁也",当在此文"故曰儒"之上,乃孔子总论儒行也。自简册错乱,而十六儒止存十五儒。郑君说温良者一节为圣人之儒行,说儒有不陨获于贫贱一节为孔子自谓,其失甚矣。(《古书疑义举例》卷六第七十四节《简册错乱例》,见《古书疑义举例五种》,中华书局,1956年2月版,第126页)

20.孔子至舍。哀公馆之①:"闻此言也②,言加信,行加义,终没吾世,不敢以儒为戏③。"

[注释]①馆之:谓送食物到孔子的馆舍。 ②闻此言也:按,这以下的五句都是哀公说的话。 ③"言加"至"为戏":这几句意思是,听了这番话,知道儒者的言论更加可信,行为更加合理,一直到我死,也不敢拿儒者开玩笑了。

大学第四十二

1.大学之道①,在明明德②,在亲民③,在止于至善④。知止而后有定,定而后能静,静而后能安,安而后能虑,虑而后能得⑤。物有本末,事有终始,知所先后,则近道矣⑥。

[注释]①大学之道:大学,犹博学。道,谓目的。 ②明明德:明德,谓至德,是指人生之初所禀赋于天的最美善的德性,亦即所谓"人之初,性本善"的"善性"。此"明德"受后天利欲所蔽致使昏而不明,须通过学习以使之明,因此说"明明德",即彰明内心美善的德性。 ③亲民:亲,是"新"字之误。新民,谓使人自新。这是说,人既自明其德,而又用此德以自新。 ④止于至善:谓处于最美善的道德境界。 ⑤"知止"至"能得":这几句意思是,知道所当处的道德境界而后有确定的志向,志向确定而后能心静不躁,心静不躁而后能性情安和,性情安和而后能虑事周详,虑事周详而后能达到最美善的境界。 ⑥知所先后,则近道矣:谓知道事物的先后次序,就接近学习的目的了。

2.古之欲明明德于天下者①,先治其国;欲治其国者,先齐其家;欲齐其家者,先修其身;欲修其身者,先正其心;

欲正其心者,先诚其意;欲诚其意者,先致其知②;致知在格物③,物格而后知至,知至而后意诚,意诚而后心正,心正而后身修,身修而后家齐,家齐而后国治,国治而后天下平。自天子以至于庶人,壹是皆以修身为本。其本乱而末治者④,否矣。其所厚者薄,而其所薄者厚,未之有也⑤。此谓知本,此谓知之至⑥也。

[注释]①欲明明德于天下者:谓想把彰明内心美善德性推广到天下的人。 ②致其知:致知,谓致内心之良知。良知,是儒家所认为的人类先天具有的道德意识,即《孟子·尽心上》所谓"人之所不学而能者,其良能也;所不虑而知者,其良知也。" ③格物:格,去。谓格去物欲之蔽。按,儒家认为人皆有良知,但为物欲所蔽而不能显现,故当格去之。 ④本乱而末治者:按,修身为本,而家、国、天下则末。 ⑤其所厚者薄,而其所薄者厚,未之有也:这几句意思是,该用力深厚的用力薄,而该用力薄的却用力厚,而要想达到治国、平天下的目的,还从没有过这样的事。 ⑥知之至:谓良知的到来。

3. 所谓诚其意者,毋自欺也。如恶恶臭,如好好色,此之谓自谦①。故君子必慎其独也。小人闲居为不善,无所不至②,见君子而后厌然揜其不善而著其善③。人之视己,如见其肺肝然,则何益矣!此谓诚于中,形于外,故君子必慎其独也。曾子曰:"十目所视,十手所指,其严乎④!"富润屋,德润身,心广体胖⑤,故君子必诚其意。

[注释]①如恶恶臭,如好好色,此之谓自谦:谦,音 qiè,通"慊",快意,满足。按,恶恶臭而欲去之,好女色而欲得之,以求自我快意满足,这都是人心之实情;如心实好之而口不言,就是自欺,就是不诚。此处文字省去了下面这层意思,容读者自己体会之。 ②无所不至:即无所不为。 ③厌然揜其不善而著其善:厌,音 yǎn,"黡"的古字,闭藏貌。这句意思是,见到君子而后

躲躲藏藏地掩饰自己的坏处而炫耀自己的好处。 ④十目所视,十手所指,其严乎:意思是,独处的时候要像有好多眼睛看着,好多手指指着那样,多么严厉可畏啊。 ⑤胖:音 pán,安舒。

4.《诗》云:"瞻彼淇澳,菉竹猗猗。有斐君子,如切如磋,如琢如磨。瑟兮僩兮,赫兮喧兮。有斐君子,终不可喧兮。"①"如切如磋"者,道学②也。"如琢如磨"者,自修也。"瑟兮僩兮"者,恂栗③也。"赫兮喧兮"者,威仪也。"有斐君子,终不可喧兮"者,道盛德至善,民之不能忘也。《诗》云:"於戏,前王不忘!"④君子贤其贤而亲其亲⑤,小人乐其乐而利其利⑥,此以没世不忘也。

[注释]①"瞻彼"至"喧兮":这几句诗引自《诗经·卫风·淇澳》。淇,水名,在河南省北部,黄河支流,南流至今卫辉东北淇门镇南入黄河。澳,音 yù,水流弯曲处。菉,音 lù,草名,即荩草。菉竹,荩草的别名,因其似竹,高五六尺,故名。猗猗,美盛貌。斐,音 fěi,有文采貌。瑟,矜庄貌。僩,音 xiàn,武毅貌。前"喧"字通"愃",愃,宽心。后"喧"字,音 xuān,通"谖",忘记。这几句诗意思是:"看那淇水弯曲处,菉竹美好又繁多。那个文雅的君子,好像象牙经切磋,如同美玉经琢磨。多么庄重又刚毅,光明显赫心宽阔。那个文雅的君子,始终不可忘怀哦。" ②道学:道,说。是说研讨学问。 ③恂栗:恂,诚实,信实。栗,战惧,谨慎。谓诚实谨慎的态度。 ④於戏,前王不忘:这两句诗引自《诗经·周颂·烈文》。於戏,读作"呜呼"。前王,指文王、武王。 ⑤贤其贤而亲其亲:上"贤"字为动词,用贤;下"贤"字指贤人。上"亲"为动词,亲睦;下"亲"字指亲族。意思是,任用贤人而亲睦亲族。⑥小人乐其乐而利其利:意思是,小人高兴先王带来的安乐和利益。

5.《康诰》①曰:"克明德。"②《大甲》曰:"顾諟天之明命。"③《帝典》曰:"克明峻德。"④皆自明也。

[注释]①《康诰》:及下《大甲》、《帝典》,皆《尚书》篇名,《帝典》即《尧典》。 ②克明德:意思是,能彰明德性。 ③顾諟天之明命:顾,念。諟,犹正。天之明命,犹言天命之明德。意思是,当顾念正确地奉行上天的圣明的命令。 ④克明峻德:峻,大。意思是,能彰明伟大的德性。

6. 汤之《盘铭》①曰:"苟日新,日日新,又日新。"②《康诰》曰:"作新民。"③《诗》曰:"周虽旧邦,其命惟新。"④是故君子无所不用其极⑤。

[注释]①汤之《盘铭》:汤,商汤。盘,沐浴之盘。铭,盘上的铭文。 ②苟日新,日日新,又日新:意思是,假如一天自新,就能天天自新,每天自新。 ③作新民:作,鼓舞,激励。意思是,激励人们自新。 ④周虽旧邦,其命惟新:这两句诗引自《诗经·大雅·文王》。邦,国。惟,是。这两句意思是,周虽旧邦国,国运是新的。 ⑤无所不用其极:意思是,无处不竭力自新。

7.《诗》云:"邦畿千里,惟民所止。"①《诗》云:"缗蛮黄鸟,止于丘隅②。"子曰:"于止,知其所止③,可以人而不如鸟乎?"《诗》云:"穆穆文王,於,缉熙敬止④!"为人君止于仁,为人臣止于敬,为人子止于孝,为人父止于慈,与国人交止于信。

[注释]①邦畿千里,惟民所止:这两句诗引自《诗经·商颂·玄鸟》。邦畿,王城及其所属周围地域。这两句诗意思是,国都周围地千里,是民居住的所在。 ②缗蛮黄鸟,止于丘隅:这两句诗引自《诗经·小雅·緜蛮》。缗,音mián,通"绵"。缗蛮,小鸟貌。隅,音yú,角,角落。这两句诗意思是,小小黄鸟儿,停在山丘角。 ③于止,知其所止:意思是,在该止息的时候,鸟儿知道它止息的地方。 ④穆穆文王,於,缉熙敬止:这句诗引自《诗经·大雅·文王》。穆穆,敬貌。於,音wū。缉熙,光明。意思是,庄重恭敬的文王,

啊,光明而又敬处所止。

8.子曰①:"听讼②,吾犹人也。必也使无讼乎③。"无情者不得尽其辞④,大畏民志,此谓知本⑤。

[注释]①子曰:按,下面的话引自《论语·颜渊》。 ②听讼:谓审理案件。 ③必也使无讼乎:意思是,一定要使打官司的事消失了才好啊。 ④无情者不得尽其辞:情,谓实情。意思是,要使没有实情的人不能尽情编造谎言。 ⑤大畏民志,此谓知本:意思是,要使民心大为畏服,这就叫做知道根本。

9.所谓修身在正其心者,身有所忿懥,则不得其正①;有所恐惧,则不得其正;有所好乐,则不得其正②;有所忧患,则不得其正。心不在焉,视而不见,听而不闻,食而不知其味。此谓修身在正其心。

[注释]①身有所忿懥,则不得其正:身,犹人。懥,音zhì。忿懥,愤怒。意思是,人有所愤怒,内心就不能端正。 ②有所好乐,则不得其正:谓心有所嗜好喜乐,内心就不能端正。

10.所谓齐其家在修其身者,人之其所亲爱而辟焉①,之其所贱恶而辟焉,之其所畏敬而辟焉,之其所哀矜②而辟焉,之其所敖惰而辟焉③。故好而知其恶,恶而知其美者,天下鲜矣。故谚有之曰:"人莫知其子之恶,莫知其苗之硕。"此谓身不修不可以齐其家。

[注释]①人之其所亲爱而辟焉:辟,犹偏。意思是,人们对于所亲爱的人难免偏爱。下文义仿此。 ②哀矜:哀怜。 ③敖惰:敖,傲慢,后作"傲"。

惰,怠惰。在此义为轻视。因为对于己所轻视的人,就会表现出傲慢怠惰的态度。

11. 所谓治国必先齐其家者,其家不可教,而能教人者无之。故君子不出家而成教于国。孝者所以事君也,弟者所以事长也,慈者所以使众也。《康诰》曰:"如保赤子①。"心诚求之,虽不中,不远矣②。未有学养子而后嫁者也③。一家仁,一国兴仁;一家让,一国兴让;一人贪戾④,一国作乱:其机如此⑤。此谓"一言偾⑥事,一人定国。"尧、舜率天下以仁,而民从之;桀、纣率天下以暴,而民从之。其所令反其所好,而民不从⑦。是故君子有诸己,而后求诸人;无诸己而后非诸人⑧。所藏乎身不恕⑨,而能喻诸人者,未之有也。故治国在齐其家。《诗》云:"桃之夭夭,其叶蓁蓁。之子于归,宜其家人。"⑩宜其家人,而后可以教国人。《诗》云:"宜兄宜弟。"⑪宜兄宜弟,而后可以教国人。《诗》云:"其仪不忒,正是四国。"⑫其为父子、兄弟足法,而后民法之也。此谓治国在齐其家。

[注释]①如保赤子:赤子,婴儿。意思是,对民众如同爱护婴儿。②心诚求之,虽不中,不远矣:意思,内心真诚地追求满足民众的要求,即使不能完全符合,也可以相差不远了。 ③未有学养子而后嫁者:此句意在说明母亲爱养其子是出于本性之真诚,不是先学会了而后出嫁生子才会抚养的,以喻君对其民亦当如此,当出于诚心去爱。 ④贪戾:犹贪利。 ⑤其机:犹言事情的关键。 ⑥偾:音 fèn,覆败。 ⑦其所令反其所好,而民不从:谓君主的政令与自己的喜好相反,民众就不会遵从。 ⑧"是故"至"非诸人":这几句意思是,因此君子自己具备的,而后才要求他人做到;自己不沾染的,而后才能禁止他人。 ⑨所藏乎身不恕:谓自身没有忠恕之心。

⑩"桃之"至"家人":这几句诗引自《诗经·周南·桃夭》。夭夭,美盛貌。蓁蓁,草木茂盛貌。之子,这个女子。于归,出嫁。宜,使和睦,使亲善。这几句诗的意思是,桃花盛开多美好,桃叶蓁蓁多繁茂。这个女子出嫁了,可使家人都和睦。 ⑪宜兄宜弟:这句诗引自《诗经·小雅·蓼萧》。意思是,使兄弟和睦。 ⑫其仪不忒,正是四国:这两句诗引自《诗·曹风·鸤鸠》。忒,差错。这两句诗意思是,他的威仪没有差错,可以领导四方各国。

12. 所谓平天下在治其国者,上老老①而民兴孝,上长长而民兴弟,上恤孤而民不倍②,是以君子有絜矩之道③也。所恶于上,毋以使下;所恶于下,毋以事上④;所恶于前,毋以先后;所恶于后,毋以从前;所恶于右,毋以交于左;所恶于左,毋以交于右:此之谓絜矩之道。《诗》云:"乐只君子,民之父母。"⑤民之所好好之,民之所恶恶之,此之谓民之父母。《诗》云:"节彼南山,维石岩岩。赫赫师尹,民具尔瞻。"⑥有国者不可以不慎,辟则为天下僇矣⑦。《诗》云:"殷之未丧师,克配上帝。仪监于殷,峻命不易。"⑧道得众则得国,失众则失国。是故君子先慎乎德,有德此有人,有人此有土,有土此有财,有财此有用。德者本也,财者末也。外本内末,争民施夺⑨,是故财聚则民散,财散则民聚。是故言悖而出者,亦悖而入⑩;货悖而入者,亦悖而出⑪。《康诰》曰:"惟命不于常。"⑫道善则得之,不善则失之矣。《楚书》⑬曰:"楚国无以为宝,惟善以为宝。"舅犯⑭曰:"亡人无以为宝,仁亲以为宝。"《秦誓》⑮曰:"若有一个臣,断断兮无他技⑯,其心休休焉,其如有容焉⑰:人之有技,若己有之;人之彦圣⑱,其心好之,不啻若自其口出⑲。寔⑳能容之,以能保我子孙黎民,尚亦有利哉。人之有技，媢疾㉑以恶之，人之彦圣，而违之俾不通㉒，寔不能容，以不能保我子孙黎民，亦曰殆哉。"唯仁人放流之，迸诸四夷㉓，不与同中国。此谓唯仁人为能爱人，能恶人。见贤而不能举，举而不能先，命也㉔；见不善而不能退，退而不能远，过也。好人之所恶，恶人之所好，是谓拂人之性，菑必逮夫身㉕。是故君子有大道，必忠信以得之，骄泰以失之。生财有大道，生之者众，食之者寡，为之者疾，用之者舒㉖，则财恒足矣。仁者以财发身，不仁者以身发财㉗。未有上好仁而下不好义者也，未有好义其事不终者也，未有府库财非其财者也㉘。孟献子曰㉙："畜马乘，不察于鸡豚㉚；伐冰之家㉛，不畜牛羊；百乘之家，不畜聚敛之臣㉜，与其有聚敛之臣，宁有盗臣㉝。"此谓国不以利为利，以义为利也。长㉞国家而务财用者，必自小人矣。彼为善之，小人之使为国家，菑害并至，虽有善者，亦无如之何矣㉟。此谓国不以利为利，以义为利也。

[注释]①老老：上"老"，谓尊敬，下"老"，谓老人。下"长长"义仿此。②不倍：倍，通"背"，谓不相互背弃。 ③君子有絜矩之道：絜，音xié，度量。矩，量方（直角）器。絜矩，象征道德上的规范。这句意思是，君子有规范人的行为的作用。也就是为人作表率、作榜样。 ④"所恶"至"事上"：对于上级所做的令自己厌恶的事，不要用来对待下级；对于下级所做的令自己厌恶的事，不要用来对待上级。下文义皆仿此。 ⑤乐只君子，民之父母：这两句诗引自《诗经·小雅·南山有台》。只，语气词，犹"哉"。意思是，令人快乐的君子啊，您是民众的父母。 ⑥"节彼"至"尔瞻"：这几句诗引自《诗经·小雅·节南山》。节，高峻貌。岩岩，积石貌。师尹，是周天子的执政大臣。这几句诗意思是，高峻的南山啊，是岩石所堆积。显赫的师尹啊，民众都看着你。 ⑦辟则为天下僇矣：辟，谓邪僻，偏差。僇：通"戮"。意思是，有所偏差

就要被天下人所诛讨。 ⑧"殷之"至"不易":这几句诗引自《诗经·大雅·文王》。师,民众。仪,宜,应该。监,借鉴。峻,大。这几句诗意思是,殷朝尚未丧失民众时,还能符合上帝的要求。应该借鉴殷的兴亡,知道保持大命不容易。 ⑨外本内末,争民施夺:外本内末,犹言本末倒置。意思是,本末倒置,就会争民利而夺民财。 ⑩言悖而出者,亦悖而入:意思是,说悖理的话,就会遭到悖理的报复。 ⑪货悖而入者,亦悖而出:意思是,取悖理之财,就会悖理地失去。 ⑫惟命不于常:惟,语气词。意思是,天命不常在。 ⑬《楚书》:指《国语》中的《楚语》。 ⑭舅犯:晋臣,曾随晋公子重耳(即后来的晋文公)流亡在外十九年(参见《檀弓下第四》第14节注⑦)。 ⑮《秦誓》:《尚书》篇名。 ⑯断断兮无他技:断断,诚一貌。意思是,诚实专一而没有其他技能。 ⑰其心休休焉,其如有容焉:休休,宽容,气魄大。这两句意思是,他的心胸宽广,就像能够包容一切。 ⑱彦圣:善美明达。 ⑲不啻若自其口出:啻,音 chì,但,仅,止。这句是说此人之爱才,出于诚心,而不仅仅是口头上说说。 ⑳寔:音 shí,同"实"。 ㉑媢疾:媢,音 mào。媢疾,即嫉妒。 ㉒违之俾不通:违,阻碍。俾,使。意思是,从中作梗使他不能上通于国君。 ㉓唯仁人放流之,迸诸四夷:迸,通"屏",斥逐,排除。意思是,仁德的人就会流放这种不能容人的人,把他放逐到周边夷人那里。 ㉔举而不能先,命也:命,是"慢"字之误。意思是,荐举了贤人而不容贤者的地位在己之上,是怠慢。 ㉕是谓拂人之性,菑必逮夫身:拂,违背。菑,同"灾"。逮,及。意思是,这叫做违逆人的本性,灾祸必然降临到身上。 ㉖舒:缓慢。 ㉗仁者以财发身,不仁者以身发财:意思是,仁爱的人用财富发扬自身的德性,不仁的人不惜丧身以求发财。 ㉘未有府库财非其财者也:意思是,其府库的财产没有不是他应得之财的。也就是说,没有靠非法手段获得的财物。 ㉙孟献子:参见《檀弓上第三》第94节注①。 ㉚畜马乘,不察于鸡豚:这是指由士而升做大夫的人。乘,音 shèng,谓四马,大夫方能乘坐四马拉的车。这两句意思是,做了大夫而喂养四马用来驾车的人,就不管喂鸡养猪的事情了。 ㉛伐冰之家:谓可以伐取冰块的卿大夫之家。按,卿大夫以上之家,办丧事时才有资格用冰寒尸以防腐。 ㉜百乘之家,不畜聚敛之臣:百乘之家:谓有采地者。意思是,拥有百辆兵车的卿大夫之家,不豢养聚敛财富的臣属。

㉝与其有聚敛之臣,宁有盗臣:意思是,与其有聚敛财富的臣属,宁可有盗窃主人财物的臣属。按,为臣而盗窃主人财物虽可使主人遭受损失,而聚敛财富之臣所造成的损失更大,因为那将丧失民众,动摇根本。　㉞长:领导,治理。　㉟"彼为"至"如之何矣":彼,指国君。善之,谓使之善,即想要把国家治理好。善者,谓好的政令。这几句意思是,国君想要治理好国家,却使用小人治理国家,灾难和祸害将一齐降临,国君即使有好的政令,也无可奈何了。

冠义第四十三

1. 凡人之所以为人者，礼义也。礼义之始，在于正容体①，齐颜色②，顺辞令③。容体正，颜色齐，辞令顺，而后礼义备。以正君臣，亲父子，和长幼④。君臣正，父子亲，长幼和，而后礼义立。故冠而后服备⑤，服备而后容体正，颜色齐，辞令顺。故曰"冠者礼之始也"，是故古者圣王重冠。

[注释]①正容体：谓端正仪容体态。 ②齐颜色：颜色，谓表情。按照古礼的要求，在侍奉双亲、兄弟、师长时，以及在祭祀、吊死问疾、在朝、治军等不同场合，都当有不同的表情容色，在不同场合的表情容色都能表现恰当，就叫做齐颜色。 ③顺辞令：谓言语辞令和顺。 ④和长幼：谓使长幼和睦。 ⑤冠而后服备：服，服装。按，古代男子在行冠礼之前（即二十岁之前）不戴冠，穿童子服，行冠礼之后，才戴冠，穿正式的成人服装（包括在不同场合所当穿的礼服），即所谓服备。

2. 古者冠礼，筮日①，筮宾②，所以敬冠事③。敬冠事所以重礼，重礼所以为国本也。

[注释]①筮日：用占筮确定举行冠礼的日期。 ②筮宾：通过占筮从

主人的僚友中选定一位为其子(或弟)加冠的宾,这是冠礼上的正宾。 ③敬冠事:敬,肃。谓表示对冠礼十分严肃认真。

3. 故冠于阼,以著代也。醮于客位,三加弥尊,加有成也①。

[注释]①"故冠"至"有成也",参见《郊特牲第十一》第29节注⑥、⑦、⑧。

4. 已冠而字之,成人之道也①。见于母,母拜之;见于兄弟,兄弟拜之:成人而与为礼也②。玄冠、玄端③,奠挚于君④,遂以挚见于乡大夫、乡先生⑤,以成人见也。

[注释]①已冠而字之,成人之道也:字之,谓为加冠者取字。按,古人出生三个月取名,加冠后由宾为他取字。这两句意思是,三次加冠后为冠者取字,这是成人的标志。 ②成人而与为礼也:谓这是因为冠者已经成人而同他行成人礼。 ③玄端:谓玄端服(参见《文王世子第八》第23节注④)。 ④奠挚于君:奠,放、置。挚,古人相见,求见者为表诚意所带的礼物称挚。奠挚就是将挚放在地上而不亲自授给被访问者。凡卑者见尊者要奠挚。君,国君。 ⑤乡大夫、乡先生:乡大夫,"乡"是"卿"字之误。乡先生,曾做过卿大夫,而现已退休者。

5. 成人之者,将责成人礼焉也①。责成人礼焉者,将责为人子,为人弟,为人臣,为人少者②之礼行焉。将责四者之行于人,其礼可不重与!

[注释]①成人之者,将责成人礼焉也:责,要求。这两句意思是,通过冠礼标志一个青年成人,就将用成人礼要求他。 ②少者:这里是晚辈的意思。

6.故孝、弟、忠、顺之行立,而后可以为人。可以为人,而后可以治人也①。故圣王重礼,故曰"冠者礼之始也",嘉事②之重者也。

[注释]①治人:这里指为官从政。 ②嘉事:即嘉礼。按,古人把礼划分为吉、凶、宾、军、嘉五大类,统称为"五礼",冠、婚、燕、飨、射等礼皆属嘉礼。

7.是故古者重冠,重冠故行之于庙①。行之于庙者,所以尊重事。尊重事而不敢擅重事②,不敢擅重事,所以自卑而尊先祖③也。

[注释]①庙:这里指祢庙(即父庙)。按冠礼是在祢庙举行的。 ②不敢擅重事:重事,谓冠礼。这句意思是,不敢擅自在没有先祖之灵的参与下独自实行冠礼。 ③所以自卑而尊先祖:意思是,用以表示主人的辈分低下而尊重祖先。

昏义第四十四

1. 昏礼者①，将合二姓之好，上以事宗庙②，而下以继后世也，故君子重之。是以昏礼，纳采、问名、纳吉、纳徵、请期③，皆主人筵几于庙④，而拜迎于门外，入，揖让而升⑤，听命于庙，所以敬慎、重正昏礼也。

[注释]①昏礼：古代迎娶新妇成婚在黄昏时候，所以叫昏礼。昏，后作"婚"。　②上以事宗庙：按，妇有助夫行宗庙祭祀之礼的职责，故曰"上以事宗庙"。　③纳采、问名、纳吉、纳徵、请期：这是婚礼亲迎之前所当进行的五道礼的程序，再加上亲迎，合称"六礼"。纳采，纳，入；采，择。谓男家派使者（即媒人）纳其采择之礼，以表示采择此女为婚姻之意。按，纳采之前还有"下达"之礼，即男方先遣媒人到女家提亲，女家许之，而后男方才又遣自己的家臣做使者到女家纳采，即赠送采礼。问名，在纳采的同一天紧接纳采之后所行之礼，即向女家主人询问女子之名。问名的主要目的，是为了回去由男方占卜娶该女是否吉利。如果吉利，男方就遣使者到女家报告，这就叫"纳吉"。纳吉之后，就是"纳徵"，徵，成。即男方遣使者向女家送聘礼，以表示两姓婚姻关系的正式成立，所纳之物在六礼中也最重。纳徵之后，男方要通过占卜挑选一个好日子成亲，并遣使者去向女家报告，但报告时却是先由使者代表男方主人向女家主人请示婚期，这是表示谦虚不敢自专的意思，所以把这道婚礼的程序叫做"请期"。婚期确定后，下一步就是到婚期亲迎成婚

了。 ④主人筵几于庙：主人，指女父。筵几，是为神布席设几，以便神灵到来坐息和凭依。庙，指祢庙。 ⑤拜迎于门外，入，揖让而升：按，男方使者到女家进行上述每一项礼，女家主人都要在庙中接待，亲自到庙门外迎接，向使者行再拜礼，进庙后，还要和使者行三揖三让之礼，然后才登阶上堂。

2. 父亲醮子，而命之迎①，男先于女也②。子承命③以迎，主人筵几于庙，而拜迎于门外。壻执雁入④，揖让升堂，再拜奠雁，盖亲受之于父母也⑤。降，出⑥。御妇车，而壻授绥，御轮三周，先俟于门外⑦。妇至，壻揖妇以入。共牢而食，合卺而酳⑧，所以合体，同尊卑，以亲之⑨也。

[注释]①父亲醮子，而命之迎：意思是，在亲迎之前父亲要为儿子献上一杯酒，然后再说一番教导勉励的话，命其迎娶新妇。 ②男先于女也：谓男子先迎娶而后女子相从而来。 ③承命：谓接受父命。 ④壻执雁入：壻，同"婿"。执雁入，按，婚礼的"六礼"中，除"问名"和"纳徵"外，使者或婿到女家都要拿雁做见面礼。 ⑤再拜奠雁，盖亲受之于父母也：再拜奠雁，依礼，当先奠雁而后再拜，因手中有物不便拜，此处是倒文，当作"奠雁再拜"。再拜，据《仪礼·士昏礼》应为"再拜稽首"，这是最重的拜礼。此时女在东房中面朝南而立，以待迎娶。婿在东房门外面朝北向女奠雁而拜，所谓"执挚以相见也"。又按，婿既向女奠雁再拜，是女父已许其执挚以见女，既许之见，则如亲授之，因此这里又说"盖亲受之于父母也"。 ⑥降，出：婿由西阶下堂，然后出庙门，妇随婿而出。 ⑦"御妇车"至"门外"：御妇车，意思是婿亲自为妇驾车，但这仅是一种姿态，待车轮转够三周后就改由仆人驾车了。绥，车上的可以抓以上车的绳。按，以上婿御妇车，并授绥，这是婿自谦而行仆役之事，以示对妇的亲爱之情。俟，待。婿为妇驾车，待车轮转够三周后即换乘己之车，在妇车之前行，先抵家并在家门口外等待妇。 ⑧共牢而食，合卺而酳：共牢而食（参见《郊特牲第十一》第31节注⑥）。卺：音 jǐn，是指由一个葫芦而分成的两个瓢，婿与妇各执一瓢以酳，所以叫"合卺而酳"。酳，音 yìn，是指吃完饭后饮酒以漱口（参见《曲礼上第一》第30节注⑬）。 ⑨合体，同尊

卑,以亲之:意思是,以上同牢而食、合卺而酳等仪节,都是表示夫妇结合为一体,尊卑相同,并表示亲爱之情。

3.敬慎、重正而后亲之,礼之大体而所以成男女之别①,而立夫妇之义也。男女有别,而后夫妇有义;夫妇有义,而后父子有亲;父子有亲,而后君臣有正②。故曰:"昏礼者,礼之本也。"

[注释]①礼之大体而:此五字是衍文。 ②君臣有正:正,端正。谓君臣关系从而得以端正。

4.夫礼始于冠,本于昏①,重于丧、祭,尊于朝、聘,和于射、乡②,此礼之大体也。

[注释]①始于冠,本于昏:谓以冠礼为开始,以婚礼为根本。 ②和于射、乡:和,亲和。射,谓乡射礼。乡,谓乡饮酒礼。

5.夙兴,妇沐浴以俟见①。质明②,赞见妇于舅姑③,妇执笲枣、栗、段脩以见④,赞醴妇⑤,妇祭脯醢,祭醴⑥,成妇礼也⑦。舅姑入室,妇以特豚馈,明妇顺也⑧。厥明⑨,舅姑共飨妇以一献之礼,奠酬⑩。舅姑先降自西阶,妇降自阼阶,以著代也⑪。

[注释]①夙兴,妇沐浴以俟见:夙兴,早上起来。这里是说成婚的第二天,妇人早起去拜见舅姑(公婆)。俟见,是来到舅姑的寝门外以待见。 ②质明:天亮。 ③赞见妇于舅姑:赞,是舅姑的家臣。谓赞报告舅姑新妇来见。 ④笲枣、栗、段脩:笲,音 fán,用苇或竹编成,外覆青缯以为饰,用来盛放枣、栗、段脩等。段脩,即腶脩,亦简称脩,是一种加佐料再经捶捣而成的干

肉。按，枣、栗是妇进献给舅的，表示妇以后会勤勉、谨慎。腵脩是进献给姑的，表示妇以后会诚心专一，努力使公婆满意。 ⑤赞醴妇：这是舅姑为款待妇，而命赞者代他们向妇行醴礼，即向妇献醴，并进上脯醢等食物。 ⑥妇祭脯醢，祭醴：脯，干肉条。醢，肉酱。祭，这里是食前祭，以表示不忘造此食物的先人。按，应该先祭醴，再祭脯醢。祭醴之后妇要尝一尝醴，而祭脯醢之后，妇要把脯拿出门外交给送嫁来的娘家人，带回给娘家父母看，以示受到夫家的礼遇，此处皆省文而未言。 ⑦成妇礼也：意思是，以上几个礼的步骤，都是为了表示其正式成为男家之妇。 ⑧舅姑入室，妇以特豚馈，明妇顺也：特豚，一只小猪。按，这是记妇到室内向舅姑行馈食之礼，所馈除特豚外，还有其他食物，如酱、渍、菹、醢等。此礼是在赞醴妇后紧接着进行的，其含义是：妇供养公婆，尽妇道，表明孝顺之心，所以说："明妇顺也"。 ⑨厥明：第二天。 ⑩舅姑共飨妇以一献之礼，奠酬：一献之礼（参见《文王世子第八》第9节注⑤），这里是说舅姑用一献之礼慰劳妇。酬：谓妇授给姑的酬酒。按，此处所记舅姑飨妇之礼过于简略，行礼的过程大致如下：舅先酌酒献给妇，妇饮毕另换一个酒杯酢（回敬）舅，然后自酌自饮一杯，再酌酒以酬（劝）姑，姑受爵后奠（放下）而不饮，即所谓奠酬，于是一献之礼成。 ⑪"舅姑"至"著代也"：按，一般情况下，子女、儿媳上下堂不由阼阶，即《曲礼上》所谓子事父母"升降不由阼"（见彼第46节）。此处舅姑降自西阶，而妇降自阼阶，是为了表示妇将接替其姑掌管家事。又按，这里所说之妇为嫡妇，即嫡长子之妇。

6.成妇礼，明妇顺，又申之以著代，所以重责妇顺焉也①。妇顺者，顺于舅姑，和于室人②，而后当于夫③，以成丝、麻、布、帛之事④，以审守委积盖藏⑤。是故妇顺备，而后内和理⑥；内和理，而后家可长久也。故圣王重之。

[注释]①所以重责妇顺焉也：意思是，以上三方面，都是着重要求妇孝顺。 ②室人：此处指丈夫的姐妹、姑姑及兄弟之妇等。 ③当于夫：谓适合于夫。 ④丝、麻、布、帛之事：指缲丝、纺麻、织布、织丝绸等家务事。

⑤审守委积盖藏:谓妇人要谨慎地保管好家中收藏的各种财物。　⑥内和理:谓家内和睦而得到治理。

7. 是以古者,妇人先嫁三月①,祖庙未毁,教于公宫②;祖庙既毁,教于宗室③。教以妇德、妇言、妇容、妇功④。教成祭之⑤,牲用鱼,苹之以蘋藻⑥,所以成妇顺也。

[注释]①妇人先嫁三月:谓妇人出嫁前三个月。按,这里所说的妇人应为诸侯的同姓,所以才能教于公宫和宗室(详下)。　②祖庙未毁,教于公宫:祖,这里是指此女上数四世祖(即祢、祖、曾祖、高祖)以内曾做过国君者。祖庙未毁,即未迁,这样此女尚属国君的五服内的亲属。如果此女的曾祖做过国君之祖在四世以上,即超过了高祖,那他的庙就迁毁了(参见《文王世子第八》第18节注①),也就是下文所说的"祖庙既毁"。公,是诸侯国君的通称。宫,即庙,古代宗庙亦称宫。公宫,即指上面所说的做过国君之祖的庙。这句话意思是,如果此女尚属于曾做国君之祖的五服内的亲属,那么就应在出嫁前三个月到此祖之庙中接受婚前教育。　③祖庙既毁,教于宗室:宗室,即大宗之家。按,此所说大宗是指国君的诸子(即除嫡长子之外的众子)分出去做卿大夫者,他们各建支族而为该族之始祖,其卿大夫之地位则世世由其嫡长子继承,称为大宗。这句话意思是,如果此女不属于曾做过国君之祖的五服内的亲属,那就在出嫁前三个月,在族中大宗的家里接受教育。　④妇德、妇言、妇容、妇功:妇德,指贞节、顺从等品德。妇言,指言语辞令。妇容:指仪容要娴静温顺。妇功,即第6节所说的丝、麻、布、帛等事。　⑤教成祭之:应为"教成之祭",谓教育完成后要祭祖,向祖先报告。　⑥牲用鱼,苹之以蘋藻:这都是妇人祭祖所用之物。牲用鱼,就是用鱼做祭祀用牲。苹,做羹汤所加放的菜(参见《内则第十二》第4节注⑥)。苹之以蘋藻,即用蘋菜和藻菜做羹汤。

8. 古者天子,后立六宫①,三夫人、九嫔、二十七世妇、八十一御妻②,以听天下之内治,以明章妇顺③,故天下内和而家理。天子立六官,三公、九卿、二十七大夫、八十一元士④,以听天下之外治,以明章天下之男教,故外和而国治。故曰:"天子听男教,后听女顺;天子理阳道,后治阴德;天子听外治,后听内职。教顺成俗⑤,外内和顺,国家理治,此之谓盛德。"

[注释]①后立六宫:谓王后下面分设六宫。 ②"三夫人"至"御妻":夫人、嫔、世妇、御妻,皆天子后宫王后以下依次差降的女官名。 ③明章:即彰明之意。 ④"三公"至"元士":公、卿、大夫、元士,是依次差降的爵位名。 ⑤教顺成俗:谓教化顺利推行而形成风俗。

9.是故男教不修①,阳事不得,適见于天②,日为之食③;妇顺不修,阴事不得,適见于天,月为之食。是故日食则天子素服④而修六官之职,荡⑤天下之阳事;月食则后素服而修六宫之职,荡天下之阴事。故天子之与后,犹日之与月,阴之与阳,相须⑥而后成者也。天子修男教,父道也;后修女顺,母道也。故曰:"天子之与后,犹父之与母也。"故为天王服斩衰,服父之义也;为后服资衰⑦,服母之义也。

[注释]①修:这里是治理,使之完备之意。 ②適:音zhé,通"谪",责备,谴责。 ③日为之食:即出现日食。按,这是天对人的谴责的表现。 ④素服:白色不加修饰之服,以示王自责之意。 ⑤荡:荡涤、去除。这里是指荡除天下阳道之事的弊病。下文义仿此。 ⑥相须:谓相互依存,相互辅助。 ⑦资衰:即齐衰。

乡饮酒义第四十五

1. 乡饮酒①之义。主人拜迎宾②于庠门之外,入,三揖而后至阶,三让而后升,所以致尊让也③。盥,洗,扬觯,所以致絜也④。拜至,拜洗,拜受,拜送,拜既,所以致敬也⑤。尊让、絜、敬也者,君子之所以相接也⑥。君子尊让则不争,絜、敬则不慢⑦,不慢、不争,则远于斗辨⑧矣,不斗辨,则无暴乱之祸矣。斯君子之所以免于人祸也,故圣人制之以道⑨。

[注释]①乡饮酒:乡,古代天子、诸侯国都郊外的基层行政组织。乡之下还分设有州、党、族、闾、比,其长分别为州长、党正、族师、闾胥、比长。乡中每三年举行一次大比(即大选),选举贤能者,献给天子或诸侯,而在献贤之前,要由乡大夫在庠(乡学)中为之主持举行一次盛大的饮酒礼,以示尚贤,即所谓乡饮酒礼。而所选贤能者中的最贤者,则为饮酒礼上的主宾。 ②主人拜迎宾:主人,谓乡饮酒礼的主人,由乡长担任。宾,即乡中选出的贤者。 ③"三揖"至"尊让也":三揖三让,宾主进入庠门后,行进中先后互行三次揖礼,到达堂阶前,升阶上堂之前又相互谦让三次。这几句意思是,主人和宾行三揖三让之礼,是为了表示对对方的尊敬和谦让。 ④盥,洗,扬觯,所以致絜也:盥,一人浇水,一人在下承接以洗手,叫做盥。洗,谓洗觯。扬觯,谓举觯。絜,通"潔"(洁)。这几句意思是,主人盥手,洗觯,而后酌酒向宾献酒,

这样来表示清洁。 ⑤"拜至"至"致敬":拜至,主人迎宾上堂后,要在阼阶上面朝北行再拜礼(古礼凡堂上正拜皆面朝北拜),以对宾的到来表示感谢,叫做拜至。宾也要在西阶上面朝北行再拜礼以答拜。拜洗,主人向宾献酒前,要下堂为宾洗觯,洗毕上堂后,宾要拜谢主人为自己洗觯,叫做拜洗。拜受,主人向宾献酒,宾要先行拜礼而后接受献酒,叫做拜受。主人献酒后再行拜礼以示恭敬,叫做拜送。拜既,即拜既爵,谓宾饮尽主人所献的酒后,要行拜礼以致谢,叫做拜既爵。既爵,就是已经饮毕的意思。这几句意思是,主人行拜礼感谢宾的到来,宾行拜礼感谢主人为己洗觯,宾行拜礼而后接受主人的献酒,主人献酒后行拜礼表示恭敬,宾饮尽杯中酒后行拜礼致谢,这些都是为了表示恭敬。 ⑥君子之所以相接也:相接,谓交接,相交。这句意思是,以上所说的尊敬、谦让、清洁、恭敬,都是君子相交接的原则。 ⑦慢:怠慢。 ⑧斗辨:辨,通"辩"。斗辨,谓言语和力量上逞强争胜,争吵打斗。 ⑨圣人制之以道:谓圣人制此乡饮酒礼以体现的尊、让、洁、敬之道。

2. 乡人、士、君子①,**尊于房户之间**②,**宾主共之也。尊有玄酒**③,**贵其质也。羞**④**出自东房,主人共**⑤**之也。洗当东荣**⑥,**主人之所以自絜而以事宾也。**

[注释]①乡人、士、君子:乡人,谓乡大夫。士,谓州长、党正(其级别皆为士)。君子,谓卿大夫。这里所说的,是不同情况下所举行的乡饮酒礼的主持者。按,乡饮酒礼除了上面所说由诸侯的乡大夫主持的为"宾贤"(即把所推举出来的贤人当作宾来招待)而举行的以外,还有多种情况。如州中在春秋季节要教民习射,而配合射礼则要行饮酒礼,因此州中一年要举行两次由州长主持的饮酒礼。每年十二月党中要由党正主持举行大蜡之祭,而蜡祭上也要举行饮酒礼(参见《礼运第九》第1节注①),等等。 ②尊于房户之间:尊,盛酒器。房户之间,是指堂后的东房门与室门之间的地方(参见《宫寝图》)。按,主人位在阼阶上,宾位在室门之西,酒尊的位置正好在宾与主人之间,故下文曰"宾、主共之"。 ③尊有玄酒:按,乡饮酒礼所设尊有二:一盛酒,一盛玄酒。玄酒,即以水当酒,有返本尚朴之义,故下文曰"贵其质也"。

④羞:美味食物,这里指脯醢和狗牲。 ⑤共:通"供"。 ⑥洗当东荣:洗,盛水器,形似今之洗脸盆而稍浅,用以承接盥洗时下注之弃水。当东荣,是指堂下庭中东阶东边,对应堂屋东荣的地方。荣,屋檐两端翘起的部分。

3. 宾主象天地也,介僎①象阴阳也,三宾象三光②也。让之三也,象月之三日而成魄③也。四面之坐④,象四时也。

[注释]①介僎:介,宾的副手。僎,音zūn,通"遵",即遵者,谓卿大夫前来观礼者,在饮酒礼中其地位相当于主人的副手。 ②三宾象三光:三宾,指三宾长。按,乡中大比所选贤者不止一人,只是将其中最优者一人进献于天子或诸侯,此最优者即为乡饮酒礼上的正宾,其次为介。其他贤者则为众宾,行饮酒礼时皆立于堂下,庭的西边,而其中年长者三人称宾长,三宾长之位在堂上,紧挨在正宾的西边。三光,一般指日、月、星。 ③让之三也,象月之三日而成魄:让之三,谓宾主上堂前在堂阶下要相互谦让三次。魄,谓月有体无光,仅有黯淡的轮廓。每月望日(农历大月十六,小月十五)后月渐亏缺,即开始生魄,然因月光明盛而其魄不可见,只有晦(农历月末)前三日,或朔(农历月初)后三日,月始生光而明弱时,其魄可见,这正是月之明让于魄的时候,故以宾主之三让象之。 ④四面之坐:按,乡饮酒礼之堂上,四面皆有坐席。主人之席在阼阶上、东序前,面朝西,僎(遵)者之席则接在主人席的北边,这是东边之坐。主宾席在堂上正中位,面朝南,三宾长之席则接在主宾的西边,这是北边之坐。介席在西阶上,西序前,面朝东,这是西边之坐。乐工之席则在堂的前沿处,挨着西阶的东边,面朝北,这是南边之席。

4. 天地严凝①之气,始于西南,而盛于西北,此天地之尊严气也,此天地之义气②也。天地温厚之气,始于东北,而盛于东南,此天地之盛德气也,此天地之仁气也。主人者尊宾,故坐宾于西北③,而坐介于西南以辅宾④。宾者,接人以义者也,故坐于西北。主人者,接人以德厚者也,故坐于东南。而坐僎于东北⑤,以辅主人也。仁义接,宾主有事⑥,俎、豆有数,曰圣⑦,圣立而将之以敬曰礼⑧,礼以体长幼曰德⑨。德也者,得于身⑩也。故曰:古之学术道者⑪,将以得身也。是故圣人务焉。

[注释]①严凝:严肃而凝重。 ②义气:谓体现道义之气。下仿此。 ③坐宾于西北:按,宾之席在堂的正中,对于主人之席来说则为西北(参见上节注④)。 ④坐介于西南以辅宾:按,介之席在西阶上、西序前,对于宾席来说则为西南(参见同上)。辅宾,介是宾的副手,是辅宾行礼者。 ⑤坐僎于东北:按,僎席在主人的北边,是堂的东北面(参见同上)。 ⑥宾主有事:谓宾主各有其礼。 ⑦圣:这里是通达之意,即宾主之意通达。 ⑧圣立而将之以敬曰礼:将,奉行。这句意思是,宾主之意通达而又奉行恭敬就叫做礼。 ⑨礼以体长幼曰德:意思是,用礼来体现长幼尊卑关系就叫德。 ⑩得于身:谓使自己的身心有所得。 ⑪术道:谓才艺之道,可能为儒家所说的六艺(礼、乐、射、御、书、数),也可能不拘于此。

5. 祭荐,祭酒,敬礼也①。哜肺,尝礼也②。啐酒,成礼也③。于席末④,言是席之正非专为饮食也,为行礼也⑤,此所以贵礼而贱财⑥也。卒觯,致实于西阶上⑦,言是席之上非专为饮食也,此先礼而后财之义也。先礼而后财,则民作敬让而不争矣。

[注释]①祭荐,祭酒,敬礼也:祭,谓食前祭。荐,指脯醢,因脯醢是主人荐(进)上供宾享用的,故礼文中每称之为"荐"。这句意思是,宾用脯醢和酒行食前祭礼,是对主人表示敬重的礼节。 ②哜肺,尝礼也:哜,音 jì,微尝。按,肺盛在俎上,亦当先祭而后哜,此处省文。这句意思是,拿取俎上的肺尝一尝,这是尝食的礼。 ③啐酒,成礼也:啐,音 cuì,亦尝。啐酒即示礼成,意

不在饮。 ④席末:意思是,凡尝酒(啐、啐)皆在席的末端。按,席分首尾,堂上主宾与三宾长之席,东为上,西为下。介与主人之席,则北为上,南为下。这里席末指席的西端。 ⑤席之正非专为饮食也,为行礼也:正,谓席的正中。这句意思是,席的正中不是专为饮食用的,是为行礼用的。下文"言是席之上非专为饮食也"义仿此。 ⑥贵礼而贱财:贵礼,即以礼为贵,把礼看得最重要。在席中行食前祭礼就是表示贵礼,而在席的末啐酒则是表示贱财。⑦卒觯,致实于西阶上:实,谓觯中之酒。致实,与"卒觯"义同,皆谓尽爵,即饮干觯中的酒。"卒觯"谓将要尽爵;"致实"则谓饮而尽之,这是在西阶上进行的。

6. 乡饮酒之礼①,六十者坐,五十者立侍以听政役,所以明尊长②也。六十者三豆③,七十者四豆,八十者五豆,九十者六豆,所以明养老也。民知尊长养老,而后乃能入孝弟④。民入孝弟,出尊长养老,而后成教,成教而后国可安也。君子之所谓孝者,非家至而日见之⑤也,合诸乡射,教之乡饮酒之礼⑥,而孝弟之行立矣。

[注释]①乡饮酒之礼:按,此谓党正在蜡祭时所行的乡饮酒礼,与以上第1~5节所说的为宾贤而举行的乡饮酒礼意义不同。 ②五十者立侍以听政役,所以明尊长:政役,谓乡饮酒礼上的有关差事。这两句意思是,五十岁以下的人站着侍候以听从差遣,这样来表明尊敬长者。按,此处所记饮酒礼,目的在于"正齿位",以体现尊敬年长者,故云"以明尊长也"。 ③六十者三豆:豆,用以盛菹、醢之类的食物。年愈长者设豆愈多(见下文),这也是尊长的表现。 ④入孝弟:与下"出尊长养老"为对文,入谓在家,出谓在外。弟,音tì,同"悌",敬爱兄长曰弟。 ⑤家至而日见之:谓挨家挨户、天天见面加以教导。 ⑥合诸乡射,教之乡饮酒之礼:意思是,集合民众参加乡射礼,并通过乡饮酒礼进行教育。

7.孔子曰:"吾观于乡,而知王道之易易也①。"

[注释]①王道之易易:王道:儒家提出的一种以仁义治天下的政治主张。易易:简易,容易。意思是,王道容易推行。按,乡饮酒礼教人尊贤尚齿,这就是王道的根本,得其根本,王道自然容易推行了。

8.主人亲速宾及介,而众宾自从之①。至于门外,主人拜宾及介,而众宾自入,贵贱之义别矣。

[注释]①主人亲速宾及介,而众宾自从之:速,召,请。这两句意思是,主人亲自前往邀请宾和介,众宾都跟从宾、介而来。

9.三揖至于阶,三让以①宾升,拜至、献酬②、辞让之节繁,及介省矣③。至于众宾,升受,坐祭,立饮,不酢而降。隆杀之义别矣④。

[注释]①以:与。 ②献酬:谓一献之礼(参见《文王世子第八》第9节注⑤)。 ③及介省矣:按,在乡饮酒礼上,主人对介的礼节相对宾来说减省了很多,如宾主一献之礼分献、酬、酢三个环节,而对介只有献、酢两个环节,对众宾则只献而无酢、酬,即下文所说"不酢而降"。这体现尊卑不同,礼的繁简亦不同。 ④隆杀之义别矣:意思是,行礼该重和该轻的原则就由此区别清楚了。

10.工人①,升,歌三终②,主人献之③;笙入④,三终⑤,主人献之;间歌⑥,三终;合乐⑦,三终。工告乐备⑧,遂出。一人扬觯,乃立司正⑨焉。知其能和乐而不流⑩也。

[注释]①工:谓乐工,这里所说乐工有四人,两人鼓瑟,两人歌诗,其位

都在堂上西阶之东,所以下文说"升"。按,这是乡饮酒礼上第一番用乐。行乡饮酒礼时,主人向宾、介、众宾献过酒后,就要为其演奏音乐。　②歌三终:三终,即三遍。所歌之诗为《鹿鸣》、《四牡》、《皇皇者华》,两名乐工歌诗时,另两名鼓瑟以和之。按,这三首诗皆属《诗经·小雅》。　③主人献之:谓主人向乐工献酒。　④笙入:笙,谓吹笙的乐工,其位在堂下两阶之间。　⑤三终:这里是说用笙吹奏《南陔》、《白华》、《华黍》三诗,此为乡饮酒礼上第二番用乐。按,此三诗也属《诗经·小雅》,今传本《毛诗》只有其诗名而无其辞。　⑥间歌:间,交替,谓歌一曲然后吹一曲。具体来说,歌唱《鱼丽》,笙吹《由庚》;歌唱《南有嘉鱼》,笙吹《崇丘》;歌唱《南山有台》,笙吹《由仪》。按,《由庚》、《崇丘》、《由仪》也属《诗经·小雅》,《毛诗》中亦有名而无辞。《鱼丽》、《南有嘉鱼》、《南山有台》三诗也属《诗经·小雅》,其与《鹿鸣》、《四牡》、《皇皇者华》三诗都被认为是燕飨通用的乐歌,因为这六诗所写的内容与其所蕴含的意义都比较适合宾主宴饮的场合。　⑦合乐:谓歌唱与乐器演奏同时而作,所用为《诗经·国风·周南》中的三诗,即《关雎》、《葛覃》、《卷耳》;《召南》中的三诗,即《鹊巢》、《采蘩》、《采蘋》。此为乡饮酒礼最后一次用乐。按,这六诗被称为乡乐,较前两番所用之雅乐,等级低了一些。　⑧工告乐备:工,此处指乐工之长,即乐正。这是乐正向宾报告音乐演奏完毕。　⑨一人扬觯,乃立司正:一人,是主人所指派的自己的属吏。扬觯,即举觯。一人举觯之后,乃设立司正之职,以为旅酬礼监礼。按,乡饮酒礼进行到主人遍献众宾之后,就要行旅酬礼。所谓旅酬,是指参加乡饮酒礼的人,依次递相进酬酒,即宾先酬主人,主人酬介,介又酬众宾(参见下节)。"一人举觯"即是主人的属吏先自饮一杯酒,再酌酒以酬宾,作为旅酬礼的开端。宾接下此酒先奠而不饮,待音乐演奏完毕后,宾才饮此酒,接着便开始行旅酬礼。因为"工告乐备"标志着乡饮酒礼正礼的结束,旅酬已非正礼,为防有人饮酒懈怠失礼,因此主人又命原来的相礼者一人改任司正之职,以负责监礼。　⑩和乐而不流:流,失礼。因为有司正监礼,所以能和乐而不放纵失礼。

11. 宾酬主人,主人酬介,介酬众宾①,少长以齿②,终于沃洗者③焉。知其能弟长而无遗矣④。

[注释]①"宾酬"至"众宾":这里是概括的旅酬的顺序(参见上节注⑨)。 ②少长以齿:按,因为众宾是以年龄定尊卑的,所以旅酬时众宾就按年龄长幼依次酬酒,即所谓"少长以齿"。 ③沃洗者:负责浇水供主人和宾盥手、洗觯的人,这是饮酒礼上地位最卑者,从而体现下文所说的"弟长无遗"。按,沃洗者一般为众宾中之年幼者,所以也参加旅酬。 ④知其能弟长而无遗矣:意思是,因此知道乡饮酒礼能使年少的和年长的都得受惠而无遗。

12. 降,说屦,升坐①,脩爵无数②。饮酒之节,朝不废朝,莫不废夕③。宾出,主人拜送,节文终遂焉④。知其能安燕而不乱⑤也。

[注释]①降,说屦,升坐:降、升,指下堂和升堂。说,通"脱"。按,这是为行无算爵做准备。在此之前,即行乡饮酒的正礼和旅酬礼时,宾主都是站着的。旅酬之后,将行无算爵时,主人命撤俎之后,宾主开始下堂脱屦。因为屦贱,故要脱置堂下。这几句意思是,宾主都下堂,脱鞋,再上堂就座。②脩爵无数:脩,通"修"。谓行无算爵。所谓无算爵,就是不定数地递相酬酒,酒醉而止。按,行无算爵还要伴以无算乐,即音乐也一遍又一遍地演奏。③朝不废朝,莫不废夕:上"朝"音zhāo,下"朝"音cháo。莫,是"暮"的古字,傍晚。按,臣下朝见天子或诸侯国君商议政事,早上叫朝,傍晚叫夕。这两句意思是,乡饮酒礼应在早朝和夕见之间进行,不能因饮酒而废政事。 ④节文终遂焉:谓乡饮酒的礼仪到此就结束了。 ⑤安燕而不乱:谓安享欢乐而不至于乱礼。

13. 贵贱明,隆杀辨,和乐而不流,弟长而无遗,安燕而不乱,此五行者,足以正身安国①矣。彼国安而天下安。故曰:"吾观于乡,而知王道之易易也②。"

[注释]①正身安国:谓端正自身,安定国家。 ②吾观于乡,而知王道之易易也:参见第7节注①。

14.乡饮酒之义①,立宾以象天,立主以象地,设介、僎以象日月,立三宾以象三光②。古之制礼也,经之以天地,纪之以日月,参之以三光,政教之本也③。

[注释]①乡饮酒之义:按,自此以下所说的乡饮酒礼,也是乡大夫所主持举行的乡饮酒礼,与上第1~5节所述内容大同小异,可能是不同礼家所做的解释。 ②"立宾"至"三光":参见上第3节。 ③"古之"至"本也":这几句意思是,古代制定礼,以天地为经,以日月为纲纪,以三光为参照,这就是政教的根本。

15.亨狗于东方①,祖②阳气之发于东方也。洗之在阼③,其水在洗东,祖天地之左海④也。尊有玄酒⑤,教民不忘本也。

[注释]①亨狗于东方:亨,古"烹"字。狗,是乡饮酒所用牲。东方,具体指庭院的东北角。 ②祖:效法。 ③洗之在阼:在阼,即在阼阶下。按,洗的位置实际是在堂下阼阶的东边,对应着堂屋的东荣处(参见第2节注⑥)。 ④左海:按,海在东方,据面朝南而言则在左。 ⑤尊有玄酒:按,乡饮酒礼设二尊,其中一尊盛玄酒(参见第2节注③)。

16.宾必南乡①,东方者春②,春之为言蠢也,产万物者圣也③。南方者夏,夏之为言假④也,养之、长之、假之,仁也⑤。西方者秋,秋之为言愁⑥也,愁之以时察⑦,守义者也。北方者冬,冬之为言中也,中者藏也。是以天子之立也,左圣,乡仁,右义,偝藏⑧也。

[注释]①乡:通"向"。 ②东方者春:按,古人根据五行观念排列方位和四时,以为东方属木行,于四时则为春。下文记方位和四时的关系义皆仿

此,可参看《月令第六》。 ③春之为言蠢也,产万物者圣也:蠢,谓蠢动,喻万物生长。这两句意思是,春是蠢动的意思,万物蠢动而产生就是圣。 ④假:通"暇",大,这里是壮大的意思。 ⑤养之、长之、假之,仁也:意思是,养育万物、生长万物、壮大万物,就是仁。 ⑥愁:音 jiū,通"揫",收敛。 ⑦愁之以时察:察,通"杀",在此是割刈的意思。这句意思是,秋天按时收割。 ⑧偝藏:偝,同"背"。谓背靠收藏。

17. 介必东乡①,介宾主也②。主人必居东方,东方者春,春之为言蠢也,产万物者也,主人者造之,产万物者也③。

[注释]①介必东乡:按,介的位置在西阶上,坐西朝东,与主人席相对,所以说东向。 ②介宾主也:这是说主人向宾献酒时,要北行以就宾,宾则南行以就主人,这时介的位置就正处在宾主之间,所以说"介宾主"。 ③主人者造之,产万物者也:意思是,主人造食物以供宾,就像产生万物的春季。

18. 月者三日则成魄,三月则成时①,是以礼有三让,建国必立三卿。三宾者,政教之本,礼之大参②也。

[注释]①时:即季。 ②礼之大参:参,参考、参照。意思是,礼的大数正是参照着月亮。按,行礼时有"礼成于三"的说法,一般情况下礼节以三为限,如宾主之间三揖三让,乡饮酒礼三番用乐,每次用乐三终,丧礼哭踊之礼之"踊三者三",等等。

射义第四十六

1.古者诸侯之射也,必先行燕礼①;卿、大夫、士之射也,必先行乡饮酒之礼②。故燕礼者,所以明君臣之义也;乡饮酒之礼者,所以明长幼之序也③。

[注释]①古者诸侯之射也,必先行燕礼:诸侯之射,指大射礼。燕礼,诸侯闲暇时与卿大夫们举行的一种饮酒礼。按,大射礼实际上就是在燕礼中间插入一个射箭项目,当参加燕礼的宾和公、卿、大夫饮过主人的献酒,并已行过旅酬,且音乐演奏完毕之后,才开始射礼,所以说"必先行燕礼"。②卿、大夫、士之射也,必先行乡饮酒之礼:卿、大夫、士之射,指乡射礼。必先行乡饮酒之礼,按,乡射礼实际上是在乡饮酒礼的中间插入一个射箭项目,当参加乡饮酒礼的宾、介、众宾都受过主人献酒,且音乐演奏完毕之后,即所谓"礼成乐备"之后,才开始射礼。 ③乡饮酒之礼者,所以明长幼之序也:这里说的乡饮酒礼应是为"正齿位"所举行的饮酒礼(参见《乡饮酒义》第6节注②)。

2.故射者,进退周还必中礼①,内志正,外体直②,然后持弓矢审固③,持弓矢审固,然后可以言中。此可以观德行④矣。

[注释]①进退周还必中礼:还,音 xuán,旋转。中,符合。 ②内志正,外体直:谓内心端正,身体正直。 ③持弓矢审固:审,犹正。固,稳固。这句意思是,持弓矢稳固且瞄准无差。 ④可以观德行:因射礼对行礼者的身心都有要求,所以从射者的表现,即可看出其德行。

3. 其节①,天子以《驺虞》②为节,诸侯以《狸首》③为节,卿大夫以《采𬞟》④为节,士以《采繁》⑤为节。《驺虞》者,乐官备也⑥。《狸首》者,乐会时也⑦。《采𬞟》者,乐循法也⑧。《采繁》者,乐不失职也⑨。是故天子以备官为节,诸侯以时会天子为节,卿大夫以循法为节,士以不失职为节。故明乎其节之志⑩,以不失其事,则功成而德行立⑪,德行立则无暴乱之祸矣,功成则国安。故曰:"射者所以观盛德也。"

[注释]①节:谓音乐的节奏。按,射礼进行到第三番射时,有音乐伴奏,这时要求射者的动作符合音乐的节奏。 ②《驺虞》:《诗经·国风·召南》篇名。 ③《狸首》:古逸诗名。 ④《采𬞟》:《诗经·国风·召南》篇名。 ⑤《采繁》:亦《诗经·国风·召南》篇名。 ⑥《驺虞》者,乐官备也:谓《驺虞》是表现官员完备的音乐。按,此处所说《驺虞》的含义,既与传统说法不同,又与今人的说法有别。可能因为诗中有"一发五豝"(猎车一出发就猎获五只母猪)的诗句,可以解释为获得众多贤人,获贤人多,自然官员就完备了。这是古人的一种断章取义的解诗方法。下边解释《采𬞟》、《采繁》的含义,用的也是这种解诗方法。 ⑦《狸首》者,乐会时也:谓《狸首》是表现按时朝会天子的音乐。 ⑧《采𬞟》者,乐循法也:谓《采𬞟》是表现遵循法度的音乐。 ⑨《采繁》者,乐不失职也:谓《采繁》是表现不失职守的音乐。 ⑩其节之志:谓音乐节奏的意义。 ⑪功成而德行立:谓政事成功而德行树立。

4. 是故古者天子,以射选诸侯、卿、大夫、士①。射者,男子之事也,因而饰之以礼乐②也。故事之尽礼乐而可数为,以立德行者,莫若射,故圣王务焉③。

[注释]①以射选诸侯、卿、大夫、士:选,犹考察。谓用射礼来考察诸侯、卿、大夫、士的德行才艺。　②饰之以礼乐:谓用礼乐来修饰射箭,使之成为射礼。　③"故事"至"务焉":这几句意思是,因此做一件事能充分体现礼乐而又可以常做,用以树立德行的,没有比得上射礼的了,所以圣王都致力于这种礼。

5.是故古者天子之制:诸侯岁献贡士于天子,天子试之于射宫①。其容体比于礼②,其节比于乐③,而中多者,得与于祭④;其容体不比于礼,其节不比于乐,而中少者,不得与于祭;数与于祭而君有庆⑤;数不与于祭而君有让⑥;数有庆而益地,数有让而削地⑦。故曰:"射者,射为诸侯也。"⑧是以诸侯君臣尽志于射,以习礼乐。夫君臣习礼乐而以流亡者,未之有也。

[注释]①射宫:在都城之中,是天子和诸侯、群臣以及国子演习射礼的地方。　②容体比于礼:谓仪容体态符合礼。　③节比于乐:谓动作节奏符合音乐。　④得与于祭:谓能参加天子的宗庙祭祀。　⑤数与于祭而君有庆:庆,谓嘉奖、赏赐。这句意思是,所贡献给天子的士多次参加祭祀,贡士的国君就能获得褒奖。　⑥让:谴责,责备。　⑦数有庆而益地,数有让而削地:谓多次获得嘉奖的国君增加封地,多次被谴责的国君就要被削地。　⑧射者,射为诸侯也:意思是,射箭的人,是为诸侯而射。

6.故《诗》曰:"曾孙侯氏,四正具举。大夫君子,凡以庶士,小大莫处,御于君所。以燕以射,则燕则誉。"①言君臣相与尽志②于射,以习礼乐,则安则誉也。是以天子制之,而诸侯务焉。此天子之所以养诸侯,而兵不用,诸侯自为正之具也③。

[注释]①"曾孙"至"则誉":这几句诗是逸诗,不在今传本《诗经》中,有学者认为可能就是第3节所说的《狸首》。曾孙,谓王(即周天子)的曾孙。侯氏,是说该曾孙做诸侯。四正,是指燕礼的正礼所要求行的四次献酒礼。按,诸侯行大射礼时,当先行燕礼(参见第1节注①),燕礼的正礼要求主人对堂上的宾、公、卿、大夫四者献酒,即所谓四正。小大莫处,谓不论官大官小,只要在射礼上有所职司的人,都来参加射礼。御,犹言侍奉。这几句诗意思是,王的曾孙做诸侯,四杯正酒都献过。卿大夫啊君子们,凡在场的众士们,小官大官无不到,侍奉在这国君处。又燕饮来又射箭,又安乐来又荣耀。　②尽志:犹言尽心。　③诸侯自为正之具也:(射礼)是诸侯用来修正自己的方法。

7. 孔子射于矍相之圃①,盖观者如堵墙②。射至于司马③,使子路执弓矢出延射④,曰:"贲军之将⑤,亡国之大夫⑥,与为人后者⑦,不入,其余皆入。"盖去者半,入者半。又使公罔之裘、序点扬觯而语⑧。公罔之裘扬觯而语曰:"幼壮孝弟⑨,耆耋好礼⑩,不从流俗,修身以俟死⑪,者不⑫?在此位也⑬。"盖去者半,处者半。序点又扬觯而语曰:"好学不倦,好礼不变,旄期称道不乱⑭,者不?在此位也。"盖廑⑮有存者。

[注释]①孔子射于矍相之圃:矍相,古地名,在今山东省曲阜城内。圃,种植蔬菜的园子。　②观者如堵墙:谓围观的人多得如同重重墙壁一样。③射至于司马:按,射前当先行饮酒礼,饮酒礼到宾主献酬毕,行旅酬礼之前,便开始射礼,这时主人便命其属吏一人为司马,以主持射礼。射至于司马,是说射礼进行到确立司马的时候,也就是射礼将要开始的时候。　④使子路执弓矢出延射:子路,孔子的弟子,在此射礼上担任司射(主持射礼者)。延,请。

延射,即请人进来参加射礼。 ⑤贲军之将:贲,音 fèn,通"偾",覆败的意思。贲军之将,即败军之将。 ⑥亡国之大夫:即从外国流亡来的大夫。 ⑦与为人后者:与,这里是干、求的意思。与为人后者,谓要求做别人的后嗣的人。按,如果是庶子而求为人后,就是一种夺嫡篡祖的行为;如果身为嫡子而求为族人之后,则是一种轻视己父的行为;如果是异姓而求为人后,就是一种背族忘祖的行为,等等,所以为子路所厌恶。 ⑧公罔之裘、序点扬觯而语:公罔,复姓。裘,人名。之是语助词。序点,姓序,名点。按,这是在射礼完毕后,要接着前面的饮酒礼而行旅酬礼的时候,使此二人扬觯(即举觯)以誓众,即告诫众人。 ⑨幼壮孝弟:年二十曰幼,三十曰壮。意思是,年轻时有孝、悌的德行。 ⑩耆耋好礼:年六十曰耆(音 qí),七十曰耋(音 dié)。意思是,年老时还能喜好礼。 ⑪不从流俗,脩身以俟死:脩,通"修"。谓不受流俗的影响,修身自洁一直到死。 ⑫者不:意思是问,诸位有这种德行吗? ⑬在此位也:谓有这种德行的人能在此宾客之位。 ⑭旄期称道不乱:年八十、九十曰旄(音 máo)。期,即期颐,百岁称期颐。意思是,到八十、九十甚至百岁高龄者,还都实行道义而不乱。 ⑮廑:音 jǐn,通"僅(仅)"。

8. 射之为言者,绎①也,或曰舍②也。绎者,各绎己之志也。故心平体正,持弓矢审固③,持弓矢审固,则射中矣。故曰:"为人父者,以为父鹄④;为人子者,以为子鹄;为人君者,以为君鹄;为人臣者,以为臣鹄。"故射者各射己之鹄⑤。故天子之大射谓之射侯,射侯者,射为诸侯也:射中则得为诸侯,射不中则不得为诸侯。

[注释]①绎:音 yì,陈述。下文说"各绎己之志",就是说每个人通过射礼可以陈述自己的志向。 ②舍:中,谓射中靶心。 ③审固:参见第2节注③。 ④为人父者,以为父鹄:鹄,音 hú,靶心。意思是,做父亲的,要将所射的靶心,当作是考验自己是否够资格做父亲的靶心。下文"为人子者"、"为人君者"、"为人臣者"之义仿此。 ⑤射者各射己之鹄:按,每人心中所念不

同,所以在每人眼中所射之鹄就不同。

9.天子将祭,必先习射于泽①。泽者,所以择士也②。已射于泽,而后射于射宫,射中者得与于祭,不中者不得与于祭。不得与于祭者有让③,削以地;得与于祭者有庆,益以地④;进爵,绌地⑤是也。

[注释]①泽:谓泽宫,王者常在泽宫举行射箭比赛之礼(参见《郊特牲第十一》第24节注③)。 ②泽者,所以择士也:谓泽,就是选择士的意思。按,这是解释为什么名叫泽宫,因为"泽"是"择"的同音字,可与"择"通用,因此可释"泽"为"择士"。择士,是从士中选拔助祭者,如下文所说。 ③有让:让,责备。谓推荐士的诸侯就要受到谴责(参见第5节注)。 ④得与于祭者有庆,益以地:参见同上。 ⑤进爵,绌地:绌,通"黜",贬损。这句意思是,受嘉奖的诸侯先晋升爵位,受谴责的诸侯先消减封地。按,因为爵轻而地重,故对受嘉奖的诸侯先晋升爵位而后增加封地。对受谴责的诸侯则先削减封地。

10.故男子生①,桑弧蓬矢六②,以射天地四方。天地四方者,男子之所有事也③。故必先有志于其所有事,然后敢用谷也④,饭食之谓也。

[注释]①男子:男孩子,这里是指国君之嫡子(参见《内则第十二》第43、44节)。 ②桑弧蓬矢六:谓用桑木做的弓和用蓬梗做的矢六支。 ③天地四方者,男子之所有事也:谓天地和四方是男子发展事业的地方。 ④用谷:谓用粮食喂孩子。

11.射者,仁之道也①。射求正诸己,己正然后发,发而不中,则不怨胜己者,反求诸己而已矣。孔子曰②:"君子无所争,必也,射乎③!揖让而升下,而饮④,其争也君子⑤。"

[注释]①射者,仁之道也:谓射箭体现了仁的道理。按,儒家认为"仁"这种品德是自己主观努力得来,而不是外人强加的,即"为仁由己"。而射箭要求内心端正,然后才能外体正直,这样所发之箭才能中的。因为两者在要求自己而不强求于人这方面有共同点,所以说"射者,仁之道也"。 ②孔子曰:按,下面的话见《论语·八佾》。 ③必也,射乎:谓如果有所争,那一定是射箭吧! ④揖让而升下,而饮:饮,谓由胜者饮不胜者以罚酒(参见下第13节注①)。饮酒前双方揖让而升堂,待不胜者饮毕双方又揖让而下堂。 ⑤其争也君子:谓射礼上的竞争也是君子式的。

12.孔子曰:"射者何以射? 何以听①? 循声而发②,发而不失正鹄者,其唯贤者乎! 若夫不肖之人③,则彼将安能以中?"

[注释]①射者何以射? 何以听:意思是问,射箭的人怎么射中? 怎么听音乐的节奏? ②循声而发:谓按照音乐的节奏发射。 ③不肖之人:这里指无德无才之人。

13.《诗》云:"发彼有的,以祈尔爵。"①祈,求也,求中以辞爵也。酒者,所以养老也,所以养病也。求中以辞爵者,辞养也②。

[注释]①发彼有的,以祈尔爵:这两句诗引自《诗经·小雅·宾之初筵》,意思是,发箭射中那靶心,以求令你饮酒。按,在射礼中,将参加射箭比赛的人分成两组,以射中靶心的总次数的多少以定两组的胜负,胜方要让负方饮罚酒,所以下文解释这句两诗说"求中以辞爵也",就是说要多多射中靶子,以求不饮罚酒。 ②"酒者"至"辞养也":这几句意思是,酒,是用来颐养老年人的,是用来颐养病人的,求射中而辞酒不饮,就是辞让颐养之礼。按,这里实际意思是说,求射中也是一种谦让之礼,体现谦让的美德。

燕义第四十七

1.古者周天子之官有庶子官①。庶子官职诸侯、卿、大夫、士之庶子之卒②,掌其戒令,与其教治③,别其等,正其位④;国有大事,则率国子而致于大子,唯所用之⑤;若有甲兵之事,则授之以车甲,合其卒伍,置其有司,以军法治之⑥,司马弗正⑦。凡国之政事,国子存游卒⑧,使之修德学道,春合诸学,秋合诸射⑨,以考其艺,而进退之⑩。

[注释]①庶子官:即《周礼·夏官》中的诸子官,其职掌详下文。按,下文自"掌其戒令"以下皆《周礼·夏官·诸子》之文。 ②"庶子官"至"之卒":职,掌管。卒,音 cuì,通"倅",副职,副手。庶,众。按,凡子皆可认为是其父的副手。所以这句话的意思是诸子官掌管着诸侯、卿、大夫、士的众子这些做父亲副手的人。 ③教治:谓教育和治理。 ④别其等,正其位:谓区别他们的尊卑等级,理正他们位次的高下。 ⑤"国有"至"用之":大事,指祭祀和战争,所谓"国之大事,在祀与戎"。国子,即上面诸子官所掌管的卿、大夫、士的众子。大子,即太子。这几句意思是,国家有大事,就率领众子到太子那里,听从他差遣使用。 ⑥"若有"至"治之":甲兵之事,指战争。合其卒伍,谓集合兵卒让他们带领。置其有司,谓为他们设立主将以统领治理军队。这几句意思是,如果有战争,就授给众子战车和铠甲,集合兵卒让他们率领,并为他们设置军官,依照军法来对他们进行管理。 ⑦司马弗正:正,通

"征"。谓司马不征发他们的赋役。 ⑧凡国之政事,国子存游卒:政事,在此指力役土功之事。游卒,指贵族子弟中尚未做官的人。这两句意思是,凡国家有力役土功一类的事,众子就列入未做官的游卒中而不让他们参加。 ⑨春合诸学,秋合诸射:学,谓太学。射,谓射宫。这两句意思是,春季把他们集合在太学学习;秋季把他们集合在射宫里学习射箭,演习射礼。 ⑩以考其艺,而进退之:艺,谓技艺、道艺。进退之,谓通过考察来决定对他们的升降。

2. 诸侯燕礼之义。君立阼阶之东南①,南乡尔卿、大夫②,皆少进,定位也③。君席阼阶之上,居主位也。君独升立席上④,西面特立,莫敢適之义也⑤。

[注释]①君立阼阶之东南:按,国君本来是在堂上,见卿、大夫进门,而后下至阼阶之东南,以尔卿、大夫(详下文)。 ②南乡尔卿、大夫:尔,近,这里做动词,谓请其进前来。按,诸侯燕礼是在路寝举行的,卿、大夫进入路寝门后,即面朝北立于寝门东边,故君南向尔之使其近前。 ③皆少进,定位也:按,卿稍进后,站在君的东南,并由原来的面朝北改为面朝西而立。大夫仍面朝北,只是稍向前一些。定位,谓这是为了确定卿、大夫们在燕礼上的位置。 ④君独升立席上:按,君尔卿、大夫,并命宾之后(详下节注①),便独自升堂就其席前而立。 ⑤西面特立,莫敢適之义也:適,通"敌",匹敌。这两句意思是,君面朝西独自站立,这是表示没有人敢与君匹敌。

3. 设宾主①,饮酒之礼也。使宰夫为献主②,臣莫敢与君亢礼③也。不以公卿为宾,而以大夫为宾,为疑也,明嫌之义也④。宾入中庭,君降一等而揖之,礼之也⑤。

[注释]①设宾主:按,在燕礼上设宰夫为主人,设来宾中的下大夫一人为宾,以行燕礼中的宾主之礼。 ②使宰夫为献主:宰夫,为国君主膳食之官。按,燕礼的实际主人是君,君既为主人,则当向宾和卿大夫献酒,但因君至尊,臣不敢与其抗礼,故以宰夫代为主人与宾行献酬之礼,以使宾得尽欢。 ③亢

礼:亢,通"抗",匹敌,对等。亢礼,即对等行礼。 ④"不以"至"义也":疑,通"拟",比拟。以大夫为宾,此大夫是下大夫。按,君尔卿、大夫之后,便有属吏向君请示命谁做燕礼上的宾,于是君便命从大夫中选定一人为宾。此宾实为饮酒礼仪的需要而设,不同于乡饮酒礼上的宾或外来的宾客。之所以用一名下大夫为宾而不以卿为宾,是因为卿位尊,仅次于君,若又尊卿以为宾,则其尊有比于君的嫌疑,故曰"为疑(拟)也"。若以下大夫为宾,因其地位较低,即使又尊为宾,也不会产生拟君的嫌疑,所以说这是体现"明嫌之义",也就是明避嫌之义。 ⑤宾入中庭,君降一等而揖之,礼之也:按,君命宾之后,即独自升堂就席,而被命充当宾的下大夫则要出寝门,重新以宾的身份由摈者引其入门。君则当降一等(即从阼阶上下降一级台阶)而揖请宾上堂,这是对宾的礼遇。

4.君举旅于宾①,及君所赐爵②,皆降再拜稽首,升成拜,明臣礼也③。君答拜之④,礼无不答,明君上之礼也。臣下竭力尽能以立功于国,君必报之以爵禄,故臣下皆务竭力尽能以立功,是以国安而君宁。礼无不答,言上之不虚取于下也⑤。上必明正道以道民,民道之而有功,然后取其什一⑥,故上用足而下不匮也,是以上下和亲而不相怨也。和宁,礼之用也,此君臣上下之大义也⑦。故曰:"燕礼者,所以明君臣之义也。"

[注释]①君举旅于宾:按,主人(宰夫)依次向宾和君献酒之后,就该行旅酬礼了。但燕礼上的旅酬礼与乡饮酒礼上的不同,不是由宾发端,而是由君发端,即由君先后为宾、卿、大夫、士四举旅酬。其礼大体如下,即先由二人举觯于君,君取一觯饮之,然后酌酒酬宾,宾饮酬酒之后,再与诸大夫依次相酬,这就是君的第一次举旅,即为宾举旅。然后还有三次旅酬,分别是为卿、大夫、士举旅酬,其礼与君为宾举旅大体相同。 ②君所赐爵:谓君举旅酬时所赐的酬酒。 ③皆降再拜稽首,升成拜,明臣礼也:按,宾、卿、大夫、士先后接受君的酬酒后,要下堂行再拜稽首礼以谢君,这时君要命小臣辞其堂下之

拜。受赐者堂下之拜既被辞,就没能成礼,所以上堂后要再拜一次,以成拜礼,这就叫做"升成拜",同时也是表明臣对君应有的礼数,即所谓"明臣礼也"。 ④君答拜之:按,受赐者"升成拜"之后,君要放下手中的酒杯(觯),行再拜礼以答臣之拜。 ⑤礼无不答,言上之不虚取于下也:这两句意思是,君对于臣下的礼没有不回礼的,这是表明君上不白向臣下索取。 ⑥"上必"至"什一":有功,谓有收获,有所得。这几句意思是,君上必须彰明正道来教导民众,民众依从教导而有收获,然后君才按十分之一的税率向民众收税。 ⑦"和宁"至"大义也":这几句意思是,和睦安宁,是运用礼的结果,这是君臣上下所应明白的大义。

5. 席,小卿次上卿,大夫次小卿①。士、庶子以次就位于下②。献君,君举旅行酬,而后献卿③;卿举旅行酬,而后献大夫;大夫举旅行酬,而后献士;士举旅行酬而后献庶子。俎、豆、牲体、荐、羞,皆有等差,所以明贵贱也④。

[注释]①席,小卿次上卿,大夫次小卿:小卿,这里指地位稍高于大夫的卿。按,宾、卿、大夫之席都面朝南,宾席在堂的正中,为最尊之位,其他卿大夫之席则以东为上位,西为下位。上卿席在宾席的东边,小卿席在宾席的西边,大夫席又在小卿的西边,所以说"席,小卿次上卿,大夫次小卿。" ②士、庶子以次就位于下:庶子,这里指诸侯、卿、大夫、士的众子中未仕者(参见第1节注⑧),因其未仕,尚无官爵,故位在士之次。按,士和庶子接受献酒后,皆依次就位于阼阶下卿未升堂时所立之位,故曰"依次就位于下"。 ③献君,君举旅行酬,而后献卿:献君,谓主人(宰夫)向宾献酒后,向君献酒。君举旅行酬,谓君第一次举旅,即为宾行旅酬。而后献卿,谓第一次旅酬过后,主人再向卿献酒。按,燕礼上的四次旅酬,与主人献君、卿、大夫、士是交叉进行的,即主人向君献酒后,君为宾举旅酬;主人向卿献酒后,君为卿举旅酬。以下大夫、士之例仿此。 ④"俎、豆"至"贵贱也":意思是,各人席位前所设的俎、豆、牲肉、脯醢、菜肴,都依据尊卑等级而有差别,所有这些都是为了表明贵贱的不同。

聘义第四十八

1.聘礼①,上公七介②,侯伯五介,子、男三介,所以明贵贱也。

[注释]①聘礼:聘,问,这里是慰问的意思。诸侯定期派出使者相互聘问,以结友好,就是所谓的聘礼。聘礼有大聘、小聘之分(参见第7节)。大聘派卿为使者,小聘派大夫为使者。按,本篇所记的聘礼,除特殊说明外都为大聘。　②上公七介:上公及下文所谓侯、伯、子、男,是指聘国(即派使者外出行聘礼之国)诸侯的等级。介,是使者(卿或大夫)的副手。上公七介,就是说如聘国君主等级为公,那么聘礼所派使者可以有七名介。按,介也是分等级的,若卿为使者,那么介中最尊者称为上介,由大夫充任,以下皆由士充任,统称为士介,而其中等级最低者称之为末介。

2.介绍而传命①,君子于其所尊弗敢质②,敬之至③也。

[注释]①介绍而传命:绍,继。绍而传命,就是相继传命的意思。按,使者有介,主君(即被聘问国之君)则有摈者(参见第6节)。当使者到达主君的庙门外(按聘礼是在主君的祧庙即始祖庙进行的,见第3节),要行聘礼时,主君派摈者在门东列队迎接,使者则让介在门西列队。使者所要传达的

聘君(即派使者出聘之君)的话,先在众介之中依次传递,这样由上介传达到末介,再由末介传给主君的末摈;末摈再依次向上传,最后由上摈传达给主君。主君之命也是这样依次传达给使者。这就是所谓的"绍而传命"。 ②弗敢质:质,简。意思是不敢在礼节上简便从事。 ③敬之至:谓这是对主君最尊敬的表示。

3. 三让而后传命①,三让而后入庙门②,三揖而后至阶③,三让而后升,所以致尊让也④。

[注释]①三让而后传命:谓宾(使者)在大门外见主人陈摈,以大客之礼待己,宾表示不敢当,三度辞让,主君不许,而后宾才传达聘君的话。按,使者到达主君的大门外时,主君要使摈者向使者请事,即询问使者为何事而来(这是明知而故问,以示慎重),而使者当先辞主君陈摈之盛礼,辞而不许,然后才传达聘君遣己前来聘问的用意,即上节所谓的"绍而传命"。 ②三让而后入庙门:按,主君是在祧庙(即始祖庙)中接待使者,以示隆重,故使者当先辞让以不敢当。 ③至阶:谓入庙后走到祧庙的堂阶下。 ④所以致尊让也:意思是,这样来表达对主君的尊敬和谦让之意。

4. 君使士迎于竟①,大夫郊劳②,君亲拜迎于大门之内③,而庙受,北面拜贶④,拜君命之辱⑤,所以致敬也。

[注释]①君使士迎于竟:竟,通"境"。按,当使者一行人到达所聘问之国的国境时,要先向国境上的守关人说明来意,守关人报告国君,而后国君派士前来请事(即询问使者因何事而来),并引导使者一行人入境。 ②大夫郊劳:按,宾入境后,先在国郊的馆舍中休息,主君派卿(卿为上大夫)带着束帛作为礼物前来慰问,而主君夫人则派下大夫,以枣、栗为礼物来慰劳使者,这就是"郊劳"。 ③君亲拜迎于大门之内:按,使者向国君行聘礼时,国君让摈者在祧庙大门东边列队迎接,而自己则在大门之内迎宾。 ④北面拜贶:贶,音kuàng,赐予,这里是指使者赠予主君礼物。按,使者行聘礼时,主君每次

接受使者的礼物前,都要在庙堂的阼阶上,面朝北行再拜礼,拜谢使者的惠赐,即所谓"拜贶"。　⑤拜君命之辱:谓拜谢聘君屈尊派使者前来聘问。

5. 敬让也者,君子之所以相接也①。故诸侯相接以敬让,则不相侵陵。

[注释]①"敬让"至"相接也":意思是,恭敬谦让,是君子相互接交的方式。

6. 卿为上摈,大夫为承摈,士为绍摈①;君亲礼宾②;宾私面、私觌③;致饔饩④,还圭璋⑤,贿、赠⑥、飧、食、燕⑦:所以明宾客君臣之义也。

[注释]①"卿为"至"绍摈":摈,即摈者,是主君为接待使者所设。按,摈者也有等级,其最尊者为上摈,其次为承摈,又其次为绍摈,分别由主国的卿、大夫、士充任。摈者人数与主君等级有关。如主君为公,那么摈者五人;如主君为侯、伯则摈者四人,如为子、男则摈者三人。　②君亲礼宾:按,宾向主君及其夫人行过聘享之礼后,主君要亲自向宾献上醴酒,以示礼遇,即所谓礼宾。　③宾私面、私觌:面、觌,都是见的意思(参见《郊特牲第十一》第8节注③)。私面,是使者和介以个人的名义拜见主国的卿大夫,以结友好。私觌,是使者和介以个人名义拜见主君,以表达个人的敬意。按,使者向主君及其夫人所行聘享之礼,是以聘君的名义,即奉君命行"公事"。而私面和私觌,则是以使者个人的名义,所以称之为"私"。　④致饔饩:饔,音 yōng。饩,音 xì。按,杀过的牲叫"饔",未杀的活牲叫"饩"。饔中又分"饪"与"腥","饪"指煮熟的牲肉,"腥"指生的牲肉(参见第9节注③)。按,在行过聘享礼,以及私面、私觌礼之后,主君要使卿向使者"归(馈)饔饩",以款待使者。　⑤还圭璋:按,聘礼不仅聘问主君,还要聘问其夫人。聘问主君用圭,聘问夫人用璋。圭和璋是聘礼中所用的最贵重的礼物,而且圭还是聘君授予使者出聘的信物。主国接受使者礼物后,一般会回赠使者礼物,其所回赠的礼物会

与使者带来的礼物相当,但圭璋太贵重难以回报,所以要原物奉还,同时这也是体现"轻财而重礼之义"(见第8节)。　⑥贿、赠:贿,谓赠予人财物。按,使者回国前,主君要派人向使者赠"贿",用束纺(一种质地较厚的缯)和玉、束帛及乘皮(四张兽皮)为贿,这是用以回报聘享主君时使者所馈赠的礼物。赠,是主君和卿大夫们对宾、介"私面"、"私觌"的回报。使者回国,走到主国之郊而停宿的时候,主君要派卿前来向使者赠送礼物,所赠之物与宾、介"私觌"时所赠之物相当。同时大夫们也要来亲自赠送礼物,所赠之物与宾、介"私面"时所赠之物相当,此即所谓"赠"。　⑦飨、食、燕:即飨礼、食礼、燕礼,这三种礼都是使者在主国行聘礼期间主君款待使者之礼。飨礼酒食并用。食礼以饭食为主。燕礼主要以酒来款待使者。

7.故天子制诸侯①:比年②小聘,三年大聘,相厉以礼③。使者聘而误,主君弗亲飨、食也④,所以愧厉之也。诸侯相厉以礼,则外不相侵,内不相陵。此天子之所以养诸侯,兵不用,而诸侯自为正之具也⑤。

[注释]①天子制诸侯:谓天子为诸侯定下制度。　②比年:即每年。③相厉以礼:谓使诸侯用礼来相互勉励。　④使者聘而误,主君弗亲飨、食也:按,主君对来聘的使者,要亲自为其举行两次飨礼和一次食礼(参见第9节)。但如果使者在主国犯了错误,做了违礼之事,主君就不亲自为其行礼,而是派人把原准备飨、食用的牛、羊、豕等牲畜给使者送去。此举是为了使使者感到羞愧,而激励他改正错误,即下文所说的"所以愧厉之也"。　⑤"此天子"至"具也":具,犹言办法。这几句意思是,聘礼就是天子用来抚慰诸侯,不动干戈,而使诸侯自行正道的办法。

8.以圭璋聘,重礼也①。已聘而还圭璋,此轻财而重礼之义也。诸侯相厉以轻财重礼,则民作让②矣。

[注释]①以圭璋聘,重礼也:谓用圭璋作为礼物行聘礼,表示聘君重视

聘礼。　②作让:谓兴起谦让。

9. 主国待客,出入三积①;饩客于舍②,五牢之具陈于内③,米三十车,禾三十车,刍薪倍禾,皆陈于外④;乘禽日五双⑤;群介皆有饩牢⑥;壹食再飨,燕与时赐无数⑦:所以厚重礼也。

[注释]①出入三积:积,谓刍(喂牲口用的草料)、米、薪、禾(连秆带谷一并割取的庄稼,用来喂马)之类,供使者一行人与牲畜旅途所需。出入三积,谓主国在使者从到来至回国期间要三次供给"积"。　②饩客于舍:饩,是"致饔饩"的省文(参见第6节注④)。客,指使者。舍,使者所住的馆舍。③五牢之具陈于内:五牢,是指饪一牢、腥二牢、饩二牢,共五牢(参见第6节注④)。饪一牢,包括牛、羊、豕、鱼、腊(干兽肉)、肠胃(牛羊的肠胃)、肤(猪肉皮)、鲜鱼、鲜腊(鲜兽肉),共九样牲肉,分盛于九鼎;腥二牢,包括上述九样牲肉除去鲜鱼、鲜腊后的七样,每样都是双份,分盛于十四只鼎中;饩二牢,包括活的牛、羊、豕各两头,拴在馆舍的门内西边。　④刍薪倍禾,皆陈于外:谓刍和薪皆比禾多一倍,禾三十车,则刍、薪各六十车,都陈放在馆舍门外。⑤乘禽日五双:乘禽,是指那种雌雄相伴而又成群地聚集在一起的禽类,如雁和鹜(野鸭)之类。按,从使者来到聘国的一句(第10天)起,主国每天都要为使者供应乘禽五双,以款待使者。　⑥群介皆有饩牢:按,上边所说的五牢、米三十车、禾三十车、乘禽日五双等都是使者享受招待的规格,介所得之物则比使者有所减损。　⑦时赐:时,谓四季时新之物。时赐则谓赐予使者的四季时新之物。

10. 古之用财者不能均如此,然而用财如此其厚者,言尽之于礼也①。尽之于礼,则内君臣不相陵,而外不相侵。故天子制之,而诸侯务焉②尔。

[注释]①"古之"至"礼也":均,都。这几句意思是,古时候运用财物不

能事事都这么丰厚,然而聘礼运用财物如此丰厚的原因,是为了表示尽心于礼。　②务焉:谓致力于此。

11. 聘、射之礼,至大礼也①。质明而始行事②,日几中而后礼成,非强有力者③弗能行也。故强有力者,将以行礼也。酒清,人渴而不敢饮也;肉干,人饥而不敢食也④。日莫人倦,齐庄正齐⑤而不敢解惰,以成礼节,以正君臣,以亲父子,以和长幼。此众人之所难,而君子行之,故谓之有行。有行之谓有义,有义之谓勇敢。故所贵于勇敢者,贵其能以立义也;所贵于立义者,贵其有行也;所贵于有行者,贵其行礼也。故所贵于勇敢者,贵其敢行礼义也。故勇敢强有力者,天下无事,则用之于礼义;天下有事,则用之于战胜⑥。用之于战胜则无敌;用之于礼义则顺治⑦。外无敌,内顺治,此之谓盛德。故圣王之贵勇敢强有力如此也。勇敢强有力而不用之于礼义、战胜,而用之于争斗,则谓之乱人。刑罚行于国,所诛者,乱人也。如此则民顺治而国安也。

[注释]①聘、射之礼,至大礼也:至大礼,这是从射礼和聘礼的礼节的繁琐程度,与礼节所需时间长短两方面来说的。　②质明而始行事:质明,谓天亮。始行事,谓开始行礼。　③强有力者:指内心坚强,身体强健有力的人。　④"酒清"至"食也":这几句意在说明,行礼过程中,人们遵守礼节,不做违礼之事。　⑤齐庄正齐:谓庄重整齐。　⑥天下有事,则用之于战胜:谓外遇强敌,勇敢而强有力者就用来战胜敌人。　⑦顺治:指国内治理顺利。

12. 子贡问于孔子曰:"敢问君子贵玉而贱碈①者,何也？为玉之寡而碈之多与？"孔子曰:"非为碈之多故贱之也,玉之寡故贵之也。夫昔者,君子比德于玉焉②:温润而泽,仁也③;缜密以栗,知也④;廉而不刿,义也⑤;垂之如队,礼也⑥;叩之其声清越以长,其终诎然,乐也⑦;瑕不揜瑜、瑜不揜瑕,忠也⑧;孚尹旁达,信也⑨;气如白虹,天也⑩;精神见于山川,地也⑪;圭璋特达,德也⑫;天下莫不贵者,道也。《诗》云:'言念君子,温其如玉。'⑬故君子贵之也。"

[注释]①碈:音 mín,同"珉",是一种似玉的石头。 ②君子比德于玉焉:谓君子用玉来比喻人的德行。 ③温润而泽,仁也:谓玉色温和柔润光泽,像仁这种品德。 ④缜密以栗,知也:栗,坚硬。意思是,玉的质地缜密坚硬,像智。 ⑤廉而不刿,义也:廉,棱角。刿,音 guì,刺伤、划伤。这句意思是,玉有棱角但不会割伤别的东西,像义。 ⑥垂之如队,礼也:队,同"坠"。这句意思是,玉佩挂时垂直下坠,就像人谦虚卑下有礼。 ⑦"叩之"至"乐也":叩之其声清越而长,谓敲击玉就会发出清扬悠长的声音。诎:绝止貌。其终诎然,谓玉的鸣声最终绝然而止。 ⑧瑕不揜瑜、瑜不揜瑕,忠也:瑕,玉的瑕疵部分。瑜,玉的美好部分。揜,音 yǎn,遮掩、掩盖。这两句意思是,玉的瑕和瑜不互相遮掩,就像人忠实坦诚。 ⑨孚尹旁达,信也:孚,通"浮"。尹,通"筠"。浮筠,形容玉的彩色。孚尹旁达,谓玉的彩色外露而不遮掩,像诚。 ⑩气如白虹,天也:白虹,谓天之白气。这句意思是,玉的光耀如同白虹,像天。 ⑪精神见于山川,地也:意思是,就算玉被掩藏在石中,其光辉精气最终还是会显露于山川,像地。 ⑫圭璋特达,德也:特,独。按,行聘礼所用的玉器,不仅有圭璋,还有璧琮。璧用以献主君,琮用以献夫人。献璧琮时都需要有衬垫物,即加放在束帛上奉献,故《仪礼·聘礼》说:"奉束帛加璧享(献)。"又说:"享用琮,如初礼。"即如献璧之礼,亦加于束帛之上。而圭璋因其贵重,故无需借他物,而直接奉上,因此说"圭璋特达"。有德的君子不需凭借外物而自然通达。所以用"圭璋特达"来比喻"德"。 ⑬言念君子,温其如玉:这两句诗引自《诗经·秦风·小戎》,意思是,想念那君子,温润如美玉。

丧服四制第四十九

1.凡礼之大体①,体天地,法四时,则阴阳,顺人情,故谓之礼。訾之者②,是不知礼之所由生也。

[注释]①大体,犹言大原则。　②訾:音zǐ,诋毁;指责。

2.夫礼,吉凶异道①,不得相干,取之阴阳也②。丧有四制③,变而从宜,取之四时也④。有恩,有理,有节,有权,取之人情也⑤。恩者仁也,理者义也,节者礼也,权者知也⑥。仁、义、礼、知,人之道具矣。

[注释]①异道:谓衣服、容貌及器物皆不相同。　②取之阴阳也:谓这是取法于阴阳不相干扰的道理。　③丧有四制:四制,即下文所谓"有恩,有理,有节,有权"。　④变而从宜,取之四时也:谓丧服的轻重的变化都要适宜于事理,这是取法于四季变化的道理。按,天有四时,都是适应万物生长的规律而变化。丧服之轻重,当适应事理而变化,这也就是取法于四时的变化。⑤"有恩"至"人情也":这几句是解释丧服的四制,即有亲情的原则,有义理的原则,有节制的原则,有权变的原则,都是依据于人情制定的。　⑥"恩者"至"知也":这几句是对"四制"作进一步解释,意思是,亲情是仁的原则,义理是义的原则,节制是礼的原则,权变是智的原则。

3. 其恩厚者其服重,故为父斩衰三年,以恩制者也①。

[注释]①"其恩"至"制者也",这是举例说明"以恩制"的原则,即亲情的原则。

4. 门内之治恩掩义①,门外之治义断恩②。资于事父以事君而敬同③。贵贵,尊尊,义之大者④也。故为君亦斩衰三年,以义制者也⑤。

[注释]①门内之治恩掩义:意思是,家门内治理丧事重亲情而掩没义理。 ②门外之治义断恩:意思是,家门外治理丧事重义理而断绝亲情。 ③资于事父以事君而敬同:资:犹操,持。意思是,拿了侍奉父亲的心来侍奉国君,对国君的尊敬就同对父亲一样。 ④义之大者:谓义理中最重要的。 ⑤"故为"至"者也":这是举例说明丧服四制中义理的原则。

5. 三日而食,三月而沐,期而练①,毁不灭性,不以死伤生②也。丧不过三年,苴衰不补③,坟墓不培④,祥之日,鼓素琴⑤,告民有终也,以节制者也⑥。

[注释]①三日而食,三月而沐,期而练:意思是,父死三天而后进食,三月而后洗头,一周年而后戴练冠。在此指练冠(参见《檀弓上第三》第19节)。 ②毁不灭性,不以死伤生:意思是,虽哀痛憔悴而不危及生命,这体现了不因为死者而伤害生者的意思。 ③苴衰不补:苴衰:谓苴麻之衰(参见《间传第三十七》第1节注①、②)。这句意思是,苴麻做的丧服破了不补。 ④坟墓不培:谓坟墓一成,不再加土,因为古不修墓。 ⑤祥之日,鼓素琴:祥,谓大祥。素琴:谓琴之不加漆饰者。 ⑥告民有终也,以节制者也:意思是,这是告诉民众丧期有终了的时候,这些都是依据节制的原则制定的。

6. 资于事父以事母而爱同。天无二日,土无二王,国无二君，家无二尊，以一治之也①。故父在为母齐衰期者②，见无二尊也。杖者何也？爵也③。三日授子杖，五日授大夫杖，七日授士杖④。或曰担主⑤，或曰辅病⑥，妇人、童子不杖，不能病也⑦。百官备，百物具，不言而事行者，扶而起⑧。言而后事行者，杖而起⑨。身自执事而后行者，面垢而已⑩。秃者不髽。伛者不袒。跛者不踊。老病不止酒肉⑪。凡此八者，以权制者也⑫。

[注释]①以一治之也：谓这是表明必须由一人来治理的意思。　②父在为母齐衰期：按，如果父先亡而后母死，则当为母服齐衰三年。　③杖者何也？爵也：按，有爵之人必有德，有德则能为父母哀痛致病深，故许其拄杖扶持病体。　④"三日"至"士杖"：五日、七日授杖，谓为君丧。这里是历数有爵之人的杖期。按，子于亲丧哀痛最深，故三日而杖。大夫爵尊于士，德亦厚于士，故哀痛亦甚于士而早于士授杖。　⑤或曰担主：按，这是指嫡子孤而为丧主者。担，犹假。担主者无爵、无德，然因其为嫡子，为丧主，故尊之而假之以杖，以便行拜宾送宾之礼，成丧主之义。　⑥辅病：按，有非丧主而杖者，指嫡子以外的众子，虽非丧主，子为父母哀痛致病则同，故亦当以杖辅病。辅病，即扶病。　⑦妇人、童子不杖，不能病也：此处是指主妇以外的妇人，恩义疏者。又童子无知，哀痛不能致病，不任丧服，亦无须拄杖。　⑧"百官"至"扶而起"：这是说天子、诸侯的丧事，自有百官料理，无须嗣子操心，故可竭其哀伤之情以致身体憔悴得厉害，虽有扶病之杖，亦不能起，故又须人扶之而起。　⑨言而后事行者，杖而起：这里是说的大夫、士的孝子。言，即发出指令，指挥丧事。这句意思是，大夫、士的孝子则需要亲自指挥安排丧事，那就不能病得过深而不能起，当扶杖而后即可起身。　⑩身自执事而后行者，面垢而已：此谓庶人，地位卑下而无人可使，只能亲自执事，不可许病，故不得用杖，只是使自己有面带尘垢的容色就可以了。　⑪不止酒肉：谓不禁止吃酒肉。　⑫凡此八者，以权制者也：八者，指应杖不杖，不应杖而杖，一也；扶而起，二也；杖而起，三也；面垢，四也；秃者，五也；伛者，六也；跛者，七也；老病

者,八也。这八者,都是属于依据权变的原则制定的。

7. 始死,三日不怠,三月不解,期悲哀,三年忧,恩之杀也①。圣人因杀以制节,此丧之所以三年,贤者不得过,不肖者不得不及。此丧之中庸也,王者之所常行也。

[注释]①"始死"至"杀也":这几句意思是,亲人刚死,孝子三天哭不绝声,三月卧不解衣,过了周年还悲哀,三年仅怀忧思,说明悲哀的感情逐渐减轻了。

8.《书》曰:"高宗谅闇,三年不言。"①善之也。王者莫不行此礼,何以独善之也?曰:高宗者武丁,武丁者殷之贤王也,继世即位,而慈良于丧②。当此之时,殷衰而复兴,礼废而复起,故善之。善之,故载之《书》中而高之③,故谓之"高宗"。三年之丧,君不言,《书》云"高宗谅闇,三年不言",此之谓也。然而曰"言不文"④者,谓臣下也。

[注释]①高宗谅闇,三年不言:这两句引自《尚书·无逸》,而文字稍异。闇,音 ān。谅闇,亦作"亮阴"、"谅阴",守丧期间所居的凶庐(参见《檀弓下第四》第 48 节注①,及《丧大记第二十二》第 45 节注⑤)。这两句意思是,高宗居住在凶庐中,三年不发布政令。 ②慈良于丧:谓其善守父丧。 ③高之:谓尊崇之。 ④言不文:引自《孝经·丧亲章》,意思是,说话不加文饰。

9. 礼,斩衰之丧唯而不对,齐衰之丧对而不言,大功之丧言而不议,缌、小功之丧议而不及乐①。父母之丧,衰、冠、绳缨、菅屦,三日而食粥,三月而沐,期十三月而练冠,三年而祥②。

[注释]①"斩衰"至"不及乐":参见《间传第三十七》第3节。 ②"父母"至"而祥":这几句意思是,为父母服丧,穿丧服,戴丧冠,用绳做系丧冠的缨,穿茅草编的丧鞋,父母死后三天才吃稀粥,三个月才洗头,过了周年到第十三个月才戴练冠,到第三年才举行大祥祭。

10.比终兹三节①者,仁者可以观其爱焉,知者可以观其理焉,强者可以观其志焉。礼以治之,义以正之,孝子、弟弟、贞妇,皆可得而察焉②。

[注释]①比终兹三节:比,待到,等到。三节:指上节所记自初丧至沐,一也;十三月练,二也;三年祥,三也。这句意思是,到坚持完丧礼的这三个阶段。 ②"礼以"至"察焉":这几句意思是,按照礼来治理丧事,按照义来端正丧礼,一个人是不是孝顺之子,恭逊之弟,贞节之妇,都可以从中看出来了。

附：宫寝图

（据张惠言《仪礼图》绘制）

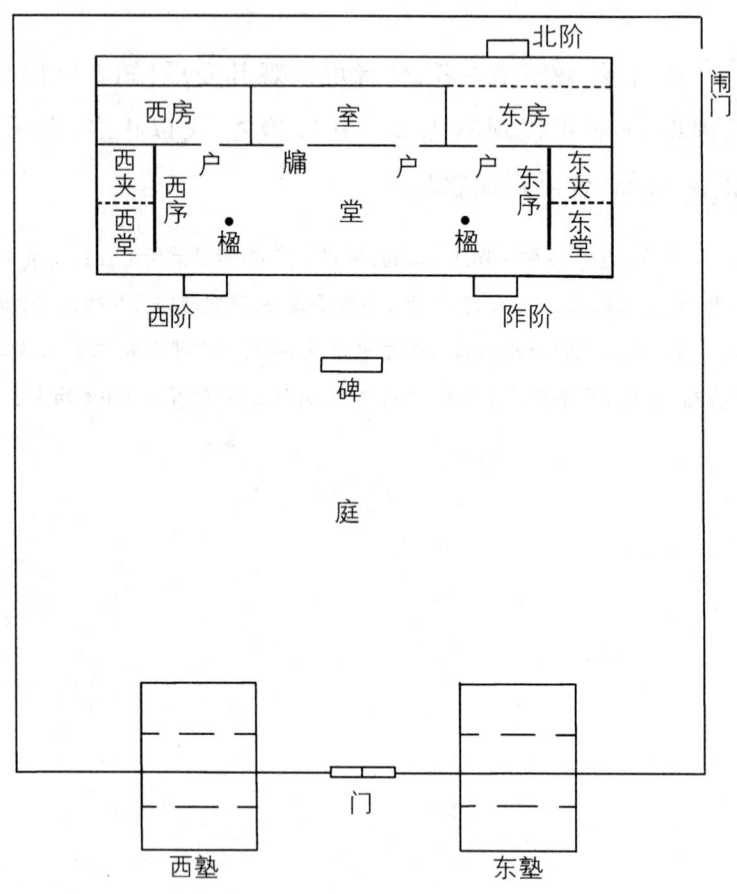

参 考 文 献

撰著类(按作者的时代先后)

[汉]司马迁:《史记·乐书》,北京,中华书局校点本。

[汉]郑玄注、[唐]孔颖达等疏:《礼记正义》,阮校《十三经注疏》本,北京,中华书局,1980年。

[汉]郑玄注、[唐]贾公彦疏:《仪礼正义》,阮校《十三经注疏》本,北京,中华书局,1980年。

[唐]陆德明:《经典释文·礼记音义》,黄焯断句本,北京,中华书局,1983年。

[宋]聂崇义:《新定三礼图》,丁鼎点校解说本,北京,清华大学出版社,2006年。

吕大临:《礼记解》,陈俊民辑校本,见《蓝田吕氏遗著辑校》,北京,中华书局,1993年。

陈祥道:《礼书》,文渊阁《四库全书》本,以下简称《库》本。

朱熹:《仪礼经传通解》,《库》本。

朱熹:《朱子语类》,校点本,北京,中华书局1986年。

卫湜:《礼记集说》,《库》本。

[元]吴澄:《礼记纂言》,《库》本。

陈澔:《礼记集说》,上海,上海古籍出版社影印世界书局本,

1987年。

[明]刘绩:《三礼图》,《库》本。

戴冠:《礼记集说辨疑》,《丛书集成初编》本,北平,商务印书馆,1935年。

[清]王夫之:《礼记章句》,《船山遗书》本,长沙,岳麓书社,1991年。

万斯大:《礼记偶笺》,《清经解续编》本,上海,上海书店出版社,1988年。

李光坡:《礼记述注》,《库》本。

方苞:《礼记析疑》,《库》本。

江永:《礼记训义择言》,《清经解续编》本。

郑元庆:《礼记集说》,北京,文物出版社据《吴兴丛书》本影印,1968年。

惠栋:《九经古义·礼记》,《清经解》本,上海,上海书店出版社,1988年。

金榜:《礼笺》,《清经解》本。

姜兆锡:《礼记章义》,《续修四库全书》本,上海,上海古籍出版社,2002年。

李调元:《礼记补注》,《丛书集成初编》本。

孙希旦:《礼记集解》,中华书局校点本,北京,中华书局,1989年。

张惠言:《仪礼图》,《清经解续编》本。

赵良澍:《读礼记》,《丛书集成初编》本。

朱彬:《礼记训纂》,中华书局校点本,北京,中华书局,1996年。

郝懿行:《礼记笺》,《续修四库全书》本。

焦循:《礼记补疏》,《清经解》本。

陈乔枞:《礼记郑读考》,《清经解续编》本。

俞樾:《礼记郑读考》,《清经解续编》本。

俞樾:《礼记异文笺》,《清经解续编》本。

俞樾:《群经平议》,《清经解续编》本。

[近]王国维:《观堂学礼记》,见《古史新证——王国维最后的讲义》,北京,清华大学出版社,1994年。

[今]钱玄:《三礼通论》,南京,南京师范大学出版社,1996年。

钱玄:《三礼辞典》,南京,江苏古籍出版社,1998年。

钱玄等注:《礼记》,长沙,岳麓书社,2001年。

王锷:《〈礼记〉成书考》,北京,中华书局,2007年。

唐文:《郑玄辞典》,北京,语文出版社,2004年。

吕友仁:《礼记全译》(与《孝经全译》合刊),贵阳,贵州人民出版社,1998年。

杨天宇:《礼记译注》,上海,上海古籍出版社,1997年。

论文类(按发表或出版时间的先后)

童书业:《二戴礼记辑于东汉考》,《国学论衡》,1935年12月,6期。

吕思勉:《论二戴礼(记)》,《群雅》,1940年8月,1集5卷。

郭沫若:《公孙尼子与其音乐理论》,见《乐记论辩》,北京,人民音乐出版社,1983年。

周予同:《群经概论:三礼——周礼、仪礼与礼记》,见《周予同经学史论著选集》,上海,上海人民出版社,1983年。

蒋伯潜:《仪礼、礼记概论》,见《十三经概论》,上海,上海古籍出版社,1983年。

徐喜辰:《礼记的成书年代及其史料价值》,《史学史研究》,1984年第4期。

吕思勉:《仪礼·礼记·大戴礼记·周礼》,《论学集林》,上海,上海教育出版社,1987年。

张舜徽:《两戴礼记札疏》,见《旧学辑存》,济南,齐鲁书社,1988年10月。

王启发:《礼记的礼治主义思想》,《孔子研究》,1990年第1期。

姜亦刚:《礼记成书于西汉》,《齐鲁学刊》,1990年第2期。

冯浩菲:《郑玄三礼注释词要例举证》,《文献》,1991年第2期。

李　萍:《郑玄〈礼记注〉据境释义新探》,《陕西师大学报》(哲学社会科学版),1995年第1期。

崔大华:《论〈礼记〉的思想》,《中国哲学史》,1996年第4期。

王　锷:《三礼研究文献概述》,《图书与情报》,1997年第3期。

李学勤:《郭店简与〈礼记〉》,《中国哲学史》,1998年第4期。

蔡介民:《〈礼记〉成书之年代》、《〈礼记〉成书时代再考》,见《二十世纪中国礼学研究论集》,北京,学苑出版社,1998年。

彭　林:《郑玄与〈三礼〉名物研究》,见《郑玄研究文集》,王振民主编,济南,齐鲁书社,1999年。

龚建平:《郭店简与〈礼记〉二题》,《武汉大学学报》(哲社版),1999年第5期。

翁贺凯:《两汉〈礼记〉源流新考:从郭店简与〈礼记〉谈起》,《福建论坛》(文史哲版),1999年第5期。

廖名春:《上海博物馆藏〈孔子闲居〉、〈缁衣〉楚简管窥》,见《中国思想史论集》,桂林,广西师范大学出版社,2000年。

彭　林:《郭店楚简与〈礼记〉的年代》,见《郭店简与儒学研究》(《中国哲学》第21辑),沈阳,辽宁教育出版社,2000年。

史应勇:《两部儒家礼典的不同命运——论大、小戴〈礼记〉的关系及〈大戴礼记〉的被冷落》,《学术月刊》(沪),2000年第4期。

丁　鼎:《〈礼记〉与〈仪礼·丧服〉经传所载丧服制度之比较研究》,《孔子研究》,2000年第5期。

虞万里:《三礼汉读异文及其古音系统》,见《榆枋斋学术论集》,南京,江苏古籍出版社,2001年。

彭　林:《〈三礼〉说略》,见《经史说略——十三经说略》,北京,燕山出版社,2002年。

王　锷:《郑玄〈礼记注〉的学术特点及其版本》,《图书与情报》,2002年第3期。

郝明朝:《〈礼记〉来源新论》,《山东理工大学学报》(社科版),2004年第5期。

沈文倬:《菿闇述礼》(选录),见《菿闇文存》,北京,商务印书馆,2006年。

近期国学读物要目

国学新读本

诗经　梁锡锋　注说
论语　臧知非　注说
尚书　姜建设　注说
国语　曹建国　张玖青　注说
孔子家语　杨朝明　注说
山海经　郑慧生　注说
墨子　苏凤捷　程梅花　注说
孟子　何晓明　周春健　注说
庄子　曹础基　注说
荀子　杨朝明　注说
韩非子　赵沛　注说
孙子兵法　赵国华　注说
楚辞　李中华　邹福清　注说
潜夫论　王健　注说
文心雕龙　戚良德　注说
商君书　徐莹　注说
战国策　张彦修　注说
淮南子　杨有礼　注说
老子　曹峰　注说
礼记　杨天宇　注说
吕氏春秋　张福祥　注说
世说新语　赵成林　陈艳　注说
史通　李振宏　注说
春秋繁露　曾振宇　注说

百年河大国学旧著新刊

河洛方言诠诂　王广庆　著
三统历表　邵瑞彭　著
中国戏剧概论　卢前　著
晚明思想史论　嵇文甫　著
论语新探　赵纪彬　著

天问研究　孙作云　著
汉魏六朝文学史　李嘉言　著
金艺文志　金登科记考　万曼　著
唐集叙录　万曼　著
中国文学史新编　张长弓　著
汉碑集释　高文　著
袁中郎研究　任访秋　著
东夷杂考　李白凤　著
宋会要辑稿考校　王云海　著
长江集新校　李嘉言　著
高适岑参选集　高文　王刘纯　选著
花间集注　华锺彦　著
庆湖遗老诗集校注　王梦隐　著
曾瑞散曲集校注　李春祥　著
辛弃疾选集　佟培基　选著

于安澜书画学四种
画论丛刊
画史丛书
画品丛书
书学名著选

元典文化丛书
中华第一经——《周易》与中国文化　宋会群　苗雪兰　著
教化百科——《诗经》与中国文化　孙克强　张小平　著
经国治民之典——《周礼》与中国文化　郝铁川　著
哲人的智慧——《老子》与中国文化　高秀昌　龚力　著
圣人箴言录——《论语》与中国文化　李振宏　著
武学圣典——《孙子兵法》与中国文化　龚留柱　著
亚圣思辨录——《孟子》与中国文化　何晓明　著
逍遥之祖——《庄子》与中国文化　白本松　王利锁　著
外王之学——《荀子》与中国文化　张曙光　著
中国帝王术——《韩非子》与中国文化　王宏斌　著
史家绝唱——《史记》与中国文化　邓鸿光　著
诸经总龟——《春秋》与中国文化　涂文学　周德钧　著
管理宝典——《管子》与中国文化　袁闯　著
纵横家书——《战国策》与中国文化　张彦修　著
人仙之间——《抱朴子》与中国文化　徐仪明　冷天吉　著

医学圣典——《黄帝内经》与中国文化　王庆宪　梁晓珍　著
礼乐渊薮——《礼记》与中国文化　黄宛峰　著
词章之祖——《楚辞》与中国文化　李中华　著
星学宝典——《历书天官书》与中国文化　郑慧生　著
天人衡中——《春秋繁露》与中国文化　曾振宇　范学辉　著
王政全书——《吕氏春秋》与中国文化　张富祥　著
神话之源——《山海经》与中国文化　高有鹏　孟芳　著
新道鸿烈——《淮南子》与中国文化　杨有礼　著
史家龟鉴——《史通》与中国文化　曾凡英　著
政事纲纪——《尚书》与中国文化　姜建设　著
春秋弦歌——《左传》与中国文化　龚留柱　著
平民理想——《墨子》与中国文化　苏凤捷　程梅花　著
人伦本原——《孝经》与中国文化　臧知非　著
法典之王——《唐律疏议》与中国文化　徐永康　吉霁光　郑取　著
文论巨典——《文心雕龙》与中国文化　戚良德　著

宋代研究丛书

北宋诗学　张海鸥　著
宋代东京研究　周宝珠　著
宋代地域经济　程民生　著
宋代监察制度　贾玉英　著
宋代官员选任和管理制度　苗书梅　著
宋代地域文化　程民生　著
宋代文学通论　王水照　主编
宋代司法制度　王云海　主编
宋代教育　苗春德　主编
清明上河图与清明上河学　周宝珠　著
宋代文化史　姚瀛艇　主编
黄庭坚与宋代文化　杨庆存　著
宋代交通管理制度研究　曹家齐　著
岳飞和南宋前期政治与军事研究　王曾瑜　著
成圣之道——北宋二程修养工夫论之研究　温伟耀　著
宋代绘画研究　邓乔彬　著

汉语史专书语法研究丛书

《三朝北盟会编》语法研究　刁晏斌　著
《荀子》虚词研究　黄珊　著
《晏子春秋》词类研究　姚振武　著

《聊斋俚曲》语法研究　冯春田　著
《孟子》词类研究　崔立斌　著
《朱子语类辑略》语法研究　吴福祥　著
敦煌变文12种语法研究　吴福祥　著
《吕氏春秋》句法研究　殷国光　著
《尚书》语法论稿　钱宗武　著
《左传》语法研究　何乐士　著
《元典章·刑部》语法研究　李崇兴　祖生利　著
汉语语法史断代专书比较研究　何乐士　著

图书在版编目（CIP）数据

礼记/杨天宇注说.—开封：河南大学出版社，2010.1
（2015.1 重印）
（国学新读本）
ISBN 978-7-5649-0113-4

Ⅰ.①礼… Ⅱ.①杨… Ⅲ.①礼仪－中国－古代②礼记－通俗读物 Ⅳ.①K892.9－49

中国版本图书馆 CIP 数据核字（2010）第 019051 号

责任编辑　陈广胜
责任校对　郑　帅
封面设计　马　龙

出版发行	河南大学出版社
	地址：河南省开封市明伦街 85 号　邮编：475001
	电话：0371—22825003（营销部）　网址：www.hupress.com
排　版	河南新华印刷集团有限公司
印　刷	开封智圣印务有限公司
版　次	2010 年 11 月第 1 版　　印　次　2015 年 1 月第 4 次印刷
开　本	650mm×960mm　1/16　　印　张　55.5
字　数	696 千字　　　　　　　　印　数　3001—4000 册
定　价	98.00 元

（本书如有印装质量问题请与河南大学出版社营销部联系调换）